한문훈독연구회 총서 1

일본 논어 훈점본의 해독과 번역 上

일본 동양문고 소장『논어집해』를 대상으로

石塚晴通・小助川貞次 감수
오미영 외 한문훈독연구회 저

숭실대학교 출판국
Soongsil University Press

일본 논어 훈점본의 해독과 번역 上

초판발행 2014년 3월 3일

지은이 오미영 외 한문훈독연구회 저
펴낸이 한헌수
펴낸곳 숭실대학교 출판국 / 서울 동작구 상도로 369
홈페이지 http://press.ssu.ac.kr
등 록 제 14–2호(1982.1.25)
TEL 02–820–0772
FAX 02–817–5297
찍은곳 스크린 그래픽
TEL 02–7565–4232

디자인 202GRID

값 : 33,000원
ISBN 978–89–7450–328–4

この研究を進めるにあたり、日本・科学研究費・基盤研究B・東アジア漢文訓読史モデルに関する実証的研究(2011年–2013年、研究代表者：富山大学・小助川貞次)の支援を受けた。

일본 논어 훈점본의 해독과 번역 上

일본 동양문고 소장『논어집해』를 대상으로

목차

추 천 사

이시즈카 하루미치 (북해도대학 명예교수 · 동양문고 연구원)

오미영 박사를 대표자로 하는 한문훈독연구회의 다년간에 걸친 연구성과로서 일본 동양문고 소장 정평판 논어의 엄밀한 석문과 훈점 판독문, 한일 현대어역 및 연구해설을 내용으로 하는『일본 논어 훈점본의 해독과 번역』이 출판되는 것은 참으로 경하할 일이다.

저자대표인 오미영 박사는 일본 북해도대학 대학원에서 수학하여(지도교관 : 이시즈카 하루미치 교수)『일본의 논어 훈독사 연구 – 중국측 주석서와의 관련에 주목하여–』로 박사학위를 수여 받은 독학(篤學)의 연구자이다. 이 방대한 양의 박사논문은, 일본 중세로부터 근세에 걸친 논어 훈독이 고주(古注)에서 주자신주(朱子新注)를 바탕으로 한 것으로 이행하였음을, 방대한 자료를 통해 실증적으로 해명하여 과정박사 학위논문 가운데 괄목할 만한 노작이며 이것을 바탕으로 하여 출판된『日本論語訓読史研究上 · 下』(제이앤씨, 2006)는 국내외의 여러 분야 전문가들로부터 높은 평가를 얻고 있다.

그런 한편으로 2006년 6월에는 한문훈독연구회를 출범시켜 일본의 대표적인 훈독자료를 해독하고 한국의 구결자료와 비교하여 강독하는 연구회를 매주 토요일에 실시함으로써, 일본어와 한국어 양쪽의 한문훈독자료를 함께 다룰 수 있는 연구자를 양성해 오고 있다. 그 활동은 참으로 열성적이어서, 그간 일본 훈독자료의 원본조사 등에서 만난 일본 전문가들은 한결같이 그 활동력에 주목하고, 일본과 한국의 젊은 연구자들의 실정이 판이함에 탄식을 금치 못하고 있다. 그러한 일상활동의 성과로서 우선 본서가 출판되기에 이르렀다.

정평판 논어집해는 일본의 정평 19년(1364)에 센슈(泉州, 지금의 오사카부) 사카이(堺)에서 출판된 일본 최초의 한적경서(漢籍經書) 판본으로, 판을 거듭하여 널리 유포되었다. 동양문고에도 몇몇 판본이 소장되어 있는데, 그 가운데 후인본(後印本)인 기요하라 에다카타(清原枝賢) 가점본 (二Ca4論語集解 5冊)은 중세 한적훈독의 권위였던 기요하라 가문의 훈법을 잘 전하고 있다. 한문훈독연구회는 이 자료의 전권 회독을 세 번에 걸쳐 실시하였던 것이다. 시대적으로는 이미 일본에서도 주자신주(朱子新注)가 전래되어 있던 시기이지만 기요하라 가문의 훈독에서는 고주에 의한 훈독이 행해지고 있었던 실태가 이 자료를 통해 명확해졌다. 한국의 16세기 이후 현존자료가 집주에 경도되었던 반면, 같은 시대의 일본 논어훈독의 실태가 고주를 바탕으로 하였음을 보여주는 이 책이, 각종 분야에 걸친 기초자료로서 활용되기를 오랜 연구협력자로서 염원한다.

번역 : 신웅철(일본 北海道大學 文學研究科 박사후기과정)

推 薦 の 辞

石塚晴通（北海道大学名誉教授・東洋文庫研究員）

呉美寧博士を代表者とする漢文訓読研究会の積年の研究成果として、日本の東洋文庫蔵正平版論語の厳密な釈文・訓点の読み下し文・日韓の現代語訳・研究解説を内容とする『日本論語訓点本の解読と翻訳』が上梓される由、誠に慶賀なことである。

著者代表の呉美寧博士は、日本の北海道大学大学院に学び（指導教官：石塚晴通教授）、『日本における論語の訓読史の研究 ― 中国側注釈書との関連に注目してー』により博士学位を取得された篤学の研究者である。この大部な博士論文は、日本の中世から近世にかけて論語の訓読が古注から朱子新注に基くものに移行して行くことを厖大な資料に基づき実証的に解明し、課程博士の学位論文の中にあって一際目立つ労作であり、これを基として刊行された『日本論語訓読史研究上・下』280頁・328頁(J&C、2006)は、内外の諸分野の専門家の高い評価を得ている。

その一方で、2006年6月に漢文訓読研究会を立ち上げ、日本の代表的訓読資料の解読・韓国の口訣資料の比較講読等を内容とする研究会を毎週土曜日に実施し、日本語と韓国語の両方の漢文訓読資料を扱い得る研究者の養成を続けている。その活動は極めて熱心であり、その間に日本の訓読資料の原本調査等に立ち会った日本の専門家は一様に其の勢いに注目し、彼我の若手研究者の現情の差に嘆息を禁じ得ないでいる。その日常活動の成果として、先ず本書が刊行されるに至った。

正平版論語集解は、日本の正平19年(1364)に泉州(現在の大阪府)堺で出版された日本で最初の漢籍経書の版本であり、版を重ね広く流布した。東洋文庫にも数本を蔵するが、その中の後印本清原枝賢加点本(二Ca4論語集解5冊)が中世漢籍訓読の権威であった清原家の訓法を良く伝えるものとして、漢文訓読研究会は全巻会読を三回に亘り実施した由である。時代は既に日本においても朱子新注は伝わっていたが、清原家の訓読に於いては古注に基く訓読が行われていた実態が此の資料から明らかである。韓国の16世紀以降の現存資料が集注本に傾くのに対比して、同時代の日本の論語訓読の実態が古注に基くものであったことを示す本書が、種々の分野に亘る基礎資料として活用されることを長年の研究協力者として念じている。

추 천 사

코스케가와 테이지 (도야마 대학 인문학부 교수 · 훈점어학회 회원)

오미영 씨와 나는 북해도대학 대학원 동문이라는 관계이지만, 그것 이상으로 논어를 통해 강하게 결속되어 있는 느낌이다. 1999년 일본 국어학회 춘계대회에서 당시 박사과정에 재학 중이던 오미영 씨가 「도서료본(圖書寮本) 루이주묘기쇼(類聚名義抄)에 실린 논어 와쿤(和訓)에 대하여」라는 발표를 하였을 때에, 나 자신도 일찍이 논어 훈점자료에 관심을 가졌던 경험에서 약간의 조언을 하였다. 그것이 첫 만남이었다. 그 후『일본의 논어 훈독사 연구』로 박사학위를 취득하고 귀국하여 몇 해가 지났을 무렵, 오미영 씨가 주재하는 연구회에서 정평판 논어를 윤독하고 있다는 것을 알게 되었다. 나는 기회를 얻어 그 연구회에 몇 차례 참석하였는데 매번 경탄의 연속이었다. 하나는 이 연구회 멤버로 대학교수뿐 아니라 젊은 학부생과 대학원생들이 적극적으로 참가하는데다가 더욱이 회를 거듭할수록 확실히 실력이 늘고 있었다는 점이었다. 현재 일본의 대학에서 이처럼 젊은 세대를 모아 밀도 높은 한문훈독사 연구회를 열고 있는 곳은 필시 어디서도 찾을 수 없을 것이다. 또 하나는 윤독 방법이 구조적이고 객관적이라는 점이다. 훈점의 위치와 형태를 정밀하게 기술하고 훈점의 해독 및 훈독을 실행한 후 다시 현대 일본어와 한국어로 번역하는 치밀하고 객관적인 방법으로 윤독을 하고 있었다. 일본의 훈점연구와 한문훈독사 연구에서는 자칫 훈점을 해독한 훈독문만이 가치를 지니게 되어, 연구자가 개개의 훈점을 어떻게 인식하고 어떻게 해독하였는가 하는 프로세스가 보이지 않는 경우가 많다.

본서의 출판은 오미영 씨에 의한 이와 같은 오랜 연구와 교육방법이 훌륭하게 결실을 맺은 것으로, 다소나마 그 과정을 지켜보아 온 사람으로서 기쁘기 그지 없다. 내용에 대해서는 본서를 읽어 보면 일목요연할 것이지만 두 가지 특징만을 지적해 두고자 한다. 하나는 본서에서 다루고 있는 텍스트가 논어 가운데서도 주자신주(朱子新注)가 아닌 하안(何晏)의 집해(集解), 즉 고주(古注) 텍스트라는 점이다. 신주 텍스트는 한국뿐만 아니라 한자문화권의 여러 나라에서도 널리 쓰이는 텍스트인데, 그와 달리 본서를 통해 고주 텍스트가 소개되는 것은 큰 의의가 있다. 다른 하나는 본서의 고찰대상자료에는 1571년에 기요하라 에다카타(清原枝賢)에 의해 기요하라 가문 누대(累代)의 훈점이 가점되어 있다는 점이다(에다카타는 중세의 석학인 기요하라 노부카타(清原宣賢)의 손자이다). 본서는 이 기요하라 가문 누대의 훈점에 따라 오미영 씨가 정확하게 해독한 것이며, 비단 논어훈독사에 있어서뿐만 아니라 한국 국내에서 한문훈독에 관심을 갖는 연구자와 일반시민에게 훈독의 구체적이면서도 양질의 모습을 보여주는 것으로서 매우 높은 가치를 지닌다.

본서의 출판이 이제까지의 한일 학술문화교류를 한층 진전시키는 큰 계기가 될 것임에 틀림없으며, 관심 있는 많은 분들께 읽혀지기를 기대하는 바이다.

번역 : 신웅철(일본 北海道大學 文學硏究科 박사후기과정)

推 薦 の 辞

小助川貞次（富山大学人文学部教授・訓点語学会会員）

呉美寧氏と私は北海道大学大学院の同窓生という関係であるが、それ以上に論語によって強く結ばれているような気がする。1999年の国語学会春季大会において、当時博士課程在学中の呉美寧氏が「図書寮本類聚名義抄における論語の和訓について」という発表をされる際に、私自身もかつて論語の訓点資料に関心を持っていた経験から若干のアドバイスをした。最初の出会いであった。その後、『日本における論語の訓読史の研究』で学位を取得して帰国され、何年か経過したころ、呉美寧氏が主宰する研究会において正平版論語を輪読しているということを耳にした。私は機会を得て、その研究会に何度か参加したが、そのたびに驚嘆の連続であった。ひとつは、この研究会のメンバーが大学教員だけではなく、若い学生・院生が積極的に参加し、しかも回を重ねる毎に確実に力をつけている点であった。現在の日本の大学で、このような若い世代を集めた密度の高い漢文訓読史研究会を開いているところは、恐らくどこを探しても見つからないだろう。もうひとつは、輪読の方法が構造的かつ客観的である点である。訓点の位置と形態を精密に記述した上で、訓点の解読と訓読を行い、さらに現代日本語と韓国語に翻訳するという緻密かつ客観的な方法で輪読していた。日本の訓点研究・漢文訓読史研究では、ともすれば訓点を解読した読み下し文が価値を持ち、研究者が個々の訓点をどのように認識し、どのように解読を行ったのかというプロセスが見えないことが多い。

本書の刊行は、呉美寧氏によるこのような長年の研究・教育方法が見事に実を結んだものであり、多少なりともそのプロセスを見て来た者として、この上なく嬉しく思うのである。内容については、本書を紐解いていただければ一目瞭然であろうが、二つだけ特徴を指摘しておきたい。ひとつは、本書で取り上げたテキストが論語の中でも朱子の新注ではなく、何晏の集解本、すなわち古注テキストであるという点である。新注テキストは韓国のみならず、漢字文化圏諸国においても広く用いられているテキストであり、逆に本書によって古注テキストが紹介されることは大きな意義がある。もう一点は、本書の考察対象資料には元亀2年(1571)の清原枝賢による清原家累代の訓点が加点されている点である（枝賢は中世の碩学宣賢の孫に当たる）。本書は、この清原家累代の訓点にしたがって呉美寧氏が正確に解読したものであり、単に論語訓読史上だけではなく、韓国国内で漢文訓読に関心をもつ研究者・一般市民に訓読の具体的かつ良質な姿を提供するものとして非常に高い価値を有する。

本書の刊行が、これまでの韓日の学術文化交流を一層進展させる大きな契機となることは間違いなく、関心を持つ多くの方々によって紐解かれることを期待するのである。

머리말

필자는 일본 北海道大學에서 2001년 3월 박사학위(지도교수 : 石塚晴通)를 받고 귀국하였다. 박사논문의 제목은 『日本における論語の訓讀史の研究－中國側注釋書との關連に注目して－』(『日本論語訓讀史研究』 上(訓點資料篇) · 下(抄物篇), 제이앤씨출판사, 2006.4.5.)이며, 그 내용은 일본 중세의 논어 훈독의 변천에 대해, 훈점본과 쇼모노(抄物)라는 문헌들을 대상으로 연구한 것이다.

필자가 유학을 마치고 귀국한 2001년은 우리나라의 국어사 연구가 대단히 활기를 띠던 시기이다. 2000년 일본 한문훈독 연구자인 小林芳規 교수(일본 廣島大學 명예교수)가 한국의 여러 소장처에서 각필점토구결자료(角筆點吐口訣資料)를 발견하였고, 이 자료의 발견으로 연구 자료가 확충되어 국어사 연구가 활기를 띠게 되었다. 각필점토구결자료는, 한문을 우리말로 훈독(=석독)한 결과를 한문 서적에 끝이 날카로운 필기구(=각필)로 기입한 것을 말한다. 이때 발견된 자료들은 고려 말 · 조선 초기 것으로 추정되는 것으로, 이 자료들은 한문을 자국어로 훈독하고 그것을 한문 서적에 기입하는 행위, 즉 한문훈독이라는 학문방식이, 그 전에 알려져 있던 것처럼 일본의 독창적인 학문행위가 아니라 한반도에서 창안되어 일본으로 전래되었음을 입증하는 것이기도 했다. 이에 각필점토구결자료에 대해서는 국어학자들뿐만 아니라 일본 학자들도 큰 관심을 가지게 되었고, 이로 인해 한문훈독과 관련한 한일 교류의 장이 자주 마련되었다.

일본의 경우 우리 구결자료와 유사한 형태의 문헌인 훈점자료에 대해 19세기 말부터 어학적인 연구가 진행되어, 문자 · 표기 · 문법 · 어휘의 여러 방면에서 일본어사 연구에 크게 기여하였다. 새로 발견된 구결자료의 연구가 심화되고 한국과 일본 학자들 간의 교류가 활발해지면서, 우리 구결연구자들 사이에는 일본 훈점자료의 연구 성과 및 연구 방법을 참고할 필요가 있다는 인식이 생기게 되었다.

이에 구결학회의 신진학자들에게 일본 훈점자료에 대해 체계적으로 공부할 수 있는 기회를 제공하고, 더불어 우리 구결자료 및 국어사 문헌을 함께 익힐 수 있는 공부모임의 필요성을 느끼게 되었다. 또한 훈점자료 연구에 관심이 있는 일본어학 연구자들도 함께 공부를 할 수 있다면 더 좋겠다고 생각하고 공부모임을 마련하기로 하였다. 이에 2006년 6월 마지막 토요일에 첫 모임을 시작하였는데 이것이 한문훈독연구회의 시작이다.

이후 매주 토요일, 필자와 박진호 교수(현 서울대 국어국문학과 부교수)를 비롯한 구결학회 신진연구자 및 고려대를 중심으로 한 국문과 대학원생, 그리고 한세진 선생님(숭실대 일어일본학과 강사)을 비롯한 일본어사 연구자와 숭실대학교 일어일본학과 대학원생을 포함한 약 15명 정도가 모여 일본의 논어 훈점본을 대상으로 공부를 시작하였다. 2014년 1월 현재 함께 공부하고 있는 회원은 모두 17명이며, 그밖에 일정 기간 이상 참여한 회원은 15명 정도이다. 또한 국외 협력회원을 네 분 모시고 있다. 회원을 소개하면 다음과 같다.

현재

오미영 (숭실대학교 일어일본학과 부교수)
박진호 (서울대학교 국어국문학과 부교수)
한세진 (숭실대학교 일어일본학과 강사)
김문정 (가톨릭대학교 국어국문학과 석사과정)
이정범 (다음커뮤니케이션 지식서비스기획팀)
신웅철 (일본 北海道大學 문학연구과 박사후기과정)
문현수 (고려대학교 국어국문학과 박사과정)
박하은 (숭실대학교 일어일본학과 조교)
허인영 (고려대학교 국어국문학과 석사과정)
河崎啓剛 (숭실대학교 일어일본학과 조교수)
김미미 (고려대학교 국어교육과 박사과정)
김정희 (숭실대학교 일어일본학과 전 겸임교수)
정문호 (숭실대학교 일어일본학과 석사과정)
이정옥 (숭실대학교 일어일본학과 강사)
문창학 (숭실대학교 일어일본학과 강사)
함송연 (숭실대학교 일어일본학과 학부생)
于秋 (숭실대학교 일어일본학과 석사과정) 약 15명
(이상 참가시작순)

국외협력회원

石塚晴通 (일본 北海道大學 명예교수 · 東洋文庫 연구원)
赤尾榮慶 (일본 京都國立博物館 학예부 상석연구원 · 京都大學大學院 객원교수)
小助川貞次 (일본 富山大學 인문학부 교수)
高田智和 (일본 國立國語硏究所 준교수)

이전
김미희 (한양대학교 국어국문학과 박사과정)
김성주 (동국대학교 국어국문학과 강의교수)
김지선 (이화여자대학교 인문과학부 부교수)
김지오 (동국대학교 교양교육원 초빙교수)
김현경 (숭실대학교 일어일본학과 학부 졸업)
박현정 (광운대학교 교양학부 강사)
박찬웅 (숭실대학교 일어일본학과 학부생)
손범기 (숭실대학교 일어일본학과 강사)
오경원 (미국 하와이대학 비교언어학과 박사과정)
이예은 (숭실대학교 일어일본학과 학부 졸업)
이용 (슬로베니아 류블랴나대학 교수)
이준환 (창원대학교 국어국문학과 조교수)
장경준 (고려대학교 국어국문학과 부교수)
정현혁 (사이버한국외국어대학교 일본어학부 조교수)
황선엽 (서울대학교 국어국문학과 부교수)

한문훈독연구회는 논어 훈점본을 일독하면서 체득한 일본어에 대한 지식 및 일본 한문훈독의 기초를 바탕으로 소학(小學), 훈점성서(訓點聖書), 육조단경(六祖壇經), 화엄경(華嚴經) 등으로 공부를 확장해 갔다. 그 후 다시 논어를 두 번째로 공부하였고, 2011년부터 세 번째로 논어를 공부하게 되었는데 이때부터 논어 훈점본 번역 작업의 결과물을 출판하겠다는 꿈을 가지게 되었다.

모임은 시작한 지 만 7년 반이 되었으며, 현재도 약 15명 정도의 인원이 매주 토요일에 모여 논어와, 14세기 법화경(法華經) 훈점본과 13세기 법화경 가나자료를 공부하고 있다.

2009년 여름부터는 방학을 활용하여 일본 현지의 훈점본 소장처를 방문하여 원본자료조사를 실시하고 있다. 고문헌 연구, 그 중에서도 훈점본과 같이 언어학적 연구대상이 되는 문헌의 경우는 반드시 원본조사가 실시되어야 한다. 사진을 인화한 것이나 복사본만으로는 훈점을 정확하게 판독하기 어려운 경우가 많기 때문이다. 이를 위하여 국외협력회원인 石塚晴通 선생님과 小助川貞次 선생님은 소장처를 섭외해 주셨을 뿐만 아니라 자료 조사에 참여하셔서 지도를 해 주셨다. 본서의 간행을 위해 동양문고의 허가 및 사진 게재와 관련한 제반업무를 기꺼이 맡아주셨고, 본서의 감수를 맡아주셨으며 또한 분에 넘치는 추천의 말씀을 보내주셔서 뭐라 감사의 말씀을 드려야 할지 모르겠다. 또한 小助川貞次 선생님께서는 자료 조사를 위한 경비 지원을 해 주시고 연구회의 활동에 깊은 관심과 격려를 해 주셨다. 자료 조사는 赤尾榮慶 선생님이 계셨기에 더욱 내실 있게 진행될 수 있었다. 부족한 우리들을 위해 강의도 해 주시고 많은 귀중한 자료를 조사할 수 있도록 배려해 주셨다. 高田智和 선생님도 자료 조사에 물심양면으로 많은 도움을 주었다. 또한 大槻信 선생님(일본 京都大學大學院 文學硏究科 准教授)의 배려로 京都大學 소장자료를 열람할 수 있는 기회를 얻었다. 이 자리를 빌어 여러 선생님들께 감사의 말씀을 드리며 선생님들의 은혜에 보답할 수 있도록 앞으로도 더 열심히 공부해 나갈 것을 약속드리는 바이다.

위와 같은 공부를 통해 한문훈독연구회는, 한국과 일본의 한문훈독과 관련된 자료를 해독할 수 있는 연구자를 양성함으로써 동아시아 한문훈독연구에 이바지하는 것을 첫 번째 목표로 하고 있다. 그러나 연구자를 양성하는 것에 그치지 않고 동양 고전의 탐구라는 공통의 관심사를 가진 사람들이 함께 모여 공부하고 삶을 돌아볼 수 있는 장을 마련하는 것도 한문훈독연구회의 또 하나의 목표이다.

한 주 한 주의 연구회에서 공부한 내용이 본서로 열매를 맺게 된 것을 참으로 기쁘게 생각한다. 이번에는 먼저 논어집해 20편 중 서(序)부터 향당(鄕黨)제10편까지를 상권으로 간행하고, 선진(先進)제11편부터 요왈(堯曰)제20편까지를 하권으로 간행하고자 한다.(2015년 상반기 예정)

본서에서 고찰 대상으로 하고 있는 일본 동양문고 소장『論語集解』(二Ca4)는, 중세 일본의 유교경전의 연구와 교육을 담당했던 기요하라(淸原) 박사 가문의 책이며, 1571년에 기요하라 노부카타(淸原宣賢)의 손자인 기요하라 에다카타(淸原枝賢)에 의해 기요하라 가문 대대로 이어져온 훈점이 가점되어 있는 책이다. 또한 이 책은, 正平 19년(1364)에 간행된 논어집해 최초의 판본인 '정평판논어(正平版論語)'이다. 정평판논어는 여러 종류의 후인본(後印本)이 제작되었는데 본서는 초판본에서 발문이 삭제되어 무발본(無跋本)이라고 불린다.(이에 본서의 고찰 대상 자료를 무발본집해라고 부르기로 한다.)

본서는 무발본집해에 기입된 훈점을 판독한 것을 바탕으로 한문훈독문을 작성한 후, 이것을 현대 일본어와 현대 한국어로 번역하였다.

이러한 제반 과정을 낱낱이 보이기 위해서는 훈점본 원본을 영인하여 함께 제시하는 것이 가장 바람직하다는 것은 두 말할 여지가 없다. 그러나 아쉽게도 소장처인 동양문고로부터 무발본집해를 연구 자료로 사용하는 것과 본서에 원본 사진 세 장을 게재하는 것만을 허락받았다. 자료 사용을 허락해 주신 동양문고 당국과 담당자인 山村義照 씨께 감사의 말씀을 드린다.

참고로 우리나라 국립중앙도서관에 <正平版 論語集解 及集解考.1−6(古1239−86−1~6)>이 소장되어 있고 원문사진도 인터넷으로 열람이 가능하도록 제공하고 있다. 물론 무발본집해와 훈점의 계통은 다르지만 훈점본의 이미지 및 무발본집해의 이미지를 헤아리는 데는 도움이 되리라 생각한다.

무발본집해에 기입되어 있는 훈점의 판독 및 해독을 위해 노부카타의 훈점을 전하는 필사본(筆寫本)으로 동양문고에 소장되어 있는 『論語集解』(二C41)를 참조하였다. 이 자료의 권말에는 永正 9년(1512)과 永正 17년(1520)에 기록한 노부카타의 필사기(筆寫記)가 있고, 권6과 권10 끝에는 天文 9년(1540)에 기요하라 에다카타가 기록한 가점 지어(識語)가 있다.

또한 논어의 내용을 이해함에 있어 고주(古注)와 신주(新注)에서 현격한 차이를 보이는 구문에 대해서는『論語義疏』와『論語集注』를 인용하여 설명하고, 應永 27年(1420)本『論語抄』의 해당 부분을 인용하고 번역을 붙였다. 應永本抄物는 기요하라 가문의 학자가 천황에게 논어를 강의하는 과정에서 만들어진 문헌이다.

본서의 말미에는 일본의 한문훈독 및 논어훈독, 그리고 본서의 고찰 대상 자료에 대한 해설을 실었다.

이와 같은 무발본집해 해독과 번역 작업은 다음의 몇 가지 측면에서 의미가 있다.

첫째는 논어에 대한 일본의 전통적인 한문훈독 방법을 소개한다는 점이다. 우리나라는 점토석독구결자료가 발견되었다고는 하지만 자료의 수가 많지 않고, 중세 이후 한문을 음독해왔으므로 한문을 훈독(=석독)한다는 것에 대한 이해가 연구자들에게조차 아직 충분하다고는 할 수 없다. 이에 본서에서는 일본의 한문훈독방식을 구체적이고 명확하게 소개하고, 양질의 훈점자료에 기초하여 훈점을 판독하고 한문훈독문을 작성하여 보임으로써 일본 중세에 행해진 표준적인 논어 훈독을 국내에 소개하고 널리 알리고자 하는 것이다. 일본 훈점본을 해독하고 번역하는 작업은 국내에서는 최초로 행해진다는 점에서 특별한 의미가 있다.

둘째는 중세 일본의 논어 훈독문을 논어 전권에 걸쳐 완성했다는 점이다. 현재 일본에는 많은 수의 논어 번역본이 출판되어 있다. 이러한 논어 번역본에는 예외 없이 한문훈독문이 실려 있고, 그것을 바탕으로 한 현대 일본어 번역문을 싣고 있다. 이때 한문훈독문은 각 저자가 일정한 주석서에 의거하거나 여러 주석서를 적절히 참고하면서 자신의 견해를 반영하여 만들어진 것이다. 즉 학문적으로 가치가 인정된 훈점본을 번역한 것은 아니다. 게다가 번역은 논어의 대문을 번역하는 것에 그치고 있다.

이와 같이 중세 논어의 표준적인 훈독을 소개한 책은 일본에서도 아직 간행된 바 없다는 점에서도 논어집해 전권을 대상으로 한문훈독문을 완성하고 번역을 한 본서의 작업은 의미가 크다고 할 수 있다. 더불어 논어와 관련한 또 하나의 중요한 자료인 쇼모노, 그 중에서도 현존 최고(最古)의 논어 쇼모노인 應永本抄物를 소개하는 것도 중세 일본의 고전 학습 양상을 소개하는 중요한 성과가 될 것이다.

셋째는 논어의 고주 주석서인 논어집해를 번역하여 소개한다는 점이다. 우리나라에서는 12세기 말 주자의 논어집주가 전래된 이후 조선시대를 거치면서 현대에 이르기까지 신주 주석서인 집주를 텍스트로 하여 학습하고 이해해 왔다. 따라서 고주 주석서인 논어집해나 논어의소에 대해서는 일반적으로 널리 알려져 있다고 말하기 어렵다. 그러나 일본에서는 신주가 전래된 이후에도 중세 말까지 고주인 논어집해를 텍스트로 삼고 논어의소를 참고로 하여 논어를 이해하고 학습해 왔다. 이 점이 일본과 한국의 논어 학습에 있어서의 큰 차이이다. 이에 논어집해 훈점본을 판독하여 중세 일본의 논어 독법을 정확하게 파악하고 이를 번역하여 소개하는 작업은 일본 중세의 논어 훈독 및 논어 이해의 양상을 분명하게 밝히는 발판이 될 것이다.

넷째는 현대 일본어와 현대 한국어 번역문을 작성했다는 점이다. 이때 논어의 대문뿐만 아니라 논어집해 세주까지 꼼꼼하게 번역하였다.

현대 일본어 번역문은 일본어 학습자 및 일본어 연구자에게 한문훈독문과 현대 일본어와의 간극이 어느 정도인지를 가늠하게 하면서 일본어 문어문 문체의 바탕이 된 한문훈독문에 대한 이해를 높이는 것을 목표로 작성한 것이다.

현대 한국어 번역문은 우리나라 독자들이 일본의 한문훈독문에 보다 쉽게 다가갈 수 있도록 하기 위하여 작성하였다. 이를 통해, 일본어를 습득한 독자도 그렇지 않은 독자도 일본 중세의 논어 훈독을 이해하는 데 도움이 될 것이라 생각한다. 논어집해 현대어역은 이강재 선생님이 하신 바 있고(이강재(2001-2006)「論語古注考釋1-8」『中國語文論譯叢刊』8-17), 우리 공부에도 선생님의 번역이 많은 도움이 되었다. 이 자리를 빌어 감사의 말씀을 드린다. 선생님의 번역이 중국어로서의 한문에 의거 하신 것이라면, 우리 번역은 앞서 밝힌 바와 같이 무발본집해에 훈점으로 기입된 기요하라 집안의 훈독, 즉 중세 일본의 표준적인 논어 훈독 방식에 의거 한 것임을 다시 한 번 밝혀둔다.

공부하는 동안 우리는 모두 성실했고 진지했고 마음 속 깊이 즐거웠다. 참뜻을 밝히기 위해 격렬했고 자신의 삶을 뒤돌아보며 숙연했다. 그 모든 시간들이 본서에 담겨 있다. 출판을 위한 제반 과정에서도 우리는 함께 생각하고 의논했으며 한 마음으로 정성을 다했다. 본서는 누구 한 사람 혹은 몇몇 사람의 능력으로 이루어진 것이 아니다. 한문훈독연구회에 참여하고 있고 참여했던 모든 분들과 우리들을 격려하고 지지해 주신 모든 분들의 정성으로 이루어진 것이다.

본서는 완성이 아니다. 우리가 지금까지 해 온 공부를 정리하여 세상에 내놓음으로써 공부하는 자로서 일말의 책임을 다하고 공통의 관심을 가진 여러분들과 공유하려 하는 것이다. 본서에는 부족하고 갖추어지지 않은 면들이 적잖이 발견될 것임에 틀림없다. 그 부족함을 메우고 한 발 두 발 앞으로 나아가기 위해 우리는 다시 언제나처럼 묵묵히 공부해 나갈 것이다.

2014년 새해 아침에
한문훈독연구회를 대표하여
오미영

일본 동양문고 소장 훈점본 『논어집해』(ニCa4) 원본 사진

曰孔安國曰弟子有若其爲人也孝悌而好

犯上者鮮矣鮮少也上謂凡在己上者言孝悌之人必

有恭順好欲犯其上者少也不好犯上而好作

亂者未之有也君子務本本立而

道生本基也基立而後可大成也孝悌也者其

仁之本與先能事父兄然後可乃仁成也子曰巧

論語學而第一

何晏集解　凡十六章

子曰學而時習之不亦悅乎馬融曰子者男子之通稱謂孔子也王肅曰時者學者以時誦習之誦習以時學無廢業所以為悅懌也有朋自遠方來不亦樂乎苞氏曰同門曰朋也人不知而不慍不亦君子乎慍怒也凡人有所不知君子不慍也有子

論語八佾第三　何晏集解　凡廿六章

孔子謂季氏八佾舞於庭是可忍也孰不可忍也　馬融曰孰誰也佾列也天子八佾諸侯六卿大夫四士二八人為列八八六十四人也魯以周公故受王者禮樂有八佾之舞今季桓子僭於其家廟僭之故孔子譏之也

三家者以雍徹　馬融曰三家者謂仲孫叔孫季孫也

右骨論者人倫之大用也時習
可也玩索而覺氣味深長者乎
予爰不干蒻專佛教餘志儒術
求醫家秘点不及猶豫拭洗眼染
禿筆加朱墨為他人勿令容易而
已

元禄才二歲舍辛未春二月初八

宮内卿 清源朝臣

孔安國曰命謂窮達之分也

不知禮無以立也

不知言無以知人也

馬融曰聽言則別其是非也

論語卷第十

經一千二百二十三字

注一千一百七十五字

범례

ABCDE : 논어집해의 대문(大文)을 나타낸다.
abcde : 논어집해의 세주(細注)를 나타낸다.

A·a : 훈점판독문(무발본의 훈점을 아래의 규칙에 따라 옮긴 것.)
B·b : 훈점해독문(A를 일본어 훈독 어순으로 바꾸어 배열하고 기호를 가나로 변환한 것.)
C·c : 한문훈독문(B를 바탕으로 작성한 일본어 한문훈독문.)
D·d : 현대일본어 번역문(C를 현대일본어로 번역한 것.)
E·e : 현대한국어 번역문(C를 현대한국어로 번역한 것.)

〈A·a〉

1. 훈점본의 한자는 가능한 한 원문에 가까운 자체로 입력하고자 하였다. 동일한 자체를 찾을 수 없는 경우는 정자체로 입력하였다.
2. 훈점은 [어순지시부호,합부,인명부,가나점,오코토점]의 순서로 입력하였다.
   (예) [㆒,ㄴ,コノ,12] [㆖,ㄴ,イヒ,31]
3. 음합부와 훈합부를 구분하여 두 한자 사이에 [음합부] [훈합부]와 같이 나타낸다.
4. 음독부와 훈독부를 구분하여 해당 한자 뒤에 [음독부] [훈독부]와 같이 나타낸다. [-ス]와 같이 적혀있는 음독부는 [음독부ス]라고 나타낸다.
5. 한자의 오른쪽에 正訓(정훈)과 왼쪽에 左訓(좌훈)이 동시에 적혀있는 경우, 정훈은 [ ]안에 넣어 나타내고 좌훈은 [ ]밖에 { }(반각)에 넣어 나타낸다.
6. 오코토점은 위치에 따라 다음과 같이 나타내었다.

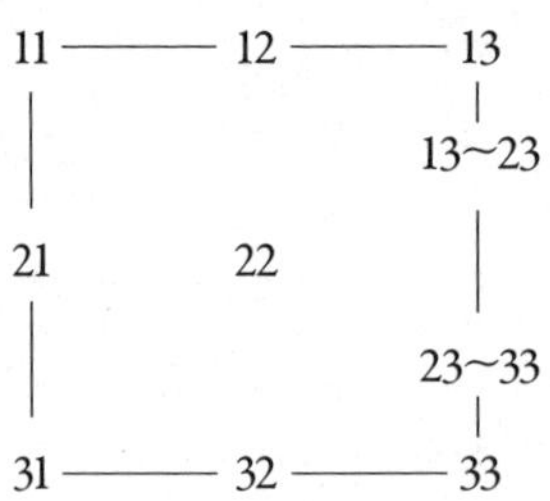

7. 삽입부와 삽입내용은 해당 위치 앞 글자의 훈점판독에 이어 '삽입부[삽입내용]'과 같이 나타낸다. 삽입부가 없이 삽입된 것에 대해서는 '삽입[삽입내용]'과 같이 나타낸다.
8. 훈점 판독에는 永正本集解를 참조하였다.

   永正本集解 – 東洋文庫藏 室町後期 寫(清原枝賢 自筆로 추정) 永正 9年(1512)
   清原宣賢 奧書 全十帖

〈B·b〉

1. 한자는 훈점판독문(A·a)과 동일하게 나타낸다.
2. A·a를 일본어 훈독어순으로 배열 순서를 바꾸어 나타내며, 이 때 부독자는 생략한다.
3. 가나점은 A에 있는 그대로 (　)에 넣어 나타내며, 좌훈은 나타내지 않는다.
4. 합자(合字)는 다음과 같이 풀어서 나타낸다.

   (예) A: [ヿ] → B: (コト)
   A: [〆] → B: (シテ)
   A: [𪜈] → B: (トキ)
   A: [云] → B: (イフ의 활용형)

5. 재독자의 경우 다음과 같이 나타낸다.

   (예) A: 未[イマタ]{ス} → B: 未(イマタ) …… 未(ス)
   A: 將[マ,11]{ス} → B: 將(マ)に …… 將(ス)

6. 반복부의 경우 반복되는 글자를 가나로 나타낸다.

   (예) A: 正[タヽス] → B: 正(タタス)

7. 오코토점은 (　) 밖에 히라가나로 나타낸다.
8. 오코토점의 통사적인 기능을 고려하여 다음과 같은 형태소로 바꾸어 나타낸다.

11 に —— 12 む·ん —— 13 を
13~23 こと
21 か·が　　22 の
23~33 と
31 て·で —— 32 す·ず —— 33 は·ば

〈C·c〉

1. 훈점해독문(B·b)을 문어문법을 고려하여 수정 및 보독하여 일본어 漢文訓讀文(한문훈독문)으로 만든다.
2. 한자는 모두 정자체로 나타낸다.
3. 한자는 모두 ( ) 안에 히라가나로 읽는 법을 적어 준다.
4. 표기는 歴史的仮名遣い[역사적 가나표기법]에 준하여 나타낸다.
5. 한자음은 『漢辭海(3판)』(三省堂, 2012)를 참고하여 漢音(한음)으로 나타내되 가점이 있을 경우, 그에 따랐다. 단 합요음 표기 중 「くゐん」 「すゐん」은 「きん」 「しゅん」으로 나타낸다.
6. 숫자의 경우는 吳音(오음)으로 나타냈으며, 다음 글자들도 관용적인 독법에 따라 吳音(오음)으로 읽되, 가점이 있는 경우는 그에 따른다. 그 밖에 「夫子(ふうし)」, 「鄭玄(ぢゃうぐゑん)」과 같이 관용적인 독법에 따른 예도 있다.
   語ご(ぎょ), 道だう(たう), 訓くん(きん), 南なむ(だむ), 學がく(かく), 難なん(だん), 善ぜん(せん), 能のう(どう) 內ない(だい) * ( )안이 한음이다.
7. 내용 이해를 위해 필요한 경우 각주를 달아 설명하였다. 이때 의소(義疏)와 집주(集注)를 인용하여 설명한 곳이 있다. 사용한 텍스트는 아래와 같다.
   『論語義疏』 梁 皇侃 撰, 懷德堂, 1924
   『論語集注』 南宋 朱熹 撰, 內閣文庫藏 寬文 4年(1664) 十卷 五冊 道春點
8. 또한 본문의 이해에 필요하다고 판단된 경우, 應永本抄物의 해당 내용을 각주에 인용하고 번역문을 달았다.
   應永本抄物 – 東山御文庫本系 論語抄 東山文庫藏 應永27年(1420) 稱光天皇宸翰竝五條爲綱 奉勅 寫本 十卷五冊(中田祝夫 編『東山文庫藏稱光天皇宸翰應永二十七年本論語抄(抄物大系)』 勉誠社, 1976)
9. 應永本抄物 입력의 범례는 다음과 같다.
   ① 應永本抄物의 본문은 가능한 한 번각본 그대로 가로쓰기로 옮겼다.
   ② 번각본 상의 작은 글씨로 적혀 있는 것은 편의상 보통 크기로 바꾸되, 본문의 좌우 곁에 붙어 있는 것은 해당 위치에 [ ]로 묶어서 입력하였다.
   ③ 번각본 상의 훈점은 논어의 A·a 입력방식에 준하여 [ ]로 묶어서 나타내었다.
   ④ 본문 중의 ᄀ(コト), メ(シテ)와 같은 합자는 풀어서 나타내었다.

⑤ 번각본 상에 「ママ」라는 주기가 있는 것은 해당 위치에 (원문그대로임)이라고 나타냈다. 그러나 번각본의 오류는 특별히 지적하지 않고 고쳐서 입력하였다.
⑥ 본문의 삭제 및 삽입·정정에 대해서는 해당 주기가 반영된 본문으로 입력하고 부호의 주기는 생략하였다.
⑦ 벌레먹어 판독이 불가한 것으로 명시된 곳은 「□」로 입력하였다.
⑧ 2자 반복부는 해당 반복내용으로 바꾸어 입력하였다.

〈D·d〉

1. C·c의 한문훈독문의 구조를 최대한 살려 현대일본어로 번역하였다.
2. 한자는 현대일본어 상용한자체로 나타내었다.

〈E·e〉

1. C·c의 한문훈독문의 구조를 최대한 살려 현대한국어로 번역하였다.
2. 내용 이해를 위해 설명이 필요한 경우 해당 내용을 각주로 달았다.

論語集解序

論語集解序

A: 叙[シヨシ,31]曰、

B: 叙(シヨシ)て曰、

C: 叙(しょ)して曰(い)はく、

D: 叙して言う。

E: 叙(서)하여 말하기를,

A: 漢[カン,22]中[음합부]壘[ルイ]校[음합부,カウ]尉、劉[음합부]向[인명부,シヤウカ,21]言[ク]、

B: 漢(カン)の中壘(ルイ)校(カウ)尉、劉向(シヤウカ)が言(ク)、

C: 漢(かん)の中壘(ちうるい)校尉(かうゐ)劉向(りうしゃう)が言(い)はく、

D: 漢の中塁校尉である劉向が言うには、

E: 漢(한)나라의 中壘校尉(중루교위)인 劉向(유상)[1]이 말하기를,

A: 魯[ノ,22]論[음합부]語[ハ,33]二[음합부]十[음합부]篇[ハ[2]]。皆、孔[음합부]子[ノ,22]弟[음합부]子、記[㆓,シルセリ]諸[ノ]善[훈합부,ヨキ]言[㆒,13]也。

B: 魯(ノ)の論語(ハ)は二十篇(ハ)。皆、孔子(ノ)の弟子、諸(ノ)善(ヨキ)言を記(シルセリ)。

C: 魯(ろ)の論語(ろんご)は二十篇(にじふへん)。皆(みな)、孔子(こうし)の弟子(ていし)、諸(もろもろ)の善(よ)き言(こと)を記(しる)せり。

D: 魯の論語は二十篇である。すべて孔子の弟子が、多くのよい言葉を記録したものである。

E: 魯(노)의 論語(논어)는 20편이다. 모두 공자의 제자가 여러 가지 좋은 말을 기록한 것이다.

---

1) 「向」에는 「シヤウ」라는 가나점이 달려 있는데, 經典釋文(경전석문)의 반절음주 「舒尙反」과도 일치한다. 한국한자음으로는 '상'이 이것에 상응하므로 그것에 따랐다.

2) 이 ハ점은 句點과 가나점이 상충된다. 문맥상 句點을 우선하여 읽었다.

A: 太[음합부]子[22]太[음합부]傅、夏[음합부]侯[음합부]勝[인명부,セウ]、前[음합부]將[음합부]軍、蕭[음합부,シヨウ]望[음합부,ハウ]之[인명부,シ]、丞[음합부]相、韋[음합부,イ]賢[인명부]、及[ヒ]、子[コ]、玄[음합부,ケン]成[인명부,セイ]等[ラ]、傳[ツタヘタリ]之。

B: 太子の太傅、夏侯勝(セウ)、前將軍、蕭(シヨウ)望(ハウ)之(シ)、丞相、韋(イ)賢、及(ヒ)、子(コ)、玄(ケン)成(セイ)等(ラ)、傳(ツタヘタリ)。

C: 太子(たいし)の太傅(たいふ)夏侯勝(かこうしょう)、前將軍(せんしゃうくん)蕭望之(せうばうし)、丞相(しょうしゃう)韋賢(ゐけん)、及(およ)び子(こ)玄成(くゑんせい)ら傳(つた)へたり。

D: 太子太傅である夏侯勝、前將軍である蕭望之、丞相である韋賢、及びその子の玄成らが伝えた。

E: 太子太傅(태자태부) 夏侯勝(하후승), 前將軍(전장군) 蕭望之(소망지), 丞相(승상) 韋賢(위현) 및 그 아들 韋玄成(위현성) 등이 전하였다.

A: 齊[22]論語[33]二[음합부]十二[음합부]篇[22[3]]。

B: 齊の論語は二十二篇。

C: 齊(せい)の論語(ろんご)は、二十二篇(にじふにへん)。

D: 斉の論語は二十二篇である。

E: 齊(제)의 論語는 22편이다.

A: 其[22]二[음합부]十[음합부]篇[22]中[ナカ,22]章句、頗[スコフル]、多[ﾆ,マサレリ]於魯[음합부]論[ﾞ,11]。

B: 其の二十篇の中(ナカ)の章句、頗(スコフル)、魯論に多(マサレリ)。

C: 其(そ)の二十篇(にじふへん)の中(なか)の章句(しゃうく)、頗(すこぶ)る魯論(ろろん)に多(まさ)れり。

D: そのうちの(魯論と対応する)二十篇の中の章句は、魯論よりやや多い。

E: 그 가운데(노론과 대응하는) 20편 중의 章句(장구)는 魯論(노론)보다 다소 많다.

3) 22점, 즉 「の」는 문맥상 적절하지 않으므로 취하지 않았다.

A: 瑯[음합부,ラウ]琊[ヤ,22]王[음합부]卿[인명부,ケイ]、及[ヒ]、膠[カウ]東[22]庸[ヨウ]生[인명부]、昌[음합부,シヤウ]邑[イフ,22]中[음합부]尉[ヰ]、王[음합부]吉[인명부]、皆以[31]教[オシヘタリ]之。

B: 瑯(ラウ)琊(ヤ)の王卿(ケイ)、及(ヒ)、膠(カウ)東の庸(ヨウ)生、昌(シヤウ)邑(イフ)の中尉(ヰ)、王吉、皆以て教(オシヘタリ)。

C: 瑯琊(らうや)の王卿(わうけい)、及(およ)び、膠東(かうとう)の庸生(ようせい)、昌邑(しゃういふ)の中尉(ちうゐ)王吉(わうきつ)、皆(みな)以(も)ちて敎(をし)へたり。

D: 瑯琊の王卿、及び膠東の庸生、昌邑の中尉である王吉は、みなこれで教えた。

E: 瑯琊(낭야)의 王卿(왕경) 및 膠東(교동)의 庸生(용생), 昌邑(창읍)의 中尉(중위) 王吉(왕길)이 모두 이것으로 가르쳤다.

A: 故[11]有[ニ,アリ]魯論[一]。有[ニ]齊[음합부]論[一]。

B: 故に魯論有(アリ)。齊論有。

C: 故(ゆゑ)に魯論(ろろん)有(あ)り。齊論(せいろん)有(あ)り。

D: そのため、魯論があり、斉論がある。

E: 그런 까닭에 魯論(노론)이 있고 齊論(제론)이 있다.

A: 魯[ノ,22]恭[음합부,ケウ]王[인명부,ノ,22]時[11]嘗[ムカシ]{テ}[4)]、欲[下,メ]以[ニ,テ]孔[음합부]子[인명부,22]宅[一,タク,13,31[5)]]爲[上,レ,ツクラン,23~33]宮[11]壞[コホツトキ,11,33[6)]]得[ニ,タリ]古[음합부]文論[음합부]語[一,13]。

B: 魯(ノ)の恭(ケウ)王(ノ)の時に嘗(ムカシ)、孔子の宅(タク)を以(テ)て宮に爲(ツクラン)と欲(シテ)壞(コホツトキ)に古文論語を得(タリ)。

C: 魯(ろ)の恭王(きょうわう)の時(とき)に、嘗(むかし)孔子(こうし)の宅(たく)を以(も)ちて宮(みや)に爲(つく)らんと欲(ほっ)して、壞(こぼ)つときに、古文論語(こぶんろんご)を得(え)たり。

D: むかし魯の恭王の時に、孔子の宅を宮に作り直そうとして壊した時に、古文論語を得た。

E: 일찍이 魯(노)나라 恭王(공왕) 때에 공자의 집을 궁으로 만들고자 하여 허물었을 때에 古文論語(고문논어)를 얻었다.

---

4) 左訓에 따르면 「かつて」라고 읽을 수 있다.
5) 31점은 동사 「以」 뒤에 연결되는 접속조사 「て」를 나타내는 오코토점이다. 따라서 B에서는 「以」 뒤에 나타낸다.
6) 33점, 즉 「は」는 문맥상 적절치 않으므로 취하지 않았다.

A: 齊[음합부]論[ニハ,11,33[7]]有[ㆁ]問[음합부]王、知[음합부]道[ㆍ]。

B: 齊論(ニハ)には問王、知道有。

C: 齊論(せいろん)には、問王(ぶんわう)、知道(ちだう)有(あ)り。

D: 斉論には問王篇と知道篇がある。

E: 齊論(제론)에는 問王篇(문왕편)과 知道篇(지도편)이 있다.

A: 多[ㆁ,マサレル,13~23]{ㄱ}於魯[음합부]論[ㆍ,ヨリモ,11[8]]、二[음합부]篇。

B: 魯論(ヨリモ)に多(マサレル)こと、二篇。

C: 魯論(ろろん)に多(まさ)れること、二篇(にへん)。

D: (つまり)魯論より二篇が多い。

E: (즉) 魯論(노론)보다 두 편이 많다.

A: 古[음합부]論[ニモ]、亦、無[ㆁ,シ]此[22]二[음합부]篇[ㆍ]。

B: 古論(ニモ)、亦、此の二篇無(シ)。

C: 古論(ころん)にも、亦(また)、此(こ)の二篇(にへん)無(な)し。

D: 古論にもまた、この二篇がない。

E: 古論(고론)에도 또한 이 두 편이 없다.

A: 分[ㆁ,ワカテ]堯[음합부]曰[ノ,22]下[ノ,22]章、子[음합부]張問[ㆍ,フントイフ,13]以[31]爲[ㆁ,ス]一[음합부]篇[ㆍ,ト,23~33]。

B: 堯曰(ノ)の下(ノ)の章、子張問(フントイフ)を分(ワカテ)以て一篇(ト)と爲(ス)。

C: 堯曰(げうゑつ)の下(しも)の章(しやう)、子張問(しちやうぶん)といふを分(わか)って以(も)ちて一篇(いちへん)と爲(す)。

D: 「堯曰」の後ろの「子張問」で始まる内容を分けて、一篇とした。

E: '堯曰(요왈)'의 뒷부분인 '子張問(자장문)'으로 시작되는 것을 나눠서 한 편[子張問篇]으로 삼았다.[9]

7) 오코토점과 가나점이 나타내는 문법성분이 같다.
8) 가나점과 오코토점이 상충되므로 여기서는 의미상 보다 합당한 오코토점 「に」를 취하여 읽었다.
9) 堯曰篇 2장 「子張問政孔子曰…」로 시작하는 장 이후를 나누어 「子張問篇」으로 삼았다는 것이다.

A: 有[ᅳ]兩[ノ,22]子[음합부]張[ᅳ]。

B: 兩(ノ)の子張有。

C: 兩(ふた)つの子張(しちゃう)有(あ)り。

D: (つまり)二つの子張篇がある。

E: (즉) 두 개의 子張篇(자장편)이 있다.

A: 凢[スヘ,31]二[음합부]十[음합부]一[음합부]篇。

B: 凢(スヘ)て二十一篇。

C: 凡(すべ)て二十一篇(にじふいちへん)。

D: 全部で二十一篇である。

E: 모두 21편이다.

A: 篇[훈합부,22]次[ツイテ]、不[ᅮ,ス]與[ᅳ,ト]齊魯[음합부]論[ᅳ]、同[ᅩ,オナシカラ]。

B: 篇の次(ツイテ)、齊魯論與(ト)、同(オナシカラ)不(ス)。

C: 篇(へん)の次(つい)では、齊(せい)魯論(ろろん)と同(おな)じからず。

D: 篇の順序は、斉論·魯論と同じではない。

E: 편의 순서는 齊論(제론)·魯論(노론)과 같지 않다.

A: 安[음합부]昌[음합부]侯、張[음합부]禹[인명부]、夲[モト]、受[ᅳ,ウケテ]魯論[ᅳ,13]兼[カネ,31]講[ᅳ,カウス]齊説[ᅳ,セツ,13]。

B: 安昌侯、張禹、夲(モト)、魯論を受(ウケテ)兼(カネ)て齊説(セツ)を講(カウス)。

C: 安昌侯(あんしゃうこう)、張禹(ちゃうう)、本(もと)魯論(ろろん)を受(う)けて、兼(か)ねて齊説(せいせつ)を講(かう)ず。

D: 安昌侯である張禹は、本来魯論を受けいれていたが、それに加えて斉論の説も講じた。

E: 安昌侯(안창후)인 張禹(장우)는 본래 魯論(노론)을 받아들였는데, 그에 더하여 齊論(제론)의 설도 강의하였다.

A: 善[ヨキ,11,33]從[シタカフ]之。

B: 善(ヨキ)には從(シタカフ)。

C: 善(よ)きには從(したが)ふ。[10)]

D: よいところには従った。

E: 좋은 곳은 따랐다.

A: 號[ナツケ,31]曰[ㄷ,イフ]張[음합부]侯[음합부]論[ㄱ,23~33]。

B: 號(ナツケ)て張侯論と曰(イフ)。

C: 號(なづ)けて張侯論(ちゃうこうろん)と曰(い)ふ。

D: 名付けて張侯論という。

E: 이름하여 張侯論(장후론)이라고 한다.

A: 爲[レ,11]世[22]所[レ,ラル]貴[タトヒ]。

B: 世の爲に貴(タトヒ)所(ラル)。

C: 世(よ)の爲(ため)に貴(たっと)びらる。[11)]

D: 世の人々に貴ばれた。

E: 세상 사람들이 귀하게 여겼다.

A: 苞[음합부]氏、周[음합부]氏、章[음합부]句出[イタセリ]焉。

B: 苞氏、周氏、章句出(イタセリ)。

C: 苞氏(はうし)、周氏(しうし)、章句(しゃうく)を出(いだ)せり。

D: 苞氏、周氏が(張侯論に対して)章句[注釈]を作った。

E: 苞氏(포씨), 周氏(주씨)가 (장후론에 대해서) 章句(장구)[주석]를 만들었다.

A: 古[음합부]論[11,33]唯、博[음합부]士孔[음합부]安[음합부]國、爲[ㄷ,ツクレリ]之訓[음합부]説[ㄱ]。

B: 古論には唯、博士孔安國、訓説爲(ツクレリ)。

---

10) 應永本抄物「其內ニ是ハ齊論カ善ト思イ、是ハ魯論カ善ト思フ所モアリ。其二ノ中ノ善所ヲ取テ一部シイタス也。(그 중에 이것은 齊論(제론)이 좋다고 생각되고, 이것은 魯論(노론)이 좋다고 생각되는 곳도 있다. 양쪽의 좋은 부분을 취하여 한데 모은 것이다. 20쪽)」

11) 應永本抄物「曾(원문그대로임)論知者ハ齊論ヲ不知。齊論ヲ知者ハ魯論ヲ不知。一ツ以テ兩方ヲ知ル論吾アリトテ世ノ學者此ヲ奔走スル也。所貴トハ重寶セラルヽ也。(魯論(노론)을 아는 자는 齊論(제론)을 모르고, 齊論을 아는 자는 魯論을 모른다. 하나로써 양쪽을 알 수 있는 논어가 있다고 하여 세간의 학자들이 이것을 귀히 여겼다. 所貴(소귀)란 귀하게 여겨진다는 것이다. 20쪽)」

C: 古論(ころん)には、唯(ただ)博士(はくし)孔安國(こうあんこく)、訓說(くんせつ)を爲(つく)れり。

D: 古論については、ただひとり博士である孔安国が訓説を作っていた。

E: 古論(고론)에 대해서는 오직 박사 孔安國(공안국)만이 訓說(훈설)을 만들었다.

A: 而[シカル,13]世[11]、不[レ,ス]傳[ツタヘ]。

B: 而(シカル)を世に、傳(ツタヘ)不(ス)。

C: 而(しか)るを世(よ)に傳(つた)へず。

D: しかし世に伝わらない。

E: 그러나 세상에 전하지 않는다.

A: 至[ニ,テ]順[음합부]帝[22]時[一,11]南[음합부]郡[キン,22]太[음합부]守馬[음합부]融[인명부]、亦、爲[ニ,ツクレリ]之訓[음합부,キン]說[一,セツ]。

B: 順帝の時に至(テ)南郡(キン)の太守馬融、亦、訓(キン)說(セツ)爲(ツクレリ)。

C: 順帝(しゅんてい)の時(とき)に至(いた)りて、南郡(なむきん)の太守(たいしう)馬融(ばいう)、亦(また)訓說(くんせつ)を爲(つく)れり。

D: 順帝の時に至り、南郡の太守である馬融も訓説を作った。

E: 順帝(순제) 때에 이르러 南郡(남군) 太守(태수)인 馬融(마융)도 訓說(훈설)을 만들었다.

A: 漢[22]末[スヘ,11]太[음합부]司[음합부]農鄭[음합부]玄[인명부]、就[ニ,テ]魯[음합부]論[22]篇[음합부,ヘン]章[一,11]考[ニ,カンカヘテ]之齊古[一,11]以[31]爲[ニ,ツクル]之註[一,チウ]。

B: 漢の末(スヘ)に太司農鄭玄、魯論の篇(ヘン)章に就(テ)齊古に考(カンカヘテ)以て註(チウ)爲(ツクル)。

C: 漢(かん)の末(すゑ)に、太司農(たいしのう)鄭玄(ぢゃうぐゑん)[12]、魯論(ろろん)の篇章(へんしゃう)に就(つ)きて、齊(せい)・古(こ)に考(かんが)へて、以(も)ちて註(ちう)を爲(つく)る。

12) 鄭玄은 「ぢゃうぐゑん」 혹은 「ていくゑん」이라고 읽는다. 「鄭」자의 漢音은 「てい」이고 吳音은 「ぢゃう」이다. 「玄」자의 漢音은 「くゑん」이고 吳音은 「ぐゑん」이다. 관용적으로 「ぢゃうぐゑん」로 읽는 일이 많으므로 이하 이에 따른다.

D: 漢の末に、太司農である鄭玄が、魯論の篇と章に依拠し、斉論と古論も参考にして注釈を作った。

E: 한나라 말기에 太司農(태사농) 鄭玄(정현)이 魯論(노론)의 편과 장에 의거하고, 齊論(제론)과 古論(고론)도 참고하여 주석서를 만들었다.

A: 近[コノコロ]、故[モトノ,22]司[음합부]空[コウ]、陳[음합부]羣[인명부,クン]、太[음합부]常王[음합부]肅[인명부,シク]、博[음합부]士周[음합부]生[음합부]烈[인명부,レツ]、皆、爲[ニ,ツクレリ]義[음합부,キ]說[一]。

B: 近(コノコロ)、故(モトノ)の司空(コウ)、陳羣(クン)、太常王肅(シク)、博士周生烈(レツ)、皆、義(キ)說爲(ツクレリ)。

C: 近(このごろ)、故(もと)の司空(しこう)陳群(ちんくん)、太常(たいしゃう)王肅(わうしく)、博士(はくし)周生烈(しうせいれつ)、皆(みな)義說(ぎせつ)を爲(つく)れり。

D: 最近、元司空である陳群、太常である王肅、博士である周生烈が、みな義說を作った。

E: 최근 전 司空(사공)인 陳群(진군), 太常(태상)인 王肅(왕숙), 박사 周生烈(주생렬)이 모두 義說(의설)[주석서]을 만들었다.

A: 前[훈합부,22]世[33]傳[ツタヘ,31]受[ニ,ウケタリ]師[음합부]說[一,13]。

B: 前の世は傳(ツタヘ)て師說を受(ウケタリ)。

C: 前(さき)の世(よ)は、傳(つた)へて師說(しせつ)を受(う)けたり。[13)]

D: (張侯論より)以前は、師說を(そのまま)伝え受けいれた。

E: (張侯論보다) 이전에는 스승의 설을 (그대로) 전하여 받아들였다.

A: 雖[レ,イヘトモ]有[ニ,23~33]異[음합부]同[一]、不[レ,ス]爲[ニ,ツクラ]訓[음합부]解[一,カイ]。

B: 異同有と雖(イヘトモ)、訓解(カイ)爲(ツクラ)不(ス)。

C: 異同(いとう)有(あ)りといへども、訓解(くんかい)を爲(つく)らず。

D: 異同があっても、訓解を作らなかった。

E: 같고 다름이 있어도 訓解(훈해)[주석서]를 만들지 않았다.

13) 應永本抄物「前世トハ張侯ヨリ先ノ事也。其時分ハ師說ヲ受テ吾師ノ說ハカウ也々々ト義勢ヲ立テ其義勢ニ同ヤウナルコトモアリ。又替タル事モアレ共注ヲハ不作也。(前世(전세)란 張侯(장후)[안창후 장우]보다 이전을 말한다. 그 당시에는 스승의 설을 전수받아서 나의 스승의 설은 이러이러하다고 그 설을 내세웠는데 그 설과 같은 것도 있었다. 또 바꾼 곳이 있어도 주석을 만들지 않았다. 23쪽)」

A: 中[훈합부, ナカコロ]間、爲[ニ;ツクレリ]之訓[음합부]解[一,カイ]。

B: 中間(ナカコロ)、訓解(カイ)爲(ツクレリ)。

C: 中間(なかごろ)、訓解(くんかい)を爲(つく)れり。[14)]

D: その後、訓解を作るようになった。

E: 그 후 訓解(훈해)를 만들게 되었다.

A: 至[ニ,イタテ]于今[一,イマ,11]多[オホシ]矣。

B: 今(イマ)に至(イタテ)多(オホシ)。

C: 今(いま)に至(いた)って多(おほ)し。[15)]

D: 今に至って多くなった。

E: 지금에 이르러 많아졌다.

A: 所[レ,ロ]見[ミタル]、不[レ,ス]同[オナシカラ]。

B: 見(ミタル)所(ロ)、同(オナシカラ)不(ス)。

C: 見(み)たる所(ところ)、同(おな)じからず。

D: 見方が同じではない。

E: 보는 바가 같지 않다.

A: 𠀋[タカヒ,11]有[ニ,リ]得[음합부]失[一]。

B: 𠀋(タカヒ)に得失有(リ)。

C: 互(たが)ひに得失(とくしつ)有(あ)り。

D: それぞれ長所と短所がある。

E: 각각 장단점이 있다.

14) 應永本抄物 「張侯ヨリ後ヲ云。包氏周氏安國馬融ナントカ我モ我モト注ヲ作也。(張侯(장후)보다 나중을 말한다. 包咸(포함)과 周生烈(주생렬), 孔安國(공안국), 馬融(마융) 등이 너도 나도 주석을 만들었다. 23쪽)」

15) 應永本抄物 「今トハ魏ノ末何平叔カ時分也。多トハ注ヲ作也。者多キ也。(지금이라는 것은 魏(위)나라 何平叔(하평숙) 시절이다. 多(다)란 주를 만든 자가 많은 것이다. 23쪽)」

A: 今、集[ニ,アツメ]諸[음합부]家[22]之善[훈합부]説[一,セツ,13,31[16]]記[ニ,シル,32]其[22]姓[음합부]名[一,13]。

B: 今、諸家の善説(セツ)を集(アツメ)て其の姓名を記(シル)す。

C: 今(いま)諸家(しょか)の善(よ)き說(せつ)を集(あつ)めて、其(そ)の姓名(せいめい)を記(しる)す。[17]

D: 今諸家のよい説を集めて、その姓名を明記する。

E: 이제 여러 학자의 좋은 설을 모으고 (그 설을 말한 학자의) 이름을 적어 나타낸다.

A: 有[レ,13,33]不[レ,サル,13~23]安[ヤスカラ]者、頗[スコフル]爲[タメ,11]改[훈합부,アラタメ]易[カフ]。

B: 安(ヤスカラ)不(サル)こと有をば、頗(スコフル)爲(タメ)に改(アラタメ)易(カフ)。

C: 安(やす)からざること有(あ)るをば、頗(すこぶ)る爲(ため)に改(あらた)め易(か)ふ。[18]

D: 適切でないところがあれば、やや改めた。

E: 적절하지 않은 곳이 있으면 다소 고쳤다.

A: 名[ナツケ,31]曰[ニ,フ]論[음합부]語集[음합부]解[一,23~33]。

B: 名(ナツケ)て論語集解と曰(フ)。

C: 名(な)づけて論語集解(ろんごしっかい)と曰(い)ふ。

D: 名付けて論語集解(ろんごしっかい)という。

E: 이름하여 論語集解(논어집해)라고 한다.

---

16) [31]점은 동사 「集」 뒤에 연결되는 접속조사 「て」를 나타내는 오코토점이다. 따라서 B에서는 「集」 뒤에 나타낸다.

17) 應永本抄物 「諸家ノ注ヲ集テ此書ノ義ヲトク也。(제가의 주석을 모아 이 책의 뜻을 풀이하였다. 24쪽)」

18) 應永本抄物 「諸家ノ注[ノ]詞[ニ]是ハナクトモト思フ事ヲハケツリ除テ、或ハ一字ヲ副、或ハ一字ヲ削ナントスル也。(제가의 주석 가운데에서 이것은 없어도 되겠다고 생각되는 것을 떼어버리고, 혹은 한 글자를 더하거나 혹은 한 글자를 삭제하거나 하는 것이다. 24쪽)」

A: 光[음합부]祿[ロク]大[음합부]夫、關[음합부,クワン]内[음합부,タイ]侯[コウ]、臣[シン]、孫[음합부,ソン]邕[인명부,ヨウ]、光[음합부]祿大[음합부]夫、臣鄭[음합부,テイ]沖[인명부,チウ]、散[음합부]騎[음합부,キ]常[음합부,シヤウ]侍[シ]、中[음합부]領[음합부,レイ]軍、安[음합부]鄕[음합부,キヤウ]亭[テイ]侯、臣、曹[음합부,サウ]羲[인명부,キ]、侍[음합부]中、臣、荀[음합부,シユン]顗[인명부,キ]、尚[음합부,シヤウ]書[シヨ]、駙[음합부,フ]馬都[음합부]尉、關[음합부]内[음합부]侯、臣、何[음합부,カ]晏[인명부,アン]等[ラ]上[タテマツル]。

B: 光祿(ロク)大夫、關(クワン)内(タイ)侯(コウ)、臣(シン)、孫(ソン)邕(ヨウ)、光祿大夫、臣鄭(テイ)沖(チウ)、散騎(キ)常(シヤウ)侍(シ)、中領(レイ)軍、安鄕(キヤウ)亭(テイ)侯、臣、曹(サウ)羲(キ)、侍中、臣、荀(シユン)顗(キ)、尚(シヤウ)書(シヨ)、駙(フ)馬都尉、關内侯、臣、何(カ)晏(アン)等(ラ)上(タテマツル)。

C: 光祿大夫(くゎうろくたいふ)關内侯(くゎんだいこう)臣(しん)孫邕(そんよう)、光祿大夫(くゎうろくたいふ)臣(しん)鄭沖(ていちう)、散騎常侍(さんきしゃうし)中領軍(ちうれいくん)安鄕亭侯(あんきゃうていこう)臣(しん)曹羲(さうき)、侍中(しちう)臣(しん)荀顗(しゅんぎ)、尚書(しゃうしょ)駙馬都尉(ふばとゐ)關内侯(くゎんだいこう)臣(しん)何晏(かあん)ら上(たてまつ)る。

D: 光祿大夫・関内侯である臣孫邕、光祿大夫である臣鄭沖、散騎常侍・中領軍・安鄕亭侯である臣曹羲、侍中である臣荀顗、尚書・駙馬都尉・関内侯である臣何晏らが献上する。

E: 光祿大夫(광록대부)・關内侯(관내후) 臣(신) 孫邕(손옹), 光祿大夫 臣 鄭沖(정충), 散騎常侍(산기상시)・中領軍(중령군)・安鄕亭侯(안향정후) 臣 曹羲(조희), 侍中(시중) 臣 荀顗(순의), 尚書(상서)・駙馬都尉(부마도위)・關内侯(관내후) 臣 何晏(하안) 등이 바친다.

論語集解學而第一

論語學而第一　　　　何晏集解　九十六章

0101

A: 子曰學[31]而時[トキ,11]習[ナラフ]之。

B: 子曰學て時(トキ)に習(ナラフ)。

C: 子(し)の曰(のたう)ばく[19]、學(まな)びて時(とき)に習(なら)ふ。

D: 先生が言われた。学んでそのつど復習する。

E: 선생님께서 말씀하시기를, 배우고 때에 맞춰 익힌다.

A: 不[二,32]亦、悅[一,ヨロコハシカラ]乎[ヤ]

B: 亦、悅(ヨロコハシカラ)不ず乎(ヤ)

C: 亦(また)、悅(よろこ)ばしからずや。

D: また嬉しいことではないか。

E: 또한 기쁘지 아니한가?

a: 馬融曰、子[33]者男[음합부]子[22]之通[음합부]稱。

b: 馬融曰、子は男子の通稱。

c: 馬融(ばいう)曰(い)はく、子(し)は男子(だんし)の通稱(とうしょう)。

19) 현대 일본의 논어 번역서에서는 「子(し)曰(い)はく」라고 하여 존경표현을 사용하지 않고 「いふ」의 く어법을 써서 읽는 것이 보통이다. 중세까지는 주격조사 「の」와 「が」를 구분하여 사용하여, 전자는 높여야 하는 대상일 경우에 사용되었다. 따라서 「子(し)の」라고 읽는 것이 타당하다. 「曰」에 대해서는 淸原家의 훈독에서는 「のたうばく」가 일반적인 독법이라고 알려져 있다. 이는 淸原家 논어 고사본(古寫本)에서 확인할 수 있다. 그러나 無跋本集解의 八佾第3篇 1장과 25장에 「謂」에 각각 「ノタウマク」 「ノタフマク」가 가점되어 있다. 「のたうまく」는 「ノタウバク」가 변화된 것이다. 永正本集解에는 八佾第3篇 1장의 「謂」에 「ノタマハク」라고 가점되어 있다. 본서에서는 위의 두 곳을 제외하고 '말씀하시기를'에 해당하는 「曰」, 「謂」 등은 「のたうばく」로 훈독하기로 한다.

d: 馬融が言った。子は、男子の通称である。

e: 마융이 말하기를, 子(자)는 남자의 통칭이다.

a: 謂[ᆖ]孔[음합부]子[ᆜ,13]也。

b: 孔子を謂。

c: 孔子(こうし)を謂(い)ふ。

d: 孔子のことをいう。

e: 공자를 말한다.

a: 王[음합부]肅[21]曰、時[훈독부,23~33,33]者學[음합부]者[22]以[ㇾ]時[13,31]誦[음합부,シヨウ]習[スルソ]之。

b: 王肅が曰、時とは學者の時を以て誦(シヨウ)習(スルソ)。

c: 王肅(わうしく)が曰(い)はく、時(とき)とは、學者(がくしゃ)、時(とき)を以(も)ちて誦習(しょうしふ)するぞ。[20]

d: 王肅が言った。時とは、学ぶものが適切なときに読み習うことである。

e: 왕숙이 말하기를, 時(시)라는 것은, 배우는 이가 때에 맞춰 독송하여 익히는 것이다.

a: 誦[음합부]習[スル,11]以[ㇾ,トキ,33]時[13]、學、無[ㇾ,シ]廢[ㇾ,スツル,13~23]業[13]。

b: 誦習(スル)に時を以(トキ)は、學、業を廢(スツル)こと無(シ)。

c: 誦習(しょうしふ)するに、時(とき)を以(も)ってするときは、學(がく)、業(げふ)を廢(す)つること無(な)し。

d: 適切なときに読み習えば、学問において業を捨ておくことがない。

e: 때맞춰 독송하여 익히면, 학문을 함에 있어서 학업을 버려두는 일이 없다.

20) 應永本抄物「時ト云ニ三アリ。一ニハ身ノ中ニ付テノ時二ニハ年ノ中ニ就テノ時。三ニハ日ノ中ニ付テノ時。一ニ身ノ中ニ付テノ時トハ禮記ノ內則ニ六年ニハ數ト方名トヲ敎ト云。……二ニ歲ノ中ニ付ノ時トハ禮記ノ王制ニ春夏ハ詩樂ヲ學ヒ、秋冬ハ書禮ヲ學フ、トイヘリ。……三ニ日ノ中ニ付テノ時トハ前ノ身ノ中ノ時ト、年ノ中ノ時ト此二ヲ每日習テ暫モ不捨ヲ是ヲ學習ノ三時ト云也。(때라는 것에 세 가지가 있다. 첫째로는 일신 가운데의 때. 둘째로는 한 해 가운데의 때. 셋째로는 하루 가운데의 때. 첫째로 일신 가운데의 때란, 禮記(예기)의 內則(내칙)에 여섯 살에는 숫자와 방향의 이름을 가르친다고 되어 있다. ……둘째로 한 해 가운데의 때란, 禮記의 王制(왕제)에 봄과 여름에는 詩(시)와 樂(악)을 배우고 가을과 겨울에는 書(서)와 禮(예)를 배운다고 하였다. ……셋째로 하루 가운데의 때란, 앞서 말한 일신 가운데의 때와 한 해 가운데의 때, 이 두 가지를 매일 익혀 잠시도 놓지 않는 것이니 이것을 배움의 세 가지 때라고 하는 것이다. 30−32쪽)」

a: 所[㆔,훈합부]以[ナリ]爲[㆓,スル]悅[음합부]懌[㆒,23~33]也

b: 悅懌と爲(スル)所以(ナリ)

c: 悅懌(えつえき)と爲(す)る所以(ゆゑん)なり。

d: (これが)悦びとする理由である。

e: (이것이) 기쁘게 여기는 까닭이다.

A: 有[㆘,リ]朋、自[㆓,ヨリ]遠[음합부]方[㆒]来[㆖,キタレル,13~23]。

B: 朋、遠方自(ヨリ)来(キタレル)こと有(リ)。

C: 朋(とも)、遠方(ゑんぱう)より來(きた)れること有(あ)り。[21]

D: 友達が遠い所から訪ねてくるということがある。

E: 벗이 먼 곳으로부터 찾아오는 일이 있다.

A: 不[㆓,32]亦、樂[㆒,タノシカラ]乎[ヤ]

B: 亦、樂(タノシカラ)不ず乎(ヤ)

C: 亦(また)樂(たの)しからずや。

D: また楽しいことではないか。

E: 또한 즐겁지 아니한가?

a: 苞氏曰、同[㆑,シキ,13]門、曰[㆑]朋[23~33]也

b: 苞氏曰、門同(シキ)を、朋と曰

c: 苞氏(はうし)曰(い)はく、門(もん)、同(おな)じきを朋(ほう)と曰(い)ふ。

d: 苞氏が言った。門を同じくする人を朋という。

e: 포씨가 말하기를, 門(문)[한 스승의 문하]이 같은 사람을 朋(붕)이라고 한다.

A: 人、不[㆑]知[シラ]。而[ヲ]不[㆑,ス]慍[イカラ]。

B: 人、知(シラ)不。而(ヲ)慍(イカラ)不(ス)。

C: 人(ひと)、知(し)らず。而(しか)るを慍(いか)らず。

21) 應永本抄物「同シキ師匠ヲ取テ其門下[ニ]メ(원문그대로임)ラハ朋ノ字ヲ書。同志曰[㆑]友[ト]、同[㆑,シテ]志[ヲ]友々ニ飢寒ヲ救フヲハ友ノ字ヲ書也。(같은 스승을 두고 그 문하에 있으면 朋(붕)이라는 글자로 적는다. 同志(동지)를 友(우)라고 한다. 뜻을 같이 하여 벗들의 춥고 배고픔을 돕는 이를 友라는 글자로 적는다. 34쪽)」

D: 人が分かってくれない。それでも怒らない。

E: 사람들이 알아주지 않는다. 그래도 성내지 않는다.

A: 不[ニ,ス]亦、君[음합부]子[一,ナラ]乎[ヤ]

B: 亦、君子(ナラ)不(ス)乎(ヤ)

C: 亦(また)君子(くんし)ならずや。

D: また君子ではないか。

E: 또한 군자가 아니겠는가?

a: 慍[33]怒[ト]也。

b: 慍は怒(ト)。

c: 慍(うん)は怒(ど)。

d: 慍は怒である。

e: 慍(온)은 怒(노)[성내다]이다.

a: 凡[ソ]人、有[レ,レトモ]所[レ]不[レ]知、君[음합부]子[33]不[レ,ス]慍[イカラ]也

b: 凡(ソ)人、知不所有(レトモ)、君子は慍(イカラ)不(ス)

c: 凡(およ)そ人(ひと)、知(し)らざる所(ところ)有(あ)れども、君子(くんし)は慍(いか)らず。

d: およそ人が分かってくれないところがあっても、君子は怒らない。

e: 무릇 사람들이 알아주지 않는 바가 있어도, 군자는 성내지 않는다.

0102

A: 有子[인명부]曰

B: 有子曰

C: 有子(いうし)が曰(い)はく、

D: 有子が言った。

E: 有子(유자)가 말하기를,

a: 孔安國曰、弟[음합부]子、有[음합부]若[인명부,ソ]

b: 孔安國曰、弟子、有若(ソ)

c: 孔安國(こうあんこく)曰(い)はく、弟子(ていし)、有若(いうじゃく)ぞ。

d: 孔安国が言った。弟子の有若である。

e: 공안국이 말하기를, 제자 有若(유약)이다.

A: 其[レ]、爲[ㇾ,ナリ]人[23~33]也孝[음합부]悌[テイニシ,31]而好[ㇾ,コノ,12]犯[ㇾ,ヲカサン,23~33]上[カミ,13]者[33]鮮[スクナシ]矣

B: 其(レ)、人と爲(ナリ)孝悌(テイニシ)て上(カミ)を犯(ヲカサン)と好(コノ)む者は鮮(スクナシ)

C: 其(それ)、人(ひと)と爲(な)り、孝悌(かうてい)にして上(かみ)を犯(をか)さんと好(この)む者(もの)は鮮(すく)なし。

D: その人柄が孝悌でありながら、目上の人にさからうことを好む者は少ない。

E: 그 사람됨이 孝悌(효제)[22]하면서 윗사람을 거스르는 것을 좋아하는 자는 적다.

a: 鮮[セン,33]少也。

b: 鮮(セン)は少。

c: 鮮(せん)は少(せう)。

d: 鮮は少である。

e: 鮮(선)은 少(소)[적다]이다.

a: 上[23~33,33]謂[ㇳ]凢在[ㆁ,ル]巳[オノ,21]上[ㆀ,カミ,11]者[ㆍ,13]。

b: 上とは凢巳(オノ)が上(カミ)に在(ル)者を謂。

c: 上(しゃう)とは、凡(およ)そ己(おの)が上(かみ)に在(あ)る者(もの)を謂(い)ふ。

d: 上とは、自分より目上の人をいう。

e: 上(상)이란 자기보다 윗사람을 말한다.

---

22) 孝는 부모를 잘 섬기는 것이고, 悌는 형을 잘 모시는 것이다.

a: 言[33]孝[음합부]悌[22]之人[33]必有[삭제부]恭[음합부]順[ナリ]。

b: 言は孝悌の人は必恭順(ナリ)。

c: 言(いふこころ)は、孝悌(かうてい)の人(ひと)は、必(かなら)ず恭順(きょうしゅん)なり。

d: 意味はこうである。孝悌の人は、かならず恭順である。

e: 그 뜻은 이러하다. 孝悌(효제)한 사람은 반드시 恭順(공순)하다.

a: 好[31]欲[ㇾ]犯[ニ,ヲカサマク]其[ノ,22]上[ㇾ,ヲ]者[33]少[スクナシ]也

b: 好て其(ノ)の上(ヲ)犯(ヲカサマク)欲者は少(スクナシ)

c: 好(この)みて其(そ)の上(かみ)を犯(をか)さまく欲(ほっ)する者(もの)は少(すく)なし。

d: 好んで目上の人にさからおうとする者は少ない。

e: 즐겨 윗사람을 거스르고자 하는 자는 적다.

A: 不[ㇾ,メ]好[ㇾ,マ]犯[ㇾ,サン,23~33]上[13]而好[ㇾ,12]作[ㇾ,オコサン,23~33]亂[13]者[モノ,33]未[ニ,タ]{シ}之有[一,アラ]也。

B: 上を犯(サン)と好(マ)不(シテ)亂を作(オコサン)と好む者(モノ)は未(タ)有(アラ)未(シ)。

C: 上(かみ)を犯(をか)さんと好(この)まずして、亂(らん)を作(おこ)さんと好(この)む者(もの)は、未(いま)だ有(あ)らじ。

D: 目上の人にさからうことを好まないのに、乱を起こすことを好む人は、いまだかつていなかった。

E: 윗사람을 거스르는 것을 좋아하지 않으면서, 亂(난)을 일으키는 것을 좋아하는 자는 일찍이 없었다.

A: 君[음합부]子[33]務[ㇾ,ツトム]本[モト,13]。

B: 君子は本(モト)を務(ツトム)。

C: 君子(くんし)は、本(もと)を務(つと)む。

D: 君子は本にはげむ。

E: 군자는 근본에 힘쓴다.

A: 本[훈합부]立[31]而道[훈합부]生[ナル]

B: 本立て道生(ナル)

C: 本(もと)立(た)ちて、道(だう)生(な)る。

D: 本が立てば道が生じる。

E: 근본이 서면 道(도)가 생긴다.

a: 本[33]基[キ]也。

b: 本は基(キ)。

c: 本(ほん)は基(き)。[23)]

d: 本は基である。

e: 本(본)은 基(기)[근본]이다.

a: 基[훈독부]立[31]而後[11]可[ﾆ]大[음합부]成[ｰ,32]也

b: 基立て後に大成す可

c: 基(もと)立(た)ちて、後(のち)に大成(たいせい)すべし。

d: 基が立ってはじめて大成することができる。

e: 근본이 선 후에야 비로소 대성할 수 있다.

A: 孝[음합부]悌[テイ,33]也者、其[レ]仁[22]之本[モト]與[21]

B: 孝悌(テイ)は、其(レ)仁の本(モト)與か

C: 孝悌(かうてい)は、其(それ)、仁(じん)の本(もと)か。

D: 孝悌は仁の本か。

E: 효제는 仁(인)의 근본이도다.

a: 先[マツ]、能、事[ﾆ,テ]父[음합부]兄[ｰ,11]然[31]後[11]可[ﾆ]乃仁成[ｰ,ナル]也。

b: 先(マツ)、能、父兄に事(テ)然て後に乃仁成(ナル)可。

c: 先(ま)づ能(よ)く父兄(ふけい)に事(たてまつ)りて、然(しかう)して後(のち)に、乃(いま)し仁(じん)成(な)るべし。

d: まず父兄に仕えることができて、それでこそ仁を成し遂げることができる。

e: 먼저 父兄(부형)을 잘 섬긴 연후에야 인이 이루어질 수 있다.

---

23) 應永本抄物「本トハ孝悌ヲ云。君子ハ親ニ孝アリ。兄ニ悌有道ヲツトムル也。(本(본)이란 孝悌(효제)를 말한다. 군자는 부모에게 孝(효)가 있고 형에게 悌(제)가 있어, 도에 힘쓰는 것이다. 36쪽)」

0103

A: 子曰巧[ㇾ,タクミニシ]言[13]、令[ㇾ,ヨクスル,33]色[13]、鮮[㆓,スクナシ]矣仁[㆒,アル,13~23]

B: 子曰言を巧(タクミニシ)、色を令(ヨクスル)は、仁(アル)こと鮮(スクナシ)

C: 子(し)の曰(のたう)ばく、言(こと)を巧(たく)みにし、色(いろ)を令(よ)くするは、仁(じん)あること鮮(すく)なし。

D: 先生が言われた。言葉を巧みにして、いい顔をする人は、仁のあることが少ない。

E: 선생님께서 말씀하시기를, 말을 교묘하게 하고 안색을 좋게 꾸미는 사람은 인이 있는 경우가 적다.

a: 苞氏曰、巧[ㇾ,ス,23~33,33]言[13]、好[㆔[24],ヨクスルソ]其[22]言[음합부]語[㆒,13]。

b: 苞氏曰、言を巧(ス)とは、其の言語を好(ヨクスルソ)。

c: 苞氏(はうし)曰(い)はく、言(こと)を巧(たく)みにすとは、其(そ)の言語(げんご)を好(よ)くするぞ。

d: 苞氏が言った。言葉を巧みにするとは、話し方をうまくすることである。

e: 포씨가 말하기를, 말을 교묘하게 한다는 것은 말을 듣기 좋게 하는 것이다.

a: 令[ㇾ,ヨク,23~33,33]色[13]、善[㆓,ヨクスルソ]其顔[음합부]色[㆒,13]

b: 色を令(ヨク)とは、其顔色を善(ヨクスルソ)

c: 色(いろ)を令(よ)くすとは、其(そ)の顔色(がんしょく)を善(よ)くするぞ。

d: 色をよくするとは、顔色をよくすることである。

e: 색을 좋게 한다는 것은 낯빛을 좋게 하는 것이다.

a: 皆、欲[ㇾ,32]令[㆓,ㇾ,メ]{シメマク}人[13]説[㆒,ヨロコハ]之。

b: 皆、人を令(シテ)説(ヨロコハ)令(シメマク)欲す。

24) [㆔]이라고 적혀 있으나 [㆓]의 잘못이다.

c: 皆(みな)人(ひと)をして說(よろこ)ばしめまく欲(ほっ)す。

d: 両方とも人を喜ばせようとすることである。

e: 모두 사람을 기쁘게 하고자 하는 것이다.

a: 少[ニ,シ]能、有[一,レ,13~23]仁也

b: 能、仁有こと少(シ)

c: 能(よ)く仁(じん)有(あ)ること少(すく)なし。

d: 仁を有することが少ない。

e: 인을 지니는 경우가 적다.

0104

A: 曽子[인명부,21]曰[イ]

B: 曽子が曰(イ)

C: 曾子(そうし)が曰(い)はく、

D: 曾子が言った。

E: 曾子(증자)가 말하기를,

a: 馬融曰、弟[음합부]子曽[음합부]參[인명부,ソ]也

b: 馬融曰、弟子曽參(ソ)

c: 馬融(ばいう)曰(い)はく、弟子(ていし)、曾參(そうしむ)ぞ。

d: 馬融が言った。弟子の曾参である。

e: 마융이 말하기를, 제자 曾参(증삼)이다.

A: 吾、日[ヒ,11]、三[ミタヒ]、省[ニ,カヘリミル]吾[훈합부,21]身[一,13]。

B: 吾、日(ヒ)に、三(ミタヒ)、吾が身を省(カヘリミル)。

C: 吾(われ)、日(ひ)に三(み)たび、吾(わ)が身(み)を省(かへり)みる。[25)]

D: 私は一日に三回、自分の身を省みる。

E: 나는 하루에 세 번 자신을 되돌아본다.

A: 爲[ㇾ,11]人[22]謀[ハカ,31]而不[ㇾ,ス]忠[음독부アラ]乎[ヤ]。

B: 人の爲に謀(ハカ)て忠(アラ)不(ス)乎(ヤ)。

C: 人(ひと)の爲(ため)に謀(はか)りて、忠(ちう)あらずや。

D: 人のためになにかをするにあたって、真心が欠けていたのではないだろうか。

E: 남을 위하여 도모함에 忠(충)[진심]이 없지는 않았는가?

A: 與[ㆍ,23~33]朋[음합부]友[㆒]、交[マシハ,31]言[삭제부]而不[ㇾ,ス]信[음독부アラ]乎[ヤ]。

B: 朋友與と、交(マシハ)て信(アラ)不(ス)乎(ヤ)。

C: 朋友(ほういう)と交(まじ)はりて、信(しん)あらずや。

D: 朋友との交際に、信義が欠けていたのではないだろうか。

E: 벗과 사귐에 신의가 없지는 않았는가?

A: 傳[ㇾ,ツタヘ,12]不[ㇾ,ル,13]習[ナラハ]乎[ヤ]

B: 習(ナラハ)不(ル)を傳(ツタヘ)ん乎(ヤ)

C: 習(なら)はざるを傳(つた)へんや。

D: 十分身についていないことを伝えていたのではないだろうか。

E: 충분히 익히지 못한 바를 전하지는 않았는가?

a: 言[33]几[ソ]、所[ㇾ,ノ]傳[フル]之事、得[ㆦ,12]無[㆔,ナフシテ]素[モトヨリ]、不[㆓,スト云,13~23]講[훈합부,カウシ]習[㆒,33]而傳[ㆤ,フル,13~23]乎

b: 言は几(ソ)、傳(フル)所(ノ)事、素(モトヨリ)、講(カウシ)習は不(ストイフ)こと無(ナフシテ)傳(フル)こと得ん乎

---

25) 應永本抄物 「此三段ヲ一日ノ中ニ三度ト云リ。三度ト云ヲ朝晝暮ニ三度トハ不可心得。時々ニ心ヲミカクト云ン爲也。一義ニ日ニ三度ト云ヲサハヨマスシテ日ニ三ツトヨメリ。不忠不信不習ノ三ツヲ省ト云義也。
((아래 이어지는) 이 세 문장을 하루에 세 번이라고 하였다. 세 번이라고 한 것을 아침 점심 저녁에 세 번이라고 이해해서는 안 된다. 그때그때 마음을 닦는 것을 말하기 위함이다. 일설에 하루에 세 번이라고 읽지 않고서 하루에 세 가지라고 읽었다. 不忠(불충), 不信(불신), 不習(불습)의 세 가지를 반성한다는 뜻이다. 39–40쪽)」

c: 言(いふこころ)は、凡(およ)そ傳(つた)ふる所(ところ)の事(こと)、素(もと)より講(かう)じ習(なら)はずといふこと無(な)うして、傳(つた)ふることを得(え)んや。[26)]

d: 意味はこうである。およそ伝えることにおいて、普段より(十分に)習熟することなく伝えられようか。

e: 그 뜻은 이러하다. 무릇 전함에 있어, 평소에 (충분히) 익히지 않고서 전할 수 있겠는가?

0105

A: 子曰、導[ᆖ,ミチヒク,13~23]千[음합부]乘[セウ,22]之國[ᆖ,13]

B: 子曰、千乘(セウ)の國を導(ミチヒク)こと

C: 子(し)の曰(のたう)ばく、千乘(せんしょう)の國(くに)を導(みちび)くこと、

D: 先生が言われた。千乘の国を導くことは、

E: 선생님께서 말씀하시기를, 천승의 나라를 이끄는 일은,

a: 馬融曰、導[23~33,33]謂[㆑]爲[ᆖ,スル,13]之政[음합부]教[ᆖ,カウヲ]也。

b: 馬融曰、導とは政教(カウヲ)爲(スル)を謂。

c: 馬融(ばいう)曰(い)はく、導(みちび)くとは、政教(せいかう)を爲(す)るを謂(い)ふ。

d: 馬融が言った。導くとは、政治をすることをいう。

e: 마융이 말하기를, 이끈다는 것은 정치를 하는 것을 말한다.

26) 「傳不習乎」에 대해서는 古注와 新注의 이해에 차이가 있다. 古注는 義疏의 「凡有所傳述, 皆必先習, 後乃可傳」 등에서 보는 바와 같이 「習ハサルヲ傳ヘンヤ」 즉 '익히지 않은 것을 전했는가?'와 같이 이해할 수 있다. 新注인 集注는 「傳謂受之於師, 習謂熟之於已」라고 하여 「傳ヘテ習ハサランヤ」 즉 '전하고 익히지 않았는가?'와 같이 이해할 수 있다.
應永本抄物 「人ニ物ヲ傳授センニハ、先ツ、我身能ク師ヨリ傳受シテソレヲ學習シテ後ニ人ニ可教。而ヲ吾ハ不學習未熟ニシテ人ニツタヘケルカト省也。(남에게 무엇을 전수하려면 우선 내 일신이 능히 스승으로부터 전수를 받아 그것을 배우고 익힌 다음에 남에게 가르쳐야 한다. 그런데 나는 배우고 익히지 않아 미숙한 채로 남에게 전하지 않았던가라고 반성하는 것이다. 39쪽)」 古注에 의거하여 기술되어 있다.

a: 司[음합부]馬[음합부]法[11]六[음합부]尺[13]爲[ㆁ,32]歩[アユミ,23~33]。

b: 司馬法に六尺を歩(アユミ)と爲す。

c: 司馬法(しばはふ)に、六尺(ろくせき)を歩(あゆみ)と爲(す)。

d: 司馬法では、六尺を歩という。

e: 사마법에 따르면 6척을 步(보)라고 한다.

a: 歩[훈합부]百[モヽチ,13]爲[ㆁ,32]畒[ウネ,23~33]。

b: 歩百(モモチ)を畒(ウネ)と爲す。

c: 歩(あゆみ)百(ももち)を畝(うね)と爲(す)。

d: 百歩を畝という。

e: 100보를 畝(무)라고 한다.

a: 畒[훈합부]百[13]爲[ㆁ,32]夫[23~33]。

b: 畒百を夫と爲す。

c: 畝(うね)百(ももち)を夫(ふ)と爲(す)。

d: 百畝を夫という。

e: 100무를 夫(부)라고 한다.

a: 夫[훈합부,フ]三[13]爲[ㆁ,32]屋[23~33]。

b: 夫(フ)三を屋と爲す。

c: 夫(ふ)三(み)つを屋(をく)と爲(す)。

d: 三夫を屋という。

e: 3부를 屋(옥)이라고 한다.

a: 屋三[13]爲[ㆁ,32]井[セイ,23~33]。

b: 屋三を井(セイ)と爲す。

c: 屋(をく)三(み)つを井(せい)と爲(す)。

d: 三屋を井という。

e: 3옥을 井(정)이라고 한다.

a: 井[훈합부]十[13]爲[ㇾ,32]通[23~33]。

b: 井十を通と爲す。

c: 井(せい)十(とを)を通(とう)と爲(す)。

d: 十井を通という。

e: 10정을 通(통)이라고 한다.

a: 通[훈합부]十[13]爲[ㇾ,32]城[23~33]。

b: 通十を城と爲す。

c: 通(とう)十(とを)を城(せい)と爲(す)。

d: 十通を城という。

e: 10통을 城(성)이라고 한다.

a: 城[ヨリ]、出[ニ,イタ[27],32]革[음합부,カク]車[キヨ]一[음합부]乘[一,13]。

b: 城(ヨリ)、革(カク)車(キヨ)一乘を出(イタ)す。

c: 城(せい)より、革車(かくきょ)一乘(いちしょう)を出(いだ)す。

d: 一城より革車一乘を出す。

e: 1성으로부터 革車(혁거) 1乘(승)을 낸다.

a: 然[33]則千[음합부]乘[22]之賦[33]其[22]地千[음합부]城也。

b: 然ば則千乘の賦は其の地千城。

c: 然(しか)れば則(すなは)ち、千乘(せんしょう)の賦(ふ)は、其(そ)の地(ち)、千城(せんせい)。

d: 従って、千乘の賦は千城の地から納められる。

e: 그러므로 1000승의 賦(부)[세금]는 1000성 넓이의 땅에서 나온다.

a: 居[음합부]地、方三[음합부]百一[음합부]十[음합부]六[음합부]里有[음합부]竒[ナリ]。

b: 居地、方三百一十六里有竒(ナリ)。

c: 居地(きょち)、方(はう)、三百(さむびゃく)一十六里(いちじふろくり)有竒(いうき)なり。

27) 「イ」가 거의 지워져 있다.

d: 面積は三百十六里四方あまりである。

e: 면적[28]은 사방이 316里(리) 남짓이다.

a: 唯、公[음합부]侯[22]之封、乃[イマシ]、能容[イル]之。

b: 唯、公侯の封、乃(イマシ)、能容(イル)。

c: 唯(ただ)、公侯(こうこう)の封(ほう)、乃(いま)し能(よ)く容(い)る。

d: ただ公侯の封土(ほどの大きさ)であってこそ、これを収容できる。

e: 오직 公侯(공후)의 봉토라야 (1000승의 賦稅(부세)를) 수용할 수 있다.

a: 雖[ニ,ヘトモ]大[음합부]國[22]之賦[一,23~33]、亦不[ニ,ス]是[11]過[一,スキ]焉。

b: 大國の賦と雖(ヘトモ)、亦是に過(スキ)不(ス)。

c: 大國(たいこく)の賦(ふ)といへども、亦(また)是(これ)に過(す)ぎず。

d: 大国の賦といっても、これ以上ではない。

e: 대국의 부세라고 하더라도, 이를 넘지 않는다.

a: 苞[음합부]氏[21]曰、導[음독부,33]治[チ]。

b: 苞氏が曰、導は治(チ)。

c: 苞氏(はうし)が曰(い)はく、導(たう)は治(ち)。

d: 苞氏が言った。導は治である。

e: 포씨가 말하기를, 導(도)는 治(치)[다스리다]이다.

a: 千[음합부]乘[22]之國[33]者、百[음합부]里之國也。

b: 千乘の國は、百里國。

c: 千乘(せんしょう)の國(くに)は、百里(ひゃくり)の國(くに)。

d: 千乘の国は、百里の国である。

e: 1000승의 나라는 100리의 나라이다.

---

28) 「居地」에 대해 다음과 같이 한나라 이전의 문헌에서 '땅의 면적'이라는 뜻으로 사용된 용례가 확인된다.
水居地十五萬餘頃, 深者三丈 〈 漢書: 溝洫志 〉
大凡天下名山五千三百七十, 居地, 大凡六萬四千五十六里 〈 山海經: 中山經 〉

a: 古[11]者、井[음합부]田方[음합부]里[13]爲[㆑,32]井[23~33]。

b: 古に、井田方里を井と爲す。

c: 古(いにしへ)に、井田(せいてん)方里(はうり)を、井(せい)と爲(す)。

d: 昔、井田一里四方を井といった。

e: 옛날에 정전 사방 1리를 정이라고 했다.

a: 井[훈합부]十[13]為[㆑,32]乘[23~33]。

b: 井十を乘と為す。

c: 井(せい)十(とを)を乘(しょう)と爲(す)。

d: 十井を乗という。

e: 10정을 승이라고 한다.

a: 百[음합부]里之國[33]適[㆓,アタル]千[음합부]乘[㆒,ニ]也。

b: 百里國は千乘(ニ)適(アタル)。

c: 百里(ひゃくり)の國(くに)は、千乘(せんしょう)に適(あた)る。

d: 百里の国は、千乗にあたる。

e: 100리의 나라는 1000승에 해당한다.

a: 馬[음합부]融[33]依[㆓,ヨル]周[음합부]礼[㆒,11]。

b: 馬融は周礼に依(ヨル)。

c: 馬融(ばいう)は周禮(しゅらい)に依(よ)る。

d: 馬融は周礼に依拠した。

e: 마융은 周禮(주례)에 의거하였다.

a: 苞[음합부]氏[33]依[㆓,ヨル]王[음합부]制[セイ]、孟[음합부]子[㆒,11]。

b: 苞氏は王制(セイ)、孟子に依(ヨル)。

c: 苞氏(はうし)は王制(わうせい)、孟子(まうし)に依(よ)る。

d: 苞氏は王制篇と孟子に依拠した。

e: 포씨는 禮記(예기) 王制篇(왕제편)과 孟子(맹자)에 의거하였다.

a: 義、疑[ウタカハシ]。[29]故[11]兩[フタツナカラ]存[ソン,32]焉之

b: 義、疑(ウタカハシ)。故に兩(フタツナカラ)存(ソン)す

c: 義(ぎ)、疑(うたが)はし。[30]故(ゆゑ)に兩(ふた)つながら存(そん)す。

d: どちらの説が正しいか確定しがたい。そのため、二つをともにあげておく。

e: 어느 설이 옳은지 단정하기 어렵다. 그러므로 양쪽 모두를 실어 둔다.

A: 敬[ᅛ,ツヽシンテ]事[コト,13,31]而信[シンアリ]

B: 事(コト)を敬(ツツシンテ)で信(シンアリ)

C: 事(こと)を敬(つつし)んで信(しん)あり。

D: 事を慎重に行い、人民の信頼があるようにする。

E: 일을 삼가하여 (백성의) 신뢰가 있다.

a: 苞氏曰、爲[ᅛ,オサムル]國[13]者[33]擧[ᅛ,キヨスル,13~23]事[13]必敬[음합부,ケイ]愼[11,アリ]。

b: 苞氏曰、國を爲(オサムル)者は事を擧(キヨスル)こと必敬(ケイ)愼に(アリ)。

c: 苞氏(はうし)曰(い)はく、國(くに)を爲(をさ)むる者(もの)は、事(こと)を擧(きょ)すること、必(かなら)ず敬愼(けいしん)にあり。

d: 苞氏が言った。国を治める者は、事を行うにおいて、かならず敬愼がある。

e: 포씨가 말하기를, 나라를 다스리는 자는 일을 함에 반드시 敬愼(경신)이 있다.

a: 與[ᅛ,23~33]民、必[ス]誠[음합부]信[アリ]也

b: 民與と、必(ス)誠信(アリ)

c: 民(たみ)と、必(かなら)ず誠信(せいしん)あり。

d: 民に対して、かならず誠信がある。

e: 백성에 대하여 반드시 誠信(성신)이 있다.

---

29) 讀點의 위치에 찍혀 있으나 문맥상 句點으로 파악하였다. 가나점이 적혀 있으므로 공간상의 제약이 있어 讀點의 위치에 찍은 것으로 보인다.

30) 應永本抄物 「何晏カ言也。馬融包氏カ說、何カ好ト云事ヲ不[ᅛ]知。(何晏(하안)의 말이다. 마융과 포씨의 설 중에 어느 것이 좋은지 알 수 없다는 것이다. 44쪽)」

A: 節[㆑,セツシ]用[ヨウ,13,31]而愛[㆑,32]人[13]

B: 用(ヨウ)を節(セツシ)て人を愛す

C: 用(よう)を節(せっ)して、人(ひと)を愛(あい)す。

D: 費用を節約して、人民を愛する。

E: 비용을 절약하고 백성을 사랑한다.

a: 苞氏曰、節[㆑,23~33,33]用[13]、不[㆓,ルソ]奢[훈합부,オコリ]侈[㆒,オコラ]。

b: 苞氏曰、用を節とは、奢(オコリ)侈(オコラ)不(ルソ)。

c: 苞氏(はうし)曰(い)はく、用(よう)を節(せっ)すとは、奢(おご)り侈(おご)らざるぞ。

d: 苞氏が言った。費用を節約するというのは、贅沢しないことである。

e: 포씨가 말하기를, 비용을 절약한다는 것은 낭비하지 않는 것이다.

a: 國[33]以[㆑]民[13,31]爲[㆑,32]本[モト,23~33]故[11]愛[음합부]養[32]也

b: 國は民を以て本(モト)と爲す故に愛養す

c: 國(くに)は民(たみ)を以(も)ちて、本(もと)と爲(す)。故(ゆゑ)に愛養(あいやう)す。

d: 国は民を本とする。ゆえにいつくしみ養う。

e: 나라는 백성을 근본으로 삼는다. 그러므로 사랑으로 기른다.

A: 使[㆑,ツカフ,11]民[13]以[㆑,32]時[13]

B: 民を使(ツカフ)に時を以す

C: 民(たみ)を使(つか)ふに、時(とき)を以(も)ってす。

D: 民を使うに、時期を選んでする。

E: 백성을 부림에 때를 가려서 한다.

a: 苞氏曰、作[㆓,훈합부,オコシ]使[ツカフ,11]民[㆒,13]、必[32]以[㆓,32]其[22]時[㆒,13]

b: 苞氏曰、民を作(オコシ)使(ツカフ)に、必ず其の時を以す

c: 苞氏(はうし)曰(い)はく、民(たみ)を作(おこ)し使(つか)ふに、必(かなら)ず其(そ)の時(とき)を以(も)ってす。

d: 苞氏が言った。民を動員して使うに、かならずその時期を選んでする。

e: 포씨가 말하기를, 백성을 동원하여 부림에, 반드시 그 때를 가려서 한다.

a: 不[^{三},ソ]妨[^{二},훈합부;サマタケ]奪[ウハヽ]農[훈합부,22]務[^{一};ツトメ,13]也

b: 農の務(ツトメ)を妨(サマタケ)奪(ウハハ)不(ソ)

c: 農(のう)の務(つとめ)を妨(さまた)げ奪(うば)はざるぞ。

d: 農務を妨げて奪わないことである。

e: 농사일을 방해하여 빼앗지 않는 것이다.

0106

A: 子曰、弟[음합부]子、入[31,33]則孝[アリ]

B: 子曰、弟子、入ては則孝(アリ)

C: 子(し)の曰(のたう)ばく、弟子(ていし)、入(い)りては則(すなは)ち孝(かう)あり。

D: 先生が言われた。若者はうちでは孝行する。

E: 선생님께서 말씀하시기를, 젊은이들은 집에서는 효를 행한다.

A: 出[31,33]則悌[음독부アリ]。

B: 出ては則悌(アリ)。

C: 出(い)でては則(すなは)ち悌(てい)あり。

D: そとでは悌順に行動する。

E: 밖에서는 윗사람을 공경한다.

A: 謹[ツヽシン,31]而信[음독부アリ]。

B: 謹(ツツシン)で信(アリ)。

C: 謹(つつし)んで信(しん)あり。

D: 謹んで信がある。

E: 행동을 삼가고 신의가 있다.

A: 汎[ヒロク]、愛[ㇾ,음독부シ]衆[シウ,13,31]而親[ㇾ,シン,32]仁[13]。

B: 汎(ヒロク)、衆(シウ)を愛(シ)て仁を親(シン)す。

C: 汎(ひろ)く衆(しう)を愛(あい)して、仁(じん)を親(しん)す。

D: 広く人を愛して仁に親しむ。

E: 널리 많은 사람을 사랑하고 仁(인)을 가까이 한다.

A: 行[カウ]、有[ニ,トキ,33]餘[음합부]力[一]、則以[31]學[ㇾ,マナフ]文[13]

B: 行(カウ)、餘力有(トキ)は、則以て文を學(マナフ)

C: 行(かう)、餘力(よりょく)有(あ)るときは、則(すなは)ち以(も)ちて文(ぶん)を學(まな)ぶ。

D: 行いに余力がある時は、学問を学ぶ。

E: 행함에 여력이 있을 때에는, 학문[31]을 배운다.

a: 馬融曰、文[23~33,33]者古[22]之遺[음합부]文[ソ]也

b: 馬融曰、文とは古の遺文(ソ)

c: 馬融(ばいう)曰(い)はく、文(ぶん)とは、古(いにしへ)の遺文(ゐぶん)ぞ。

d: 馬融が言った。文というのは、昔の遺文である。

e: 마융이 말하기를, 文이란 옛날의 遺文(유문)이다.

0107

A: 子夏[인명부,21]曰、賢[ㇾ,サカシカラントナラ,33]賢[サカシキヨリ]、易[ㇾ,カヘヨ]色[イロ,13]

B: 子夏が曰、賢(サカシキヨリ)賢(サカシカラントナラ)ば、色(イロ)を易(カヘヨ)

C: 子夏(しか)が曰(い)はく、賢(さか)しきより賢(さか)しからんとならば、色(いろ)を易(か)へよ。[32]

---

31) 詩·書·禮·樂 등의 학문.

32) 應永本抄物「色トハ女色也。凡ソ人ノ性[セイ]ハ女色ヲ無[ㇾ]不[ㇾ]好[云コト]。其女色ヲ好ム心ヲ政(원문그대

D: 子夏が言った。賢人より賢明になろうとするなら、色を好む心を変えなさい。

E: 子夏(자하)가 말하기를, 현자보다 현명하고자 한다면, 여색을 좋아하는 마음을 바꾸라.

a: 孔安國曰、子[음합부]夏[33]弟[음합부]子、卜[음합부,ホク]商[인명부,シヤウソ]也

b: 孔安國曰、子夏は弟子、卜(ホク)商(シヤウソ)

c: 孔安國(こうあんこく)曰(い)はく、子夏(しか)は弟子(ていし)、卜商(ほくしゃう)ぞ。

d: 孔安国が言った。子夏は弟子の卜商である。

e: 공안국이 말하기를, 자하는 제자 卜商(복상)이다.

a: 言[33]以[ᅳ]好[ᄂ,12]色[イロ,13]之心[ᅳ,13]好[ᄂ,コノマ,33]賢[13]則善[ヨケン]也

b: 言は色(イロ)を好む心を以賢を好(コノマ)ば則善(ヨケン)

c: 言(いふこころ)は、色(いろ)を好(この)む心(こころ)を以(も)ちて、賢(けん)を好(この)まば、則(すなは)ち善(よ)けん。

d: 意味はこうである。色を好む心で賢人を慕えばよろしい。

e: 그 뜻은 이러하다. 여색을 좋아하는 마음으로 賢人(현인)을 따르는 것이 좋다.

A: 事[ᅳ,マツル,11]父[음합부]母[ᅳ,11]、能、竭[ᅳ,ツク,32]其[훈합부,22]力[ᅳ,チカラ,13]

B: 父母に事(マツル)に、能、其の力(チカラ)を竭(ツク)す

C: 父母(ふぼ)に事(つかうまつ)るに、能(よ)く其(そ)の力(ちから)を竭(つく)す。

D: 父母に仕えるに、全力を尽すことができる。

E: 부모를 섬김에, 능히 온힘을 다할 수 있다.

A: 事[ᄂ,マツル,11]君[11]能致[ᅳ,32]其[22]身[ᅳ,13]

B: 君に事(マツル)に能其の身を致す

C: 君(きみ)に事(つかうまつ)るに、能(よ)く其(そ)の身(み)を致(いた)す。

로임)メ易テ賢ヲコノマハ、賢人ヨリ賢人トナルヘキ也。一説ニ賢ヲ賢トセハトヨム也。上ノ賢ノ字ハ貴フ心也。下ノ賢ノ字ハ賢人ノ賢也。爰ニ賢人ノアルヲ、貴ハヽ、平生隨意ナル色ヲ易テ、其人ヲ貴フ色ヲオコセト云義也。(色(색)이란 여색이다. 대개 사람의 본성은 여색을 좋아하지 않음이 없다. 그 여색을 좋아하는 마음을 바꾸어 고쳐서 賢(현)을 좋아하면 현인보다 현명한 사람이 될 것이다. 일설에 賢을 '賢으로 삼으면'이라고 읽는다. (한문원문에서) 위의 賢은 존경한다는 뜻이고, 아래의 賢은 현인을 말한다. 이에 현인이 있음을 공경한다면 평소에 제멋대로였던 기색을 고쳐서 그 사람을 공경하는 기색을 일으키라는 뜻이다. 48−49쪽)」 '女色을 좋아하는 마음을 바꾸어 賢人을 존경하라'라는 古注의 대표적인 설을 소개한 후, '賢人을 공경하면'이라고 하는 설도 소개하고 있다.

D: 君に仕えるに、その身を尽すことができる。

E: 군주를 섬김에, 능히 온몸을 다할 수 있다.

a: 孔安國曰、盡[ᅳ,シ]忠[음합부]節[ᅳ,13]不[ㇾ]愛[ᅳ,セ]其[훈합부,22]身[ᅳ,13]也

b: 孔安國曰、忠節を盡(シ)其の身を愛(セ)不

c: 孔安國(こうあんこく)曰(い)はく、忠節(ちうせつ)を盡(つく)して、其(そ)の身(み)を愛(あい)せず。

d: 孔安國が言った。忠節を尽して、自分の身を惜しまない。

e: 공안국이 말하기를, 충절을 다하여 자신의 몸을 아끼지 않는다.

A: 與[ᅳ,23~33]朋[음합부]友[ᅳ]、交[훈합부,マシワリ]言[31]而有[ㇾ,ラ,33]信[음독부]、雖[ㇾ,フトモ]曰[ㇾ,23~33]未[ㇾ,イマタ]{スト}學[マナヒ]、吾[33]必、謂[ᅳ,ン]之[13]學[ᅳ,マナヒタリ,23~33]矣

B: 朋友與と、交(マシワリ)言て信有(ラ)ば、未(イマタ)學(マナヒ)未(スト)曰と雖(フトモ)、吾は必、之を學(マナヒタリ)と謂(ン)

C: 朋友(ほういう)と交(まじ)はり言(い)ひて、信(しん)有(あ)らば、未(いま)だ學(まな)びずと曰(い)ふといふとも、吾(われ)は必(かなら)ず之(これ)を學(まな)びたりと謂(い)はん。

D: (そして)友達との交際において信があれば、まだ学んでいないといっても、私はかならずこの人を学んだものと言おう。

E: (그리고) 벗과 사귐에 신의가 있으면, 아직 배우지 않았다고 하더라도, 나는 반드시 이 사람을 배웠다고 말할 것이다.

0108

A: 子曰、君[음합부]子、不[ㇾ,トキ,33]重[オモカラ]、則不[ㇾ,ス]威[イアラ]。

B: 子曰、君子、重(オモカラ)不(トキ)は、則威(イアラ)不(ス)。

C: 子(し)の曰(のたう)ばく、君子(くんし)重(おも)からざるときは、則(すなは)ち威(ゐ)あらず。

D: 先生が言われた。君子が重々しくしなければ威厳がない。

E: 선생님께서 말씀하시기를, 君子(군자)가 무게가 없으면 위엄이 없다.

A: 學[음독부モ]、則不[ㇾ,32]固[アタラ]

B: 學(モ)、則固(アタラ)不ず

C: 學(がく)も、則(すなは)ち固(あ)たらず。[33)]

D: 学問も(理に)かなわない。

E: 학문도 (도리에) 맞지 않는다.

a: 孔安國曰、固[コ,33]弊[ヘイ]也。

b: 孔安國曰、固(コ)は弊(ヘイ)。

c: 孔安國(こうあんこく)曰(い)はく、固(こ)は弊(へい)。

d: 孔安国が言った。固は弊である。

e: 공안국이 말하기를, 固(고)는 弊(폐)[합당하다]이다.

a: 一[11]曰、言[33]人、不[ニ,トキ,33]敢[31]重[ー,カラ]、既[11]無[ㇾ,]威[イ]。

b: 一に曰、言は人、敢て重(カラ)不(トキ)は、既に威(イ)無。

---

33) 集解는 먼저 「弊」라고 주를 달고 一說로서 「堅固」라는 주를 달았다. 集解의 첫 번째 설에 대해 皇侃의 論語義疏는 「當」이라고 다시 주석을 달았다. 이에 따르면 '합당하다' 정도의 의미로 파악할 수 있다. 이에 따라 「あたる」라는 훈이 나오게 된 것이다.
應永本抄物 「固ハ蔽[ヘイ]{フサク}也。蔽ハ當也。故ニアタルト讀也。一義ニアタラストヨム也。此時ハ輕薄ナレハ、學文スレ共、堅固[ニ]其義理ヲ不知也。(固(고)는 蔽(폐)[막다]이다. 蔽는 當(당)이다. 그러므로 あたる(맞다)라고 읽는다. 일설에 あたらず(맞지 않다)라고 읽는다. 이때에는 경박하므로 학문을 할지라도 견고하게 그 뜻을 알지 못하는 것이다. 50쪽)」

c: 一(ひと)つに曰(い)はく、言(いふこころ)は、人(ひと)、敢(あ)へて重(おも)からざるときは、既(すで)に威(ゐ)無(な)し。

d: 一説にいう。意味はこうである。人がまったく重々しくなければ、威厳がない。

e: 일설에 말하기를, 그 뜻은 이러하다. 사람이 전혀 무게가 없으면 위엄이 없다.

a: 學[モ]又、不[ㇾ,32]能[㆔]堅[훈합부,ク]固、識[㆓,ㄱ]其義[음합부]理[㆒,13]也

b: 學(モ)又、堅(ク)固、其義理を識(コト)能不ず

c: 學(がく)も又(また)、堅(かた)く固(かた)く、其(そ)の義理(ぎり)を識(し)ること能(あた)はず。

d: 学問も、また、その義理をまともに知ることができない。

e: 학문도 또한 그 의리를 제대로 알 수 없다.

A: 主[㆓,シユトメ]忠[음합부]信[㆒,13]無[ㇾ,レ]友[㆘,トモトスル,13~23]不[ㇾ,ル]如[ㇾ,シカ]己[オノレ,11]者[㆖,22,13]

B: 忠信を主(シユトシテ)己(オノレ)に如(シカ)不(ル)者のを友(トモトスル)こと無(レ)

C: 忠信(ちうしん)を主(しゅ)として、己(おのれ)に如(し)かざる者(もの)を友(とも)とすること無(な)かれ。

D: 忠信を第一にして、自分より劣ったものを、友とすることがないようにしなさい。

E: 충과 신을 주로 하여서, 자기보다 못한 자를 벗으로 삼지 말라.

A: 過[アヤマ,31,33]則勿[ㇾ,ナカレ]憚[ㇾ,ハヽカル,13~23]改[アラタムル,11]

B: 過(アヤマ)てば則改(アラタムル)に憚(ハハカル)こと勿(ナカレ)

C: 過(あやま)てば、則(すなは)ち改(あらた)むるに、憚(はばか)ること勿(な)かれ。

D: 過ちがあれば、改めるにあたって憚ることがないようにしなさい。

E: 잘못이 있으면, 고치는 것을 꺼리지 말라.

a: 鄭玄曰主[33]親也

b: 鄭玄曰主は親

c: 鄭玄(ぢゃうぐゑん)曰(い)はく、主(しゅ)は親(しん)。

d: 鄭玄が言った。主は親である。

e: 정현이 말하기를, 主(주)는 親(친)[가까이 하다]이다.

a: 憚[タン,33]難也。

b: 憚(タン)は難。

c: 憚(たん)は難(なん)。

d: 憚は難である。

e: 憚(탄)은 難(난)[어려워하다]이다.

0109

A: 曽子曰愼[ㇾ,ツヽシミ]終[ヲハリ,13]、追[ㇾ,オフトキ,33]遠[トホキ,13]民[22]徳歸[ㇾ,ヨル]厚[アツキ,11]矣

B: 曽子曰終(ヲハリ)を愼(ツツシミ)、遠(トホキ)を追(オフトキ)は民の德厚(アツキ)に歸(ヨル)

C: 曾子(そうし)が曰(い)はく、終(をは)りを愼(つつし)み、遠(とほ)きを追(お)ふときは、民(たみ)の德(とく)、厚(あつ)きに歸(よ)る。

D: 曾子が言った。終りを慎み、遠いところを追えば、民の徳が厚くなる。

E: 曾子가 말하기를, 끝을 삼가고 먼 것을 좇으면[34], 백성의 덕이 두터워진다.

a: 孔安國曰、慎[ㇾ,23~33,33]終[13]者、喪[モ,11]盡[ニ,ソ]其[22]哀[ㇼ,カナシミ,13]也

b: 孔安國曰、終を慎とは、喪(モ)に其の哀(カナシミ)を盡(ソ)

c: 孔安國(こうあんこく)曰(い)はく、終(をは)りを愼(つつし)むとは、喪(も)に其(そ)の哀(かな)しみを盡(つく)すぞ。

d: 孔安国が言った。終りを慎むとは、喪にその哀しみを尽すことである。

e: 공안국이 말하기를, 끝을 삼간다는 것은, 喪事(상사)에 그 슬픔을 다하는 것이다.

a: 追[ㇾ,23~33,33]遠[13]者、祭[マツリ,11]盡[ニ,ソ]其敬[ㇼ,13]也。

b: 遠を追とは、祭(マツリ)に其敬を盡(ソ)。

34) 愼終追遠 : 부모의 장례를 엄숙히 하고 조상의 제사를 정성스레 올린다.

c: 遠(とほ)きを追(お)ふとは、祭(まつ)りに其(そ)の敬(けい)を盡(つく)すぞ。

d: 遠いところを追うとは、祭りにその敬を尽すことである。

e: 먼 것을 좇는다는 것은, 제사에 그 공경을 다하는 것이다.

a: 人[음합부]君、行[ﾆ,オコナフトキ,33]此[22]二[22]者[ｰ,13]、民、佀[ﾆ,メ]其[22]德[ｰ,11,31]而皆歸[ﾆ,ヨル]於厚[ｰ,アツキ,11]也

b: 人君、此の二の者を行(オコナフトキ)は、民、其の德に佀(シテ)て皆厚(アツキ)に歸(ヨル)

c: 人君(じんくん)、此(こ)の二(ふた)つの者(もの)を行(おこな)ふときは、民(たみ)、其(そ)の德(とく)に化(くゎ)して皆(みな)厚(あつ)きに歸(よ)る。

d: 人君がこの二つのことを行う時は、民はその徳に感化され、皆厚くなる。

e: 군주가 이 두 가지 것을 행하면, 백성이 그 덕에 감화되어, (백성의 인정이) 모두 두터워진다.

0110

A: 子禽[인명부,キン]、問[ﾆ,テ]於子貢[ｰ,인명부,11]曰、夫[음합부]子、至[ﾆ,イタルトキ,11]於是[22]邦[ｰ,11]也、必、聞[ﾆ,キク]其[훈합부,22]政[ｰ,13]。

B: 子禽(キン)、子貢に問(テ)曰、夫子、是の邦に至(イタルトキ)に、必、其の政を聞(キク)。

C: 子禽(しきむ)、子貢(しこう)に問(と)ひて曰(い)はく、夫子(ふうし)、是(こ)の邦(くに)に至(いた)るときに、必(かなら)ず、其(そ)の政(まつりごと)を聞(き)く。

D: 子禽が子貢に聞いて言った。夫子はどこの国に行かれても、かならずその国の政治についてお聞きになる。

E: 子禽(자금)이 子貢(자공)에게 물어 말하기를, 선생님께서는 어느 나라[35]에 가시든지 반드시 그 나라의 정치에 대해 들으십니다.

A: 求[モトメタル]之與[21]。抑[ソモ2자반복부]、與[アタヘタル]之與[21]

---

35) 「是邦」은 '이 나라'라는 의미가 아니라 '(공자가 가신) 어떤 나라'라는 의미이다. 즉, '이르시는 나라마다'라는 의미가 담겨있다. 義疏에 「此邦謂每邦, 非一國也」라고 되어 있는 것이 참고가 된다.

B: 求(モトメタル)與か。抑(ソモソモ)、與(アタヘタル)與か

C: 求(もと)めたるか。抑(そもそも)、與(あた)へたるか。[36]

D: 求めたのですか、それとも与えられたのですか。

E: (선생님께서) 구하신 것입니까, 아니면 (상대편에서) 들려준 것입니까?

a: 鄭玄曰、子[음합부]禽[인명부,33]弟[음합부]子陳[음합부]亢[인명부,カウソ]也。

b: 鄭玄曰、子禽は弟子陳亢(カウソ)。

c: 鄭玄(ぢゃうぐゑん)曰(い)はく、子禽(しきむ)は弟子(ていし)、陳亢(ちんかう)ぞ。

d: 鄭玄が言った。子禽は弟子の陳亢である。

e: 정현이 말하기를, 자금은 제자 陳亢(진항)이다.

a: 子[음합부]貢[인명부]弟[음합부]子、姓[33]端[음합부,タン]木[ボク]、名[33]賜[인명부,シ]、字[アサナ,33]子貢[인명부]也。

b: 子貢弟子、姓は端(タン)木(ボク)、名は賜(シ)、字(アサナ)は子貢。

c: 子貢(しこう)は弟子(ていし)、姓(せい)は端木(たんぼく)、名(な)は賜(し)、字(あざな)は子貢(しこう)。

d: 子貢は弟子で、姓は端木、名は賜、字は子貢である。

e: 자공은 제자인데 성은 端木(단목)이고, 이름은 賜(사)이며, 자는 자공이다.

a: 亢[인명부]、恠[アヤシフラク]孔[음합부]子[22]所[ㇾ,22]至[レル]之邦[11]、必、與[ニ,훈합부,アツカリ]聞[キク]其[22]邦[22]政[一,ㄱ,13]

b: 亢、恠(アヤシフラク)孔子の至(レル)所の邦に、必、其の邦の政(コト)を與(アツカリ)聞(キク)

c: 亢(かう)、怪(あや)しぶらく、孔子(こうし)の至(いた)れる所(ところ)の邦(くに)に、必(かなら)ず、其(そ)の邦(くに)の政(まつりごと)を與(あづか)り聞(き)く。

d: 亢はあやしく思った。孔子は至った国で、かならずその国の政治について聞く。

e: 亢(항)이 이상하게 여기기를, 공자는 이르는 나라에서 반드시 그 나라의 정치를 듣는다.

---

36) 應永本抄物 「是國ニハ一國ヲ差テ云ニハ非ス。孔子ノイカルヽホトノ國ヲ云也。孔子何[イ(원문그대로임)]ノ國ヘ行ケトモ、其國君ノ方カラ、國ノ政ヲスヘキヤウソ(원문그대로임)ヲ問申サルヽハ、孔子ノ方ヨリ、吾ニ尋ラレヨト求テエタル事カ。又國君ノ方カラ喚アタヘテ、孔子ニ政ヲ、トヘルコト不審スルナリ。(이 나라는 일국을 가리켜서 말하는 것이 아니다. 공자께서 가시는 나라를 말하는 것이다. 공자께서 어느 나라에 가시더라도 그 나라의 군주로부터 나라의 정사를 다스리는 방법에 대해 질문을 받는 것은, 공자께서 나에게 물으라고 하셔서 이루어진 것인지, 혹은 그 나라의 군주가 (공자를) 불러들여 공자께 정사를 물은 것인지 의문을 가진 것이다. 54-55쪽)」

a: 求[31]而得[タル]邪[21]抑人[음합부]君[22]自、願[훈합부,ネカヒ]與[31]爲[ㇾ,スル,21]治[13]也

b: 求て得(タル)邪か抑人君の自、願(ネカヒ)與て治を爲(スル)か

c: 求(もと)めて得(え)たるか。抑(そもそも)、人君(じんくん)の自(みづか)ら、願(ねが)ひ與(あた)へて治(ち)を爲(す)るか。

d: (孔子が)求めて得たのか。それとも、(その国の)人君が自ら願って(孔子に政治に関わる情報を)与えて政治をしようとしたのか。

e: (공자가) 구하여 얻은 것인가? 아니면 (그 나라의) 군주가 스스로 원하여 들려주어서 정치를 하고자 한 것인가?

A: 子貢[인명부,21]曰、夫[음합부]子[33]溫[ヲン]、良、恭、儉、讓、以[コレヲモ,31]得[タリ]之。

B: 子貢が曰、夫子は溫(ヲン)、良、恭、儉、讓、以(コレヲモ)て得(タリ)。

C: 子貢(しこう)が曰(い)はく、夫子(ふうし)は溫(をん)、良(りゃう)、恭(きょう)、儉(けむ)、讓(じゃう)、これを以(も)ちて得(え)たり。

D: 子貢が言った。夫子は温、良、恭、倹、譲、これらによって(そのような話を聞く機会を)得られたのである。

E: 子貢(자공)이 말하기를, 선생님께서는 溫(온), 良(량), 恭(공), 儉(검), 讓(양)으로써 (그러한 이야기를 들을 기회를) 얻으신 것이다.

A: 夫[음합부]子[22]之求[モトメ,33]也、其[レ]諸異[ㆁ,コトナリ]乎人[22]求[ㆀ,モトメ,11]之與

B: 夫子の求(モトメ)は、其(レ)諸人の求(モトメ)に異(コトナリ)

C: 夫子(ふうし)の求(もと)めは、其(それ)諸(これ)人(ひと)の求(もと)めに異(こと)なり。

D: 先生の求め方は、人の求め方と異なる。

E: 선생님께서 구하시는 법은 다른 이들이 구하는 법과 다르다.

a: 鄭玄曰言[33]夫[음합부]子、行[ㆁ]此[22]五[음합부]德[ㆀ,13,31]而得[リ]之。

b: 鄭玄曰言は夫子、此の五德を行て得(リ)。

c: 鄭玄(ぢゃうぐゑん)曰(い)はく、言(いふこころ)は、夫子(ふうし)、此(こ)の五德(ごとく)を行(おこな)ひて得(え)たり。

d: 鄭玄が言った。意味はこうである。先生は、この五徳を行って(機会を)得たのである。

e: 정현이 말하기를, 말하는 뜻은, 선생님은 이 다섯 가지 덕을 행하여 (기회를) 얻었다는 것이다.

a: 與[㆓]人[훈합부,ノ]求[㆒]異[ナリ]。

b: 人(ノ)求與異(ナリ)。

c: 人(ひと)の求(もと)めと異(こと)なり。

d: 人の求め方と異なる。

e: 다른 이들이 구하는 것과 다르다.

a: 明[シ]、人[음합부]君[22]自[ミ]、願[훈합부]與[31]爲[レ,スト云,13]治[음독부,13]也

b: 明(シ)、人君の自(ミ)、願與て治を爲(ストイフ)を

c: 明(あき)らけし、人君(じんくん)の自(みづか)ら、願(ねが)ひ與(あた)へて治(ち)を爲(す)といふを。

d: 明らかである。人君が自ら願って(孔子に政治に関わる情報を)与えて政治をしようとしたのだということが。

e: 명백하다, 군주가 스스로 원하여 들려주어서 정치를 하고자 한 것이라는 것이.

0111

A: 子曰父、在[マストキ,33]觀[㆓,ミ]其[훈합부,22]志[㆒,13]

B: 子曰父、在(マストキ)は其の志を觀(ミ)

C: 子(し)の曰(のたう)ばく、父(ちち)、在(ま)すときは其(そ)の志(こころざし)を觀(み)、

D: 先生が言われた。父が生きている時には、その志を見、

E: 선생님께서 말씀하시기를, 아버지가 살아계실 때에는 그[자식]의 뜻을 보고,

A: 父沒[ホツシヌルトキ,33]觀[ᅳ,ル]其[22]行[ᅳ,13]
B: 父沒(ホツシヌルトキ)は其の行を觀(ル)
C: 父(ちち)、沒(ぼっ)しぬるときは、其(そ)の行(かう)を觀(み)る。
D: 父が亡くなった時は、その行いを見る。
E: 아버지가 돌아가셨을 때에는 그가 행하는 바를 본다.

a: 孔安國曰、父在[マストキ,33]子[コ]不[ㆶ]得[ᅳ]自[ミ]、專[ᅳ,ホシイマヽニスル,13~23]
b: 孔安國曰、父在(マストキ)は子(コ)自(ミ)、專(ホシイママニスル)こと得不
c: 孔安國(こうあんこく)曰(い)はく、父(ちち)在(ま)すときは、子(こ)自(みづか)ら、專(ほしいまま)にすること得(え)ず。
d: 孔安国が言った。父が生きているときは、子は思うままに行動することができない。
e: 공안국이 말하기를, 아버지가 살아계실 때에는 자식은 멋대로 행동할 수 없다.

a: 故[11]、觀[ᅳ,ミルラク]其[22]志[ᅳ,훈독부,13]而[훈합부]已[ノミ]。
b: 故に、其の志を觀(ミルラク)而已(ノミ)。
c: 故(ゆゑ)に、其(そ)の志(こころざし)を觀(み)るらくのみ。
d: そのためその志を見るのみである。
e: 그러므로 그 뜻을 볼 뿐이다.

a: 父沒[음독부シヌルトキハ]乃觀[ᅳ,ル]其[22]行[ᅳ,13]也
b: 父沒(シヌルトキハ)乃其の行を觀(ル)
c: 父(ちち)、沒(ぼっ)しぬるときは、乃(いま)し其(そ)の行(かう)を觀(み)る。
d: 父が亡くなった時は、すなわちその行いを見る。
e: 아버지가 돌아가셨을 때는 곧 그 행하는 바를 본다.

A: 三[음합부]年、無[ㆶ,13]改[ᅳ,ムル,13~23]於父[22]之道[ᅳ,ミチ,13]可[ㆶ,シ]謂[ㆶ,イフ]孝[23~33]矣
B: 三年、父の道(ミチ)を改(ムル)こと無を孝と謂(イフ)可(シ)
C: 三年(さむねん)父(ちち)の道(みち)を改(あらた)むること無(な)きを、孝(かう)と謂(い)ふべし。

D: 三年間、父の道を改めなければ、孝と言える。

E: 3년 간 아버지의 도를 바꾸지 않는 것을 효라고 할 수 있다.

a: 孔安國曰孝[음합부]子、在[ㇾ,31]喪[11]哀[훈합부,カナシミ]慕[シタフ,13~23]、猶[ヲ]、若[ㆫ,コトクシ,31]父[ノ]在[㆒,マス,21]無[ㇾ]所[ㇾ]改[ㆫ]於父[22]之道[㆒,13]也

b: 孔安國曰孝子、喪に在て哀(カナシミ)慕(シタフ)こと、猶(ナヲ)、父(ノ)在(マス)が若(コトクシ)て父の道を改所無

c: 孔安國(こうあんこく)曰(い)はく、孝子(かうし)、喪(も)に在(あ)りて、哀(かな)しみ慕(した)ふこと、猶(なほ)父(ちち)の在(ま)すが若(ごと)くして、父(ちち)の道(みち)を改(あらた)むる所(ところ)無(な)し。

d: 孔安国が言った。孝子は、喪において哀しんで慕うことを、父が生きているときと同じようにして、父の道を改めることがない。

e: 공안국이 말하기를, 효자는 상중에 슬퍼하고 그리워하는 것을 아버지가 살아 계시는 듯이 하여, 아버지의 도를 바꾸지 않는다.

0112

A: 有[음합부]子[21]曰、禮[22]之用[33]和[クワ,13]為[ㇾ,32]貴[タトシ,23~33]。

B: 有子が曰、禮の用は和(クワ)を貴(タトシ)と為す。

C: 有子(いうし)が曰(い)はく、禮(れい)の用(よう)は、和(くゎ)を貴(たっと)しと爲(す)。

D: 有子が言った。礼の用は、和を貴いこととする。

E: 有子(유자)가 말하기를, 예의 用(용)은 和(화)를 귀하게 여긴다.

A: 先[음합부]王[22]之道[モ]、斯[コレ,13]為[ㇾ,32]美[ヨシ,23~33]

B: 先王の道(モ)、斯(コレ)を美(ヨシ)と為す

C: 先王(せんわう)の道(だう)も、斯(これ)を美(よ)しと爲(す)。

D: 先王の道も、これをよいこととした。

E: 선왕의 도도 이것을 아름답다고 여긴다.

A: 小[음합부]大[ニモ]、由[モチヰル,11]之有[㆑,アリ]所[㆑]不[㆑,サル]行[オコナハレ]。

B: 小大(ニモ)、由(モチヰル)に行(オコナハレ)不(サル)所有(アリ)。

C: 小大(せうたい)にも、由(もち)ゐるに行(おこな)はれざる所(ところ)有(あ)り。

D: 小事も大事も、(和を)用いて行われないところがある。

E: 크고 작은 일에도, (화를) 써서 행해지지 않는 바가 있다.

A: 知[㆑]和[クワ,13,31]而和[クワスレトモ]不[㆓,サレ,33]以[㆑,テ]禮[13]節[㆒,セツセ]之、亦、不[㆑,ス]可[㆑]行[オコナハル]也

B: 和(クワ)を知て和(クワスレトモ)禮を以(テ)節(セツセ)不(サレ)ば、亦、行(オコナハル)可不(ス)

C: 和(くゎ)を知(し)りて和(くゎ)すれども、禮(れい)を以(も)ちて節(せっ)せざれば、亦(また)行(おこな)はるべからず。

D: 和を知って和しようとしても、礼で節しないと、やはり(きちんと)行われることができない。

E: 화를 알고 화하고자 하여도, 예로써 節(절)하지 않으면 또한 (제대로) 행해질 수 없다.

a: 馬融曰人、知[㆓,テ]禮[22]貴[㆒,㆑,フルコト,13]和[13]而毎[㆑,11]事、從[㆑,シタカヘトモ]和[11]、

b: 馬融曰人、禮の和を貴(フルコト)を知(テ)事毎に、和に從(シタカヘトモ)、

c: 馬融(ばいう)曰(い)はく、人(ひと)、禮(れい)の和(くゎ)を貴(たっと)ぶることを知(し)りて、事(こと)毎(ごと)に和(くゎ)に從(したが)へども、

d: 馬融が言った。人は、礼が和を貴ぶことを知って、事あるごとに和に従うが、

e: 마융이 말하기를, 사람들은 예가 화를 귀히 여김을 알고, 일마다 화에 따르지만,

a: 不[㆓,ルトキハ]以[㆑,テ]禮[13]為[㆒,㆑,セ]節[スル,13]亦、不[㆑,ス]可[㆑]行[ハル]也

b: 禮を以(テ)節(スル)を為(セ)不(ルトキハ)亦、行(ハル)可不(ス)

c: 禮(れい)を以(も)ちて節(せっ)するを爲(せ)ざるときは、亦(また)行(おこな)はるべからず。

d: 礼で折り目をつけなければ、やはり(きちんと)行われることができない。
e: 예로써 절도를 지키지 않는다면 또한 (제대로) 행해질 수 없다.

0113

A: 有子曰、信[13,33]近[ㆁ,セヨ]於義[ㆀ,キ,11]。言[コト]、可[ㆁ,ヘク]復[フク,32]也
B: 有子曰、信をば義(キ)に近(セヨ)。言(コト)、復(フク)す可(ヘク)
C: 有子(いうし)曰(い)はく、信(しん)をば、義(ぎ)に近(ちか)くせよ。言(こと)、復(ふく)すべく、
D: 有子が言った。信を義に近くしなさい。(それでこそ)その言葉は実践できるようになり、
E: 有子(유자)가 말하기를, 信(신)을 義(의)에 가깝게 하라. (그렇게 하면) 말은 실천할 수 있게 되며,

a: 復[33]猶[ㆁ,ヲ]{シ}覆[22]也。
b: 復は猶(ヲ)覆の猶(シ)。
c: 復(ふく)は、猶(なほ)覆(ふく)のごとし。
d: 復は覆のような意味である。
e: 復(복)은 覆(복)[실천하다]과 같다.

a: 義、不[ㆁ,ス]必[シモ]信[ㆀ,アラ]。
b: 義、必(シモ)信(アラ)不(ス)。
c: 義(ぎ)、必(かなら)ずしも信(しん)あらず。
d: 義はかならずしも信ではない。
e: 의가 반드시 신은 아니다.

a: 信、不[㆓,ス]必[シモ]義[㆒,アラ]也。
b: 信、必(シモ)義(アラ)不(ス)。
c: 信(しん)、必(かなら)ずしも義(ぎ)あらず。
d: 信はかならずしも義ではない。
e: 신이 반드시 의는 아니다.

a: 以[㆔,22]其[훈합부,22]言[22]可[㆓,キ,13]反[음합부]覆[㆒,32]故[11]曰[㆑]近[23~33]於[㆑,삭제부]義[11]也
b: 其の言の反覆す可(キ)を以の故に義に近と曰
c: 其(そ)の言(こと)の反覆(はんぷく)すべきを以(も)っての故(ゆゑ)に、義(ぎ)に近(ちか)くせよと曰(い)ふ。
d: 実践できる言葉でするので、義に近くしなさいといったのである。
e: 실천할 수 있는 말로써 하기 때문에 의에 가깝게 하라고 한 것이다.

A: 恭[13,33]近[㆓,セヨ]於禮[㆒,11]。遠[㆓,サカル]耻[훈합부,ハチ]辱[㆒,ハチ,11]也
B: 恭をば禮に近(セヨ)。耻(ハチ)辱(ハチ)に遠(サカル)
C: 恭(きょう)をば、禮(れい)に近(ちか)くせよ。恥辱(はぢはぢ)に遠(さか)る。
D: 恭を礼に近くしなさい。(それでこそ)恥辱から遠ざかる。
E: 恭(공)을 예에 가깝게 하라. (그렇게 하면) 치욕에서 멀어진다.

a: 苞氏曰恭、不[㆑,サル,33]合[㆑,カナワ]禮[11]、非[㆑,32]禮[11]也。
b: 苞氏曰恭、禮に合(カナワ)不(サル)は、禮に非ず。
c: 苞氏(はうし)曰(い)はく、恭(きょう)、禮(れい)に合(かな)はざるは、禮(れい)にあらず。
d: 苞氏が言った。恭が礼に合わなければ、礼ではない。
e: 포씨가 말하기를, 공이 예에 맞지 않으면 예가 아니다.

a: 以[㆔,22]其[22]能遠[㆓,サカル,13]耻[훈합부]辱[㆒,11]故[11]曰[㆑]近[㆓,23~33]於禮[㆒,11]也
b: 其の能耻辱に遠(サカル)を以の故に禮に近と曰
c: 其(そ)の能(よ)く恥辱(はぢはぢ)に遠(さか)るを以(も)っての故(ゆゑ)に、禮(れい)に近(ちか)くせよと曰(い)ふ。

d: 恥辱から遠ざかることができるので、礼に近くしなさいといったのである。

e: 능히 치욕으로부터 멀어질 수 있기 때문에 예에 가까이 하라고 한 것이다.

A: 因[スル,13~23]不[ㇾ,13,33]失[ニ,ウシナハ]其[22]親[一,シン,13]、亦可[ㇾ,シ]宗[ソウ,32]也

B: 因(スル)こと其の親(シン)を失(ウシナハ)不をば、亦宗(ソウ)す可(シ)

C: 因(いん)すること、其(そ)の親(しん)を失(うしな)はざるをば、亦(また)宗(そう)すべし。[37)]

D: 親しむことに、その親類を軽んじることがなければ、宗とすることができる。

E: 가까이 함에 있어 그 친척을 소홀히 하지 않으면 宗(종)으로 삼을 만하다.

a: 孔安國曰因[33]親也。

b: 孔安國曰因は親。

c: 孔安國(こうあんこく)曰(い)はく、因(いん)は親(しん)。

d: 孔安国が言った。因は親である。

e: 공안국이 말하기를, 因(인)은 親(친)[가까이 하다]이다.

a: 言[33]所[ㇾ]親[スル]、不[ㇾ,サル,13,33]失[ニ]其[22]親[一,13]、亦、可[ニ]宗[음합부]敬[一,32]也

b: 言は親(スル)所、其の親を失不(サル)をば、亦、宗敬す可

c: 言(いふこころ)は、親(しん)する所(ところ)、其(そ)の親(しん)を失(うしな)はざるをば、亦(また)宗敬(そうけい)すべし。

d: 意味はこうである。親しむことにその親類を軽んじることがなければ、尊敬することができる。

e: 그 뜻은 이러하다. 가까이 함에 있어 친척을 소홀히 하지 않으면 존경할 만하다.

---

37) 應永本抄物「因ハ親[也]シタシム也。其親ノ親ハ、親類を云也。人ハ先ツ、一族・親類ヲシタシミテ、次ニ他人ノ可[ㇾ]親。他人ヲ本トシテ、親類ヲ次ニスレハ、怨カ出來テ、家破ルヽ也。是ヲ好ク、行人ヲハ尤可[ㇾ]崇敬也。(因(인)은 親(친)이다 '가까이 하다'라는 뜻이다. 其親(기친)의 親은 친척을 말한다. 사람은 먼저 일족과 친척을 가까이 하고서 그 다음 남과 친해져야 한다. 남을 위주로 하고 친척을 그 다음으로 삼으면 원망이 생겨서 집안을 망치는 것이다. 이것을 잘 행하는 사람을 응당 숭경해야 한다는 것이다. 61-62쪽)」

0114

A: 子曰君[음합부]子[33]食[ショク]、無[ㇾ,ナク]求[ㇾ,モトムル,13~23]飽[アカン,23~33]、[38]

B: 子曰君子は食(ショク)、飽(アカン)と求(モトムル)こと無(ナク)、

C: 子(し)の曰(のたう)ばく、君子(くんし)は食(しょく)、飽(あ)かんと求(もと)むること無(な)く、

D: 先生が言われた。君子は満腹を求めることなく、

E: 선생님께서 말씀하시기를, 군자는 배불리 먹기를 구하지 않고,

A: 居[キヨ]、無[ㇾ,シ]求[ㇾ,ムル,13~23]安[ヤスカラン,23~33]

B: 居(キヨ)、安(ヤスカラン)と求(ムル)こと無(シ)

C: 居(きょ)、安(やす)からんと求(もと)むること無(な)し。

D: 住居に安楽を求めない。

E: 주거에 안락함을 구하지 않는다.

a: 鄭玄曰學[음합부]者[22]之志[훈독부]、有[ㇾ]所[ㇾ]不[ㇾ,サル]暇[イトマアラ]也

b: 鄭玄曰學者の志、暇(イトマアラ)不(サル)所有

c: 鄭玄(ぢゃうぐゑん)曰(い)はく、學者(がくしゃ)の志(こころざし)、暇(いとま)あらざる所(ところ)有(あ)り。

d: 鄭玄が言った。学ぶものの志は、(そういうところに気を使う)暇がない。

e: 정현이 말하기를, 배우는 사람의 마음가짐은 (다른 것에 신경 쓸) 틈이 없다.

A: 敏[ニ,トクメ]於事[一,ワサ,11]而愼[ニ,ツヘシ,12]於言[一,11]。

B: 事(ワサ)に敏(トクシテ)言に愼(ツツシ)む。

C: 事(わざ)に敏(と)くして、言(こと)に愼(つつし)む。

D: 事を速やかに行い、言葉を慎む。

E: 일을 민첩하게 하고, 말을 신중하게 한다.

38) 句點의 위치에 찍혀 있으나 문맥상 讀點으로 파악하였다.

A: 就[ᅳ,テ]有[음합부]道[ᅳ,11]而正[タヽスヲ]焉、可[ㄥ,ヘカラク]謂[ㄥ,イフ]好[ㄥ,コノム,23~33]學[カク]也巳矣

B: 有道に就(テ)正(タタスヲ)、學(カク)好(コノム)と謂(イフ)可(ヘカラク)巳矣

C: 有道(いうだう)に就(つ)きて正(ただ)すを、學(がく)を好(この)むと謂(い)ふべからくのみ。

D: 有道に従って(自分自身を)正すことを、学を好むと言える。

E: 有道(유도)를 따라서 (자신을) 바로잡는 것을, 배움을 좋아한다고 할 수 있다.

a: 孔安國曰敏[33]疾也。

b: 孔安國曰敏は疾。

c: 孔安國(こうあんこく)曰(い)はく、敏(びん)は疾(しつ)。

d: 孔安国が言った。敏は疾である。

e: 공안국이 말하기를, 敏(민)은 疾(질)[빠르다]이다.

a: 有[음합부]道[23~33,33]有[ᅳ,ル]道[음합부]德[ᅳ]者[ソ]也

b: 有道とは道德有(ル)者(ソ)

c: 有道(いうだう)とは、道德(だうとく)有(あ)る者(もの)ぞ。

d: 有道とは、道德がある人である。

e: 有道(유도)란 도덕이 있는 사람이다.

a: 正[タヽス,23~33,33]謂[ㄥ]問[ᅳ,13]事[22]是[음합부,シ]非[ᅳ,13]也

b: 正(タタス)とは事の是(シ)非を問を謂

c: 正(ただ)すとは、事(こと)の是非(しひ)を問(と)ふを謂(い)ふ。

d: 正すとは、事の是非を問うことをいう。

e: 바로잡는다는 것은 일의 시비를 묻는 것을 말한다.

0115

A: 子貢[21]曰貧[マツシフシ,31]而無[ㇾ,ク]諂[ヘツラウ,13~23]、冨[トン,31]而無[ㇾ,ナキ,33]驕[13~23]、何[훈합부]如。

B: 子貢が曰貧(マツシフシ)て諂(ヘツラウ)こと無(ク)、冨(トン)で驕こと無(ナキ)は、何如。

C: 子貢(しこう)が曰(い)はく、貧(まづ)しうして諂(へつら)ふこと無(な)く、富(と)んで驕(おご)ること無(な)きは、何如(いかん)。

D: 子貢が言った。貧しくても諂うことがなく、豊かでもおごることがないというのは、いかがでしょうか。

E: 子貢(자공)이 말하기를, 가난하면서도 아첨하지 않고, 부유하면서도 교만하지 않은 것은 어떻습니까?

A: 子曰可[음독부ナリ]也

B: 子曰可(ナリ)

C: 子(し)の曰(のたう)ばく、可(か)なり。

D: 先生が言われた。よろしい。

E: 선생님께서 말씀하시기를, 괜찮다.

a: 孔安國曰未[ㇾ,タ]{ス}足[ㇾ,タラ]多[オホシトスル,11]也

b: 孔安國曰未(タ)多(オホシトスル)に足(タラ)未(ス)

c: 孔安國(こうあんこく)曰(い)はく、未(いま)だ多(おほ)しとするに足(た)らず。

d: 孔安国が言った。まだ十分ではないという意味である。

e: 공안국이 말하기를, 아직 충분하지 않다는 의미이다.

A: 未[ㇾ,タ]{シ}若[シカ]、貧[シ,31]而樂[ㇾ,タノシミ]道[13]富[トン,31]而好[ㇾ,マ,12]禮[13]者[11,33]也

B: 未(タ)若(シカ)未(シ)、貧(シ)て道を樂(タノシミ)富(トン)で禮を好(マ)ん者には

C: 未(いま)だ若(しか)じ、貧(まづ)しうして道(だう)を樂(たの)しみ、富(と)んで禮(れい)を好(この)まん者(もの)には。

D: 及ばない、貧しくても道を楽しみ、豊かでも礼を好むものには。

E: 미치지 못한다, 가난하면서도 도를 즐기며, 부유하면서도 예를 좋아하는 자에게는.

a: 鄭玄曰樂[23~33,33]謂[ᅮ,イフ]志[ᆖ,メ]於道[ᅳ,11]不[ᆍ,ル,13]以[ᆖ,テ]貧[マツシク,훈합부]賤[ᅳ,イヤシキ,13]爲[ᆍ,セ]憂[ウレヘ,훈합부]苦[ᅩ,クルシミト]也

b: 鄭玄曰樂とは道に志(シテ)貧(マツシク)賤(イヤシキ)を以(テ)憂(ウレヘ)苦(クルシミト)爲(セ)不(ル)を謂(イフ)

c: 鄭玄(ぢゃうぐゑん)曰(い)はく、樂(たの)しむとは、道(だう)に志(こころざ)して、貧(まづ)しく賤(いや)しきを以(も)ちて、憂(うれ)へ苦(くる)しみと爲(せ)ざるを謂(い)ふ。

d: 鄭玄が言った。楽しむとは、道に志して、貧しく賎しいことを憂いや苦しみとしないことをいう。

e: 정현이 말하기를, 즐긴다는 것은 도에 뜻을 두어서, 가난하고 미천함을 걱정과 괴로움으로 삼지 않는 것을 말한다.

A: 子貢[21]曰詩[11]云[イハク]、如[ᆫ,ク]切[セツスル,21]、如[ᆫ,コトク]磋[サスル,21]、如[ᆫ,ク]琢[タクスル,21]、如[ᆫ,コトシト云,33]磨[ハスル,21]、其[ソレ]、斯[13]之謂[イフ]與[カ]

B: 子貢が曰詩に云(イハク)、切(セツスル)が如(ク)、磋(サスル)が如(コトク)、琢(タクスル)が如(ク)、磨(ハスル)が如(コトシトイフ)は、其(ソレ)、斯を謂(イフ)與(カ)

C: 子貢(しこう)が曰(い)はく、詩(し)に云(い)はく、切(せっ)するが如(ごと)く、磋(さ)するが如(ごと)く、琢(たく)するが如(ごと)く、磨(ば)するが如(ごと)しといふは、其(それ)、斯(これ)を謂(い)ふか。

D: 子貢が言った。詩経に「切するように、磋するように、琢するように、磨するように」といいますが、それはこのことをいっているのですか。

E: 子貢(자공)이 말하기를, 詩經(시경)에 이르기를 '切(절)함과 같고, 磋(차)함과 같고, 琢(탁)함과 같고, 磨(마)함과 같다'라고 하는 것은, 이것을 말하는 것입니까?

a: 孔安國曰能、貧[マツシフシ,31]而樂[ᆫ,タノシミ]道[13]、富[31]而好[ᆫ,コノム,33]禮[13]、能自[ミ]、切[음합부]磋[サ]琢[음합부]磨[スル]者[ナリ]也

b: 孔安國曰能、貧(マツシフシ)て道を樂(タノシミ)、冨て禮を好(コノム)は、能自(ミ)、切磋(サ)琢磨(スル)者(ナリ)

c: 孔安國(こうあんこく)曰(い)はく、能(よ)く、貧(まづ)しうして道(だう)を樂(たの)しみ、富(と)んで禮(れい)を好(この)むは、能(よ)く自(みづか)ら切磋琢磨(せっさたくば)する者(もの)なり。

d: 孔安国が言った。貧しくても道を楽しみ、豊かでも礼を好むことができる者は、自ら切磋琢磨することができる者である。

e: 공안국이 말하기를, 능히 가난하면서도 도를 즐기고, 부유하면서도 예를 좋아하는 자는 능히 스스로 절차탁마하는 사람이다.

A: 子曰賜[シ]也始[31]可[ㆁ,ヘカラク]與[トモ,11]言[ㆀ,ㆁ]詩已[ノミ]矣。

B: 子曰賜(シ)始て與(トモ)に詩言可(ヘカラク)已(ノミ)。

C: 子(し)の曰(のたう)ばく、賜(し)、始(はじ)めて與(とも)に詩(し)を言(い)ふべからくのみ。

D: 先生が言われた。賜よ、はじめてともに詩の話ができるな。

E: 선생님께서 말씀하시기를, 賜(사)야, 비로소 더불어 시를 이야기할 만하구나.

A: 告[ㆁ,ツクル,11]諸往[ㆀ,ワウ,13]、而[モ]、知[ㆁ,シル]来[ライ,13]者[モノナリ]也

B: 諸往(ワウ)を告(ツクル)に、而(モ)、来(ライ)を知(シル)者(モノナリ)

C: 諸(これ)、往(わう)を告(つ)ぐるに、而(しか)も、來(らい)を知(し)る者(もの)なり。

D: 過去のことを聞かせると、未来のことまで分かる者である。

E: 과거의 일을 알려주니, 미래의 일까지 아는 사람이다.

a: 孔安國曰、諸[ショ,33]之也。

b: 孔安國曰、諸(ショ)は之。

c: 孔安國(こうあんこく)曰(い)はく、諸(しょ)は之(し)。

d: 孔安国が言った。諸は之である。

e: 공안국이 말하기를, 諸(저)는 之(지)[이것]이다.

a: 子[음합부]貢知[ㆁ,シッテ]引[ㆁ,13~23,13]詩[13]以[31]成[ㆁ,32]孔[음합부]子義[ㆀ,13]

b: 子貢詩を引ことを知(シッテ)以て孔子義を成す

c: 子貢(しこう)、詩(し)を引(ひ)くことを知(し)って、以(も)ちて孔子(こうし)の義(ぎ)を成(な)す。

d: 子貢が詩を引くことを知って、これで孔子の義をよく示した。

e: 자공이 시를 인용하는 것을 알아서, 이로써 공자의 뜻을 잘 나타내었다.

a: 善[ヨク]、取[ㇾ,ル]類[ルイ,13]也。

b: 善(ヨク)、類(ルイ)を取(ル)。

c: 善(よ)く類(るい)を取(と)る。

d: よく類例を取りあげた。

e: 유례를 잘 취했다.

a: 故[11]然[シカ,32]之

b: 故に然(シカ)す

c: 故(ゆゑ)に然(しか)す。

d: それでそのようにおっしゃったのである。

e: 그러므로 그렇게 말씀하신 것이다.

a: 徃[음합부]告[カウスル,11]以[ニ,モテスル[39],33]貧[シ,31]而樂[一,ㇾ,タノシム,13]道[13]、来荅[スル,11]、以[ニ,スル]切[음합부]磋琢[음합부]磨[一,13]者[ナリ]

b: 徃告(カウスル)に貧(シ)て道を樂(タノシム)を以(モテスレ)ば、来荅(スル)に、切磋琢磨を以(スル)者(ナリ)

c: 往告(わうかう)するに、貧(まづ)しうして道(だう)を樂(たの)しむを以(も)ってすれば、來答(らいたふ)するに、切磋琢磨(せっさたくば)を以(も)ってする者(もの)なり。

d: (ここでは)過去のことを告げるに、貧しくても道を楽しむと言ったら、未来のことを答えるに、切磋琢磨のことをもってしたのである。

e: 과거의 일을 알려줌에 가난하면서 도를 즐긴다고 말했더니, 미래의 일을 답함에 절차탁마로써 한 것이다.

---

39) 「モテスレ」의 잘못으로 생각된다. 즉 「もってすれば」로 훈독하는 것이 자연스럽다.

0116

A: 子曰不[ᒥ,レ]患[ウレヘ]、人[22]之不[ᅳ,サル,13~23,13]巳[オノレ,13]知[ᅳ,シラ]。

B: 子曰患(ウレヘ)不(レ)、人の巳(オノレ)を知(シラ)不(サル)ことを。

C: 子(し)の曰(のたう)ばく、患(うれ)へざれ、人(ひと)の己(おのれ)を知(し)らざることを。

D: 先生が言われた。心配するな、人が自分のことを知らないことを。

E: 선생님께서 말씀하시기를, 걱정하지 말라, 남이 나를 알아주지 않는 것을.

A: 患[ウレヘヽヨ[40]]、巳[21]不[ᒥ,サル,13~23,13]知[ᒥ,ラ]人[13]也

B: 患(ウレヘヨ)、巳が人を知(ラ)不(サル)ことを

C: 患(うれ)へよ、己(おのれ)が人(ひと)を知(し)らざることを。

D: 心配しなさい、自分が人のことを知らないことを。

E: 걱정하라, 내가 남을 알아주지 못하는 것을.

40) 불필요한 반복부가 기입되어 있다.

論語集解爲政第二

論語爲政第二　　　　何晏集解　凢卄四章

0201

A: 子曰爲[㆑,11]政[13]、以[㆑,32]德[13]

B: 子曰政を爲に、德を以す

C: 子(し)の曰(のたう)ばく、政(まつりごと)を爲(な)すに、德(とく)を以(も)ってす。

D: 先生が言われた。政治をするにあたっては、徳をもってする。

E: 선생님께서 말씀하시기를, 정치를 함에 덕으로써 한다.

A: 譬[33]如[㆘,シ]北[음합부]辰[22]、居[㆓,ヰ]其[22]所[㆒,トコロ,11]而衆[음합부]星[22]共[㆖,ケウスル,21]之

B: 譬ば北辰の、其の所(トコロ)に居(ヰ)衆星の共(ケウスル)が如(シ)

C: 譬(たと)へば、北辰(ほくしん)の、其(そ)の所(ところ)に居(ゐ)、衆星(しうせい)の共(きょう)するが如(ごと)し。[41]

D: たとえば、北辰が自らの場所に居続け、多くの星が拱する[手をたばねてお辞儀をする]ことと同じである。

E: 비유하면 北辰(북신)이 그 자리에 있고 뭇별들이 그것을 拱(공)하는 것[손을 모아 인사함]과 같다.

41) 「共」은 공경하여 두 손을 모아 北辰을 향하여 절을 한다는 의미이다. 經典釋文에 「共拱也」라고 적혀 있다. 義疏 「猶如衆星之共尊北辰也」 集注 「共向也」
應永本抄物 「共與拱同、拱ハ木ヲ束ヌルヲ云。木ナントヲ束ヌル如ク手ヲ栱シテ、諸侯ノ天子ニ向フニ、タトヘタリ。(共(공)은 拱(공)과 같다. 拱은 나무를 다발로 묶는 것을 말한다. 나무 따위를 묶듯이 손을 모아서 제후가 천자에게 향하는 것에 비유하였다. 70−71쪽)」

a: 苞氏曰、徳[ト,33]者無[음합부]為

b: 苞氏曰、徳(ト)は無為

c: 苞氏(はうし)曰(い)はく、德(とく)とは無爲(ぶゐ)。[42)]

d: 苞氏が言った。徳とは無為である。

e: 포씨가 말하기를, 덕이란 無爲(무위)이다.

a: 譬[33]猶[⁼,ヲ]、北[음합부]辰[22]之不[ㇾ,シ]移[ウツラ,31]而衆[음합부]星[22]共[⁻,スル,21]之

b: 譬ば猶(ヲ)、北辰の移(ウツラ)不(シ)て衆星の共(スル)が猶

c: 譬(たと)へば、猶(なほ)、北辰(ほくしん)の移(うつ)らずして、衆星(しうせい)の共(きょう)するがごとし。

d: たとえば、北辰は動かずして、多くの星が拱することと同じである。

e: 비유하면 북신은 움직이지 않고 뭇별들이 공하는 것과 같다.

0202

A: 子曰、詩[음독부]、三[음합부]百

B: 子曰、詩、三百

C: 子(し)の曰(のたう)ばく、詩(し)、三百(さむびゃく)。

D: 先生が言われた。詩経、三百篇は

E: 선생님께서 말씀하시기를, 詩經(시경) 삼백편은

a: 孔安國曰、篇[22]之大[음합부]數[ソ]也

b: 孔安國曰、篇の大數(ソ)

42) 應永本抄物 「無爲ト云ハ、吾カ德ヲ治レハ、自[ヲ]人ニ化ス。サアル時ハ別ニスルコトナフシテ、天下化スルヲ無爲ト云也。(無爲(무위)라고 한 것은, 내가 덕을 수양하면 저절로 사람들을 교화시킨다는 뜻이다. 그럴 때에 따로 하는 일이 없이 천하가 교화되는 것을 無爲라고 하는 것이다. 74쪽)」

c: 孔安國(こうあんこく)曰(い)はく、篇(へん)の大數(たいすう)ぞ。

d: 孔安国が言った。篇の大体の数である。

e: 공안국이 말하기를, 篇(편)의 대략적인 수이다.

A: 一[음합부]言[ケン]、以[コレモ,13,31]蔽[アツ]之

B: 一言、以(コレ)を以(モ)て蔽(アツ)

C: 一言(いちげん)、これを以(も)ちて蔽(あ)つ。

D: 一言をもって蔽うことができる。

E: 한마디 말로써 아우를 수 있다.

a: 苞氏曰、蔽[ヘイ,33]猶[ㇾ,ヲ]{シ}當[22]也

b: 苞氏曰、蔽(ヘイ)は猶(ヲ)當の猶(シ)

c: 苞氏(はうし)曰(い)はく、蔽(ヘイ)は、猶(なほ)當(たう)のごとし。[43)]

d: 苞氏が言った。蔽は当のような意味である。

e: 포씨가 말하기를, 蔽(폐)는 當(당)[해당하다]과 같다.

A: 曰[イハク]、思[ㇾ,オモヘ]無[ㇾ,ラン,13~23,13]邪[ヨコシマ]

B: 曰(イハク)、邪(ヨコシマ)無(ラン)ことを思(オモヘ)

C: 曰(い)はく、邪(よこしま)無(な)からんことを思(おも)へ。

D: 「よこしまのないことを思いなさい。」である。

E: '사악함이 없는 것을 생각하라.'이다.

a: 苞氏曰歸[ニ,キスルソ]於正[ㇾ,セイ,11]

b: 苞氏曰正(セイ)に歸(キスルソ)

c: 苞氏(はうし)曰(い)はく、正(せい)に歸(き)するぞ。[44)]

d: 苞氏が言った。正しいことに帰することである。

e: 포씨가 말하기를, 바름으로 돌아가는 것이다.

---

43) 應永本抄物「詩ハ三百篇ニテ篇モ多ク、又六義トテ、心モ廣ケレトモ、只思無邪ノ一言カ、一部ノ理ニアタル如ク、人君ハ一日ニ萬儀ニテ政事ノ科モ多ケレトモ、只一ニ皈スルノ心カ。(시경은 삼백 편으로 편도 많고 또한 六義(육의)라고 하여 뜻도 넓지만 단지 思無邪(사무사)라는 한 마디가 전체의 이치에 해당하는 것처럼, 人君(인군)은 하루에 만 가지 일을 보고 정사의 분야도 다양하지만 단 하나로 귀결된다는 뜻인가? 75쪽)」

44) 應永本抄物 「邪ナキトハ正[セイ]ニ皈スル也。思無邪ヲ毛詩一部ノ體トスル事ハ毛詩ニ好キ事ヲハヨイト、詩ニ作リテ人ニキカセテ其善心ヲ感動セシム。惡キ事ハ惡ト作テ人ノ惡心ヲコラサシム。人ノ心ヲ、正シクナス。

0203

A: 子曰、導[ミチヒク,11]之以[㆑,テシ]政[훈독부,13]

B: 子曰、導(ミチヒク)に政を以(テシ)

C: 子(し)の曰(のたう)ばく、導(みちび)くに政(まつりごと)を以(も)ってし、

D: 先生が言われた。(民を)導くに、政をもってし、

E: 선생님께서 말씀하시기를, (백성을) 이끌기를 政(정)으로써 하고,

a: 孔安國曰、政[23~33,33]謂[ニ,フ]法[음합부]教[一,カウ,13]

b: 孔安國曰、政とは法教(カウ)を謂(フ)

c: 孔安國(こうあんこく)曰(い)はく、政(まつりごと)とは、法教(はふかう)を謂(い)ふ。[45)]

d: 孔安国が言った。政とは、法教をいう。

e: 공안국이 말하기를, 정이란 法敎(법교)[法制(법제)]를 말한다.

A: 齊[トヽノフル,11]之、以[㆑,スルトキ,33]刑[13]

B: 齊(トトノフル)に、刑を以(スルトキ)は

C: 齊(ととの)ふるに、刑(けい)を以(も)ってするときは、

D: ととのえるに、刑をもってすれば、

E: 가지런히 함에 刑(형)으로써 하면,

a: 馬融曰齊[훈합부,トヽノヘ]整[トヽノフル,11]之以[ニ,スルソ]刑[음합부]罰[一,13]也

b: 馬融曰齊(トトノヘ)整(トトノフル)に刑罰を以(スルソ)

c: 馬融(ばいう)曰(い)はく、齊(ととの)へ整(ととの)ふるに刑罰(けいはつ)を以(もっ)てするぞ。

d: 馬融が言った。ととのえる[統制]に、刑罰をもってする。

e: 마융이 말하기를, 가지런히 함[통제]에 형벌로써 한다.

故ニ思無邪ヲ以テ、一部ノ體トスル也。(삿된 것이 없다는 것은 바름으로 돌아가는 것이다. 思無邪(사무사)를 毛詩(모시) 전체의 요체로 삼은 것은, 모시에 좋은 일은 좋다고 시로 지어 사람들에게 들려주어 그 선한 마음을 감동케 한다는 뜻이다. 나쁜 일은 나쁘다고 (시를) 지어서 사람의 나쁜 마음을 벌한다. 사람의 마음을 바르게 하므로 思無邪를 전체의 원리로 삼는 것이다. 76쪽)」

45) 義疏「法教卽是法制也」

A: 民、免[マヌカレントメ]而無[ㇾ,シ]恥[ハチ]
B: 民、免(マヌカレントシテ)恥(ハチ)無(シ)
C: 民(たみ)、免(まぬか)れんとして、恥(はぢ)無(な)し。
D: 民は免れようとして、恥を知らない。
E: 백성이 빠져나가려고만 하고 부끄러워함이 없다.

a: 孔安國曰、苟[モ]免[ㇾ,マヌカルヽソ]罪[11]也
b: 孔安國曰、苟(モ)罪に免(マヌカルルソ)
c: 孔安國(こうあんこく)曰(い)はく、苟(いやし)くも罪(つみ)に免(まぬか)るるぞ。
d: 孔安国が言った。いやしくも罪を免れようとする。
e: 공안국이 말하기를, 구차하게 죄를 피하고자 한다.

A: 導[ミチヒク,11]之、以[ㇾ,シ]德[13]
B: 導(ミチヒク)に、德を以(シ)
C: 導(みちび)くに、德(とく)を以(も)ってし、
D: (民を)導くに、徳をもってし、
E: (백성을) 이끌기를 덕으로써 하고,

a: 苞氏曰、德[23~33,33]謂[ニ]道[음합부]德[一,13]
b: 苞氏曰、德とは道德を謂
c: 苞氏(はうし)曰(い)はく、德(とく)とは、道德(だうとく)を謂(い)ふ。
d: 苞氏が言った。徳とは、道徳をいう。
e: 포씨가 말하기를, 덕은 도덕을 말한다.

A: 齊[トヽノホル,11]之以[ㇾ,スルトキ,33]禮[13]、有[ㇾ,テ]恥[ハチ]且、格[タヽシ]
B: 齊(トトノホル)に禮を以(スルトキ)は、恥(ハチ)有(テ)且、格(タタシ)
C: 齊(ととの)ほるに禮(れい)を以(も)ってするときは、恥(はぢ)有(あ)りて、且(また)格(ただ)し。
D: ととのえるに、礼をもってすれば、(民が)恥を知り、しかも正しくなる。
E: 가지런히 함에 예로써 하면, (백성이) 부끄러움을 알고 또한 바르게 된다.

a: 格[カク,33]者正[セイ]也

b: 格(カク)は正(セイ)

c: 格(かく)は正(せい)。[46)]

d: 格は正である。

e: 格(격)은 正(정)[바르다]이다.

0204

A: 子曰、吾[レ]、十[음합부]有[음합부]五[コニシ,31]而志[ニ,コヽロサ,32]乎學[一,カク,11]。

B: 子曰、吾(レ)、十有五(コニシ)て學(カク)に志(ココロサ)す。

C: 子(し)の曰(のたう)ばく、吾(われ)、十有五(じふいうご)にして、學(がく)に志(こころざ)す。[47)]

D: 先生が言われた。私は十五歳で学問に志した。

E: 선생님께서 말씀하시기를, 나는 열다섯에 학문에 뜻을 두었다.

A: 三[음합부]十[ニシ,31]而立[タツ]

B: 三十(ニシ)て立(タツ)

C: 三十(さむじふ)にして、立(た)つ。[48)]

D: 三十歳で(学問が)確立した。

E: 서른에 (학문이) 확립되었다.

---

46) 應永本抄物 「民ヲハ德ヲ以テ道キ、禮ヲ以テ齊[トヽ]ル時ハ、民恥ヲ知テ又正シキ也。格ハセイ[正]也。尙書ニ其非心ヲタヽスト云時、格ノ字ヲカケリ。朱晦庵ハ格ハ到也。民不善ヲ恥テ善ニイタル也。此ハ何安カ注ソ。(백성을 덕으로써 이끌고 예로써 가지런히 하면 백성은 부끄러움을 알고서 또한 바르게 되는 것이다. 格(격)은 正(정)이다. 상서(尙書)에 그릇된 마음을 바로잡는다라고 할 때에 格이라고 적었다. 朱熹(주희)는 格은 到(도)이고 백성이 선하지 못함을 부끄럽게 여겨 선함에 이르는 것이라고 하였다. 여기서는 何晏(하안)의 주석에 따랐다. 78쪽)」 이 설명 뒤쪽에는 「朱晦庵ハ」라고 하여 논어집주의 설도 인용하고 있다.

47) 應永本抄物 「古ハ年十五ニシテ始テ大學ノ學校ニ入テ道ヲ學フ。孔子モ、十五歳ニシテ學問ニ心サストエリ。此ノ學ト云ハ大學ノ道也。(옛날에는 나이 열다섯에 비로소 大學(대학)이라는 학교에 들어가 도를 배웠다. 공자께서도 열다섯살에 학문에 뜻을 두었다고 하신 것이다. 이때의 學(학)이란 대학의 도이다. 79쪽)」

48) 應永本抄物 「三年ニ一經ヲ學フ。十五ヨリ三十ニ至マテ三五、十五ニテ三十ノ年五經ヲ學ニ終ナリ。卅ニシテ其五經ノ業ヲ成立ル也。根立ト云ハ物ノ始ル方也。成立ト云ハ終ル方也。志トハ知也。立トハ行也。

a: 有[㆑,アリ]所[㆓]成[훈합부,シ]立[㆒,ツル]也

b: 成(シ)立(ツル)所有(アリ)

c: 成(な)し立(た)つる所(ところ)有(あ)り。

d: 成して立てるところがある。

e: 이루어 세운 바가 있다.

A: 四[음합부]十[ニシ,31]而不[㆑,32]惑[マトハ]

B: 四十(ニシ)て惑(マトハ)不ず

C: 四十(しじふ)にして、惑(まど)はず。

D: 四十歳で惑うことがなくなった。

E: 마흔에 미혹되지 않았다.

a: 孔安國曰、不[㆓,ナリ]疑[훈합부,ウタカイ]惑[㆒,マトハス[49]]也

b: 孔安國曰、疑(ウタカイ)惑(マトハス)不(ナリ)

c: 孔安國(こうあんこく)曰(い)はく、疑(うたが)ひ惑(まど)はずなり。

d: 孔安国が言った。疑って惑わされないことである。

e: 공안국이 말하기를, 의심하여 미혹되지 않는 것이다.

A: 五[음합부]十[ニシ,31]而知[㆓,シル]天[음합부]命[㆒,13]

B: 五十(ニシ)て天命を知(シル)

C: 五十(ごじふ)にして、天命(てんめい)を知(し)る。

D: 五十歳で天命を知った。

E: 쉰에 天命(천명)을 알았다.

a: 孔安國曰、知[㆓,ソ]天[음합부]命[22]之終[음합부]{リ}始[㆒,13]{メ}[50]也

b: 孔安國曰、天命の終始を知(ソ)

c: 孔安國(こうあんこく)曰(い)はく、天命(てんめい)の終始(しうし)を知(し)るぞ。

(3년에 경전 하나를 익힌다. 열다섯부터 서른살에 이르기까지 3×5=15년이니 서른 살에 오경을 익히는 것을 마치는 것이다. 서른 살에 그 다섯 경전의 업을 이루는 것이다. 根立(근립)이란 일이 시작되는 것이고, 成立(성립)이란 마치는 것이다. 志(지)란 知(지)이고, 立(립)이란 行(행)이다. 79쪽)」

49) 「マトハス」의 「ス」는 부정조동사 「ず」이므로 「不」에 가점되어야 한다.

50) 左訓으로 읽으면 「をはりはじめ」이다.

d: 孔安国が言った。天命の終始を知った。

e: 공안국이 말하기를, 천명의 끝과 시작을 알았다.

A: 六[음합부]十[ニシ,31]而耳[ミヽ]、順[シタカフ]

B: 六十(ニシ)て耳(ミミ)、順(シタカフ)

C: 六十(ろくじふ)にして、耳(みみ)順(したが)ふ。[51]

D: 六十歳で耳が順(したが)った。

E: 예순에 귀가 順(순)해졌다.

a: 鄭玄曰耳[훈합부]順[23~33,33]聞[ᅳ,キイテ]其[ノ]言[ᅳ,13]而知[ᅳ,ルソ]其[ノ]微[음합부]旨[ᅳ,13]也

b: 鄭玄曰耳順とは其(ノ)言を聞(キイテ)其(ノ)微旨を知(ルソ)

c: 鄭玄(ぢゃうぐゑん)曰(い)はく、耳(みみ)順(したが)ふとは、其(そ)の言(こと)を聞(き)いて、其(そ)の微旨(びし)を知(し)るぞ。

d: 鄭玄が言った。耳が順(したが)ったとは、話を聞いて、その微妙な意味が分かることである。

e: 정현이 말하기를, 귀가 순하다는 것은, 말을 듣고 그 자세한 뜻을 아는 것이다.

A: 七[음합부]十[ニシ,31]而縦[ᅳ,シタカヘトモ]心[22]所[ᅳ,ㄥ,11]欲[ホツスル]不[ㄥ,32]踰[ㄥ,コヘ]矩[ノリ,13]

B: 七十(ニシ)て心の欲(ホツスル)所に縦(シタカヘトモ)矩(ノリ)を踰(コヘ)不ず

C: 七十(しちじふ)にして、心(こころ)の欲(ほっ)する所(ところ)に従(したが)へども、矩(のり)を踰(こ)えず。

D: 七十歳で心の欲するところに従っても、法(のり)を越えなくなった。

E: 일흔에 마음이 하고자 하는 바에 따라도, 법도를 넘지 않았다.

a: 馬融曰、矩[ク,33]法[ハウ]也。

b: 馬融曰、矩(ク)は法(ハウ)。

51) 應永本抄物「六十ニシテ人ノ云コト聞テ思量ニ不[ㄥ]渡[ワ]。ヤカテ其理ヲ知也。順トハ心ニサカハサル也。心ト耳ト相従ヲ云也。(예순 살에 남이 하는 말을 들어도 사고에 영향을 끼치지 않는다. 이윽고 그 이치를 아는 것이다. 順(순)이란 마음을 거스르지 않는 것이다. 마음과 귀가 서로 따르는 것을 말한다. 80쪽)」

c: 馬融(ばいう)曰(い)はく、矩(く)は法(はふ)。

d: 馬融が言った。矩は法である。

e: 마융이 말하기를, 矩(구)는 法[법도]이다.

a: 縱[ﾆ,トモ]心[22]所[ㅡ,ㄴ,11]欲、無[ﾆ,シ]非[음합부]法[ㅡ]也

b: 心の欲所に縱(トモ)、非法無(シ)

c: 心(こころ)の欲(ほっ)する所(ところ)に縱(したが)へども、非法(ひはふ)無(な)し。[52)]

d: 心の欲するところに従っても、法[道理]から外れることがない。

e: 마음이 하고자 하는 바를 따라도, 법[도리]이 아닌 것이 없다.

0205

A: 孟[음합부]懿[음합부,イ]子[인명부]、問[ㄴ,トフ]孝

B: 孟懿(イ)子、孝問(トフ)

C: 孟懿子(まういし)、孝(かう)を問(と)ふ。

D: 孟懿子が孝について聞いた。

E: 孟懿子(맹의자)가 효에 대해 물었다.

a: 孔安國曰、魯[22]大[음합부]夫仲[음합부]孫何[음합부]忌[キソ]

b: 孔安國曰、魯の大夫仲孫何忌(キソ)

c: 孔安國(こうあんこく)曰(い)はく、魯(ろ)の大夫(たいふ)、仲孫何忌(ちうそんかき)ぞ。

d: 孔安国が言った。魯の大夫、仲孫何忌である。

e: 공안국이 말하기를, 노나라의 대부인 仲孫何忌(중손하기)이다.

---

52) 應永本抄物「孔子七十歲ニシテ心ノマヽニ振舞ヘトモ法度ニハモレサル也。(공자께서 일흔 살에 마음 내키는 대로 행동하여도 법도에 어긋나지 않는 것이다. 80쪽)」

a: 懿[イ,33]謚[シ]也

b: 懿(イ)は謚(シ)

c: 懿(い)は謚(し)。

d: 懿は謚である。

e: 懿(의)는 시호이다.

A: 子曰無[ㆁ,ナカレ]違[13~23]。

B: 子曰違こと無(ナカレ)。

C: 子(し)の曰(のたう)ばく、違(たが)ふこと無(な)かれ。

D: 先生が言われた。違うことのないようにしなさい。

E: 선생님께서 말씀하시기를, 어김이 없게 하십시오.

A: 樊[음합부]遲[인명부]、御[キヨタリ]。

B: 樊遲、御(キヨタリ)。

C: 樊遲(はんち)、御(ぎょ)たり。

D: 樊遲が御者をしていた。

E: 樊遲(번지)가 수레를 몰고 있었다.

A: 子告[ツケ,31]之曰[22]、孟[음합부]孫、問[ニ,フ]孝[13]於我[一,11]。

B: 子告(ツケ)て曰の、孟孫、孝を我に問(フ)。

C: 子(し)告(つ)げて曰(のたう)ばく、孟孫(まうそん)、孝(かう)を我(われ)に問(と)ふ。

D: 先生が話された。孟孫が孝について私に聞いた。

E: 선생님께서 (번지에게) 일러 말씀하시기를, 孟孫(맹손)이 나에게 효를 물었다.

A: 我對[31]曰無[ㆁ,ナカレ]違[13~23]

B: 我對て曰違こと無(ナカレ)

C: 我(われ)、對(こた)へて曰(い)はく、違(たが)ふこと無(な)かれ。

D: 私は答えて言った。違うことのないようにしなさい。

E: 내가 대답하여 말하기를, 어김이 없게 하라고 하였다.

a: 鄭玄曰、孟[음합부]孫不[㆑,メ]曉[㆓,サトラ]無[㆑,レト云]違[13~23]意[㆒,13]將[㆑,ニ]{ス}問[㆓,トハン,23~33]於樊[음합부]遲[㆒,11]。

b: 鄭玄曰、孟孫違こと無(レトイフ)意を曉(サトラ)不(シテ)將(ニ)樊遲に問(トハン)と將(ス)。

c: 鄭玄(ぢゃうぐゑん)曰(い)はく、孟孫(まうそん)、違(たが)ふこと無(な)かれといふ意(い)を曉(さと)らずして、將(まさ)に樊遲(はんち)に問(と)はんとす。

d: 鄭玄が言った。(孔子は、)孟孫が、違うことのないようにしなさい、という言葉の意味が理解できず、きっと樊遅に聞くだろうと思った。

e: 정현이 말하기를, 孟孫(맹손)이 어김이 없게 하라는 말의 뜻을 깨닫지 못하여, 장차 樊遲(번지)에게 물을 것이라 여겼다.

a: 故[11]告[㆑,ツク]之[ニ]。

b: 故に之(ニ)告(ツク)。

c: 故(ゆゑ)に、之(これ)に告(つ)ぐ。

d: そこでこの人[樊遅]に教えてあげた。

e: 그런 까닭에 이 사람[번지]에게 알려주었다.

a: 樊[음합부]遲[인명부,33]弟[음합부]子樊[음합부]須[인명부,スソ]也

b: 樊遲は弟子樊須(スソ)

c: 樊遲(はんち)は、弟子(ていし)、樊須(はんす)ぞ。

d: 樊遅は弟子の樊須である。

e: 번지는 제자 樊須(번수)이다.

A: 樊[음합부]遲[인명부,21]曰、何[ナン,23~33]謂[イフコトソ]也。

B: 樊遲が曰、何(ナン)と謂(イフコトソ)。

C: 樊遲(はんち)が曰(い)はく、何(なん)と謂(い)ふことぞ。

D: 樊遅が言った。どういう意味ですか。

E: 번지가 말하기를, 무슨 말씀입니까?

A: 子曰生[イケルトキ,33]事[ツカフマツル,11]之以[㆑,32]禮[レイ,13]

B: 子曰生(イケルトキ)は事(ツカフマツル)に禮(レイ)を以す

C: 子(し)の曰(のたう)ばく、生(い)けるときは、事(つかうまつ)るに禮(れい)を以(もっ)てす。

D: 先生が言われた。生きているときは、仕えるに礼をもってする。

E: 선생님께서 말씀하시기를, 살아 계실 때에는 섬김에 예로써 한다.

A: 死[シヌルトキ,33]葬[ハフムル,11]之以[ヒ,32]禮[13]

B: 死(シヌルトキ)は葬(ハフムル)に禮を以す

C: 死(し)んぬるときは、葬(はうむ)るに禮(れい)を以(も)ってす。

D: 亡くなったときは、葬るに礼をもってする。

E: 돌아가셨을 때에는 장사지냄에 예로써 한다.

A: 祭[マツルトキ,33]之以[ヒ,32]禮[13]

B: 祭(マツルトキ)は禮を以す

C: 祭(まつ)るときは、禮(れい)を以(も)ってす。

D: 祭るときは、礼をもってする。

E: 제사지낼 때에는 예로써 한다.

0206

A: 孟[음합부]武[음합부]伯[인명부]、問[ヒ]孝

B: 孟武伯、孝問。

C: 孟武伯(まうぶはく)、孝(かう)を問(と)ふ。

D: 孟武伯が孝について聞いた。

E: 孟武伯(맹무백)이 효에 대해 물었다.

A: 子曰父[음합부]母[11,33]唯[タヽ]、其[レ]疾[ヤマヒ,22]之憂[ウレヘヲノミセシム]

B: 子曰父母には唯(タタ)、其(レ)疾(ヤマヒ)の憂(ウレヘヲノミセシム)

C: 子(し)の曰(のたう)ばく、父母(ふぼ)には、唯(ただ)其(それ)疾(やまひ)の憂(うれ)へをのみせしむ。[53)]

D: 先生が言われた。父母にはただ病気の心配だけをさせます。

E: 선생님께서 말씀하시기를, 부모님께는 오직 병 걱정만을 하게 합니다.

a: 馬融曰、武[음합부]伯[인명부,33]懿[음합부,イ]子[인명부,21]之子[훈독부]、仲[음합부]孫[음합부]彘[인명부,テイ]也

b: 馬融曰、武伯は懿(イ)子が子、仲孫彘(テイ)

c: 馬融(ばいう)曰(い)はく、武伯(ぶはく)は、懿子(いし)が子(こ)、仲孫彘(ちうそんてい)。

d: 馬融が言った。武伯は懿子の子、仲孫彘である。

e: 마융이 말하기를, 武伯(무백)은 懿子(의자)의 아들 仲孫彘(중손체)이다.

a: 武[33]諡[シ]也

b: 武は諡(シ)

c: 武(ぶ)は諡(し)。

d: 武は諡である。

e: 武(무)는 시호이다.

a: 言[33]孝[음합부]子、不[ニ]妄[ミタリ,11]爲[一,レ,セ]非[13]。

b: 言は孝子、妄(ミタリ)に非を爲(セ)不。

c: 言(いふこころ)は、孝子(かうし)、妄(みだ)りに非(ひ)を爲(せ)ず。

---

53) 集解와 義疏 등의 古注에서는 '부모에게는 (다른 일로는 걱정을 시키지 말고) 오직 자식들의 병만을 걱정하게 하여야 한다'고 풀이했으나, 新注인 集注에서는 '부모는 오직 자식이 병들까 근심한다'고 풀이하였다. 應永本抄物 「人ノ子トシテハ非禮非義ナルコトヲシテ父母ヲ憂ヘシムヘカラス。常ニ其身ヲ愼テ深淵薄氷ヲ恐ルヽ如クナルヘシ。唯孝子ノ身ニ病セン時ハカリ父母ヲウレヘシムヘシ。此外ノコトニハ少シモワヒシムヘカラス。病ノ憂ヲカクヘキモ孝子ノ本意ニハ非サレトモ、病ハ我力[チ]ノ及サルコトナレハ、此ノミヲユルサルヽ也。此說ハ病ト云ヲ孝子ノ上ニ見タリ。其レトハ人ノ子ニ其(원문그대로임)ソ。一義ニ父母ノ身ノ病ト見タリ。(사람의 자식으로서 예가 아니고 의가 아닌 것을 행하여 부모를 근심케 해서는 안 된다. 항상 그 몸을 삼가서 깊은 연못의 얇은 얼음을 두려워 하는 것과 같아야 한다. 오직 효자의 몸에 병이 있을 때만 부모를 근심케 해야 할 것이다. 이 밖의 일로는 조금도 애태우게 해서는 안 된다. 병으로 근심을 끼치게 되는 것도 효자의 본의는 아니지만 병은 내 힘이 미치지 않는 일이므로 이것만은 용서되는 것이다. 이 설은 病(병)이라는 것을 효자의 것으로 보았다. 其(기)는 사람의 자식을 가리키는 것이다. 일설에는 부모의 병이라고 보았다. 85-86쪽)」古注와 新注의 설에 대해 기술한 후 「一義ニ」라고 하여 「身」을 부모의 몸으로 파악한 설을 소개하고 있다.

d: 意味はこうである。孝子は妄りに非をなさない。

e: 그 뜻은 이러하다. 효자는 망령되이 그릇된 일을 하지 않는다.

a: 唯疾[음합부[54],ヤマヒスルトキニメ]病然[훈합부,31]後[11]使[ニ,ㇾ,シテ]{シムラク}父[음합부]母[13,31]、憂[ㇷ,ウレヘ]耳[ノミ]也

b: 唯疾病(ヤマヒスルトキニシテ)然て後に父母を使(シテ)て、憂(ウレヘ)使(シムラク)耳(ノミ)

c: 唯(ただ)疾病(やまひ)するときにして、然(しかう)して後(のち)に、父母(ふぼ)をして憂(うれ)へしむらくのみ。

d: ただ病気の時になって、父母に心配させるのみである。

e: 오직 병이 났을 때에만 부모로 하여금 근심하게 할 뿐이다.

0207

A: 子[음합부]游[인명부]問[ㇾ,フ]孝

B: 子游孝問(フ)

C: 子游(しいう)、孝(かう)を問(と)ふ。

D: 子游が孝について聞いた。

E: 子游(자유)가 효에 대해 물었다.

a: 孔安國曰、子[음합부]游[33]弟[음합부]子也

b: 孔安國曰、子游は弟子

c: 孔安國(こうあんこく)曰(い)はく、子游(しいう)は弟子(ていし)。

d: 孔安国が言った。子游は弟子である。

e: 공안국이 말하기를, 자유는 제자이다.

54) 훈합부의 잘못이다.

a: 姓[33]言[ケン]、名[33]偃[エン]也

b: 姓は言(ケン)、名は偃(エン)

c: 姓(せい)は言(げん)、名(な)は偃(えん)。

d: 姓は言で、名は偃である。

e: 성은 言(언), 이름은 偃(언)이다.

A: 子曰今[イマ,22]之孝[33]者、是[コレ]謂[ニ,フ]能[ヨク]養[一,ヤシナフ,13]

B: 子曰今(イマ)の孝は、是(コレ)能(ヨク)養(ヤシナフ)を謂(フ)

C: 子(し)の曰(のたう)ばく、今(いま)の孝(かう)は、是(これ)能(よ)く養(やしな)ふを謂(い)ふ。

D: 先生が言われた。今の孝は、よく扶養することをいう。

E: 선생님께서 말씀하시기를, 지금의 효는 잘 부양하는 것을 말한다.

A: 至[ニ,イタルマテ,11]於犬[음합부]馬[一,11]、皆、能有[レ,アリ]養[ヤシナフ,13~23]。

B: 犬馬に至(イタルマテ)に、皆、能養(ヤシナフ)こと有(アリ)。

C: 犬馬(けんば)に至(いた)るまでに、皆(みな)能(よ)く養(やしな)ふこと有(あ)り。

D: 犬馬も、皆よく(人を)扶養することがある。

E: 개와 말도 모두 (사람을) 잘 부양하는[돕는] 일이 있다.

A: 不[レ,ス,33]敬[음독부セ]、何[훈합부,13]以[21]別[ワカ,12]乎[ヤ]

B: 敬(セ)不(ス)ば、何を以か別(ワカ)ん乎(ヤ)

C: 敬(けい)せずんば、何(なに)を以(も)ってか別(わ)かんや。

D: 敬わないならば、何をもって区別するのだろうか。

E: 공경하지 않으면, 무엇으로써 구별하겠는가?

a: 苞氏曰、犬[イヌハ,33]以[ニ,テシ]守[훈합부,リ]禦[一,フセク,13]、馬[33]以[レ,テ]代[レ,カワル,13]勞[11]能養[レ,フ]人[13]者[ナリ]。

b: 苞氏曰、犬(イヌハ)は守(リ)禦(フセク)を以(テシ)、馬は勞に代(カワル)を以(テ)能人を養(フ)者(ナリ)。

c: 苞氏(はうし)曰(い)はく、犬(いぬ)は守(まも)り禦(ふせ)ぐを以(も)ってし、馬(うま)は勞(いたは)しきに代(かは)るを以(も)ちて、能(よ)く人(ひと)を養(やしな)ふ者(もの)なり。

d: 苞氏が言った。犬は守り防ぐことでし、馬は労しいことを代わりにすることで、人を養うことができる者である。

e: 포씨가 말하기를, 개는 지키고 막는 것으로써 하고, 말은 수고로운 일을 대신하는 것으로써 능히 사람을 부양한다.

a: 一[11]曰、人[22]之所[㆑,ハ]養、乃能、至[㆓,ル]於犬[음합부]馬[㆒,11]。

b: 一に曰、人の養所(ハ)、乃能、犬馬に至(ル)。

c: 一(ひと)つに曰(い)はく、人(ひと)の養(やしな)ふ所(ところ)は、乃(いま)し能(よ)く、犬馬(けんば)に至(いた)る。

d: 一説にいう。人の養うところは、犬馬にまで至る。

e: 일설에 이르기를, 사람이 부양하는 바는 (부모뿐만이 아니라) 개와 말에 이른다.

a: 不[㆑,33]敬[セ]則無[㆓,ケン]以[31]別[㆒,13~23]

b: 敬(セ)不ば則以て別こと無(ケン)

c: 敬(けい)せずんば、則(すなは)ち以(も)ちて別(わ)くこと無(な)けん。

d: 敬わないならば、区別する方法がなかろう。

e: 공경하지 않는다면, 구별할 방법이 없을 것이다.

a: 孟[음합부]子[11]曰、養[31]而弗[㆑,33]愛、豕[ヰノコ,22]畜[ナリ]也。

b: 孟子に曰、養て愛弗ば、豕(ヰノコ)の畜(ナリ)。

c: 孟子(まうし)に曰(い)はく、養(やしな)ひて愛(あい)せずんば、豕(ゐのこ)の畜(か)ふなり。

d: 孟子に言う。養っても愛さないならば、豚を飼うことと同じである。

e: 孟子(맹자)에 이르기를, 부양만 하고 사랑하지 않으면, 돼지를 기르는 것과 같다.

a: 愛[シ,31]而弗[㆑,33]敬[セ]也獣[ケモ,22]畜[カウナリ]也

b: 愛(シ)て敬(セ)弗ば獣(ケモ)の畜(カウナリ)

c: 愛(あい)して敬(けい)せずんば、獣(けもの)の畜(か)ふなり。

d: 愛して敬わないならば、獣を飼うことと同じである。

e: 사랑하고 공경하지 않으면, 짐승을 기르는 것과 같다.

0208

A: 子[음합부]夏[인명부]問[ㇾ]孝。

B: 子夏孝問。

C: 子夏(しか)、孝(かう)を問(と)ふ。

D: 子夏が孝について聞いた。

E: 子夏(자하)가 효에 대해 물었다.

A: 子曰、色[イロ]、難[カタシ]

B: 子曰、色(イロ)、難(カタシ)

C: 子(し)の曰(のたう)ばく、色(いろ)、難(かた)し。[55)]

D: 先生が言われた。顔色(をうかがうこと)が難しい。

E: 선생님께서 말씀하시기를, 안색(을 살피는 일)이 어렵다.

a: 色[훈합부]難[23~33,33]謂[下]承[二,훈합부,ウケ]望[ノソム,13]父[음합부]母[22]顔[음합부]色[一,11]、乃[イ]爲[上,ㇾ,スル,13]難[カタシ,23~33]也

b: 色難とは父母の顔色に承(ウケ)望(ノソム)を、乃(イ)難(カタシ)と爲(スル)を謂

c: 色(いろ)難(かた)しとは、父母(ふぼ)の顔色(がんしょく)に承(う)け望(のぞ)むを、乃(いま)し難(かた)しと爲(す)るを謂(い)ふ。

---

55) 古注에서는 義疏의 「色謂父母顔色也」와 같은 주석에서 보는 바와 같이 「色」을 '부모의 안색'으로 풀이하고 있으나, 新注에서는 集注의 「色難謂事親之際, 惟色爲難也」와 같은 주석에서 보는 바와 같이 '자식의 안색'으로 풀이하고 있다.
應永本抄物「色難トハ此注ノ義ニハ父母ノ顔色ヲ見テ働ヘシ。氣ニアフコトヲハスヘシ。アワヌコトヲハスヘカラス。父母ノ顔ツキヲ見テ働コトカタシト云心ソ。此説ハコヒヘツラウ方エモナルヘシ。孝ノ本意ニモ非ス。其故ハ孝經ニ何事モ父ノ命ニ從ヲ孝ト云ヘキカト曾子カ問タレハ、是何ト云コトソト孔子ノ咎メ玉ヘリ。是父ノ命ニ從フヲノミ孝トシ玉ハス。然レハ此色難トハ孝子ノ顔色ト可見也。……子ノ顔色カ和ケハ父母ノ顔色モ和ク也。……如此和順ノ色ヲナス事難シト云義也。(色難(색난)이란 이 주석의 뜻에서는 부모의 안색을 살펴 행하여야 한다는 뜻이다. (부모의) 마음에 맞는 것은 해야 하며, 맞지 않는 것은 하지 않아야 한다. 부모의 안색을 살펴 행하는 것이 어렵다는 뜻이다. 이 설은 아첨하는 쪽으로도 해석될 수 있다. (이것은) 효의 본의가 아니다. 그 까닭은 孝經(효경)에 무슨 일이든 아버지의 명에 따르는 것을 효라고 할 수 있느냐고 曾子(증자)가 물으니, 이것이 무슨 소리냐며 공자께서 꾸짖으셨다. 이것은 아버지의 명에 따르는 것만을 효라고 하지 않으셨다. 그러므로 이 色難이란 효자의 안색이라고 보아야 할 것이다. ……자식의 안색이 부드러우면 부모의 안색도 부드러운 것이다. ……이처럼 和順(화순)한 안색을 짓는 것이 어렵다고 하는 뜻이다. 87–88쪽)」 먼저 古注를 들어 설명하고 있으나, 孝經(효경)의 내용을 근거로 들어 新注의 '자식의 안색'이라는 설을 취하여 기술하고 있다.

d: 顔色が難しいとは、父母の顔色をうかがうことが難しい、ということである。

e: 안색이 어렵다는 것은, 부모의 안색을 받들어 살피는 것이 어렵다는 것을 말한다.

A: 有[ㇾ,トキ,33]事[ワサ]、弟[음합부]子、服[ニ,ツク]其[22]勞[一,イタハシキ,11]。

B: 事(ワサ)有(トキ)は、弟子、其の勞(イタハシキ)に服(ツク)。

C: 事(わざ)有(あ)るときは、弟子(ていし)、其(そ)の勞(いたは)しきに服(つ)く。

D: 仕事があれば、子弟[目下の者]がその労しいことに服務する。

E: 일이 있으면, 子弟(자제)[아랫사람]가 수고스러운 일을 맡아 한다.

A: 有[ニ,トキ,33]酒[음합부]食[一]、先[음합부]生饌[セン,32]

B: 酒食有(トキ)は、先生饌(セン)す

C: 酒食(しうし)有(あ)るときは、先生(せんせい)饌(せん)す。

D: お酒やご飯があれば、先生[父兄や目上の者]に召し上がっていただく。

E: 술이나 밥이 있으면, 先生(선생)[부모와 손위형제]이 잡숫도록 한다.

a: 馬融曰、先[음합부]生[23~33,33]謂[ニ]父[음합부]兄[一,13]。

b: 馬融曰、先生とは父兄を謂。

c: 馬融(ばいう)曰(い)はく、先生(せんせい)とは、父兄(ふけい)を謂(い)ふ。

d: 馬融が言った。先生とは、父兄をいう。

e: 마융이 말하기를, 선생이란 父兄(부형)을 말한다.

a: 饌[33]飲[음합부]食也

b: 饌は飲食

c: 饌(せん)は飲食(いんし)。

d: 饌は飲食することである。

e: 饌(찬)은 먹고 마시는 것이다.

A: 曽[ムカシ]、是[コレ,13]以[31]爲[ㇾ,スレ]孝[23~33]乎[ヤ]

B: 曽(ムカシ)、是(コレ)を以て孝と爲(スレ)乎(ヤ)

C: 曾(むかし)、是(これ)を以(も)ちて孝(かう)と爲(す)れや。

D: はたしてこれで孝とみなせるだろうか。

E: 과연 이것만으로 효라고 할 수 있겠는가?

a: 馬融曰、孔[음합부]子[인명부]喩[㆓,サトシ]子[음합부]夏[㆒,인명부,11,31]曰[ノ]、服[㆑,ツキテ]勞[イタハシキ,11]先[マツ]食[음독부スル,13]汝、謂[㆑,テ]此[コレ,13,31]爲[㆑,スレ]孝[23~33]乎

b: 馬融曰、孔子子夏に喩(サトシ)て曰(ノ)、勞(イタハシキ)に服(ツキテ)先(マツ)食(スル)を汝、此(コレ)を謂(テ)て孝と爲(スレ)乎

c: 馬融(ばいう)曰(い)はく、孔子(こうし)、子夏(しか)に喩(さと)して曰(のたう)ばく、勞(いたは)しきに服(つ)きて、先(ま)づ食(しょく)するを、汝(なんぢ)、此(これ)を謂(い)ひて孝(かう)と爲(す)れや。

d: 馬融が言った。孔子が子夏を諭して言った。労しいことに服務し、先に召し上がっていただくことを、君はこれを孝だと考えるのか。

e: 마융이 말하기를, 공자가 자하를 깨우쳐 말하기를, (아랫사람이) 수고스러운 일을 맡아 하고 (부형이) 먼저 잡숫도록 하는 것을, 너는 이것을 효라고 생각하느냐?

a: 未[㆑,タ]{ス}足[㆑]爲[㆑,11]孝[ト,23~33]也。

b: 未(タ)孝(ト)と爲に足未(ス)。

c: 未(いま)だ孝(かう)と爲(す)るに足(た)らず。

d: (それだけでは)まだ孝というには足りない。

e: (그것으로는) 아직 효라고 하기에 부족하다.

a: 承[㆓,훈합부]順[13]父[음합부]母[22]顏[음합부]色[㆒,11]、乃[イ]、爲[㆑]孝[23~33]耳也

b: 父母の顏色に承順を、乃(イ)、孝と爲耳

c: 父母(ふぼ)の顏色(がんしょく)に承(う)け順(したが)ふを、乃(いま)し、孝(かう)と爲(す)らくのみ。

d: 父母の顔色をうかがって従ってこそ、孝といえる。

e: 부모의 안색을 받들어 따르는 것을 효라고 할 수 있다.

0209

A: 子曰、吾與[㆑,23~33]回[인명부]、言[13~23]、終[훈합부,ヒメモスニ]日、不[㆑,ス]違[タカハ]。

B: 子曰、吾回與と、言こと、終日(ヒメモスニ)、違(タカハ)不(ス)。

C: 子(し)の曰(のたう)ばく、吾(われ)、回(くゎい)と言(い)ふこと、終日(ひめもす)に、違(たが)はず。

D: 先生が言われた。私が回と一日中話をしたが、まったく従順であった。

E: 선생님께서 말씀하시기를, 내가 顔回(안회)와 이야기하기를 종일토록 함에, 거스르는 바가 없었다.

A: 如[㆑,シ]愚[オロカナル,21]

B: 愚(オロカナル)が如(シ)

C: 愚(おろ)かなるが如(ごと)し。

D: 愚かなもののようであった。

E: 어리석은 자 같았다.

a: 孔安國曰囬[33]弟[음합부]子也。

b: 孔安國曰囬は弟子。

c: 孔安國(こうあんこく)曰(い)はく、回(くゎい)は弟子(ていし)。

d: 孔安国が言った。回は弟子である。

e: 공안국이 말하기를, 回(회)는 제자이다.

a: 姓[33]顔、[삽입부[名回]]字[33]子[음합부]淵。鲁[훈합부]人也。

b: 姓は顔、名回字は子淵。鲁人。

c: 姓(せい)は顔(がん)、名(な)は回(くゎい)、字(あざな)は子淵(しゑん)。魯人(ろひと)。

d: 姓は顔で、名は回、字は子淵である。魯の人である。

e: 성은 顔(안), 이름은 回(회), 자는 子淵(자연)이다. 노나라 사람이다.

a: 不[レ,23~33,33]違者無[レ,ソ]所[三]恠[二,훈합부,アヤシミ]問[フ]於孔[음합부]子[22]之言[一,13]。

b: 違不とは孔子の言を恠(アヤシミ)問(フ)所無(ソ)。

c: 違(たが)はずとは、孔子(こうし)の言(げん)を、怪(あや)しみ問(と)ふ所(ところ)無(な)きぞ。

d: 違わないとは、孔子の話をあやしんで、聞きかえすところがないことである。

e: 어기지 않는다는 것은, 공자의 말을 이상하게 여겨 묻는 바가 없는 것이다.

a: 黙[モタシ,31]而識[ル]之。

b: 黙(モタシ)て識(ル)。

c: 默(もだ)して識(し)る。

d: 黙って理解した。

e: 묵묵히 알았다.

a: 如[レ,シ]愚[ナル,21]也

b: 愚(ナル)が如(シ)

c: 愚(おろ)かなるが如(ごと)し。

d: 愚かなもののようであった。

e: 어리석은 자 같았다.

A: 退[シリソイ,31]而省[二,カヘリミレ,33]其[22]私[一,13]、亦、足[二,レリ]以[31]發[一,ハツスルニ]。

B: 退(シリソイ)て其の私を省(カヘリミレ)ば、亦、以て發(ハツスルニ)足(レリ)。

C: 退(しりぞ)いて其(そ)の私(わたくし)を省(かへり)みれば、亦(また)、以(も)ちて發(はっ)するに足(た)れり。[56)]

D: 退いてからの彼の私的な生活をみると、また(道理を)明らかにするに十分であった。

E: 물러나서 그의 사삿일[사생활]을 돌아보니, 또한 그것으로써 밝히기에 족하였다.

---

56) 「發」이란 사물의 바른 도리를 알고 명백히 하는 일, 새로운 사물의 이치를 생각해 내는 것을 말한다. 應永本抄物 「孔子ノ前ヲ退テ吾私ノ家ヘ皈テ朋友ト孔子ノ申サレシコトヲ談論スルヲミレハ、少モチカワス義理ヲ發明ス。(공자의 앞에서 물러나 사가에 돌아가서 벗과 공자께서 말씀하신 것을 담론하는 것을 보면, 조금도 틀리지 않고 의리를 명확히 하였다. 92−93쪽)」

A: 回[인명부]也、不[ㇾ,32]愚[オロカナラ]

B: 回、愚(オロカナラ)不ず

C: 回(くゎい)、愚(おろ)かならず。

D: 回は愚かではない。

E: 회는 어리석지 않다.

a: 孔安國曰察[ㇳ,ミレ,33]其[22]退[훈합부,シリソキ]還[カヘ,31]與[ㆅ,23~33]二[음합부]三[음합부]子[ㆁ]、説[ㆅ,훈합부,トキ]釋[トク,13]道[음합부]義[ㆅ,13]、發[ㆅ,음합부,ハツ]明[32]大[음합부]體[ㆁ,13]。

b: 孔安國曰其の退(シリソキ)還(カヘ)て二三子與と、道義を説(トキ)釋(トク)を察(ミレ)ば、大體を發(ハツ)明す。

c: 孔安國(こうあんこく)曰(い)はく、其(そ)の退(しりぞ)き還(かへ)りて、二三子(にさむし)と道義(だうぎ)を説(と)き釋(と)くを察(み)れば、大體(たいてい)を發明(はつめい)す。

d: 孔安国が言った。退き帰って、弟子たちと道義について議論するところを見るに、(道理の)大体を明白に理解していた。

e: 공안국이 말하기를, 그가 물러나 돌아가서 제자들과 도의에 대해 논하는 것을 보니, (도리의) 大體(대체)를 명백하게 파악하고 있었다.

a: 知[ㆅ,ヌ]其[22]不[ㆁ,ㇾ,13~23,13]愚[ナラ]也

b: 其の愚(ナラ)不ことを知(ヌ)

c: 其(そ)の愚(おろ)かならざることを知(し)りぬ。

d: 彼が愚かではないことを知った。

e: 그가 어리석지 않다는 것을 알았다.

0210

A: 子曰視[ﾆ,ル]其[22]所[ｰ,ﾚ,13]以[モチヰル]

B: 子曰其の以(モチヰル)所を視(ル)

C: 子(し)の曰(のたう)ばく、其(そ)の以(もち)ゐる所(ところ)を視(み)る。

D: 先生が言われた。その用いるところを見る。

E: 선생님께서 말씀하시기를, 그 사용하는 바를 본다.

a: 以[イ,33]用也。

b: 以(イ)は用。

c: 以(い)は用(よう)。[57)]

d: 以は用である。

e: 以(이)는 用(용)[쓰다]이다.

a: 言[33]視[ﾐ,ル]所[ﾆ,ヲ]其[22]行[훈합부,オコナヒ]用[ｰ,モチヰル]也

b: 言は其の行(オコナヒ)用(モチヰル)所(ヲ)視(ル)

c: 言(いふこころ)は、其(そ)の行(おこな)ひ用(もち)ゐる所(ところ)を視(み)る。

d: 意味はこうである。その行い用いるところを見る。

e: 그 뜻은 이러하다. 행하여 사용하는 바를 본다.

A: 觀[ﾆ,ル]其[22]所[ｰ,ﾚ,13]由[フル]

B: 其の由(フル)所を觀(ル)

C: 其(そ)の由(ふ)る所(ところ)を觀(み)る。

D: その経てきたところを見る。

E: 그 거쳐온 바를 본다.

57) 應永本抄物「此章ハ人ヲ見知方ヲ明ス。其見様ニ三アリ。以[モチイル]·由·安也。……以トハ毎日ニ行イ用ル所ヲ云也。(이 장은 사람을 알아보는 방법에 대해 밝혔다. 그 방법으로 세 가지가 있다. 以(이)·由(유)·安(안)이다. ……以(이)란 날마다 행하여 쓰는 바를 말한다. 93쪽)」

a: 由[ユウ,33]經也。

b: 由(ユウ)は經。

c: 由(いう)は經(けい)。[58)]

d: 由は経である。

e: 由(유)는 經(경)[거치다]이다.

a: 言[33]觀[ㇾ,ル]其[22]所[ㆁ,13]經[훈합부,ヘ]從[ㆍ,シタカフ]也

b: 言は其の經(ヘ)從(シタカフ)所を觀(ル)

c: 言(いふこころ)は、其(そ)の經(へ)從(したが)ふ所(ところ)を觀(み)る。

d: 意味はこうである。その経てきたところを見る。

e: 그 뜻은 이러하다. 그 거쳐서 해 온 바를 본다.

A: 察[ㆁ,ミテントキ,33]其[22]所[ㆍ,ㇾ,13]安[スル]、人焉[イツクンソ]廋[カクサン]哉[ヤ]。人焉[ソ]廋[サン]哉[ヤ]

B: 其の安(スル)所を察(ミテントキ)は、人焉(イツクンソ)廋(カクサン)哉(ヤ)。人焉(ソ)廋(サン)哉(ヤ)

C: 其(そ)の安(やす)んずる所(ところ)を察(み)てんときは、人(ひと)焉(いづく)んぞ廋(かく)さんや。人(ひと)焉(いづく)んぞ廋(かく)さんや。

D: (そして)その安んずるところを見れば、人がどうして隠せるだろうか。人がどうして隠せるだろうか。

E: 그 편안히 여기는 바를 보면, 사람이 어찌 숨길 수 있겠는가? 사람이 어찌 숨길 수 있겠는가?

a: 孔安國曰、廋[シウ,33]匿[チヨク]也。

b: 孔安國曰、廋(シウ)は匿(チヨク)。

c: 孔安國(こうあんこく)曰(い)はく、廋(しう)は匿(ぢょく)。

d: 孔安国が言った。廋は匿である。

e: 공안국이 말하기를, 廋(수)는 匿(닉)[숨기다]이다.

---

58) 應永本抄物「惡人ナレ共タマタマ好事ヲスル人モアリ。サルホトニ彼カ月日ヲ經テ經歷スル所ノハタラキヲ可見也。(악인일지라도 가끔 좋은 일을 하는 사람도 있다. 그러므로 그가 세월을 거쳐 겪으며 지내온 행적을 보아야 할 것이다. 93-94쪽)」

a: 言[33]觀[ᄏ,ミテントキ,33]人[22]終[훈합부,リ]始[ᅳ,13]安[イツクンソ]、有[ᄂ,ラン]所[ᄂ]匿[ᄏ,カクス]其[22]情[ᅳ,13]也

b: 言は人の終(リ)始を觀(ミテントキ)は安(イツクンソ)、其の情を匿(カクス)所有(ラン)

c: 言(いふこころ)は、人(ひと)の終(をは)り始(はじ)めを觀(み)てんときは、安(いづく)んぞ其(そ)の情(せい)を匿(かく)す所(ところ)有(あ)らん。

d: 意味はこうである。人の終りと始めを見れば、どうしてその心を隠せるだろうか。

e: 그 뜻은 이러하다. 사람의 끝과 시작을 보면, 어찌 그의 마음을 숨길 수 있겠는가?

0211

A: 子曰溫[ᄂ,タツネ]故[フルキ,13]、而知[ᄂ,シル,13,33]新[アタラシキ,13]、可[ᄏ,シ]以[31]爲[ᅳ,ᄂ,32]師[23~33]矣

B: 子曰故(フルキ)を溫(タツネ)、新(アタラシキ)を知(シル)をば、以て師と爲す可(シ)

C: 子(し)の曰(のたう)ばく、故(ふる)きを溫(たづ)ね、新(あたら)しきを知(し)るをば、以(も)ちて師(し)と爲(す)べし。

D: 先生が言われた。古いことをたずね、新しいことを知る人は、師とすべきである。

E: 선생님께서 말씀하시기를, 옛것을 탐구하여 새것을 아는 자는 스승으로 삼을 만하다.

a: 溫[ヲム,33]尋[シム]也。

b: 溫(ヲム)は尋(シム)。

c: 溫(をん)は尋(しむ)。

d: 溫は尋である。

e: 溫(온)은 尋(심)[찾다]이다.

a: 尋[ᄏ,훈합부,タツネ]繹[ツキ]{タツネ}故[フルキ]者[ᅳ,13]又知[ᄂ,13,33]新[タラシキ,13]可[ᄏ,シ]以[31]爲[ᅳ,ᄂ,32]師[23~33]也

b: 故(フルキ)者を尋(タツネ)繹(ツキ)又新(タラシキ)を知をば以て師と爲す可(シ)

c: 故(ふる)き者(もの)を尋(たづ)ね繹(つ)ぎ、又(また)新(あたら)しきを知(し)るをば、以(も)ちて師(し)と爲(す)べし。

d: 古いことを探求し、また新しいことを知る人は、師とすべきである。

e: 옛것을 탐구하여 또 새것을 아는 자는 스승으로 삼을 만하다.

0212

A: 子曰君子[33]不[ᅡ,ス]器[ウツハモノナラ]

B: 子曰君子は器(ウツハモノナラ)不(ス)

C: 子(し)の曰(のたう)ばく、君子(くんし)は器(うつはもの)ならず。

D: 先生が言われた。君子は器ではない。

E: 선생님께서 말씀하시기를, 군자는 그릇이 아니다.

a: 苞氏曰、器[ト,33]者、各周[ニ,アマネシ]其用[一,음독부,11]。

b: 苞氏曰、器(ト)は、各其用に周(アマネシ)。

c: 苞氏(はうし)曰(い)はく、器(うつはもの)とは、各(おのおの)其(そ)の用(よう)に周(あまね)し。

d: 苞氏が言った。器とは、おのおのがその用途に(のみ)遍く行き届く。

e: 포씨가 말하기를, 그릇은 각각 그 (일정한) 쓰임에(만) 철저하다.

a: 至[ニ,31,33]於君[음합부]子[一,11]、無[ᅡ,シ]所[ᅡ]不[ᅡ,スト云]施[ホトコサ]也

b: 君子に至ては、施(ホトコサ)不(ストイフ)所無(シ)

c: 君子(くんし)に至(いた)りては、施(ほどこ)さずといふ所(ところ)無(な)し。

d: 君子に至っては、行き届かないところがない。

e: 군자에 이르러서는 쓰이지 못하는 바가 없다.

0213

A: 子貢[인명부]問[ㆁ,フ]君[음합부]子[ㆀ,13]。

B: 子貢君子を問(フ)。

C: 子貢(しこう)、君子(くんし)を問(と)ふ。

D: 子貢が君子について聞いた。

E: 子貢(자공)이 군자에 대해 물었다.

A: 子曰先[マツ]、行[ㆁ,テ]其[22]言[ㆀ,コト,13]而後[11]從[シタカフ]之

B: 子曰先(マツ)、其の言(コト)を行(テ)後に從(シタカフ)

C: 子(し)の曰(のたう)ばく、先(ま)づ其(そ)の言(こと)を行(おこな)ひて後(のち)に從(したが)ふ。[59]

D: 先生が言われた。まずその言わんとするところを行い、後に(言葉がそれに)従う。

E: 선생님께서 말씀하시기를, 먼저 말하고자 하는 바를 행하고 나중에 (말이 그에) 따른다.

a: 孔安國曰疾[ㆁ,ニク,12]小[음합부]人[22]多[음합부]言[ニシ,31]而行[음독부,22]不[ㆀ,レ,サル,13~23,13]周[アマネカラ]也

b: 孔安國曰小人の多言(ニシ)て行の周(アマネカラ)不(サル)ことを疾(ニク)む

c: 孔安國(こうあんこく)曰(い)はく、小人(せうじん)の、多言(たげん)にして行(かう)の、周(あまね)からざることを疾(にく)む。

d: 孔安国が言った。小人の、口数ばかりが多く、行いが行き渡っていないことを嫌う。

e: 공안국이 말하기를, 소인이 말이 많고 행함이 철저하지 못한 것을 싫어하는 것이다.

59) 應永本抄物「君子ハ言ニ出ス程ノ事ヲハヤカテ身ニ行也。……若口ニマカセテ云テ如其身ニ不行ヲハ言ノツイエトテ恥ル所也。……一義ニ君子ハ一言ヲモ末代ニ規範ニ成事ヲ云出ス也。サルホトニ、君子ハ先ツ其コトハヲ吐出シテ置ケハ、後人カ其言從テ手本ニスルト云義也。(군자는 말로 할 만한 일은 곧 몸으로 행한다. ……만약 입에서 나오는 대로 말하고서 그 몸으로 행하지 않는 것과 같은 것은 말을 허비한 것이라 부끄러운 일이다. ……일설에 군자는 한마디라도 후세에 규범이 될만한 것을 말하는 것이다. 그러므로 군자가 먼저 그 말을 내뱉어 두면 후세 사람들이 그 말을 좇아 본으로 삼을 것이라고 하는 뜻이다. 97–98쪽)」

0214

A: 子曰君[음합부]子[33]周[シウシ,31]而不[㆑,32]比[ヒセ]

B: 子曰君子は周(シウシ)て比(ヒセ)不ず。

C: 子(し)の曰(のたう)ばく、君子(くんし)は周(しう)して比(ひ)せず。

D: 先生が言われた。君子は周して比しない。

E: 선생님께서 말씀하시기를, 군자는 周(주)하고 比(비)하지 않다.

a: 孔安國曰、忠[음합부]信[13]爲[㆑,32]周[23~33]

b: 孔安國曰、忠信を周と爲す

c: 孔安國(こうあんこく)曰(い)はく、忠信(ちうしん)を周(しう)と爲(す)。

d: 孔安国が言った。忠信を周という。

e: 공안국이 말하기를, 忠信(충신)을 주[두루하다]라 한다.

a: 阿[음합부]黨[13]爲[㆑]比[23~33]也

b: 阿黨を比と爲

c: 阿黨(あたう)を比(ひ)と爲(す)。[60)]

d: 阿党を比という。

e: 阿黨(아당)을 비[치우치다]라 한다.

A: 小[음합부]人[33]比[シ,31]而不[㆑,ス]周[セ]

B: 小人は比(シ)て周(セ)不(ス)

C: 小人(せうじん)は、比(ひ)して周(しう)せず。

60) 應永本抄物「此章ハ君子ト小人トノ替リヲ明ス。周トハ忠信ヲ云。此(원문그대로임)トハ阿黨ナリ。阿黨トハヲモネリタムロスルトヨム也。タムロトハ屯ノ字也。一所ニ物ノアツマルヲタムロト云。此[ヒ]禮此[ヒ](원문그대로임)義ノコトヲモ其徒黨ニ憑テセントスルヲ阿黨ト云也。君子ハ常ニ忠信ヲ以テ心トス。徒黨タテヲスルコトナシ。小人ハ君子ト表裏ノ如シ。徒黨タテヲシテ忠信ノ心ハナキ也。(이 장은 군자와 소인의 차이에 대해 밝혔다. 周(주)란 忠信(충신)을 말한다. 比(비)란 阿黨(아당)이다. 아당은 ヲモネリタムロスル(영합하여 무리 지음)라고 읽는다. タムロ[무리]란 屯(둔)이다. 한곳에 무언가 모이는 것을 タムロ[무리]라고 한다. 예가 아니고 의가 아닌 것이라도 그 도당을 믿고 하고자 하는 것을 아당이라고 한다. 군자는 항상 忠信(충신)으로써 마음에 새긴다. 도당을 짓는 일이 없다. 소인은 군자와 정반대이다. 도당을 짓고 충신의 마음이 없는 것이다. 98–99쪽)」

D: 小人は比して周しない。

E: 소인은 비하고 주하지 않다.

0215

A: 子曰、學[マナム,31]而不[ㇾ,サルトキ,33]思[オモハ]、則罔[ハウナリ]

B: 子曰、學(マナム)で思(オモハ)不(サルトキ)は、則罔(ハウナリ)

C: 子(し)の曰(のたう)ばく、學(まな)んで思(おも)はざるときは則(すなは)ち罔(ばう)なり。[61)]

D: 先生が言われた。学ぶだけで考えなければ罔(くら)い。

E: 선생님께서 말씀하시기를, 배우기만 하고 생각하지 않으면 어둡다.

a: 苞氏曰學[31]而不[三,トキハ]尋[二,훈합부,ネ]思[サル]其[22]義[음합부]理[一,13]、[삽입부[則]]罔[음합부]然[トシ,31]無[ㇾ,シ]所[ㇾ]得之也

b: 苞氏曰學で其の義理を尋(ネ)思(サル)不(トキハ)、則罔然(トシ)て得所無(シ)

c: 苞氏(はうし)曰(い)はく、學(まな)んで其(そ)の義理(ぎり)を尋(たづ)ね思(おも)はざるときは、則(すなは)ち罔然(ばうぜん)として、得(う)る所(ところ)無(な)し。

d: 苞氏が言った。学ぶだけでその道理を尋ね考えなければ、罔然として、得るところがない。

e: 포씨가 말하기를, 배우기만 하고 그 도리를 찾아 생각하지 않으면, 어두워서 얻는 바가 없다.

61) 應永本抄物「學問シテハ委ク其義理ヲ思惟スヘシ。義理ヲ工夫スレハ不審カ多クテクルソ。其時師匠ニ問テ明ムレハ、其事カ我物ニナル也。學テモ理ヲ思イ義ヲ不[ㇾ,ル]盡時ハ、亡然トシテ終ニ我物ニ不成也。(학문을 하고서는 꼼꼼히 그 의리를 사유하여야 한다. 의리에 전념하면 의문스러운 것이 많이 생긴다. 그 때 스승에게 물어 확인하면 그것이 내 것이 되는 것이다. 배우고서도 이치를 생각하여 의를 다하지 않으면 헛되게 되어 끝내 내 것이 되지 않는 것이다. 99-100쪽)」

A: 思[オモ,31]而不[ㇾ,トキ,33]學[マナヒ]、則殆[アヤウシ]

B: 思(オモ)て學(マナヒ)不(トキ)は、則殆(アヤウシ)

C: 思(おも)ひて學(まな)びざるときは、則(すなは)ち殆(あや)ふし。

D: 考えるだけで学ばなければ危うい。

E: 생각하기만 하고 배우지 않으면 위태롭다.

a: 不[ㇾ,メ]學[ヒ]而思[フトキハ]終[ツイ,훈합부,11]卒[ツイ,11]不[ㇾ,32]得。

b: 學(ヒ)不(シテ)思(フトキハ)終(ツイ)に卒(ツイ)に得不ず。

c: 學(まな)びずして思(おも)ふときは、終(つひ)に卒(つひ)に、得(え)ず。

d: 学ばないで考えれば、ついに得られない。

e: 배우지 않고 생각하면 결국 얻지 못한다.

a: 使[下,ニ,メ]{シム}人[22]精[음합부]神[一,13]疲[훈합부,ツカレ]殆[上,アヤウカラ]也

b: 人の精神を使(シテ)疲(ツカレ)殆(アヤウカラ)使(シム)

c: 人(ひと)の精神(せいしん)をして疲(つか)れ殆(あや)ふからしむ。

d: 人の精神を疲れさせて、危うくさせる。

e: 사람의 정신으로 하여금 지쳐서 위태롭게 한다.

0216

A: 子曰、攻[ニ,オサムル]乎異[음합부]端[一,13]、斯[レ]、害[カイ]也已[ノミナリ]矣

B: 子曰、異端を攻(オサムル)、斯(レ)、害(カイ)巳(ノミナリ)

C: 子(し)の曰(のたう)ばく、異端(いたん)を攻(をさ)むるは、斯(これ)害(かい)のみなり。

D: 先生が言われた。異端をおさめることは害のみである。

E: 선생님께서 말씀하시기를, 異端(이단)을 익히는 것은 해가 될 따름이다.

a: 攻[コウ,33]治。

b: 攻(コウ)は治。

c: 攻(こう)は治(ち)。

d: 攻は治である。

e: 攻(공)은 治(치)[익히다]이다.

a: 善[음합부]道有[ㆍ,リ]統[トウ]。

b: 善道統(トウ)有(リ)。

c: 善道(ぜんだう)に統(とう)有(あ)り。

d: 善道には統がある。

e: 善道(선도)에는 統(통)[중심, 줄기]이 있다.

a: 故[11]殊[ㆍ,コトニメ]塗[ミチヲ]而同[ㆍ]歸[オモムキ]。

b: 故に塗(ミチヲ)殊(コトニシテ)歸(オモムキ)同。

c: 故(ゆゑ)に 、塗(みち)を殊(こと)にして、歸(おもむ)き同(おな)じ。

d: したがって、道が異なっても、おもむくところは同じである。

e: 그러므로 길이 달라도 방향[기본적인 취지]은 같다.

a: 異[음합부]端[33]不[ㆍ,32]同[ㆍ,カラ]歸[オモムキ]也

b: 異端は歸(オモムキ)同(カラ)不ず

c: 異端(いたん)は、歸(おもむ)き同(おな)じからず。[62)]

d: 異端はおもむく所が同じではない。

e: 이단은 방향이 같지 않다.

62) 應永本抄物「異端トハ別ニ一端ノ道理ヲ云テ聖人ノ道ニタカヘルヲハ皆異端ト云也。楊子カ言ニ堯舜文王ニ非ルヲハ他ノ道トス。人若シ五經六籍ヲ不學シテ諸史百家ノ小道ヲ學フルハ、大道ノ害ヲナスコト深シ。(異端(이단)이란, 따로 一端(일단)의 도리를 말하여 성인의 도에 거스르는 것을 모두 異端이라고 한다. 楊子(양자)의 말에 堯舜(요순)과 文王(문왕)이 아닌 것을 다른 도라고 한다. 사람이 만약 五經六籍(오경육적)을 배우지 않고 諸子百家(제자백가)의 小道(소도)를 배운다면 大道(대도)에 해를 입히는 바가 깊다. 101쪽)」

0217

A: 子曰由[인명부]、誨[ニ,オシヘン]汝[ナンチ,11]知[一,シレラン,13~23,13]之乎

B: 子曰由、汝(ナンチ)に知(シレラン)ことを誨(オシヘン)

C: 子(し)の曰(のたう)ばく、由(いう)、汝(なんぢ)に知(し)れらんことを誨(をし)へん。

D: 先生が言われた。由よ、君に知っているということについて教えよう。

E: 선생님께서 말씀하시기를, 由(유)야, 너에게 안다는 것에 대해 가르쳐 주겠다.

a: 孔安國曰、由[인명부,ユウ,31]弟[음합부]子也、

b: 孔安國曰、由(ユウ)は弟子、

c: 孔安國(こうあんこく)曰(い)はく、由(いう)は弟子(ていし)、

d: 孔安国が言った。由は弟子で、

e: 공안국이 말하기를, 유는 제자로서

a: 姓[33]仲[인명부]、名[ナ,33]由[인명부]、字[アサナ,33]子[음합부]路[인명부]也

b: 姓は仲、名(ナ)は由、字(アサナ)は子路

c: 姓(せい)は仲(ちう)、名(な)は由(いう)、字(あざな)は子路(しろ)。

d: 姓は仲、名は由、字は子路である。

e: 성은 仲(중), 이름은 由(유), 자는 子路(자로)이다.

A: 知[シレラン,13,33]之爲[レ,セヨ]知[シレリ,23~33]之、不[レ,サラン,13,33]知[シラ]爲[レ,セヨ]不[レ,23~33]知[シラ]是[レ]知[チナリ]也

B: 知(シレラン)をば知(シレリ)と爲(セヨ)、知(シラ)不(サラン)をば知(シラ)不と爲(セヨ)是(レ)知(チナリ)

C: 知(し)れらんをば知(し)れりと爲(せ)よ、知(し)らざらんをば知(し)らずと爲(せ)よ。是(これ)、知(ち)なり。

D: 知っていることを知っているとしなさい。知らないことを知らないとしなさい。これが知である。

E: 아는 것은 안다고 해라. 알지 못하는 것은 알지 못한다고 해라. 이것이 知(지)이다.

0218

A: 子張[인명부]學[ㇾ,マナフ]干[ㇾ,モトメン,13~23,13]禄[ロク]

B: 子張禄(ロク)干(モトメン)ことを學(マナフ)

C: 子張(しちゃう)、祿(ろく)を干(もと)めんことを學(まな)ぶ。

D: 子張が禄を求めることを学ぼうとした。

E: 子張(자장)이 祿(녹)을 구하는 것을 배우고자 하였다.

a: 鄭玄曰、子張[음합부,인명부,33]弟[음합부]子、姓[33]顓[음합부,セン]孫[인명부]、名[33]師[인명부]、字[33]子[음합부]張[인명부]。

b: 鄭玄曰、子張は弟子、姓は顓(セン)孫、名は師、字は子張。

c: 鄭玄(ぢゃうぐゑん)曰(い)はく、子張(しちゃう)は弟子(ていし)、姓(せい)は顓孫(せんそん)、名(な)は師(し)、字(あざな)は子張(しちゃう)。

d: 鄭玄が言った。子張は弟子で、姓は顓孫、名は師、字は子張である。

e: 정현이 말하기를, 子張(자장)은 제자로서, 성은 顓孫(전손), 이름은 師(사), 자는 子張(자장)이다.

a: 干[カム,33]求[キウ]也。

b: 干(カム)は求(キウ)。

c: 干(かん)は求(きう)。

d: 干は求である。

e: 干(간)은 求(구)[구하다]이다.

a: 禄[33]禄[음합부]位也

b: 禄は禄位

c: 祿(ろく)は祿位(ろくゐ)。

d: 禄は禄位である。

e: 祿(녹)은 祿位(녹위)[녹을 받는 벼슬자리]이다.

A: 子曰多[훈합부]、聞[31]闕[ㇾ,カイテ]疑[ウタカハシキ,13]慎[ツヽシン,31]言[ニ,イフトキ,33]其[훈합부,22]餘[ㇶ,アマリ,13]、則寡[ㇾ,スクナシ]尤[アヤマチ]

B: 子曰多、聞て疑(ウタカハシキ)を闕(カイテ)慎(ツツシン)で其の餘(アマリ)を言(イフトキ)は、則尤(アヤマチ)寡(スクナシ)

C: 子(し)の曰(のたう)ばく、多(おほ)く聞(き)きて、疑(うたが)はしきを闕(か)いて、愼(つつし)んで其(そ)の餘(あま)りを言(い)ふときは、則(すなは)ち尤(あやま)ち寡(すく)なし。

D: 先生が言われた。多く聞いて疑わしいことを除き、慎んでそのあまりを言うようにすれば、過ちが少ない。

E: 선생님께서 말씀하시기를, 많이 들어 의심스러운 것을 빼고, 삼가 그 나머지를 말하면 허물이 적다.

a: 苞氏曰、尤[イウ,33]過[クワ]也。

b: 苞氏曰、尤(イウ)は過(クワ)。

c: 苞氏(はうし)曰(い)はく、尤(いう)は過(くゎ)。

d: 苞氏が言った。尤は過である。

e: 포씨가 말하기를, 尤(우)는 過(과)[허물, 잘못]이다.

a: 疑[훈독부,シキ,13,33]則闕[カイテ]之[31]其[22]餘[アマリ,22]不[ㇾ,サル,13]疑[ウタカハシカラ]、猶慎[ツヽシン,31]言[イフトキ,33]之、則少[ㇾ,スクナシ]過[アヤマチ]也

b: 疑(シキ)をば則闕(カイテ)て其の餘(アマリ)の疑(ウタカハシカラ)不(サル)を、猶慎(ツツシン)で言(イフトキ)は、則過(アヤマチ)少(スクナシ)

c: 疑(うたが)はしきをば則(すなは)ち闕(か)いて、其(そ)の餘(あま)りの疑(うたが)はしからざるを、猶(なほ)愼(つつし)んで言(い)ふときは、則(すなは)ち過(あやま)ち少(すく)なし。

d: 疑わしいことを除き、そのあまりの疑わしくないことを、慎んで言うようにすれば、過ちが少ない。

e: 의심스러운 것을 빼고, 그 나머지 의심스럽지 않은 것을 삼가 말하면 허물이 적다.

A: 多[훈합부,ク]、見[31]闕[ㇾ]殆[アヤウキ,13,31]慎[31]行[二,オコナフトキ,33]其[22]餘[一,13]、則寡[ㇾ,ナシ]悔[ヒ]

B: 多(ク)、見て殆(アヤウキ)を闕て慎で其の餘を行(オコナフトキ)は、則悔(ヒ)寡(ナシ)

C: 多(おほ)く見(み)て、殆(あや)ふきを闕(か)いて、愼(つつし)んで其(そ)の餘(あま)りを行(おこな)ふときは、則(すなは)ち悔(く)い寡(すく)なし。

D: 多く見て危ういことを除き、慎んでそのあまりを行うようにすれば、悔いが少ない。

E: 많이 보고 위태로운 것을 빼고, 삼가 그 나머지를 행하면 후회가 적다.

a: 苞氏曰、殆[タイ,33]危[キ]也。

b: 苞氏曰、殆(タイ)は危(キ)。

c: 苞氏(はうし)曰(い)はく、殆(たい)は危(き)。

d: 苞氏が言った。殆は危である。

e: 포씨가 말하기를, 殆(태)는 危(위)[위험]이다.

a: 所[ㇾ,22]見[ル]危[アヤウキ]者[13,33]闕[31]而不[ㇾ,サルトキ,33]行[ナハ]、則少[ㇾ]悔[クヒ]也

b: 見(ル)所の危(アヤウキ)者をば闕て行(ナハ)不(サルトキ)は、則悔(クヒ)少

c: 見(み)る所(ところ)の、危(あや)ふき者(もの)をば闕(か)いて、行(おこな)はざるときは、則(すなは)ち悔(く)い少(すく)なし。

d: 見たところ、危ういものを除き、行わないようにすれば、悔いが少ない。

e: 본 바 위험한 것은 빼고 행하지 않으면, 후회가 적다.

A: 言[コト]、寡[ㇾ,ナク]尤[マチ]、行[음독부]、寡[ㇾ,スクナキ时,33]悔、禄、在[二,リ]其[훈합부,22]中[一,ナカ,11]矣

B: 言(コト)、尤(マチ)寡(ナク)、行、悔寡(スクナキトキ)は、禄、其の中(ナカ)に在(リ)

C: 言(こと)、尤(あやま)ち寡(すく)なく、行(かう)、悔(く)い寡(すく)なきときは、祿(ろく)、其(そ)の中(なか)に在(あ)り。

D: 言葉に過ちが少なく、行いに悔いが少ないならば、禄はその中にある。

E: 말에 허물이 적고 행동에 후회가 적으면, 녹이 그 가운데에 있다.

a: 鄭玄曰、言[음합부]行[カウ]、如[ㇾ,キ,33]此[22]、雖[ㇾ,ヘトモ]不[ㇾ,ト]得[ㇾ]禄[13]、得[ㇾ,ウル]禄[13]之道[ナリ]也

b: 鄭玄曰、言行(カウ)、此の如(キ)は、禄を得不(ト)雖(ヘトモ)、禄を得(ウル)道(ナリ)

c: 鄭玄(ぢゃうぐゑん)曰(い)はく、言行(げんかう)、此(かく)の如(ごと)きは、祿(ろく)を得(え)ずといへども、祿(ろく)を得(う)る道(みち)なり。

d: 鄭玄が言った。言行がこのようであれば、禄を得られなかったとしても、禄を得る道である。

e: 정현이 말하기를, 언행이 이와 같으면, 녹을 얻지 못했다 하더라도 녹을 얻는 길이다.

0219

A: 哀[음합부]公[인명부]問[31]曰、何[훈합부,イカンセハカ]爲、則民服[フクセン]

B: 哀公問て曰、何爲(イカンセハカ)、則民服(フクセン)

C: 哀公(あいこう)問(と)ひて曰(い)はく、何(いかん)爲(せ)ばか則(すなは)ち民(たみ)服(ふく)せん。

D: 哀公が聞いて言った。どのようにすれば、民が服従しますか。

E: 哀公(애공)이 물어 말하기를, 어떻게 하면 백성이 복종합니까?

a: 苞氏曰、哀[음합부]公[인명부,33]魯[22]君[22]之謚[シ]也

b: 苞氏曰、哀公は魯の君の謚(シ)

c: 苞氏(はうし)曰(い)はく、哀公(あいこう)は、魯(ろ)の君(くん)の謚(し)。

d: 苞氏が言った。哀公は魯の王の謚である。

e: 포씨가 말하기를, 애공은 노나라 군주의 시호이다.

A: 孔[음합부]子[인명부]對[훈합부,31]曰[22]擧[ㇾ,アケ,31]直[ナヲキ,13]錯[ニ,オクトキハ]諸枉[一,マカレル,13]、則民服[フク,32]

B: 孔子對て曰の直(ナヲキ)を擧(アケ)て枉(マカレル)を錯(オクトキハ)、則民服(フク)す。

C: 孔子(こうし)、對(こた)へて曰(のたう)ばく、[63]直(なほ)きを擧(あ)げて、枉(まが)れるを錯(お)くときは、則(すなは)ち民(たみ)服(ふく)す。

D: 孔子が答えて言われた。正直なものを挙げ用いて、まがっているものを捨ておけば、民が服従します。

E: 공자께서 대답하여 말씀하시기를, 정직한 이를 등용하고 굽은 이를 버려두면, 백성이 복종합니다.

a: 苞氏曰、錯[ソ,33]置[チ]也。

b: 苞氏曰、錯(ソ)は置(チ)。

c: 苞氏(はうし)曰(い)はく、錯(そ)は置(ち)。

d: 苞氏が言った。錯は置である。

e: 포씨가 말하기를, 錯(조)는 置(치)[두다]이다.

a: 擧[ᆖ,훈합부,アケ]用[ヰテ]正[음합부]直[22]之人[ᅳ,13]廢[ᆖ,훈합부,ステ]置[オクトキ,33]邪[음합부,シヤ]枉[ワウ,22]之人[ᅳ,13]則民服[ᆖ,32]其上[ᅳ,11]也

b: 正直の人を擧(アケ)用(ヰテ)邪(シヤ)枉(ワウ)の人を廢(ステ)置(オクトキ)は則民其上に服す

c: 正直(せいちょく)の人(ひと)を擧(あ)げ用(もち)ゐて、邪枉(しゃわう)の人(ひと)を廢(す)て置(お)くときは、則(すなは)ち民(たみ)其(そ)の上(かみ)に服(ふく)す。

d: 正直な人を挙げ用い、邪な人を捨ておけば、民がその上に服従する。

e: 정직한 사람을 들어 쓰고 사악하고 굽은 사람을 버려두면[64], 백성이 그 윗사람에게 복종한다.

---

63) 義疏는 「凡稱子曰, 則是弟子所記, 若稱孔子則當時人, 非弟子所記, 後爲弟子所撰, 仍舊不復改易, 故依先呼孔子也」라고 주석을 달았다. 즉 '제자들이 적은 것은 모두 '子(선생님)'로 되어 있고 당시 다른 사람들이 '孔子'라고 부른 것을 고치지 않았다'는 것이다. 그러나 集注는 「凡君問皆稱孔子對曰者, 尊君也」, 즉 '군주 앞에서 '子'로 칭할 수 없어서 '공자'라고 칭하였다'고 풀이하였다.
應永本抄物 「孔子ノ弟子ノ注ハ皆子曰トカケリ。他人ノ注スハ孔子ト注セリ。此文ハ他人ノ注シテ置タルヲ後ニ弟子ノ撰スル時ニ字ヲ改メ直サスシテ其ママ注セリ。故ニ孔子ト云リ。近イ註ノ心ハ君ノ問ニハ、皆孔子ト稱スル也。是君ヲ貴フ故也。(공자의 제자가 적은 것은 모두 子曰(자왈)이라고 적혀 있다. 제자가 아닌 이가 적은 것은 孔子(공자)라고 적혀 있다. 이 문장은 제자가 아닌 이가 적어 둔 것을 나중에 제자가 편찬할 때에 글자를 고치지 않고 그대로 적은 것이다. 그러므로 孔子라고 하고 있다. 근래의 주석의 풀이는 임금께서 물으신 바에는 모두 孔子라고 칭하였다. 이것은 임금을 공경하는 까닭이다. 110쪽)」 먼저 義疏의 주석을 풀어 적었다. 그 후 「近註」라고 하여 新注, 즉 集注의 주석도 인용하고 있다.

64) '곧은 것을 들어 굽은 것 위에 놓아서 굽은 것을 곧게 한다'는 뜻으로 이해하는 설도 있다.

A: 擧[ㆾ,アケ,31]枉[マカレル,13]錯[ニ,オクトキ,33]諸直[一,13]、則民不[ㆾ,ス]服[フクセ]

B: 枉(マカレル)を擧(アケ)て諸直を錯(オクトキ)は、則民服(フクセ)不(ス)

C: 枉(まが)れるを擧(あ)げて、諸(これ)直(なほ)きを錯(お)くときは、則(すなは)ち民(たみ)服(ふく)せず。

D: まがっているものを挙げ用いて、正直なものを捨ておけば、民は服従しません。

E: 굽은 이를 들어 쓰고 정직한 이를 버려두면, 백성이 복종하지 않습니다.

0220

A: 季[음합부]康[음합부]子[인명부]問[トハク]、使[下,ㆾ,メ]{シメンコト}民[13]敬[음합부]忠[アリ,31]以[テ]勸[上,ス丶メ]、如[훈합부,イカン]之[훈합부]何

B: 季康子問(トハク)、民を使(シテ)敬忠(アリ)て以(テ)勸(ススメ)使(シメンコト)、如之何(イカン)

C: 季康子(きかうし)問(と)はく、民(たみ)をして敬忠(けいちう)ありて、以(も)ちて勸(すす)めしめんこと、如之何(いかん)。

D: 季康子が聞いた。民に敬忠をもって励むようにするためには、どうしたらいいですか。

E: 季康子(계강자)가 묻기를, 백성이 敬忠(경충)으로써 힘쓰게 하려면, 어떻게 하면 좋습니까?

a: 孔安國曰、魯[훈합부,22]卿[ケイ]、季[음합부]孫[음합부]肥[ソ]也。

b: 孔安國曰、魯の卿(ケイ)、季孫肥(ソ)。

c: 孔安國(こうあんこく)曰(い)はく、魯(ろ)の卿(けい)、季孫肥(きそんひ)ぞ。

d: 孔安国が言った。魯の卿、季孫肥である。

e: 공안국이 말하기를, 노나라 卿(경)인 季孫肥(계손비)이다.

a: 康[33]謚[シ]也

b: 康は謚(シ)

c: 康(かう)は謚(し)。

d: 康は諡である。

e: 康(강)은 시호이다.

A: 子曰、臨[ノソム,11]之以[㆑,テスルトキ,33]荘[イツクシキ,13]則敬[アリ]

B: 子曰、臨(ノソム)に荘(イツクシキ)を以(テスルトキ)は則敬(アリ)

C: 子(し)の曰(のたう)ばく、臨(のぞ)むに荘(いつく)しきを以(も)ってするときは、則(すなは)ち敬(けい)あり。

D: 先生が言われた。(民に)威厳のある態度で臨めば、(民が)敬うようになります。

E: 선생님께서 말씀하시기를, (백성들을) 대함에 위엄으로써 하면, (백성이) 공경하게 됩니다.

a: 苞氏曰、荘[サウ,33]嚴[ケン]也。

b: 苞氏曰、荘(サウ)は嚴(ケン)。

c: 苞氏(はうし)曰(い)はく、荘(さう)は嚴(げむ)。

d: 苞氏が言った。荘は厳である。

e: 포씨가 말하기를, 荘(장)은 嚴(엄)[위엄]이다.

a: 君臨[㆑,ノソム,11]民[11]以[㆑,トキハ]嚴[イツクシキ,13]、則民敬[二,32]其上[一,13]也

b: 君民に臨(ノソム)に嚴(イツクシキ)を以(トキハ)、則民其上を敬す

c: 君(きみ)、民(たみ)に臨(のぞ)むに、嚴(いつく)しきを以(も)ってするときは、則(すなは)ち民(たみ)、其(そ)の上(かみ)を敬(けい)す。

d: 君が民に対して、威厳のある態度で臨めば、民はその上を敬う。

e: 군주가 백성을 대함에 위엄으로써 하면, 백성이 그 윗사람을 공경한다.

A: 孝慈[ウツクシヒアル時,33]則忠[チウアリ]

B: 孝慈(ウツクシヒアルトキ)は則忠(チウアリ)

C: 孝(かう)、慈(うつく)しびあるときは、則(すなは)ち忠(ちう)あり。

D: 孝と慈しみがあれば、(民が)忠心を持つようになります。

E: (군주가) 효성과 자애가 있으면, (백성이) 忠心(충심)을 갖게 됩니다.

a: 苞氏曰、君能、上[カミ]、孝[ㄷ,アリ]於親[ㄱ,ニ]、下、慈[ㄷ,ウツクシヒアルトキハ]於民[ㄱ,11]、則民、忠[アリ]也

b: 苞氏曰、君能、上(カミ)、親(ニ)孝(アリ)、下、民に慈(ウツクシヒアルトキハ)、則民、忠(アリ)

c: 苞氏(はうし)曰(い)はく、君(きみ)能(よ)く、上(かみ)、親(おや)に孝(かう)あり、下(しも)、民(たみ)に慈(うつく)しびあるときは、則(すなは)ち民(たみ)、忠(ちう)あり。

d: 苞氏が言った。君が、上には親孝行をし、下には民に慈しみを持つことができれば、民が忠心を持つようになる。

e: 포씨가 말하기를, 군주가 위로는 부모에게 효도하고, 아래로는 백성에게 자애로우면, 백성이 충심을 갖게 된다.

A: 擧[ㄴ,アケ,31]善[セン,13]而教[ㄷ,オシフルトキ,33]不[음합부]能[ㄱ,13]則民勸[ス丶,12]

B: 善(セン)を擧(アケ)て不能を教(オシフルトキ)は則民勸(スス)む

C: 善(ぜん)を擧(あ)げて、不能(ふのう)を教(をし)ふるときは、則(すなは)ち民(たみ)、勸(すす)む。

D: 有能な者を挙げ用いて、無能な者を教えれば、民が励むようになります。

E: 유능한 자를 들어 쓰고 무능한 자를 가르치면, 백성이 힘쓰게 됩니다.

a: 苞氏曰、擧[ㄷ,훈합부,アケ]用[ヰ]善[음합부]人[ㄱ,13]而教[ㄷ,オシフルトキ,33]不[음합부]能[음합부]者[ㄱ,13]、則民勸[ス丶,12]也

b: 苞氏曰、善人を擧(アケ)用(ヰ)不能者を教(オシフルトキ)は、則民勸(スス)む。

c: 苞氏(はうし)曰(い)はく、善人(ぜんじん)を擧(あ)げ用(もち)ゐ、不能者(ふのうしゃ)を教(をし)ふるときは、則(すなは)ち民(たみ)勸(すす)む。

d: 苞氏が言った。有能な者を挙げ用いて、無能な者を教えれば、民が励むようになる。

e: 포씨가 말하기를, 유능한 자를 들어 쓰고 무능한 자를 가르치면, 백성이 힘쓰게 된다.

0221

A: 或[アルヒト]、謂[㆓,カタテ]孔[음합부]子[㆒,인명부,11]曰、子[음독부]奚[ナンゾ]不[㆑,サル]爲[㆑,セ]政[コヲ,13]

B: 或(アルヒト)、孔子に謂(カタテ)曰、子奚(ナンゾ)政(コトヲ)を爲(セ)不(サル)

C: 或(あ)るひと、孔子(こうし)に謂(かた)って曰(い)はく、子(し)、奚(なん)ぞ政(まつりごと)を爲(せ)ざる。

D: ある人が孔子に語って言った。先生はなぜ政治をなさらないのですか。

E: 어떤 이가 공자께 일러 말하기를, 선생님은 어찌 정치를 하지 않습니까?

a: 苞氏曰或[훈합부,アル]人以[㆓,훈합부,オモヘラク]爲{へり}、居[㆑,オルノミ,13]位[11]、乃[イ]是[レ]爲[㆒,㆑,32,23~33]政[13]也

b: 苞氏曰或(アル)人以爲(オモヘラク)、位に居(オルノミ)を、乃(イ)是(レ)政を爲すと以爲(へり)

c: 苞氏(はうし)曰(い)はく、或(あ)る人(ひと)以爲(おも)へらく、位(ゐ)に居(を)るのみを、乃(いま)し是(これ)、政(まつりごと)を爲(す)といへり。

d: 苞氏が言った。その人は、官位につくことこそ、政治をすることであると考えた。

e: 포씨가 말하기를, 그 사람은 벼슬자리에 있는 것만이 정치를 하는 것이라고 생각했다.

A: 子曰、書[11]云[イハク]、孝[㆓,アリ]乎惟[コレ]孝[㆒,11]。友[㆓,ユウアリ]于兄[음합부]弟[㆒,11]。施[㆓,オコナフ]於有[㆒,㆑,11]政。

B: 子曰、書に云(イハク)、惟(コレ)孝に孝(アリ)。兄弟に友(ユウアリ)。政有に施(オコナフ)。

C: 子(し)の曰(のたう)ばく、書(しょ)に云(い)はく、惟(これ)孝(かう)に孝(かう)あり、[65]兄弟(けいてい)に友(いう)あり。政(まつりごと)有(あ)るに施(おこな)ふ。

---

65) 應永本抄物「[或ノ心ニハ政ト云ハ官ニ爲テ南面スルヲノミ政ト云ト心得タリ]孔子尙書ノ文ヲ引テ答ヘ玉フ。此文ハ周書君陣ノ篇ニアリ。人タル者孝ヲハ父母ニ極メ、友ヲハ兄弟ニ可極。此二ヲ行[ヲ]ハ此別政也。([어떤 사람의 생각에는 政(정)이라고 한 것은 관청에서 다스리는 것만을 政이라고 한 것으로 이해하였다] 공자께서 尙書(상서)의 문장을 인용하여 대답하셨다. 이 문장은 周書(주서)의 君陳(군진)편에 있다. 사람된 자는 효를 부모에게 다하고, 우애를 형제에게 다해야 한다. 이 두 가지를 행하는 것이 곧 정치이다. 113쪽)」

D: 先生が言われた。書経にいった。親に孝があり、兄弟に友愛がある。政治があるところにおこなう。

E: 선생님께서 말씀하시기를, 書經(서경)에 이르기를, (부모에게) 효가 있고, 형제에게 우애가 있고, 政治(정치)가 있는 곳에서 행한다.

A: 是[レ]、亦爲[ㇾ,スルナリ]政[13]也

B: 是(レ)、亦政を爲(スルナリ)

C: 是(これ)、亦(また)政(まつりごと)を爲(す)るなり。

D: これもまた政治をすることである。

E: 이것 또한 정치를 하는 것이다.

A: 奚[ナンソ]、其[レ]爲[スルシモ]、爲[ㇾ,スルナラム]政[13]也

B: 奚(ナンソ)、其(レ)爲(スルシモ)、政を爲(スルナラン)

C: 奚(なん)ぞ、其(それ)爲(す)るしも、政(まつりごと)を爲(す)るならん。

D: どうしてそれだけが政治をすることであろうか。

E: 어찌 그런 것만이 정치를 하는 것이겠는가?

a: 苞氏曰、孝[음합부]乎[コ]、惟[음합부,イ]孝[33]美[ㇾ,ヨキ]孝[11]之辞[コトハナリ]也。

b: 苞氏曰、孝乎(コ)、惟(イ)孝は孝に美(ヨキ)辞(コトハナリ)。

c: 苞氏(はうし)曰(い)はく、孝乎(かうこ)、惟孝(ゐかう)は孝(かう)に美(よ)き辭(ことば)なり。

d: 苞氏が言った。孝乎惟孝とは、孝をほめることばである。

e: 포씨가 말하기를, 孝乎惟孝(효호유효)는 효를 칭찬하는 말이다.

a: 友[음합부]于[ウ]兄[음합부]弟[33]善[ニ,ヨキソ]於兄[음합부]弟[一,11]

b: 友于(ウ)兄弟は兄弟に善(ヨキソ)

c: 友于(いうう)兄弟(けいてい)は、兄弟(けいてい)に善(よ)きぞ。

d: 友于兄弟とは、兄弟によくすることである。

e: 友于兄弟(우우형제)는 형제에게 잘 하는 것이다.

a: 施[シ,33]行也。

b: 施(シ)は行。

c: 施(し)は行(かう)。

d: 施は行である。

e: 施(시)는 行(행)[행하다]이다.

a: 所[ㇾ]行[オコナフ]、有[ニ,リ]政[음합부]道[一]。

b: 行(オコナフ)所、政道有(リ)。

c: 行(おこな)ふ所(ところ)、政道(せいだう)有(あ)り。

d: 行うところに政治の道理がある。

e: 행하는 것에 정치의 도리가 있다.

a: 即是[レ]與[ㇾ,23~33]爲[ㇾ,スル]政[13]、同[シ]也

b: 即是(レ)政を爲(スル)與と、同(シ)

c: 卽(すなは)ち是(これ)、政(まつりごと)を爲(す)ると同(おな)じ。

d: すなわちこれは、政治をすることと同じである。

e: 곧 이것이 정치를 하는 것과 같다.

0222

A: 子曰人[ヒトヽシ,31]而無[ㇾ,トキ,33]信[음독부]、不[ㇾ,32]知[ニ]其[22]可[一,ナル,13~23,13]也

B: 子曰人(ヒトトシ)て信無(トキ)は、其の可(ナル)ことを知不ず

C: 子(し)の曰(のたう)ばく、人(ひと)として信(しん)無(な)きときは、其(そ)の可(か)なることを知(し)らず。

D: 先生が言われた。人として信がなければ、可なることを知らない。

E: 선생님께서 말씀하시기를, 사람으로서 信義(신의)가 없으면, 가한 바를 알지 못한다.

a: 孔安國曰、言[33]人[トシ,31]而無[ㇾ,トキ,33]信、其[22]餘[33]終[ツイ,11]無[ㇾ,シ]可[ナル,13~23]也

b: 孔安國曰、言は人(トシ)て信無(トキ)は、其の餘は終(ツイ)に可(ナル)こと無(シ)

c: 孔安國(こうあんこく)曰(い)はく、言(いふこころ)は、人(ひと)として信(しん)無(な)きときは、其(そ)の餘(よ)は、終(つひ)に可(か)なること無(な)し。[66)]

d: 孔安国が言った。意味はこうである。人として信がなければ、そのあまりは、結局、可なることがない。

e: 공안국이 말하기를, 그 뜻은 이러하다. 사람으로서 신의가 없으면, 그 나머지는 결국 가한 것이 없다.

A: 大[음합부]車[キヨ]、無[ㇾ]輗[ケイ]、小[음합부]車[シヤ]、無[ㇾ,ナク,33]軏[コツ]、其[レ]何[훈합부,ナニ,13]以[31,21]行[ユカン]之哉[ヤ]

B: 大車(キヨ)、輗(ケイ)無、小車(シヤ)、軏(コツ)無(ナク)ば、其(レ)何(ナニ)を以てか行(ユカン)哉(ヤ)

C: 大車(たいきょ)、輗(げい)無(な)く、小車(せうしゃ)、軏(ごつ)無(な)くんば、其(それ)何(なに)を以(も)ってか行(ゆ)かんや。

D: 大車に輗がなく、小車に軏がなければ、どうして進むことができるだろうか。

E: 큰 수레에 끌채 끝 마구리가 없고, 작은 수레에 멍에막이가 없다면, 어떻게 갈 수 있겠는가?

a: 苞氏曰、大[음합부]車[キヨ,33]牛[ウシ,22]車[クルマ]也。

b: 苞氏曰、大車(キヨ)は牛(ウシ)の車(クルマ)。

c: 苞氏(はうし)曰(い)はく、大車(たいきょ)は牛(うし)の車(くるま)。

d: 苞氏が言った。大車は牛の車である。

e: 포씨가 말하기를, 큰 수레는 소가 끄는 수레이다.

---

66) 應永本抄物「人トシテ信ナクンハ他ノ才能伎[キ]藝アリトモ、皆イタツラ事也。信ハ五常ノ中ニテノ肝要也。仁義禮智共ニ信ヲ具足ス。無[ㇾ,ンハ]信仁義禮知イツハリ物也。(사람으로서 信(신)이 없으면 다른 재능과 기예가 있을지라도 모두 쓸모없는 것이다. 信은 五常(오상) 가운데 중요한 것이다. 仁義禮智(인의예지) 모두 信을 갖추고 있다. 信이 없으면 仁義禮智는 거짓이다. 114쪽)」

a: 輗[33]者轅[ナカエ,22]端[ハシ]横[ㇾ,ヨコハヘ[67]]木[13,31]以[31]縛[ㇾ,ユヒツケタル]枙[ヤク,13]{クヒキヲ}者[モノナリ]也。

b: 輗は轅(ナカエ)の端(ハシ)木を横(ヨコハヘ)て以て枙(ヤク)を縛(ユヒツケタル)者(モノナリ)。

c: 輗(げい)は、轅(ながえ)の端(はし)、木(き)を横(よこ)はへて、以(も)ちて枙(やく)を縛(ゆひつ)けたる者(もの)なり。

d: 輗は、轅の端に木を横たえて、それに枙をゆいつけるものである。

e: 輗(예)는 수레끌채의 끝에 나무를 가로질러서 멍에를 매는 것이다.

a: 小[음합부]車[33]四[음합부]馬[22]車也

b: 小車は四馬の車

c: 小車(せうしゃ)は、四馬(しば)の車(くるま)。

d: 小車は四馬の車である。

e: 작은 수레는 네 마리 말이 끄는 수레이다.

a: 軏[コツ,33]者轅[22]端[ハシ,22]上[ウヘ,11]曲[マカ,31]拘[ㇾ,カヽヘタル]衡[カウ,13]、者[ナリ]也

b: 軏(コツ)は轅の端(ハシ)の上(ウヘ)に曲(マカ)て衡(カウ)を拘(カカヘタル)、者(ナリ)

c: 軏(ごつ)は、轅(ながえ)の端(はし)の上(うへ)に曲(まが)りて、衡(かう)を拘(かかへ)たる者(もの)なり。

d: 軏は、轅の端の上に曲っていて、衡を抱えるものである。

e: 軏(월)은 수레끌채의 끝 위에 구부러져 있어서 멍에를 매는 것이다.

0223

A: 子張[인명부]問[トハク]、十[음합부]世、可[ㇾ]知[シムヌ]也

B: 子張問(トハク)、十世、知(シンヌ)可

67) 「よこ」와 「はふ」가 결합된 복합어일까? 永正本集解에는 「ヨコタヘ」라고 가점되어 있다.

C: 子張(しちゃう)問(と)はく、十世(じふせい)、知(し)んぬべき。

D: 子張が聞いた。十代後のことを知ることができますか。

E: 子張(자장)이 묻기를, 10대 뒤의 일을 알 수 있습니까?

a: 孔安國曰、文[음합부]質禮[음합부]變[ソ]也

b: 孔安國曰、文質禮變(ソ)

c: 孔安國(こうあんこく)曰(い)はく、文質(ぶんしつ)禮變(れいへん)ぞ。

d: 孔安国が言った。文と質の制度変化である。

e: 공안국이 말하기를, 文(문)과 質(질)의 제도 변화이다.

A: 子曰殷[33]因[ニ,ヨル]於夏[22]禮[一,11]所[ニ]損[음합부]益[一,スル]、可[レ,シ]知[ヌ]也。

B: 子曰殷は夏の禮に因(ヨル)損益(スル)所、知(ヌ)可(シ)。

C: 子(し)の曰(のたう)ばく、殷(いん)は、夏(か)の禮(れい)に因(よ)る。損益(そんえき)する所(ところ)知(し)んぬべし。

D: 先生が言われた。殷は、夏の礼に従っている。加減したところを知ることができる。

E: 선생님께서 말씀하시기를, 殷(은)나라는 夏(하)나라의 제도를 따랐다. 가감한 바를 알 수 있다.

A: 周[33]因[ニ,ヨル]於殷[22]禮[一,11]。所[ニ]損[음합부]益[一,スル]、可[レ,シ]知[ヌ]也

B: 周は殷の禮に因(ヨル)。損益(スル)所、知(ヌ)可(シ)

C: 周(しう)は、殷(いん)の禮(れい)に因(よ)る。損益(そんえき)する所(ところ)知(し)んぬべし。

D: 周は殷の礼に従っている。加減したところを知ることができる。

E: 周(주)나라는 은나라의 제도를 따랐다. 가감한 바를 알 수 있다.

a: 馬融曰、所[レ,23~33,33]因[ヨル]、謂[ニ]三[음합부]綱[カウ]、五[음합부]常[一,13]也。

b: 馬融曰、因(ヨル)所とは、三綱(カウ)、五常を謂。

c: 馬融(ばいう)曰(い)はく、因(よ)る所(ところ)とは、三綱(さむかう)、五常(ごしゃう)を謂(い)ふ。

d: 馬融が言った。因るところとは、三綱と五常をいう。

e: 마융이 말하기를, 따른 바란 三綱(삼강)[68]과 五常(오상)[69]을 말한다.

---

68) 君爲臣綱·父爲子綱·夫爲婦綱

69) 仁·義·禮·智·信

a: 所[㆓,23~33,33]損[음합부]益[㆒,スル]、謂[㆓,フ]文[음합부]質三[음합부]統[㆒,トウ,13]也

b: 損益(スル)所とは、文質三統(トウ)を謂(フ)

c: 損益(そんえき)する所(ところ)とは、文質(ぶんしつ)三統(さむとう)を謂(い)ふ。[70)]

d: 加減したところとは、文質三統をいう。

e: 가감한 바란 文質(문질) 三統(삼통)을 말한다.

A: 其[㆑]或[㆓,アラ,33]繼[㆑,ツク]周[11]者[㆒,モ,22]雖[㆓,イフトモ]百[음합부]世[㆒,セイ,23~33]亦可[㆑,シ]知[シンヌ]

B: 其(レ)周に繼(ツク)者(モ)の或(アラ)ば百世(セイ)と雖(イフトモ)亦知(シンヌ)可(シ)

C: 其(それ)、周(しう)に繼(つ)ぐ者(もの)或(あ)らば、百世(ひゃくせい)といふとも、亦(また)知(し)んぬべし。

D: 周を受け継ぐ国があれば、百代の後でも知ることができる。

E: 주나라를 계승하는 나라가 있으면, 백대 뒤라도 알 수 있다.

a: 馬融曰物[음합부,フツ]類、相[훈합부]招[マネキ]、勢[음합부,セイ]数[スウ]、相[훈합부]生[ナル]。

b: 馬融曰物(フツ)類、相招(マネキ)、勢(セイ)数(スウ)、相生(ナル)

c: 馬融(ばいう)曰(い)はく、物類(ぶつるい)、相(あ)ひ招(まね)き、勢數(せいすう)、相(あ)ひ生(な)る。[71)]

d: 馬融が言った。物類が相招き、勢数が相成る。

e: 마융이 말하기를, 物類(물류)가 서로 부르고 勢數(세수)가 상생한다.

70) 應永本抄物「所[㆑,トハ]損[음합부]益[スル]謂[㆓,フ]文[음합부]質三[음합부]統[㆒,ヲ]文トハカサル方也。質トハスナヲナル方也。一代ノ君ハ、文化ニシテ花美風流ナルヘシ。其次ノ君ハ質朴[ハク]ニテ隱便ニマタウトシカルヘキ也。其次ノ君ハ文也。其次ノ君ハ質也。(가감한 바란 文質(문질)과 三統(삼통)을 말한다. 文(문)이란 꾸미는 것이다. 質(질)이란 꾸밈없는 것이다. 첫 임금은 화려하고 우아하다. 그 다음 임금은 질박하고 간소하며 적당하다. 그 다음 임금은 文하고, 그 다음 임금은 質하다. 117쪽)」

71) 應永本抄物「三經五常ノ類ヲ以テ、相招[キ]テ不變也。……是文カ變シテハ質カ相生シ、人統變シテハ地統カ相生スル也。代々ノ帝王モ五行カ相生スル也。變スル者ハ必次ノイキヲイカ生スル也。(三綱五常(삼강오상)이 비슷한 것을 불러일으켜 변하지 않는 것이다. ……文(문)이 변하여 質(질)이 생기고 人統(인통)이 변하여 地統(지통)이 생기는 것이다. 대대의 제왕들도 五行(오행)이 상생하는 것이다. 변한 것은 반드시 다음 힘을 생기게 한다. 121-122쪽)」

a: 其變[음독부]有[㆑,リ]常[ツネ]。

b: 其變常(ツネ)有(リ)。

c: 其(そ)の變(へん)、常(つね)有(あ)り。

d: その変化には、恒常性がある。

e: 그 변화에는 항상됨이 있다.

a: 故[11]可[㆓,シ]豫[훈합부,アラカシメ]知[㆒,ヌ]也

b: 故に豫(アラカシメ)知(ヌ)可(シ)

c: 故(ゆゑ)に豫(あらかじ)め知(し)んぬべし。

d: したがって、予知することができる。

e: 그러므로 미리 알 수 있다.

0224

A: 子曰、非[㆓,アラスメ]其[22]鬼[㆒,キ,11]而祭[マツル,33]之諂[ヘツラヘルナリ]也

B: 子曰、其の鬼(キ)に非(アラスシテ)祭(マツル)は諂(ヘツラヘルナリ)

C: 子(し)の曰(のたう)ばく、其(そ)の鬼(き)にあらずして祭(まつ)るは諂(へつら)へるなり。

D: 先生が言われた。自分の先祖の霊ではないのに祭るのは、諂っているのである。

E: 선생님께서 말씀하시기를, 자기 조상이 아닌데 제사를 지내는 것은 아첨하는 것이다.

a: 鄭玄曰、人[음합부]神[13]曰[㆑]鬼[23~33]。

b: 鄭玄曰、人神を鬼と曰。

c: 鄭玄(ぢゃうぐゑん)曰(い)はく、人神(じんしん)を鬼(き)と曰(い)ふ。

d: 鄭玄が言った。人の魂を鬼という。

e: 정현이 말하기를, 사람의 혼백을 鬼(귀)라고 한다.

a: 非[㆓,シテ]其[22]祖[음합부]孝[㆒,11]而祭[ツル,33]之、是[レ]諂[31]以[31]求[㆑,モトムルナリ]福[サイワイヲ,13]也

b: 其の祖孝に非(シテ)祭(ツル)は、是(レ)諂て以て福(サイワイヲ)を求(モトムルナリ)

c: 其(そ)の祖考(そかう)にあらずして祭(まつ)るは、是(これ)諂(へつら)ひて、以(も)ちて福(さいは)ひを求(もと)むるなり。

d: 自分の先祖ではないのに祭ることは、諂って福を求めることである。

e: 자기 조상이 아닌데 제사를 지내는 것은, 아첨하여 福(복)을 구하는 것이다.

A: 見[㆑,テ]義[13]不[㆑,サル,33]為、無[㆑,ナキナリ]勇[イサミ]

B: 義を見(テ)為不(サル)は、勇(イサミ)無(ナキナリ)

C: 義(ぎ)を見(み)て爲(な)さざるは、勇(いさ)み無(な)きなり。

D: 義を見て行わないのは、勇気のないことである。

E: 義(의)를 보고 행하지 않는 것은, 용기가 없는 것이다.

a: 孔安國曰、義[33]者所[㆑]宜[㆑,ヨロシク]{ヘキ}為[32]也

b: 孔安國曰、義は宜(ヨロシク)為す宜(ヘキ)所

c: 孔安國(こうあんこく)曰(い)はく、義(ぎ)は宜(よろ)しく爲(す)べき所(ところ)。

d: 孔安国が言った。義は行うべきところである。

e: 공안국이 말하기를, 의는 마땅히 행해야 하는 바이다.

a: 而[ル,13]不[㆑,サル,33]能[㆑,アタハ]為[スル,13~23]、是[レ]無[㆑,ナリ]勇[イサミ]也

b: 而(ル)を為(スル)こと能(アタハ)不(サル)は、是(レ)勇(イサミ)無(ナリ)

c: 而(しか)るを、爲(す)ること能(あた)はざるは、是(これ)、勇(いさ)み無(な)きなり。

d: それなのに、行うことができないのは、勇気がないのである。

e: 그런데도 행하지 못하는 것은, 용기가 없는 것이다.

論語卷第一

經一千四百七十字

註一千五百一十三字

論語集解八佾第三

論語八佾第三　　　　何晏集解　凡廿六章

0301

A: 孔子[인명부]、謂[ﾆ,ノタウマク[72]]季氏[ｰ,인명부,13]、八[음합부]佾[イツシ,31]舞[ﾆ,マハ,32]於庭[ｰ,11]。

B: 孔子、季氏を謂(ノタウマク)、八佾(イツシ)て庭に舞(マハ)す。

C: 孔子(こうし)、季氏(きし)を謂(のたう)ばく、八佾(はちいつ)して庭(には)に舞(ま)はす。

D: 孔子が、季氏について言われた。八佾で庭で舞わせた。

E: 공자께서 季氏(계씨)에 대해 말씀하시기를, 八佾(팔일)로 하여 뜰에서 춤추게 하였다.

A: 是[コレヲモ]可[ﾚ,ク,33]忍[シノンツ]也、孰[13,21][73]不[ﾚ,12]可[ﾚ]忍[フ]也

B: 是(コレヲモ)忍(シノンツ)可(ク)ば、孰をか忍(フ)可不ん

C: 是(これ)をも忍(しの)んつべくんば、孰(たれ)をか忍(しの)ぶべからざらん。[74]

D: これを我慢できるのなら、誰に対して我慢できないだろうか。

E: 이것을 참을 수 있다면, 누구를 참을 수 없겠는가?

a: 馬融曰、孰[シク,33]誰[スイ]也。

b: 馬融曰、孰(シク)は誰(スイ)。

c: 馬融(ばいう)曰(い)はく、孰(しゅく)は誰(すい)。

---

72) 永正本集解에는 「ノタマハク」라고 가점되어 있다. 無跋本集解 25장에 細注에 「謂」에 「ノタフマク」라고 가점된 곳이 있다.

73) 永正本集解에는 「タレ(左)イツレヲカ」라고 가점되어 있다. 永正本集解의 正訓에 따라 「タレ」라고 읽는다.

74) 古注에서는 義疏의 「忍猶容耐也……孰誰也」를 비롯한 주석을 볼 때 '이 사람을 참을 수 있다면, 누구를 참을 수 없겠는가?'로 풀이한 것으로 보인다. 그러나 新注는 集注의 「孔子言, 其此事, 尙忍爲之, 則何事不可忍」에서 보는 바와 같이 '이와 같은 일을 차마 한다면 무엇을 차마 못하겠는가?'로 풀이하였다.
應永本抄物는 전반부에서는 新注를 취하여 기술하였고 후반부에서는 古注를 취하여 기술하고 있다.

d: 馬融が言った。孰は誰である。

e: 마융이 말하기를, 孰(숙)은 誰(수)[누구]이다.

a: 佾[33]列也。

b: 佾は列。

c: 佾(いつ)は列(れつ)。

d: 佾は列である。

e: 佾(일)은 列(열)[줄, 행렬]이다.

a: 天[음합부]子[33]八[음합부]佾。諸[음합부]侯[33]六。卿[음합부]大[음합부]夫[33]四。士[33]二。

b: 天子は八佾。諸侯は六。卿大夫は四。士は二。

c: 天子(てんし)は八佾(はちいつ)。諸侯(しょこう)は六(ろく)。卿大夫(けいたいふ)は四(し)。士(し)は二(に)。

d: 天子は八列、諸侯は六列、卿大夫は四列、士は二列である。

e: 天子(천자)는 8열, 諸侯(제후)는 6열, 卿大夫(경대부)는 4열, 士(사)는 2열이다.

a: 八[음합부]人[13]、為[ㇾ,スレ,33]列[23~33]八[음합부]八六[음합부]十四[음합부]人[ナリ]也。

b: 八人を、列と為(スレ)ば八八六十四人(ナリ)。

c: 八人(はちじん)を、列(れつ)と爲(す)れば、八八(はちはち)六十四人(ろくじふしじん)なり。

d: 八人を一列とすれば、八八で六十四人である。

e: 8인을 1열로 하면, 8×8=64인이다.

應永本抄物「忍ヒン人也ノ心ナラハ、季氏ハ大夫ニテ諸侯ノ禮ヲ犯サンサヘ曲事ナルヘキニ、天子ノ禮ヲ侵スハ性カ大既ナル者也。カヽル不得心ナル者ナレハ、何タル大義ヲモスヘキ者也ト云心也。此說ノ時ハ孰ノ字ヲイツレヲカトヨムヘシ。八佾ヲ忍テセハ、何レノ惡事ヲモ忍ンテスヘキト云心也。君其レ忍ヒヨノ心ナラハ、季氏カ雅意ナル事ヲスルヲコラヘテ置ヘキナラハ、誰人カ惡事ヲスルトモコラユヘキ也。此義ナラハ孰ヲカトヨムヘシ。(참을 사람이라는 뜻이라면 季氏(계씨)는 대부로서 제후의 예를 범하려 할 정도로 도리에 어긋난 자이니 천자의 예를 범하는 것은 아무렇지 않게 할 자이다. 이렇게 도리를 모르는 자이므로 어떠한 큰일이라도 저지를 만한 자라는 뜻이다. 이 설을 취할 때에는 孰(숙)을 イヅレヲカ[무엇인들]이라고 읽어야 한다. 八佾(팔일)을 몰래 하니 어떤 나쁜 짓도 몰래 할 수 있다는 뜻이다. 그대는 그것을 참으라는 뜻이라면, 季氏가 자기 마음대로 하는 것을 참아야 한다면 다른 누가 나쁜 짓을 하더라도 참아야 할 것이다. 이 뜻대로라면 孰은 孰ヲカ[(다른) 누군가가]고 읽어야 한다. 129−130쪽)」

a: 魯[ハ]以[㆓,31]周[음합부]公[22]故[㆒,ユヘ,13]受[㆓,ウケテ]王[음합부]者[22]礼[음합부]樂[㆒,13]有[㆓,アリ]八[음합부]佾[22]之舞[㆒,マヒ]。

b: 魯(ハ)周公の故(ユヘ)を以て王者の礼樂を受(ウケテ)八佾の舞(マヒ)有(アリ)。

c: 魯(ろ)は、周公(しうこう)の故(ゆゑ)を以(も)ちて、王者(わうしゃ)の禮樂(れいがく)を受(う)けて、八佾(はちいつ)の舞(ま)ひ有(あ)り。

d: 魯は周公の後裔であるため、王者の礼楽を受けて、八佾の舞がある。

e: 노나라는 周公(주공)의 후예이므로, 왕자의 예악을 이어받아서 八佾舞(팔일무)가 있다.

a: 今季[음합부]桓[음합부]子、僭[㆓,センシ,31]於其[훈합부,22]家[22]廟[㆒,11]儛[マハ,32]之。

b: 今季桓子、其の家の廟に僭(センシ)て儛(マハ)す。

c: 今(いま)季桓子(きくゎんし)、其(そ)の家(いへ)の廟(べう)に僭(せむ)して儛(ま)はす。

d: 今、季桓子が自分の家廟において、僭越にも(八佾の舞を)舞わせた。

e: 지금 季桓子(계환자)가 자신의 가묘에서 참람되이 (팔일무를) 춤추게 하였다.

a: 故[11]孔[음합부]子、譏[ソシル]之也

b: 故に孔子、譏(ソシル)

c: 故(ゆゑ)に孔子(こうし)、譏(そし)る。

d: そこで孔子が譏ったのである。

e: 그러므로 공자가 비난한 것이다.

0302

A: 三[음합부]家[33]者以[㆑,31]雍[ヰヨウ,13]徹[テツ,32]

B: 三家は雍(ヰヨウ)を以て徹(テツ)す

C: 三家(さむか)は、雍(よう)を以(も)ちて徹(てっ)す。

D: 三家は(詩経の)雍で(祭器を)取り下げた。

E: 三家(삼가)는 (詩經(시경)의) 雍(옹)으로써 (제사상을) 물렸다.

a: 馬融曰、三[음합부]家[23~33,33]者謂[ニ]仲[음합부]孫、叔[음합부]孫、季[음합부]孫[一,13]也

b: 馬融曰、三家とは仲孫、叔孫、季孫を謂

c: 馬融(ばいう)曰(い)はく、三家(さむか)とは仲孫(ちうそん)、叔孫(しくそん)、季孫(きそん)を謂(い)ふ。

d: 馬融が言った。三家とは仲孫、叔孫、季孫をいう。

e: 마융이 말하기를, 삼가는 仲孫(중손), 叔孫(숙손), 季孫(계손)을 말한다.

a: 雍[33]周[음합부]頌[22]臣[음합부]工[コウ,22]篇[22]名也。

b: 雍は周頌の臣工(コウ)の篇の名。

c: 雍(よう)は、周頌(しうしょう)の臣工(しんこう)の篇(へん)の名(な)。

d: 雍は、周頌の臣工の篇の名である。

e: 옹은 (시경) 周頌(주송)의 臣工(신공)의 편명이다.[75)]

a: 天[음합부]子祭[ニ,マツルトキ,11]於宗[음합부]廟[一,11]歌[ウタ,31]之以[31]徹[レ,32]祭[マツリ,13]

b: 天子宗廟に祭(マツルトキ)に歌(ウタ)て以て祭(マツリ)を徹す

c: 天子(てんし)、宗廟(そうべう)に祭(まつ)るときに、歌(うた)ひて以(も)ちて祭(まつり)を徹(てっ)す。

d: 天子は宗廟で祭るときに、(雍を)歌うことによって、祭祀を終える。

e: 천자가 종묘에서 제사를 드릴 때 (옹을) 노래하고, 그럼으로써 제사를 마친다.

---

75) 詩經(시경)은 (國)風, 雅(大雅·小雅), 頌으로 이루어져 있다. 頌에는 周頌, 魯頌, 商頌이 있고 周頌은 다시 淸廟之什, 臣工之什, 閔予小子之什으로 이루어져 있으며 이 중 臣工之什은 다시 10개의 노래로 구성되어 있는데 雍이 그 중의 하나이다. 「有來雝雝至止肅肅、相維辟公天子穆穆、…」과 같은 노래이다.

a: 今三[음합부]家、亦作[㆓,ヲコ,32]此[22]樂[㆒,カク,13]者也

b: 今三家、亦此の樂(カク)を作(ヲコ)す

c: 今(いま)三家(さむか)、亦(また)此(こ)の樂(がく)を作(お)こす。

d: 今三家がまたこの音楽を使った。

e: 지금 삼가가 또한 이 음악을 사용하였다.

A: 子曰相[タスクル,33]、維[レ]、辟[음합부]公[アリ,31]天[음합부]子稯[76][음합부]稯[タリ]。

B: 子曰相(タスクル)は、維(レ)、辟公(アリ)て天子穆穆(タリ)。

C: 子(し)の曰(のたう)ばく、相(たす)くるは、維(これ)、辟公(へきこう)ありて、天子(てんし)穆穆(ぼくぼく)たり。

D: 先生が言われた。助けるのは辟公で、天子は穆穆である。

E: 선생님께서 말씀하시기를, (제사를) 돕는 것은 곧 辟公(벽공)이고 천자는 穆穆(목목)[위엄과 기품이 있는 모양]하다.

A: 奚[ソ]取[㆓,トラム]於三[음합부]家[22]之堂[㆒,11]

B: 奚(ソ)三家の堂に取(トラム)

C: 奚(いづく)んぞ三家(さむか)の堂(たう)に取(と)らん。

D: どうして三家の堂で(この音楽を)使うだろうか。

E: 어찌 삼가의 당에서 (이 음악을) 쓰겠는가?

a: 苞氏曰辟[음합부]公[23~33,33]謂[㆓,フ]諸[음합부]侯、及二[음합부]王[22]之後[㆒,ノチ,13]也。

b: 苞氏曰辟公とは諸侯、及二王の後(ノチ)を謂(フ)。

c: 苞氏(はうし)曰(い)はく、辟公(へきこう)とは、諸侯(しょこう)、及(およ)び二王(にわう)の後(のち)を謂(い)ふ。

d: 苞氏が言った。辟公とは、諸侯および二王の後裔をいう。

e: 포씨가 말하기를, 辟公(벽공)은 제후 및 二王(이왕)[하나라와 은나라]의 후예를 말한다.

---

76) 대문에 '稯'라고 되어 있고 이것을 '穆'으로 교체하도록 지시되어 있다. 입력의 편의상 B이하에서는 「穆」으로 입력하였다.

a: 穆[음합부]穆[33]天[음합부]子[22]之容[カタチ]也。

b: 穆穆は天子の容(カタチ)。

c: 穆穆(ぼくぼく)は、天子(てんし)の容(かたち)。

d: 穆穆は、天子の姿である。

e: 穆穆(목목)은 천자의 모습이다.

a: 雍[음합부]篇[11]歌[ㇾ,13~23,33]此[13]者、有[ニ,リ]諸[음합부]侯、及二[음합부]王[22]之後[一,31]来[31]助[ㇾ,タスクル,21]祭[13]故[ナリ]也。

b: 雍篇に此を歌ことは、諸侯、及二王の後有(リ)て来て祭を助(タスクル)が故(ナリ)。

c: 雍篇(ようへん)に此(これ)を歌(うた)ふことは、諸侯(しょこう)、及(およ)び二王(にわう)の後(のち)有(あ)りて、來(きた)りて祭(まつり)を助(たす)くるが故(ゆゑ)なり。

d: 雍篇でこれを歌ったのは、諸侯および二王の後裔がいて、来て祭祀を助けたからである。

e: 옹편에서 이것을 노래한 것은, 제후 및 이왕의 후예가 와서 제사를 도왔기 때문이다.

a: 今三[음합부]家[33]但、家[음합부]臣而[훈합부]巳[ノミナリ]。

b: 今三家は但、家臣而巳(ノミナリ)。

c: 今(いま)、三家(さむか)は、但(ただ)家臣(かしん)のみなり。

d: 今三家はただ家臣であるのみである。

e: 지금 삼가는 그저 가신일 따름이다.

a: 何[ソ]取[ニ,テ]此[22]義[一,13]而作[ニ,オコ,32]之[ヲ]於堂[一,11]邪[ヤ]也

b: 何(ソ)此の義を取(テ)之(ヲ)堂に作(オコ)す邪(ヤ)

c: 何(なん)ぞ、此(こ)の義(ぎ)を取(と)りて、之(これ)を堂(たう)に作(お)こすや。

d: どうしてこの義を取って、これを堂で使うというのだろうか。

e: 어찌 이 뜻을 취하여, 이것을 당에서 사용하겠는가?

0303

A: 子曰人[ヒトヽメ]而不[ㇾ,33]仁[アラ]、如[ㇾ]禮[13]何。

B: 子曰人(ヒトトシテ)仁(アラ)不ば、禮を如何。

C: 子(し)の曰(のたう)ばく、人(ひと)として仁(じん)あらずんば、禮(れい)を如何(いかん)。

D: 先生が言われた。人として仁でなければ、礼をどうしようというのか。

E: 선생님께서 말씀하시기를, 사람으로서 인하지 않으면 예를 어찌할 것인가?

A: 人[トメ]而不[ㇾ,33]仁[アラ]、如[ㇾ]樂[カク,13]何

B: 人(トシテ)仁(アラ)不ば、樂(カク)を如何

C: 人(ひと)として仁(じん)あらずんば、樂(がく)を如何(いかん)。

D: 人として仁でなければ、楽をどうしようというのか。

E: 사람으로서 인하지 않으면 樂(악)을 어찌할 것인가?

a: 苞氏曰言[33]人[トメ]而不[ㇾ,スハ]仁[アラ]、必不[ㇾ,シ]能[ㇾ]行[㆓,13~23]禮[음합부]樂[㆒,13]也

b: 苞氏曰言は人(トシテ)仁(アラ)不(スハ)、必禮樂を行こと能不(シ)

c: 苞氏(はうし)曰(い)はく、言(いふこころ)は、人(ひと)として仁(じん)あらずんば、必(かなら)ず、禮樂(れいがく)を行(おこな)ふこと能(あた)はじ。

d: 苞氏が言った。意味はこうである。人として仁でなければ、決して礼楽を行うことはできないだろう。

e: 포씨가 말하기를, 그 뜻은 이러하다. 사람으로서 인하지 않으면, 결코 예악을 행할 수 없을 것이다.

0304

A: 林放[인명부]、問[=]禮[22]之本[ー,13]

B: 林放、禮の本を問

C: 林放(りむぱう)、禮(れい)の本(もと)を問(と)ふ。

D: 林放が、礼の根本について尋ねた。

E: 林放(임방)이 예의 근본에 대해 물었다.

a: 鄭玄曰林放[33]鲁人[훈독부]也

b: 鄭玄曰林放は鲁人

c: 鄭玄(ぢやうぐゑん)曰(い)はく、林放(りむぱう)は、鲁人(ろひと)。

d: 鄭玄が言った。林放は魯の人である。

e: 정현이 말하기를, 임방은 노나라 사람이다.

A: 子曰大[オホイナルカナ]哉問[13~23]。

B: 子曰大哉(オホイナルカナ)問こと。

C: 子(し)の曰(のたう)ばく、大(おほ)いなるかな、問(と)ふこと。

D: 先生が言われた。大きいね、質問が。

E: 선생님께서 말씀하시기를, 크도다, 물음이.

A: 禮[33]與[=,ヨリ,33]其[22]奢[ー,ヲコレル]也、寧[ムシロ]、儉[ケンセヨ]。

B: 禮は其の奢(ヲコレル)與(ヨリ)は、寧(ムシロ)、儉(ケンセヨ)。

C: 禮(れい)は、其(そ)の奢(おご)れるよりは、寧(むし)ろ、儉(けむ)せよ。

D: 礼は、奢っているよりは、むしろ倹約しなさい。

E: 예는 사치한 것보다는 차라리 검소하라.

A: 喪[モ,33]與[ᅟ二,ヨリ,33]其[22]易[ᅟ一,ヤスカラン]也、寧[ムシロ]戚[イタメ]

B: 喪(も)は其の易(ヤスカラン)與(ヨリ)は、寧(ムシロ)戚(イタメ)

C: 喪(も)は、其(そ)の易(やす)からんよりは、寧(むし)ろ戚(いた)め。

D: 喪は、穏やかであるよりは、むしろ悼みなさい。

E: 喪(상)은 평온한 것보다는 차라리 슬퍼하라.

a: 苞氏曰易[イ,33]和[음합부]易也。

b: 苞氏曰易(イ)は和易。

c: 苞氏(はうし)曰(い)はく、易(い)は和易(くゎい)。[77)]

d: 苞氏が言った。易は和易である。

e: 포씨가 말하기를, 易(이)는 和易(화이)[평온함]이다.

a: 言[33]禮[22]之本[음합부]意、失[ニ,음독부,32]於奢[一,レル,11]不[レ,32]如[レ]儉[11]也

b: 言は禮の本意、奢(レル)に失す儉に如不ず

c: 言(いふこころ)は、禮(れい)の本意(ほんい)、奢(おご)れるに失(しっ)す。儉(けむ)に如(し)かず。

d: 意味はこうである。礼の本意は、奢ることで失われる。倹約するに及ばない。

e: 그 뜻은 이러하다. 예의 본뜻은 사치함에서 잃게 된다. 검소함에 미치지 못한다.

a: 喪[33]失[ニ,31]於和[음합부]易[一,11]不[レ,32]如[ニ]哀[음합부,アイ]戚[一,セキ,11]也

b: 喪は和易に失て哀(アイ)戚(セキ)に如不ず

c: 喪(も)は、和易(くゎい)に失(しっ)して、哀戚(あいせき)に如(し)かず。

d: 喪は、穏やかであることで失われる。哀戚するに及ばない。

e: 상은 평온함에서 (그 본뜻을) 잃게 된다. 슬퍼함에 미치지 못한다.

77) 應永本抄物「喪ニハ哀ノ不足モ過ルモ惡シ。中ヲ得ルヲヨシトスレ共、中ハ得カタキホトニ不哀シテ安ヨリハ哀戚スルハマシ也。(喪事(상사)에는 슬픔이 모자라는 것도 과한 것도 나쁜 것이다. 中(중)을 얻는 것이 좋다고 하지만 中을 얻기 어려우므로 슬퍼하지 않고 편안해 하는 것보다는 애석해하는 것이 낫다. 133쪽)」

0305

A: 子曰夷[음합부]狄[22]之有[㆑,ル,33]君、不[㆑,32]如[㆓,シカ]諸[음합부]夏[22]之亡[㆒,ナキ,11,33]也

B: 子曰夷狄の君有(ル)は、諸夏の亡(ナキ)には如(シカ)不ず

C: 子(し)の曰(のたう)ばく、夷狄(いてき)の君(きみ)有(あ)るは、諸夏(しょか)の亡(な)きには如(し)かず。[78)]

D: 先生が言われた。夷狄に君がいるのは、諸夏に(君の)いないことには及ばない。

E: 선생님께서 말씀하시기를, 오랑캐 나라에 임금이 있는 것은, 중국에 (임금이) 없는 것에 미치지 못한다.

a: 苞氏曰諸[음합부]夏[33]中[음합부]國也。

b: 苞氏曰諸夏は中國。

c: 苞氏(はうし)曰(い)はく、諸夏(しょか)は中國(ちうごく)。

d: 苞氏が言った。諸夏は中国である。

e: 포씨가 말하기를, 諸夏(제하)는 中國(중국)[79)]이다.

a: 亡[フ,33]無也

b: 亡(フ)は無

c: 亡(ぶ)は無(ぶ)。

d: 亡は無である。

e: 亡(무)는 無(무)[없다]이다.

---

78) 義疏에 「言夷狄雖有君主而不及中國無君也」라고 되어 있는 것으로 볼 때, 古注에서는 '이적에는 군주가 있어도 중국에 군주가 없는 것과 같지 않다', 즉 '이적에게는 군주가 있더라도 군주가 없는 중국에도 미치지 못한다'고 풀이한 것으로 판단된다.
應永本抄物「諸夏トハ中國ヲ云也。夏ハ大也。中國ハ禮義大也。故ニ夏ト云。中國ニハ自然君ナキコトアレ共、禮義ノスタルヽコトナシ。夷狄ハウテ强ナル者カ出テ國ヲトレリ。サヤウノ處ニ君アルハ、中國ノ君ナキニハ劣レリ。中國君ナケ[レ]トモ禮義アリ。夷狄ハ君アレトモ禮義ナシ。在[㆑,テ]君ナキニハヲトレリト云リ。(諸夏(제하)란 중국을 말한다. 夏(하)는 크다는 뜻이다. 중국은 禮(예)와 義(의)가 크므로 夏라고 한다. 중국에는 자연스레 임금이 없어지는 일이 있더라도 예와 의가 쇠퇴하는 일이 없다. 오랑캐들은 힘센 자가 나타나 나라를 거머쥔다. 그러한 곳에 임금이 있는 것은 중국에 임금이 없는 것보다 못한 것이다. 중국에 임금이 없더라도 예와 의가 있다. 오랑캐들은 임금이 있더라도 예와 의가 없다. 임금이 있더라도 없는 것보다 못하다고 한 것이다. 134쪽)」

79) 中國 : 夷狄(이적)에 대비되는 개념으로 천자의 王化(왕화)가 미치는 영역.

0306

A: 季[음합부]氏[인명부]旅[ニ,リヨ,32]於泰[음합부]山[一,11]

B: 季氏泰山に旅(リヨ)す

C: 季氏(きし)、泰山(たいさん)に旅(りょ)す。

D: 季氏が泰山に旅祭をしようとした。

E: 계씨가 泰山(태산)에 旅祭(여제)를 지내고자 하였다.

A: 子謂[ニ,カタ]冉[음합부]有[一,11]曰[22]、汝[ナンチ]不[レ,ル]能[レ]救[ヤムル,13~23]與[21]

B: 子冉有に謂(カタ)曰の、汝(ナンチ)救(ヤムル)こと能不(ル)與か

C: 子(し)、冉有(ぜむいう)に謂(かた)りて曰(のたう)ばく、汝(なんぢ)救(や)むること能(あた)はざるか。

D: 先生が冉有に話された。あなたが止めさせることはできないのか。

E: 선생님께서 冉有(염유)에게 일러 말씀하시기를, 네가 말릴 수 없느냐?

a: 馬融曰旅[33]祭名也。

b: 馬融曰旅は祭名也。

c: 馬融(ばいう)曰(い)はく、旅(りょ)は祭(まつり)の名(な)。[80)]

d: 馬融が言った。旅は祭祀の名である。

e: 마융이 말하기를, 旅(려)는 제사의 이름이다.

a: 禮[11]諸[음합부]侯、祭[下,ツル]山[음합부]川[22]在[ニ,アル]其[22]封[음합부]内[一,11]者[上,13]

b: 禮に諸侯、山川の其の封内に在(アル)者を祭(ツル)

---

80) 應永本抄物「旅ハ政ノ名也。山ヲ祭ヲ旅[リヨ]ト云。一義ニ旅ハ非常ノ祭也。國ニ大故ナトアル時ハ、此祭ヲスル也。大故トハ飢饉不熟等ヲ云ナリ。旅ハ陳[ノフル]也。其祈誓ノコトヲノベテ祈ル故也。(旅(려)는 제사의 이름이다. 산을 제사지내는 것을 旅라고 한다. 일설에 旅는 비상시의 제사이다. 나라에 큰 변고가 있을 때에는 이 제사를 지내는 것이다. 큰 변고라는 것은 기근과 흉작 등을 말한다. 旅는 말한다는 뜻이다. 기원하여 맹세하는 바를 말하여 빌기 때문이다. 135쪽)」

c: 禮(れい)に、諸侯(しょこう)、山川(さんせん)の、其(そ)の封內(ほうない)に在(あ)る者(もの)を祭(まつ)る。

d: 礼によれば、諸侯は、自分の領土の中の山川を祭る。

e: 예에 따르면, 제후는 자신의 봉토 내에 있는 산천에 제사를 지낸다.

a: 今、陪[음합부,ハイ]臣、祭[ㇾ,ル,13~23]泰[음합부]山[ㇱ,13]非[ㇾ,32]禮[11]也。

b: 今、陪(ハイ)臣、泰山を祭(ル)こと禮に非ず。

c: 今(いま)、陪臣(はいしん)、泰山(たいさん)を祭(まつ)ること、禮(れい)にあらず。

d: 今、陪臣が泰山を祭ることは礼ではない。

e: 지금 陪臣(배신)[신하]이 태산에 제사지내는 것은 예가 아니다.

a: 冉[음합부]有[33]弟[음합부]子冉[음합부]求也

b: 冉有は弟子冉求

c: 冉有(ぜむいう)は、弟子(ていし)、冉求(ぜむきう)。

d: 冉有は、弟子の冉求である。

e: 염유는 제자 冉求(염구)이다.

a: 時[11]仕[ニ,フ]於季[음합부]氏[ㇱ,11]。

b: 時に季氏に仕(フ)。

c: 時(とき)に季氏(きし)に仕(つか)ふ。

d: その時、季氏に仕えていた。

e: 이때에 계씨를 섬기고 있었다.

a: 救[33]猶[ㇾ,ヲ]{シ}止[シ,22]也

b: 救は猶(ヲ)止(シ)の猶(シ)

c: 救(きう)は猶(なほ)止(し)のごとし。[81)]

d: 救は、止のような意味である。

e: 救(구)는 止(지)[말리다]와 같다.

---

81) 應永本抄物「季氏カ臣タルカ泰山ヲ祭ル非禮ヲ何トテ諫メ留ヌソト云リ。(신하인 季氏(계씨)가 泰山(태산)에 제사를 지내는 非禮(비례)를 어째서 간하여 말리지 않느냐고 한 것이다. 136쪽)」

A: 對[31]曰、不[ㇾ,シ]能[アタハ]。

B: 對て曰、能(アタハ)不(シ)。

C: 對(こた)へて曰(い)はく、能(あた)はじ。[82)]

D: 答えて言った。できないでしょう。

E: 대답하여 말하기를, 할 수 없을 것입니다.

A: 子曰嗚[훈합부,ア]呼、曽[スナハチ]、謂[三,オモテ]泰[음합부]山[13]不[ㇾ,シト]如[二,シカ]林[음합부]放[一,11]乎[21]

B: 子曰嗚(ア)呼、曽(スナハチ)、泰山を林放に如(シカ)不(シト)謂(オモテ)乎か

C: 子(し)の曰(のたう)ばく、嗚呼(ああ)、曾(すなは)ち、泰山(たいさん)を林放(りむぱう)に如(し)かじと謂(おも)ってか。

D: 先生が言われた。ああ、泰山が林放に及ばないとでも思ってのことか。

E: 선생님께서 말씀하시기를, 아아, (계씨가 태산에 제사지낸 것은) 태산의 신이 임방에 미치지 못할 것이라고 생각해서인가?

a: 苞氏曰神[33]不[ㇾ]享[二,ウケ]非[음합부]禮[一,13]。

b: 苞氏曰神は非禮を享(ウケ)不。

c: 苞氏(はうし)曰(い)はく、神(しん)は非禮(ひれい)を享(う)けず。

d: 苞氏が言った。神は非礼をうけない。

e: 포씨가 말하기를, 신은 예가 아닌 것을 받지 않는다.

a: 林[음합부]放尚知[ㇾ,レリ]禮[13]

b: 林放尚禮を知(レリ)

c: 林放(りむぱう)、尙(なほ)禮(れい)を知(し)れり。

d: 林放は、むしろ礼を知っていた。

e: 임방은 오히려 예를 알았다.

a: 泰[음합부]山[22]之神[22]、反[カヘ,31]不[ㇾ,サレ]如[二]林[음합부]放[一,11]邪[ヤ]

b: 泰山の神の、反(カヘ)て林放に如不(サレ)邪(ヤ)

82) 應永本抄物「季氏ハ奢タル者ナレハ、諫メタリトモ不[ㇾ]可[ㇾ]用ト云。(季氏(계씨)는 방자한 자이므로 간하였더라도 받아들이지 않았을 것이라고 하였다. 136쪽)」

c: 泰山(たいさん)の神(しん)の、反(かへ)りて林放(りむぱう)に如(し)かざれや。

d: 泰山の神が、むしろ林放にも及ばないというのか。

e: 태산의 신이 오히려 임방에도 미치지 못한다는 것인가?

a: 欲[ᆖ,32]誣[シヒ,31]而祭[ᅳ,マク]之

b: 誣(シヒ)て祭(マク)欲す

c: 誣(し)ひて祭(まつ)らまく欲(ほっ)す。

d: むりやり祭ろうとした。

e: 무리하게 제사지내고자 하였다.

0307

A: 子曰君[음합부]子[33]無[ᆫ,シ]所[ᆫ]争[アラカフ]。

B: 子曰君子は争(アラカフ)所無(シ)。

C: 子(し)の曰(のたう)ばく、君子(くんし)は争(あらが)ふ所(ところ)無(な)し。

D: 先生が言われた。君子は争うところがない。

E: 선생님께서 말씀하시기를, 군자는 다투는 바가 없다.

A: 必[ス]也射[ユミイルトキ,11]乎[21]

B: 必(ス)射(ユミイルトキ)に乎か

C: 必(かなら)ずや射(ゆみい)るときにか。

D: (強いていうなら)弓射る時だけであろうか。

E: (경쟁하는 일이 있다고 하면) 활쏘기를 할 때만일까?

a: 孔安國曰言[33]於射[ユミイルトキニシ,31]而[훈합부,31]後[11]有[ᆫ,リ]争[カフ,13~23]也

b: 孔安國曰言は射(ユミイルトキニシ)て而て後に争(カフ)こと有(リ)

c: 孔安國(こうあんこく)曰(い)はく、言(いふこころ)は、射(ゆみい)るときにして而(しかう)して後(のち)に、爭(あらが)ふこと有(あ)り。

d: 孔安国が言った。意味はこうである。弓射る時にだけ争うことがある。

e: 공안국이 말하기를, 그 뜻은 이러하다. 활쏘기 할 때에만 다투는 바가 있다.

A: 揖[음합부]讓[シ,31]而升[ノホリ]下[クタ,31]而飮[ノマシム]

B: 揖讓(シ)て升(ノホリ)下(クタ)て飮(ノマシム)

C: 揖讓(いふじゃう)して升(のぼ)り、下(くだ)りて飮(の)ましむ。[83)]

D: 揖して譲り合って上り、下りて飲ませる。

E: 읍하고 서로 양보하면서 (당에) 올라갔다가 내려와서 마시게 한다.

a: 王肅[シク]曰射[ニ,トキ,11]於堂[一,11]、升[ノホリ]及下[クタ,31]皆揖[음합부]讓[シ,31]而相[훈합부]飮[ノマシム]也

b: 王肅(シク)曰堂に射(トキ)に、升(ノホリ)及下(クタ)て皆揖讓(シ)て相飮(ノマシム)

c: 王肅(わうしく)曰(い)はく、堂(たう)に射(ゆみい)るときに、升(のぼ)り、及(およ)び下(くだ)りて、皆(みな)揖讓(いふじゃう)して相(あ)ひ飮(の)ましむ。

d: 王粛が言った。堂で弓射る時に、上っても下っても、いつも揖して譲り合って、お互いに飲ませる。

e: 왕숙이 말하기를, 당에서 활 쏠 때에, 올라갈 때도 내려올 때도 모두 읍하여 사양하고 서로 마시게 한다.

A: 其[22]爭[アラカヒ]也君[음합부]子[ナリ]

B: 其の爭(アラカヒ)君子(ナリ)

C: 其(そ)の爭(あらが)ひや、君子(くんし)なり。

---

83) 集解에 적힌 왕숙의 주는 활 겨루기를 한 후 당에서 내려와 두 사람이 모두 술을 마시는 것으로 되어 있다. 그러나 마융의 주를 보면 과녁을 맞춘 수가 많은 사람, 즉 이긴 사람이 진 사람에게 벌로써 술을 마시게 하는 것으로 되어 있어서 앞쪽과 뒤쪽의 주석이 내용면에서 통일성이 없다. 應永本抄物에 기록된 정현의 설은 마융의 설과 합치된다.
應永本抄物「射禮ヲ行ントテ射宮ニ上ル時ニ揖讓スル也。又射テハ勝劣決シテ、下ル時ニ又揖讓スル也。此揖スル在處ニニモ定リ揖讓シテ升リト切テヨムハ、鄭玄カ說也。飮シムトハ負タル者ニ罰爵ヲノマスル也。其義勝[カ]テル者堂上ニヒサマツイテ酒ヲクンテ、負タル者ニノマシムル時、敬養ト云。(射禮(사례)를 행하고자 射宮(사궁)에 오를 때에 揖讓(읍양)하는 것이다. 또한 (활을) 쏘아 승부를 확정하고서 내려올 때에 또한 揖讓하는 것이다. 이 揖(읍)하는 자리도 정해져 있다. 揖讓하고 올라가[揖讓而升]에서 끊어 읽는 것은 정현의 설이다. 마시게 하는 것은 진 사람에게 벌주를 마시게 하는 것이다. 그 뜻은 이긴 사람이 당 위에서 무릎을 꿇고 술을 떠서 진 사람에게 마시게 할 때에 敬養(경양)이라고 한다. 138쪽)」

D: その争いが君子である。

E: 그 다툼이 군자이다.

a: 馬融曰多[ㇾ,21]筭[カス]、飲[ㇾ,ノマシムル,33]少[ㇾ,スクナキ,11]筭[カス]、君[음합부]子[22]之所[ㇾ,ナリ]爭也

b: 馬融曰筭(カス)多が、筭(カス)少(スクナキ)に飲(ノマシムル)は、君子の爭所(ナリ)

c: 馬融(ばいう)曰(い)はく、算(かず)多(おほ)きが、算(かず)少(すく)なきに飲(の)ましむるは、君子(くんし)の爭(あらが)ふ所(ところ)なり。

d: 馬融が言った。(当てた)数の多い人が、少ない人に飲ませることが、君子の争うところである。

e: 마융이 말하기를, (과녁을 맞힌) 수가 많은 이가 적은 이에게 마시게 하는 것이, 군자의 다투는 바이다.

0308

A: 子夏問[31]曰、巧[タクミ,11]笑[ワラフ]倩[セムタリ]兮。美[음합부]目、盼[ハムタリ]兮。

B: 子夏問て曰、巧(タクミ)に笑(ワラフ)倩(セムタリ)。美目、盼(ハムタリ)。

C: 子夏(しか)問(と)ひて曰(い)はく、巧(たく)みに笑(わら)ふ、倩(せん)たり。美目(びぼく)、盼(はん)たり。

D: 子夏が聞いて言った。巧みに笑う口もとが愛らしい。目がぱっちりとして美しい。

E: 子夏(자하)가 물어 말하기를, 예쁘게 웃는 것이 사랑스럽다. 눈매가 또렷하여 아름답다.

A: 素[シロキ]、以[コレヲモ,31]爲[ㇾ,ナスト云,33]絢[アヤ]兮、何[ナム,23~33]謂[イフコトソ]也

B: 素(シロキ)、以(コレヲモ)て絢(アヤ)爲(ナストイフ)は、何(ナム)と謂(イフコトソ)

C: 素(しろ)き、これを以(も)ちて絢(あや)を爲(な)すといふは、何(なん)と謂(い)ふことぞ。[84)]

---

84) 應永本抄物「是ハ毛詩三卷鄉風碩人ノ篇ノ句也。衛ノ莊公カ夫人ニ莊姜ト云アリ。美人ニシテ又女德アリ。然ルヲ莊公嬖妾トテ思イ者ニ惑セラレテ、莊姜ヲ捨ラレタリ。衛人是ヲ哀テ作ル詩也。(이것은 毛詩(모시) 3권 鄉

D: 白いもので絢を作るとは、何をいうのですか。

E: 흰색으로써 무늬를 만든다고 하는 것은 무엇을 말하는 것입니까?

a: 馬融曰倩[33]笑[フ]皃[カタチ]。

b: 馬融曰倩は笑(フ)皃(カタチ)。

c: 馬融(ばいう)曰(い)はく、倩(せん)は笑(わら)ふ貌(かたち)。[85)]

d: 馬融が言った。倩は笑う様子である。

e: 마융이 말하기를, 倩(천)은 웃는 모습이다.

a: 盻[86)][ハン,33]動[ㇾ,ウコカ,32]目[13]皃也。

b: 盻(ハン)は目を動(ウコカ)す皃。

c: 盼(はん)は、目(め)を動(うご)かす貌(かたち)。[87)]

d: 盼は目を動かす様子である。

e: 盼(반)은 눈을 움직이는 모습이다.

a: 絢[クエン,33]文[アヤ,22]皃也。

b: 絢(クエン)は文(アヤ)の皃。

c: 絢(くゑん)[88)]は、文(あや)の貌(かたち)。

d: 絢は文(あや)の模様である。

e: 絢(현)은 문양이다.

a: 此[22]上[22]二[음합부]句[33]在[ニ,リ]衛[음합부]風碩[음합부,セキ]人二[음독부,22]章[一,11]。

b: 此の上の二句は衛風碩(セキ)人二の章に在(リ)。

風(향풍) 碩人(석인) 편의 구이다. 위나라 莊公(장공)의 부인으로 莊姜(장강)이라는 이가 있었다. 미인이고 또한 여성으로서의 덕이 있었다. 그런데 장공이 애첩으로 생각하는 이에게 미혹되어 莊姜을 버렸다. 위나라 사람들이 이것을 슬퍼하여 지은 시인 것이다. 140−141쪽)」

85) 應永本抄物 「巧笑倩トハ笑ハ百ノコヒアリテロツキノ嚴シキヲ云。(巧笑倩(교소천)이란 웃음은 백 가지의 교태가 있어서 다양한 입모양을 짓는 것을 말한다. 142쪽)」

86) 한자의 의미와 음 모두 「盼」이 타당하다고 생각되나 「盻」과 유사한 자형의 이체자(異體字)가 적혀 있다.

87) 應永本抄物 「盼ハ目ヲ動ス皃。目ノクロミト白ミトノ不濁シテアサヤカナルヲ云。(盼(반)는 눈을 움직이는 모양이다. 눈의 검은자와 흰자가 탁하지 않고 선명한 것을 말한다. 142쪽)」

88) 「絢」은 漢音이 「ケン」이고 吳音이 「クエン」이다. 가나점에 따랐다.

c: 此(こ)の上(かみ)の二句(にく)は、衛風(ゑいふう)碩人(せきじん)の二(に)の章(しゃう)に在(あ)り。

d: この上の二句は衛風、碩人の二つ目の章にある。

e: 이 위의 두 구[巧笑倩兮、美目盼兮]는 (詩經 國風의) 衛風(위풍)의 碩人(석인)의 두 번째 장에 있다.

a: 其[22]下[シモ]一[음합부]句[33]逸[음독부セリ]也

b: 其の下(シモ)一句は逸(セリ)

c: 其(そ)の下(しも)一句(いっく)は逸(いっ)せり。[89)]

d: その下の一句は逸した。

e: 그 아래의 한 구는 일실되었다.

A: 子曰繪[훈합부,ェ,22]事[33]後[ㇾ,ノチ,11,32]素[シロキ,13]

B: 子曰繪(ェ)の事は素(シロキ)を後(ノチ)にす

C: 子(し)の曰(のたう)ばく、繪(ゑ)の事(こと)は、素(しろ)きを後(のち)にす。[90)]

D: 先生が言われた。絵のことは、白いものを後にする。

E: 선생님께서 말씀하시기를, 그림 그리는 일은 흰 것을 나중에 한다.

a: 鄭玄曰繪[クワイ,33]畫[음합부,クワク]文也。

b: 鄭玄曰繪(クワイ)は畫(クワク)文。

c: 鄭玄(ぢゃうぐゑん)曰(い)はく、繪(くゎい)は畫文(くゎくぶん)。

d: 鄭玄が言った。絵は画を描くことである。

e: 정현이 말하기를, 繪(회)는 그림을 그리는 것이다.

---

89) 應永本抄物「上ノ二句トハ巧笑倩美目盼ノ二句也。下ノ一句トハ素以爲絢ノ一句也。此一句ハ失セテ、今ノ碩人ノ篇ニハナキ也。(위의 두 구란 巧笑倩(교소천)와 美目盼(미목반) 두 구를 말한다. 아래 한 구란 素以爲絢(소이위현) 한 구를 말한다. 이 한 구는 일실되어 지금의 碩人(석인) 편에는 없다. 142쪽)」

90) 義疏의 「如畫者先雖布衆采蔭映, 然後必用白色以分間之, 則畫文分明, 故曰繪事後素也」와 같은 주석으로 볼 때, 古注에서는 '그림을 다 그린 뒤에 흰색으로 여백을 나눈다'고 풀이하고 있는 것으로 판단된다. 新注인 주자 集注에서는 「繪事, 繪畫之事也, 後素, 後於素也, 考工記曰, 繪畫之事, 後素功, 謂先以粉地, 爲質, 而後施五采」라고 하여 '그림 그리는 일은 흰 비단보다 뒤에 한다'라고 풀이하고 있다.
應永本抄物「素以爲絢トハ繪ノ事ハ素ヲ後ニスト云心也ト答玉ヘリ。後素トハ、タトヘハ繪ヲカクニ絹ナントノ、白キヲ地盤ニシテ其上ニ五色ノ繪ノ具ヲ以テカケハ、ヂハンノ白キカ分目ニナツテ繪カキツカトミユル也。(흰색으로써 무늬를 만든다는 것은 그림 그릴 때에 흰색을 뒤로 한다는 뜻이라고 대답하셨다. 흰색을 뒤로 한다는 것은 가령 그림을 그릴 때에 비단 등과 같은 흰 것을 밑바탕으로 하고 그 위에 오색 물감으로 그리면 밑바탕이 흰 것이 경계가 되어 그림이 그려진 것처럼 보이는 것을 말한다. 142–143쪽)」 전반부는 古注를 취하여 기술하고 있고 후반부는 新注를 취하여 기술하고 있다.

a: 凢[ソ]畫[ㇾ,カ,13~23]繪[13]、先、布[二,シイ,31]衆[음합부]色[一,13]然[훈합부,11]後以[ㇾ,テ]素[シロキ,13]分[二,ワカテ]其[훈합부,22]間[一,13]以[31]成[二,ス]其[22]文[一,アヤ,13]

b: 凢(ソ)繪を畫(カ)こと、先、衆色を布(シイ)て然後に素(シロキ)を以(テ)其の間を分(ワカテ)以て其の文(アヤ)を成(ス)

c: 凡(およ)そ繪(ゑ)を畫(か)くこと、先(ま)づ、衆色(しうしょく)を布(し)いて、然(しかう)して後(のち)に素(しろ)きを以(も)ちて、其(そ)の間(あひだ)を分(わか)って、以(も)ちて其(そ)の文(あや)を成(な)す。

d: およそ画を描くことは、まずいろいろな色を敷き、その後に白色でその間を分けて、それで絵が完成する。

e: 무릇 그림을 그릴 때에, 우선 여러 색을 깔고, 그런 뒤에 흰 것으로써 그 사이를 나누어, 그럼으로써 그림이 완성된다.

a: 喩[下,フ][91]美[음합부]女、雖[ㇾ,ヘトモ]有[二,23~33]倩[음합부]盻[ハム]美[음합부]質[一,シツ]、亦須[ㇾ,マチ,31]禮[13]以[31]成[上,ナル,13~23,11]之也

b: 美女、倩盻(ハム)美質(シツ)有と雖(ヘトモ)、亦禮を須(マチ)て以て成(ナル)ことに喩(フ)

c: 美女(びぢょ)、倩盻(せんはん)美質(びしつ)有(あ)るといへども、亦(また)禮(れい)を須(ま)ちて、以(も)ちて成(な)ることに喩(たと)ふ。

d: 美女が、美しい笑顔とぱっちりした目、良き資質があっても、礼があってこそ完成することにたとえた。

e: 미녀가 예쁘게 웃는 모습과 또렷한 눈매, 아름다운 자질이 있다고 하더라도, 예가 있어야만 완성되는 것에 비유한 것이다.

A: 曰、禮、後[ニスト云]乎[21]

B: 曰、禮、後(ニストイフ)乎か

C: 曰(い)はく、禮(れい)、後(のち)にすといふか。

D: (子夏が)言った。礼は、後にするということですか。

E: (자하가) 말하기를, 예는 뒤에 하는 것입니까?

---

91) 讀點이 기입되어 있으나 문맥상 반영하지 않았다.

a: 孔安國曰、孔[음합부]子[22]言[ノ]、繪[22]事[33]後[ᅵ,ノチニスト云]素。

b: 孔安國曰、孔子の言(ノ)、繪の事は素後(ノチニストイフ)。

c: 孔安國(こうあんこく)曰(い)はく、孔子(こうし)の言(のたう)ばく、繪(ゑ)の事(こと)は素(しろ)きを後(のち)にすといふ。

d: 孔安国が言った。孔子が言われた。絵のことは、白いものを後にすると。

e: 공안국이 말하기를 공자께서 말씀하시기를, 그림은 흰 것을 나중에 한다고 하셨다.

a: 子[음합부]夏聞[31]而解[ニ,훈합부,サトリ]知[ル]以[ᅵ,テ]素[13]喩[一,ᅵ,フトイ云,13~23,13]礼[11]

b: 子夏聞て素を以(テ)礼に喩(フトイフ)ことを解(サトリ)知(ル)

c: 子夏(しか)、聞(き)きて、素(しろ)きを以(も)ちて禮(れい)に喩(たと)ふといふことを解(さと)り知(し)る。

d: 子夏は(孔子に)聞いてから、白いものを礼に喩えたということを悟った。

e: 자하가 (공자께) 듣고 나서, 흰 것을 예에 비유했다는 것을 깨달았다.

a: 故[11]曰[イ]礼後[ニスト云]乎[21]

b: 故に曰(イ)礼後(ニストイフ)乎か

c: 故(ゆゑ)に曰(い)はく、禮(れい)、後(のち)にすといふか。

d: そこで言った。礼は後にするということですか。

e: 그러므로 말하기를, 예는 뒤에 하는 것입니까?

A: 子曰起[ᅵ,オコス,33]予[13]者、商[인명부,ナリ]也

B: 子曰予を起(オコス)は、商(ナリ)

C: 子(し)の曰(のたう)ばく、予(われ)を起(おこ)すは商(しゃう)なり。

D: 先生が言われた。私を啓発してくれるのは、商である。

E: 선생님께서 말씀하시기를, 나를 일깨워 주는 것은 商(상)[자하]이다.

A: 始[メ,31]可[ニ,ヘカラク]與[トモ,11]言[一,ᅵ,イフ]詩、巳[ノミ]矣

B: 始(メ)て與(トモ)に詩言(イフ)可(ヘカラク)、巳(ノミ)

C: 始(はじ)めて與(とも)に詩(し)を言(い)ふべからくのみ。

D: それでこそともに詩について語し合うことができる。

E: 비로소 더불어 시를 이야기할 만하다.

a: 苞氏曰予[ヨ,33]我也[リ][92]。

b: 苞氏曰予(ヨ)は我也(リ)。

c: 苞氏(はうし)曰(い)はく、予(よ)は我(が)。

d: 苞氏が言った。予は我である。

e: 포씨가 말하기를, 予(여)는 我(아)[나]이다.

a: 孔[음합부]子[22]言[ノ]、子[음합부]夏、能發[ニ,음합부,ハツ]明[32]我[21]意[一,13]

b: 孔子の言(ノ)、子夏、能我が意を發(ハツ)明す

c: 孔子(こうし)の言(のたう)ばく、子夏(しか)、能(よ)く我(わ)が意(こころ)を發明(はつめい)す。

d: 孔子が言われた。子夏は、我が意をよく理解した。

e: 공자께서 말씀하시기를, 자하가 나의 뜻을 잘 이해했다.

a: 可[ニ,カラク]與[훈합부,11]共[11]言[一,ㇾ,フ]詩巳[ノミ]矣

b: 與に共に詩言(フ)可(カラク)巳(ノミ)

c: 與(とも)に共(とも)に、詩(し)を言(い)ふべからくのみ。

d: ともに詩について話し合うことができる。

e: 더불어 시를[시경에 대해] 이야기할 만하다.

0309

A: 子曰夏[22]禮[13]、吾[レ]、能、言[トカントスレトモ]之、杞[キ]、不[ㇾ,32]足[ㇾ]徵[ナス,11]。

B: 子曰夏の禮を、吾(レ)、能、言(トカントスレトモ)、杞(キ)、徵(ナス)に足不ず。

92) 「リ」라는 가나점은 부적절한 가점이라고 판단되어 한문훈독문에서는 취하지 않았다.

C: 子(し)の曰(のたう)ばく、夏(か)の禮(れい)を、吾(われ)、能(よ)く、言(と)かんとすれども、杞(き)、徵(な)すに足(た)らず。

D: 先生が言われた。夏の礼を、私は説明することができるが、(夏の後裔である)杞の国は成すに足りない。

E: 선생님께서 말씀하시기를, 하나라의 예를 나는 잘 설명할 수 있지만, (하나라의 후예인) 杞(기)나라는 (그 예를) 이루기에 부족하다.

A: 殷[22]禮[13]、吾[レ]、能、言[スレトモ]之、宋不[ㇾ,32]足[ㇾ]徵[11]也

B: 殷の禮を、吾(レ)、能、言(スレトモ)、宋徵に足不ず

C: 殷(いん)の禮(れい)を、吾(われ)、能(よ)く、言(と)かんとすれども、宋(そう)徵(な)すに足(た)らず。

D: 殷の礼を、私は説明することができるが、(殷の後裔である)宋の国は成すに足りない。

E: 은나라의 예를 나는 잘 설명할 수 있지만, (은나라의 후예인) 宋(송)나라는 (그 예를) 이루기에 부족하다.

a: 苞氏曰徵[チヨフ,33]成也。

b: 苞氏曰徵(チヨフ)は成。

c: 苞氏(はうし)曰(い)はく、徵(ちょう)は成(せい)。[93)]

d: 苞氏が言った。徵は成である。

e: 포씨가 말하기를, 徵(징)은 成(성)[이루다]이다.

a: 杞宋[33]二[음합부]國[22]名也。

b: 杞宋は二國の名。

c: 杞宋(きそう)は二國(にこく)の名(な)。

d: 杞宋は、二国の名である。

e: 기와 송은 두 나라의 이름이다.

---

93) 應永本抄物「杞ノ國ヲハ夏ノ盛ナツシ時ノ如ク[ニ]ナシ、宋ノ國ヲハ殷ノ盛ナツシ時ノ如クナスヘシト云リ。(杞(기)나라를 夏(하)나라가 융성하였던 시절과 같게 하고, 宋(송)나라를 殷(은)나라가 융성하였던 시절과 같이 해야 할 것이라고 하였다. 146쪽)」

a: 夏殷[22]之後[ナリ]也。

b: 夏殷の後(ナリ)。

c: 夏殷(かいん)の後(のち)なり。

d: 夏と殷の後裔である。

e: 하나라와 은나라의 후예이다.

a: 夏殷[22]之礼[13]、吾、能、說[トカムトスレトモ]之、杞宋[22]之君、不[ㇾ,32]足[ニ]以[31]成[一,ナス,11]之也

b: 夏殷の礼を、吾、能、說(トカントスレトモ)、杞宋の君、以て成(ナス)に足不ず

c: 夏殷(かいん)の禮(れい)を、吾(われ)、能(よ)く、說(と)かんとすれども、杞宋(きそう)の君(きみ)、以(も)ちて成(な)すに足(た)らず。

d: 夏と殷の礼を、私は説明することができるが、杞の国と宋の国の君は、成すに足りない。

e: 하나라와 은나라의 예를 나는 잘 설명할 수 있지만, 기나라와 송나라의 임금은 (그 예를) 이루기에 부족하다.

A: 文獻、不[ㇾ,サル,21]足[タラ]、故[ユヘナリ]也。

B: 文獻、足(タラ)不(サル)が、故(ユヘナリ)。

C: 文獻(ぶんけん)、足(た)らざるが故(ゆゑ)なり。

D: 文書と賢才が足りないからである。

E: 文書(문서)와 賢才(현재)가 부족하기 때문이다.

A: 足[タンナ,33]則、吾[レ]、能、徵[ナシテン]之矣

B: 足(タンナ)ば則、吾(レ)、能、徵(ナシテン)

C: 足(た)んなば則(すなは)ち、吾(われ)、能(よ)く徵(な)してん。

D: もしも足りたならば、私が成せるだろう。

E: 만일 충분하다면, 내가 능히 (예를) 이룰 수 있을 것이다.

a: 鄭玄曰獻猶[ㇾ,ヲ]{シ}賢[22]也。

b: 鄭玄曰獻猶(ヲ)賢の猶(シ)。

c: 鄭玄(ぢゃうぐゑん)曰(い)はく、獻(けん)、猶(なほ)賢(けん)のごとし。

d: 鄭玄が言った。献は、賢のような意味である。

e: 정현이 말하기를, 獻(헌)은 賢(현)과 같다.

a: 我能不[ᅮ,13~23,33]以[ᆖ,31]其礼[ᅳ,13]成[ᅩ,サ]之者、以[ᆖ,22]此[22]二[음합부]國[22]之君文[음합부]章賢[음합부]才不[ᅳ,ᆫ,13]足故[ナリ]也

b: 我能其礼を以て成(サ)不ことは、此の二國の君文章賢才足不を以の故(ナリ)

c: 我(われ)、能(よ)く、其(そ)の禮(れい)を以(も)ちて成(な)さざることは、此(こ)の二國(にこく)の君(きみ)、文章(ぶんしゃう)賢才(けんさい)足(た)らざるを以(も)っての故(ゆゑ)なり。

d: 私が、その礼を成せないのは、この二国の君に、文書と賢才が足りないからである。

e: 내가 그 예를 이루지 못하는 것은 이 두 나라의 임금에게 문서와 현재가 부족하기 때문이다.

0310

A: 子曰禘[テイ]、自[ᆖ]既[11]灌[ᅳ,クワンメ]而往[ノチ]者、吾[レ]不[ᆫ,ス]欲[ᆫ,セ]觀[ミマク]之矣

B: 子曰禘(テイ)、既に灌(クワンシテ)自往(ノチ)、吾(レ)觀(ミマク)欲(セ)不(ス)

C: 子(し)の曰(のたう)ばく、禘(てい)、既(すで)に灌(くゎん)してより往(のち)は、吾(われ)觀(み)まく欲(ほっ)せず。[94)]

D: 先生が言われた。禘祭は、灌した後は、私は見たいと思わない。

E: 선생님께서 말씀하시기를, 禘祭(체제)는 灌(관)을 한 뒤에는, 나는 보고 싶지 않다.

94) 灌(관)은 울창주를 땅에 부어서 조상신을 강림하게 하는 의식을 말한다. 義疏에는 「灌者獻也, 酌鬱鬯酒獻尸, 灌地以求神也」라고 설명하고 있다.
應永本抄物 「灌スルトハ廟前ニ第□□中(원문그대로임)ヲ置テ、其上ニ酒ヲソヽクヲ云。此酒ヲソヽク時マテハナヲモ見ツヘシ。ソヽイテ後ヨリ禮ニソムクコトアリ。故ニ孔子灌シテヨリ後ハミタウモナキト云ル也。(灌(관)한다는 것은 사당 앞에 ?를 두고서 그 위에 술을 붓는 것을 말한다. 이 술을 부을 때까지는 그나마 볼 만하다. 붓고 난 다음부터 예에 어긋나는 것이 있다. 그러므로 공자께서 灌하고 난 다음에는 보고 싶지 않다고 하신 것이다. 147−148쪽)」

a: 孔安國曰禘[음합부]祫[22]之礼[33]為[ㇾ,タメナリ]序[ᅳ,ツイテン,21]昭[음합부]穆[ᅳ,13]也。

b: 孔安國曰禘祫の礼は昭穆を序(ツイテン)が為(タメナリ)。

c: 孔安國(こうあんこく)曰(い)はく、禘祫(ていかふ)の禮(れい)[95]は、昭穆(せうぼく)を序(つい)でんが爲(ため)なり。

d: 孔安国が言った。禘祫の礼は、昭穆を順序どおり行うためである。

e: 공안국이 말하기를, 諦祫(체협)의 예는 昭(소)·穆(목)[96]을 차례대로 하기 위한 것이다.

a: 故[11]毁[음합부,キ]廟[22]之主、及群[음합부]廟[22]之主、皆合[ᅮ,음합부,カツ]食[32]於太[음합부]祖[ᅩ,11]

b: 故に毁(キ)廟の主、及群廟の主、皆太祖に合(カツ)食す

c: 故(ゆゑ)に毁廟(きべう)の主(しゅ)、及(およ)び群廟(くんべう)の主(しゅ)、皆(みな)太祖(たいそ)に合食(かふし)す。

d: 従って毁廟の主、および群廟の主は、皆太祖に合食する。

e: 그러므로 毁廟(훼묘)의 신주와 群廟(군묘)의 신주는 모두 태조에 合食(합사)[97]한다.

a: 灌[23~33,33]者酌[ᅳ,クン,31]鬱[ᅳ,음합부,ウツ]鬯[チヤウ,13]灌[ᅳ,ソヽイ,31]於太祖[ᅳ,음합부,11]以[31]降[ㇾ,クタス]神[13]也。

b: 灌とは鬱(ウツ)鬯(チヤウ)を酌(クン)で太祖に灌(ソソイ)で以て神を降(クタス)。

c: 灌(くゎん)とは、鬱鬯(うっちゃう)を酌(く)んで、太祖(たいそ)に灌(そそ)いで、以(も)ちて神(かみ)を降(くだ)す。

d: 灌とは、鬱鬯の酒を酌んで、太祖に灌ぎ、それによって神を降臨させる。

e: 관이란, 울창주를 담아 태조에게 부어서, 그럼으로써 조상신을 강림하게 한다.

---

95) 應永本抄物「禘ハ祭ノ名也。周禮ニ四季ノ祭ノ名アリ。春ノヲハ祠ト云。夏ハ礿[ヤク]ト云。秋ハ嘗ト云。冬ハ蒸[セウ]ト云。……禘ハ五年ニ一度ノ祭也。今禘ノ祭ヲスルニ魯國ニ亂カハシキコトアリ。(禘(체)는 제사의 이름이다. 周禮(주례)에 사계절마다 지내는 제사의 이름이 적혀 있다. 봄에 지내는 것을 祠(사)라고 하고, 여름은 礿(약)이라고 하고, 가을은 嘗(상)이라고 하고, 겨울은 蒸(증)이라고 한다. ……禘는 5년에 한번 지내는 제사이다. 지금 禘를 제사지냄에 있어 노나라에 혼란스러움이 있다. 147쪽)」

96) 종묘나 사당에 조상의 신주를 모시는 차례. 왼쪽 줄을 昭(소)라고 하고, 오른쪽 줄을 穆(목)이라고 한다. 1세를 가운데에 모시고 2세, 4세, 6세는 昭에 모시고, 3세, 5세, 7세는 穆에 모신다.
義疏「列諸主在太祖廟堂, 太祖之主在西壁東向, 太祖之子爲昭, 在太祖之東而南向, 太祖之孫爲穆, 對太祖之子而北向, 以次東陳在北者曰昭, 在南者曰穆, 所謂父昭子穆也, 昭者明也, 尊父故曰明也, 穆敬也, 子宣敬於父也」

97) 함께 제삿밥을 먹음.

a: 既[11]灌[음독부メ]之後[11,33]別[ニ,ワキ]尊[음합부]卑[一,ヒ,13]、序[ニ,ツイツ]昭[음합부]穆[一,13]

b: 既に灌(シテ)後には尊卑(ヒ)を別(ワキ)、昭穆を序(ツイツ)

c: 旣(すで)に灌(くゎん)して後(のち)には、尊卑(そんぴ)を別(わ)き、昭穆(せうぼく)を序(つい)づ。

d: 灌した後には、尊卑を別け、昭穆を順序どおりに置く。

e: 관한 뒤에는 존속·비속을 나누어 昭穆(소목)을 차례대로 놓는다.

a: 而魯、逆[음합부]祀[シ,31]躋[ニ,アケ,31]僖[음합부]公[一,13]亂[ニ,ル]昭[음합부]穆[一,13]

b: 魯、逆祀(シ)て僖公を躋(アケ)て昭穆を亂(ル)

c: 魯(ろ)、逆祀(げきし)して、僖公(きこう)を躋(あ)げて、昭穆(せうぼく)を亂(みだ)る。

d: 魯の国は、逆祀して僖公をあげ、昭穆を乱した。

e: 노나라는, 사당(의 신주의 순서)을 뒤집어서, 僖公(희공)을 올려서 昭穆(소목)을 어지럽혔다.

a: 故[11]不[レ,32]欲[レ]觀[ミマク]之矣

b: 故に觀(ミマク)欲不ず

c: 故(ゆゑ)に觀(み)まく欲(ほっ)せず。[98)]

d: したがって見たいと思わないのである。

e: 그러므로 보고 싶지 않은 것이다.

98) 應永本抄物「昭穆トハ父子ノ事也。兄弟ハイクタリモアレ、同シ廟中ニ入ル也。僖公閔公ハ兄弟ナレハ、位次ノ亂レ也。昭穆ノ亂ニ非ス。而ルヲ此注ニ昭穆ヲ亂ルト云ハ、位次ノ亂ハ昭穆ノ亂レタルカ如ク也ト云心ナリ。(昭穆(소목)이란 아버지와 아들의 일이다. 형제는 몇 명이 있더라도 같은 사당 안에 들어간다. 僖公(희공)과 閔公(민공)은 형제이므로 位次(위차)가 어지러워진 것이다. 昭穆이 어지러워진 것이 아니다. 하지만 이 주석에서 昭穆을 어지럽혔다고 한 것은 位次가 어지러워진 것은 昭穆이 어지러워진 것과 같은 것이라는 뜻이다. 152쪽)」

0311

A: [99]或[ヒト]問[ニ,フ]禘[22]之說[一,13]。

B: 或(ヒト)禘の說を問(フ)。

C: 或(あ)るひと、禘(てい)の說(せつ)を問(と)ふ。[100]

D: ある人が、禘祭の内容について聞いた。

E: 어떤 사람이 禘祭(체제)의 (본래의) 내용에 대해 물었다.

A: 子曰不[レ,32]知也

B: 子曰知不ず

C: 子(し)の曰(のたう)ばく、知(し)らず。[101]

D: 先生が言われた。知らない。

E: 선생님께서 말씀하시기를, 알지 못한다.

a: 孔安國曰荅[11]以[レ,13~23,33]不[レ,トイフ,13~23,13]知[シラ]者、為[ニ,11]鲁[22]君[一,22]、諱[インテナリ]也

b: 孔安國曰荅に知(シラ)不(トイフ)ことを以ことは、鲁の君の為に、諱(インテナリ)

c: 孔安國(こうあんこく)曰(い)はく、荅(こた)ふるに、知(し)らずといふことを以(も)ってすることは、魯(ろ)の君(きみ)の爲(ため)に諱(い)んでなり。

d: 孔安国が言った。知らないと答えたのは、魯の国の君のために遠慮したのである。

e: 공안국이 말하기를, 알지 못한다고 대답하신 것은, 노나라의 임금을 위하여 꺼리신 것이다.

---

99) 장의 시작을 나타내는 朱點(주점)이 빠져 있다.

100) 應永本抄物 「アル人孔子ノ禘ノ祭ヲ不欲觀ト云ヲキヽテ、其子細ヲ問也。禘ノ祭ノ舊義ハ何トヤウニアルソト問也。(어떤 사람이 공자께서 禘(체) 제사를 보고 싶지 않다고 하신 것을 듣고서 그 까닭을 물은 것이다. 禘 제사의 옛뜻은 어떠한 것이었느냐고 물은 것이다. 152−153쪽)」

101) 應永本抄物 「孔子不知ト答玉ヘリ。若[シ]舊禮ノヤウソヲコタヘハ、今魯ノ祭ノ非禮カアラハルヘシ。…臣ハ其國ニ居テハ大夫ノ上ノ惡事ヲ不云。國ノ惡ヲ忌ハ、禮也。但不知ト云マヽニテウチヲカハ、千歲ノ後ニ禘ノ祭ハ孔子タニモ不知ト云リ。只打ヲケナントヽイハヽ此祭永ク斷絶スヘシ。故ニ方便ヲ巡シテ答玉ヘリ。(공자께서 모르겠다고 대답하셨다. 만일 본래의 예에 대해 대답하면 지금 노나라의 제사가 예에 맞지 않음이 드러날 것이다. ……신하는 그 나라에 머물러서는 대부 이상에 대해서 좋지 않은 이야기를 하지 않는다. 나라의 좋지 않은 이야기를 꺼리는 것은 예이다. 다만 모른다고 한 채로 내버려 두면 먼 훗날에 禘(체) 제사는 공자조차 몰랐다고 할 것이다. 그저 내버려 두라고 하면 이 제사는 오래도록 단절될 것이다. 그러므로 방편을 궁리하여 대답하신 것이다. 153쪽)」

A: 知[ニ,シル,13~23,22]其[22]說[一,セツ,13]者之於[ニ,オケル,13~23]天[음합부]下[一,11]也、其[レ]、如[レ,コトキ]示[ニ,シメス,21]諸斯[一,コレ,13]乎[カト云,31]指[ニ,サ,32]其[22]掌[一,タナコヽロ,13]

B: 其の說(セツ)を知(シル)ことの天下に於(オケル)こと、其(レ)、斯(コレ)を示(シメス)が如(コトキ)乎(カトイヒ)て其の掌(タナココロ)を指(サ)す

C: 其(そ)の說(せつ)を知(し)ることの天下(てんか)に於(お)けること、其(それ)、斯(これ)を示(しめ)すが如(ごと)きかといひて、其(そ)の掌(たなごころ)を指(さ)す。

D: その内容を知ることの天下における意味は、これを示すことと同じだといって、その掌をお指しになった。

E: 그 내용을 아는 것이 천하에 대해 갖는 의미는, 이것을 보여주는 것과 같다고 하시며, 그 손바닥을 가리키셨다.

a: 苞氏曰孔[음합부]子[22]謂[ニ,カ,31]或[훈합부]人[一,11]言[ノ]知[ニ,シルコトノ]禘[음합부]禮[22]之說[一,13]者、於[ニ,ケル,13~23]天[음합부]下[22]之事[一,11]、如[三,シ]指[훈합부]示[11]以[ニ,スルカ,31]掌[22]中[ウチノ,22]之物[一,13]。

b: 苞氏曰孔子の或人に謂(カ)て言(ノ)禘禮の說を知(シルコトノ)、天下の事に於(ケル)こと、指示に掌の中(ウチノ)の物を以て(スルカ)如(シ)。

c: 苞氏(はうし)曰(い)はく、孔子(こうし)の或(あ)る人(ひと)に謂(かた)りて言(のたう)ばく、禘禮(ていれい)の說(せつ)を知(し)ることの、天下(てんか)の事(こと)に於(お)けること、指(さ)し示(しめ)すに掌(たなごころ)の中(うち)の物(もの)を以(も)ってするが如(ごと)し。[102)]

d: 苞氏が言った。孔子がある人に語って言われた。禘礼の内容を知るということは、天下の事において、掌の中のものを指し示すことと同じである。

e: 포씨가 말하기를, 공자께서 어떤 사람에게 일러 말씀하시기를, 禘禮(체례)의 내용을 안다는 것은 천하의 일에 대해서, 손바닥 안의 물건을 가리키는 것과 같다.

a: 言[33]其[レ]、易[レ,ヤスシ]了[サトリ]也

b: 言は其(レ)、了(サトリ)易(ヤスシ)

---

102) 應永本抄物 「手ノ中ヲミルカ如ク安ク知レリトテ、指ヲ以テ掌ヲ指テミセ玉ヘリ。其掌ヲサストハ、孔子ノ働キ也。孔子ハ其レコレヲ示カ如キト云テ、指サシセルヲソレヲハカリテハ何事共不知ホトニ其掌ヲ指ト云三字ヲ記者カ加タリ。(손 안을 보듯이 쉽게 안다고 하여 손가락으로 손바닥을 가리켜 보이신 것이다. 그 손바닥을 가리키셨다는 것은 공자의 동작이다. 공자는 이것을 보여주는 것과 같다고 하시고 손가락으로 가리키는 것만으로는 무슨 이야기인지 알 수 없으므로 指其掌(지기장)[손바닥을 가리키다]라는 세 글자를 적는 이가 추가한 것이다. 153-154쪽)」

c: 言(いふこころ)は其(それ)、了(さと)り易(やす)し。

d: 意味はこうである。わかりやすい。

e: 그 뜻은 이러하다. 이해하기 쉽다.

0312

A: 祭[13~23]如[㆑,11,32]在[21]

B: 祭こと在が如にす

C: 祭(まつ)ること、在(ま)すが如(ごと)くにす。

D: 祭ることを、(先祖が)生きておられるようになさった。

E: 제사드리는 것을, (조상이) 살아 계시는 것과 같이 하셨다.

a: 孔安國曰言[33]事[㆑,マツル,13~23]死[11]、如[㆑,クニス]事[㆑,マツル,21]生[음독부,イケル,11][103)]也

b: 孔安國曰言は死に事(マツル)こと、生(イケル)に事(マツル)が如(クニス)

c: 孔安國(こうあんこく)曰(い)はく、言(いふこころ)は、死(し)んぬるに事(つかうまつ)ること、生(い)けるに事(つかうまつ)るが如(ごと)くにす。

d: 孔安国が言った。意味はこうである。死んだものを祭ることを、生きているものを祭るようにする。

e: 공안국이 말하기를, 그 뜻은 이러하다. 죽은 이를 섬기는 것을, 살아 계신 이를 섬기는 것과 같이 한다.

A: 祭[㆑,マツル,13~23]神[음독부,13]、如[㆓,ク,11,32]神[음독부]在[㆒,マス,21]

B: 神を祭(マツル)こと、神在(マス)が如(ク)にす

C: 神(しん)を祭(まつ)ること、神(しん)在(ま)すが如(ごと)くにす。

103) 가나점과 음독부가 상충된다. 이에 가나점을 음독부에 우선하는 것으로 보고 판단하였다.

D: 神を祭ることを、神が生きておられるようになさった。

E: 신을 제사지내는 것을, 신이 살아 계신 것과 같이 하셨다.

a: 孔安國曰謂[ㇾ,フ]祭[ニ,13]百[음합부]神[一,13]也

b: 孔安國曰百神を祭を謂(フ)

c: 孔安國(こうあんこく)曰(い)はく、百神(ひゃくしん)を祭(まつ)るを謂(い)ふ。

d: 孔安国が言った。あらゆる神を祭ることをいう。

e: 공안국이 말하기를, 온갖 신을 제사지내는 것을 말한다.

A: 子曰吾[レ]不[ㇾ,サレ,33]與[ㇾ,アツカラ]祭[リ,11]、如[ㇾ,シ]不[ㇾ,ル,21]祭[ラ]

B: 子曰吾(レ)祭(リ)に與(アツカラ)不(サレ)ば、祭(ラ)不(ル)が如(シ)

C: 子(し)の曰(のたう)ばく、吾(われ)祭(まつ)りに與(あづか)らざれば、祭(まつ)らざるが如(ごと)し。

D: 先生が言われた。私は祭りに参加しなければ、祭らないことと同じである。

E: 선생님께서 말씀하시기를, 나는 제사에 참예하지 않으면, 제사지내지 않은 것과 같다.

a: 苞氏曰孔[음합부]子、或[トキ,33]出[イテ]、或[トキ,33]病[ヤマウシ,31]而不[ニ,32]自[훈합부,ミツカラ]親、祭[一,ラ]使[ニ,ㇾ,シ,31]{シム}攝[음합부,セウ]者[13]爲[一,セ]之。

b: 苞氏曰孔子、或(トキ)は出(イテ)、或(トキ)は病(ヤマウシ)て自(ミツカラ)親、祭(ラ)不ず攝(セウ)者を使(シ)て爲(セ)使(シム)。

c: 苞氏(はうし)曰(い)はく、孔子(こうし)、或(ある)ときは出(い)で、或(あ)るときは病(や)まうして自(みづか)ら親(みづか)ら祭(まつ)らず。攝者(せふしゃ)をして爲(せ)しむ。

d: 苞氏が言った。孔子は、ある時は外出して、ある時は病気で、自ら祭ることができず、担当者に祭らせた。

e: 포씨가 말하기를, 공자께서 어떤 때는 외출하셔서 어떤 때는 편찮으셔서, 스스로 제사를 드리지 못하고 담당자를 시켜서 하게 하였다.

a: 不[ㇾ,サレ,33]致[ニ,イタサ]敬[음독부,13]於心[一,11]、與[ㇾ,23~33]不[ㇾ]祭[ラ]、同[シ]也

b: 敬を心に致(イタサ)不(サレ)ば、祭(ラ)不與と、同(シ)

c: 敬(けい)を心(こころ)に致(いた)さざれば、祭(まつ)らざると同(おな)じ。

d: 心において敬を尽くさなければ、祭らないのと同じである。

e: 마음을 다해 공경하지 못하면, 제사지내지 않은 것과 같다.

0313

A: 王[음합부]孫[음합부]賈[인명부,カ]問[31]曰、與[ᆖ,ヨリ,33]其[レ]媚[ᆖ,コヒム]於奧[ᅳ,アウ,11]、寧[ムシロ]、媚[ᆖ,コヒヨト云ハ]於竈[ᅳ,サウ,11]何[ナン,23~33]謂[イフコトソ]也

B: 王孫賈(カ)問て曰、其(レ)奧(アウ)に媚(コヒム)與(ヨリ)は、寧(ムシロ)、竈(サウ)に媚(コヒヨトイフハ)何(ナン)と謂(イフコトソ)

C: 王孫賈(わうそんか)問(と)ひて曰(い)はく、其(それ)奧(あう)に媚(こ)びんよりは、寧(むしろ)、竈(さう)に媚(こ)びよといふは、何(なん)と謂(い)ふことぞ。104)

D: 王孫賈が聞いて言った。奥に媚びるよりは、むしろ竈に媚びよとは、何をいっているのですか。

E: 王孫賈(왕손가)가 물어 말하기를, 아랫목신에게 아첨하기보다는, 차라리 부엌신에게 아첨하라는 것은 무슨 뜻입니까?

a: 孔安國曰王[음합부]孫[음합부]賈[33]衛[22]大[음합부]夫也。

b: 孔安國曰王孫賈は衛の大夫。

c: 孔安國(こうあんこく)曰(い)はく、王孫賈(わうそんか)は、衛(ゑい)の大夫(たいふ)。105)

d: 孔安国が言った。王孫賈は、衛の大夫である。

e: 공안국이 말하기를, 왕손가는 위나라의 대부이다.

104) 應永本抄物「孔子衛ノ國ヘ行給時ニ王孫賈孔子ヲ近付テ吾手ニ從ヘタリ(ママ)思ヘリ。故ニ世俗ノ事ヲ以テ孔子ニ問イカケテ孔子ヲ減(ママ)同シテ知音セン爲也。(공자께서 위나라에 가셨을 때에 王孫賈(왕손가)가 공자를 데려와 자신을 따르게 하고자 하였다. 그러므로 세속에 관한 일을 공자께 질문하여 공자를 감동시켜 친구로 삼고자 한 것이다. 155쪽)」

105) 應永本抄物「王孫賈ハ周ノ灵王ノ孫名ハ賈(王孫賈(왕손가)는 주나라 靈王(영왕)의 자손으로 이름은 賈(가)이다. 155쪽)」

a: 奧[33]内也。

b: 奧は内。

c: 奧(あう)は内(ない)。

d: 奧は内である。

e: 奧(오)는 內(내)[안]이다.

a: 以[31]喻[フ]、近[음합부]臣[11]也。

b: 以て喻(フ)、近臣に。

c: 以(も)ちて喩(たと)ふ、近臣(きんしん)に。

d: これをもって喩えた、近臣に。

e: 그것으로써 비유하였다, 近臣(근신)을.

a: 竈[サウ,33]以[31]喻[フ]、執[음합부]政[11]也。

b: 竈(サウ)は以て喻(フ)、執政に。

c: 竈(さう)は、以(も)ちて喩(たと)ふ、執政(しっせい)に。[106)]

d: 竈をもって喩えた、執政者に。

e: 竈(조)는 그것으로써 비유하였다, 執政者(집정자)를.

a: 賈[33]者執[ㄴ,トレル]政[13]者[モノナリ]也。

b: 賈は政を執(トレル)者(モノナリ)。

c: 賈(か)は、政(まつりごと)を執(と)れる者(もの)なり。

d: 賈は、政治を受け持っている人である。

e: 왕손가는 정사를 잡고 있는 사람이다.

106) 應永本抄物「竈トハ食物ヲ調ル處也。雜掌處也。……此時ニ賈衛ノ熱[執歟]政トシテ國ヲハカラヘリ。……一說ニ賈我身ノ上ヲ云也。賈ハ正シキ周ノ灵王ノ孫ナレトモ、零落シテ諸侯ノ内ノ者トナレリ。當時、王者ハ徵君ニシテ諸侯カ權柄ヲ執ホトニ、タトヘハ、世上ニ奧ニ媚ンヨリハ竈ニ媚ヨト云如ク、時代ニ從テ吾ハ衛ニ仕ルト云心ナリ。(竈(조)란 음식을 만드는 곳이다. 부뚜막이다. ……이 때에 王孫賈(왕손가)는 위나라의 집정으로서 나라를 다스리고 있었다. ……일설에 王孫賈 스스로를 일컬은 것이라고 한다. 王孫賈는 정통인 주나라 靈王(영왕)의 자손이지만 몰락하여 제후 휘하의 사람이 되었다. 당시에 천자는 힘이 없고 제후들이 권세를 거머쥐었으니 가령 세간에 아랫목신에게 아첨하기보다는 부뚜막신에게 아첨하라고 하였듯이 시류에 따라 나는 위나라를 섬긴다는 뜻이다. 156-157쪽)」

a: 欲[ㄣ]使[ㄹ,ㄣ,シ,31]{シメマク}孔[음합부]子[13]求[훈합부,メ]昵[ㄧ,チカツケ]之。

b: 孔子を使(シ)て求(メ)昵(チカツケ)使(シメマク)欲。

c: 孔子(こうし)をして求(もと)め昵(ちかづ)けしめまく欲(ほっ)す。

d: 孔子に、(自分に)求めて近づいてくるように仕向けたのである。

e: 공자로 하여금 (자신에게) 구하여 가까이 오게 하려고 한 것이다.

a: 故[11]微[ヤウヤクニ]以[ㄹ,31]世[음합부]俗[ショク,22]之言[ㄧ,13]感[음합부]動[32]之。

b: 故に微(ヤウヤクニ)世俗(ショク)の言を以て感動す。

c: 故(ゆゑ)に微(やうや)くに世俗(せいしょく)の言(こと)を以(も)ちて感動(かむどう)す。

d: そのため、それとなく世俗の言葉をもって感じさせようとした。

e: 그러므로 넌지시 세속의 말로써 느끼게 하고자 한 것이다.

A: 子曰不[ㄣ,ス]然[シカンハアラ]。

B: 子曰然(シカンハアラ)不(ス)。

C: 子(し)の曰(のたう)ばく、然(しか)んばあらず。

D: 先生が言われた。そうではありません。

E: 선생님께서 말씀하시기를, 그렇지 않습니다.

A: 獲[ㄹ,エツルトキ,33]罪[13]於天[ㄧ,11]無[ㄣ]所[ㄣ]禱[イノル]也

B: 罪を天に獲(エツルトキ)は禱(イノル)所無

C: 罪(つみ)を天(てん)に獲(え)つるときは、禱(いの)る所(ところ)無(な)し。

D: 罪を天に獲た時は、祈る所がありません。

E: 하늘에 죄를 얻으면, 빌 곳이 없습니다.

a: 孔安國曰天[13,33]以[31]喩[フ]、君[11]

b: 孔安國曰天をば以て喩(フ)、君に。

c: 孔安國(こうあんこく)曰(いは)く、天(てん)をば以(も)ちて喩(たと)ふ、君(きみ)に。[107)]

---

107) 應永本抄物「孔子賈カ心ヲ知レリ。故ニ喩ヲ以テ答ヘ玉ヘリ。不然トハサヤウニハ有ヘカラスト云心也。譬ヘハ天罰ヲ蒙リテハ、衆神ニ祈誓スルトモ不可叶。衛ノ君ノ氣ニチカハヽ汝ニ諂フ共不可叶ト云心也。天ヲハ君ニタトヘ衆神ハ賈ニタトフル也。(공자는 王孫賈(왕손가)의 취지를 알았다. 그러므로 비유를 들어 대답하신 것이다. 不然(불연)이라는 것은 그렇지는 않으리라는 뜻이다. 가령 천벌을 받게 되면 여러 신에게 기원하더라도 소용이 없다. 위나라 임금의 심기에 거슬리면 그대에게 아첨하더라도 소용이 없다는 뜻이다. 하늘을 임금에 비유하고 여러 신은 王孫賈를 비유한 것이다. 156–157쪽)」

d: 孔安国が言った。天をもって喩えた、君主に。
e: 공안국이 말하기를, 하늘로써 비유하였다, 임금을.

a: 孔[음합부]子、 距[フセイ,31]之曰[ノ]、 如[モシ]、 獲[ニ,エツルトキ,33]罪[13]於天[一,11]無[レ]所[レ]禱[ニ,ル]於衆[음합부]神[一,11]也
b: 孔子、 距(フセイ)で曰(ノ)、 如(モシ)、 罪を天に獲(エツルトキ)は衆神に禱(ル)所無
c: 孔子(こうし)、 距(ふせ)いで曰(のたう)ばく、 如(も)し罪(つみ)を天(てん)に獲(え)つるときは、 衆神(しうしん)に禱(いの)る所(ところ)無(な)し。
d: 孔子が断って言われた。もし罪を天から獲た時は、衆神に祈るところがない。
e: 공자께서 거절하여 말씀하시기를, 만약 하늘에 죄를 얻으면, 여러 신께 빌 곳이 없다.

0314

A: 子曰周[13]、監[ニ,カヽミレ,33]於二[음합부]代[一,11]、郁[음합부,イク]郁[음합부]乎[コトシ,31]文[フンアル]哉[カナ]。
B: 子曰周を、二代に監(カカミレ)ば、郁(イク)郁乎(コトシ)て文(フンアル)哉(カナ)。
C: 子(し)の曰(のたう)ばく、周(しう)を、二代(にだい)に監(かんが)みれば、郁郁乎(いくいくこ)として文(ぶん)あるかな。
D: 先生が言われた。周の国を、二代に鑑みれば、はなやかで文明が盛大であるかな。
E: 선생님께서 말씀하시기를, 주나라를 二代(이대)[하나라, 은나라]에 견주어보면, 찬란하게 문명이 성대하구나.

A: 吾[33]從[レ,ハン]{カフ}周[11]
B: 吾は周に從(ハン)
C: 吾(われ)は、周(しう)に從(したが)はん。
D: 私は周の国に従おう。
E: 나는 주나라를 따르겠다.

a: 孔安國曰監[カム,33]視[シ]也。

b: 孔安國曰監(カム)は視(シ)。

c: 孔安國(こうあんこく)曰(い)はく、監(かむ)は視(し)。

d: 孔安国が言った。監は視である。

e: 공안국이 말하기를, 監(감)은 視(시)[보다]이다.

a: 言[33]周[22]文[음합부]章、備[ㆁ,レリ]於二[음합부]代[ㆀ,ヨリ]。

b: 言は周の文章、二代(ヨリ)備(レリ)。

c: 言(いふこころ)は、周(しう)の文章(ぶんしゃう)、二代(にだい)より備(そな)はれり。

d: 意味はこうである。周の国の文章は、二代よりも完備していた。

e: 그 뜻은 이러하다. 주나라의 文章(문장)[문물과 제도]이 二代(이대)보다 갖추어져 있었다.

a: 當[ㆹ,11]{ヘシ}從[ㆹ,フ]周[11]也

b: 當に周に從(フ)當(ヘシ)

c: 當(まさ)に周(しう)に從(したが)ふべし。

d: 当然周の国に従うべきである。

e: 응당 주나라를 따라야 할 것이다.

0315

A: 子入[ㆁ,31]太[음합부]廟[ㆀ,11]

B: 子太廟に入て

C: 子(し)太廟(たいべう)に入(い)りて、

D: 先生が太廟にお入りになって、

E: 선생님께서 태묘에 들어가셔서,

a: 苞氏曰太[음합부]廟[33]周[음합부]公[22]廟也。

b: 苞氏曰太廟は周公の廟。

c: 苞氏(はうし)曰(い)はく、太廟(たいべう)は周公(しうこう)の廟(べう)。

d: 苞氏が言った。太廟は、周公の廟である。

e: 포씨가 말하기를, 태묘는 주공의 사당이다.

a: 孔[음합부]子仕[ㇾ,フ]魯[11]。

b: 孔子魯に仕(フ)。

c: 孔子(こうし)、魯(ろ)に仕(つか)ふ。

d: 孔子は、魯の国に仕えた。

e: 공자께서 노나라에서 벼슬을 했다.

a: 魯祭[ニ,ルトキニシ,31]周[음합부]公[一,13]而助[ㇾ,タスク]祭[13]也

b: 魯周公を祭(ルトキニシ)て祭を助(タスク)

c: 魯(ろ)、周公(しうこう)を祭(まつ)るときにして、祭(まつ)りを助(たす)く。

d: 魯の国で周公を祭る時、祭りを助けた。

e: 노나라에서 주공을 제사지낼 때에, 제사를 도왔다.

A: 毎[ㇾ,11]事問[フ]

B: 事毎に問(フ)

C: 事(こと)毎(ごと)に問(と)ふ。

D: 事あるごとにお聞きになった。

E: 일마다 물으셨다.

A: 或[ヒト]曰[イ]、孰[タレ,21]謂[ニ,フ]鄹[훈합부,スウ]人之子[コ,13]知[一,ㇾ,シレリ,23~33]禮乎[ヤ]。

B: 或(ヒト)曰(イ)、孰(タレ)か鄹(スウ)人子(コ)を禮知(シレリ)と謂(フ)乎(ヤ)。

C: 或(あ)るひと曰(い)はく、孰(たれ)か鄹(すう)人(ひと)の子(こ)を禮(れい)を知(し)れりと謂(い)ふや。

D: ある人が言った。誰が、鄹の人の子が礼を知っていると言ったのか。

E: 어떤 사람이 말하기를, 누가 鄹(추) 땅 사람의 아들이 예를 안다고 말했는가?

A: 入[二,31]太[음합부]廟[一,11]毎[レ,11]事、問[トフ]

B: 太廟に入て事毎に問(トフ)

C: 太廟(たいべう)に入(い)りて、事(こと)毎(ごと)に問(と)ふ。

D: 太廟に入って、事あるごとにお聞きになった。

E: 태묘에 들어가서 일마다 물으셨다.

a: 孔安國曰鄹[33]孔[음합부]子父、叔[음합부]梁[음합부]紇[コツ,21]所[レ,22]治[タル]邑[ナリ]也。

b: 孔安國曰鄹は孔子父、叔梁紇(コツ)が治(タル)所の邑(ナリ)。

c: 孔安國(こうあんこく)曰(い)はく、鄹(すう)は、孔子(こうし)の父(ちち)、叔梁紇(しくりゃうこつ)が治(をさ)めたる所(ところ)の邑(いふ)なり。

d: 孔安国が言った。鄹は、孔子の父である叔梁紇が治めていた邑である。

e: 공안국이 말하기를, 鄹(추)는 공자의 아버지인 叔梁紇(숙량흘)이 다스리던 읍이다.

a: 時[훈합부]人、多言[二,フ]孔[음합부]子[13]知[一,レ,レリ,23~33]礼。

b: 時人、多孔子を礼知(レリ)と言(フ)。

c: 時(とき)の人(ひと)、多(おほ)く孔子(こうし)を禮(れい)を知(し)れりと言(い)ふ。

d: 当時、多くの人が、孔子が礼を知っているといった。

e: 당시 많은 사람들이, 공자가 예를 잘 안다고 말했다.

a: 或[훈합부]人、以[下,훈합부]為[ヘラク]{ヘリ}知[レ,シレラ,33]礼[ヲ]者、不[[108)]レ,23~33]當[二,マサ,11]{ヘカラ}復、問[一]也

b: 或人、以為(ヘラク)礼(ヲ)知(シレラ)ば、當(マサ)に復、問當(ヘカラ)不と以為(ヘリ)

c: 或(あ)る人(ひと)、以爲(おも)へらく禮(れい)を知(し)れらば、當(まさ)に復(また)問(と)ふべからずといへり。

d: ある人が、礼を知っていれば、あらためて尋ねる必要はないと思った。

e: 어떤 사람이, 예를 안다면 다시 물을 필요는 없다고 생각하였다.

108) 어순부호 「上」이 있어야 할 자리이나 빠져있다.

A: 子聞[キイ,31]之曰[22]、是[レ]禮[ナリ]也

B: 子聞(キイ)て曰の、是(レ)禮(ナリ)

C: 子(し)、聞(き)いて曰(のたう)ばく、是(これ)禮(れい)なり。

D: 先生が聞いて言われた。これが礼である。

E: 선생님께서 (이 말을) 듣고서 말씀하시기를, 이것이 예이다.

a: 孔安國曰雖[ㆶ]知[シレリ,23~33]之、[109]當[ㆡ,11]{ヘキハ}復[タ]、問[㆒]、愼[ツヽシム,13~23,22]之至[ナリ]也

b: 孔安國曰知(シレリ)と雖、當に復(タ)、問、當(ヘキハ)、愼(ツツシム)ことの至(ナリ)

c: 孔安國(こうあんこく)曰(い)はく、知(し)れりといへども、當(まさ)に復(また)問(と)ふべきは、愼(つつし)むことの至(いた)れるなり。

d: 孔安国が言った。知っていても、あらためて聞くことは、慎みの極みである。

e: 공안국이 말하기를, 안다고 하더라도 마땅히 다시 묻는 것은, 삼감의 지극함이다.

0316

A: 子曰射[ユミイル,13~23]不[ㆶ,32]主[ㆶ,シユトセ]皮[カハヲシモ][110]

B: 子曰射(ユミイル)こと皮(カハヲシモ)主(シユトセ)不ず

C: 子(し)の曰(のたう)ばく、射(ゆみい)ること皮(かは)をしも、主(しゅ)とせず。

D: 先生が言われた。弓を射ることは、かならずしも皮(に当てること)を第一とするわけではない。

E: 선생님께서 말씀하시기를, 활 쏘는 것은 반드시 가죽(을 맞히는 것)을 제일로 하지는 않는다.

109) 句點의 위치에 찍혀 있으나 문맥상 讀點으로 파악하였다.

110) 儀禮(의례)의 鄕射禮篇(향사례편)에 실려 있다.

a: 馬融曰射[13~23]有[二]五[음합부]善[一]焉。

b: 馬融曰射こと五善有。

c: 馬融(ばいう)曰(い)はく、射(ゆみい)ること、五善(ごぜん)有(あ)り。

d: 馬融が言った。弓を射ることに、五つの善がある。

e: 마융이 말하기를, 활 쏘는 것에 다섯 가지 善(선)이 있다.

a: 一[11]曰、和[음합부]志。體、和[ヤワラケルソ]也。

b: 一に曰、和志。體、和(ヤワラケルソ)。

c: 一(いち)に曰(い)はく、和志(くゎし)。體(てい)、和(やわ)らげるぞ。[111]

d: 一つ目は和志である。身体が和らぐのである。

e: 첫째는 和志[뜻을 부드럽게 하는 것]이다. 몸이 부드러워지는 것이다.

a: 二[11]曰、和[음합부]容。有[二,ソ]容[음합부]儀[一]也。

b: 二に曰、和容。容儀有(ソ)。

c: 二(に)に曰(い)はく、和容(くゎよう)。容儀(ようぎ)有(あ)るぞ。

d: 二つ目は和容である。容儀があることである。

e: 둘째는 和容(화용)[행동거지를 부드럽게 하는 것]이다. 容儀(용의)[기품이 있는 행동거지]가 있는 것이다.

a: 三[11]曰、主[음합부]皮能中[レ,アツルソ]質[シツ]也。

b: 三に曰、主皮能質(シツ)中(アツルソ)。

c: 三(さむ)に曰(い)はく、主皮(しゅひ)。能(よ)く質(しつ)に中(あ)つるぞ。

d: 三つ目は主皮である。的にあてることである。

e: 셋째는 主皮(주피)이다. 質(질)[과녁]을 맞히는 것이다.

a: 四[11]曰、和[음합부]頌。[112]合[二,カナフ]雅[음합부]頌[一,11]也。

b: 四に曰、和頌。雅頌に合(カナフ)。

111) 應永本抄物「弓イントテハ先志ヲ正シク和カニ持也。志カ和ケハ體ニアラハレテナリカヽリモ和也。(활을 쏘려고 하면 먼저 뜻을 바르고 부드럽게 가져야 한다. 뜻이 부드러워지면 몸으로 나타나서 모습도 부드러워지는 것이다. 161쪽)」

112) 讀點의 위치에 찍혀 있으나 문맥상 句點으로 파악하였다.

c: 四(し)に曰(い)はく、和頌(くゎしょう)。雅頌(がしょう)に合(かな)ふ。[113)]

d: 四つ目は和頌である。雅頌にかなうことである。

e: 넷째는 和頌(화송)이다. 雅頌(아송)에 들어맞는 것이다.

a: 五[11]曰、興[음합부]儛。與[ㇾ,23~33]舞[マヒスル]、同[シ]也

b: 五に曰、興儛。舞(マヒスル)與と、同(シ)

c: 五(ご)に曰(い)はく、興儛(きょうぶ)。舞(ま)ひすると同(おな)じ。

d: 五つ目は興儛である。舞うことと同じである。

e: 다섯째는 興儛(흥무)이다. 춤추는 것과 같다.

a: 天[음합부]子[33]有[㆓,リ]三[음합부]侯[㆒]。

b: 天子は三侯有(リ)。

c: 天子(てんし)は、三侯(さむこう)有(あ)り。[114)]

d: 天子は三つの侯がある。

e: 천자는 세 가지 侯(후)[과녁판]가 있다.

a: 以[㆓,31]熊[イウ]虎豹[ハウ]皮[㆒,カハ,13]爲[ツクレリ]之。

b: 熊(イウ)虎豹(ハウ)皮(カハ)を以て爲(ツクレリ)。

c: 熊(いう)、虎(こ)、豹(はう)の皮(かは)を以(も)ちて爲(つく)れり。

d: 熊、虎、豹の皮で作った。

e: 곰, 범, 표범의 가죽으로 만들었다.

113) 應永本抄物「射ル時ニ詩ヲ哥ヒ樂ヲ奏シテ、杓[拍]子ニ合セテ弓ヲ引、矢ヲ發也。故ニ雅頌ニ合フト云。天子ハ騶虞ノ詩ヲ哥。諸侯ハ貍[リ]首、大夫ハ菜蘋士ハ菜蘩也。貍首ノ詩ハ、今毛詩ニハナイソ。(쏠 때에 시를 읊고 음악을 연주하여서 박자에 맞춰 활을 당기고 화살을 쏘는 것이다. 그러므로 雅頌(아송)에 부합한다고 한 것이다. 천자는 騶虞(추우)의 시를 노래하고, 제후는 貍首(이수), 대부는 菜蘋(채빈), 士(사)는 菜蘩(채번)으로 한다. 貍首의 시는 지금의 毛詩(모시)에는 없다. 162쪽)」

114) 應永本抄物「侯トハ棚ノ事也。棚ノ眞中ニ三ツ皮ヲカクルホトニ、三侯ト云也。棚ヲ侯ト名付ル心ハ、天子、曰ヨクイアツレハ、諸侯カ恐レテ歸服スル也。諸侯カ能イアツレハ諸侯ノ位ヲ不失也。大夫カ能イアツレハ上テ諸侯ニナサルヽ也。何モ諸侯ニヨシアルニ依テ侯ノ字ヲ用ル也。(侯(후)란 과녁을 말한다. 과녁 한가운데에 가죽을 세 장 걸치니 三侯(삼후)라고 하는 것이다. 과녁을 侯라고 이름붙인 취지는 천자가 잘 쏘아 맞추면 제후가 두려워하고 복종하기 때문이다. 제후가 능히 쏘아 맞추면 제후의 지위를 잃지 않는다. 대부가 잘 쏘아 맞추면 품계가 올라 제후가 되는 것이다. 모두 제후와 관련이 있으므로 侯라는 글자를 쓰는 것이다. 162–163쪽)」

a: 言[33]射[13~23]者、不[115]但以[ㇾ,モテシモ]中[ㇾ,アツル,13]皮[11]、爲[㆒,ㇾ,セ]善[ヨシ,23~33]。

b: 言は射こと、但皮に中(アツル)を以(モテシモ)、善(ヨシ)と爲(セ)不。

c: 言(いふこころ)は、射(ゆみい)ること、但(ただ)皮(かは)に中(あ)つるを以(も)ってしも、善(よ)しと爲(せ)ず。

d: 意味はこうである。弓射ることは、ただ皮に当てることだけをよしとしない。

e: 그 뜻은 이러하다. 활 쏘는 것은, 단지 가죽을 맞히는 것만을 좋다고 여기지는 않는다.

a: 亦兼[カネ,31]取[㆓]和[음합부]容[㆒,13]也

b: 亦兼(カネ)て和容を取

c: 亦(また)兼(か)ねて和容(くゎよう)を取(と)る。

d: また兼ねて和容を取るのである。

e: 또한 겸하여 和容(화용)[부드러운 행동거지]를 취한다.

A: 爲[ㇾ,スル,13~23]力[チカラ,13]不[ㇾ,ス]同[ㇾ,カラ]科[シナ]。

B: 力(チカラ)を爲(スル)こと科(シナ)同(カラ)不(ス)。

C: 力(ちから)を爲(す)ること、科(しな)同(おな)じからず。

D: 力を発揮することは、科[レベル]が同じではない。

E: 힘을 쓰는 것이 科(과)[등급]가 같지 않다.

A: 古[22]之道[훈독부,ナリ]也

B: 古の道(ナリ)

C: 古(いにしへ)の道(みち)なり。

D: 古の道である。

E: 옛날의 도이다.

a: 馬融曰爲[ㇾ,ス,13~23,33]力[13]爲[㆓,スルソ]力[음합부]役[エキ,22]之事[㆒,13]也。

b: 馬融曰力を爲(ス)ことは力役(エキ)の事を爲(スルソ)。

115) 「㆓」가 필요한 자리이나 가점되어 있지 않다.

c: 馬融(ばいう)曰(い)はく、力(ちから)を爲(す)ることは、力役(りょくえき)の事(こと)を爲(す)るぞ。

d: 馬融が言った。力を発揮することは、力役の事をすることをいう。

e: 마융이 말하기를, 힘을 쓰는 것은, 力役(역역)[몸으로 힘을 씀]의 일을 하는 것이다.

a: 亦有[ㇾ,31]上[음합부]中[음합부]下[ㇾ]設[ㇾ,マウケタリ]三[ノ,22]科[ㇾ,シナ,13]]焉。

b: 亦上中下有て三(ノ)科(シナ)を設(マウケタリ)。

c: 亦(また)上中下(しゃうちうか)有(あ)りて、三(み)つの科(しな)を設(まう)けたり。

d: また上中下があって、三つの科を設けた。

e: 또한 상중하가 있어서, 세 개의 등급을 만들었다.

a: 故[11]曰[22]、不[ㇾ,23~33]同[ㇾ,セ]科之也

b: 故に曰の、科同(セ)不と

c: 故(ゆゑ)に曰(のたう)ばく、科(しな)同(おな)じくせずと。

d: そこで言われた。科を同じくしないと。

e: 그러므로 말씀하시기를, 등급을 같게 하지 않는다고 하셨다.

0317

A: 子貢、欲[ㇾ,32]去[ㇾ,ステマク]告[음합부,コク]朔[22]之餼[음합부,キ]羊[ㇾ,13]

B: 子貢、告(コク)朔の餼(キ)羊を去(ステマク)欲す

C: 子貢(しこう)、告朔(こくさく)の餼羊(きやう)を去(す)てまく欲(ほっ)す。

D: 子貢が、告朔の羊のいけにえを廃止しようとした。

E: 子貢(자공)이 告朔(곡삭)[116]의 희생양을 (바치는 것을) 폐지하고 싶어하였다.

116) 초하룻날 사당에 초하루가 되었음을 알리는 예.

a: 鄭玄曰牲[22]生[イケル,13]{ナマシヒ}曰[㆑]餼[23~33]。

b: 鄭玄曰牲の生(イケル)を餼と曰。

c: 鄭玄(ぢゃうぐゑん)曰(い)はく、牲(せい)の生(い)けるを、餼(き)と曰(い)ふ。

d: 鄭玄が言った。牲の生きているものを餼(いけにえ)という。

e: 정현이 말하기를, 살아 있는 제물을 餼(희)라고 한다.

a: 禮[11]人[음합부]君、毎[㆑,11]月、告[㆓,マウ,32]朔[13]於廟[㆒,11]。

b: 禮に人君、月毎に、朔を廟に告(マウ)す。

c: 禮(れい)に人君(じんくん)、月(つき)毎(ごと)に、朔(さく)を廟(べう)に告(まう)す。

d: 周礼によると、人君が毎月の朔を廟に告げる。

e: 周禮(주례)에 의하면, 임금이 매달 초하루(가 되었음)를 사당에 고한다고 한다.

a: 有[㆑,ル]祭[13~23]、謂[㆓,フ]之[コレヲ]朝[음합부]享[㆒,キヨウ,23~33]也。

b: 祭こと有(ル)、之(コレヲ)朝享(キヨウ)と謂(フ)。

c: 祭(まつ)ること有(あ)る、之(これ)を朝享(てうきゃう)と謂(い)ふ。

d: 祭ることがあること、これを朝享という。

e: 제사지내는 것이 있는 것, 이것을 朝享(조향)이라고 한다.

a: 魯[ハ]自[㆓,リ]文[음합부]公[㆒]、始[31]不[㆑,32]視[㆑]朔[13]。

b: 魯(ハ)文公自(リ)、始て朔を視不ず。

c: 魯(ろ)は文公(ぶんこう)より、始(はじ)めて朔(さく)を視(み)ず。

d: 魯の国は文公の時より、はじめて告朔を顧みなかった。

e: 노나라는 문공 때부터 비로소 곡삭의 예를 돌보지 않았다.

a: 子[음합부]貢、見[㆓,ル]其[22]礼[22]廢[㆒,スタレタル,13]。

b: 子貢、其の礼の廢(スタレタル)を見(ル)。

c: 子貢(しこう)、其(そ)の禮(れい)の廢(すた)れたるを見(み)る。

d: 子貢は、その礼が廃れているのを見た。

e: 자공은, 그 예가 폐해진 것을 보았다.

a: 故欲[ㄴ,32]去[ㄷ,ステマク]其[22]羊[ㄱ,훈독부,13]也

b: 故其の羊を去(ステマク)欲す

c: 故(ゆゑ)に其(そ)の羊(ひつじ)を去(す)てまく欲(ほっ)す。

d: それでその羊のことを廃止しようとした。

e: 그러므로 그 양을 (바치는 것을) 폐지하고 싶어하였다.

A: 117)子曰賜[인명부]也、汝[ナムチ,33]愛[ㄷ,32]其[22]羊[ㄱ,ヒツシ,13]。

B: 子曰賜、汝(ナンチ)は其の羊(ヒツシ)を愛す。

C: 子(し)の曰(のたう)ばく、賜(し)や、汝(なんぢ)は其(そ)の羊(ひつじ)を愛(あい)す。

D: 先生が言われた。賜よ、君はその羊を惜しんでいる。

E: 선생님께서 말씀하시기를, 賜(사)야, 너는 그 양을 아까워하는구나.

A: 我[レ,33]愛[ㄷ,32]其[22]禮[ㄱ,13]

B: 我(レ)は其の禮を愛す

C: 我(われ)は其(そ)の禮(れい)を愛(あい)す。

D: 私にはその礼が惜しい。

E: 나에게는 그 예가 아깝다.

a: 苞氏曰羊[훈독부]在[アル,33]猶所[ㅌ,훈합부]以[ナリ]識[ㄷ]其[ノ]礼[ㄱ,13]也。

b: 苞氏曰羊在(アル)は猶其(ノ)礼を識所以(ナリ)。

c: 苞氏(はうし)曰(い)はく、羊(ひつじ)在(あ)るは、猶(なほ)其(そ)の禮(れい)を識(し)る所以(ゆゑん)なり。

d: 苞氏が言った。羊があることは、なおその礼が何であるかを知ることができる。

e: 포씨가 말하기를, 양이 있는 것은, 그것으로써 그 예가 어떤 것인지를 알 수 있다.

a: 羊、亡[ナク,33]礼遂[11]廢[スタレナ,12]也

b: 羊、亡(ナク)ば礼遂に廢(スタレナ)ん

c: 羊(ひつじ)亡(な)くんば、禮(れい)、遂(つひ)に廢(すた)れなん。

117) 장이 시작됨을 나타내는 朱點이 찍혀 있다. 그러나 적절치 않다. 팔일편은 총 26장이라고 되어 있는데, 앞서 11장은 장을 나누지 않았고, 여기서는 나누어서 결과적으로 합계는 26장이 된다. 그러나 11장은 나누고 여기는 나누지 않는 것이 맞다.

d: 羊がないと、礼もついに廃れてしまうだろう。

e: 양이 없으면, 예도 결국 폐해질 것이다.

0318

A: 子曰事[㆑,マツル,11]君[11]、盡[㆑,セ,33]禮[13]、人以[31]爲[㆑,32]諂[ヘツラヘリ,23~33]

B: 子曰君に事(マツル)に、禮を盡(セ)ば、人以て諂(ヘツラヘリ)と爲す

C: 子(し)の曰(のたう)ばく、君(きみ)に事(つかうまつ)るに、禮(れい)を盡(つく)せば、人(ひと)、以(も)ちて諂(へつら)へりとす。

D: 先生が言われた。君に仕えるにあたって、礼を尽くせば、人は諂っているという。

E: 선생님께서 말씀하시기를, 임금을 섬김에 예를 다하면, 사람들은 아첨한다고 한다.

a: 孔安國曰時[11]事[㆑,マツル]君[11]者[22]、多[シ]。[118]無[㆑,シ]礼。

b: 孔安國曰時に君に事(マツル)者の、多(シ)。礼無(シ)。

c: 孔安國(こうあんこく)曰(い)はく、時(とき)に君(きみ)に事(つかうまつ)る者(もの)、多(おほ)し。禮(れい)無(な)し。

d: 孔安国が言った。当時、君に仕える者が多かったが、礼がなかった。

e: 공안국이 말하기를, 당시에 임금을 섬기는 자가 많았는데 예가 없었다.

a: 故[11]以[ニ]有[㆑,ル]礼者[一,13]爲[㆑,32]諂[ヘリ,23~33]也

b: 故に礼有(ル)者を以諂(ヘリ)と爲す

c: 故(ゆゑ)に禮(れい)有(あ)る者(もの)を以(も)ちて、諂(へつら)へりと爲(す)。

d: そこで礼のある者を、諂っているといったのである。

e: 그러므로 예가 있는 자를, 아첨한다고 한 것이다.

118) 讀點 위치에 찍혀 있으나 의미상 句點으로 파악하였다.

0319

A: 定公問[ハク]、君使[ㇾ,カヒ]臣[13]、臣事[ㇾ,マツル,13~23]君[11]、如[훈합부]之[훈합부]何

B: 定公問(ハク)、君臣を使(カヒ)、臣君に事(マツル)こと、如之何

C: 定公(ていこう)問(と)はく、君(きみ)臣(しん)を使(つか)ひ、臣(しん)君(きみ)に事(つかうまつ)ること、如之何(いかん)。

D: 定公が聞いた。君が臣を使い、臣が君に仕えるには、どうすべきでしょうか。

E: 定公이 묻기를, 임금이 신하를 부리고 신하가 임금을 섬기는 것은 어찌 해야 합니까?

a: 孔安國曰定[음합부]公[33]鲁君[22]謚[シ]也。

b: 孔安國曰定公は鲁君の謚(シ)。

c: 孔安國(こうあんこく)曰(い)はく、定公(ていこう)は、魯君(ろくん)の謚(し)。

d: 孔安国が言った。定公は、魯の国の君の謚である。

e: 공안국이 말하기를, 정공은 노나라 임금의 시호이다.

a: 時[22]臣失[ㇾ,ヘリ]礼[13]

b: 時の臣礼を失(ヘリ)

c: 時(とき)の臣(しん)、禮(れい)を失(うしな)へり。

d: 当時の臣は、礼を失っていた。

e: 당시의 신하가 예를 잃었다.

a: 定[음합부]公、患[ウレウ]之。故[11]問[フ]也

b: 定公、患(ウレウ)。故に問(フ)

c: 定公(ていこう)、患(うれ)ふ。故(ゆゑ)に問(と)ふ。

d: 定公は憂えた。それで尋ねたのである。

e: 정공이 (이를) 근심하였다. 그래서 물은 것이다.

A: 孔子對[31]曰[22]君使[㆑,ツカフ,11]臣[13]以[㆑,32]禮[13]。

B: 孔子對て曰の君臣を使(ツカフ)に禮を以す。

C: 孔子(こうし)對(こた)へて曰(のたう)ばく、君(きみ)、臣(しん)を使(つか)ふに、禮(れい)を以(も)ってす。

D: 孔子が答えて言われた。君は、臣を使うに、礼をもってすべきです。

E: 공자께서 대답하여 말씀하시기를, 임금은 신하를 부림에 예로써 해야 합니다.

A: 臣事[㆑,マツル,11]君[11]、以[㆑,32]忠[13]

B: 臣君に事(マツル)に、忠を以す

C: 臣(しん)君(きみ)に事(つかうまつ)るに、忠(ちう)を以(も)ってす。

D: 臣は君に仕えるに、忠をもってすべきです。

E: 신하는 임금을 섬김에, 충[진심]으로써 해야 합니다.

0320

A: 子曰關[음합부,クワン]雎[シヨ,33]樂[タノシム,31]而不[㆑,32]淫[インセ]。

B: 子曰關(クワン)雎(シヨ)は樂(タノシム)で淫(インセ)不ず。

C: 子(し)の曰(のたう)ばく、關雎(くゎんしょ)は、樂(たの)しんで淫(いむ)せず。

D: 先生が言われた。関雎は、楽しみながらもみだりになることはない。

E: 선생님께서 말씀하시기를, (詩經(시경) 國風(국풍) 周南(주남)) 關雎(관저)는 즐거워하면서도 흐트러지지 않는다.

A: 哀[カナシン,31]而不[㆑,32]傷[ヤフレ]

B: 哀(カナシン)で傷(ヤフレ)不ず

C: 哀(かな)しんで傷(やぶ)れず。

D: 哀しみながらも過度に心を傷めない。

E: 슬퍼하면서도 지나치게 마음이 상하지 않는다.

a: 孔安國曰樂[タ,31]而不[ㇾ,32]至[ㇾ]淫[スル,11]。

b: 孔安國曰樂(タ)で淫(スル)に至不ず。

c: 孔安國(こうあんこく)曰(い)はく、樂(たの)しんで淫(いむ)するに至(いた)らず。

d: 孔安国が言った。楽しみながらもみだれるまでには至らない。

e: 공안국이 말하기를, 즐거워하면서도 흐트러짐에는 이르지 않는다.

a: 哀[31]而不[ㇾ,32]至[ㇾ]傷[ヤフルヽ,11]。

b: 哀で傷(ヤフルル)に至不ず。

c: 哀(かな)しんで傷(やぶ)るるに至(いた)らず。

d: 哀しみながらも過度に心を傷めるまでには至らない。

e: 슬퍼하면서도 지나치게 마음이 상하는 것에는 이르지 않는다.

a: 言[33]其[レ]和[ヤハラケリ]也

b: 言は其(レ)和(ヤハラケリ)

c: 言(いふこころ)は、其(それ)和(やは)らげり。

d: 意味はこうである。それが穏やかであるということである。

e: 그 뜻은 이러하다. 그것이 평온하다는 것이다.

0321

A: 哀公、問[㆓,フ]社[13]於宰[음합부]我[㆒,인명부,11]。

B: 哀公、社を宰我に問(フ)。

C: 哀公(あいこう)、社(しゃ)を宰我(さいが)に問(と)ふ。[119)]

119) 「社」는 社稷(사직)에 심는 나무를 말하는데 각 지역에 자라는 나무의 종류가 달랐으므로 夏殷周(하은주)의 나무가 다른 것이다. 아래 應永本抄物에서는 社稷의 둘레에 심은 나무라고 하였다.
應永本抄物 「社トハ社稷ノマハリニウユル木也。此木ヲ夏殷周ノ三代ニ別々ノ木ヲウエタリ。其ウヘヤウハ何トアリシソト問ヘル也。(社(사)란 社稷(사직)의 둘레에 심은 나무이다. 이 나무를 夏(하)·殷(은)·周(주) 삼대에 각기 다른 나무를 심었다. 그 심은 것이 무엇인지 물은 것이다. 170-171쪽)」

D: 哀公が社について宰我に聞いた。

E: 哀公(애공)이 宰我(재아)에게 사직 (주위에 심은 나무)에 대해 물었다.

A: 宰[음합부]我[인명부]對[31]曰、夏[음합부]后[음합부]氏[33]以[ㇾ,32]松[13]。

B: 宰我對て曰、夏后氏は松を以す。

C: 宰我(さいが)對(こた)へて曰(い)はく、夏后氏(かこうし)は松(しょう)を以(も)ってす。

D: 宰我が答えて言った。夏后氏は松をもってしました。

E: 재아가 대답하여 말하기를, 夏后氏(하후씨)는 소나무로써 했습니다.

A: 殷[훈합부]人[33]以[ㇾ,32]栢。

B: 殷人は栢以す。

C: 殷人(いんひと)は、柏(はく)を以(も)ってす。

D: 殷の人は、柏をもってしました。

E: 은나라 사람은 잣나무로써 했습니다.

A: 周[훈합부]人[33]以[ㇾ,32]栗[13]。

B: 周人は栗を以す。

C: 周人(しうひと)は、栗(りつ)を以(も)ってす。

D: 周の人は、栗をもってしました。

E: 주나라 사람은 밤나무로써 했습니다.

A: 曰[イハク]、使[ニ,ㇾ,シ,31]{シメントナリ}民[13]戰[음합부,セン]栗[ㇳ,リツナラ]也

B: 曰(イハク)、民を使(シ)て戰(セン)栗(リツナラ)使(シメントナリ)

C: 曰(い)はく、民(たみ)をして戰栗(せんりつ)ならしめんとなり。

D: 言った。民を戦慄させようとするのであります。

E: (재아가) 말하기를, 백성으로 하여금 두려워 떨게 하려는 것이었습니다.

a: 孔安國曰凢建[ㇾ,タテ]邦[13]、立[ㇾ,13~23]社[13]、各以[ニ,32]其[22]土[22]所[ㇾ,22]宜[ヨロシキ]之木[ㇳ,キ,13]。

b: 孔安國曰凢邦を建(タテ)、社を立こと、各其の土の宜(ヨロシキ)所の木(キ)を以す。

c: 孔安國(こうあんこく)曰(い)はく、凡(およ)そ邦(くに)を建(た)て、社(しゃ)を立(た)つること、各(おのおの)其(そ)の土(つち)の宜(よろ)しき所(ところ)の木(き)を以(も)ってす。

d: 孔安国が言った。およそ邦を建て、社を立てることは、各々その土地の良い木をもってする。

e: 공안국이 말하기를, 무릇 나라를 세워서 사직을 만드는 것은, 각각 그 땅에 적당한 나무로써 한다.

a: 宰[음합부]我、不[一,レ,シ,31]本[ニ,モトツケ]其[22]意[一,13]妄[ミタリ,11]爲[タメ,11]之說[トク]。

b: 宰我、其の意を本(モトツケ)不(シ)て妄(ミタリ)に爲(タメ)に說(トク)。

c: 宰我(さいが)、其(そ)の意(い)を本(もと)づけずして、妄(みだ)りに爲(ため)に說(と)く。120)

d: 宰我がその元の意味を根拠としないで、妄りにそのことについて説いた。

e: 재아가 그 본래의 뜻을 근거로 삼지 않고 망령되이 그 일에 대해 말하였다.

a: 因[ニ,31]周[22]用[一,レ,11]栗[13]便[スナハチ]、云[イハク]使[ニ,レ,シ,31]{シメントナリ}民[13]戰[음합부]栗[一,ナラ]之也

b: 周の栗を用に因て便(スナハチ)、云(イハク)民を使(シ)て戰栗(ナラ)使(シメントナリ)

c: 周(しう)の栗(りつ)を用(もち)ゐるに因(よ)りて、便(すなは)ち云(い)はく、民(たみ)をして戰栗(せんりつ)ならしめんとなり。

d: 周の国で栗を用いることに基づいて、すなわち言った。民を戦慄させようとするものである。

e: 주나라가 밤나무를 사용한 것으로 인하여, 곧 말하기를, 백성으로 하여금 두려워 떨게 하려 한 것이라고 하였다.

---

120) 지역에서 자라는 나무가 달라서 社의 나무가 달랐을 뿐인데 宰我가 전율케 하고자 하였다고 말한 것은 합당치 않다는 것이다.
應永本抄物「周ニ栗ヲウヘルコトハ民ヲシテ戰栗トヲノヽキツヽシマシメン爲ノ表事也ト云。周ニ栗ヲウヘルハ更ニ此義ニ非ス。僞テ云フコト也。其故ハ哀公無道ニシテ民不[レ]恐民カ戰栗ノ心ヲ動スヤウニ德ヲ改メ、行ヲ修セシメン爲ニ諷諫シテ云ル也。三代別々ノ木ヲウユルハ其土地ノ宜(ママ)キ從テウユル也。(주나라에서 밤나무를 심은 것은 백성으로 하여금 두려워 공경하게 하기 위한 것이라고 하였다. 주나라에서 밤나무를 심은 것은 이런 뜻이 아니다. 거짓되게 말한 것이다. 그 연유는 哀公(애공)이 무도하여 백성들이 두려워하지 않으니 백성들이 두려워 공경하는 마음을 갖도록 덕을 고치고 행실을 가다듬게 하기 위해서 諷諫(풍간)하여 말한 것이다. 삼대에 각각 다른 나무를 심은 것은 그 땅에 적절한 것에 따라 심은 것이다. 171쪽)」

A: 子聞[31]之曰[22]、成[훈합부,ナリムシ]事[コト,13,33]不[㆑,32]説[トカ]

B: 子聞て曰の、成(ナリムシ)事(コト)をば説(トカ)不ず

C: 子(し)聞(き)きて曰(のたう)ばく、成(な)りんし事(こと)をば説(と)かず。

D: 先生が聞いて言われた。なってしまったことはあれこれ言わない。

E: 선생님께서 이 말을 듣고 말씀하시기를, 이루어진 일은 말하지 않는다.

a: 苞氏曰事[22]已[11]成[13,33]不[㆑,32]可[二]復、解[훈합부,トキ]説[一,トク]也

b: 苞氏曰事の已に成をば復、解(トキ)説(トク)可不ず

c: 苞氏(はうし)曰(い)はく、事(こと)の已(すで)に成(な)りんしをば、復(また)解(と)き説(と)くべからず。

d: 苞氏が言った。すでになってしまったことは、さらに説いても仕方がない。

e: 포씨가 말하기를, 이미 이루어진 일은 다시 거론할 수 없다[거론해 봐야 소용없다].

A: 遂[훈합부,トケンシ]事[13,33]不[㆑,32]諫[イサメ]

B: 遂(トケンシ)事をば諫(イサメ)不ず

C: 遂(と)げんし事(こと)をば諫(いさ)めず。[121)]

D: してしまったことは諫めない。

E: 해 버린 일은 간하지 않는다.

a: 苞氏曰事[22]已[11]遂[シ,13,33]不[㆑,32]可[二]復、諫[훈합부,イサメ]止[一,トヽム]也

b: 苞氏曰事の已に遂(シ)をば復、諫(イサメ)止(トトム)可不ず

c: 苞氏(はうし)曰(い)はく、事(こと)の已(すで)に遂(と)げんしをば、復(また)諫(いさ)め止(とど)むべからず。

d: 苞氏が言った。すでにしてしまったことは、また諫めても仕方がない。

e: 포씨가 말하기를, 이미 해 버린 일은, 다시 간언할 수 없다[간언해 봐야 소용없다].

A: 既[11]往[ユキンシ,13,33]不[㆑,32]咎[トカメ]

B: 既に往(ユキンシ)をば咎(トカメ)不ず

121) 應永本抄物「是ハ哀公ヲ指ス。(이것은 哀公(애공)을 가리킨다. 173쪽)」

C: 既(すで)に往(ゆ)きんしをば、咎(とが)めず。[122)]

D: すでに過ぎ去ってしまったことは、咎めない。

E: 이미 지나가 버린 일은, 탓하지 않는다.

a: 苞氏曰事[22]巳[11]徃[13,33]不[ㇾ]可[㆓]復追[31]非[훈합부,ソシリ]咎[㆒,トカム]也。

b: 苞氏曰事の巳に徃をば復追て非(ソシリ)咎(トカム)可不。

c: 苞氏(はうし)曰(い)はく、事(こと)の已(すで)に往(ゆ)きんしをば、復(また)追(お)ひて非(そし)り咎(とが)むべからず。

d: 苞氏が言った。すでに過ぎ去ってしまったことは、また追って、そしり咎めても仕方がない。

e: 포씨가 말하기를, 이미 지나가 버린 일은, 다시 거슬러 올라가서 비난하고 책망할 수 없다[책망해 봐야 소용없다].

a: 孔[음합부]子、非[㆓,ソシル]宰[음합부]我[㆒,13]。

b: 孔子、宰我を非(ソシル)。

c: 孔子(こうし)、宰我(さいが)を非(そし)る。

d: 孔子が宰我をそしった。

e: 공자께서 재아를 책망하신 것이다.

a: 故[11]歴[㆓,훈합부,ヘ]言[イツテ,삽입[此[ノ]]]三[훈합부,22]者[㆒,13]欲[ㇾ,32]使[ㇾ,シメマク]慎[㆓,ツヽシマ]其[22]後[㆒,13]也

b: 故に此(ノ)三の者を歴(ヘ)言(イツテ)其の後を慎(ツツシマ)使(シメマク)欲す

c: 故(ゆゑ)に此(こ)の三(み)つの者(もの)を歴(へ)言(い)って、其(そ)の後(のち)を愼(つつし)ましめまく欲(ほっ)す。[123)]

d: そこでこの三つを、一つ一つ挙げて言い、今後のことを慎ませようとしたのである。

e: 그러므로 이 세 가지를 하나하나 들어 말하여, 이후의 일을 조심하게 하고자 한 것이다.

---

122) 應永本抄物「是ハ宰我ヲ指ス。(이것은 宰我(재아)를 가리킨다. 173쪽)」

123) 應永本抄物「孔子ノ宰我カ臨說ヲ云タコトヲ聞テノ玉フ也。三代ニ別々ノ木ヲウユルコトハ土地ノ宜キニ從フ。此事ハ三代ノ時既ニ成定タルコト也。サヤウニ成定リタルコトヲハ、別ニ義ヲ付テハ不[ル]云物ナリト云リ。(공자는 宰我(재아)가 멋대로 견해를 밝힌 것을 듣고서 말씀하신 것이다. 삼대에 각각 다른 나무를 심은 것은 그 땅에 적절한 것에 따른 것이다. 그것은 삼대의 시절에 이미 정해진 것이다. 그렇게 정해진 것을 따로 의미를 부여하는 것은 해서는 안 되는 것이라고 한 것이다. 172-173쪽)」

0322

A: 子曰管[음합부]仲[인명부,21]之器[ウツハモノ]小[スコシキナル]哉[カナ]

B: 子曰管仲が器(ウツハモノ)小(スコシキナル)哉(カナ)

C: 子(し)の曰(のたう)ばく、管仲(くゎんちう)が器(うつはもの)、小(すこ)しきなるかな。

D: 先生が言われた。管仲の器は、小さいなあ。

E: 선생님께서 말씀하시기를, 管仲(관중)의 그릇은 작구나!

a: 言[33]其[22]器[음합부,キ]量、小[スコシキナリ]也

b: 言は其の器(キ)量、小(スコシキナリ)

c: 言(いふこころ)は、其(そ)の器量(きりゃう)、小(すこ)しきなり。

d: 意味はこうである。その器量が小さいということである。

e: 그 뜻은 이러하다. 그 도량이 작은 것이다.

A: 或[ヒト]曰、管[음합부]仲[인명부]儉[ケンアリ]乎[ヤ]

B: 或(ヒト)曰、管仲儉(ケンアリ)乎(ヤ)

C: 或(あ)るひと曰(い)はく、管仲(くゎんちう)儉(けむ)ありや。

D: ある人が言った。管仲は倹約でありますか。

E: 어떤 사람이 말하기를, 관중은 검소합니까?

a: 苞氏曰或[훈합부]人、見[ニ,31]孔[음합부]子[22]小[ㅡ,훈독부,ナリト云,13]之以[ニ,훈합부]爲[ヘラク]{ヘリ}謂[レ,イ,31]之[13]太[ハナハタ]儉[ㅡ,23~33]也

b: 苞氏曰或人、孔子の小(ナリトイフ)を見て以爲(ヘラク)之を謂(イ)て太(ハナハタ)儉と以爲(ヘリ)

c: 苞氏(はうし)曰(い)はく、或(あ)る人(ひと)、孔子(こうし)の小(すこ)しきなりといふを見(み)て、以爲(おも)へらく、之(これ)を謂(い)ひて、太(はなは)だ儉(けむ)ありといへり。

d: 苞氏が言った。ある人が、孔子が小さいと言われたのを見て、はなはだ倹約であるとお考えになっている、と思った。

e: 포씨가 말하기를, 어떤 사람이, 공자가 작다고 말씀하신 것을 보고, 매우 검소하다고 여기신 것으로 생각하였다.

A: 曰[22]、管[음합부]氏、有[ㆁ,リ]三[음합부]歸[ㆀ]。

B: 曰の、管氏、三歸有(リ)。

C: 曰(のたう)ばく、管氏(くゎんし)、三歸(さむき)有(あ)り。[124)]

D: 言われた。管氏は三帰がある。

E: 말씀하시기를, 管氏(관씨)는 三歸(삼귀)가 있었다.

A: 官[훈합부,22]事[コト]不[ㇾ]攝[セ]。

B: 官の事(コト)攝(セ)不。

C: 官(くゎん)の事(こと)、攝(せふ)せず。

D: (そこで働く人々は)官職を兼ねなかった。

E: (그곳에서 일하는 사람들은) 관직을 攝(섭)[겸하다]하지 않았다.

A: 焉[ソ]得[ㇾ,12]儉乎[ヤ]

B: 焉(ソ)儉得ん乎(ヤ)

C: 焉(いづく)んぞ儉(けむ)あるを得(え)んや。

D: どうして倹約だといえようか。

E: 어찌 검소하다 할 수 있겠는가?

a: 苞氏曰三[음합부]歸[33]娶[ㆁ,メトルソ]三[음합부]姓[22]女[ㆀ,チヨ,13]也。

b: 苞氏曰三歸は三姓の女(チヨ)を娶(メトルソ)。

c: 苞氏(はうし)曰(い)はく、三歸(さむき)は、三姓(さむせい)の女(ぢょ)を娶(めと)るぞ。

---

124) 應永本抄物 「三皈トハ管中カ三國ヨリ九女ヲ向ユルコトヲ云。禮ニ諸侯ハ、吾ト異姓ノ三ケ國ヨリ九女ヲ娶[メトル]也。先一ツノ大國ヨリ正夫人ヲメトル。其[ニ]姪[テツ]{メイ}娣[テイ]{イモウト}トテ、メイト、イモウトヽカ付テ來ル。是ヲ妾ト云。又正夫人ノ來ル國ト同姓ノ三[二歟]ケ國ヨリ來ルヲ媵[ヨウ]ト云。媵ハ送也。正夫人ノ送リニ來ル也。其媵ニ又姪娣アリ。一國ヨリ三人ツヽナレハ、三國ヨリ三々九ニテ九人也。是ヲ三皈ト云。(三歸(삼귀)란 管仲(관중)이 세 나라로부터 아홉 여성을 맞이한 것을 말한다. 禮(예)에 제후는 자신과 姓(성)이 다른 세 나라로부터 아홉 여성을 아내로 삼는다. 먼저 큰 나라 하나로부터 정부인을 취하고, 그 姪娣(질제)라고 하여 조카딸과 여동생이 따라 온다. 이것을 妾(첩)이라고 한다. 또한 정부인이 온 나라와 姓(성)이 같은 두 나라로부터 온 것을 媵(잉)이라고 한다. 媵은 送(송)이다. 정부인을 배웅하러 오는 것이다. 그 媵에 또한 姪娣가 따라온다. 한 나라로부터 세 명씩이므로 세 나라로부터 아홉 명인 것이다. 이것을 三歸라고 한다. 175쪽)」

d: 苞氏が言った。三帰は、三姓の女を娶ることである。

e: 포씨가 말하기를, 삼귀는 세 성의 여자를 취하는 것이다.

a: 婦[음합부]人、謂[ㇾ,テ]嫁[13]為[ㇾ,32]歸[23~33]。

b: 婦人、嫁を謂(テ)歸と為す。

c: 婦人(ふじん)、嫁(とつ)ぐを謂(い)ひて、歸(き)と爲(す)。

d: 女の人が嫁ぐことをいって、帰という。

e: 여자가 시집가는 것을 일러 歸(귀)라 한다.

a: 攝[33]猶[ㇾ,ヲ]{シ}兼[ケン]也。

b: 攝は猶(ヲ)兼(ケン)猶(シ)。

c: 攝(せふ)は、猶(なほ)兼(けむ)のごとし。

d: 摂は、兼のような意味である。

e: 섭은 兼(겸)[겸하다]과 같다.

a: 礼[11]國[음합부]君[33]事[コト]大[オホイナリ]。官[11]、各、有[ㇾ]人[ヒト]。大[음합부]夫[33]并[훈합부,アハセ]兼[カヌ]

b: 礼に國君は事(コト)大(オホイナリ)。官に、各、人(ヒト)有。大夫は并(アハセ)兼(カヌ)

c: 禮(れい)に國君(こっくん)は事(こと)大(おほ)いなり。官(くゎん)に、各(おのおの)、人(ひと)有(あ)り。大夫(たいふ)は幷(あは)せ兼(か)ぬ。

d: 礼によれば、国君は仕事が多い。役職に各々人がいる。大夫は合わせ兼ねる。

e: 예에 의하면, 나라의 임금[제후]은 일이 많다. (그러므로) 官(관)[벼슬자리]에 각각 사람이 있다. 대부는 (한 사람이 둘 이상의 벼슬자리를) 합쳐서 겸한다.

a: 今管[음합부]仲[21]家[음합부]臣、備[ㇾ,ソナハレリ]職。

b: 今管仲が家臣、職備(ソナハレリ)。

c: 今(いま)管仲(くゎんちう)が家臣(かしん)、職(しょく)備(そな)はれり。

d: 今管仲の家臣は、職が備わっている[役職を兼ねていない]。

e: 지금 관중의 가신은 직책이 갖추어져 있다[가신마다 직책이 하나씩 있다].

a: 非[ㇾ,32]爲[ㇾ,スル,11]儉也

b: 儉爲(スル)に非ず

c: 儉(けむ)ありと爲(す)るにあらず。

d: 倹約といえるものではない。

e: 검소하다고 할 수 없다.

A: 曰[イハク]、然[ラ,33]則管[음합부]仲[인명부]、知[ㇾ,レリ]禮[13]乎[ヤ]

B: 曰(イハク)、然(ラ)ば則管仲、禮を知(レリ)乎(ヤ)

C: 曰(い)はく、然(しか)らば則(すなは)ち管仲(くゎんちう)、禮(れい)を知(し)れりや。

D: 言った。それならば、管仲は礼は知っているのでしょうか。

E: 말하기를, 그렇다면 관중은 예는 아는 것입니까?

a: 苞氏曰或[훈합부]人、以[ㇾ]儉[13]問。

b: 苞氏曰或人、儉を以問。

c: 苞氏(はうし)曰(い)はく、或(あ)る人(ひと)、儉(けむ)を以(も)ちて問(と)ふ。

d: 苞氏が言った。ある人が倹約かと尋ねた。

e: 포씨가 말하기를, 어떤 사람이 (관중이) 검소한지를 물었다.

a: 故[11]荅[フル,11]以[ㆁ,32]安[ソ]得[ㆀ,ㇾ,ント云,13]儉

b: 故に荅(フル)に安(ソ)儉得(ントイフ)を以す

c: 故(ゆゑ)に答(こた)ふるに、安(いづく)んぞ儉(けむ)あるを得(え)んといふを以(も)ってす。

d: そこで答えた。どうして倹約であるといえようかと言った。

e: 그러므로 대답하시기를, 어찌 검소하다 할 수 있겠는가라고 하셨다.

a: 或[훈합부]人、聞[ㇾ,31]不[ㇾ,13~23]儉[アラ]更[11]、謂[イ,31]爲[ㇾ,32]得[ㇾ,23~33]礼[13]也

b: 或人、儉(アラ)不こと聞て更に、謂(イ)て礼を得と爲す

c: 或(あ)る人(ひと)、儉(けむ)あらざることを聞(き)きて、更(さら)に謂(い)ひて禮(れい)を得(え)んと爲(す)。

d: ある人が、(管仲が)倹約ではないということを聞いて、それは礼を得たと思って、さらに言ったのである。

e: 어떤 사람이, (관중이) 검소하지 않다는 말을 듣고서 다시 말하기를, 예를 얻었냐고 한 것이다.

A: 曰[22]邦[음합부]君、樹[シウシ,31]塞[レ,フサク]門[11]。

B: 曰の邦君、樹(シウシ)て門に塞(フサク)。

C: 曰(のたう)ばく、邦君(はうくん)、樹(しう)して門(もん)に塞(ふさ)ぐ。

D: 言われた。邦君は垣を立てて門を塞ぐ。

E: 말씀하시기를, 나라의 임금만이 가림막을 쳐서 문을 가렸다.

A: 管[음합부]氏、亦、樹[シウシ,31]塞[レ,ク]門[11]。

B: 管氏、亦、樹(シウシ)て門に塞ク)。

C: 管氏(くゎんし)、亦(また)、樹(しう)して門(もん)に塞(ふさ)ぐ。

D: 管氏もまた垣を立てて門を塞いだ。

E: 관씨도 또한 가림막을 쳐서 문을 가렸다.

A: 邦[음합부]君、爲[ニ,11]兩[음합부]君[22]之好[一,ヨシミ,22]、有[ニ]反[음합부]坫[一,テン]。

B: 邦君、兩君の好(ヨシミ)の爲に、反坫(テン)有。

C: 邦君(はうくん)、兩君(りゃうくん)の好(よ)しみの爲(ため)に、反坫(はんてむ)有(あ)り。

D: 邦君には、両君の友好のために反坫がある。

E: 나라의 임금에게는, 두 임금의 우호를 위해 反坫(반점)이 있다.

A: 管[음합부]氏、亦、有[ニ]反[음합부]坫[一]

B: 管氏、亦、反坫有

C: 管氏(くゎんし)、亦(また)、反坫(はんてむ)有(あ)り。

D: 管氏にもまた反坫があった。

E: 관씨에게도 또한 반점이 있었다.

a: 鄭玄曰反[음합부]玷[33]反[음합부]爵[シヤク,22]之玷也。

b: 鄭玄曰反玷は反爵(シヤク)の玷。

c: 鄭玄(ぢゃうぐゑん)曰(い)はく、反玷(はんてむ)は反爵(はんしゃく)の玷(てむ)。125)

---

125) 應永本抄物「坫(원문그대로임)ハ盃ノ臺也。昔ハ土ヲ築上テ壇ノ如クニス。後ニハ木ヲ以テ作ル。是ヲ反坫ト云ハ、酒ヲノミハテヽ盃ヲ坫ノ上ヘ返シテ置ホトニ反坫ト云也。(玷(점)은 술잔의 놓아두는 곳이다. 옛날에는 흙을 쌓아올려 단처럼 만들었다. 나중에는 나무로 만들었다. 이것을 反玷(반점)이라고 하는 것은 이러한 뜻이다. 술을 마시고 비운 잔을 玷 위로 되돌려 놓으므로 反玷이라고 하는 것이다. 178쪽)」

d: 鄭玄が言った。反坫は反爵の坫である。

e: 정현이 말하기를, 반점은 술잔을 되돌려 놓는 坫(점)[臺(대)]이다.

a: 在[ニ,テ][126]兩[음합부]楹[エイ,22]之間[一,11]人[음합부]君、有[レ,トキ,11]別[ニ,ワク,13~23]外[음합부]內[13]於門[一,11]樹[음합부]屛[シ,31]以[31]蔽[カク,32]之也。

b: 兩楹(エイ)の間に在(テ)人君、外內を門に別(ワク)こと有(トキ)に樹屛(シ)て以て蔽(カク)す。

c: 兩楹(りゃうえい)の間(かん)に在(あ)りて、人君(じんくん)、外內(ぐゎいない)を門(もん)に別(わ)くこと有(あ)るときに、樹屛(しうへい)して以(も)ちて蔽(かく)す。

d: 両楹の間にあって、人君が内外を門で分けることがある時、垣を立ててそれによって蔽す。

e: (반점은) 두 기둥 사이에 있는데, 임금이 밖과 안을 문에서 나누는 일이 있을 때에, 가림막을 쳐서 가린다.

a: 若、與[ニ,23~33]鄰[음합부]國[22]君[一]爲[ニ,スルトキ,33]好[음합부]會[一,13]、其[22]獻[음합부]酢[サク,22]之礼、更[カハル2자반복부]酌[クム]。

b: 若、鄰國の君與と好會を爲(スルトキ)は、其の獻酢(サク)の礼、更(カハルカハル)酌(クム)。

c: 若(も)し隣國(りんこく)の君(きみ)と好會(かうくゎい)を爲(す)るときは、其(そ)の獻酢(けんさく)の禮(れい)、更(か)はるがはる酌(く)む。

d: もし隣国の君と友好の会合をする時、酒を注ぐ礼は、かわるがわる注ぐ。

e: 만약 이웃 나라의 임금과 우호를 다지는 회합을 할 때, 술을 따르는 예는 번갈아 따른다.

a: 酌[훈합부,クミ]畢[ヲハ,31]則各、反[ニ,カヘ,32]爵[13]於坫[22]上[一,ウヘ,11]。

b: 酌(クミ)畢(ヲハ)て則各、爵を坫の上(ウヘ)に反(カヘ)す。

c: 酌(く)み畢(をは)りて、則(すなは)ち各(おのおの)爵(しゃく)を坫(てむ)の上(うへ)に反(かへ)す。

d: 酌みおわると、各々杯を坫の上に反す。

e: 따르기를 마치면, 각각 술잔을 점에 되돌려 놓는다.

126) 永正本에는 「リ」라고 가점되어 있어서 「在兩楹之間」까지가 「反坫」에 관한 내용이라는 것이 더욱 명확하게 드러나 있다. 「人君」 이후의 내용은 「塞門」에 대한 주석이다.

a: 今管[음합부]仲[인명부]、皆僭[セン,31]爲[スル,13~23]之如[レ,シ]是[22]。

b: 今管仲、皆僭(セン)て爲(スル)こと是の如(シ)。

c: 今(いま)管仲(くゎんちう)、皆(みな)僭(せむ)じて爲(す)ること、是(かく)の如(ごと)し。

d: 今管仲がすべて僭越にもしていることは、このようである。

e: 지금 관중이 모두 참람되게 하는 것은 이와 같다.

a: 是[127]不[レ,ナリ]知[レ]礼[13]也

b: 是礼を知不(ナリ)

c: 是(これ)、禮(れい)を知(し)らざるなり。

d: これは礼を知らないことである。

e: 이것은 예를 알지 못하는 것이다.

A: 管[음합부]氏、而[シカモ]、知[レ,シレラ,33]礼、孰[タレ,21]不[レ,ラ,12]知[レ]礼[13]

B: 管氏、而(シカモ)、礼知(シレラ)ば、孰(タレ)か礼を知不(ラ)ん

C: 管氏(くゎんし)、而(しか)も禮(れい)知(し)れらば、孰(たれ)か禮(れい)を知(し)らざらん。

D: 管氏が、それにもかかわらず、礼を知っているのであれば、誰が礼を知らないだろうか。

E: 관씨가 그러고도 예를 안다면, 누가 예를 알지 못하겠는가?

0323

A: 子語[ニ,カタ,31]魯[22]太[음합부]師[11]樂[一,カク,13]曰[22]、

B: 子魯の太師に樂(カク)を語(カタ)て曰の、

C: 子(し)、魯(ろ)の太師(たいし)に、樂(がく)を語(かた)りて曰(のたう)ばく、

D: 先生が、魯の国の太師に、楽について語って言われた。

E: 선생님께서 노나라의 太師(태사)에게 음악에 대해 이야기하여 말씀하시기를,

127) 이 글자에 22점이 있고 이 글자 위에 어순지시부호 「レ」가 기입되어 있으며 句點도 찍혀 있다. 그러나 이것은 위쪽에 있는 「是」에 가점되어야 할 것이 잘못 가점된 것이다. 따라서 판독에 반영하지 않았다.

A: 樂[カク,33]其[レ]、可[ㇾ,カラク]知[シムヌ]巳[ノミ]也。

B: 樂(カク)は其(レ)、知(シムヌ)可(カラク)巳(ノミ)。

C: 樂(がく)は、其(それ)、知(し)んぬべからくのみ。

D: 楽は、(たやすく)知ることができるものである。

E: 음악은 (쉽게) 알 수 있는 것이다.

A: 始[メ,31]作[オコストキ,11]翕[음합부,キウ]如[タリ]也

B: 始(メ)て作(オコストキ)に翕(キウ)如(タリ)

C: 始(はじ)めて作(お)こすときに、翕如(きふじょ)たり。

D: 始めて起こす時は、翕如である。

E: 처음에 시작할 때는 (오음을) 조화로이 성대히 한다.

a: 大[음합부]師[33]樂[음합부,カツ]官[22]名也。

b: 大師は樂(カツ)官の名。

c: 大師(たいし)は、樂官(がっくゎん)の名(な)。

d: 大師は、楽官の名である。

e: 태사는 樂官(악관)의 이름이다.

a: 五[음합부]音、始[31]奏[スルトキ,11]翕[음합부]如[トシ,31]盛[カンナリ]也

b: 五音、始て奏(スルトキ)に翕如(トシ)て盛(カンナリ)

c: 五音(ごいむ)、始(はじ)めて奏(そう)するときに、翕如(きふじょ)として盛(さか)んなり。

d: 五音は始めて奏する時、調和が取れて盛大である。

e: 오음은 처음에 연주할 때에 조화로이 성대하다.

A: 從[ユルストキ,11]之、純[음합부,シユン]如[タリ]也

B: 從(ユルストキ)に、純(シユン)如(タリ)

C: 從(ゆる)すときに、純如(しゅんじょ)たり。[128)]

D: ときはなつ時は、純如である。

E: 풀어놓을 때에는 순일하다.

---

128) 應永本抄物 「從[ユルス時ニ]トハ、ハナチユルスヲ云。ユルリユルリト吹ヲ云也。八音カ調リテ、純一ニ和シテ離散セサルヲ云。(從(종)이란 풀어놓는 것을 말한다. 차분하게 부는 것을 말한다. 八音(팔음)이 가지런해져서 꾸밈없이 화하여 흩어지지 않는 것을 말한다. 179쪽)」

a: 從[セウガ]讀[トク,13]曰[㆑]縱[23~33]。

b: 從(セウガ)讀(トク)を縱と曰。

c: 從(しょう)が讀(とく)を、縱(しょう)と曰(い)ふ。

d: 従の読みを縦という。

e: 從(종)을 縱(종)이라고 읽는다.

a: 言[33]五[음합부]音既[11]發[훈합부,オコシ]放[ハナチ]、縱[훈합부,ユルシ]盡[ツクストキ,11]其[22]聲、純[음합부]純[음합부,31[129),삽입[如[トメ]]]和[음합부]諧[カイセリ]也

b: 言は五音既に發(オコシ)放(ハナチ)、縱(ユルシ)盡(ツクストキ)に其の聲、純純如(トシテ)和諧(カイセリ)

c: 言(いふこころ)は、五音(ごいむ)既(すで)に發(お)こし放(はな)ち、縱(ゆる)し盡(つく)すときに、其(そ)の聲(こゑ)、純純如(しゅんしゅんじょ)として和諧(くゎかい)せり。

d: 意味はこうである。五音がすでに始まってときはなたれ、ほしいままに(それぞれの音を)尽す時に、その音が純一で調和が取れている。

e: 그 뜻은 이러하다. 오음이 이미 시작하여 풀어놓아지고, 원하는 대로 (각각의 소리를) 다할 때에, 그 소리가 순일하고 조화롭다.

A: 皦[음합부,ケウ]如[タリ]也

B: 皦(ケウ)如(タリ)

C: 皦如(けうじょ)たり。[130)]

D: 皦如である。

E: 또렷하다.

a: 言[33]其音節明[アキラカナリ]也

b: 言は其音節明(アキラカナリ)

c: 言(いふこころ)は、其(そ)の音節(いむせつ)明(あき)らかなり。

---

129) 「如」를 삽입하기 이전에 「純純として」라고 읽기 위하여 가점한 것으로 생각된다. b와 c에는 반영하지 않았다.

130) 應永本抄物 「皦[ケフ]ハ明也。純一ナル中ニ宮ハ宮商ハ商ト五音明カニシテ、餘ノ音ニ集ルヽコトナキヲ云。(皦(교)는 明(명)이다. 꾸밈없는 가운데에 宮(궁)은 宮, 商(상)은 商, 다섯 음이 명료하여 나머지 소리가 모여드는 일이 없는 것을 말한다. 179−180쪽)」

d: 意味はこうである。その音の区別が明らかである。

e: 그 뜻은 이러하다. 그 소리의 구분이 분명하다.

A: 繹[음합부,エキ]如[タリ]也

B: 繹(エキ)如(タリ)

C: 繹如(えきじょ)たり。[131)]

D: 繹如である。

E: 면면하다.

A: 以[31]成[ル]

B: 以て成(ル)

C: 以(も)ちて成(な)る。

D: これをもって完成される。

E: 그럼으로써 완성된다.

a: 縱[ユルストキ,11]之以[ﾆ,32]純[음합부]如、皦[음합부]如、繹[음합부]如[ｰ,13]。

b: 縱(ユルストキ)に純如、皦如、繹如を以す。

c: 縱(ゆる)すときに純如(しゅんじょ)、皦如(けうじょ)、繹如(えきじょ)を以(も)ってす。

d: ときはなつ時は、純如、皦如、繹如をもってする。

e: 풀어놓을 때에, 순수함, 또렷함, 면면함으로써 한다.

a: 言[33]樂[カク]始[ﾆ,ハシメ,31]於翕[음합부]如[ｰ,11]而成[ﾆ,ル]於三[ｰ,11]也

b: 言は樂(カク)翕如に始(ハシメ)て三に成(ル)

c: 言(いふこころ)は、樂(がく)、翕如(きふじょ)に始(はじ)めて、三(み)つに成(な)る。

d: 意味はこうである。楽は翕如に始まり、その三つで完成される。

e: 그 뜻은 이러하다. 음악은 조화로이 하는 데에서 시작되어 세 가지로 완성된다.

131) 應永本抄物「繹如トハ相續シテ不[ﾚ]絶ヲ云。五音の相續シテ、間斷ナキヲ云也。(繹如(역여)란 서로 이어져서 끊어지지 않는 것을 말한다. 다섯 음이 서로 이어져서 끊임이 없는 것을 말한다. 180쪽)」

0324

A: 儀[음합부]封[음합부]人、請[㆑,フ]見[マミヘン,23~33]

B: 儀封人、見(マミヘン)と請(フ)

C: 儀封人(ぎほうじん)、見(まみ)えんと請(こ)ふ。

D: 儀の国境役人が、(孔子に)お目にかかることを願った。

E: 儀(의) 땅의 국경 관리인이 (공자님을) 뵙기를 청하였다.

a: 鄭玄曰儀[33]蓋[ケタシ]衛[22,삽입부[下[음합부]]]邑。也

b: 鄭玄曰儀は蓋(ケタシ)衛の下邑。

c: 鄭玄(ぢゃうぐゑん)曰(い)はく、儀(ぎ)は、蓋(けだ)し衛(ゑい)の下邑(かいふ)。

d: 鄭玄が言った。儀はおそらく衛の下邑であろう。

e: 정현이 말하기를, 의는 아마도 위나라의 읍일 것이다.

a: 封[음합부]人[33]官[22]名也

b: 封人は官の名

c: 封人(ほうじん)は官(くゎん)の名(な)。

d: 封人は官名である。

e: 봉인은 관명이다.

A: 曰、君[음합부]子[22]之至[㆓,13,33]於斯[㆒,コヽ,11]者、吾[レ]、未[㆓,タ]{ス}嘗[ムカシヨリ]、不[㆒,㆑,ハアラ]得[㆑]見[マミユル,13~23]也。

B: 曰、君子の斯(ココ)に至をば、吾(レ)、未(タ)嘗(ムカシヨリ)、見(マミユル)こと得不(ハアラ)未(ス)。

C: 曰(い)はく、君子(くんし)の斯(ここ)に至(いた)るをば、吾(われ)、未(いま)だ嘗(むかし)より見(まみ)ゆること得(え)ずんばあらず。

D: 言った。ここにお見えになった君子には、私はいまだかつてお目にかからなかったことがありません。

E: (국경 관리인이) 말하기를, 이곳에 오신 군자를, 이전부터 제가 만나 뵙지 못한 적이 없습니다.

A: 從[음합부,シヨウ]者、見[マミヘシム]之
B: 從(シヨウ)者、見(マミヘシム)
C: 從者(しょうしゃ)、見(まみ)えしむ。
D: 従者が、お目にかからせた。
E: 從者(종자)가 만나 뵙게 하였다.

a: 苞氏曰從[음합부]者[33]弟[음합부]子[22]随[ニ,31]孔[음합부]子[一,11]行[ユケル]者[ナリ]也。
b: 苞氏曰從者は弟子の孔子に随て行(ユケル)者(ナリ)。
c: 苞氏(はうし)曰(い)はく、從者(しょうしゃ)は、弟子(ていし)の孔子(こうし)に隨(したが)ひて行(ゆ)ける者(もの)なり。
d: 苞氏が言った。従者は、弟子の中で、孔子について歩いている人である。
e: 포씨가 말하기를, 종자는 제자 중에 공자를 따라 다니는 사람이다.

a: 通[トウシ,31]使[レ,12]得[レ,セ]見[マ,13~23]也
b: 通(トウシ)て見(マ)こと得(セ)使む
c: 通(とう)して見(まみ)ゆること得(え)せしむ。
d: 通してお目にかからせた。
e: 통과시켜서 만나 뵙게 하였다.

A: 出[イテ,31]曰[イハク]、二[음합부]三[음합부]子、何[ソ]患[ニ,ウレヘム]於喪[一,ホロヒンコト,13]乎[ヤ]。
B: 出(イテ)て曰(イハク)、二三子、何(ソ)喪(ホロヒンコト)を患(ウレヘム)乎(ヤ)。
C: 出(い)でて曰(い)はく、二三子(にさむし)、何(なん)ぞ喪(ほろ)びんことを患(うれ)へんや。
D: (お会いしてから)出て来て言った。君たちはどうして亡びることを憂えるのですか。
E: (만나고) 나와서 말하기를, 그대들은 어찌 (공자님의 도가) 없어질 것을 근심합니까?

A: 天[음합부]下之無[ㇾ,キ,13~23]道[ミチ]、乆[シ]矣

B: 天下道(ミチ)無(キ)こと、乆(シ)

C: 天下(てんか)、道(みち)無(な)きこと、久(ひさ)し。

D: 天下に道がなくなって久しいです。

E: 천하에 도가 없어진 지 오래되었습니다.

a: 孔安國曰語[㆓,31]諸[음합부]弟[음합부]子[㆒,11]言[イハク]、何[ソ]患[㆔,ヘン]於夫[음합부]子[22]聖[음합부]德[22]之將[㆓,11]{スルヿヲ}喪[음합부,サウ]亡[㆒,ハウシナン,23~33]邪[ヤ]。

b: 孔安國曰諸弟子に語て言(イハク)、何(ソ)夫子の聖德の將に喪(サウ)亡(ハウシナン)と將(スルコトヲ)患(ヘン)邪(ヤ)。

c: 孔安國(こうあんこく)曰(い)はく、諸弟子(しょていし)に語(かた)りて言(い)はく、何(なん)ぞ夫子(ふうし)の聖德(せいとく)の、將(まさ)に喪亡(さうばう)しなんとすることを患(うれ)へんや。

d: 孔安国が言った。諸弟子に語って言った。どうして先生の聖徳が亡びることを憂えるのか。

e: 공안국이 말하기를, (국경 관리인이) 여러 제자에게 말하기를, 어찌 선생님의 성덕이 장차 없어질 것을 근심하는가?

a: 天[음합부]下[22]之無[ㇾ,13~23]道、已[11]乆[シ]矣。

b: 天下の道無こと、已に乆(シ)。

c: 天下(てんか)の道(みち)無(な)きこと、已(すで)に久(ひさ)し。

d: 天下の道がなくなって、すでに久しい。

e: 천하에 도가 없어진 지 이미 오래되었다.

a: 極[훈합부,キハマリ]衰[オトロヘハ]必有[ㇾ,リ]盛[ナル]也

b: 極(キハマリ)衰(オトロヘハ)必盛(ナル)有(リ)

c: 極(きは)まり衰(おとろ)へば、必(かなら)ず盛(さか)んなる有(あ)り。

d: 衰えが極まれば、かならず盛んになるときがくる。

e: 극도로 쇠해지면 반드시 성하게 될 때가 온다.

A: 天將[ㅜ,11,32]以[ㅡ,31]夫[음합부]子[ㅡ,13]爲[ㅓ,セム,23~33]木[음합부]鐸[ㅗ,タク,23~33]

B: 天將に夫子を以て木鐸(タク)と爲(セム)とす

C: 天(てん)、將(まさ)に夫子(ふうし)を以(も)ちて、木鐸(ぼくたく)と爲(せ)んとす。

D: 天は、まさに先生を木鐸にしようとしています。

E: 하늘은 장차 선생님을 木鐸(목탁)으로 삼으려 합니다.

a: 孔安國曰木[음합부]鐸[33]施[ㅡ,32]政[음합부]教[ㅡ,カウ,13]之時[11]、所[レ,ナリ]振[フルフ]也。

b: 孔安國曰木鐸は政教(カウ)を施す時に、振(フルフ)所(ナリ)。

c: 孔安國(こうあんこく)曰(い)はく、木鐸(ぼくたく)は、政教(せいかう)を施(ほどこ)す時(とき)に振(ふる)ふ所(ところ)なり。

d: 孔安国が言った。木鐸は政教を施す時に振うものである。

e: 공안국이 말하기를, 목탁은 政敎(정교)를 베풀 때에 흔드는 것이다.

a: 言[33]天、將[ㅜ,11,32]命[ㅡ,シ,31]孔[음합부]子[ㅡ,11]制[ㅡ,シ,31]法[음합부]度[ㅡ,13]以号[ㅓ,음합부]令[セン,23~33]於天[음합부]下[ㅗ,11]也

b: 言は天、將に孔子に命(シ)て法度を制(シ)て以天下に号令(セン)と將す

c: 言(いふこころ)は、天(てん)、將(まさ)に孔子(こうし)に命(めい)じて、法度(はふと)を制(せい)して、以(も)ちて天下(てんか)に號令(かうれい)せんとす。

d: 意味はこうである。天は、まさに孔子に命じて、法度を制し、それをもって天下に号令しようとしている。

e: 그 뜻은 이러하다. 하늘은 장차 공자에게 명하여서 법도를 제정하여, 그럼으로써 천하에 호령하려 한다.

0325

A: 子謂[ㇾ,ノ,22]韶[13]、盡[ㇾ,セリ]美矣。

B: 子韶を謂(ノ)の、美盡(セリ)。

C: 子(し)韶(せう)を謂(のたう)ばく、美(び)盡(つく)せり。

D: 先生が韶について言われた。美を尽している。

E: 선생님께서 韶樂(소악)에 대해 말씀하시기를, 아름다움을 다했다.

A: 又盡[ㇾ,セリ]善也

B: 又善盡(セリ)

C: 又(また)善(ぜん)盡(つく)せり。

D: また善を尽している。

E: 또 선함을 다했다.

a: 孔安國曰韶[33]舜[22]樂[カクノ,삽입[名]]也[リ]。

b: 孔安國曰韶は舜の樂(カクノ)名也(リ)。

c: 孔安國(こうあんこく)曰(い)はく、韶(せう)は、舜(しゅん)の樂(がく)の名(な)なり。

d: 孔安国が言った。韶は、舜王の楽の名である。

e: 공안국이 말하기를, 韶(소)는 순임금의 음악의 이름이다.

a: 謂[ㄒ,フ]以[ㆁ]聖[음합부]德[ㄧ,13,31]受[ㄴ,ㇾ,タル,13]禪[ユツリ,13]。

b: 聖德を以て禪(ユツリ)を受(タル)を謂(フ)。

c: 聖德(せいとく)を以(も)ちて、禪(ゆづ)りを受(う)けたるを謂(い)ふ。

d: 聖徳をもって、ゆずりを受けたことをいう。

e: 성덕으로써 선양을 받은 것을 말한다.

a: 故[11]曰[イ]盡[ㇾ,セリ]善也

b: 故に曰(イ)善盡(セリ)

c: 故(ゆゑ)に曰(い)はく、善(ぜん)を盡(つく)せり。

d: それで言った。善を尽している。

e: 그러므로 말하기를 선함을 다했다.

A: 謂[㆑,ノタフマク[132],22]武[13]、盡[㆑,セリ]美[ヒ]矣。

B: 武を謂(ノタフマク)の、美(ヒ)盡(セリ)。

C: 武(ぶ)を謂(のたう)ばく、美(び)を盡(つく)せり。

D: 武について言われた。美を尽している。

E: 武樂(무악)에 대해 말씀하시기를, 아름다움을 다했다.

A: 未[㆑,タ]{ス}盡[㆑,ツクサ]善[セン]也

B: 未(タ)善(セン)盡(ツクサ)未(ス)

C: 未(いま)だ善(ぜん)を盡(つく)さず。

D: 善は尽していない。

E: 선함은 다하지 못했다.

a: 孔安國曰武[33]武[음합부]王[22]樂也。

b: 孔安國曰武は武王の樂。

c: 孔安國(こうあんこく)曰(い)はく、武(ぶ)は武王(ぶわう)の樂(がく)。

d: 孔安国が言った。武は武王の楽である。

e: 공안국이 말하기를, 武(무)는 武王(무왕)의 음악이다.

a: 以[㆓,31]征[음합부]伐[㆒,ハツ,13]取[㆓,レリ]天[음합부]下[㆒,13]。

b: 征伐(ハツ)を以て天下を取(レリ)。

c: 征伐(せいばつ)を以(も)ちて、天下(てんか)を取(と)れり。

d: 征伐をして、天下を取った。

e: 정벌하여 천하를 취하였다.

---

132) 八佾篇 제1장에서 「のたうまく」라는 가나점이 등장한 바 있다. 「のたふまく」는 「のたうまく」의 「う」를 「ふ」로 표기한 것이다.

a: 故[11]曰未[ㇾ,タ]{ス}盡[ㇾ]善也

b: 故に曰未(タ)善盡未(ス)

c: 故(ゆゑ)に曰(い)はく、未(いま)だ善(ぜん)を盡(つく)さず。

d: それで言った。善は尽していない。

e: 그러므로 말하기를, 선함은 다하지 못했다.

0326

A: 子曰居[ㇾ,ヰ,31]上[11]不[ㇾ,32]寛[ユタカナラ]、爲[ㇾ,スルコト]禮[13]、不[ㇾ,32]敬[ケイセ]、臨[ㇾ,31]喪[モ,11]不[ㇾ,33]哀[カナシハ]吾[レ]何[훈합부,ナニ,13]以[21]觀[ミ,12]之哉[ヤ]

B: 子曰上に居(ヰ)て寛(ユタカナラ)不ず、禮を爲(スルコト)、敬(ケイセ)不ず、喪(モ)に臨て哀(カナシハ)不ば吾(レ)何(ナニ)を以か觀(ミ)ん哉(ヤ)

C: 子(し)の曰(のたう)ばく、上(かみ)に居(ゐ)て寛(ゆた)かならず、禮(れい)を爲(す)ること敬(けい)せず、喪(も)に臨(のぞ)みて哀(かな)しばずんば、吾(われ)何(なに)を以(も)ってか觀(み)んや。

D: 先生が言われた。(人の)上にいながら寛容でなく、礼を行うにおいて敬うことなく、喪に臨んで哀しまないならば、私は何をもって見るだろうか。

E: 선생님께서 말씀하시기를, (다른 사람) 위에 있으면서 너그럽지 않고, 예를 행함에 공경스럽게 하지 않고, 喪事(상사)에 임하여 슬퍼하지 않는다면, 내가 무엇으로써 보겠는가?

論語集解里仁第四

論語里仁第四　　　　何晏集解　凢卄六章

0401

A: 子曰里[サト,33]仁[13]爲[㆑,32]善[133][ヨシ,23~33]

B: 子曰里(サト)は仁を善(ヨシ)と爲す

C: 子(し)の曰(のたう)ばく、里(さと)は仁(じん)を善(よ)しと爲(す)。

D: 先生が言われた。里は仁を善いところとなす。

E: 선생님께서 말씀하시기를, 마을은 인을 좋은 곳으로 여긴다.

a: 鄭玄曰里[サト,33]者民[22]之所[㆑]居[ヲル]也。

b: 鄭玄曰里(サト)は民の居(ヲル)所。

c: 鄭玄(ぢやうぐゑん)曰(い)はく、里(さと)は、民(たみ)の居(を)る所(ところ)。

d: 鄭玄が言った。里は、民が住んでいるところである。

e: 정현이 말하기를, 마을은 백성들이 사는 곳이다.

a: 居[㆓]於仁[음합부]者[22]之里[㆒,11]、是[13]爲[㆑,32]善[134][23~33]也

b: 仁者の里に居、是を善と爲す

c: 仁者(じんしゃ)の里(さと)に居(を)る、是(これ)を善(よ)しと爲(す)。

d: 仁者の里に住むこと、これを善いこととなす。

e: 인자의 마을에 사는 것, 이것을 좋은 것으로 여긴다.

---

133) 본문 좌측에 「美」라고 기입되어 있다. 永正本集解의 본문은 「美」이다.

134) 永正本集解는 「美」이다. 無跋本集解에는 다른 기입이 없다.

A: 擇[エラム,31]不[ㇾ,32,33]處[ㇾ]仁[11]、焉[イツクンソ]得[ㇾ,12]智[135][음독부,13][136]

B: 擇(エラム)で仁に處不ずば、焉(イツクンソ)智を得ん

C: 擇(えら)んで仁(じん)に處(を)らずんば、焉(いづく)んぞ智(ち)を得(え)ん。

D: 選んで仁に居しなければ、どうして智恵を得ることができようか。

E: 골라서 인에 거하지 않는다면, 어찌 지혜를 얻겠는가?

a: 鄭玄曰求[ㇾ,メ,31]善[음합부]居[ㇾ,キヨ,13]而不[ㇾ,32,33]處[ㇾ]仁[음합부]者[22]之里[ㇾ,11]、不[ㇾ,シ]得[ㇾ]爲[ㇾ,スル,13~23,13]有[ㇾ,リト]智也

b: 鄭玄曰善居(キヨ)を求(メ)て仁者の里に處不ずば、智有(リト)爲(スル)ことを得不(シ)

c: 鄭玄(ぢゃうぐゑん)曰(い)はく、善居(ぜんきょ)を求(もと)めて仁者(じんしゃ)の里(さと)に處(を)らずんば、智(ち)有(あ)りと爲(す)ることを得(え)じ。

d: 鄭玄が言った。善い場所を求め、仁者の里に住まなければ、智恵があるということはできないであろう。

e: 정현이 말하기를, 좋은 거처를 구하여 인자의 마을에 거하지 않는다면, 지혜가 있다고 할 수 없을 것이다.

0402

A: 子曰不[음합부]仁[음합부]者[33]不[ㇾ,32]可[ㇾ]以[31]久[ク]、處[ㇾ,ㇾ,ヲル]約[セハシキ,11]

B: 子曰不仁者は以て久(ク)、約(セハシキ)に處(ヲル)可不ず

C: 子(し)の曰(のたう)ばく、不仁者(ふじんしゃ)は、以(も)ちて久(ひさ)しく約(せは)しきに處(を)るべからず。[137]

135) 永正本集解는 「知」이다.

136) 21 위치에 묵점이 있는 듯이 보이나 획의 먹이 번진 것이다.

137) 應永本抄物 「約トハ貧窮ナルヲ云。君子ハ久シク疲勞シテ居レトモ、少シモ德行替ルコトナシ。不仁者ハ久ク疲勞スレハ、飢寒ニセメラレテ必ス惡事ヲスル也。仁ハ人ノ本心也。本心ヲ失テ惡事ヲスルホトニ疲勞シテ居ルコトモ不能也。(約(약)이란 빈궁한 것을 말한다. 군자는 오래도록 가난하게 있더라도 조금도 덕행이 바뀌는

D: 先生が言われた。不仁な者は、長く困窮にいられない。

E: 선생님께서 말씀하시기를, 인하지 못한 자는 오래 곤궁함에 거할 수 없다.

a: 孔安國曰久[ク]困[クルシムトキ,33]則爲[ㇾ,32]非[13]也

b: 孔安國曰久(ク)困(クルシムトキ)は則非を爲す

c: 孔安國(こうあんこく)曰(い)はく、久(ひさ)しく困(くる)しむときは、則(すなは)ち非(ひ)を爲(す)。

d: 孔安国が言った。長く苦しければ、過ちを犯す。

e: 공안국이 말하기를, 오래 곤궁하면 잘못을 범한다.

A: 不[ㇾ,32]可[ニ]以[31]長[ク]、處[ㇾ,ㇾ,ヲル]樂[タノシキ,11]

B: 以て長(ク)、樂(タノシキ)に處(ヲル)可不ず

C: 以(も)ちて長(なが)く樂(たの)しきに處(を)るべからず。[138)]

D: 長く安楽にいられない。

E: 오래 안락함에 거할 수 없다.

a: 孔安國曰必驕[음합부]佚[32]也

b: 孔安國曰必驕佚す

c: 孔安國(こうあんこく)曰(い)はく、必(かなら)ず驕佚(けういつ)す。

d: 孔安国が言った。かならず驕ってほしいままにする。

e: 공안국이 말하기를, 반드시 교만하고 방일해진다.

A: 仁[음합부]者[33]安[ㇾ,32]仁[13]

B: 仁者は仁を安ず

C: 仁者(じんしゃ)は、仁(じん)を安(やす)んず。

일이 없다. 不仁者(불인자)는 오래도록 피로하면 배고픔과 추위에 쫓겨 반드시 나쁜 짓을 한다. 인은 사람의 본심이다. 본심을 잃고 나쁜 짓을 하는 것이니 가난하게 있을 수도 없는 것이다. 187쪽)」

138) 應永本抄物「樂トハ富貴ナルヲ云。君子ハ久ク富貴ニ居レハ、彌禮義ヲ行フ。不仁者ハ久ク富貴ナレハ、必ス驕ル。驕レハ誇ルホトニ、樂キニモ久ク居コト不能也。久長ノ字面白シ。小人モ暫時ハ樂ミテ惡ヲセス。久シケレハ必惡ヲスル也。(樂(락)이란 부귀한 것을 말한다. 군자는 오래도록 부귀함에 거하면 더욱 예와 의를 행한다. 不仁者(불인자)는 오래도록 부귀하면 반드시 교만해진다. 교만하면 우쭐해지니 부유함에도 오래도록 거할 수 없는 것이다. 久長(구장)이라는 글자는 흥미롭다. 소인도 잠시 동안은 부유하더라도 나쁜 짓을 하지 않는다. 오래되면 반드시 나쁜 짓을 한다. 187–188쪽)」

D: 仁者は、仁に安んずる。

E: 인자는 인을 편안히 여긴다.

a: 苞氏曰唯、性仁[음합부]者[33]自[음합부]然[11]躰[テイ,32]之

b: 苞氏曰唯、性仁者は自然に躰(テイ)す

c: 苞氏(はうし)曰(い)はく、唯(ただ)、性(せい)仁者(じんしゃ)は自然(しぜん)に體(てい)す。

d: 苞氏が言った。ただ、性が仁である者だけが自然に体現する。

e: 포씨가 말하기를, 오직 성품이 인한 자만이 자연스럽게 체현한다.

a: 故[11]謂[ㇾ,フ]安[ㇾ,32,23~33]仁[13]也

b: 故に仁を安ずと謂(フ)

c: 故(ゆゑ)に仁(じん)を安(やす)んずと謂(い)ふ。

d: そのため、仁を安らかに思うといったのである。

e: 그러므로 인을 편안히 여긴다고 한 것이다.

A: 智[음합부]者[33]利[ㇾ,23~33,32]仁[13]

B: 智者は仁を利とす

C: 智者(ちしゃ)は、仁(じん)を利(り)とす。

D: 智者は、仁を有益なものと思う。

E: 지자는 인을 이롭게 여긴다.

a: 王肅曰知[ニ,レリ]仁[22]爲[一,ㇾ,13~23,13]美。

b: 王肅曰仁の美爲ことを知(レリ)。

c: 王肅(わうしく)曰(い)はく、仁(じん)の美(び)たることを知(し)れり。

d: 王粛が言った。仁が善いものと知っている。

e: 왕숙이 말하기를, (지자는) 인이 좋다는 것을 안다.

a: 故[11]利[トシ,31]行[フ]之也

b: 故に利(トシ)て行(フ)

c: 故(ゆゑ)に利(り)として行(おこな)ふ。[139)]

139) 「利」에 대해 義疏와 集注는 각각 다음과 같이 주석을 달고 있다.

d: そのため、有益だと思って行う。

e: 그러므로 이롭게 여겨 행한다.

0403

A: 子曰唯[タヽ]仁[음합부]者[33]能、好[ㇾ,ヨミシ]人[13]能悪[ㇾ,ニクミ,32]人[13]

B: 子曰唯(タタ)仁者は能、人を好(ヨミシ)能人を悪(ニクミ)す

C: 子(し)の曰(のたう)ばく、唯(ただ)仁者(じんしゃ)は、能(よ)く人(ひと)を好(よ)みし、能(よ)く人(ひと)を惡(にく)みす。[140)]

D: 先生が言われた。ただ仁者だけが、人を愛することもでき、人を憎むこともできる。

E: 선생님께서 말씀하시기를, 오직 인자만이 사람을 좋아할 수 있고, 사람을 싫어할 수 있다.

a: 孔安國曰唯仁[음합부]者[33]能審[ᅳ,アキラカ,11,32]人[22]好[음합부]悪[ㅡ,ヲ,13]也

b: 孔安國曰唯仁者は能人の好悪(ヲ)を審(アキラカ)にす

c: 孔安國(こうあんこく)曰(い)はく、唯(ただ)仁者(じんしゃ)は能(よ)く人(ひと)の好惡(かうあく)を審(あき)らかにす。

d: 孔安国が言った。ただ仁者だけが、よく人の善悪を明らかにすることができる。

e: 공안국이 말하기를, 오직 인자만이 능히 사람의 좋고 나쁨을 분명히 할 수 있다.

義疏「若於彼我皆利, 則己行之, 若於我有損, 則便停止, 是智者利仁也」
集注「利猶貪也, 蓋深知篤好而必欲得之也」
應永本抄物「智者ハ仁ヲ見知テ、仁ハ天下ヲ救[ス]イ、我身ニ益アリト思テ、利アレハ行フ。損アレハ不[ㇾ]行。(지자는 인을 알아보고, 인이 천하를 구하며 내 몸에 이로움이 있음을 생각하고서, 이득이 있으면 행하고 손해가 있으면 행하지 않는다. 188쪽)」

140) 「唯」의 集注의 본문은 「惟」이다. 또한 「惟之爲言獨也」라고 주석을 달고 있다. 이에 따르면 「ひとり」라고 읽을 수 있다. 永正本集解는 無跋本集解와 마찬가지로 「タタ」라고 가점되어 있다.
應永本抄物 「唯トハ獨ト云心也。(唯(유)란 獨(독)이라는 뜻이다. 189쪽)」集注에 따르고 있는 것으로 보인다.

0404

A: 子曰苟[マコト,11]志[ᅳ,コヽロサストキ,33]於仁[ᅳ,11]矣、無[ㇾ,シ]悪[アシキ,13~23]

B: 子曰苟(マコト)に仁に志(ココロサストキ)は、悪(アシキ)こと無(シ)

C: 子(し)の曰(のたう)ばく、苟(まこと)に仁(じん)に志(こころざ)すときは、惡(あ)しきこと無(な)し。

D: 先生が言われた。まことに仁に志せば、悪いところがない。

E: 선생님께서 말씀하시기를, 진실로 인에 뜻을 두면, 악한 것이 없다.

a: 孔安國曰苟[コウ,33]誠也。

b: 孔安國曰苟(コウ)は誠。

c: 孔安國(こうあんこく)曰(い)はく、苟(こう)は誠(せい)。

d: 孔安国が言った。苟は誠である。

e: 공안국이 말하기를, 苟(구)는 誠(성)[진실로]이다.

a: 言[33]誠[マコトニ,11]能、志[ᅳ,トキ,33]於仁[ᅳ,11]者、則其[22]餘[33,삽입부[終[ニ]]]無[ㇾ,シ]悪[13~23]也

b: 言は誠(マコトニ)に能、仁に志(トキ)は、則其の餘は終(ニ)悪こと無(シ)

c: 言(いふこころ)は、誠(まこと)に能(よ)く仁(じん)に志(こころざ)すときは、則(すなは)ち其(そ)の餘(あまり)は、終(つひ)に惡(あ)しきこと無(な)し。

d: 意味はこうである。まことに仁に志すことができるものならば、そのあまりはついに悪いところがない。

e: 그 뜻은 이러하다. 진실로 인에 뜻을 둘 수 있다면, 그 나머지는 결국 악한 것이 없다.

0405

A: 子曰冨[トミ,23~33]與[㆑,33]貴[タトキ]、是[レ]人[22]之所[㆑,ナリ]欲[ホスル]也。

B: 子曰冨(トミ)と貴(タトキ)與は、是(レ)人の欲(ホスル)所(ナリ)。

C: 子(し)の曰(のたう)ばく、富(とみ)と貴(たっと)きとは、是(これ)人(ひと)の欲(ほっ)する所(ところ)なり。

D: 先生が言われた。富貴は人の求めるところである。

E: 선생님께서 말씀하시기를, 부유함과 귀함은 사람이 바라는 바이다.

A: 不[㆘]以[㆓]其[22]道[㆒,13]得[㆖,エ]之、不[㆑,32]處[ヲラ]也

B: 其の道を以得(エ)不、處(ヲラ)不ず

C: 其(そ)の道(だう)を以(も)ちて得(え)ずんば、處(を)らず。[141)]

D: その道によって得たのでなければ、居しない。

E: 그 도로써 얻은 것이 아니면 거하지 않는다.

a: 孔安國曰不[㆘,33]以[㆓]其[22]道[㆒,13]得[㆗]冨[음합부]貴[㆖,13]不[㆑,32]處[オラ]也

b: 孔安國曰其の道を以冨貴を得不ば處(オラ)不ず

c: 孔安國(こうあんこく)曰(い)はく、其(そ)の道(だう)を以(も)ちて富貴(ふうき)を得(え)ずんば、處(を)らず。

d: 孔安国が言った。その道によって富貴を得たのでなければ、居しない。

e: 공안국이 말하기를, 그 도로써 부귀를 얻은 것이 아니면 거하지 않는다.

A: 貧[マツシキ,23~33]與[㆑,23~33,33]賤[イヤシキ]、是[レ]人[22]之所[㆑,ナリ]悪[ニクミスル]。

B: 貧(マツシキ)と賤(イヤシキ)與とは、是(レ)人の悪(ニクミスル)所(ナリ)。

---

141) 應永本抄物「富貴ニアルヘキ道理ニアラスシテ、富貴ナルハ一旦ハアレ共、ツイニ我物ニ非ス。軈テ打コホシテノクルホトニ、君子ハ道ニ非スシテ富貴ニハ不居也。不義ニシテ富ミ、亦タ貴キハ於[㆑]我如[㆓]浮ル雲[㆒,ノ]ト云リ。(부귀에 거할 도리가 아닌데 부귀한 것은 일단은 거하지만 끝내 내 것이 아니다. 이내 부서져버리니 군자는 도가 아니고서는 부귀에 거하지 않는 것이다. 불의로써 부유해지고 또한 존귀해지는 것은 내게 있어서 뜬 구름과 같은 것이라고 하였다. 190쪽)」

C: 貧(まづ)しきと賤(いや)しきとは、是(これ)人(ひと)の惡(にく)みする所(ところ)なり。

D: 貧しさと賎しさは、人の憎むところである。

E: 가난함과 천함은 사람이 싫어하는 바이다.

A: 不[ㇳ,32,33]以[ㇾ]其道[ㇴ,13]得[ㇵ,エ]之不[ㇾ,32]去[サラ]

B: 其道を以得(エ)不ずば去(サラ)不ず

C: 其(そ)の道(だう)を以(も)ちて得(え)ずんば、去(さ)らず。

D: その道によって得たのでなければ、離れない。

E: 그 도로써 얻은 것이 아니면 가난함과 천함에서 떠나지 않는다.

a: 時[11]有[ニ,リ]否[음합부,ヒタヒ]泰[一]。

b: 時に否(ヒタヒ)泰有(リ)。

c: 時(とき)に否泰(ひたい)有(あ)り。[142)]

d: 時には塞がる時と通じる時がある。

e: 때에는 막힘과 통함이 있다.

a: 故[11]君[음합부]子[33]履[ㇾ,フン,31]道[13]而反[カヘ,31]貧[훈합부,シク]賤[シ]。

b: 故に君子は道を履(フン)で反(カヘ)て貧(シク)賤(シ)。

c: 故(ゆゑ)に君子(くんし)は、道(だう)を履(ふ)んで、反(かへ)りて貧(まづ)しく賤(いや)し。

d: そのため、君子は道を行っても、かえって貧しく賎しいこともある。

e: 그러므로 군자는 도를 행하여도 도리어 가난하고 천해지기도 한다.

a: 此[レ]則不[下]以[ニ]其[22]道[一,13]而得[上]之者[モノナリ]也。

b: 此(レ)則其の道を以得不者(モノナリ)。

c: 此(これ)則(すなは)ち、其(そ)の道(だう)を以(も)ちて得(え)ざる者(もの)なり。

---

142) 否泰(부태)는 주역의 2개의 卦(괘) 이름. 천지가 交하고 만물이 통하는 것을 「泰」라 하고, 交하지 않고 막히는 것을 「否」라 한다. 세상일의 성쇠, 명운의 順逆(순역)을 否泰(부태)라고 한다.
應永本抄物 「易ニ否ノ卦アリ。否ハフサカル心ニシテ、惡キ方也。泰ハトヲル心ニシテヨキ方也。天道モ否ノ卦、泰ノ卦ニ當テ春ハ暖ニシテ、萬物生シ、冬ハ寒シテ萬物枯。(周易(주역)에 否(부) 괘가 있다. 否는 막힌다는 뜻으로 나쁜 쪽이다. 泰(태)는 통한다는 뜻으로 좋은 쪽이다. 하늘의 이치에도 否의 괘와 泰의 괘에 맞춰서 봄은 따뜻하여 만물이 소생하고 겨울은 추워 만물이 시든다. 191쪽)」

d: これはその道によって得たものではない。

e: 이것은 그 도로써 얻은 것이 아니다.

a: 雖[ᅳ]是[レ]、人[22]之所[ᅳ,ᄂ,23~33]悪[スル]、不[ᄂ,ス,32]可[ᅳ]違[タカツ,31]而去[ᅳ,サル]也

b: 是(レ)、人の悪(スル)所と雖、違(タカツ)て去(サル)可不(ス)ず

c: 是(これ)、人(ひと)の惡(にく)みする所(ところ)といへども、違(たが)って去(さ)るべからず。

d: これが人の憎むところであっても、逆らって離れることができない。

e: 이것이 사람이 싫어하는 바라 할지라도, 거스르고 떠날 수 없다.

A: 君[음합부]子[33]去[ᄂ,サ,31]仁[13]悪[イツクン,21]乎成[ᄂ,ナサム]名[13]

B: 君子は仁を去(サ)て悪(イツクン)か名を成(ナサム)

C: 君子(くんし)は仁(じん)を去(さ)りて、惡(いづく)んか名(な)を成(な)さん。

D: 君子は仁を離れて、どうして名を成すことができようか。

E: 군자가 인을 떠나 어떻게 이름을 이루겠는가?

a: 孔安國曰悪[イツクカ,21]乎成[ᄂ,ナサン,23~33,33]名[13]者、不[ᄂ,ス]得[ᅳ]成[ᄂ,シ,31]名[13]爲[ᅳ,タル,13~23]君[음합부]子[ᅳ]也

b: 孔安國曰悪(イツクカ)か名を成(ナサン)とは、名を成(シ)て君子爲(タル)こと得不(ス)

c: 孔安國(こうあんこく)曰(い)はく、惡(いづく)んか名(な)を成(な)さんとは、名(な)を成(な)して君子(くんし)たることを得(え)ず。

d: 孔安国が言った。どうして名を成すことができようかというのは、名を成して君子になることはできないという意味である。

e: 공안국이 말하기를, 어떻게 이름을 이루겠는가라는 것은, 이름을 이루어 군자가 될 수 없다는 것이다.

A: 君[음합부]子[33]無[ᅳ,シ]終[ᄂ,オフル]食[13]之間[ヒマタモ]、違[ᅳ,ᄂ,13~23]仁[11]。

B: 君子は食を終(オフル)間(ヒマタモ)、仁に違こと無(シ)。

C: 君子(くんし)は食(しょく)を終(を)ふる間(ひま)だも、仁(じん)に違(たが)ふこと無(な)し。

D: 君子は食事をする間にも、仁に逆らうことがない。

E: 군자는 식사를 하는 동안에도 인에 거스르는 일이 없다.

A: 造[음합부]次[ニモ]、必[ス]於[ㇾ,オイテシ]是[コヽ,11]、顚[음합부]沛[ニモ]、必[ス]於[ㇾ,テ,32]是[コヽ,11]

B: 造次(ニモ)、必(ス)是(ココ)に於(オイテシ)、顚沛(ニモ)、必(ス)是(ココ)に於(テ)す

C: 造次(さうし)にも、必(かなら)ず是(ここ)に於(おい)てし、顚沛(てんぱい)にも必(かなら)ず是(ここ)に於(おい)てす。

D: 大急ぎのときにも、かならず仁に即し、倒れ伏したときにも、かならず仁に即する。

E: 급할 때에도 반드시 인에 입각해서 하고, 쓰러지고 엎어졌을 때에도 인에 입각해서 한다.

a: 馬融曰造[음합부]次[33]急[훈합부,スミヤカ,11]遽[スミヤカナルソ]也。

b: 馬融曰造次は急(スミヤカ)に遽(スミヤカナルソ)。

c: 馬融(ばいう)曰(い)はく、造次(さうし)は、急(すみ)やかに遽(すみ)やかなるぞ。

d: 馬融が言った。造次は、大急ぎのことである。

e: 마융이 말하기를, 造次(조차)는 급한 것이다.

a: 顛[음합부]沛[33]僵[훈합부,タフレ]仆[フスソ]也。

b: 顛沛は僵(タフレ)仆(フスソ)。

c: 顚沛(てんぱい)は、僵(たふ)れ仆(ふ)すぞ。

d: 顛沛は、倒れて伏すことである。

e: 顚沛(전패)는 넘어지고 엎어지는 것이다.

a: 雖[ᆖ]急[11]遽[11]僵[훈합부]仆[ᆖ,23~33]、不[ㇾ,32]違[ᆖ]於仁[ᆖ,11]也

b: 急に遽に僵仆と雖、仁に違不ず

c: 急(すみ)やかに遽(すみ)やかに僵(たふ)れ仆(ふ)すといへども、仁(じん)に違(たが)はず。

d: たとえ大急ぎで、倒れ伏していても、仁に逆らうことがない。

e: 급하거나 넘어지고 엎어진다 할지라도, 인에 거스르는 일이 없다.

0406

A: 子曰我[レ]未[ㇾ,タ,32]見、好[ㇾ,ヨミスル]仁[13]者[モノ,13]。

B: 子曰我(レ)未(タ)見未ず、仁を好(ヨミスル)者(モノ)を。

C: 子(し)の曰(のたう)ばく、我(われ)未(いま)だ見(み)ず、仁(じん)を好(よ)みする者(もの)を。

D: 先生が言われた。私はまだ見たことがない、仁を好む人を。

E: 선생님께서 말씀하시기를, 나는 아직 보지 못했다, 인을 좋아하는 이를.

A: 悪[ニ,ニクミスル]不[음합부]仁[一,13]、者[モノヲサヘ,11]

B: 不仁を悪(ニクミスル)、者(モノヲサヘ)に

C: 不仁(ふじん)を悪(にく)みする者(もの)をさへに。

D: 不仁を憎む人さえも。

E: 不仁(불인)을 싫어하는 이조차도.

A: 好[ㇾ,ヨミスル]仁[13]者[モノ,11,33]無[ニ,ケム]以[31]尚[一,クワフル,13~23]之

B: 仁を好(ヨミスル)者(モノ)には以て尚(クワフル)こと無(ケム)

C: 仁(じん)を好(よ)みする者(もの)には、以(も)ちて尚(くは)ふること無(な)けん。

D: 仁を好む者には、それ以上付け加えることがないだろう。

E: 인을 좋아하는 자에게는 더 보탤 것이 없을 것이다.

a: 孔安國曰難[ニ,カタシ]復、加[一,フル,13~23]也

b: 孔安國曰復、加(フル)こと難(カタシ)

c: 孔安國(こうあんこく)曰(い)はく、復(また)加(くは)ふること難(かた)し。

d: 孔安国が言った。さらに加えることが難しい。

e: 공안국이 말하기를, 더 더하기가 어렵다.

A: 悪[ᅳ,ニクミスル,33]不[음합부]仁[음합부]者[ᅳ,13]、其[レ]爲[ᅩ,スルナリ]仁[13]矣。
B: 不仁者を悪(ニクミスル)は、其(レ)仁を爲(スルナリ)。
C: 不仁者(ふじんしゃ)を惡(にく)みするは、其(それ)仁(じん)を爲(す)るなり。
D: 不仁者を憎むことは、それが仁を行うことである。
E: 不仁者(불인자)를 싫어하는 것은 인을 행하는 것이다.

A: 不[ᅩ,32]使[ᅮ,ᅳ,シ,31]{シメ}不[음합부]仁[음합부]者[ᅳ,13]加[ᅮ,クワヘ]乎其[22]身[ᅩ,11]
B: 不仁者を使(シ)て其の身に加(クワヘ)使(シメ)ず
C: 不仁者(ふじんしゃ)をして、其(そ)の身(み)に加(くは)へしめず。
D: 不仁者に、自分の身の上に(非義を)加えさせない。
E: 불인자로 하여금 나에게 (의가 아닌 것을) 가하게 하지 않는다.

a: 孔安國曰言[33]悪[ᅳ,スル,33]不[음합부]仁[음합부]者[ᅳ,13]能使[ᅮ,ᅳ,メ,12]不[음합부]仁[음합부]者[ᅳ,13]不[ᅩ,ラ]加[ᅮ,ヘ]非[음합부]義[13]於巳[ᅩ,オレ,11]。
b: 孔安國曰言は不仁者を悪(スル)は能不仁者を使(シテ)非義を巳(オレ)に加(ヘ)不(ラ)使む。
c: 孔安國(こうあんこく)曰(い)はく、言(いふこころ)は、不仁者(ふじんしゃ)を惡(にく)みするは、能(よ)く不仁者(ふじんしゃ)をして非義(ひぎ)を己(おのれ)に加(くは)へざらしむ。
d: 孔安国が言った。意味はこうである。不仁者を憎むことは、不仁者に、非義を自分に加えさせないようにすることができる。
e: 공안국이 말하기를, 그 뜻은 이러하다. 불인자를 싫어하는 것은, 불인자로 하여금 의가 아닌 것을 자신에게 가하지 못하게 할 수 있다.

a: 不[ᅩ,32]如、好[ᅩ,ヨミスル]仁[13]者[モノ]無[ᅳ,キ,21]以[31]加[훈합부,クワヘ]尚[ᅳ,クワフル,13~23]爲[ᅳ,スル,11,33]之優[ᅳ,マサレリ,23~33]也
b: 如不ず、仁を好(ヨミスル)者(モノ)以て加(クワヘ)尚(クワフル)こと無(キ)が優(マサレリ)と爲(スル)には
c: 如(し)かず、仁(じん)を好(よ)みする者(もの)、以(も)ちて加(くは)へ尚(くは)ふること無(な)きが優(まさ)れりと爲(す)るには。

d: 仁を好む者でさらに加えるところがない者が、優れているのには及ばない。

e: 인을 좋아하여 더할 바 없는 자가 뛰어난 것에는 미치지 못한다.

A: 有[㆔,アレ]能一[음합부]日[モ]、用[㆓,13~23]其[22]力[チカラ,13]於仁[㆒,11]矣乎[ヤ]。

B: 能一日(モ)、其の力(チカラ)を仁に用こと有(アレ)乎(ヤ)。

C: 能(よ)く一日(いちじつ)も、其(そ)の力(ちから)を仁(じん)に用(もち)ゐること有(あ)れや。

D: 一日でも自分の力を仁に用いることがあるか。

E: 하루라도 자기 힘을 인에 쓰는 일이 있는가?

A: 我[レ]未[㆑,タ]{ス}見、力[チカラ]不[㆑,ル]足[タラ]者[モノ,13]也

B: 我(レ)未(タ)見未(ス)、力(チカラ)足(タラ)不(ル)者(モノ)を

C: 我(われ)未(いま)だ見(み)ず、力(ちから)、足(た)らざる者(もの)を。

D: 私はまだ見たことがない、力が足りない者を。

E: 나는 아직 보지 못했다, (인을 행하기에) 힘이 부족한 이를.

a: 孔安國曰言[33]人、無[㆘,ラマク]能、一[음합부]日[モ]、用[㆓,テ]其[22]力[㆒,13,31]脩[㆑,ムル]仁者[㆖]耳[ノミ]。

b: 孔安國曰言は人、能、一日(モ)、其の力を用(テ)て仁脩(ムル)者無(ラマク)耳(ノミ)。

c: 孔安國(こうあんこく)曰(い)はく、言(いふこころ)は、人(ひと)、能(よ)く、一日(いちじつ)も其(そ)の力(ちから)を用(もち)ゐて仁(じん)を修(をさ)むる者(もの)無(な)からまくのみ。

d: 孔安国が言った。意味はこうである。人として一日でも力を使って仁を修める者がいないということである。

e: 공안국이 말하기를, 그 뜻은 이러하다. 사람으로서 하루라도 힘을 써서 인을 닦는 이가 없다는 것이다.

a: 我[レ]未[㆑,タ]{ス}見、欲[㆑,シ,31]爲[㆑,セマク]仁[13]而力[훈독부]不[㆑,ストイフ]足[タラ]、者[13]也

b: 我(レ)未(タ)見未(ス)、仁を爲(セマク)欲(シ)て力足(タラ)不(ストイフ)、者を

c: 我(われ)未(いま)だ見(み)ず、仁(じん)を爲(せ)まく欲(ほっ)して、力(ちから)足(た)らずといふ者(もの)を。

d: 私はまだ見たことがない、仁を行おうとはするが力が足りないという者を。

e: 나는 아직 보지 못했다, 인을 행하려고는 하지만 힘이 부족하다는 이를.

A: 蓋[ケタシ]有[アラム]之乎[ヤ]。

B: 蓋(ケタシ)有(アラム)乎(ヤ)。

C: 蓋(けだ)し有(あ)らんや。

D: あるいはいるかもしれない。

E: 어쩌면 있을지도 모르겠다.

A: 我[レ]未[ニ,タ]{ス}之見[一]也

B: 我(レ)未(タ)見未(ス)

C: 我(われ)未(いま)だ見(み)ず。

D: 私はまだ見たことがない。

E: (하지만) 나는 이제껏 보지 못했다.

a: 孔安國曰謙[ケンシ,31]不[レ,32]欲[下,セ]盡[コト2자반복부ク,11]誣[ニ,シヒ,31]時[훈합부,22]人[一,13]言[上,レ,イハム,13~23,13]不[レ,23~33]能[レ]爲[レ,スル,13~23]仁[ヲ]。

b: 孔安國曰謙(ケンシ)て盡(コトゴトク)に時の人を誣(シヒ)て仁(ヲ)爲(スル)こと能不と言(イハム)ことを欲(セ)不ず。

c: 孔安國(こうあんこく)曰(い)はく、謙(けむ)じて盡(ことごと)くに時(とき)の人(ひと)を誣(し)ひて、仁(じん)を爲(す)ること能(あた)はずと言(い)はんことを欲(ほっ)せず。

d: 孔安国が言った。慎んで、当時の人をみな悪く言って仁を行うことができないと言うことを望まなかった。

e: 공안국이 말하기를, 신중하게, 당시 사람들을 모두 나쁘게 말하여서 인을 행할 수 없다고 말하기를 바라지 않았다.

a: 故[11]云、爲[レ,スル,33,삽입부[仁[ヲ]][143)]能[ク]有[훈합부,アラマク]耳[ノミ]。

b: 故に云、仁(ヲ)爲(スル)は能(ク)有(アラマク)耳(ノミ)。

c: 故(ゆゑ)に云(い)ふ、仁(じん)を爲(す)るは能(よ)く有(あ)らまくのみ。

143) 永正本集解에는 「仁」이 없다.

d: そのため、言った。仁を行う者はありうる。

e: 그러므로 말하였다. 인을 행하는 자는 있을 수 있다.

a: 其[レ]我[レ]未[ㇾ,タ]{ス}見也

b: 其(レ)我(レ)未(タ)見未(ス)

c: 其(それ)我(われ)未(いま)だ見(み)ず。

d: それを私がまだ見たことがない。

e: (다만) 내가 아직 보지 못했다.

0407

A: 子曰民[144][タミ,22]之過[アヤマチ,13,33]也、各、於[ニ,32]其[22]黨[一,11]。

B: 子曰民(タミ)の過(アヤマチ)をば、各、其の黨に於す。

C: 子(し)の曰(のたう)ばく、民(たみ)の過(あやま)ちをば、各(おのおの)其(そ)の黨(たう)に於(おい)てす。

D: 先生が言われた。民の過ちに対処するにあたっては、人それぞれの類による。

E: 선생님께서 말씀하시기를, 백성의 잘못을 처리함에 있어, 각각의 부류에 따른다.

A: 觀[ㇾ,ミ,31,33]過[훈독부,13]、斯[コヽ,11]知[ㇾ,ル]仁[13]矣

B: 過を觀(ミ)ては、斯(ココ)に仁を知(ル)

C: 過(あやま)ちを觀(み)ては、斯(ここ)に仁(じん)を知(し)る。

D: 過ちを見れば、仁を知る。

E: 허물을 보면, 여기서 인을 안다.

144) 永正本集解의 본문은 「人」으로 되어 있다.

a: 孔安國曰黨[33]黨[음합부]類也。

b: 孔安國曰黨は黨類。

c: 孔安國(こうあんこく)曰(い)はく、黨(たう)は黨類(たうるい)。

d: 孔安国が言った。党は党類である。

e: 공안국이 말하기를, 黨(당)은 부류이다.

a: 小[음합부]人[ノ]不[㆑,サル,33]能[㆑]爲[ニ,スル,13~23]君[음합부]子[22]之行[一,13]非[ニ,32]小[음합부]人[22]之過[一,アヤマチ,11]也。

b: 小人(ノ)君子の行を爲(スル)こと能不(サル)は小人の過(アヤマチ)に非ず。

c: 小人(せうじん)の君子(くんし)の行(かう)を爲(す)ること能(あた)はざるは、小人(せうじん)の過(あやま)ちにあらず。

d: 小人が君子の行いをすることができないのは、小人の過ちではない。

e: 소인이 군자의 행동을 하지 못하는 것은, 소인의 허물이 아니다.

a: 當[下,11]{ヘシ}恕[ヲモハカ,31]而勿[上,㆑,ル]責[13~23]之

b: 當に恕(ヲモハカ)て責こと勿(ル)當(ヘシ)

c: 當(まさ)に恕(おもんばか)りて責(せ)むること勿(な)かるべし。

d: 当然慮って、責めることがあってはいけない。

e: 마땅히 깊이 헤아려서 책망하는 일이 없어야 한다.

a: 觀[㆑,31,삽입부[其[ノ]]]過[ヲ]使[三,㆑,シ,31]{シムルヲ}賢[음합부]愚[ク,13]各當[ニ,アタラ]其[22]所[一,11]則爲[㆑,32]仁[23~33]之也

b: 其(ノ)過(ヲ)觀て賢愚(ク)を使(シ)て各其の所に當(アタラ)使(シムルヲ)則仁と爲す

c: 其(そ)の過(あやま)ちを觀(み)て、賢愚(けんぐ)をして各(おのおの)其(そ)の所(ところ)に當(あた)らしむるを、則(すなは)ち仁(じん)と爲(す)。[145)]

145) 應永本抄物「人ノ過ヲセムルヲミテ其人ノ仁ト不仁トヲ知也。類ニ從テセムルハ仁者也。エセヌ事ヲ責ルハ不仁也。一義ニ仁者ト二ノ者ヲ以テミルニ、直者ハ心ノ正直ナルマヽニ人中ニテモ、人ノ惡事ヲタンテキニ云。是直者ノ過也。仁者測隱ノ心アリテ、人ノ譬事ヲモ打破テ置ホトニ非ヲ入ル方アリ。是仁者ノ過也。過ニ於テ其黨類アリ。アヤマツ處ニ於テ仁心ヲ知也。(남의 잘못을 책망하는 것을 보고 그 사람의 仁(인)과 不仁(불인)을 아는 것이다. 類(유)를 따라 책망하는 것은 인자이다. 하지 못한 것을 책망하는 것은 불인이다. 일설에 인자와 다른 사람을 보면, 直者(직자)는 마음이 정직한 채로 사람들 속에서도 남의 나쁜 점을 집어서 말한다. 이것은 직자의 잘못이다. 인자는 측은지심이 있어서 남의 비유도 물리치니 옳지 못한 것을 받아들이는 것이다. 이것은 인자의 잘못이다. 잘못에는 그 黨類(당류)가 있다. 그릇된 부분에서 仁心(인심)을 알게 되는 것이다. 196쪽)」

d: その過ちを見て、賢明な人と愚かな人に、それぞれ自分にふさわしいところに当たるようにすることを、すなわち仁という。

e: 그 허물을 보고서, 현명한 사람과 어리석은 사람으로 하여금 각각 자기의 본분에 처하게 하는 것을, 곧 인이라고 한다.

0408

A: 子曰朝[アシタ,11]聞[ㆩ,31,33]道[훈독부,13]夕[ユウヘ,11]死[シヌトモ]可[ナリ]矣

B: 子曰朝(アシタ)に道を聞ては夕(ユウヘ)に死(シヌトモ)可(ナリ)

C: 子(し)の曰(のたう)ばく、朝(あした)に道(みち)を聞(き)きては、夕(ゆふ)べに死(し)ぬとも可(か)なり。[146)]

D: 先生が言われた。朝道を聞けば、夕方死んでもいい。

E: 선생님께서 말씀하시기를, 아침에 도를 들으면, 저녁에 죽어도 좋다.

146) 이 장에 대해 義疏와 集注는 각각 다음과 같이 주석을 달고 있다.
義疏「歎世無道, 故言, 假使朝聞世有道, 則夕死無恨, 故云可矣」
集注「道者事物當然之理, 苟得聞之, 則生順死安, 無復遺恨矣, 朝夕所以甚言其時之近」
應永本抄物「朝夕ト云ハ近キニトル字ノマヽニ不可心得皇侃カ心ナラハ孔子ノ鳳鳥不至、河不出啚、吾已矣ト云テ、當時ノ無道ヲナケカレタリ。若[モ]シ世ニ道アルコトヲキカハ、死ヌトモ遺恨ナシト云リ。一說、只聞[ㆩ]風聞[ㆩ]雨ト云方ニハ非ス。耳ニキクニハアラス。心ニ悟ルヲ云也。道トハ事物當然ノ理也。人ノ人タル理也。聞[ㆩ]道トハ心ニ此理ヲ悟ルヲ云。朱子カ一端豁然トシテ、貫通スルト云ハ、此理ヲ得タル處ヲ云。…此理ヲエハ則死ストモ可也。(아침과 저녁이라고 한 것은, 가깝게 취한 문면 그대로 이해해서는 안 된다. 皇侃(황간)의 해석은 다음과 같다. 공자께서 '鳳鳥不至, 河不出圖, 吾已矣' [봉황이 오지 않고, 황하가 圖(도)를 내지 않는다. 나는 끝났구나]라고 하시면서 당시에 도가 없음을 개탄하셨다. 만일 세상에 도가 있음을 듣는다면 죽더라도 여한이 없다고 하셨다. 일설에 그저 바람소리를 듣고 빗소리를 듣는 것이 아니다. 귀로 듣는 것이 아니며 마음으로 깨닫는 것을 말한다. 도란 사물의 당연한 이치이다. 사람이 사람다워지는 이치이다. 도를 듣는다는 것은 마음에 이러한 이치를 깨닫는 것을 말한다. 주자가 一端豁然(일단활연)하게 관통한다고 한 것은 이러한 이치를 얻은 것을 말한다. …이러한 이치를 얻으면 죽더라도 괜찮다는 것이다. 196–197쪽)」 먼저 古注를 들어 설명하고 다음으로 集注의 설에 대해 기술하고 있다. 마지막의 一說은 論語輯釋(卷四6オ)에 보이는 「陳氏曰、此聞非謂耳聞謂心悟也…」라는 설」을 인용한 것으로 보인다.

a: 言[33]將[㆑,ニ]{スルマテニ}至[㆑,イタラン,23~33]死[11]不[㆑,32]聞[㆓]世[22]之有[㆒,㆑,13~23,13]道也

b: 言は將(ニ)死に至(イタラン)と將(スルマテニ)世の道有ことを聞不ず

c: 言(いふこころ)は、將(まさ)に死(し)に至(いた)らんとするまでに、世(よ)の道(みち)有(あ)ることを聞(き)かず。

d: 意味はこうである。まさに死に至ろうとするそのときまで、世に道があることを聞いていない。

e: 그 뜻은 이러하다. 장차 죽음에 이르려고 할 때까지, 세상에 도가 있는 것을 듣지 못하였다.

0409

A: 子曰士、志[㆓,コヽロサシ,31]於道[㆒,훈독부,11]而恥[㆓,ツル,33]悪[음합부]衣[イ]、惡[음합부]食[㆒,13]者、未[㆑,タ]{ス}足[㆓]與[トモ,11]議[㆒,ハカル,11]也

B: 子曰士、道に志(ココロサシ)て悪衣(イ)、惡食を恥(ツル)は、未(タ)與(トモ)に議(ハカル)に足未(ス)

C: 子(し)の曰(のたう)ばく、士(し)、道(みち)に志(こころざ)して悪衣(あくい)、惡食(あくしょく)を恥(は)づるは、未(いま)だ與(とも)に議(はか)るに足(た)らず。

D: 先生が言われた。士人が道に志していながら、悪衣と悪食を恥ずかしがることがあれば、ともに議論するに足りない。

E: 선생님께서 말씀하시기를, 선비가 도에 뜻을 두고서, 나쁜 옷과 나쁜 음식을 부끄러워한다면, 더불어 (도를) 논하기에 부족하다.

0410

A: 子曰君[음합부]子[22]{ノ}之於[ᅳ,ヲケル,13~23]天[음합부]下[ᅳ,11]也、無[ᄼ,ナク]適[アツウスルコトモ]也。無[ᄼ,シ]莫[ウスウスルコトモ]也。

B: 子曰君子の天下に於(ヲケル)こと、適(アツウスルコトモ)無(ナク)。莫(ウスウスルコトモ)無(シ)。

C: 子(し)の曰(のたう)ばく、君子(くんし)の天下(てんか)に於(お)けること、適(あつ)うすることも無(な)く、莫(うす)うすることも無(な)し。

D: 先生が言われた。君子の天下におけることは、厚くすることもなく薄くすることもない。

E: 선생님께서 말씀하시기를, 군자가 천하에 있어서는, 두텁게 하는 것도 없고 엷게 하는 것도 없다.

A: 義[23~33]之與[トモ,11]比[32]也

B: 義と與(トモ)に比す

C: 義(ぎ)と與(とも)に比(ひ)す

D: 義とともに親しむ。

E: 의와 더불어 가까이한다.

a: 言[33]君[음합부]子[22]於[ᅳ,ケル,13~23]天[음합부]下[ᅳ,11]、無[ᄼ,ク]適[훈독부,スル,13~23]、無[ᄼ,23~33,33]莫[훈독부,スル,13~23]、無[ᄼ,シ]所[ᅳ]貪[훈합부,ムサホリ]慕[ᅳ,ネカフ]也。

b: 言は君子の天下に於(ケル)こと、適(スル)こと無(ク)、莫(スル)こと無とは、貪(ムサホリ)慕(ネカフ)所無(シ)。

c: 言(いふこころ)は、君子(くんし)の天下(てんか)に於(お)けること、適(あつ)うすること無(な)く、莫(うす)うすること無(な)しとは、貪(むさぼ)り慕(ねが)ふ所(ところ)無(な)し。[147)]

---

147) 應永本抄物 「君子ハ遍頗ノ心ナシ。人ト交ルニ別シテ適[アツ]フスルコトモナシ。別シテウスフスルコトモナシ。只仁義ノアル人ヲシタシム也。侃云疏云范甯云適莫猶[ᅳ]厚薄[ᅳ]比ハ親也。荊昺ハ厚ハ富貴、薄ハ窮因ノ方ニ見タリ。(군자는 치우친 마음이 없다. 남과 사귈 때에 특별히 두텁게 하는 것도 없으며 특별히 박하게 하는 것도 없다. 그저 인의가 있는 사람과 친하게 지내는 것이다. 皇侃(황간)의 疏(소)에 실린 范甯(범녕)의 설에 適(적)과 莫(막)은 厚(후)와 薄(박)과 같고 比(비)는 親(친)이라고 하였다. 邢昺(형병)은 厚는 부귀이고 薄은 곤궁한 것으로 보았다. 198–199쪽)」

d: 意味はこうである。君子が天下において、厚くすることもなく薄くすることもないというのは、執着することがないということである。

e: 그 뜻은 이러하다. 군자가 천하에 있어서 두텁게 하는 것도 없고 엷게 하는 것도 없다는 것은 집착하는 바가 없다는 것이다.

a: 唯義[22]之所[ㇾ,トコロノマヽナリ]在[ル]也

b: 唯義の在(ル)所(トコロノママナリ)

c: 唯(ただ)義(ぎ)の在(あ)る所(ところ)のままなり。

d: ただ義のあるところのままである。

e: 오로지 의가 있는 바대로이다.

0411

A: 子曰君[음합부]子[33]懷[ㇾ,ヤスム,32]德[13]

B: 子曰君子は德を懷(ヤスム)ず

C: 子(し)の曰(のたう)ばく、君子(くんし)は德(とく)を懷(やす)んず。

D: 先生が言われた。君子は徳に安住する。

E: 선생님께서 말씀하시기를, 군자는 덕에 안주한다.

a: 孔安國曰懷[クワイ,33]安也。

b: 孔安國曰懷(クワイ)は安。

c: 孔安國(こうあんこく)曰(い)はく、懷(くゎい)は安(あん)。

d: 孔安国が言った。懐は安である。

e: 공안국이 말하기를, 懷(회)는 安(안)[편안히 여김, 안주함]이다.

A: 小[음합부]人[33]懷[ㇾ,ヤス,32]土[13]

B: 小人は土を懷(ヤス)ず

C: 小人(せうじん)は土(つち)を懐(やす)んず。[148)]

D: 小人は土に安住する。

E: 소인은 땅에 안주한다.

a: 孔安國曰重[ㇾ,ヲモス,32]遷[ウツル,13]也

b: 孔安國曰遷(ウツル)を重(ヲモス)ず

c: 孔安國(こうあんこく)曰(い)はく、遷(うつ)るを重(おも)んず。

d: 孔安国が言った。遷ることを憚る。

e: 공안국이 말하기를, 옮기는 것을 어려워한다.

A: 君[음합부]子[33]懐[ㇾ,32]刑[13]

B: 君子は刑を懐ず

C: 君子(くんし)は刑(けい)を懐(やす)んず。

D: 君子は刑罰に安住する。

E: 군자는 형벌에 안주한다.

a: 孔安國曰安[ニ,32]於法[一,13]也

b: 孔安國曰法を安ず

c: 孔安國(こうあんこく)曰(い)はく、法(はふ)を安(やす)んず。

d: 孔安国が言った。法に安住する。

e: 공안국이 말하기를, 법에 안주한다.

A: 小[음합부]人[33]懐[ㇾ,32]恵[13]

B: 小人は恵を懐ず

C: 小人(せうじん)は恵(けい)を懐(やす)んず。[149)]

---

148) 應永本抄物「君子ハ德ニ安住シテ有德ヲ施ス。小人ハ土地ヲ安シテ住ツケタ所ヲ執心スル也。地獄モスミカト云カ如シ。(군자는 덕에 안주하여 유덕을 베푼다. 소인은 토지에 안주하고 터에 집착하는 것이다. 지옥도 거처라고 하는 것과 같다. 199쪽)」

149) 應永本抄物「刑ハ法也。君子ハ法度ニ安住ス。小人ハ物ヲヤレハ喜テ利惠ヲ安スル也。一說ニ二句一意ニヨム也。君子懷[ㇾ,レハ]德小人懷[ㇾ,ス]土。君子懷[ㇾ,レハ]刑小人懷[ㇾ]惠君子ハ在位ノ君子也。人君也。小人ハ民下也。人君モシ民ヲ化スルハ、德ヲ行ヘハ、下民其土ヲ安シテ、ソコヲ不离。(刑(형)은 法(법)이다.

D: 小人は恩恵に安住する。

E: 소인은 은혜에 안주한다.

a: 苞氏曰恵[33]恩[음합부]恵也

b: 苞氏曰恵は恩恵

c: 苞氏(はうし)曰(い)はく、恵(けい)は恩恵(おんけい)。

d: 苞氏が言った。恵は恩恵である。

e: 포씨가 말하기를, 恵(혜)는 은혜이다.

0412

A: 子曰放[ㆁ,ヨ,31]於利[ㆍ,11]而行[オコナフトキ,33]

B: 子曰利に放(ヨ)て行(オコナフトキ)は

C: 子(し)の曰(のたう)ばく、利(り)に放(よ)りて行(おこな)ふときは、

D: 先生が言われた。利によって行うときは、

E: 선생님께서 말씀하시기를, 이익에 따라서 행동하면,

a: 孔安國曰放[33]依也。

b: 孔安國曰放は依。

c: 孔安國(こうあんこく)曰(い)はく、放(はう)は依(い)。

d: 孔安国が言った。放は依である。

e: 공안국이 말하기를, 放(방)은 依(의)[따르다]이다.

군자는 법도에 안주하고, 소인은 무언가 내어주면 기뻐하고 이득이 되는 은혜에 안주하는 것이다. 일설에 두 구를 한 가지 뜻으로 읽는다. 군자가 덕에 안주하면 소인은 토지에 안주한다. 군자가 형을 품으면 소인은 惠(혜)를 품는다. 군자는 재위중인 군주를 말한다. 임금이다. 소인은 백성이다. 임금이 백성을 교화하는 것은, 덕을 행하면 백성들이 그 땅을 편안히 여기고 그곳을 떠나지 않는다. 199-200쪽)」 여기서 一說은 義疏에 인용된 李充의 설인데 이것은 荻生徂徠에게 계승되었다.

a: 每[㆑,コトニ]事[13~23]、依[㆑]利[11]而行[フ]也

b: 事こと每(コトニ)、利に依行(フ)

c: 事(こと)每(ごと)に利(り)に依(よ)りて行(おこな)ふ。

d: 事あるごとに利によって行う。

e: 매사에 이익에 따라 행동한다.

A: 多[㆑,オホシ]怨[ウラミ]

B: 怨(ウラミ)多(オホシ)

C: 怨(うら)み多(おほ)し。

D: 怨みが多い。

E: 원망이 많다.

a: 孔安國曰取[㆑,ル]怨[13]之道[ナリ]也

b: 孔安國曰怨を取(ル)道(ナリ)

c: 孔安國(こうあんこく)曰(い)はく、怨(うら)みを取(と)る道(みち)なり。

d: 孔安国が言った。怨みを買う道である。

e: 공안국이 말하기를, 원망을 사는 길이다.

0413

A: 子曰能、以[㆓]禮[음합부]讓[㆒,13]爲[㆑,ヲサメ,33]國[13]乎、何[ナムカ]有[12]

B: 子曰能、禮讓を以國を爲(ヲサメ)ば、何(ナムカ)有ん

C: 子(し)の曰(のたう)ばく、能(よ)く禮讓(れいじゃう)を以(も)ちて國(くに)を爲(をさ)めば、何(なん)か有(あ)らん。

D: 先生が言われた。礼譲で国を治めれば,何があるだろうか。

E: 선생님께서 말씀하시기를, 禮讓(예양)[예의바르게 서로 양보하는 마음]으로써 나라를 다스리면, 무엇[무슨 어려움]이 있겠는가?

a: 何[훈합부]有[23~33,33]者言[33]不[㆑,32]難[カタカラ]之也

b: 何有とは言は難(カタカラ)不ず

c: 何(なん)か有(あ)らんとは、言(いふこころ)は、難(かた)からず。

d: 何があるだろうかというのは、意味はこうである。難しくない。

e: 무엇이 있겠는가라는 것은, 그 뜻은 이러하다. 어렵지 않다.

A: 不[㆑,32,33]能[ㆦ]以[㆑,テ]禮[음합부]讓[13]爲[ㆤ,㆑,ヲサムル,13~23]國[13]如[㆑]禮[13]何

B: 禮讓を以(テ)國を爲(ヲサムル)こと能不ずば禮を如何

C: 禮讓(れいじゃう)を以(も)ちて國(くに)を爲(をさ)むること能(あた)はずんば、禮(れい)を如何(いかん)。

D: 礼譲で国を治めることができなければ、礼をどうするだろうか。

E: 예양으로써 나라를 다스리지 못하면, 예를 어찌하겠는가?

a: 苞氏曰如[㆑]礼[13]何[23~33,33]者、言[33]不[㆑,サルソ]能[㆑]用[㆑,13~23]礼[13]也

b: 苞氏曰礼を如何とは、言は礼を用こと能不(サルソ)

c: 苞氏(はうし)曰(い)はく、禮(れい)を如何(いかん)とは、言(いふこころ)は、禮(れい)を用(もち)ゐること能(あた)はざるぞ。

d: 苞氏が言った。礼をどうするだろうかというのは、意味はこうである。礼を用いることができないということである。

e: 포씨가 말하기를, 예를 어찌하겠는가라는 것은, 그 뜻은 이러하다. 예를 쓸 수 없다는 것이다.

0414

A: 子曰不[㆑,サレ]患[ウレヘ]、無[㆑,13~23,13]位。

B: 子曰患(ウレヘ)不(サレ)、位無ことを。

C: 子(し)の曰(のたう)ばく、患(うれ)へざれ、位(くらゐ)無(な)きことを。

D: 先生が言われた。心配するな、地位がないことを。

E: 선생님께서 말씀하시기를, 근심하지 말라, 지위가 없는 것을.

A: 患[ヘヨ]所[㆓,훈합부]以[13]立[㆒,タヽム]。

B: 患(ヘヨ)立(タタム)所以を。

C: 患(うれ)へよ、立(た)たん所以(ゆゑん)を。

D: 心配しなさい、(地位を)得るだけの実力(がないこと)を。

E: 근심하라, (지위에) 오를 만한 실력(이 없는 것)을.

A: 不[㆑,レ]患[ウレヘ]、莫[㆓,ナキ,13~23,13]已[オノレ]知[㆒,シル,13~23]也。

B: 患(ウレヘ)不(レ)、已(オノレ)知(シル)こと莫(ナキ)ことを。

C: 患(うれ)へざれ、己(おのれ)を知(し)ること莫(な)きことを。

D: 心配するな、自分を認めてくれる人がいないことを。

E: 근심하지 말라, 자기를 알아주는 이가 없는 것을.

A: 求[モトメテモ]爲[㆑,セヨ]可[㆑,13~23,13]知[シンヌ]也

B: 求(モトメテモ)知(シンヌ)可ことを爲(セヨ)

C: 求(もと)めても知(し)んぬべきことを爲(せ)よ。

D: 求めるとしたら、認めてもらえるだけのことをせよ。

E: 구한다고 하면, 알아줄 만한 것을 하라.

a: 苞氏曰求[㆓,31]善[음합부]道[㆒,13]而學[훈합부,ヒ]行[フトキ,33]之則人、知[㆑,ル]已[オノレ]也

b: 苞氏曰善道を求て學(ヒ)行(フトキ)は則人、已(オノレ)知(ル)

c: 苞氏(はうし)曰(い)はく、善道(ぜんだう)を求(もと)めて學(まな)び行(おこな)ふときは、則(すなは)ち人(ひと)、己(おのれ)を知(し)る。

d: 苞氏が言った。善道を求めて学んで行うときは、人が自分を認めてくれる。

e: 포씨가 말하기를, 선도를 구하여 배우고 행하면, 사람들이 자기를 알아준다.

0415

A: 子曰參[シム]乎、吾[21]道[ミチ,33]一[음독부]、以[コレヲ,31]貫[クワンセリ]之哉。

B: 子曰參(シム)乎、吾が道(ミチ)は一、以(コレヲ)て貫(クワンセリ)。

C: 子(し)の曰(のたう)ばく、參(しむ)や、吾(わ)が道(みち)は一(いち)、これを以(も)ちて貫(くゎん)せり。

D: 先生が言われた。参よ、私の道は、一つ、これで貫かれている。

E: 선생님께서 말씀하시기를, 參(삼)아, 나의 도는 하나, 이것으로써 일관되어 있다.

A: 曽子[21]曰、唯[ヰ]

B: 曽子が曰、唯(ヰ)

C: 曾子(そうし)が曰(い)はく、唯(ゐ)。

D: 曾子が言った。はい。

E: 曾子(증자)가 말하기를, 예.

a: 孔安國曰直[タヽニ]曉[サト,31]不[ㇾ,32]問。

b: 孔安國曰直(タタニ)曉(サト)て問不ず。

c: 孔安國(こうあんこく)曰(い)はく、直(ただ)に曉(さと)りて問(と)はず。

d: 孔安国が言った。ただちに悟ったので尋ねなかった。

e: 공안국이 말하기를, 곧바로 깨달았으므로 묻지 않았다.

a: 故答[ヘ,31]曰[ㇾ,イフ]唯[イ,23~33]也

b: 故答(ヘ)て唯(イ)と曰(イフ)

c: 故(ゆゑ)に答(こた)へて、唯(ゐ)と曰(い)ふ。

d: そのため答えて、はい、と言った。

e: 그러므로 대답하여 예라고 말하였다.

A: 子出[イテヌ]。

B: 子出(イテヌ)。

C: 子(し)、出(い)でぬ。

D: 先生が出てゆかれた。

E: 선생님께서 나가셨다.

A: 門[음합부]人問[31]曰[イ]、何[ナム,23~33]謂[イフコトソ]也。

B: 門人問て曰(イ)、何(ナム)と謂(イフコトソ)。

C: 門人(もんじん)問(と)ひて曰(い)はく、何(なん)と謂(い)ふことぞ。

D: 門人が尋ねて言った。どういう意味ですか。

E: 문인이 물어 말하기를, 무슨 뜻입니까?

A: 曽[음합부]子[21]曰夫[음합부]子[22]之道[훈독부,33]忠恕而[훈합부]巳[ノミナリ]矣

B: 曽子が曰夫子の道は忠恕而巳(ノミナリ)

C: 曾子(そうし)が曰(い)はく、夫子(ふうし)の道(みち)は、忠恕(ちうしょ)のみなり。

D: 曾子が言った。先生の道は忠恕のみである。

E: 증자가 말하기를, 선생님의 도는 忠恕(충서)일 따름이다.

0416

A: 子曰君[음합부]子[33]喩[ニ,サトル]於義[一,11]。

B: 子曰君子は義に喩(サトル)。

C: 子(し)の曰(のたう)ばく、君子(くんし)は、義(ぎ)に喩(さと)る。

D: 先生が言われた。君子は、義に明るい。

E: 선생님께서 말씀하시기를, 군자는 의에 밝다.

A: 小[음합부]人[33]喻[ニ,サトル]於利[一,11]
B: 小人は利に喻(サトル)
C: 小人(せうじん)は、利(り)に喩(さと)る。
D: 小人は、利に明るい。
E: 소인은 이익에 밝다.

a: 孔安國曰喻[ユ,33]猶[レ,ヲ]{シ}曉[ケウ,22]也
b: 孔安國曰喻(ユ)は猶(ヲ)曉(ケウ)の猶(シ)
c: 孔安國(こうあんこく)曰(い)はく、喩(ゆ)は猶(なほ)曉(けう)のごとし。
d: 孔安国が言った。喩は、暁のような意味である。
e: 공안국이 말하기를, 喩(유)는 曉(효)[환히 알다]와 같다.

0417

A: 子曰見[レ,31,33]賢[13]思[レ,フ]齊[ヒトシカラン,13~23,13]焉
B: 子曰賢を見ては齊(ヒトシカラン)ことを思(フ)
C: 子(し)の曰(のたう)ばく、賢(けん)を見(み)ては、齊(ひと)しからんことを思(おも)ふ。
D: 先生が言われた。賢者を見れば、同じようになろうと思う。
E: 선생님께서 말씀하시기를, 賢者(현자)를 보면, (그와) 같아지고자 한다.

a: 苞氏曰思[下,フ]與[ニ,23~33]賢[음합부]者[一]等[上,ヒトシカラン,13~23,13]也
b: 苞氏曰賢者與と等(ヒトシカラン)ことを思(フ)
c: 苞氏(はうし)曰(い)はく、賢者(けんしゃ)と等(ひと)しからんことを思(おも)ふ。
d: 苞氏が言った。賢者と同じようになろうと思う。
e: 포씨가 말하기를, 현자와 같아지고자 한다.

A: 見[ᅳ,31,33]不[음합부]賢[ㅡ,13]者、而内[ウチ,11]自[ミツカラ]省[カヘリミル]也

B: 不賢を見ては、内(ウチ)に自(ミツカラ)省(カヘリミル)

C: 不賢(ふけん)を見(み)ては、内(うち)に自(みづか)ら省(かへり)みる。

D: 不賢者を見れば、みずからを内省する。

E: 현하지 못한 이를 보면, 안으로 스스로를 돌아본다.

0418

A: 子曰事[ᅳ,マツル,13~23]父[음합부]母[ㅡ,11]幾[ヤウヤク,11]諫[イサム]

B: 子曰父母に事(マツル)こと幾(ヤウヤク)に諫(イサム)

C: 子(し)の曰(のたう)ばく、父母(ふぼ)に事(つかうまつ)ること、幾(やうや)くに諫(いさ)む。

D: 先生が言われた。父母につかえるには、おだやかに諫める。

E: 선생님께서 말씀하시기를, 부모를 섬김에, 조심스럽게 간한다.

a: 苞氏曰幾[キ,33]微[ビ]也。

b: 苞氏曰幾(キ)は微(ビ)。

c: 苞氏(はうし)曰(い)はく、幾(き)は微(び)。

d: 苞氏が言った。幾は微である。

e: 포씨가 말하기를, 幾(기)는 微(미)[조심스럽게]이다.

a: 當[ᆖ,ヘシ,11]微[ヤウヤク,11]諫[メ,31]納[ᅳ,イル]善[음합부]言[13]於父[음합부]母[ㅡ,11]也

b: 當に微(ヤウヤク)に諫(メ)て善言を父母に納(イル)當(ヘシ)[150)]

c: 當(まさ)に微(やうや)くに諫(いさ)めて善言(ぜんげん)を父母(ふぼ)に納(い)るべし。

d: おだやかに諫めて、よい言葉を父母に言うべきである。

e: 조심스럽게 간하여서 좋은[부드러운] 말을 부모님께 해야 한다.

150) 「へし」가 정훈으로 달려있으나 오코토텐 「に」가 있는 것을 감안하여 좌훈으로 취급하여 읽었다.

A: 見[㆑,ル,11]志[훈독부,13]不[㆑,マシキ畤,33]從[フ]、又敬[음독부シ,31]不[㆑,ス]違[タカハ]。

B: 志を見(ル)に從(フ)不(マシキトキ)は、又敬(シ)て違(タカハ)不(ス)。

C: 志(こころざし)を見(み)るに從(したが)ふまじきときは、又(また)敬(けい)して違(たが)はず。

D: 志を見て、従わないようであれば、(それでも)やはり恭敬して逆らわない。

E: (부모의) 뜻을 봄에 (부모가 나의 뜻을) 따르지 않을 것 같으면, (그래도) 역시 공경하여 (부모의 뜻을) 어기지 않는다.

A: 勞[ラウメ]不[㆑,32]怨[ウラミ]

B: 勞(ラウシテ)怨(ウラミ)不ず

C: 勞(らう)して怨(うら)みず。

D: 苦労しても、怨まない。

E: 고생하더라도 원망하지는 않는다.

a: 苞氏曰見[㆑,23~33,33]志[13]、者、見[㆓,ソ]父[음합부]母[22]志[㆒,13]

b: 苞氏曰志を見とは、父母の志を見(ソ)

c: 苞氏(はうし)曰(い)はく、志(こころざし)を見(み)るとは、父母(ふぼ)の志(こころざし)を見(み)るぞ。

d: 苞氏が言った。志を見るとは、父母の志を見ることである。

e: 포씨가 말하기를, 뜻을 살핀다는 것은, 부모의 뜻을 살피는 것이다.

a: 有[㆘,トキ,33]不[㆑,マシキ]從[㆓,カフ]巳[21]諫[㆒,イサメニ]之色[㆖,イロ]、

b: 巳が諫(イサメニ)從(カフ)不(マシキ)色(イロ)有(トキ)は、

c: 己(おの)が諫(いさ)めに從(したが)ふまじき色(いろ)有(あ)るときは、

d: 自分の諫言に従わないような気配があれば、

e: 자기의 간언에 따르지 않을 것 같은 기색이 있으면,

a: 則又當[㆘,11]{ヘシ}恭[음합부]敬[シ,31]不[㆔,メ]敢[31]違[㆓,タカ]父[음합부]母意[㆒,11]而遂[㆗,トク]已[21]諫[㆖,13]也

b: 則又當に恭敬(シ)て敢て父母意に違(タカ)不(シテ)已が諫を遂(トク)當(ヘシ)

c: 則(すなは)ち又(また)當(まさ)に恭敬(きょうけい)して、敢(あ)へて父母(ふぼ)の意(い)に違(たが)はずして、己(おの)が諫(いさ)めを遂(と)ぐべし。

d: さらに、恭敬して、あえて父母の意に逆らわず、自分の諫言を成さなければならない。

e: 또한 공경하여 감히 부모의 뜻을 어기지 않고 자기의 간언을 이루어야 한다.

0419

A: 子曰父母在[マストキ,33]子[삭제부]不[ㅡ,32]遠[훈합부,トホク]遊[ㅡ,アソハ]。

B: 子曰父母在(マストキ)は遠(トホク)遊(アソハ)不ず。

C: 子(し)の曰(のたう)ばく、父母(ふぼ)在(いま)すときは、遠(とほ)く遊(あそ)ばず。

D: 先生が言われた。父母が生きておられるときは、遠くへは旅をしない。

E: 선생님께서 말씀하시기를, 부모가 살아계실 때에는, 멀리 여행을 가지 않는다.

A: 遊[フ,13~23]必有[㆑,リ]方[ツネ]

B: 遊(フ)こと必方(ツネ)有(リ)

C: 遊(あそ)ぶこと必(かなら)ず方(つね)有(あ)り。[151)]

D: 旅をするに、かならず一定の決まりがある。

E: (다른 곳에) 여행함에 반드시 일정함이 있다.

a: 鄭玄曰方[33]猶[㆑]常[22]也

b: 鄭玄曰方は猶常の猶

151) 古注는 義疏의 「方常也, 曲禮云, 爲人子之禮, 出必告, 反必面, 所遊必有常, 所習必有業, 是必有方也, 若行遊無常, 則貽累父母之憂也」와 같은 주석에서 보는 바와 같이, 움직여 행하는 바에 '일정함'이 있어야 한다고 보고 「常」이라고 주석하였다. 이에 따르면 「つね」라고 훈독할 수 있다. 新注는 集注의 「遊必有方, 如已告云之東, 則不敢更適西, 欲親必知已之所在而無憂」에서 보는 바와 같이, 어느 방향으로 가든 부모님께 말씀드린 방향으로 가야한다는 의미로 파악하였는데, 이에 따르면 「ほう」라고 음독하거나 「かた」라고 읽게 된다.
應永本抄物 「近所ニアリトモ、行處ヲ定テ行ヘキ也。……遊フ處モイツモアソヒ付タル處ヘ行ヘシ。……此注ヲ鄭玄ハ禮記ノ心ヲ以テ、方ハ猶[㆑]常ト注セリ。……有[㆑]方トヨムヘシ。東ヘ行トモ、西ヘ行トモ、告セハ其方ヘソ行ラント父母ハ心ヤスク思也。(근처에 있더라도 가는 곳을 정하여 두고 가야 한다. ……노는 곳도 늘 놀러 다니는 곳으로 가야 한다. ……이 주석을 鄭玄(정현)은 禮記(예기)의 의미를 써서 方(방)은 常(상)과 같다고 주석하였다. ……'方이 있다'라고 읽어야 할 것이다. '동쪽으로 간다 서쪽으로 간다' 고 해 두면 '그 방향으로 갔겠거니'하고 부모는 마음 편히 생각하는 것이다. 209−210쪽)」 古注와 新注 양쪽 모두 기술되어 있다.

c: 鄭玄(ぢゃうぐゑん)曰(い)はく、方(はう)は猶(なほ)常(しゃう)のごとし。

d: 鄭玄が言った。方は常のような意味である。

e: 정현이 말하기를, 方(방)은 常(상)[일정함]과 같다.

0420

A: 子曰三年無[ㆍ,キ,13~23,13]改[ニ,ムル,13~23]於父[22]之道[ㅡ,훈독부,13]、可[ㆍ,シ]謂[ㆍ,フ]孝[23~33]矣

B: 子曰三年父の道を改(ムル)こと無(キ)ことを、孝と謂(フ)可(シ)

C: 子(し)の曰(のたう)ばく、三年(さむねん)父(ちち)の道(みち)を改(あらた)むること無(な)きことを、孝(かう)と謂(い)ふべし。

D: 先生が言われた。三年間、父の道を改めることがないことを孝といえる。

E: 선생님께서 말씀하시기를, 3년 동안 아버지의 도를 고치는 일이 없는 것을, 효라고 이를 만하다.

a: 鄭玄曰孝[음합부]子在[ㆍ,トキ,33]喪[11]、哀[음합부]慼[セキ]、思[음합부]慕[ボシ,31]無[ㆍ,シ]改[ニ,13~23]其[22]父[22]之道[ㅡ,13]

b: 鄭玄曰孝子喪に在(トキ)は、哀慼(セキ)、思慕(ボシ)て其の父の道を改こと無(シ)

c: 鄭玄(ぢゃうぐゑん)曰(い)はく、孝子(かうし)喪(も)に在(あ)るときは、哀慼(あいせき)思慕(しぼ)して、其(そ)の父(ちち)の道(みち)を改(あらた)むること無(な)し。

d: 鄭玄が言った。孝子は喪中にあるときは、哀惜思慕して、父の道を改めることがない。

e: 정현이 말하기를, 효자가 상중에 있을 때는 슬퍼하고 사모하여서, 아버지의 도를 고치는 일이 없다.

a: 非[三,32]心[ノ]所[ニ,11]忍[31]爲[ㅡ,スル]也

b: 心(ノ)忍て爲(スル)所に非ず

c: 心(こころ)の、忍(しの)びて爲(す)る所(ところ)にあらず。

d: 心が、忍んでできることではない。

e: (아버지의 도를 고치는 것은) 마음이 차마 할 수 있는 바가 아니다.

0421

A: 子曰父母[22]之年[トシ,13,33]不[レ,32]可[レ]不[レ,スハアル]知[シラ]也。

B: 子曰父母の年(トシ)をば知(シラ)不(スハアル)可不ず。

C: 子(し)の曰(のたう)ばく、父母(ふぼ)の年(とし)をば、知(し)らずんばあるべからず。

D: 先生が言われた。父母の年を知っていなければならない。

E: 선생님께서 말씀하시기를, 부모의 연세를 알고 있지 않으면 안 된다.

A: 一[ヒトタヒ,33]則以[テ]喜[ヨロコヒ]、一[ヒトタヒ,33]則以[31]懼[ヲソル]

B: 一(ヒトタヒ)は則以(テ)喜(ヨロコヒ)、一(ヒトタヒ)は則以て懼(ヲソル)

C: 一(ひと)たびは、則(すなは)ち以(も)ちて喜(よろこ)び、一(ひと)たびは、則(すなは)ち以(も)ちて懼(おそ)る。

D: 一方はそれで喜び、一方はそれで恐れる。

E: 한편으로는 그 때문에 기뻐하고, 한편으로는 그 때문에 두려워한다.

a: 孔安國曰見[ニ,31,33]其[ノ]壽[음합부,シウ]考[一,ナル,13]則喜[ヒ]

b: 孔安國曰其(ノ)壽(シウ)考(ナル)を見ては則喜(ヒ)

c: 孔安國(こうあんこく)曰(い)はく、其(そ)の壽考(しうかう)なるを見(み)ては、則(すなは)ち喜(よろこ)び、

d: 孔安国が言った。長生きすることを見ては喜び、

e: 공안국이 말하기를, 장수하심을 보고는 기뻐하고,

a: 見[ᅩ,31,33]其[22]衰[음합부,スイ]老[ᅳ,ナル,13]則懼[ル]之也

b: 其の衰(スイ)老(ナル)を見ては則懼(ル)

c: 其(そ)の衰老(すいらう)なるを見(み)ては、則(すなは)ち懼(おそ)る。

d: 衰えていくことを見ては恐れる。

e: 노쇠해 가는 것을 보고는 두려워한다.

0422

A: 子曰古[イニシへ,22]者[ヒト]言[コト]之不[ㇾ,サル,13~23,33]出[イタサ]也、恥[ᅩ,ハチテナリ]躬之不[ᅳ,ㇾ,サラン,13~23,13]逮[オヨハ]也

B: 子曰古(イニシへ)の者(ヒト)言(コト)出(イタサ)不(サル)ことは、躬逮(オヨハ)不(サラン)ことを恥(ハチテナリ)

C: 子(し)の曰(のたう)ばく、古(いにしへ)の者(ひと)、言(こと)出(いだ)さざることは、躬(み)の逮(およ)ばざらんことを恥(は)ぢてなり。

D: 先生が言われた。昔の人が言葉を(軽々しく)口に出さなかったのは、身が及ばないことを恥じたからである。

E: 선생님께서 말씀하시기를, 옛날 사람이 말을 (가볍게) 하지 않은 것은, 몸이 미치지 못할 것을 부끄럽게 여겼기 때문이다.

a: 苞氏曰古之人[22]言[コト,13]不[ᅩ,サルᄀハ]妄[リ,11]出[ᅳ,ㇾ,サ]口[クチヨリ]者

b: 苞氏曰古人の言(コト)を妄(リ)に口(クチヨリ)出(サ)不(サルコトハ)

c: 苞氏(はうし)曰(い)はく、古(いにしへ)の人(ひと)の言(こと)を妄(みだ)りに口(くち)より出(いだ)さざることは、

d: 苞氏が言った。昔の人が言葉を妄りに口に出さなかったのは、

e: 포씨가 말하기를, 옛날 사람이 말을 망령되이 하지 않은 것은,

a: 爲[ㇾ,ナリ]恥[ᆖ,ハツル,21]其[22]身[22]行[음독부,22]之將[ニ,11]不[ᅳ,ㇾ,サラム,13~23,13]及[ハ]也

b: 其の身の行の將(ニ)及(ハ)不(サラム)ことを恥(ハツル)が爲(ナリ)

c: 其(そ)の身(み)の行(かう)の、將(まさ)に及(およ)ばざらんことを恥(は)づるが爲(ため)なり。

d: 自分の行いが、及ばないようになることを恥じたからである。

e: 스스로의 행실이 미치지 못하게 될 것을 부끄럽게 여겼기 때문이다.

0423

A: 子曰以[ㇾ,31]約[13]失[シツスル,33]之者、鮮[スクナシ]矣

B: 子曰約を以て失(シツスル)は、鮮(スクナシ)

C: 子(し)の曰(のたう)ばく、約(やく)を以(も)ちて失(しっ)するは鮮(すく)なし。[152)]

D: 先生が言われた。倹約な生活をしていながら、失敗する人は少ない。

E: 선생님께서 말씀하시기를, 검약하면서 잘못을 저지르는 사람은 드물다.

a: 孔安國曰倶[11]不[ㇾ,32]得[ㇾ]中[13]也。

b: 孔安國曰倶に中を得不ず。

c: 孔安國(こうあんこく)曰(い)はく、倶(とも)に中(ちう)を得(え)ず。

d: 孔安国が言った。(倹約と奢侈は)みな中道を得たのではない。

e: 공안국이 말하기를, (검약과 사치는) 모두 中道(중도)를 얻은 것은 아니다.

a: 奢[ヲコリ,33]則驕[음합부]溢[イツニシ,31]則招[ㇾ,マネク]禍[ワサハイ,13]

b: 奢(ヲコリ)は則驕溢(イツニシ)て則禍(ワサハイ)を招(マネク)

152) 應永本抄物「人ハ奢ヨリ儉約ナルハヨシ。共ニ中庸ニハアラサレトモ、儉約ノ方カラ國家ヲ失フコトハマレ也。鮮トハ、アマリ儉シテ家ヲ失フコトモアルヘシ。故ニスクナシト云。(사람은 사치보다는 검약한 것이 좋다. 둘 다 중용은 아니지만 검약해서 나라를 잃는 일은 드물다. 鮮(선)이란 너무나 검약해서 집을 잃는 일도 있으므로 적다고 한 것이다. 213쪽)」

c: 奢(おご)りは、則(すなは)ち驕溢(けういつ)にして、則(すなは)ち禍(わざは)ひを招(まね)く。

d: 奢れば驕溢になり、禍を招く。

e: 사치하면 교일해져 화를 부른다.

a: 儉[음합부]約[ナルトキ,33]則無[ㆁ,シ]憂[음합부,イフ]患[ㆁ,クワン]也

b: 儉約(ナルトキ)は則憂(イフ)患(クワン)無(シ)

c: 儉約(けむやく)なるときは、則(すなは)ち憂患(いうくゎん)無(な)し。

d: 倹約すれば憂いがない。

e: 검약하면 우환이 없다.

0424

A: 子曰君[음합부]子[33]欲[ㆍ,32]訥[ㆁ,ヲソフシ,31]於言[ㆍ,11]而敏[ㆍ,トカラム,13~23,13]於行[ㆍ,カウ,11]

B: 子曰君子は言に訥(ヲソフシ)て行(カウ)に敏(トカラム)ことを欲す

C: 子(し)の曰(のたう)ばく、君子(くんし)は言(こと)に訥(おそ)うして、行(かう)に敏(と)からんことを欲(ほっ)す。

D: 先生が言われた。君子は言葉は遅く鈍くして、行いは敏捷にしようとする。

E: 선생님께서 말씀하시기를, 군자는 말은 느리고 둔하게 하고 행동은 민첩하고자 한다.

a: 苞氏曰訥[トツ,33]遲[음합부]鈍[ドン]也。

b: 苞氏曰訥(トツ)は遲鈍(ドン)。

c: 苞氏(はうし)曰(い)はく、訥(どつ)は遲鈍(ちどん)。

d: 苞氏が言った。訥は遅鈍である。

e: 포씨가 말하기를, 訥(눌)은 遲鈍(지둔)[느리고 둔한 것]이다.

a: 言[コト,33]欲[〻,メ]遲[음합부]鈍[〻,ナラム,13~23,13]而行[33]欲[ㇾ,32]敏[トカラン,13~23,13]也

b: 言(コト)は遲鈍(ナラム)ことを欲(シテ)行は敏(トカラン)ことを欲す

c: 言(こと)は遲鈍(ちどん)ならんことを欲(ほっ)して、行(かう)は敏(と)からんことを欲(ほっ)す。

d: 言葉は遅く鈍くしようとし、行いは敏捷にしようとする。

e: 말은 느리고 둔하게 하고자 하고, 행동은 민첩하고자 한다.

0425

A: 子曰德、不[ㇾ,32]孤[ヒトリアラ]。

B: 子曰德、孤(ヒトリアラ)不ず。

C: 子(し)の曰(のたう)ばく、德(とく)、孤(ひと)りあらず。

D: 先生が言われた。徳は独りではない。

E: 선생님께서 말씀하시기를, 덕은 혼자가 아니다.

A: 必[ス]、有[ㇾ,アリ]鄰[トナリ]

B: 必(ス)、鄰(トナリ)有(アリ)

C: 必(かなら)ず、隣(となり)有(あ)り。[153)]

---

153) 古注는 義疏의 「言人有德者, 此人非孤然, 而必有善隣里, 故云魯無君子者子賤斯焉取斯乎, 又一云, 鄰報也, 言德行不孤失, 必爲人所報也」에서 보는 바와 같이 이에 따른다면 우선 「となり」라고 훈독할 수 있고, 일설의 「報」라는 주석에 따르면 「むくゆること」라고 읽을 수 있다. 新注는 集注의 「鄰猶親也, 德不孤立, 必以類應, 故有德者必有其類從之, 如居之有鄰也」에서 보는 바와 같이 「親」이라고 하였으므로, 이에 따르면 「したしき」 혹은 「したしみ」 등으로 읽을 수 있다.
應永本抄物 「德アル者ニハ志同キ者カ來テ相從フ事、家ニ鄰ノテクルカ如シ。一說ニ鄰ハ報也。必有[ㇾ]鄰トヨムヘシ。德アル者ハ徒ナラス、必人カ報スルコトアリト云。(덕이 있는 사람에게는, 뜻이 같은 사람이 와서 서로 따르는데 이것은 집에 이웃이 생기는 것과 같다. 일설에 隣(린)은 報(보)라고 한다. '반드시 隣이 있다'라고 읽어야 한다. 덕 있는 사람은 헛되지 않고 반드시 사람이 보답하는 바가 있다고 한 것이다. 214쪽)」 먼저 新注의 설을 취하여 기술한 후 義疏의 설을 일설로써 소개하고 있다.

D: かならず、隣人がある。

E: 반드시 이웃이 있다.

a: 方以[ㇾ,テ]類[13]聚[アツマル]

b: 方類を以(テ)聚(アツマル)

c: 方(はう)は類(るい)を以(も)ちて聚(あつ)まる。[154)]

d: 方は類によって集まる。

e: 方(방)은 부류에 따라 모인다.

a: 同[훈합부]志、相[훈합부]求[ム]

b: 同志、相求(ム)

c: 同(おな)じ志(こころざし)、相(あ)ひ求(もと)む。

d: 同じ志しの者が、求めあう。

e: 같은 뜻을 가진 사람이 서로 찾는다.

a: 故[11]必[32]有[ㇾ]鄰也。

b: 故に必ず鄰有。

c: 故(ゆゑ)に必(かなら)ず隣(となり)有(あ)り。

d: そのため、かならず隣人がある。

e: 그러므로 반드시 이웃이 있다.

a: 是[훈합부,13]以[31]不[ㇾ,32]孤[ヒトリアラ]也

b: 是を以て孤(ヒトリアラ)不ず

c: 是(これ)を以(も)ちて孤(ひと)りあらず。

d: したがって、独りではない。

e: 그러므로 혼자가 아니다.

154) 周易 繫辭上傳 제1장에 나오는 내용으로 '方은 類로써 모아진다'는 것이다.
應永本抄物「方以類聚トハ易ノ上經辭ノ語ナリ。弓イル者ハ、弓イル者トウシ、學問スル者ハ學問スル同士アツマルヘキ也。(方以類聚[방은 부류에 따라 모인다]라는 것은 周易(주역)의 繫辭上(계사상)에 실린 말이다. 활 쏘는 사람은 활 쏘는 사람끼리, 학문하는 사람은 학문하는 사람끼리 모여야 한다는 것이다. 214–215쪽)」

0426

A: 子游[21]曰事[ㇾ,マツル,13~23]君[11]數[シハ2자반복부スルトキ,33]斯[レ]辱[ハチアリ]矣。

B: 子游が曰君に事(マツル)こと數(シハシハスルトキ)は斯(レ)辱(ハチアリ)。

C: 子游(しいう)が曰(い)はく、君(きみ)に事(つかうまつ)ること、數(しばしば)するときは、斯(これ)辱(はぢ)あり。

D: 子游が言った。君に仕えるにあたって、頻繁すぎると、恥辱を受ける。

E: 子游(자유)가 말하기를, 임금을 섬김에 너무 자주 뵈면, 치욕이 있다.

A: 朋[음합부]友[11]數[シハ2자반복부スルトキ,33]、斯[レ]踈[ウトム,12]矣

B: 朋友に數(シハシハスルトキ)は、斯(レ)踈(ウトム)む

C: 朋友(ほういう)に數(しばしば)するときは、斯(これ)疏(うと)む。[155)]

D: 友達に会うのが頻繁すぎると、疎遠になる。

E: 벗을 너무 자주 만나면, 멀어진다.

155) 古注는 義疏의 「臣非時而見君, 此必致恥辱, 朋友非時而相往數, 必致疏辱也」에서 보는 바와 같이 불필요한 때에 자주 뵙는 것, 만나는 것으로 파악하였다. 新注인 集註에서는 胡氏만의 설을 인용하여 「事君諫不行, 則當去, 導友善不納, 則當止, 至於煩瀆, 則言者輕, 聽者厭矣」라고 하여 간하는 일로 파악하였다. 應永本抄物 「臣ハ不時ニ出仕スヘカラス。サイサイ出仕スレハ必面目ヲ失フコトアリ。朋友ノ間モ又然ナリ。……一說、臣ノ君ヲ諫ルコト三度也。三度ニシテキカスハ去ヘシ。猶シイテシハシハスル時ハ、恥辱ヲウル也。朋友ニハ切磋ヲ本トス。惡キコトアラハ正シク告テ直サスヘシ。其ヲキカスハ止ムヘシ。强テ云ヘハ、疏遠ニナル也。(신하는 때가 아니면 조정에 나오지 말아야 한다. 거듭해서 조정에 나오면 반드시 명예를 잃는 일이 있다. 벗과의 사이에서도 또한 그러하다. ……일설에 신하가 임금에게 간언하는 것이 세 번인데, 세 번 해보고서 듣지 않으면 물러나야 한다. 억지로 자꾸 간언하면 치욕을 얻게 되는 것이다. 벗에게는 열심히 힘쓰는 것을 근본으로 한다. 나쁜 점이 있으면 바르게 고하여서 고쳐야한다. 그것을 듣지 않으면 관둬야 한다. 무리해서 말하면 소원해지는 것이다. 215-216쪽)」 전반부는 古注에 의해 기술하였고 후반부는 新注에 의해 적고 있다.

a: 數[サク,23~33,33]謂[㆓]速[음합부]數[サク,22]之數[㆒,13][156]也

b: 數(サク)とは速數(サク)の數を謂

c: 數(さく)とは、速數(そくさく)の數(さく)を謂(い)ふ。

d: 数とは、速数(そくさく)の数(さく)をいう。

e: 數(삭)이란, 速數(속삭)[급하고 자주 함]의 數(삭)을 말한다.

論語卷第二

經一千二百一十二字

注一千九百三十一字

156) ヲ를 썼다가 지운 흔적이 있음.

論語集解公治長第五

論語公治長第五　　何晏集解　凡廿九章

0501

A: 子謂[ニ,22]公[음합부]治[음합부,ヤ]長[一,인명부,13]、可[レ,シ]妻[メアハ,32]也。

B: 子公治(ヤ)長を謂の、妻(メアハ)す可(シ)。

C: 子(し)、公治長(こうやちゃう)を謂(のたう)ばく、妻(めあ)はすべし。

D: 先生が公冶長について言われた。娘を嫁に行かせてよい。

E: 선생님께서 公冶長(공야장)에 대해 말씀하시기를, 딸을 시집보낼 만하다.

A: 雖[レ,ヘトモ]在[ニ,23~33]縲[음합부,ルイ]紲[セツ,22]之中[一,ナカ,11]、非[ニ,ト云,31]其[훈합부,22]罪[一,ツミ,11]也、以[ニ,31]其[22]子[一,13]妻[メアハ,32]之

B: 縲(ルイ)紲(セツ)の中(ナカ)に在と雖(ヘトモ)、其の罪(ツミ)に非(トイヒ)て、其の子を以て妻(メアハ)す

C: 縲紲(るいせつ)の中(なか)に在(あ)るといへども、其(そ)の罪(つみ)にあらずといひて、其(そ)の子(こ)を以(も)ちて妻(めあ)はす。

D: たとえ監獄にいたことがあったとしても、(それは)彼の罪ではなかったといって、自分の娘を嫁に行かせた。

E: 비록 감옥에 있었다고는 하나 (그것은) 그의 죄는 아니었다고 하시며, 딸을 시집보냈다.

a: 孔安國曰公[음합부]治[음합부]長[33]弟[음합부]子、鲁[음합부[157]]人也。

b: 孔安國曰公冶長は弟子、鲁人。

c: 孔安國(こうあんこく)曰(い)はく、公冶長(こうやちゃう)は弟子(ていし)、鲁人(ろひと)。

---

157) 훈합부의 잘못이다.

d: 孔安国が言った。公冶長は弟子で、魯の人である。

e: 공안국이 말하기를, 공야장은 제자로서 노나라 사람이다.

a: 姓[33]公[음합부]冶、名[33]長也。

b: 姓は公冶、名は長。

c: 姓(せい)は公冶(こうや)、名(な)は長(ちゃう)。

d: 姓は公冶で、名は長である。

e: 성은 公冶(공야)이고, 이름은 長(장)이다.

a: 縲[33]黒[훈합부,キ]索[ナハ]。

b: 縲は黒(キ)索(ナハ)。

c: 縲(るい)は黑(くろ)き索(なは)。

d: 縲は黒い縄である。

e: 縲(누)는 검은 줄이다.

a: 絏[33]攣[レム]也。

b: 絏は攣(レム)。

c: 絏(せつ)は攣(れん)。

d: 絏は攣である。

e: 絏(설)은 攣(련)[묶다]이다.

a: 所[三,훈합부]以拘[二,トラフル]於罪[훈합부]人[一,13]也

b: 罪人を拘(トラフル)所以

c: 罪人(つみびと)を拘(とら)ふる所以(ゆゑん)なり。

d: 罪人を捕らえる手段である。

e: 죄인을 포박하는 수단이다.

0502

A: 子謂[ᅳ,22]南容[ᅳ,인명부,13]、邦有[ᄂ,トキ,33]道、不[ᄂ,32]廢[スタレ]。

B: 子南容を謂の、邦道有(トキ)は、廢(スタレ)不ず。

C: 子(し)、南容(なむよう)を謂(のたう)ばく、邦(くに)、道(みち)有(あ)るときは、廢(すた)れず。

D: 先生が南容について言われた。国に道があるときは、捨てられない。

E: 선생님께서 南容(남용)에 대해 말씀하시기를, 나라에 도가 있을 때는 버려지지 않는다.

A: 邦無[ᄂ,トキ,33]道、免[ᅳ,マヌカレント云,31]於刑[음합부]戮[ᅳ,11]、以[ᅳ]其[22]兄[22][158]之子[ᅳ,13]妻[32]之

B: 邦道無(トキ)は、刑戮に免(マヌカレントイヒ)て、其の兄の子を以妻す

C: 邦(くに)、道(みち)無(な)きときは、刑戮(けいりく)に免(まぬか)れんといひて、其(そ)の兄(このかみ)の子(こ)を以(も)ちて妻(めあ)はす。

D: 国に道がないときも、刑罰を免れる(ような人物である)といって、兄の娘を嫁に行かせた。

E: 나라에 도가 없을 때도 형벌을 면할 것이라고 하여 형의 딸을 시집보냈다.

a: 王肅曰南[음합부]容[33]弟[음합부]子南[음합부]宮[음합부]縚[タウ]也。

b: 王肅曰南容は弟子南宮縚(タウ)。

c: 王肅(わうしく)曰(い)はく、南容(なむよう)は弟子(ていし)、南宮縚(なむきうたう)。

d: 王粛が言った。南容は弟子の南宮縚である。

e: 왕숙이 말하기를, 남용은 제자 南宮縚(남궁도)이다.[159]

a: 魯[훈합부]人也。字[33]子[음합부]容。

b: 魯人。字は子容。

c: 魯人(ろひと)。字(あざな)は子容(しよう)。

---

158) 永正本集解에 「コノカミノ」라고 가점되어 있다.

159) 「南容」에 대해 義疏는 「姓南宮名縚也, 又名閲也」라고 적고 있고, 集注는 「南容孔子弟子, 居南宮, 名縚, 又名适, 字子容, 謚敬叔, 孟懿子之兄也」라고 주석을 달고 있다.

d: 魯の人である。字は子容である。

e: 노나라 사람이다. 자는 子容(자용)이다.

a: 不[㆑,23~33,33]廢[スタレ]、言[33]見[㆓,ラルヽソ]任[음합부,ジム]用[㆒,セ]也

b: 廢(スタレ)不とは、言は任(ジム)用(セ)見(ラルルソ)

c: 廢(すた)れずとは、言(いふこころ)は、任用(じむよう)せらるるぞ。

d: 捨てられないとは、その意味は、任用されるということである。

e: 버려지지 않는다는 것은, 그 뜻은, 임용된다는 것이다.

0503

A: 子謂[㆓,22]子[음합부]賤[㆒,인명부,13]

B: 子子賤を謂の

C: 子(し)子賤(しせん)を謂(のたう)ばく、

D: 先生が子賎について言われた。

E: 선생님께서 子賤(자천)에 대해 말씀하시기를,

a: 孔安國曰子[음합부]賤[33]鲁[훈합부]人、弟[음합부]子密[음합부,ヒツ,교체부[宓[伏[フク]同]]][160]不[음합부]齊[인명부,セイソ]也

b: 孔安國曰子賤は鲁人、弟子宓(フク)不齊(セイソ)

c: 孔安國(こうあんこく)曰(い)はく、子賤(しせん)は魯人(ろひと)、弟子(ていし)宓不齊(ふくふせい)ぞ。

d: 孔安国が言った。子賎は魯の人で、弟子の宓不斉である。

e: 공안국이 말하기를, 자천은 노나라 사람으로 제자 宓不齊(복부제)이다.

160) 永正本集解에는 宓[ヒツ]라고 되어 있다. 성으로 쓰일 때는 '복', 「ふく」이다.

A: 君[음합부]子[ナル]哉[カナ]若[훈합부,カクノコトキ]人[ヒト]。鲁[11]無[ニ,ナカセ,33]君[음합부]子[一]者、斯[コレ]焉[イツクンソ]取[レ,トラマシ]斯[コレ,13]

B: 君子(ナル)哉(カナ)若(カクノコトキ)人(ヒト)。鲁に君子無(ナカセ)ば、斯(コレ)焉(イツクンソ)斯(コレ)を取(トラマシ)

C: 君子(くんし)なるかな、若(か)くのごとき人(ひと)。魯(ろ)に君子(くんし)無(な)かっせば、斯(これ)焉(いづく)んぞ斯(これ)を取(と)らまし。

D: 君子だね、このような人は。魯に君子がいなかったならば、この人[子賎]がどうして、これ[德]を得られたであろうか。

E: 군자로구나, 이와 같은 사람은. 노나라에 군자가 없었다면, 이 사람[자천]이 어찌 이것[덕]을 얻었겠는가?

a: 苞氏曰若[음합부]人[33]若[음합부]此[음합부]人也。

b: 苞氏曰若人は若此人。

c: 苞氏(はうし)曰(い)はく、若人(じゃくじん)は若此人(じゃくしじん)。

d: 苞氏が言った。若人は若此人である。

e: 포씨가 말하기를, 若人(약인)은 若此人(약차인)[이와 같은 사람]이다.

a: 如[モシ]鲁[11]無[ニ,カツセ,33]君[음합부]子[一]、子[음합부]賎安[イツクンソ]、得[ニ,31]此[22]行[一,13]而學[훈합부,マナヒ]行[ハナン[161]]之

b: 如(モシ)鲁に君子無(カツセ)ば、子賎安(イツクンソ)、此の行を得て學(マナヒ)行(ハナン)

c: 如(も)し魯(ろ)に君子(くんし)無(な)かっせば、子賎(しせん)安(いづく)んぞ、此(こ)の行(かう)を得(え)て學(まな)び行(おこな)はん。

d: もし魯に君子がいなかったならば、子賎がどうして、このような徳行を学んで行うことができただろうか。

e: 만약 노나라에 군자가 없었다면, 자천이 어찌 이 같은 덕행을 배우고 행했겠는가?

161) 「ナハン」의 잘못으로 생각된다.

0504

A: 子[음합부]貢[인명부]問[31]曰、賜[인명부,シ,33]也如[훈합부]何。

B: 子貢問て曰、賜(シ)は如何。

C: 子貢(しこう)問(と)ひて曰(い)はく、賜(し)は如何(いかん)。

D: 子貢が聞いて言った。私はいかがですか。

E: 子貢(자공)이 물어 말하기를, 저는 어떻습니까?

A: 子曰汝[ナンチ,33]器[ウツハモノナリ]也

B: 子曰汝(ナンチ)は器(ウツハモノナリ)

C: 子(し)の曰(のたう)ばく、汝(なんぢ)は器(うつはもの)なり。

D: 先生が言われた。君は器である。

E: 선생님께서 말씀하시기를, 너는 그릇이다.

a: 孔安國曰言[33]汝[33][삽입부,是[コレ]]器[음합부,キ]用[22]之人[ナリ]也

b: 孔安國曰言は汝は是(コレ)器(キ)用の人(ナリ)

c: 孔安國(こうあんこく)曰(い)はく、言(いふこころ)は、汝(なんぢ)は是(これ)器用(きよう)の人(ひと)なり。

d: 孔安国が言った。意味はこうである。君は器用者である。

e: 공안국이 말하기를, 그 뜻은 이러하다. 너는 그릇처럼 쓸모가 있는 사람이다.

A: 曰[イ]、何[22]器[훈독부,ソ]也。

B: 曰(イ)、何の器(ソ)。

C: 曰(い)はく、何(なん)の器(うつはもの)ぞ。

D: 言った。何の器ですか。

E: 말하기를, 무슨 그릇입니까?

A: 曰[22]、瑚[음합부,コ]璉[レンナリ]也
B: 曰の、瑚(コ)璉(レンナリ)
C: 曰(のたう)ばく、瑚璉(これん)なり。
D: 言われた。瑚璉である。
E: 말씀하시기를, 瑚璉(호련)이다.

a: 苞氏曰瑚[음합부]璉[33]者黍[음합부,シヨ]稷[22]之器[ウツハモノ]也。
b: 苞氏曰瑚璉は黍(シヨ)稷の器(ウツハモノ)。
c: 苞氏(はうし)曰(い)はく、瑚璉(これん)は、黍稷(しょしょく)の器(うつはもの)。
d: 苞氏が言った。瑚璉は黍稷の器である。
e: 포씨가 말하기를, 瑚璉(호련)은 黍稷(서직)[메기장과 찰기장]을 담는 그릇이다.

a: 夏[ニ,33]曰[ﾚ]瑚[コト]。
b: 夏(ニ)は瑚(コト)曰。
c: 夏(か)には、瑚(こ)と曰(い)ふ。
d: 夏では瑚という。
e: 夏(하)나라에서는 瑚(호)라고 한다.

a: 殷[33]曰[ﾚ]璉[23~33]。
b: 殷は璉と曰。
c: 殷(いん)には、璉(れん)と曰(い)ふ。[162)]
d: 殷では璉という。
e: 殷(은)나라에서는 璉(련)이라고 한다.

a: 周[ニ,33]曰[ﾆ]簠[음합부,フ]簋[ﾞ,キ,23~33]
b: 周(ニ)は簠(フ)簋(キ)と曰
c: 周(しう)には簠簋(ふき)と曰(い)ふ。
d: 周では簠簋という。
e: 周(주)나라에서는 簠簋(보궤)라고 한다.

162) 義疏「禮記云, 夏之四璉, 殷之六瑚, 今云夏瑚殷璉, 講者皆云, 是誤也, 故欒肇曰, 未詳也」

a: 宗[음합부]廟[22]器[22]之貴[キ]者[ナリ]也

b: 宗廟の器の貴(キ)者(ナリ)

c: 宗廟(そうべう)の器(うつはもの)の貴(たふと)き者(もの)なり。

d: 宗廟の器の中で貴重なものである。

e: 종묘의 제기 중 귀한 것이다.

0505

A: 或[ヒト]曰、雍[인명부,33]也仁[음독부アリ,31]而不[レ,32]佞[ネイアラ]

B: 或(ヒト)曰、雍は仁(アリ)て佞(ネイアラ)不ず

C: 或(あ)るひと曰(い)はく、雍(よう)は仁(じん)ありて佞(ねい)あらず。

D: ある人が言った。雍は仁であるが、弁才がない。

E: 어떤 사람이 말하기를, 雍(옹)은 仁(인)하지만 말재주가 없다.

a: 馬融曰雍[33]弟[음합부]子、仲[음합부]弓[인명부,21]名也。姓[33]冉[セン]也

b: 馬融曰雍は弟子、仲弓が名。姓は冉(セン)

c: 馬融(ばいう)曰(い)はく、雍(よう)は弟子(ていし)、仲弓(ちうきう)が名(な)。姓(せい)は冉(ぜむ)。

d: 馬融が言った。雍は弟子の仲弓の名である。姓は冉である。

e: 마융이 말하기를 雍(옹)은 제자 仲弓(중궁)의 이름이다. 성은 冉(염)이다.

A: 子曰焉[ソ]用[レ,ヰン]佞也。

B: 子曰焉(ソ)佞用(ヰン)。

C: 子(し)の曰(のたう)ばく、焉(いづく)んぞ佞(ねい)を用(もち)ゐん。

D: 先生が言われた。どうして弁才が必要であろうか。

E: 선생님께서 말씀하시기를, 어째서 말재주가 필요하겠는가?

A: 禦[ㇾ,ムカフ,11]人[11]以[ㇾ,シ,31]給[163][キウ,13]屢[シハ2자반복부]、憎[ㇾ,ニクマル]民[タミ,11][164]。

B: 人に禦(ムカフ)に給(キウ)を以(シ)て屢(シハシハ)、民(タミ)に憎(ニクマル)。

C: 人(ひと)に禦(むか)ふに、給(きふ)を以(も)ってして、屢(しばしば)民(たみ)に憎(にく)まる。

D: 人に応対するときに弁才を巧みに用いて、しばしば人に憎まれる。

E: (말재주가 있어 보았자) 남을 대할 때[165] 말재주를 부려서 자주 미움을 산다.

A: 不[ㇾ,32]知[ニ]其[22]仁[一,13]也。焉[ソ]用[ㇾ,ヰン]佞也

B: 其の仁を知不ず。焉(ソ)佞用(ヰン)

C: 其(そ)の仁(じん)を知(し)らず。焉(いづく)んぞ佞(ねい)を用(もち)ゐん。

D: 雍が仁であるかは分からない。どうして弁才が必要であろうか。

E: 옹이 인한지는 모르겠다. 어째서 말재주가 필요하겠는가?

a: 孔安國曰屢[リユ,33]數[サク]也。

b: 孔安國曰屢(リユ)は數(サク)。

c: 孔安國(こうあんこく)曰(い)はく、屢(りゅ)[166]は數(さく)。

d: 孔安国が言った。屢は数(しばしば)である。

e: 공안국이 말하기를, 屢(루)는 數(삭)[자주]이다.

a: 佞[음합부]人[33]口[훈합부]辭[コトハ]捷[음합부,セフ]給[ニシ,31]數[シハ2자반복부]爲[ㇾ,11]民[22]之所[ㇾ,ル]憎[ニクマ]之也

b: 佞人は口辭(コトハ)捷(セフ)給(ニシ)て數(シハシハ)民の爲に憎(ニクマ)所(ル)

c: 佞人(ねいじん)は、口(くち)辭(ことば)捷給(せふきふ)にして、數(しばしば)民(たみ)の爲(ため)に憎(にく)まる。

d: 佞人は口達者で、よく人に憎まれる。

e: 佞人(영인)은 입에서 나오는 말이 빠르고 교묘하여 남에게 자주 미움을 받는다.

163) 永正本集解, 應永本抄物에는 「口給」으로 되어 있다.
164) 永正本集解에는 「憎於人」으로 되어 있다.
165) 集注는 「禦當也, 猶應答也」라고 주석하였다.
166) 「屢」의 漢音은 「る」이다. 永正本集解에도 「リユ」라고 가점되어 있다. 여기서는 가점된 가나점에 따랐다.

0506

A: 子使[ᅮ,ᆖ,31]{シム}漆[음합부,シツ]彫[음합부,テウ]開[ᅳ,인명부,カイ,13]仕[ᅩ,ツカヘ]。

B: 子漆(シツ)彫(テウ)開(カイ)を使て仕(ツカヘ)使(シム)。

C: 子(し)、漆彫開(しつてうかい)をして仕(つか)へしむ。

D: 先生が、漆彫開を仕官させようとした。

E: 선생님께서 漆彫開(칠조개)에게 벼슬을 시키려고 하셨다.

A: 對[テ]曰[イ]吾、斯[コレヲノミメ,33]之未[ㇾ,タ]{シ}能[ㇾ]信[음독부セラルヽ,13~23]

B: 對(テ)曰(イ)吾、斯(コレヲノミシテ)は未(タ)信(セラルル)こと能未(シ)

C: 對(こた)へて曰(い)はく、吾(われ)、斯(これ)をのみしては、未(いま)だ信(しん)ぜらるること能(あた)はじ。[167)]

D: 答えて言った。私は今の状態では、信用されることができないでしょう。

E: 대답하여 말하기를, 저는 지금 상태로는 신임받을 수 없을 것입니다.

a: 孔安國曰開[인명부,33]弟[음합부]子也

b: 孔安國曰開は弟子

c: 孔安國(こうあんこく)曰(い)はく、開(かい)は弟子(ていし)。

d: 孔安国が言った。開は弟子である。

e: 공안국이 말하기를, 開(개)는 제자이다.

a: 漆[음합부,シツ]彫[テウ[168)],33]姓也。開[33]名也。

b: 漆(シツ)彫(テウ)は姓。開は名。

---

167) 古注는 義疏의 「答云, 言己學業未熟, 未能究習, 則不爲民所信, 未堪仕也, 一云, 言時君未能信, 則不可仕也」에서 보는 바와 같이, 먼저 학문이 부족하여 백성들의 신임을 받을 수 없다고 기술한 후, 일설로서 당시의 군주를 믿을 수 없다는 설도 싣고 있다. 新注인 集注는 「信謂眞知其如此, 而無毫髮之疑也, 開自言未能如此, 未可以治人」라고 하여 '자신이 없다'로 파악하고 있다.
應永本抄物 「開答云、私ノ學業未熟也。マチト學文シテ後ニ仕ヘシ。此分テハ人カ信セマイホトニト云。(漆彫開(칠조개)가 대답하여 말하기를 "저의 학문은 여물지 못하였습니다. 좀 더 학문을 한 다음에 출사해야 할 것입니다. 이 상태로는 사람들의 신임을 받을 수 없을 것이기 때문입니다"라고 하였다. 224쪽)」

168) 「テ」와 「ウ」 사이 우측에 「ヨ」를 기입하였다.

c: 漆彫(しつてう)は姓(せい)。開(かい)は名(な)。

d: 漆彫は姓である。開は名である。

e: 漆彫(칠조)는 성이다. 開(개)는 이름이다.

a: 仕[훈합부,ヘ]進[ム]之道未[ㇾ,タ]{シト云ハ}能[ㇾ]信[セラルヽ,13~23]者[삽입부[言[ロハ]]]未[ㇾ,タ]{サルソ}能[ニ]究[훈합부,メ]習[一,13~23]也

b: 仕(ヘ)進(ム)道未(タ)信(セラルル)こと能未(シトイフハ)言(ロハ)未(タ)究(メ)習こと能未(サルソ)

c: 仕(つか)へ進(すす)む道(みち)、未(いま)だ信(しん)ぜらるること能(あた)はじといふは、言(いふこころ)は、未(いま)だ究(きは)め習(なら)ふこと能(あた)はざるぞ。

d: 仕えて進む道に信用されることができないだろうといったのは、その意味は、まだ学問を究めていないということである。

e: 벼슬하여 나아가는 길에, 아직 신임받을 수 없을 것이라고 한 것은, 그 뜻은, 아직 학문을 다하지 못했다는 것이다.

A: 子說[ヨロコフ]

B: 子說(ヨロコフ)

C: 子(し)說(よろこ)ぶ。

D: 先生が喜ばれた。

E: 선생님께서 기뻐하셨다.

a: 鄭玄曰喜[ニ,フ]其[22]志[ㇾ,コヽロサス,13~23,22]道[11]之深[一,13~23,13]也

b: 鄭玄曰其の道に志(ココロサス)ことの深ことを喜(フ)

c: 鄭玄(ぢやうぐゑん)曰(い)はく、其(そ)の道(みち)に志(こころざ)すことの深(ふか)きことを喜(よろこ)ぶ。

d: 鄭玄が言った。彼の、道に志すことの深さを喜ばれた。

e: 정현이 말하기를, 그가 道(도)에 뜻을 둠이 깊은 것을 기뻐하셨다.

0507

A: 子曰道[훈독부]、不[ㄴ,32]行[ヲコナハレ]。

B: 子曰道、行(ヲコナハレ)不ず。

C: 子(し)の曰(のたう)ばく、道(みち)、行(おこな)はれず。

D: 先生が言われた。道が行われない。

E: 선생님께서 말씀하시기를, 道(도)가 행해지지 않는다.

A: 乗[ㄴ,ノ,31]桴[イカタ,11]浮[ニ,ウカハン]於海[一,カイ,11]。[169)]

B: 桴(イカタ)に乗(ノ)て海(カイ)に浮(ウカハン)。

C: 桴(いかだ)に乗(の)りて、海(かい)に浮(う)かばん。[170)]

D: 桴に乗って海に出よう。

E: 뗏목을 타고 바다로 나가야겠다.

A: 從[ㄴ,ハン]我[11]者[モ,33]其[レ]由[ユウ]也與[21]

B: 我に從(ハン)者(モ)は其(レ)由(ユウ)與か

C: 我(われ)に從(したが)はん者(もの)は其(それ)由(いう)か。

D: 私に従う者は由かな。

E: 나를 따를 자는 由(유)이겠구나.

a: 馬融曰桴[フ,33]編[ニ,アメルソ]竹[음합부]木[一,13]也。

b: 馬融曰桴(フ)は竹木を編(アメルソ)。

c: 馬融(ばいう)曰(い)はく、桴(ふ)は、竹木(ちくぼく)を編(あ)めるぞ。

d: 馬融が言った。桴は竹や木を編んだものである。

e: 마융이 말하기를, 桴(부)는 대나무나 나무를 엮은 것이다.

---

169) 讀點의 위치에 찍혀 있으나 문맥상 句點으로 파악하였다.

170) 應永本抄物 「孔子ノ聖德不[ㄴ]行レホトニ九夷ノ方ヘ行カントエリ。或ハ桴ニ乗テ大海ニ浮テ世ヲ渡ラントエリ。(공자께서 (당대에) 聖德(성덕)이 행해지지 않으므로 九夷(구이) 쪽으로 가겠다고 하셨다. 혹은 뗏목을 타고 大海(대해)로 나가 다른 곳으로 건너가야겠다고 하셨다. 224쪽)」

a: 大[ナル,13]者曰[ㇾ]筏[ハツ,23~33]

b: 大(ナル)を筏(ハツ)と曰

c: 大(おほ)きなるを、筏(はつ)と曰(い)ふ。

d: 大きいものを筏という。

e: 큰 것을 筏(벌)이라고 한다.

a: 小[キナル]者曰[ㇾ]桴[23~33]

b: 小(キナル)桴と曰

c: 小(ちい)さきなるを、桴(ふ)と曰(い)ふ。

d: 小さいものを桴という。

e: 작은 것을 桴(부)라고 한다.

A: 子[음합부]路聞[31]之喜[フ]

B: 子路聞て喜(フ)

C: 子路(しろ)、聞(き)きて喜(よろこ)ぶ。

D: 子路が聞いて喜んだ。

E: 子路(자로)가 듣고 기뻐하였다.

a: 孔安國曰喜[ㆁ,フ]與[ㇾ,23~33]巳俱[11]行[㆒,ユカン,13~23,13]矣

b: 孔安國曰巳與と俱に行(ユカン)ことを喜(フ)

c: 孔安國(こうあんこく)曰(い)はく、己(おのれ)と俱(とも)に行(ゆ)かんことを喜(よろこ)ぶ。

d: 孔安国が言った。自分と一緒に行こうと言ったことを聞いて喜んだ。

e: 공안국이 말하기를, 자기와 함께 가려고 하신 것을 듣고 기뻐하였다.

A: 子曰由[인명부]也、好[ㇾ,コノム,13~23]勇[음독부,13]、過[ㇾ,スキタリ]我[レ,11]。

B: 子曰由、勇を好(コノム)こと、我(レ)に過(スキタリ)。

C: 子(し)の曰(のたう)ばく、由(いう)、勇(いう)を好(この)むこと、我(われ)に過(す)ぎたり。

D: 先生が言われた。由が勇を好むことは、私以上である。

E: 선생님께서 말씀하시기를, 유가 勇(용)을 좋아하는 것이 나보다 더하다.

A: 無[ㇾ,シ]所[ㇾ]取[ㇾ,トル]材[サイ]

B: 材(サイ)取(トル)所無(シ)

C: 材(さい)、取(と)る所(ところ)無(な)し。

D: 材を取るところがない。

E: 재료를 취할 곳이 없다.

a: 鄭玄曰子[음합부]路、信[ニ,음독부,32]夫[음합부]子[22]欲[ㇾ[171)],スル,13~23,13]行[ユカマク]。

b: 鄭玄曰子路、夫子の行(ユカマク)欲(スル)ことを信ず。

c: 鄭玄(ぢゃうぐゑん)曰(い)はく、子路(しろ)、夫子(ふうし)の行(ゆ)かまく欲(ほっ)することを信(しん)ず。

d: 鄭玄が言った。子路は、先生が行こうとすると信じていた。

e: 정현이 말하기를, 자로는 선생님이 가고자 하신다고 믿었다.

a: 故[11]言[ノ]、好[ㇾ,13~23]勇[13]過[ㇾ,タリ]我[11]也。

b: 故に言(ノ)、勇を好こと我に過(タリ)。

c: 故(ゆゑ)に言(のたう)ばく、勇(よう)を好(この)むこと我(われ)に過(す)ぎたり。

d: それで言われた。勇を好むことが私以上である。

e: 그래서 말씀하시기를, (자로가) 勇(용)을 좋아하는 것이 나보다 더하다.

a: 無[ㇾ,23~33,33]所[ㇾ]取[ㇾ,ル]材者、言[33]無[ㇾ,ソ]所[ㇾ]取[ニ]桴[イカタ,22]材[一,キヲ]也。

b: 材取(ル)所無とは、言は桴(イカタ)の材(キヲ)取所無(ソ)。

c: 材(さい)取(と)る所(ところ)無(な)しとは、言(いふこころ)は、桴(いかだ)の材(き)を取(と)る所(ところ)無(な)きぞ。[172)]

---

171) [ㇾ] 위에 [一]가 누락되었다.

172) 義疏에서도 「然我無處覓取爲桴之材也」라고 한 것과 같이 古注는 먼저 '뗏목의 재료'라고 보았다. 이때는 「ざい」라고 음독한다. 두 번째로 「哉」라는 주를 취하면 감탄조사 「かな」로 읽을 수 있다. 新注인 集注는 「材與裁同古字借用……故夫子美其勇, 而譏其不能裁度事理以適於義也」라고 하였다.
應永本抄物 「我ハマタ桴ノ材木ヲサヘ、用意セヌ者ヲト、ジヤレコトニナシテ宣ヘリ。……無イ[ㇾ]處[ㇾ]取材カナトヨムヘシ。古ニハ材ノ字ト哉字ト同シ。("나는 또한 뗏목에 쓸 재목조차 준비하지 못하였거늘"이라며 농담처럼 말씀하신 것이다. ……"취할 바 없구나"라고 읽어야 한다. 옛날에는 材(재)라는 글자와 哉(재)라는 글자는 같았다. (225쪽)」 古注의 두 가지 설을 모두 소개하고 있다.

d: 材を取るところがないとは、その意味は、桴の材木を取るところがないということである。

e: 재료를 취할 곳이 없다는 것은, 그 뜻은, 뗏목의 재료를 구할 곳이 없다는 것이다.

a: 以[゠,22]子[음합부]路[21]不[ㇾ,13]解[゠,サトラ]微[음합부]言[㇐,13]、故[ユヘ,11]戱[タハフレラク]之耳[ノミ]也。

b: 子路が微言を解(サトラ)不を以の、故(ユヘ)に戱(タハフレラク)耳(ノミ)。

c: 子路(しろ)が微言(びげん)を解(さと)らざるを以(も)っての故(ゆゑ)に、戱(たはぶ)れらくのみ。

d: 子路が言の微妙な義味を悟らなかったので、からかっただけである。

e: 자로가 말의 속뜻을 깨닫지 못했기 때문에 놀린 것일 뿐이다.

a: 一[11]曰子[음합부]路、聞[゠,テ]孔[음합부]子[22]欲[㇐,ㇾ,ホツスル,13~23,13]浮[ㇾ,23~33]海便[チ]喜[ヨロコムテ]不[゠,32]復顧[음합부,コ]望[㇐,ホウセ]。

b: 一に曰子路、孔子の海浮と欲(ホツスル)ことを聞(テ)便(チ)喜(ヨロコムテ)復顧(コ)望(ホウセ)不ず。

c: 一(いち)に曰(い)はく、子路(しろ)、孔子(こうし)の海(かい)に浮(う)かばんと欲(ほっ)することを聞(き)きて、便(すなは)ち喜(よろこ)んで復(また)顧望(こばう)せず。

d: 一説に言う。子路は孔子が海に向かおうというのを聞いて、喜び、物事を弁えずに行動に移した。

e: 일설에 이르기를, 자로는 공자가 바다로 떠나고 싶어한다는 것을 듣고 기뻐하여 앞뒤 가리지 않고 행동에 나섰다.

a: 故[11]孔[음합부]子歎[゠,ナケイ,31]其[22]勇[㇐,13]曰[22,삽입부[好[ㇾ,ᄀ]勇[ヲ]]]過[ㇾ,タリ]我[11]。

b: 故に孔子其の勇を歎(ナケイ)て曰の勇(ヲ)好(コト)我に過(タリ)。

c: 故(ゆゑ)に孔子(こうし)、其(そ)の勇(よう)を歎(なげ)いて曰(のたう)ばく、勇(よう)を好(この)むこと、我(われ)に過(す)ぎたり。

d: それで孔子がその勇気を評価して言った。勇を好むことが、私以上である。

e: 이에 공자께서 그의 용기를 평가하여 말하기를, 勇(용)을 좋아하는 것이 나보다 더하다.

a: 無[ㇾ]所[ニ]復取[一]哉[23~33,33]、言[33]唯取[ニ,ル]於已[一,11]也。

b: 復取所無哉とは、言は唯巳に取(ル)。

c: 復(また)取(と)る所(ところ)無(な)きかなとは、言(いふこころ)は、唯(ただ)己(おのれ)に取(と)る。

d: 他に取るところがないねとは、その意味は、(お供できるものは子路)自分のみであるということである。

e: 달리 취할 바가 없구나라고 한 것은, 그 뜻은, (같이 갈 사람은 자로) 자신뿐이라는 것이다.

a: 古[11]材哉[サイ]、同[シ]

b: 古に材哉(サイ)、同(シ)

c: 古(いにしへ)に材(さい)哉(さい)、同(おな)じ。

d: 昔は、材と哉は、同じであった。

e: 옛날에 材(재)와 哉(재)[영탄의 허사]는 같았다.

0508

A: 孟[음합부]武[음합부]伯[인명부]問[ハク]子[음합부]路[인명부]仁[アリ]乎[ヤ]。

B: 孟武伯問(ハク)子路仁(アリ)乎(ヤ)。

C: 孟武伯(まうぶはく)問(と)はく、子路(しろ)、仁(じん)ありや。

D: 孟武伯が聞いた。子路は仁でありますか。

E: 孟武伯(맹무백)이 묻기를, 자로는 인합니까?

A: 子曰不[ㇾ,32]知[シラ]也

B: 子曰知(シラ)不ず

C: 子(し)の曰(のたう)ばく、知(しら)ず。

D: 先生が言われた。分かりません。

E: 선생님께서 말씀하시기를, 모르겠습니다.

a: 孔安國曰仁[22]道[훈독부]至[31]大[ナリ]。

b: 孔安國曰仁の道至て大(ナリ)。

c: 孔安國(こうあんこく)曰(い)はく、仁(じん)の道(みち)至(いた)りて大(おほ)きなり。

d: 孔安国が言った。仁の道はとても大きい。

e: 공안국이 말하기를, 인의 도는 대단히 크다.

a: 不[ㇾ]可[ㆦ]全[ク]名[㆒,ク]也

b: 全(ク)名(ク)可不

c: 全(まった)く名(なづ)くべからず。

d: まともに名付けることができない。

e: 온전히 이름붙일 수 없다.

A: 又問。

B: 又問。

C: 又(また)問(と)ふ。

D: また聞いた。

E: 다시 물었다.

A: 子曰由[인명부,13,33]也千[음합부]乘[22]之國[11]、可[ㇾ,シ]使[ㇾ,シメ]治[ㆦ]其[22]賦[㆒,フ,13]也

B: 子曰由をば千乘の國に、其の賦(フ)を治使(シメ)可(シ)

C: 子(し)の曰(のたう)ばく、由(いう)をば千乘(せんしょう)の國(くに)に、其(そ)の賦(ふ)を治(をさ)めしめつべし。

D: 先生が言われた。由は千乗の国で、賦を治めさせることができます。

E: 선생님께서 말씀하시기를, 由(유)[자로]는 천승지국에서 賦(부)를 다스리게 할 만합니다.

a: 孔安國曰賦[33]兵[음합부,ヘイ]賦也

b: 孔安國曰賦は兵(ヘイ)賦

c: 孔安國(こうあんこく)曰(い)はく、賦(ふ)は兵賦(へいふ)。

d: 孔安国が言った。賦は兵賦である。

e: 공안국이 말하기를, 부는 병부이다.

A: 不[ㇾ,32]知[ニ]其[22]仁[一,13]也。

B: 其の仁を知不ず。

C: 其(そ)の仁(じん)を知(し)らず。

D: (それでも)彼が仁であるかは分かりません。

E: 그가 인한지는 모르겠습니다.

A: 求[인명부,33]也何[훈합부]如[イカン]。

B: 求は何如(いかん)。

C: 求(きう)は何如(いかん)。

D: 求はいかがですか。

E: 求(구)는 어떻습니까?

A: 子曰求[인명부,13,33]也、千[음합부]室[22]之邑[ユウ]、百[음합부]乗[22]之家[11]可[ㇾ,シ]使[ㇾ,シメツ]爲[ニ,タラ]之宰[一]也

B: 子曰求をば、千室の邑(ユウ)、百乗の家に宰爲(タラ)使(シメツ)可(シ)

C: 子(し)の曰(のたう)ばく、求(きう)をば、千室(せんしつ)の邑(いふ)、百乗(ひゃくしょう)の家(いへ)に宰(さい)たらしめつべし。

D: 先生が言われた。求は千室の邑、百乗の家の宰にならせることができます。

E: 선생님께서 말씀하시기를, 구는 천실지읍, 백승지가에 宰(재)[173]가 되게 할 만합니다.

a: 孔安國曰千室[22]之邑[ハ]卿[음합부]大[음합부]夫[22]之邑也。

b: 孔安國曰千室の邑(ハ)卿大夫の邑。

c: 孔安國(こうあんこく)曰(い)はく、千室(せんしつ)の邑(いふ)は、卿大夫(けいたいふ)の邑(いふ)。

---

173) 邑(읍)이나 家(가)의 모든 일을 관장하는 책임자.

d: 孔安国が言った。千室の邑は、卿大夫の邑である。

e: 공안국이 말하기를, 천실지읍은 경대부의 읍이다.

a: 卿[음합부]大[음합부]夫[13]稱[ﾚ,32]家[훈독부,23~33]

b: 卿大夫を家と稱す

c: 卿大夫(けいたいふ)を家(いへ)と稱(しょう)す。

d: 卿大夫を家という。

e: 경대부를 家(가)라고 칭한다.

a: 諸[음합부]侯[33]千[음합부]乘。[174)]

b: 諸侯は千乘。

c: 諸侯(しょこう)は千乘(せんしょう)。

d: 諸侯は千乘。

e: 제후(가 보유할 수 있는 수레의 대수)는 천승이다.

a: 卿[음합부]大[음합부]夫[ナリ]。故[11]曰[ﾆ,フ]百[음합부]乘[ｰ,23~33]也。

b: 卿大夫(ナリ)。故に百乘と曰(フ)。

c: 卿大夫(けいたいふ)なり。故(ゆゑ)に百乘(ひゃくしょう)と曰(い)ふ。

d: 卿大夫である。それで百乘という。

e: (家는) 경대부이다. 그러므로 백승이라고 한다.

a: 宰[33]家[음합부]臣也

b: 宰は家臣

c: 宰(さい)は家臣(かしん)。

d: 宰は家臣である。

e: 宰(재)는 가신이다.

A: 不[ﾚ,32]知[ﾆ]其仁[ｰ,13]也。

B: 其仁を知不ず。

---

174) 讀點의 위치에 찍혀 있으나 문맥상 句點으로 파악하였다.

C: 其(そ)の仁(じん)を知(し)らず。

D: (それでも)彼が仁であるかは分かりません。

E: (그렇지만) 그가 인한지는 모르겠습니다.

A: 赤[인명부,セキ,33]也何[훈합부]如。

B: 赤(せき)は何如。

C: 赤(せき)は何如(いかん)。

D: 赤はいかがですか。

E: 赤(적)은 어떻습니까?

A: 子曰赤[인명부,13,33]也束[음합부]帶[タイシ,31]立[ニ,タテ,31]於朝[一,음독부,11]可[レ,シ]使[下,シメツ]與[ニ,23~33]賓[음합부]客[一]言[上,モノイハ]也

B: 子曰赤をば束帶(タイシ)て朝に立(タテ)て賔客與と言(モノイハ)使(シメツ)可(シ)

C: 子(し)の曰(のたう)ばく、赤(せき)をば束帶(そくたい)して朝(てう)に立(た)てて賓客(ひんかく)と言(ものい)はしめつべし。

D: 先生が言われた。赤は礼服を着せて、朝廷に立てて、賓客に応対させることができます。

E: 선생님께서 말씀하시기를, 적은 속대를 하게 하고 조정에 세워서 빈객을 접대하게 할 만합니다.

a: 馬融曰赤[33]弟[음합부]子、公[음합부]西[음합부]華[인명부,クワ]也。

b: 馬融曰赤は弟子、公西華(クワ)。

c: 馬融(ばいう)曰(い)はく、赤(せき)は弟子(ていし)、公西華(こうせいくゎ)。

d: 馬融が言った。赤は弟子で、公西華である。

e: 마융이 말하기를, 적은 제자 公西華(공서화)이다.

a: 有[ニ,リ]容[음합부]儀[一]、可[レ,シ]使[レ,シム]爲[ニ,タラ]行[음합부]人[一]之也

b: 容儀有(リ)、行人爲(タラ)使(シム)可(シ)

c: 容儀(ようぎ)有(あ)り、行人(かうじん)たらしむべし。

d: 容儀があって、外交の仕事をさせることができる。

e: 용모와 행동거지에 기품이 있어서 외교 업무를 보게 할 만하다.

A: 不[ㇾ,32]知[ニ]其仁[一,13]也

B: 其仁を知不ず

C: 其(そ)の仁(じん)を知(し)らず。

D: (それでも)彼が仁であるかは分かりません。

E: (그렇지만) 그가 인한지는 모르겠습니다.

0509

A: 子謂[ニ,カタ,31]子貢[一,11]曰[22]、女[ナムチ,23~33]與[23~33][175]回[인명부]也、孰[イツレ,21]愈[マサレル]

B: 子子貢に謂(カタ)て曰の、女(ナムチ)と回與と、孰(イツレ)か愈(マサレル)

C: 子(し)、子貢(しこう)に謂(かた)りて曰(のたう)ばく、女(なんぢ)と回(くゎい)と、孰(いづれ)か愈(まさ)れる。

D: 先生が、子貢に語って言われた。君と回とどちらが勝るか。

E: 선생님께서 子貢(자공)에게 일러 말씀하시기를, 너와 안회 중 누가 더 뛰어나냐?

a: 孔安國曰愈[ユ[176],33]猶[ㇾ,ヲ]{コトシ}勝[22]也

b: 孔安國曰愈(ユ)は猶(ヲ)勝の猶(コトシ)

c: 孔安國(こうあんこく)曰(い)はく、愈(ゆ)は猶(なほ)勝(しょう)のごとし。

d: 孔安国が言った。愈は勝のような意味同じである。

e: 공안국이 말하기를, 愈(유)는 勝(승)[낫다]과 같다.

A: 對[31]曰賜[인명부,シ,33]也、何[ソ]敢[31]望[ㇾ,ノソマ,12]回[인명부,13]。

B: 對て曰賜(シ)は、何(ソ)敢て回を望(ノソマ)ん。

C: 對(こた)へて曰(い)はく、賜(し)は、何(なん)ぞ敢(あ)へて回(くゎい)を望(のぞ)まん。

175) ㇾ점이 탈락되어 있다.

176) 「愈」의 漢音은 「イウ」이고 吳音은 「ユ」이다.

D: 答えて言った。賜[私]がどうして回を望めましょうか。

E: 대답하여 말하기를, 제가 어찌 감히 안회(보다 뛰어나기)를 바라겠습니까?

A: 回[인명부,33]也聞[ㇾ,31]一[13]以[31]知[ㇾ]十[음독부,13]。

B: 回は一を聞て以て十を知。

C: 回(くゎい)は、一(いち)を聞(き)きて以(も)ちて十(じふ)を知(し)る。

D: 回は、一を聞いて十を知ります。

E: 안회는 하나를 듣고 열을 압니다.

A: 賜[인명부,シ,33]也聞[ㇾ,31]一[13]以[31]知[ㇾ]二[13]。

B: 賜(シ)は一を聞て以て二を知。

C: 賜(し)は、一(いち)を聞(き)きて以(も)ちて二(に)を知(し)る。

D: 私は、一を聞いて二を知ります。

E: 저는 하나를 듣고 둘을 압니다.

A: 子曰弗[ㇾ,シ]如[シカ]也。

B: 子曰如(シカ)弗(シ)。

C: 子(し)の曰(のたう)ばく、如(し)かじ。

D: 先生が言われた。(君は顔回に)及ばないだろう。

E: 선생님께서 말씀하시기를, (너는 안회에게) 미치지 못할 것이다.

A: 吾[23~33]、與[ㇾ,23~33,33]女、弗[ㇾ,32]如也

B: 吾と、女與とは、如弗ず

C: 吾(われ)と女(なんぢ)とは、如(し)かず。[177)]

D: 私と君とは、及ばない。

E: 나와 너는 (안회에게) 미치지 못한다.

177) 義疏의 「孔子既答子貢之不如, 又恐子貢有怨, 故又云吾與汝皆不如也, 所以安慰子貢也」에서 보는 바와 같이 古注는 공자께서 자신과 자공이 모두 안회에게 미치지 못한다고 말씀하신 것으로 파악하였으나, 集注는 「與許也……夫子以其自知之明而又不難於自屈, 故既然之, 又重許之」와 같이 자공이 안회에게 미치지 못하는 것을 '허용한다'고 파악하였다.

a: 苞氏曰既[11]然[ᆖ,32]子[음합부]貢[21]弗[ᅳ,ㇾ,スト云,13~23,13]如。[178)]

b: 苞氏曰既に子貢が如弗(ストイフ)ことを然す。

c: 苞氏(はうし)曰(い)はく、既(すで)に子貢(しこう)が如(し)かずといふことを然(ぜん)す。

d: 苞氏が言った。すでに子貢が及ばないということを認めた。

e: 포씨가 말하기를, 이미 자공이 (안회에게) 미치지 못하는 것을 인정했다.

a: 復[カサネ,31]云[ノ]、吾[23~33]與[ㇾ,23~33]女倶[11]不[ㇾ,23~33,33]如者、盖欲[ᆖ,テナリ]以[31]慰[ᆖ,ヤスメマク]{ナク}子[음합부]貢[21]心[ᅳ,13]也

b: 復(カサネ)て云(ノ)、吾と女與と倶に如不とは、盖以て子貢が心を慰(ヤスメマク)欲(テナリ)

c: 復(かさ)ねて云(のたう)ばく、吾(われ)と女(なんぢ)と倶(とも)に如(し)かずとは、蓋(けだ)し以(も)ちて子貢(しこう)が心(こころ)を慰(やす)めまく欲(ほっ)してなり。

d: 重ねて私と君はともに及ばないと言ったのは、おそらくその言葉で子貢の心を慰めようとしたのである。

e: (그런데도) 거듭하여, 나와 네가 모두 미치지 못한다고 말한 것은, 아마도 그로써 자공의 마음을 위로하고자 한 것이다.

0510

A: 宰[음합부]予[인명부]晝[ヒル]寢[イネタリ]

B: 宰予晝(ヒル)寢(イネタリ)

應永本抄物「子貢ヲ無[ム]下[ケ]ニ回ニ劣ト云ハ、怨アルヘシ。又ハツル心アルヘシ。サルホトニ子貢ヲ慰テ、吾モ回ニ及ハヌ處アリ。ソチハ道理也ト云リ。一說與ハ許[ユルス]也。吾與[ᆖ,ス]女[カ]弗[ᅳ,ㇾ,コトヲ]如トヨムヘシ。孔子ノ回ニ及ハヌト云ハ、誠ト思[フ]者不可有。此心ハ子貢カ回[ニ]及ハヌト云ソ。(子貢(자공)을 가차 없이 顔回(안회)보다 못하다고 말하면 원망하게 될 것이다. 또한 창피해하는 마음이 있을 것이다. 그러므로 자공을 위로하여 나도 안회에게 미치지 못하는 부분이 있다. 그럴 만하다고 하였다. 일설에 與(여)는 許(허)[허용한다]라고 하였다. '나는 네가 미치지 못하는 것을 허용한다'고 읽어야 할 것이다. 공자께서 안회에게 미치지 못한다고 하는 것을 진실이라고 생각하는 일이 있어서는 안 된다. 이 말은 자공이 안회에게 미치지 못한다는 것이다. 229쪽)」 먼저 古注에 따라 기술한 후 新注에 따른 해석도 싣고 있다.

178) 讀點의 위치에 찍혀 있으나 문맥상 句點으로 파악하였다.

C: 宰予(さいよ)、晝(ひる)寢(い)ねたり。

D: 宰予が昼寝をした。

E: 宰予(재여)가 낮잠을 잤다.

a: 苞氏曰宰[음합부]予[인명부,33]弟[음합부]子、宰[음합부]我[인명부]也

b: 苞氏曰宰予は弟子、宰我

c: 苞氏(はうし)曰(い)はく、宰予(さいよ)は弟子(ていし)、宰我(さいが)。

d: 苞氏が言った。宰予は弟子の宰我である。

e: 포씨가 말하기를, 재여는 제자 宰我(재아)이다.

A: 子曰朽[クチタル]木[13,33]不[ㇾ,32]可[ㇾ]彫[ヱリウ]也

B: 子曰朽(クチタル)木をば彫(ヱリウ)可不ず

C: 子(し)の曰(のたう)ばく、朽(く)ちたる木(き)をば、彫(ゑ)りうべからず。

D: 先生が言われた。朽ちた木には彫刻できない。

E: 선생님께서 말씀하시기를, 썩은 나무에는 조각할 수 없다.

a: 苞氏曰朽[キウ,33]腐[フ]也。

b: 苞氏曰朽(キウ)は腐(フ)。

c: 苞氏(はうし)曰(い)はく、朽(きう)は腐(ふ)。

d: 苞氏が言った。朽は腐である。

e: 포씨가 말하기를, 朽(후)는 腐(부)[썩다]이다.

a: 彫[チヨウ,33]彫[음합부]琢[タク]、刻[음합부,コク]畫[음독부[クワク][179]セルソ]也

b: 彫(チヨウ)は彫琢(タク)、刻(コク)畫(クワクセルソ)

c: 彫(てう)は彫琢(てうたく)、刻畫(こくくゎく)せるぞ。

d: 彫は彫琢して、刻画することである。

e: 彫(조)는 彫琢(조탁)[새기고 쪼다]하고 刻劃(각획)[새겨서 긋다]하는 것이다.

A: 糞[음합부]土[22]之牆[カキ,13,33]不[ㇾ,32]可[ㇾ,ヘカラ]杇[ナタラカニシウ]也

B: 糞土の牆(カキ)をば杇(ナタラカニシウ)可(ヘカラ)不ず

179) 음독부 옆에 「クワク」라고 적혀 있다.

C: 糞土(ふんと)の牆(かき)をば、杇(なだ)らかにしうべからず。

D: 糞土の垣は、なだらかにすることができない。

E: 분토로 된 흙담은 판판하게 할 수 없다.

a: 王肅曰杇[ヲ,33]槾[マン[180)]]也

b: 王肅曰杇(ヲ)は槾(マン)

c: 王肅(わうしく)曰(い)はく、杇(を)は槾(まん)。

d: 王粛が言った。杇は槾である。

e: 왕숙이 말하기를, 杇(오)는 槾(만)[잘 이긴 벽토를 얇게 펴서 바르다]이다.

a: 二[훈합부,22]者[13,33]喻[フ]、雖[㆑,ヘトモ]施[㆑,ホトコス,23~33]功[コウ,13]、猶[ヲ]不[㆑,サルニ]成[ナラ]也

b: 二の者をば喻(フ)、功(コウ)を施(ホトコス)と雖(ヘトモ)、猶(ヲ)成(ナラ)不(サルニ)

c: 二(ふた)つの者(もの)をば喻(たと)ふ、功(こう)を施(ほどこ)すといへども猶(なほ)成(な)らざるに。

d: 二つのものに喻えた、功を施しても成らないことを。

e: 두 가지에 비유했다, 공을 들인다고 해도 또한 이루어질 수 없음을.

A: 於[㆑,31,21]予[ヨ,11]與何[ナソ]誅[セメン,12]

B: 予(ヨ)に於てか何(ナソ)誅(セメン)ん

C: 予(よ)に於(おい)てか何(なん)ぞ誅(せ)めん。

D: 予に対しては何を責めようか。

E: 재여에 대해서는 무엇을 탓하겠는가?

a: 孔安國曰誅[シウ[181)],33]責[サク]也。

b: 孔安國曰誅(シウ)は責(サク)。

c: 孔安國(こうあんこく)曰(い)はく、誅(しう)は責(さく)。

d: 孔安国が言った。誅は責である。

e: 공안국이 말하기를, 誅(주)는 責(책)[탓하다]이다.

---

180) 22 위치 주점 위에 묵점으로 지운 것이 보인다.
181) 「誅」의 漢音은 「ちう」이다.

a: 今我[レ]當[㆘,マサ,11]{ケン}何[ソ]責[㆗,セム]於汝[㆖,13]乎[ヤ,23~33]深[フカク]責[ムル]之辭[훈독부,ナリ]也

b: 今我(レ)當(マサ)に何(ソ)汝を責(セム)當(ケン)乎(ヤ)と深(フカク)責(ムル)辭(ナリ)

c: 今(いま)我(われ)當(まさ)に何(なん)ぞ汝(なんぢ)を責(せ)むべけんやと、深(ふか)く責(せ)むる辭(ことば)なり。

d: 今私が君に対して何を責められようかと、深く責める言葉である。

e: 지금 내가 너에 대해서 무엇을 탓할 수 있겠느냐고 깊이 책망하는 말이다.

A: 子曰始[ハシメ]、吾[レ]、於[ㇾ,31]人[11]也聽[㆓,キイ,31]其[22]言[㆒,コト,13~23,13]而信[㆓,シンシキ]其[22]行[㆒,カウヲ]

B: 子曰始(ハシメ)、吾(レ)、人に於て其の言(コト)ことを聽(キイ)て其の行(カウヲ)信(シンシキ)

C: 子(し)の曰(のたう)ばく、始(はじ)め、吾(われ)人(ひと)に於(おい)て、其(そ)の言(こと)を聽(き)いて、其(そ)の行(かう)を信(しん)じき。

D: 先生が言われた。最初は私は人の言葉を聞いて、その行動を信じた。

E: 선생님께서 말씀하시기를, 처음에는 사람의 말을 듣고 그 행동을 믿었다.

A: 今吾[レ]於[ㇾ,テ]人[11]也聽[㆓,31]其[22]言[㆒,コト,13]而觀[㆓,ミル]其[22]行[㆒,13]

B: 今吾(レ)人に於(テ)其の言(コト)を聴て其の行を觀(ミル)

C: 今(いま)吾(われ)、人(ひと)に於(おい)て、其(そ)の言(こと)を聽(き)きて、其(そ)の行(かう)を觀(み)る。

D: 今は私は人の言葉を聞いて、その行動を見る。

E: 지금은 사람의 말을 듣고 그 행동을 본다.

A: 於[ㇾ,31]予[ヨ,11]與改[ㇾ,アラタ,12]是[コレ,13]

B: 予(ヨ)に於て是(コレ)を改(アラタ)む

C: 予(よ)に於(おい)て、是(これ)を改(あらた)む。

D: 宰予とのことで、これを改めた。

E: 재여로 인하여 이것을 고쳤다.

a: 孔安國曰改[㆑,23~33,33]是[13]始[メ]聽[㆑,31]言[13]信[㆑,음독부スルソ]行[13]。[182)]

b: 孔安國曰是を改とは始(メ)言を聽て行を信(スルソ)。

c: 孔安國(こうあんこく)曰(い)はく、是(これ)を改(あらた)むとは、始(はじ)め言(こと)を聽(き)きて行(かう)を信(しん)ずるぞ。

d: 孔安国が言った。これを改めたというのは、最初は言葉を聞いて行動を信じたが、

e: 공안국이 말하기를, 이것을 고쳤다는 것은 처음에는 말을 듣고 행동을 믿었는데,

a: 今更[サラ,11]察[㆑,アキラカニシ,31]言[13]觀[㆑,삽입부[其[ノ]]]行[ヲ]

b: 今更(サラ)に言を察(アキラカニシ)て其(ノ)行(ヲ)觀

c: 今(いま)更(さら)に言(こと)を察(あきら)かにして其(そ)の行(かう)を觀(み)る。

d: 今は言葉をよりよく検討して、その行動を見るということである。

e: 지금은 더욱 말을 잘 살피고 그 행동을 본다는 것이다.

a: 發[ニ,음독부,32]於宰[음합부]我[21]之晝[ヒル]寢[一,イネタル,11]也

b: 宰我が晝(ヒル)寢(イネタル)に發す

c: 宰我(さいが)が晝(ひる)寢(い)ねたるに發(はっ)す。

d: 宰我が昼寝をしたことに起因する。

e: (이는) 재아가 낮잠을 잔 것에서 비롯되었다.

0511

A: 子曰吾[レ]未[㆑,タ]{ス}見、剛[음합부]者[13]。

B: 子曰吾(レ)未(タ)見未(ス)、剛者を。

C: 子(し)の曰(のたう)ばく、吾(われ)未(いま)だ見(み)ず、剛者(かうしゃ)を。

D: 先生が言われた。私はまだ見たことがない、剛直な者を。

E: 선생님께서 말씀하시기를, 나는 아직 보지 못했다, 강직한 사람을.

182) 讀點의 위치에 찍혀 있으나 문맥상 句點으로 파악하였다.

A: 或[ル人]對[31]曰、申[음합부]振[인명부,タウナリ]

B: 或(ルヒト)對て曰、申振(タウナリ)

C: 或(あ)るひと對(こた)へて曰(い)はく、申棖(しんたう)なり。

D: ある人が答えて言った。申棖がいます。

E: 어떤 사람이 대답하여 말하기를, 申棖(신정)이 있습니다.

a: 苞氏曰申[음합부]棖[인명부,33]鲁[훈합부]人也

b: 苞氏曰申棖は鲁人

c: 苞氏(はうし)曰(い)はく、申棖(しんたう)は魯人(ろひと)。

d: 苞氏が言った。申棖は魯の人である。

e: 포씨가 말하기를, 신정은 노나라 사람이다.

A: 子曰振[인명부]也慾[ヨクアリ]。焉[ソ]、得[ㇾ,エン]剛[13]

B: 子曰振慾(ヨクアリ)。焉(ソ)、剛を得(エン)

C: 子(し)の曰(のたう)ばく、棖(たう)慾(よく)あり。焉(いづく)んぞ、剛(かう)を得(え)ん。

D: 先生が言われた。棖には慾がある。どうして剛直になれるだろうか。

E: 선생님께서 말씀하시기를, 신정은 욕심이 있다. 어찌 강직할 수 있겠는가?

a: 孔安國曰慾[ヨク,33]多[ニ,キソ]情[음합부]慾[一]之[삭제부]也

b: 孔安國曰慾(ヨク)は情慾多(キソ)

c: 孔安國(こうあんこく)曰(い)はく、慾(よく)は情慾(せいよく)多(おほ)きぞ。

d: 孔安国が言った。慾は欲の多いことである。

e: 공안국이 말하기를, 慾(욕)은 욕심이 많은 것이다.

0512

A: 子貢曰我[レ]、不[ㇾ,ス]欲[三,セ]人[22]之加[ニ,シノカム,13~23,13]諸我[一,13]也。

B: 子貢曰我(レ)、人の我を加(シノカム)ことを欲(セ)不(ス)。

C: 子貢(しこう)曰(い)はく、我(われ)、人(ひと)の我(われ)を加(しの)がんことを欲(ほっ)せず。

D: 子貢が言った。私は人が私をあなどることを望みません。

E: 子貢(자공)이 말하기를, 저는 사람들이 저를 능멸하는 것을 원치 않습니다.

A: 吾[モ]亦欲[㆑,32]無[㆑,ラン,13~23,13]加[㆓,シノク,13~23]諸人[㆒,13]也

B: 吾(モ)亦人を加(シノク)こと無(ラン)ことを欲す

C: 吾(われ)も亦(また)人(ひと)を加(しの)ぐこと無(な)からんことを欲(ほっ)す。

D: 私もまた人をあなどることがないことを願います。

E: 저도 또한 사람을 능멸하는 일이 없고자 합니다.

a: 馬融曰加[33]凌[レウ]也

b: 馬融曰加は凌(レウ)

c: 馬融(ばいう)曰(い)はく、加(か)は凌(れう)。[183)]

d: 馬融が言った。加は凌である。

e: 마융이 말하기를, 加(가)는 凌(능)[능멸하다]이다.

A: 子曰賜[인명부]也、[184)]非[㆓,32]爾[チ,22]所[㆒,㆑,11]及[ハン]也

B: 子曰賜、爾(チ)の及(ハン)所に非ず

C: 子(し)の曰(のたう)ばく、賜(し)、爾(なんぢ)の及(およ)ばん所(ところ)にあらず。

D: 先生が言われた。賜よ、君が及ぶところではない。

E: 선생님께서 말씀하시기를, 賜(사)야, 네가 미칠 수 있는 바가 아니다.

a: 孔安國曰言[33]不[㆑,シ]能[㆔]止[㆑,トヽメ,31]人[13]使[㆑,シムル,13~23]不[㆑]加[㆓]非[음합부]義[13]於巳[㆒,11]之也

b: 孔安國曰言は人を止(トトメ)て非義を巳に加不使(シムル)こと能不(シ)

c: 孔安國(こうあんこく)曰(い)はく、言(いふこころ)は、人(ひと)を止(とど)めて、非義(ひぎ)を己(おのれ)に加(くは)へざらしむること能(あた)はじ。[185)]

---

183) 「凌」의 漢音은 「りょう」이나 여기서는 가나점에 따랐다.

184) 句點이 찍혀 있으나 문맥상 讀點으로 파악하였다.

185) 「加」와 관련한 義疏와 集注의 주석은 다음과 같다. 義疏 「我不願世人以非理加陵之於我也, 又云, 我匪唯願人不以非理加於我, 而我亦願不以非理加陵於人也」 集注 「子貢言我所不欲人加於我之事, 我亦不欲以此加之於人」

d: 孔安国が言った。意味はこうである。人を止めて自分に非義を加えないようにすることはできないだろう。

e: 공안국이 말하기를, 그 뜻은 이러하다. 남을 막아, 義(의)가 아닌 것을 나에게 가하지 않게 할 수는 없을 것이다.

0513

A: 子貢[인명부]曰夫[음합부]子[22]之文[음합부]章[13,33]可[ㇾ]得[31]而聞[ㇾ,キイツ]也

B: 子貢曰夫子の文章をば得て聞(キイツ)可

C: 子貢(しこう)曰(い)はく、夫子(ふうし)の文章(ぶんしゃう)をば得(え)て聞(き)いつべし。

D: 子貢が言った。先生の文章は聞くことができる。

E: 子貢(자공)이 말하기를, 선생님의 문장은 들을 수 있다.

a: 章[33]明也。文[음합부]彩[サイ]、形[음합부,ケイ]質、著[훈합부,アラハレ]見[エ]可[下,シ]得[31]以[二,31]耳[음합부]目[一]脩[上,ヲサメツ]也

b: 章は明。文彩(サイ)、形(ケイ)質、著(アラハレ)見(エ)得て耳目以て脩(ヲサメツ)可(シ)

c: 章(しゃう)は明(めい)。文彩(ぶんさい)、形質(けいしつ)、著(あら)はれ見(み)え、得(え)て耳目(じぼく)を以(も)ちて修(をさ)めつべし。

d: 章は明である。文彩と形質があらわれ見えて、耳目で修められる。

e: 章(장)은 明(명)[밝다]이다. 문채와 형질은 드러나 보여서 눈과 귀로써 닦을 수 있다.

A: 夫[음합부]子[22]之言[コト]性[イ,23~33]與[二,13,33]天[음합부]道[一]、不[レ,サラク]可[二]得[31]而聞[一,キク]也巳[ノミ]矣

B: 夫子の言(コト)性(イ)と天道與をば、得て聞(キク)可不(サラク)巳(ノミ)

應永本抄物「人カ無理ナルコトヲシカケテシノカンコトモイヤ也。コチヨリシカケテ人ヲシノカンコトモイヤ也ト云。加[シノク]トハ非義ヲモテナイカシロニスルヲ云。(남이 무리한 것을 들이대며 능멸하는 것도 싫다는 것이다. 내가 들이대어 남을 능멸하는 것도 싫다고 한 것이다. 加(가)[능멸하다]라는 것은 의가 아닌 것으로써 업신여기는 것을 말한다. 233쪽)」

C: 夫子(ふうし)の言(こと)、性(せい)と天道(てんだう)とをば、得(え)て聞(き)くべからざらくのみ。[186)]

D: 先生の言葉から性と天道は聞くことができないのである。

E: 선생님의 말씀 가운데 性(성)과 天道(천도)에 대해서는 들을 수 없다.

a: 性[33]者人[22]之所[ᅳ,ナリ]受[ウケ,31]以生[ᅳ,ウマレタル]也。[187)]

b: 性は人の受(ウケ)て以生(ウマレタル)所(ナリ)。

c: 性(せい)は、人(ひと)の受(う)けて以(も)ちて生(う)まれたる所(ところ)なり。

d: 性は、人が受けて生まれたものである。

e: 性(성)은 사람이 받아서 가지고 태어난 바이다.

a: 天[음합부]道[33]者元[음합부,クエン]亨[カウ]、日[음합부]新[22]之道也。

b: 天道は元(クエン)亨(カウ)、日新の道。

c: 天道(てんだう)は、元亨(ぐゑんかう)·日新(じつしん)の道(みち)。

d: 天道は、元亨·日新の道である。

e: 天道(천도)는 元亨(원형)·日新(일신)의 도이다.

a: 深[음합부]微[ナリ]。故[11]不[レ,32]可[ᅳ]得[31]而聞[ᅳ]也

b: 深微(ナリ)。故に得て聞可不ず

c: 深微(しむび)なり。故(ゆゑ)に得(え)て聞(き)くべからず。

---

186) 義疏의 「夫子之言卽謂文章之所言也, 性孔子所稟以生者也, 天道謂元亨日新之道也, 言孔子六籍乃是人之所見, 而六籍所言之旨, 不可得而聞也, 所以爾者, 夫子之性與天地元亨之道, 合其德致, 此處深遠, 非凡人所知, 故其言不可得聞也 ……或云, 此是孔子死後子貢之言也」와 같은 내용에서 알 수 있듯이, 古注에서는 文章, 즉 문헌에 나타나는 공자의 말씀은 볼 수 있으나 그 이면에 담겨있는 깊은 뜻은 알 수 없다고 이해하였다. 義疏의 일설에 공자이 돌아가신 후에 한 말이라고 본 것은 이와 같은 이해를 뒷받침하고 있다. 集注는 「言夫子之文章, 日見乎外, 固學者所共聞, 至於性與天道, 則夫子罕言之, 而學者有不得聞者, 蓋聖門教不躐等, 子貢至是, 始得聞之, 而嘆其美也」라고 하여 공자께서 거의 말씀하시지 않는 性과 天道에 대해 말씀하시는 것을 듣고 자공이 감탄하여 말한 것이라고 보고 있다.

應永本抄物 「言ハ孔子ノ平生威儀體風、言語應對[ノ]文章アル處ハ日々ニ外ニ顯テ見ヤスキホトニ、學者カ見聞テ知ヘシ。孔子ノ云ル性ト天道トハ、精微ニシテ悟リカタキニ依テ孔子モ罕[マレ]ニ云リ。故ニ學者聞コト不得處也。子貢カ性ト天道トヲ始テ悟テ歎タル辭也。(그 뜻은 이러하다. 공자의 평소 위의·체풍과 언어·응대하는 문장이 존재하는 바는 일상적으로 밖으로 드러나 보기 쉬우므로 배우는 이들이 보고 들어서 알 수 있다. 공자께서 말씀하시는 性(성)과 天道(천도)는 정미하고 깨닫기 어려우므로 공자께서도 드물게 말씀하셨다. 그러므로 배우는 이가 들을 수 없는 바인 것이다. 子貢(자공)이 性과 天道를 비로소 깨닫고 감탄하며 한 말이다. 234쪽)」

187) 讀點의 위치에 찍혀 있으나 문맥상 句點으로 파악하였다.

d: 深微である。そのため、聞くことができない。

e: 깊고 미묘하다. 그래서 들을 수 없다.

0514

A: 子[음합부]路有[ㇾ,31]聞[キク,13~23]未[ㆁ,タ,삽입부[之]]{ス}能[ㆀ,ㇾ,ハ]行[オコナフ,13~23]。

B: 子路聞(キク)こと有て未(タ)行(オコナフ)こと能(ハ)未(ス)。

C: 子路(しろ)、聞(き)くこと有(あ)りて、未(いま)だ行(おこな)ふこと能(あた)はず。

D: 子路は聞いた話があったが、まだ実行することはできていなかった。[いない時、]

E: 子路(자로)는 들은 것이 있는데 아직 행하지 못하고 있었다.[있을 때,]

A: 唯[タヽ]恐[ヲソラク,33]有[ㇾ,ラン,13~23,13]聞[キクㄱ]

B: 唯(タタ)恐(ヲソラク)は聞(キクコト)有(ラン)ことを

C: 唯(ただ)恐(おそ)らくは、聞(き)くこと有(あ)らんことを。

D: (そのような時に)ただ恐れたのは、(その上さらに別のお話を)聞くことであった。

E: (그런 상태에서) 다만 두려워한 것은 (다른 말씀을) 듣는 것이었다.[188]

a: 孔安國曰前[サキ,11]所[ㇾ]聞[ケル]、未[ㇾ]{ス}及[ㆁ]得[31]行[ㆀ,ニ]

b: 孔安國曰前(サキ)に聞(ケル)所、未得て行(ニ)及未(ス)

c: 孔安國(こうあんこく)曰(い)はく、前(さき)に聞(き)ける所(ところ)、未(いま)だ得(え)て行(おこな)ふに及(およ)ばず。

d: 孔安国が言った。先に聞いたことが、まだ実行できていなかった。

e: 공안국이 말하기를, 앞서 들은 바를 아직 행하지 못하고 있었다.

188) 가르침을 받고 그 내용을 실천하지 못했을 때 다른 가르침을 받는 것을 꺼려한 자로의 성품을 이른 것이다.

a: 故[11]恐[ヨ,ヲソル]後[189)][11]有[レ,31]聞[13~23]不[レ,13~23,33]得[ニ]並[11]行[一,13~23]也

b: 故に後に聞こと有て並に行こと得不ことを恐(ヲソル)

c: 故(ゆゑ)に後(のち)に聞(き)くこと有(あ)りて、並(なら)びに行(おこな)ふこと得(え)ざることを恐(おそ)る。

d: それで後に聞くことがあったとき、(その二つのことを)ともに実行できなくなることを恐れたのである。

e: 그러므로 후에 또 다른 말씀을 듣게 되었을 때 (그 두 가지를) 모두 행하지 못하게 될까 두려워한 것이다.

0515

A: 子[음합부]貢問[31]曰、孔[음합부]文[음합부]子[인명부,13,33]何[훈합부,13]以[21]謂[ニ]之[13]文[一,23~33]也

B: 子貢問て曰、孔文子をば何を以か之を文と謂

C: 子貢(しこう)問(と)ひて曰(い)はく、孔文子(こうぶんし)をば何(なに)を以(も)ってか之(これ)を文(ぶん)と謂(い)ふ。

D: 子貢が聞いて言った。孔文子はどうして文といいましたか。

E: 子貢(자공)이 물어 말하기를, 孔文子(공문자)는 어째서 (시호를) 文(문)이라고 하였습니까?

a: 孔安國曰孔[음합부]文[음합부]子[인명부,33]衛[22]大[음합부]夫、[190)]孔[음합부]叔[음합부]圉[キヨ]。[191)]也文[33]謚也

b: 孔安國曰孔文子は衛の大夫、孔叔圉(キヨ)。文は謚

189) 「復」에 가까운 자형으로도 보인다.
190) 句點의 위치에 찍혀 있으나 문맥상 讀點으로 파악하였다.
191) 「也」 뒤에 와야 할 점이다.

c: 孔安國(こうあんこく)曰(い)はく、孔文子(こうぶんし)は衛(ゑい)の大夫(たいふ)、孔叔圉(こうしくぎょ)。文(ぶん)は謚(し)。

d: 孔安国が言った。孔文子は衛の大夫の孔叔圉で、文はその謚である。

e: 공안국이 말하기를, 공문자는 위나라 대부인 孔叔圉(공숙어)이고 文(문)은 시호이다.

A: 子曰[22]敏[ヒンニシ,31]而好[ㇾ,12]學[13]不[ㇾ,32]恥[㆓]下[음합부]問[㆒,11]是[훈합부,コヽ,13]以[31]謂[㆓,イフ]之[13]文[㆒,23~33]也[192)]

B: 子曰の敏(ヒンニシ)て學を好む下問に恥不ず是(ココ)を以て之を文と謂(イフ)

C: 子(し)の曰(のたう)ばく、敏(びん)にして學(がく)を好(この)む、下問(かもん)に恥(は)ぢず。是(ここ)を以(も)ちて之(これ)を文(ぶん)と謂(い)ふ。

D: 先生が言われた。敏にして学問を好み、下問を恥じなかった。それで文といったのである。

E: 선생님께서 말씀하시기를, 영민하며 학문을 좋아하였고 아랫사람에게 묻는 것을 부끄러워하지 않았다. 그래서 文(문)이라고 한 것이다.

a: 孔安國曰敏[33]者識[シル,13~23,22]之疾[トキソ]也。

b: 孔安國曰敏は識(シル)ことの疾(トキソ)。

c: 孔安國(こうあんこく)曰(い)はく、敏(びん)は識(し)ることの疾(と)きぞ。

d: 孔安国が言った。敏は知ることが速いことである。

e: 공안국이 말하기를, 敏(민)은 아는 것이 빠른 것이다.

a: 下[음합부]問[23~33,33]問[ㆦ,ソ]凡在[㆓]巳[21]下[㆒,シモ,11]者[ㆤ,11]也

b: 下問とは凡巳が下(シモ)に在者に問(ソ)

c: 下問(かもん)とは、凡(およ)そ己(おの)が下(しも)に在(あ)る者(もの)に問(と)ふぞ。

d: 下問とは、およそ自分より下の者に聞くことである。

e: 下問(하문)이라는 것은, 무릇 자신보다 아래 있는 사람에게 묻는 것이다.

192) 이 문장 맨 위에 장을 나누는 주점이 찍혀 있으나 잘못 기입된 것으로 보인다. 永正本集解에는 기입되어 있지 않다.

0516

A: 子謂[ㆍ,22]子[음합부]産[ㆍ,인명부,13]、有[ㆍ,リ]君[음합부]子[22]之道、四[ㆍ,ヨツ]焉

B: 子子産を謂の、君子の道、四(ヨツ)有(リ)

C: 子(し)、子産(しさん)を謂(のたう)ばく、君子(くんし)の道(だう)、四(よ)つ有(あ)り。

D: 先生が子産について言われた。(彼には)君子の道、四つがあった。

E: 선생님께서 子産(자산)에 대해 말씀하시기를, (자산에게는) 군자의 道(도) 네 가지가 있었다.

a: 孔安國曰子[음합부]産[인명부,33]鄭[22]大[음합부]夫、公[음합부]孫[음합부]僑[인명부,ケウ]也

b: 孔安國曰子産は鄭の大夫、公孫僑(ケウ)

c: 孔安國(こうあんこく)曰(い)はく、子産(しさん)は鄭(てい)の大夫(たいふ)、公孫僑(こうそんけう)。

d: 孔安国が言った。子産は鄭の大夫の公孫僑である。

e: 공안국이 말하기를, 자산은 鄭(정)나라 대부인 公孫僑(공손교)이다.

A: 其[レ]、行[ㆍ,オコナフ,11]已[オノレ,13]也、恭[ケウアリ]。

B: 其(レ)、已(オノレ)を行(オコナフ)に、恭(ケウアリ)。

C: 其(それ)、己(おのれ)を行(おこな)ふに恭(きょう)あり。

D: 彼は自身の行いを律するにあたって恭があった。

E: 그는 자신을 행함에 恭(공)[공손함]이 있었다.

A: 其[レ]、事[ㆍ,マツル,11]上[11]也、敬[ケイアリ]。

B: 其(レ)、上に事(マツル)に、敬(ケイアリ)。

C: 其(それ)、上(かみ)に事(つかうまつ)るに敬(けい)あり。

D: 彼は上の人に仕えるにあたって敬があった。

E: 그는 윗사람을 받듦에 敬(경)[공경함]이 있었다.

A: 其[レ]養[[ㇾ,ナフ,11]民[13]也、惠[ケイアリ]。

B: 其(レ)民を養(ナフ)に、惠(ケイアリ)。

C: 其(それ)、民(たみ)を養(やしな)ふに惠(けい)あり。

D: 彼は民を養うにあたって恵があった。

E: 그는 백성을 먹여살림에 惠(혜)[자비로움]가 있었다.

A: 其[レ]、使[ㇾ,ツカフ,11]民[13]也、義[アリ]

B: 其(レ)、民を使(ツカフ)に、義(アリ)

C: 其(それ)、民(たみ)を使(つか)ふに義(ぎ)あり。

D: 彼は民を使うにあたって義があった。

E: 그는 백성을 부림에 義(의)[의로움]가 있었다.

0517

A: 子曰晏[음합부]平[음합부]仲[인명부]、善[ヨク]與[ㇾ,23~33]人交[マシハル]。

B: 子曰晏平仲、善(ヨク)人與と交(マシハル)。

C: 子(し)の曰(のたう)ばく、晏平仲(あんへいちう)、善(よ)く人(ひと)と交(まじ)はる。

D: 先生が言われた。晏平仲はよく人と交際する。

E: 선생님께서 말씀하시기를, 晏平仲(안평중)은 사람과 잘 사귄다.

A: 久[ヒサシウメ]而人[ヒト]敬[ケイ,32]之

B: 久(ヒサシウシテ)人(ヒト)敬(ケイ)す

C: 久(ひさ)しうして人(ひと)敬(けい)す。[193)]

193) 義疏의 「而平仲交久而人愈敬之也」에서 보는 바와 같이 古注는 '사람들이 晏平仲을 공경한다'고 파악하였다. 集注의 본문은 「久而敬之」이며 「程子曰, 人交久則敬衰, 久而能敬, 所以爲善」라고 주석을 달아서 '晏平仲이 교유하는 사람을 공경한다'고 파악하였다.
應永本抄物 「平仲ハ人トヨク交リヲ取者也。凡人ハ久シク知音スレハ心安(?)トク(원문그대로임)ヲ云テ無禮ニナルホトニ交カ絶スルコトアリ。平仲ヲ敬スルナリ[平仲ハ久シク知音シレハ猶人カ敬歟]。唐本ニハ久而敬ヽ(원문

D: 久しく交わっても人は(晏平仲を)敬する。

E: 오래 사귀어도 사람들이 (안평중을) 공경한다.

a: 周生烈[21]曰齊[22]大[음합부]夫。晏[33]姓也。平[33]謚也。名[33]嬰[エイ]也

b: 周生烈が曰齊の大夫。晏は姓。平は謚。名は嬰(エイ)

c: 周生烈(しうせいれつ)が曰(い)はく、齊(せい)の大夫(たいふ)。晏(あん)は姓(せい)。平(へい)は謚(し)。名(な)は嬰(えい)。

d: 周生烈が言った。斉の大夫で、晏は性。平は謚。名は嬰である。

e: 주생렬이 말하기를, 제나라 대부로서 晏(안)은 성이고 平(평)은 시호이며 이름은 嬰(영)이다.

0518

A: 子曰臧文仲[인명부]居[ㇾ,ヲク]蔡[サイ,13]

B: 子曰臧文仲蔡(サイ)を居(ヲク)

C: 子(し)の曰(のたう)ばく、臧文仲(さうぶんちう)、蔡(さい)を居(お)く。[194)]

그대로임)トアリテ、人ノ字ナシ。其心ナラハ平仲カ人ト久ク交レハ、ナヲ我身ヲインキンニ持ト云義ナルヘシ。(平仲(평중)은 사람과 잘 사귀던 사람이다. 범인들은 오래 사귀면 마음 편하게 말하여 무례해지게 되어 사귐이 끊어지는 일이 있다. 平仲을 공경하는 것이다[平仲은 오래도록 사귀면 더욱 사람들이 공경한다는 것인가]. 唐本(당본)에는 '久而敬之'라고 되어 있고 人(인)이라는 글자는 없다. 그 의미는 平仲이 사람과 오래 사귀면 더욱 자신의 몸가짐을 공손되게 갖는다는 뜻일 것이다. 240쪽)」 전반부는 義疏에 따라 기술되어 있다. 후반부에는 「唐本」이라고 하여 平仲이 사람과 오래 사귐에 더욱 정중하게 행동한다고 하는 설을 적고 있다.

194) 義疏「居猶畜也, 蔡大龜也, 禮唯諸候以上得畜大龜以卜國之吉凶, 大夫以下不得畜之, 文仲是魯大夫, 而畜龜, 是僣人君禮也, ……國君守國之龜出蔡地, 因呼龜爲蔡也」
應永本抄物「蔡トハ甲[コフ]一尺二寸アル龜也。蔡ノ國ヨリ出ニヨテ蔡ト名ツク。又國ニヨテ名付ニ非ス。龜ノ名ヲ蔡ト云ト云說モ有之。日本ニモ龜ノトヲスルニ爰モトノ小キ龜ニテハセス、大ナルヲ用フ。是ハ必ス四國ヨリ出ス也。禮ニ諸候以上ハ蔡ノ龜ヲ廟堂ニ於テ國ノ大義ヲト[ボク]シテ吉凶ヲ知ル。大夫以下ハ是ヲ不置[ヲカ]。大夫ハ龜トヲスレトモ、小龜ヲ用フ。而今文仲魯ノ大夫トシテ蔡ヲ置ク。是人君ノ禮ヲ犯ス者也。注ニ國君之守ノ龜トハ、吉凶ヲトシテ國ヲ收ルホトニ、國ヲ守ル龜也、ト云也。(蔡(채)란 껍질이 1척 2촌이 되는 거북이다. 蔡나라에서 나므로 蔡라고 이름 붙였다. 한편 나라이름에서 유래한 것이 아니라 거북이 이름을 蔡라고 하였다는 설도 있다. 일본에서도 거북이로 점을 치는데 요즘의 작은 거북이로는 하지 않고 큰 것을 쓴다. 이것은 반드시 시코쿠(四國)에서 난다. 禮(예)에 제후 이상은 蔡 거북을 묘당에 두고서 나라의 大義(대의)를 점쳐서 길흉을 알게 된다. 대부 이하는 이것을 두지 않는다. 대부는 거북으로 점을 치지만 작은

D: 先生が言われた。臧文仲が蔡を持っていた。

E: 선생님께서 말씀하시기를, 臧文仲(장문중)이 蔡(채)를 가지고 있었다.

a: 苞氏曰臧[음합부]文[음합부]仲[33]鲁[22]大夫、臧[음합부]孫[음합부]辰。[195]也。文[33]謚也。

b: 苞氏曰臧文仲は鲁の大夫、臧孫辰。文は謚。

c: 苞氏(はうし)曰(い)はく、臧文仲(さうぶんちう)は魯(ろ)の大夫(たいふ)、臧孫辰(さうそんしん)。文(ぶん)は謚(し)。

d: 苞氏が言った。臧文仲は魯の大夫の臧孫辰である。文は謚である。

e: 포씨가 말하기를, 장문중은 노나라 대부인 臧孫辰(장손신)이다. 文(문)은 시호이다.

a: 蔡[ハ]國[음합부]君[22]之守[マホリ,22]龜[カメ]也。

b: 蔡(ハ)國君の守(マホリ)の龜(カメ)。

c: 蔡(さい)は國君(こっくん)の守(まぼ)りの龜(かめ)。

d: 蔡は君主が国を守るために(占いをするときに)使う亀である。

e: 채는 임금이 나라를 지키기 위해 (점을 칠 때) 사용하는 거북이다.

a: 出[ニ,タリ]蔡[ノ]地[一,ヨリ]。

b: 蔡(ノ)地(ヨリ)出(タリ)。

c: 蔡(さい)の地(ち)より出(い)でたり。

d: 蔡の地から出た。

e: 채나라 땅에서 났다.

a: 囙[31]以[31]爲[レ,32]名[23~33]焉。

b: 囙て以て名と爲す。

c: 因(よ)りて以(も)ちて名(な)と爲(す)。

d: それにちなんで名づけた。

e: 그로 말미암아 이름 붙였다.

거북을 쓴다. 그런데 지금 臧文仲(장문중)은 노나라의 대부이면서 蔡를 두었다. 이것은 임금의 예를 범한 것이다. 주석에 國君之守(국군지수)의 거북이란 길흉을 점쳐서 나라를 다스리므로 나라를 지키는 거북이라고 한 것이다. 241쪽)」

195) 불필요한 句點이다.

a: 長[サ]尺[음합부]有二[음합부]寸[ソン]、居[ㇾ,オケル,13~23]蔡[サイ,13]、僣[セムセリ]也

b: 長(サ)尺有二寸(ソン)、蔡(サイ)を居(オケル)こと、僣(セムセリ)

c: 長(なが)さ尺有(せきいう)二寸(にそん)、蔡(さい)を居(お)けること僭(せむ)せり。

d: 長さ一尺二寸である。蔡を持っていたのは僭越なことであった。

e: 길이는 1자 2치이다. 채를 가지고 있던 것은 참람된 짓이었다.

A: 山[ㇾ,ヤマニシ]節[セツ,13]藻[ㇾ,ヱカケリ]梲[セツ,11]

B: 節(セツ)を山(ヤマニシ)梲(セツ)に藻(ヱカケリ)

C: 節(せつ)を山(やま)にし、梲(せつ)に藻(ゑが)けり。

D: 節を山の形に彫刻し、梲に藻の模様を描いた。

E: 節(절)[기둥머리]을 산 모양으로 조각하고 梲(절)[동자기둥]에 藻(조)[수초의 일종] 무늬를 그려 넣었다.

a: 苞氏曰節[33]者栭[シ]也。刻[음합부]鏤[ロウシ]爲[ㇾ,ツクル]山[11]也。

b: 苞氏曰節は栭(シ)。刻鏤(ロウシ)山に爲(ツクル)。

c: 苞氏(はうし)曰(い)はく、節(せつ)は栭(じ)。刻鏤(こくろう)して山(やま)に爲(つく)る。

d: 苞氏が言った。節は栭である。刻んで山の形に作った。

e: 포씨가 말하기를, 節(절)은 栭(이)[기둥과 대들보의 연결 부분]이다. 새겨서 산 모양으로 만들었다.

a: 梲[33]者梁[음합부]上[22]之楹[ハシラ]、畫[エカイ,31]爲[ㆁ,ナセリ]藻[サウ,22]文[ㆀ,アヤ,13]也

b: 梲は梁上の楹(ハシラ)、畫(エカイ)て藻(サウ)の文(アヤ)を爲(ナセリ)

c: 梲(せつ)は梁上(りゃうしゃう)の楹(はしら)、畫(ゑが)いて藻(さう)の文(あや)を爲(な)せり。

d: 梲は梁の上の柱で、絵を描いて藻の模様を作った。

e: 梲(절)은 들보 위의 기둥인데 그림을 그려서 藻(조) 무늬를 만들었다.

a: 言[33]其[レ]奢[훈합부,オコリ]侈[ヲコレリ]也

b: 言は其(レ)奢(オコリ)侈(ヲコレリ)

c: 言(いふこころ)は、其(それ)奢(おご)り侈(おご)れり。

d: 意味はこうである。贅沢である。

e: 그 뜻은 이러하다. 사치스럽다.

A: 何[훈합부]如[ソ]其[レ]知[チアラ,12]也

B: 何如(ソ)其(レ)知(チアラ)ん

C: 何如(いかん)ぞ其(それ)知(ち)あらん。

D: どうして彼が知であるといえようか。

E: 어찌 그가 지혜롭다고 하겠는가?

a: 孔安國曰非[二,ソシル]時[훈합부,22]人[22]謂[イツ,31]以[31]爲[一,レ,13~23,13]知[アリ,23~33]之

b: 孔安國曰時の人の謂(イツ)て以て知(アリ)と爲ことを非(ソシル)

c: 孔安國(こうあんこく)曰(い)はく、時(とき)の人(ひと)の謂(い)って、以(も)ちて知(ち)ありと爲(す)ることを非(そし)る。

d: 孔安国が言った。当時の人が(彼が)知であると言ったことを誹ったのである。

e: 공안국이 말하기를, 당시 사람들이 (그가) 지혜롭다고 말한 것을 비판한 것이다.

0519

A: 子[음합부]張問[31]曰、令[음합부]尹子[음합부]文[인명부]、

B: 子張問て曰、令尹子文、

C: 子張(しちゃう)問(と)ひて曰(い)はく、令尹(れいゐん)子文(しぶん)、

D: 子張が聞いて言った。令尹子文は、

E: 子張(자장)이 물어 말하기를, 영윤[재상] 子文(자문)은,

a: 孔安國曰令[음합부]尹子[음합부]文[33]楚[22]大[음합부]夫、姓[33]鬪[トウ]。名[33]穀[음합부,トウ[삽입부[字ハ]]][196]於[음합부,ヲ]菟[인명부,ト]也

b: 孔安國曰令尹子文は楚の大夫、姓は鬪(トウ)。名は穀(トウ)字ハ於(ヲ)菟(ト)

c: 孔安國(こうあんこく)曰(い)はく、令尹(れいゐん)子文(しぶん)は、楚(そ)の大夫(たいふ)、姓(せい)は鬪(とう)、名(な)は穀(どう)、字(あざな)は於菟(おと)。

d: 孔安国が言った。令尹子文は楚の大夫で、姓は闘で、名は穀、字は於菟である。

e: 공안국이 말하기를, 영윤 子文(자문)은 초나라 대부로서 성은 鬪(투), 이름은 穀(누), 자는 於菟(오도)이다.

A: 三[ミタヒ]仕[ツカヘ,31]爲[ニ,タレトモ]令[음합부]尹[一]無[ニ,ナク]喜[훈합부,ヘル]色[一,モ]、[197]

B: 三(ミタヒ)仕(ツカヘ)て令尹爲(タレトモ)喜(ヘル)色(モ)無(ナク)、

C: 三(み)たび仕(つか)へて令尹(れいゐん)たれども、喜(よろこ)べる色(いろ)も無(な)く、

D: 三回官職に進んで令尹になったが、喜ぶ様子もなく、

E: 세 번 벼슬을 하여 영윤이 되었지만 기뻐하는 기색도 없고,

A: 三[ヒ]已[ヤメラルレトモ]之、無[ニ,シ]慍[훈합부,イカレル]色[一,イロ]。

B: 三(ヒ)已(ヤメラルレトモ)、慍(イカレル)色(イロ)無(シ)。

C: 三(み)たび已(や)めらるれども、慍(いか)れる色(いろ)無(な)し。

D: 三回辞めさせられたが、怒る様子もありませんでした。

E: 세 번 물러나게 되었으나 화내는 기색도 없었습니다.

A: 舊[フルキ]令[음합부]尹[22]之政[マツリコト,13]、必[32]以[31]告[ニ,ツク]新[アタラシキ]令[음합부]尹[一,11]何[훈합부]如[イカン]也。

B: 舊(フルキ)令尹の政(マツリコト)を、必ず以て新(アタラシキ)令尹に告(ツク)何如(イカン)。

C: 舊(ふる)き令尹(れいゐん)の政(まつりごと)を、必(かなら)ず以(も)ちて新(あたら)しき令尹(れいゐん)に告(つ)ぐ。何如(いかん)。

---

196) 永正本集解의 본문은 「穀」이지만 좌측에 「穀」로 교정하였고 「トウ」라는 가나점 아래에 「奴斗反」라고 적혀 있는 것으로 볼 때 「どう」라고 읽어야 할 것이다.

197) 句點의 위치에 찍혀 있으나 문맥상 讀點으로 파악하였다.

D: 前の令尹の業務をかならず新任の令尹に伝えました。いかがですか。

E: 이전 영윤의 업무를 반드시 신임 영윤에게 전해주었습니다. 어떻습니까?

A: 子曰忠[음독부アリ]矣。

B: 子曰忠(アリ)。

C: 子(し)の曰(のたう)ばく、忠(ちう)あり。

D: 先生が言われた。忠である。

E: 선생님께서 말씀하시기를, 충직하다.

A: 曰[イ]仁[アリ]矣乎[ヤ]。

B: 曰(イ)仁(アリ)乎(ヤ)。

C: 曰(い)はく、仁(じん)ありや。

D: 言った。仁でありますか。

E: (자장이) 말하기를, 인합니까?

A: 曰[22]未[ㇾ,タ]{ス}知。焉[イツクンソ]、得[ㇾ,ン]仁[13]

B: 曰の未(タ)知未(ス)。焉(イツクンソ)、仁を得(ン)

C: 曰(のたう)ばく、未(いま)だ知(し)らず。焉(いづく)んぞ、仁(じん)を得(え)ん。

D: 言われた。分からない。どうして仁といえようか。

E: 말씀하시기를, 알 수 없다. 어찌 인하다고 할 수 있겠는가?

a: 孔安國曰但聞[ニ,ク]其忠[음합부]事[一,13]。未[ㇾ,タ]知[ニ]其[22]仁[一,13]也

b: 孔安國曰但其忠事を聞(ク)。未(タ)其の仁を知未

c: 孔安國(こうあんこく)曰(い)はく、但(ただ)其(そ)の忠事(ちうし)を聞(き)く。未(いま)だ其(そ)の仁(じん)を知(し)らず。

d: 孔安国が言った。ただその忠について聞いた。その仁については分からない。

e: 공안국이 말하기를, 단지 그 충직한 일에 대해 들었다. 그가 인한지는 알 수 없다.

0520

A: 崔[음합부,サイ]子弑[ᅳ,シセリ]齊[22]君[ᅳ,훈독부,13]。

B: 崔(サイ)子齊の君を弑(シセリ)。

C: 崔子(さいし)、齊(せい)の君(きみ)を弑(し)せり。

D: 崔子が斉の君を弑しました。

E: 崔子(최자)가 齊(제)나라 임금을 시해하였습니다.

A: 陳[음합부]文[음합부]子[인명부]、有[ᅳ,リ]馬[훈독부]十[음합부]乘[ᅳ]。棄[ステ,31]而違[サヌ]之

B: 陳文子、馬十乗有(リ)。棄(ステ)て違(サヌ)

C: 陳文子(ちんぶんし)、馬(うま)十乘(じふしょう)有(あ)り。棄(す)てて違(さ)んぬ。

D: 陳文子は馬十乗を持っていました。棄てて去りました。

E: 陳文子(진문자)는 말 십승이 있었습니다. 버리고 떠났습니다.

a: 孔安國曰皆齊[22]大[음합부]夫也。

b: 孔安國曰皆齊の大夫。

c: 孔安國(こうあんこく)曰(い)はく、皆(みな)齊(せい)の大夫(たいふ)。

d: 孔安国が言った。皆斉の大夫である。

e: 공안국이 말하기를, 모두 제나라 대부이다.

a: 崔杼[인명부,チヨ]作[ㇾ,オコストキ,11]乱[ラン,13]陳[음합부]文[음합부]子、悪[ニク,31]之捐[ᅳ,ステ,31]四[음합부]十[음합부]匹[22]馬[ᅳ,13]違[カツ,31]而去[サヌ]之

b: 崔杼[チヨ]乱(ラン)を作(オコストキ)に陳文子、悪(ニク)て四十匹の馬を捐(ステ)て違(カツ)て去(サヌ)

c: 崔杼(さいちょ)、亂(らん)を作(おこ)すときに、陳文子(ちんぶんし)、惡(にく)みて四十匹(しじふひつ)の馬(うま)を捐(す)てて違(たが)って去(さ)んぬ。

d: 崔杼が乱を起こした時に、陳文子はそれを憎んで四十頭の馬を棄ててさからって去った。

e: 최저가 난을 일으켰을 때 진문자는 싫어서 40필의 말을 버리고 거스르고 떠났다.

A: 至[二,31]於他[음합부]邦[一,11]則又[삭제부]曰、猶[二,ヲ]{コトシト云}吾[21]大[음합부]夫[22]崔[음합부]子[一,21,31]也違[サヌ]之。

B: 他邦に至て則曰、猶(ヲ)吾が大夫の崔子が猶(コトシトイヒ)て違(サヌ)。

C: 他邦(たはう)に至(いた)りて則(すなは)ち曰(い)はく、猶(なほ)吾(わ)が大夫(たいふ)の崔子(さいし)がごとしといひて、違(さ)んぬ。

D: 他の国に至って言った。我が国の大夫の崔子と同じだと言って去りました。

E: 다른 나라에 이르러 말하기를, 또한 우리나라 대부인 최자와 같다고 말하고 떠났습니다.

A: 至[二,31]一[음합부]邦[一,11]則又曰、猶[二,ヲ]{コトシト云}吾[21]大[음합부]夫崔[음합부]子[一,21,31]也違[サヌ]之。

B: 一邦に至て則又曰、猶(ヲ)吾が大夫崔子が猶(コトシトイヒ)て違(サヌ)。

C: 一邦(いっぱう)に至(いた)りて則(すなは)ち又(また)曰(い)はく、猶(なほ)吾(わ)が大夫(たいふ)の崔子(さいし)がごとしといひて、違(さ)んぬ。

D: ある国に至ってまた言った。我が国の大夫の崔子と同じだと言って去りました。

E: 어떤 나라에 이르러 다시 말하기를, 또한 우리나라 대부인 최자와 같다고 말하고 떠났습니다.

A: 何[훈합부]如。

B: 何如。

C: 何如(いかん)。

D: いかがですか。

E: 어떻습니까?

A: 子曰清[イサキヨシ]矣。

B: 子曰清(イサキヨシ)。

C: 子(し)の曰(のたう)ばく、清(いさぎよ)し。[198)]

D: 先生が言われた。いさぎよい。

E: 선생님께서 말씀하시기를, 결벽하다.

A: 曰[イ]仁[アリ]矣乎[ヤ]。

B: 曰(イ)仁(アリ)乎(ヤ)。

C: 曰(い)はく、仁(じん)ありや。

D: 言った。仁でありますか。

E: 말하기를, 인합니까?

A: 曰[22]未[ㇾ,タ]{ス}知。焉[ソ]、得[ㇾ,12]仁[13]

B: 曰の未(タ)知未(ス)。焉(ソ)、仁を得ん

C: 曰(のたう)ばく、未(いま)だ知(し)らず。焉(いづく)んぞ、仁(じん)を得(え)ん。

D: 言われた。分からない。どうして仁といえようか。

E: 말씀하시기를, 알 수 없다. 어찌 인하다고 할 수 있겠는가?

a: 孔安國曰、文[음합부]子避[ㆁ,サッテ]惡[음합부,ク]逆[ケキ]無[음합부]道[ㆀ,13]求[ㆁ,ム]有[음합부]道[ㆀ,13]。

b: 孔安國曰、文子惡(ク)逆(ケキ)無道を避(サッテ)有道を求(ム)。

c: 孔安國(こうあんこく)曰(い)はく、文子(ぶんし)、惡逆(あくげき)無道(ぶだう)を避(さ)って有道(いうだう)を求(もと)む。

d: 孔安国が言った。文子は悪逆無道を避けて有道を求めた。

e: 공안국이 말하기를, 문자는 악역무도함을 피하여 有道(유도)[도가 행해지는 나라]를 구한 것이다.

a: 當[ㆁ,ア,31]春[음합부]秋[22]時[ㆀ,11]臣凌[ㆁ,シノク]其[22]君[ㆀ,13]、皆如[ㆁ,シ]崔[음합부]子[ㆀ,21]無[ㇾ,シ]有[ㇾ,13~23]可[ナル,13~23]者也[199)]

b: 春秋の時に當(ア)て臣其の君を凌(シノク)、皆崔子が如(シ)可(ナル)こと有こと無(シ)

198) 악하고 그릇된 일을 극단적으로 미워하여 피하는 것이다.
應永本抄物「清潔(원문그대로임)ナル者也。(청결한 자이다. 247쪽)」

199) 義疏의 본문은「無有可止者也」이다. 永正本集解에는「止」를 삽입하고자 한 흔적이 있다.

c: 春秋(しゅんじう)の時(とき)に當(あた)りて、臣(しん)、其(そ)の君(きみ)を凌(しの)ぐ、皆(みな)崔子(さいし)が如(ごと)し。可(か)なること有(ある)こと無(な)し。

d: 春秋の時代に、臣がその君を凌ぐさまは、みな崔子のようであった。ろくなことがなかった。

e: 춘추시대에 신하가 그 임금을 능멸함이 모두 최자와 같았다. 제대로 된 것이 없었다.

0521

A: 季[음합부]文[음합부]子、三[ミタヒ]、思[オモ,31]而後[11]行[オコナフ]。

B: 季文子、三(ミタヒ)、思(オモ)て後に行(オコナフ)。

C: 季文子(きぶんし)、三(み)たび思(おも)ひて後(のち)に行(おこな)ふ。

D: 季文子は三回考えてから行った。

E: 季文子(계문자)는 세 번 생각한 후에 행하였다.

A: 子聞[31]之曰[22]、再[フタヽヒ]、思[オモテモ]斯[コレ]可[ナリ]矣[200]

B: 子聞て曰の、再(フタタヒ)、思(オモテモ)斯(コレ)可(ナリ)

C: 子(し)、聞(き)きて曰(のたう)ばく、再(ふた)たび思(おも)っても斯(これ)可(か)なり。

D: 先生が聞いて言われた。二回だけ考えればよい。

E: 선생님께서 듣고서 말씀하시기를, 두 번만 생각해도 가하다.

a: 鄭玄曰季[음합부]文[음합부]子[33]鲁[22]大[음합부]夫、季[음합부]孫行[음합부]父[인명부]也。文[33]謚[シ]也。

b: 鄭玄曰季文子は鲁の大夫、季孫行父。文は謚(シ)。

c: 鄭玄(ぢゃうぐゑん)曰(い)はく、季文子(きぶんし)は魯(ろ)の大夫(たいふ)、季孫行父(きそんかうほ)。文(ぶん)は謚(し)。

200) 集注의 본문은 「再斯可矣」로 「思」가 없다.

d: 鄭玄が言った。季文子は魯の大夫の季孫行父である。文は諡である。

e: 정현이 말하기를, 季文子(계문자)는 노나라 대부인 季孫行父(계손행보)이다. 文(문)은 시호이다.

a: 文[음합부]子忠[アッ,31]而有[ᅳ,リ]賢[음합부]行[ᅳ]。

b: 文子忠(アッ)て賢行有(リ)。

c: 文子(ぶんし)、忠(ちう)あって、賢行(けんかう)有(あ)り。

d: 文子は忠があって、賢明な行いがあった。

e: 문자는 忠(충)이 있고 현명한 행실이 있었다.

a: 其擧[ㆾ,음독부スル,13~23]事[13]寡[ㆾ,スクナシ]過。

b: 其事を擧(スル)こと過寡(スクナシ)。

c: 其(そ)の事(こと)を擧(きょ)すること、過(あやま)ち寡(すく)なし。

d: 彼がことを挙行するにあたって、過ちが少なかった。

e: 그가 일을 거행함에 잘못이 적었다.

a: 不[ᆖ,32]{シ}必[훈독부,シモ]及[ᅳ]三[훈합부,タヒ]思[ᅳ]之[삭제부]也

b: 必(シモ)三(タヒ)思及不ず

c: 必(かなら)ずしも三(み)たび思(おも)ふに及(およ)ばず。[201)]

d: かならずしも三回考えることに及ぶ必要はない。

e: 반드시 세 번 생각하는 데 이를 필요는 없다.

201) 季文子에 대해 古注에서는 긍정적으로 평가하고 있으나 新注에서는 비교적 부정적으로 평가하고 있다. 어떤 일을 실행하기 전에 숙고하는 것은 좋으나 너무 오래 생각하면 오히려 좋지 못한 생각으로 빠질 우려가 있다는 것이다. 宣公이 왕위를 찬탈하여 즉위했을 때 季文子는 이를 토벌하지 않고 도리어 宣公을 위해 齊나라에 사신으로 가서 뇌물을 바친 것을 그 예로 들고 있다.
應永本抄物「季文子ハ三度思案シテ事ヲ行フ。孔子此事ヲ聞テ云、二度思慮シテ叓ヲナスト云トモ過チ有ヘカラスト美玉ヘル也。九思一言三思一行ト云處ヲヨク守ル者也。(계문자(季文子)는 세 번 생각하고 일을 행한다. 공자께서 이 사실을 듣고서 이르기를, 두 번 생각하고서 일을 행할지라도 과오가 없을 것이라고 칭찬하신 것이다. 아홉 번 생각하고서 한 번 말하며 세 번 생각하고서 한 번 행하라(九思一言三思一行)고 한 바를 잘 지킨 사람이다. 247−248쪽)」

0522

A: 子曰甯[음합부,ネイ]武[음합부,フ]子[인명부]

B: 子曰甯(ネイ)武(フ)子

C: 子(し)の曰(のたう)ばく、甯武子(ねいぶし)

D: 先生が言われた。甯武子は、

E: 선생님께서 말씀하시기를, 甯武子(영무자)는,

a: 馬融曰衛[22]大[음합부]夫、甯[음합부,ネイ]喩[ユソ]也。武[33]謚也

b: 馬融曰衛の大夫、甯(ネイ)喩(ユソ)。武は謚

c: 馬融(ばいう)曰(い)はく、衛(ゑい)の大夫(たいふ)、甯喩(ねいゆ)ぞ。武(ぶ)は謚(し)。

d: 馬融が言った。衛の大夫の甯喩である。武は謚である。

e: 마융이 말하기를, 衛(위)나라 대부인 甯喩(영유)이다. 武(무)는 시호이다.

A: 邦有[ㇾ,トキ,33]道、則知[チナリ]。

B: 邦道有(トキ)は、則知(チナリ)。

C: 邦(くに)、道(みち)有(あ)るときは、則(すなは)ち知(ち)なり。

D: 国に道があるときは、知であった。

E: 나라에 도가 있을 때는 지혜로웠다.

A: 邦無[ㇾ,トキ,33]道、則愚[クナリ]。

B: 邦道無(トキ)は、則愚(クナリ)。

C: 邦(くに)、道(みち)無(な)きときは、則(すなは)ち愚(ぐ)なり。

D: 国に道がないときは、愚であった。

E: 나라에 도가 없을 때는 어리석었다.

A: 其[22]知[チ,11]可[ㇾ,シ]及[ツ]也。其[22]愚[11,33]不[ㇾ,32]可[ㇾ]及[フ]也

B: 其の知(チ)に及(ツ)可(シ)。其の愚には及(フ)可不ず

C: 其(そ)の知(ち)に及(およ)びつべし。其(そ)の愚(ぐ)には及(およ)ぶべからず。

D: その知には及ぶことができる。その愚には及ぶことができない。

E: 그 지혜로움에는 미칠 수 있다. 그 어리석음에는 미칠 수가 없다.

a: 孔安國曰詐[202][훈합부,イツハリ]愚[ヲロカニシ,31]、似[ㇾ,タリ]{ノレリ}實[マコト,11]、故[11]曰[ㇾ,フ]不[ㇾ,23~33]可[ㇾ,ヘカラ]及[フ]也

b: 孔安國曰詐(イツハリ)愚(ヲロカニシ)て、實(マコト)に似(タリ)、故に及(フ)可(ヘカラ)不と曰(フ)

c: 孔安國(こうあんこく)曰(い)はく、詐(いつは)り愚(おろ)かにして、實(まこと)に似(に)たり。故(ゆゑ)に及(およ)ぶべからずと曰(い)ふ。

d: 孔安国が言った。偽って愚かなふりをしたのが、本当のようであった。それで及ぶことができないといったのである。

e: 공안국이 말하기를, 거짓으로 어리석게 구는 것이 진짜로 그런 것 같았다. 따라서 미칠 수가 없다고 말한 것이다.

0523

A: 子在[ㇾ,マシ,31]陳[11]曰[22]、歸[カヘンナム]與。歸[カヘンナム]與。

B: 子陳に在(マシ)て曰の、歸(カヘンナム)。歸(カヘンナム)。

C: 子(し)陳(ちん)に在(ま)して曰(のたう)ばく、歸(かへ)んなん、歸(かへ)んなん。

D: 先生が陳で言われた。帰ろう、帰ろう。

E: 선생님께서 陳(진)나라에서 말씀하시기를, 돌아가야겠다, 돌아가야겠다.

202) 「佯」이라고 되어 있는 책도 있다.

A: 吾[21]黨[タウ,22]之小[음합부]子、狂[음합부,キヤウ]簡[カン]斐[음합부,ヒ]然[トシ,31]成[レ,ナシ,31]章[13]不[レ,32]知[ヨ,シラ]所[ニ,훈합부,ユヘンヲ]以裁[一,サイセン]之也

B: 吾が黨(タウ)の小子、狂(キヤウ)簡(カン)斐(ヒ)然(トシ)て章を成(ナシ)て裁(サイセン)所以(ユヘンヲ)知(シラ)不ず

C: 吾(わ)が黨(たう)の小子(せうし)[203]、狂簡(きゃうかん)斐然(ひぜん)として章(しゃう)を成(な)して、裁(さい)せん所以(ゆゑん)を知(し)らず。

D: 私の故郷の若者は志ばかり広大で、美しい模様をなしたが、裁断する方法を知らない。

E: 우리 고장의 젊은이들은 뜻이 크고 넓어서 화려한 무늬를 이루었으나 마름질하는 방법을 모른다.[204]

a: 孔安國曰、簡[33]大也。

b: 孔安國曰、簡は大。

c: 孔安國(こうあんこく)曰(い)はく、簡(かん)は大(たい)。

d: 孔安国が言った。簡は大である。

e: 공안국이 말하기를, 簡(간)은 大(대)[크다]이다.

a: 孔[음합부]子、在[レ,マシ,31]陳[11]思[レ,フ]歸[13~23,13]、

b: 孔子、陳に在(マシ)て歸ことを思(フ)、

c: 孔子(こうし)、陳(ちん)に在(ま)して、歸(かへ)ることを思(おも)ふ。

d: 孔子が陳にいらっしゃったとき、帰ることを考えた。

e: 공자께서 진나라에 계실 때 돌아갈 것을 생각하였다.

a: 欲[レ,シ,31]去[サムナン,23~33]曰[22]、吾[21]黨[22]之小[음합부]子、狂[음합부]者、進[31]取[ニ,31]於大[음합부]道[一,13]妄[ミタリ,11]穿[음합부]鑿[シ,31]以[31]成[ニ,シ,31]文[음합부]章[一,13]不[レ,32]知[ヨ]所[ニ,훈합부]以[13]裁[음합부]制[一,セン]。

b: 去(サムナン)と欲(シ)て曰の、吾が黨の小子、狂者、進て大道を取て妄(ミタリ)に穿鑿(シ)て以て文章を成(シ)て裁制(セン)所以を知不ず。

---

203) 義疏에서는 「孔子周流在陳最久, 將欲反魯, 故發此辭…吾黨者謂我鄕黨中也」라고 하여 노나라 젊은이를 가리키고 있음을 알 수 있다. 集注는 「吾黨小子指門人之在魯者」라고 하여 노나라에 있는 제자로 한정짓고 있음을 알 수 있다. 이 밖에 陳나라 젊은이를 가리킨다는 설도 있다.

204) 狂簡 : 뜻이 크고 진취적임.
斐然 : 문화적으로 찬연하게 빛남.

c: 去(さ)んなんと欲(ほっ)して曰(のたう)ばく、吾(わ)が黨(たう)の小子(せうし)、狂者(きゃうしゃ)、進(すす)みて大道(たいだう)を取(と)りて、妄(みだ)りに穿鑿(せんさく)して、以(も)ちて文章(ぶんしゃう)を成(な)して、裁制(さいせい)せん所以(ゆゑん)を知(し)らず。

d: 去ろうとして言われた。私の故郷の若者は志が広大で、進んで大きな道を取り、妄りに穿鑿して美しい模様をなしたが、裁断する方法を知らない。

e: 떠나려고 하시면서 말씀하시기를, 우리 고장의 젊은이들은 뜻이 커서 나아가 큰 道를 취하여 함부로 천착하여 화려한 무늬를 이루었으나 마름질하는 방법을 모른다.

a: 我[レ]當[ニ,11]{ヘカラク}歸[31]以裁[음합부]制[ー]之耳[ノミト云,31]遂[11]歸[カヘンヌ]也

b: 我(レ)當に歸て以裁制當(ヘカラク)耳(ノミトイヒ)て遂に歸(カヘンヌ)

c: 我(われ)、當(まさ)に歸(かへ)りて、以(も)ちて裁制(さいせい)すべからくのみといひて、遂(つひ)に歸(かへ)んぬ。

d: 私が帰って、裁断せねばならないと言って、ついに帰った。

e: 내가 마땅히 돌아가서 마름질해야겠다고 하고서, 마침내 (노나라로) 돌아갔다.

0524

A: 子曰伯[음합부]夷[인명부]、叔[음합부]齊[인명부,33]、不[レ,32]念[ニ,オモハ]舊[음합부]惡[ー,アク,13]

B: 子曰伯夷、叔齊は、舊惡(アク)を念(オモハ)不ず

C: 子(し)の曰(のたう)ばく、伯夷(はくい)叔齊(しくせい)は、舊惡(きうあく)を念(おも)はず。[205)]

205) 義疏의 「人若錄於故憾, 則怨恨更多, 唯夷齊豁然忘懷, 若人有犯己, 己不怨錄之, 所以與人怨少也」와 같은 주석에서 보는 바와 같이 古注의 경우 「怨」의 주체를 '백이와 숙제'로 파악하는 데 비해, 集注는 「孟子稱其不立於惡人之朝, 不與惡人言, 與鄕人立, 其冠不正, 望望然去之, 若將浼焉, 其介如此, 宜若無所容矣, 然其所惡之人, 能改卽止, 故人亦不甚怨之也」라고 하여 '사람들'로 파악하여 '사람들에게 원한을 사지 않았다'고 파악하고 있다.
應永本抄物 「不念舊惡トハ、舊惡ハ故[フルキ]憾[ウラミ]也。モト人ノアシカリシヲ無念也。一タヒアタリ返サンナト、胸中ニタクハユルコトナキ也。故ニ人ヲ怨ルコトモマレ也。人ニ怨ラルヽコトモ希也。(지난 날의 악을 생각하지 않는다(不念舊惡)라는 것은, 지난 날의 악(舊惡)은 오랜 원한인데, 본래 남의 나쁜 모습을 생각함이 없는

D: 先生が言われた。伯夷と叔斉は旧悪を思わなかった。

E: 선생님께서 말씀하시기를, 伯夷(백이)와 叔齊(숙제)는 지난날의 惡(악)을 생각하지 않았다.

A: 怨[ウラミ]、是[コヽ,13]用[モ,31]希[マレナリ]

B: 怨(ウラミ)、是(ココ)を用(モ)て希(マレナリ)

C: 怨(うらみ)、是(ここ)を用(も)ちて希(まれ)なり。

D: 怨みも、したがって稀であった。

E: 원망도, 따라서 드물었다.

a: 孔安國曰、伯[음합부]夷、叔[음합부]齊[33]孤[음합부]竹[22]君[22]之二[음합부]子也。孤[음합부]竹[33]國名也

b: 孔安國曰、伯夷、叔齊は孤竹の君の二子。孤竹は國名

c: 孔安國(こうあんこく)曰(い)はく、伯夷(はくい)叔齊(しくせい)は、孤竹(こちく)の君(きみ)の二子(にし)。孤竹(こちく)は國名(こくめい)。

d: 孔安国が言った。伯夷と叔斉は、孤竹国の君の二子である。孤竹は国名である。

e: 공안국이 말하기를, 백이와 숙제는 孤竹國(고죽국)의 임금의 두 아들이다. 孤竹(고죽)은 나라 이름이다.

0525

A: 子曰孰[タレ,21]謂[ニ,フ]微[음합부]生[음합부]高[인명부,13]直[一,チヨクナリ,23~33]

B: 子曰孰(タレ)か微生高を直(チヨクナリ)と謂(フ)

C: 子(し)の曰(のたう)ばく、孰(たれ)か微生高(びせいかう)を直(ちょく)なりと謂(い)ふ。

D: 先生が言われた。誰が微生高を正直だというのか。

E: 선생님께서 말씀하시기를, 누가 微生高(미생고)를 정직하다고 하는가?

것이다. 한 번 당하고서 되갚아 주겠다고 흉중에 담아두는 바가 없는 것이다. 따라서 남을 원망하는 일도 드물며, 남에게 원망 사는 일도 드물다. 254쪽)」 古注와 新注의 說을 모두 취하여 기술하고 있다.

a: 孔安國曰微[음합부]生[33]姓也、名[33]高。鲁[훈합부]人也

b: 孔安國曰微生は姓、名は高。鲁人

c: 孔安國(こうあんこく)曰(い)はく、微生(びせい)は姓(せい)、名(な)は高(かう)。魯人(ろひと)。

d: 孔安国が言った。微生は姓で、名は高で、魯の人である。

e: 공안국이 말하기를, 微生(미생)은 성이고, 이름은 高(고)이며, 노나라 사람이다.

A: 或[ヒト]、乞[㆑,コフ]醯[ス][206]焉。

B: 或(ヒト)、醯(ス)乞(コフ)。

C: 或(あ)るひと、醯(す)を乞(こ)ふ。

D: ある人が酢をもらいにきた。

E: 어떤 사람이 식초를 달라고 했다.

A: 乞[ㆁ,テ]諸其[22]隣[ㆀ,トナリ,11]而與[アタフ]之

B: 其の隣(トナリ)に乞(テ)與(アタフ)

C: 其(そ)の隣(となり)に乞(こ)ひて與(あた)ふ。

D: それを隣からもらって与えた。

E: 그것을 이웃에게서 얻어서 주었다.

a: 孔安國曰、乞[ㆁ,31]之[ヲ]四[음합부]隣[ㆀ,11]以[31]應[ㆁ,음독부,ヨウヅ[207],32]求[훈합부,ル]者[ㆀ,11]。[208]

b: 孔安國曰、之(ヲ)四隣に乞て以て求(ル)者に應(ヨウヅ)ず。

c: 孔安國(こうあんこく)曰(い)はく、之(これ)を四隣(しりん)に乞(こ)ひて以(も)ちて求(もと)むる者(もの)に應(よう)ず。

d: 孔安国が言った。これを隣り近所からもらって、求める者に与えた。

e: 공안국이 말하기를, 이것을 이웃에게서 얻어서 구하는 사람에게 주었다.

a: 用[㆑,13~23]意[13]委[음합부]曲[ナリ]非[㆑,32]爲[ㆁ,スル,11]直[음합부]人[ㆀ,23~33]也

b: 意を用こと委曲(ナリ)直人と爲(スル)に非ず

---

206) 永正本集解에는 「ス」라는 가나점이 달려 있고 글자 하단에 「ケイ」와 「スシ」라고 적혀 있다. 「ケイ」는 漢音이다.

207) 「ズ」의 잘못으로 보인다.

208) 讀點의 위치에 찍혀 있으나 문맥상 句點으로 파악하였다.

c: 意(い)を用(もち)ゐること、委曲(ゐきょく)なり。直人(ちょくじん)と爲(す)るにあらず。[209)]

d: 気の使い方が、細かすぎる。正直な人とするに値しない。

e: 마음을 쓰는 것이 지나치게 세심하다. 정직한 사람이라고 할 만하지 않다.

0526

A: 子曰巧[レ,タクミニシ]言[13]令[レ,ヨクシ,31]色[イロ,13]足[210)][음합부]恭[スル,13,33]

B: 子曰言を巧(タクミニシ)色(イロ)を令(ヨクシ)て足恭(スル)をば

C: 子(し)の曰(のたう)ばく、言(こと)を巧(たく)みにし、色(いろ)を令(よく)して、足恭(すうきょう)するをば、

D: 先生が言われた。口先を巧妙にして、いい顔をして、むやみにうやうやしくすることを、

E: 선생님께서 말씀하시기를, 말을 교묘하게 하고 안색을 좋게 꾸며 지나치게 공손한 것을

a: 孔安國曰足[음합부]恭[33]便[음합부]僻[ヘキ,22]之貌[カタチ]也

b: 孔安國曰足恭は便僻(ヘキ)の貌(カタチ)

c: 孔安國(こうあんこく)曰(い)はく、足恭(すうきょう)は、便僻(へんへき)の貌(かたち)。

d: 孔安国が言った。足恭はこびるさまである。

e: 공안국이 말하기를, 足恭(주공)은 아첨하는[211)] 모양이다.

A: 左[음합부]丘[음합부]明[인명부]恥[ハツ]之。丘[인명부,モ]亦恥[ハツ]之

B: 左丘明恥(ハツ)。丘(モ)亦恥(ハツ)

C: 左丘明(さきうめい)、恥(は)づ。丘(きう)も亦(また)恥(は)づ。

---

209) 應永本抄物「無クハ無ト云ヘキヲ、隣ニコフハ、心ヲ色々ニレウケンセル者也。是正直ニ非ストニ云リ。(없으면 없다고 해야 하는데 이웃에게 빌리는 것은, 마음을 여러모로 지나치게 쓴 것이다. 이것은 정직한 것이 아니라고 하였다. 255쪽)」

210) 좌측에 불심지가 붙어 있다, 그 의미는 아직 알 수 없다.
永正本集解에는 관용음인 「スウ」가 가점되어 있다. 「足恭」는 「すうきょう」, 「すきょう」 등으로 읽힌다. 「足」의 한음은 「シュ」이다.

211) 便僻(辟) : 남의 비위를 잘 맞추어 아첨함. 혹은 그런 사람.

D: 左丘明は恥じた。私もまた恥じる。

E: 左丘明(좌구명)은 부끄럽게 여겼다. 나도 역시 부끄럽게 여긴다.

a: 孔安國曰、左[음합부]丘[음합부]明[33]鲁[22]大[음합부]夫也

b: 孔安國曰、左丘明は鲁の大夫

c: 孔安國(こうあんこく)曰(い)はく、左丘明(さきうめい)は、魯(ろ)の大夫(たいふ)。[212)]

d: 孔安国が言った。左丘明は魯の大夫である。

e: 공안국이 말하기를, 左丘明(좌구명)은 노나라 대부이다.

A: 匿[レ,カクシ,31]怨[13]而友[ニ,トモトスル,13,33]其[훈합부,22]人[一,13]

B: 怨を匿(カクシ)て其の人を友(トモトスル)をば

C: 怨(うら)みを匿(かく)して其(そ)の人(ひと)を友(とも)とするをば、

D: 怨みを隠して、その人を友とすることを、

E: 원한을 감추고 그 사람을 친구로 삼는 것을

a: 孔安國曰、心[22]内[11]相[훈합부]怨[31]而外[11]詐[イツハリ,31]親[음독부,32]也

b: 孔安國曰、心の内に相怨て外に詐(イツハリ)て親す

c: 孔安國(こうあんこく)曰(い)はく、心(こころ)の内(うち)に相(あ)ひ怨(うら)みて外(そと)に詐(いつは)りて親(しん)す。

d: 孔安国が言った。心の中では恨みながら、表面上は親しいふりをする。

e: 공안국이 말하기를, 마음속으로 원망하면서 겉으로는 거짓으로 친하게 대한다.

A: 左[음합부]丘[음합부]明[인명부]恥[ツ]之。丘[인명부,モ]亦恥[ツ]之

B: 左丘明恥(ツ)。丘(モ)亦恥(ツ)

C: 左丘明(さきうめい)恥(は)づ。丘(きう)も亦(また)恥(は)づ。

---

212) 「左丘明」에 대해서는 확실한 기록이 없다. 義疏는 「左丘明受春秋於仲尼者也」라고 적고 있고, 集注는 「程子曰, 左丘明, 古之聞人也」라고 적고 있을 따름이다.
應永本抄物 「左丘明ハ春秋ヲ孔子ニ受テ、傳ヲ書ル者也。一說ニ春秋ニ、傳作ル丘明ニ非ス。姓ハ左丘名ハ明ト云者也。春秋ノ傳書ルハ、左ハカリカ氏也、ト云。(좌구명(左丘明)은 춘추를 공자께 수학하고 전(傳:춘추좌씨전)을 지은 사람이다. 일설에 춘추의 전을 지은 좌구명이 아니라, 성은 좌구(左丘)이고 이름은 명(明)이라 하는 사람이며, 춘추의 전을 지은 이는 좌(左)가 성이라고 한다. 256−257쪽)」 앞의 내용은 義疏의 인용이고, 뒷부분의 내용은 論語輯釋에 보이는 「或問左丘明非傳春秋者邪、曰未可知也、先友鄧著作名世考之氏姓書曰、此人蓋左丘姓而明名、傳春秋者、乃左氏耳」라는 설의 인용으로 보인다.

D: 左丘明は恥じた。私もまた恥じる。

E: 좌구명은 부끄럽게 여겼다. 나도 역시 부끄럽게 여긴다.

0527

A: 顔[음합부]淵[인명부]季[음합부]路[인명부]、侍[ハヘリ]。

B: 顔淵季路、侍(ハヘリ)。

C: 顔淵(がんゑん)、季路(きろ)、侍(はべ)り。

D: 顔淵と季路がお供していた。

E: 顔淵(안연)과 季路(계로)[자로]가 (선생님을) 모시고 있었다.

A: 子曰盍[㆔,ナソ]{サル}各曰[㆓,イハ]爾[훈합부,ナムチ,22]志[㆒,13]。

B: 子曰盍(ナソ)各爾(ナムチ)の志を曰(イハ)盍(サル)。

C: 子(し)の曰(のたう)ばく、蓋(なん)ぞ各(おのおの)爾(なんぢ)の志(こころざし)を曰(い)はざる。

D: 先生が言われた。それぞれ君たちの志を言ってみないか。

E: 선생님께서 말씀하시기를, 각자 너희들의 뜻을 말해보지 않겠느냐?

A: 子[음합부]路[21]曰、願[33]車[음합부]馬、衣[음합부]輕[음합부]裘、與[㆓]朋[음합부]友[㆒]、共[トモ,11]敝[ヤフツトモ]之而無[㆑,ケ,12]憾[ウラムル,13~23]

B: 子路が曰、願は車馬、衣輕裘、朋友與、共(トモ)に敝(ヤフツトモ)憾(ウラムル)こと無(ケ)ん

C: 子路(しろ)が曰(い)はく、願(ねが)はくは車馬(しゃば)・衣輕裘(いけいきう)、朋友(ほういう)と共(とも)に敝(やぶ)っつとも[213]、憾(うら)むること無(な)けん。

213) 동사는 「やぶる」이고 「とも」는 종지형에 후접하는 접속조사이므로 「やぶるとも」가 되거나 혹은 완료조동사 「つ」가 결합되었다면 「やぶりつとも」가 되는 것이 합당하다. 「ヤフツトモ」라고 가점되어 있으므로 「やぶり」가 촉음편으로 읽혔고 이 촉음을 표기하지 않은 것으로 판단하여 「やぶっつとも」라고 훈독하였다.

D: 子路が言った。車馬、皮衣を友達と一緒に使い、それがいたんでも、残念に思わないようにしたいと思います。

E: 자로가 말하기를, 원컨대 거마, 가죽옷을 친구와 함께 (쓰다가) 헐어 못쓰게 된다고 해도 유감스럽게 여기지 않고자 합니다.

a: 孔安國曰、憾[カム,33]恨[コム]也

b: 孔安國曰、憾(カム)は恨(コム)

c: 孔安國(こうあんこく)曰(い)はく、憾(かむ)は恨(こん)。

d: 孔安国が言った。憾は恨である。

e: 공안국이 말하기를, 憾(감)은 恨(한)[원망하다]이다.

A: 顔[음합부]淵[21]曰、願[ハク,33]無[ㇾ,ケ,12]伐[ㇾ,ホコル,13~23]善[음독부,11]

B: 顔淵が曰、願(ハク)は善に伐(ホコル)こと無(ケ)ん

C: 顔淵(がんゑん)が曰(い)はく、願(ねが)はくは、善(ぜん)に伐(ほこ)ること無(な)けん。

D: 顔淵が言った。善を誇らないようにしたいと思います。

E: 안연이 말하기를, 원컨대 선함을 자랑하지 않고자 합니다.

a: 孔安國曰、自無[ㇾ,ケン]稱[ニ,スル,13~23]已[21]之善[一,13]也

b: 孔安國曰、自已が善を稱(スル)こと無(ケン)

c: 孔安國(こうあんこく)曰(い)はく、自(みづか)ら己(おの)が善(ぜん)を稱(しょう)すること無(な)けん。

d: 孔安国が言った。自ら自分の善を称えない。

e: 공안국이 말하기를, 스스로 자신의 선을 칭찬하지 않는다.

A: 無[ㇾ,ケ,12]施[ㇾ,ホトコス,13~23]勞[ラウ,13]

B: 勞(ラウ)を施(ホトコス)こと無(ケ)ん

C: 勞(らう)を施(ほどこ)すこと無(な)けん。

D: 苦労をおしつけないようにしたいと思います。

E: (남에게) 힘든 일을 시키지 않고자 합니다.

a: 孔安國曰、無[下,ケン]以[ニ,31]勞[음합부]事[一,13]置[中,훈합부,オキ]施[13~23]於人[上,11]也

b: 孔安國曰、勞事を以て人に置(オキ)施こと無(ケン)

c: 孔安國(こうあんこく)曰(い)はく、勞事(らうし)を以(も)ちて人(ひと)に置(お)き施(ほどこ)すこと無(な)けん。[214]

d: 孔安国が言った。苦労を人におしつけない。

e: 공안국이 말하기를, 힘든 일을 다른 사람에게 시키지 않는다.

A: 子[음합부]路[21]曰、願[33]聞[ニ,キカム]子[22]之志[一,훈독부,13]。

B: 子路が曰、願は子の志を聞(キカム)。

C: 子路(しろ)が曰(い)はく、願(ねが)はくは、子(し)の志(こころざし)を聞(き)かん。

D: 子路が言った。願わくは先生のお志をお聞かせください。

E: 자로가 말하기를, 원컨대 선생님의 뜻을 듣고 싶습니다.

A: 子曰老[음합부]者[11,33]安[ヤスンセラレム]之、朋[음합부]友[11,33]信[음독부セラレム]之、少[음합부]者[11,33]懷[ナツカシムセラレム]之[215]

B: 子曰老者には安(ヤスンセラレム)、朋友には信(セラレム)、少者には懷(ナツカシムセラレム)

C: 子(し)の曰(のたう)ばく、老者(らうしゃ)には安(やす)んぜられん。朋友(ほういう)には信(しん)ぜられん。少者(せうしゃ)には懷(なつ)かしんぜられん。[216]

---

214) 義疏「又願不施勞役之事於天下也, 故鑄劒戟爲農器」集注「施亦張大之意, 勞謂有功」
應永本抄物「無施勞トハ、天下ノ人ニ辛勞ヲサセヌ樣ニト云故ニ、釼戟ヲ鑄テ農器ニシタイト云リ。仁者ノ心也。(힘든 일을 시키지 않는다(無施勞)는 것은, 천하의 백성들에게 괴로운 고생을 시키지 않는다는 것이므로 칼과 창을 녹여서 농기구로 만들고자 한다고 말했다. 인자의 마음이다. 258쪽)」義疏를 풀어적은 것을 알 수 있다.

215) 永正本集解에는「孔安國曰懷歸也」는 注가 적혀 있다. 그러나 이 주 오른쪽에「此注摺本但本無不可讀」이라고 적혀 있고, 이 부분을 괄호로 묶어 나타내고 있다. 義疏에는「孔安國曰懷安也」로 되어 있다.

216) 義疏의「若老人安己, 己必是孝敬故也, 朋友信己, 己必是無欺故也, 少者懷己, 己必有慈惠故也」에서 보는 바와 같이 古注는 상대에게 공자 자신이 어떠어떠하게 여겨지기를 바라는 수동적인 입장에서 쓰여진 것임을 알 수 있다. 그러나 新注는 集注의「老者養之以安, 朋友與之以信, 少者懷之以恩」에서 보는 바와 같이 공자 자신이 이러이러하게 하겠다는 능동적인 입장으로 해석하고 있다. 그러나 集注에서도「一說安之安我也, 信之信我也, 懷之懷我也」와 같이 古注와 같은 해석을 일설로 싣고 있다.
應永本抄物「老人ニハ心安ク思ハレン、朋友ニハ僞ナキ者ト思ハレン、少者ニハ疎[ウト]マレスシテナツカシンセラレント也。天下ノ人ハ、老少ノ外ハナシ。天下ノ者ニ皆ヨミセラレタイト云義也。是聖人ノ志也。(노인에게는 마음 편히 여겨지고, 벗들에게는 거짓 없는 이로 여겨지고, 나이어린 사람들에게는 꺼려지지 않고 반겨지고자 하는 것이다. 천하의 사람들은 노소 이외에는 없다. 천하의 사람들이 모두 읽어주었으면 한다는 뜻이다. 이것은 성인의 뜻이다. 259쪽)」古注에 근거하여 기술되어 있음을 알 수 있다.

D: 先生が言われた。年寄りには安心してもらえるようにし、友達には信用されるようにし、若者には慕われるようにしたい。

E: 선생님께서 말씀하시기를, 노인들에게는 마음 편히 여겨지고 벗들에게는 신뢰받고 젊은이들에게는 따름을 받고자 한다.

0528

A: 子曰巳[ヤンヌルカナ]矣乎。吾[レ]未[ㇾ,タ]{ス}見、能見[㆓,31]其[22]過[㆒,アヤマチ,13]而内[11]自[ミツカラ]訟[セムル]者[13]也

B: 子曰巳(ヤンヌルカナ)。吾(レ)未(タ)見未(ス)、能其の過(アヤマチ)を見て内に自(ミツカラ)訟(セムル)者を

C: 子(し)の曰(のたう)ばく、巳(や)んぬるかな。吾(われ)未(いま)だ見(み)ず、能(よ)く其(そ)の過(あやま)ちを見(み)て、内(うち)に自(みづか)ら訟(せ)むるものを。

D: 先生が言われた。もうだめかな。私はまだ見たことがない、自分の過ちを見つけて、心の中で自分を責められるものを。

E: 선생님께서 말씀하시기를, 이제 안 되나 보다. 나는 아직 보지 못했다. 자신의 잘못을 살펴서 마음속으로 자책할 수 있는 사람을.

a: 苞氏曰、訟[33]猶[ㇾ]責[セキノ]也。

b: 苞氏曰、訟は猶責(セキノ)猶。

c: 苞氏(はうし)曰(い)はく、訟(しょう)は猶(なほ)責(せき)のごとし。

d: 苞氏が言った。訟は責と同じである。

e: 포씨가 말하기를, 訟(송)는 責(책)[책망하다]과 같다.

a: 言[33]人有[ㇾ,トキ,33]過、莫[㆓,シ]能自責[㆒,13~23]也

b: 言は人過有(トキ)は、能自責こと莫(シ)

c: 言(いふこころ)は、人(ひと)、過(あやま)ち有(あ)るときは、能(よ)く自(みづか)ら責(せ)むることなし。

d: 意味はこうである。過ちがあるとき、自分を責められる人がない。

e: 그 뜻은 이러하다. 잘못이 있을 때에 자책할 수 있는 사람이 없다.

0529

A: 子曰十[음합부]室[22]之邑[ユウ,11]、必、有[ㆍ,アラム]忠[음합부]信、如[ㆍ,キ]丘[21,인명부]者[ㆍ,モノ]焉。

B: 子曰十室の邑(ユウ)に、必、忠信、丘が如(キ)者(モノ)有(アラム)。

C: 子(し)の曰(のたう)ばく、十室(じふしつ)の邑(いふ)に、必(かなら)ず、忠信(ちうしん)、丘(きう)が如(ごと)き者(もの)有(あ)らん。

D: 先生が言われた。十戸の村でも、私ぐらいの忠信の人はきっとあるだろう。

E: 선생님께서 말씀하시기를, 열 가구가 있는 작은 마을에도 반드시 忠信(충신)한 것이 나와 같은 이는 있을 것이다.

A: 不[ㆍ,32]如[ㆍ]丘[21,인명부]之好[ㆍ,ㆍ,11]學[13]者[삭제부]也[217]

B: 丘が學を好に如不ず

C: 丘(きう)が學(がく)を好(この)むに如(し)かず。

D: (ただ)私が学問を好むのには及ばないだろう。

E: (그러나) 내가 배움을 즐기는 것에는 미치지 못할 것이다.

217) 「焉」을 뒤쪽 구에 붙여 읽는 설도 있다. 이 설이 永正本集解에 「有{テハ}……焉{イツクンソ}……不{サラン}……」와 같이 좌훈으로 가점되어 있다. 이에 따라 훈독하면 「忠信丘が如き者有ては、焉ぞ丘が學を好むに如かざらん」이라고 읽을 수 있다. 義疏와 應永本抄物에도 역시 이 설이 소개되어 있다.
義疏 「一家云, 十室中若有忠信如丘者, 則其餘焉不如丘之好學也, 言今不好學不忠信耳」
應永本抄物 「一說有[ㆍ,ラハ]忠信如丘者[ㆍ]焉不[ンヤ]如[ㆍ]丘之好[ㆍ,也]學」トヨムヘシ。忠信如我者アラハ、必學文ヲ可好、忠信我カ如キ者ナキニ依テ學文ヲ好ムコトナシト云リ。前[ノ]說ハ焉ノ字ヲ上ヘ付テ見タリ。後ノ說ハ下ヘ付テ見也。(일설에는 '충신(忠信)이 나와 같은 이가 있다면, 어찌 나의 학문을 좋아함에 미치지 못하겠는가?'라고 읽어야 한다고 되어 있다. 충신이 나와 같은 이가 있다면 반드시 학문을 좋아할 것인데, 충신이 나와 같은 이가 없음에 의해 학문을 좋아함도 없다는 것이다. 앞의 설은 焉(언)자를 위에 붙여서 본 것이다. 뒤의 설은 밑에 붙여서 본 것이다. 259–260쪽)」 결과적으로는 두 가지 설 모두 크게 다르지 않은 뜻이 된다.

論語集解雍也第六

論語雍也第六　　　　何晏集解　凡卅章

0601

A: 子曰雍[인명부,ヰヨウ,33]也、可[㆑]使[㆓,シメツ]南[음합부]面[㆒,セ]也

B: 子曰雍(ヰヨウ)は、南面(セ)使(シメツ)可

C: 子(し)曰(のたう)ばく、雍(よう)は南面(なむめん)せしめつべし。

D: 先生が言われた。雍は南面させてもよい。

E: 선생님께서 말씀하시기를, 雍(옹)은 南面(남면)하게 할 만하다.

a: 苞氏曰、可[㆑,23~33,33]使[㆓,シメツ]南[음합부]面[㆒,セ]者言[33]任[㆓,シンシ,31]諸[음합부]侯[㆒,11]可[㆑,ソ]使[㆑,シム]治[㆑,メ]國[13]也

b: 苞氏曰、南面(セ)使(シメツ)可とは言は諸侯に任(シンシ)て國を治(メ)使(シム)可(ソ)

c: 苞氏(はうし)曰(い)はく、南面(なむめん)せしめつべしとは、言(いふこころ)は、諸侯(しょこう)に任(じむ)して、國(くに)を治(をさ)めしむべきぞ。

d: 苞氏が言った。南面させてもよいというのは、意味はこうである。諸侯に任命して国を治めさせてもよい、ということである。

e: 포씨가 말하기를, 남면하게 할 만하다는 것은, 그 뜻은 이러하다. 제후로 임명하여 나라를 다스리게 할 만하다는 것이다.

0602

A: 仲[음합부]弓問[ᅳ,フ]子[음합부]桒[음합부]伯[음합부]子[ᅳ,인명부,13]

B: 仲弓子桒伯子を問(フ)

C: 仲弓(ちうきう)、子桑伯子(しさうはくし)を問(と)ふ。

D: 仲弓が子桑伯子について聞いた。

E: 仲弓(중궁)이 子桑伯子(자상백자)에 대해서 물었다.

a: 王肅曰伯[음합부]子[33]書[음합부]傳[11]無[ㆾ,シ]見[13~23]焉

b: 王肅曰伯子は書傳に見こと無(シ)

c: 王肅(わうしく)曰(い)はく、伯子(はくし)は、書傳(しょてん)に見(み)ゆること無(な)し。

d: 王粛が言った。伯子は書や伝には見当たらない。

e: 왕숙이 말하기를, 伯子(백자)는 書(서)나 傳(전)에 보이지 않는다.

A: 子曰可[음독부ナリ]也簡[음독부ナリ]

B: 子曰可(ナリ)簡(ナリ)

C: 子(し)曰(のたう)ばく、可(か)なり。簡(かん)なり。

D: 先生が言われた。よろしい。大様である。[218)]

E: 선생님께서 말씀하시기를, 괜찮다. 簡(간)[대범하고 소탈함]하다.

a: 以[ᅳ,22]其能簡[ᅳ,ナル,13]故[11]曰[ㆾ,フ]可[ナリト]也

b: 其能簡(ナル)を以の故に可(ナリト)曰(フ)

c: 其(そ)の能(よ)く簡(かん)なるを以(も)っての故(ゆゑ)に、可(か)なりと曰(い)ふ。

d: 彼が大様であることをもって、よろしいと言ったのである。

e: 그의 簡(간)함으로 말미암아 가하다고 한 것이다.

218) 應永本抄物 「可也トハ伯子[ハ]細モナキ者也ト云心也。十分ニハナキ辭也。未タ善ヲ不[ㆾ,ル]盡[サ]處アルヲ云。簡也トハ、行跡カ簡踈ニシテ細ナル處ナキ也。其簡踈ナル處カヨキ程ニ可也ト云。(가(可)하다는 것은, 백자(伯子)가 치밀하지 않은 사람이라는 뜻이다. 충분하지는 않다는 말이다. 아직 선을 다하지 못하였다는 것을 말한다. 간(簡)하다는 것은, 행적이 간소하고 치밀한 데가 없음을 말하는데, 그 간소한 바가 좋으므로 가하다고 하였다. 263쪽)」 古注와 新注를 모두 인용하고 있다.

A: 仲[음합부]弓[21]曰、居[ㇾ,31]敬[11]而行[ㇾ,フ]簡[13]。以[31]臨[ニ,ノソム]其[22]民[ㇼ,11]。不[ニ,32]亦可[ㇼ,ナラ]乎[ヤ]

B: 仲弓が曰、敬に居て簡を行(フ)。以て其の民に臨(ノソム)。亦可(ナラ)不ず乎(ヤ)

C: 仲弓(ちうきう)が曰(い)はく、敬(けい)に居(ゐ)て簡(かん)を行(おこな)ふ。以(も)ちて其(そ)の民(たみ)に臨(のぞ)む。亦(また)可(か)ならずや。

D: 仲弓が言った。(心構えは)敬にあって簡[大様]に行い、それで民に臨むのなら、またよろしいのではありませんか。

E: 중궁이 말하기를, (마음가짐은) 敬(경)에 있으면서 簡(간)[관대함]함을 행하고 그것으로써 백성을 대한다면, 이 또한 괜찮지 않겠습니까?

a: 孔安國曰居[ニ,オイ,31]身[13]敬[음합부]肅[ㇼ,11]臨[ㇾ,11]下[훈독부,11]寬[음합부,クワム]畧[ナルトキ,33]則可[ナリ]也

b: 孔安國曰身を敬肅に居(オイ)て下に臨に寬(クワム)畧(ナルトキ)は則可(ナリ)

c: 孔安國(こうあんこく)曰(い)はく、身(み)を敬肅(けいしく)に居(お)いて、下(しも)に臨(のぞ)むに寬畧(くゎんりゃく)なるときは、則(すなは)ち可(か)なり。

d: 孔安国が言った。身を敬粛に置いて、目下の者に臨む時に、寛大で大まかにすればよろしい。

e: 공안국이 말하기를, 자기 자신을 敬肅(경숙)함에 두고 아랫사람을 대할 때는 관대하고 대범하게 하면 괜찮다.

A: 居[ㇾ,31]簡[11]而行[ㇾ,フ]簡[13]。無[훈합부,ムシロ]乃、太[음합부]簡乎[21]

B: 簡に居て簡を行(フ)。無乃(ムシロ)、太簡乎か

C: 簡(かん)に居(ゐ)て簡(かん)を行(おこな)ふ。無乃(むしろ)、太簡(たいかん)ならんか。

D: (心構えも)簡にあって(行いも)簡ならば、むしろ大まかすぎるのではありませんか。

E: (마음가짐도) 간에 거하고 (행동거지도) 간하다면 오히려 지나치게 간하지 않겠습니까?

a: 苞氏曰伯子[カ]之簡[33]大[음합부]簡[ナリ]也

b: 苞氏曰伯子(カ)簡は大簡(ナリ)

c: 苞氏(はうし)曰(い)はく、伯子(はくし)が簡(かん)は、大簡(たいかん)なり。

d: 苞氏が言った。伯子の簡は大まかすぎるのである。

e: 포씨가 말하기를, 백자의 간은 지나치게 간한 것이다.

A: 子曰雍[인명부,21]之言[コト,33]然[シカナリ]

B: 子曰雍が言(コト)は然(シカナリ)

C: 子(し)曰(のたう)ばく、雍(よう)が言(こと)は、然(しか)なり。

D: 先生が言われた。雍の言うとおりである。

E: 선생님이 말씀하시기를, 雍(옹)의 말이 옳다.

0603

A: 哀[음합부]公問[31]曰、弟[음합부]子孰[タレ,21]爲[㆑,スル][219]好[㆑,13~23,13]學。

B: 哀公問て曰、弟子孰(タレ)か學好ことを爲(スル)。

C: 哀公(あいこう)、問(と)ひて曰(い)はく、弟子(ていし)孰(たれ)か學(がく)を好(この)むことをする。

D: 哀公が聞いて言った。弟子の中で、誰が学問を好みますか。

E: 哀公(애공)이 물어 말하기를, 제자 중에 누가 학문을 좋아합니까?

A: 孔[음합부]子對[훈합부,31]曰[22]、有[㆓,リ]顏[음합부]回[ト云]者[㆒,モ]。好[㆑,12]學[13]。

B: 孔子對て曰の、顏回(トイフ)者(モ)有(リ)。學を好む。

C: 孔子(こうし)對(こた)へて曰(のたう)ばく、顏回(がんくゎい)といふもの有(あ)り。學(がく)を好(この)む。

D: 孔子が答えて言われた。顏回という者がありました。学問を好みました。

E: 공자님께서 답하여 말씀하시기를, 顏回(안회)라고 하는 자가 있었습니다. 학문을 좋아했습니다.

A: 不[㆑,32]遷[㆑,ウツサ]怒[イカリ,13]。不[㆓,32]貳[フタヽヒ]過[㆒,アヤマチ]。

B: 怒(イカリ)を遷(ウツサ)不ず。貳(フタタヒ)過(アヤマチ)不ず。

219) 좌측에 불심지가 붙어 있다. 그 의미는 아직 알 수 없다.

C: 怒(いか)りを遷(うつ)さず。貳(ふたた)び過(あやま)ちせず。

D: 怒りを移すことがなく、再び同じ過ちを犯すことがありませんでした。

E: 노여움을 옮기지 않았고, 두 번 같은 잘못을 범하지 않았습니다.

A: 不[음합부]幸短[음합부]命[ニシ,31]死[シニキ]矣。今[33]也則亡[ナシ]。

B: 不幸短命(ニシ)て死(シニキ)。今は也則亡(ナシ)。

C: 不幸(ふかう)短命(たんめい)にして死(し)にき。今(いま)は、則(すなは)ち亡(な)し。

D: 不幸にも短命にして死にました。今はおりません。[220)]

E: 불행히도 단명하여 죽었습니다. 이제는 없습니다.

A: 未[ㇾ,タ]{ス}聞、好[ㇾ,12]學[カク]者[13]也

B: 未(タ)聞未(ス)、學(カク)好む者を

C: 未(いま)だ聞(き)かず、學(がく)を好(この)む者(もの)を。

D: (彼以外は)まだ聞いていません、学問を好む者のことを。

E: (그 외에는) 아직 듣지 못했습니다, 학문을 좋아하는 자를.

a: 凡[훈합부,ソ]人、任[ㇾ,マカセテ]情[コヽロ,11,31]喜[훈합부,ヒ]怒[ル,13~23]、違[ㇾ,ヘリ]理[11]。

b: 凡(ソ)人、情(ココロ)に任(マカセテ)て喜(ヒ)怒(ル)こと、理に違(ヘリ)。

c: 凡人(おほよそびと)情(こころ)に任(まか)せて、喜(よろこ)び怒(いか)ること、理(り)に違(たが)へり。

d: 凡人は心にまかせるので、喜んだり怒ったりすることが理に合わない。

e: 보통 사람은 마음 가는 대로 하기 때문에, 기뻐하고 성내는 것이 이치에 어긋난다.

a: 顔[음합부]淵[ハ]任[ㇾ,マカセ,31]道[11]怒[ル,13~23]不[ㇾ]過[ㇾ,スキ]分[11]。

b: 顔淵(ハ)道に任(マカセ)て怒(ル)こと分に過(スキ)不。

c: 顔淵(がんゑん)は、道(だう)に任(まか)せて、怒(いか)ること、分(ぶん)に過(す)ぎず。

220) '顔回(=학문을 좋아하는 자)'가 이 세상에 없다는 해석과 그저 '학문을 좋아하는 이'가 없다는 해석이 가능하다. 義疏는 「言顔淵既已死, 則無復好學者也」와 같이 전자의 입장을 취하였다.
應永本抄物은 「今也則亡トハ、今ハ學ヲ好ム者ナシト云リ。(이제는 없다(今也則亡)는 것은, 이제는 학문을 좋아하는 이가 없다는 것이다. 266쪽)」와 같이 위의 두 해석 중 후자의 입장을 취하였다.

d: 顔淵は、道に任せるので、怒ることが度を過ぎなかった。

e: 顔淵(안연)은 道(도)에 따랐기 때문에, 성내는 것이 도를 넘지 않았다.

a: 遷[セン,33]者移[イ]也。

b: 遷(セン)は移(イ)。

c: 遷(せん)は、移(い)。

d: 遷は移である。

e: 遷(천)은 移(이)[옮기다]이다.

a: 怒[ル,13~23]當[ニ,31]其[22]理[一,11]不[ニ,32]移[훈합부,シ]{リ}易[一,カヘ]也。

b: 怒(ル)こと其の理に當て移(シ)易(カヘ)不ず。

c: 怒(いか)ること、其(そ)の理(り)に當(あた)りて、移(うつ)し易(か)へず。[221)]

d: 怒ることがその理にかなって、移さない。

e: 성내는 것이 그 이치에 맞아, 옮기지 않는다.

a: 不[ニ,23~33,33]貳過[一]者、有[ニ,トキ,33]不[음합부]善[一]、未[ニ]{ス}嘗[ヨリ]復[훈합부,タ]行[一,ハ]也

b: 貳過不とは、不善有(トキ)は、未嘗(ヨリ)復(タ)行(ハ)未(ス)

c: 貳(ふた)たび過(あやま)ちせずとは、不善(ふぜん)有(あ)るときは、未(いま)だ嘗(かつ)てより復(また)行(おこな)はず。[222)]

---

221) 應永本抄物「不迁怒トハ、君子ハ怒ヘキニ當テ怒リ、喜ヘキに當テ喜、顔回モ亦然リ、サリナカラ前[ニ]怒ヘキ叓有テ、怒ヲ今怒マシキニ怒テ、前ノ怒ヲ今殘スコトナキ也。彼ニ對シテ怒テ其怒ヲ殘シテ、此ニ對シテ汗怒コトナシ。是ヲ不迁怒ト云也。(노여움을 옮기지 않았다(不遷怒)는 것은, 군자는 노여워해야 할 때에 노여워하고 기뻐해야 할 때에 기뻐한다. 안회도 또한 그러했다. 하지만 이전에 노여워해야 하는 일이 있어서 노여워하지 말아야 하는 지금 노여워하여서 이전의 노여움을 지금에 남기는 일이 없다는 것이다. 저쪽에서 노여워하고서 그 노여움을 남겨두고 이쪽에서 노여워하는 일이 없다. 이것을 노여움을 옮기지 않았다(不遷怒)고 한 것이다. 264−265쪽)」

222) 義疏「但不能照機, 機非己所得, 故於己成過, 凡情有過必文, 是爲再過, 而回當機時不見己乃有過, 機後卽知, 知則不復文飾以行之, 是不貳也」
應永本抄物 「不貳過トハ、聖人モ過チアリ。回モ又過ナキコトアタハス。但凡人ハ、過アレハ必其過ヲカザリテカクサントスル也。是ヲ二タヒノ過ト云。同(원문그대로임)ハ過アレハ、ヤカテカサルコトナシ。故ニ不二過ト云也。(두 번 잘못을 하지 않았다(不貳過)는 것은, 성인에게도 잘못은 있으며 안회도 잘못이 없을 수가 없다. 다만 보통 사람은 잘못이 있으면 반드시 그 잘못을 치장하여 감추려고 하는데, 이것을 두 번째 잘못이라고 한다. 안회는 잘못이 있으면 치장하는 일이 없다. 그러므로 두 번 잘못을 하지 않았다고 한 것이다. 265쪽)」

d: 再び同じ過ちを犯すことがなかったというのは、よくないことをした時は、いまだかつて繰り返えしたことがなかったということである。

e: 두 번 잘못을 하지 않았다는 것은, 善(선)하지 못한 것을 했을 때는 전혀 거듭하지 않았다는 것이다.

0604

A: 子[음합부]華[인명부,クワ]、使[ニ,ツカヒタリ]於齊[一,11]。

B: 子華(クワ)、齊に使(ツカヒタリ)。

C: 子華(しくゎ)、齊(せい)に使(つか)ひたり。[223)]

D: 子華が斉国への使いとなった。

E: 子華(자화)가 齊(제)나라에 사신으로 가게 되었다.

A: 冉[음합부]子爲[ニ,タメ,11]其[22]母[一,22]請[レ,フ]粟[アハ]。

B: 冉子其の母の爲(タメ)に粟(アハ)請(フ)。

C: 冉子(ぜむし)、其(そ)の母(はは)の爲(ため)に粟(あは)を請(こ)ふ。

D: 冉子が彼の母のために穀物を請うた。

E: 冉子(염자)가 그[자화]의 어머니를 위해 곡식을 청했다.

A: 子曰與[ニ,アタヘヨ]之釜[一,フ]

B: 子曰釜(フ)與(アタヘヨ)

C: 子(し)の曰(のたう)ばく、釜(ふ)を與(あた)へよ。

---

223) 자화가 사신으로 간 것에 대해서는, 노나라의 공식적 사신으로 갔다는 설과 공자의 개인적 심부름으로 갔다는 두 가지 설이 있다. 義疏「但不知時爲魯君之使爲孔子之使耳」集注「使爲孔子使也」
應永本抄物 「曾(원문그대로임)君ノ使歟、孔子ノ使歟、不知ト云リ。刑芮ハ子華此時魯ニ仕タレハ、魯ヨリノ使タリト云。朱文公ハ孔子ノ使タリト云。一決シカタシ。(노나라 임금의 사자인지 공자의 사자인지 알 수 없다고 하였다. 邢昺(형병)은 자화가 이 때 노나라를 섬기고 있었으므로 노나라에서 보낸 사절이라고 하였다. 주자는 공자의 사자라고 하였다. 한 가지로 정하기 어렵다. 267쪽)」義疏의 내용을 풀어 적고 있다.

D: 先生が言われた。一釜を与えなさい。

E: 선생님께서 말씀하시기를, (곡식) 1釜(부)를 주어라.

a: 馬融曰子[음합부]華[33]弟[음합부]子、公[음합부]西[음합부]華。赤[33]字也

b: 馬融曰子華は弟子、公西華。赤は字

c: 馬融(ばいう)曰(い)はく、子華(しくゎ)は、弟子(ていし)、公西華(こうせいくゎ)。赤(せき)は字(あざな)。

d: 馬融が言った。子華は弟子の公西華である。赤は字である。

e: 마융이 말하기를, 자화는 제자 公西華(공서화)이다. 赤(적)은 字(자)이다.

a: 六[음합부]斗[23~33]四[음합부]升[13]曰[ㇾ]釜[フ,23~33]也

b: 六斗と四升を釜(フ)と曰

c: 六斗(ろくと)と四升(ししょう)を釜(ふ)と曰(い)ふ。

d: 六斗と四升を釜という。

e: 여섯 말 너 되를 釜(부)라고 한다.

A: 請[ㇾ,フ]益[음독부]曰[22]、與[ニ,アタヘヨ]之庾[一,ユ]

B: 益請(フ)曰の、庾(ユ)與(アタヘヨ)

C: 益(えき)を請(こ)ふ。曰(のたう)ばく、庾(ゆ)を與(あた)へよ。

D: もっとくださることを請うた。言われた。一庾を与えなさい。

E: 더 주실 것을 청했다. (선생님께서) 말씀하시기를, 1庾(유)를 주어라.

a: 苞氏曰十[음합부]六[음합부]斗[13]爲[ㇾ,32]庾[23~33]也

b: 苞氏曰十六斗を庾と爲す

c: 苞氏(はうし)曰(い)はく、十六斗(じふろくと)を庾(ゆ)と爲(す)。

d: 苞氏が言った。十六斗を庾という。

e: 포씨가 말하기를, 열여섯 말을 庾(유)라고 한다.

A: 冉[음합부]子、與[ニ,アタフ]之粟[アハ]、五[음합부]秉[一,ヘイ]

B: 冉子、粟(アハ)、五秉(ヘイ)與(アタフ)

C: 冉子(ぜむし)、粟(あは)、五秉(ごへい)を與(あた)ふ。

D: 冉子が穀物、五秉を与えた。

E: 염자가 곡식 5秉(병)[여든 섬]을 주었다.

a: 馬融曰十[음합부]六[음합부]斛[コク,13]曰[ㇾ]秉[23~33]五[음합부]秉[33]合[31]八[음합부]十[음합부]斛[ナリ]也

b: 馬融曰十六斛(コク)を秉と曰五秉は合て八十斛(ナリ)

c: 馬融(ばいう)曰(い)はく、十六斛(じふろくこく)を秉(へい)と曰(い)ふ。五秉(ごへい)は、合(あ)はせて八十斛(はちじふこく)なり。

d: 馬融が言った。十六斛を秉という。五秉は合わせて八十斛である。

e: 마융이 말하기를, 16斛(곡)을 秉(병)이라고 한다. 5秉(병)은 도합 80斛(곡)[섬]이다.

A: 子曰赤[21]之適[ㇾ,ユクトキ,11]齊[11]也乘[ニ,リ]肥[コエタル]馬[一,11]、衣[ニ,キタリ]輕[훈합부,キ]裘[一,カハコロモ,13]。

B: 子曰赤が齊に適(ユクトキ)に肥(コエタル)馬に乘(リ)、輕(キ)裘(カハコロモ)を衣(キタリ)。

C: 子(し)の曰(のたう)ばく、赤(せき)が齊(せい)に適(ゆ)くときに、肥(こ)えたる馬(うま)に乘(の)り、輕(かろ)き裘(かはごろも)を衣(き)たり。

D: 先生が言われた。赤は斉国に行く時、肥えた馬に乗り、軽い皮衣を着ていた。

E: 선생님께서 말씀하시기를, 적[자화]은 제나라로 갈 때, 살진 말을 타고 가벼운 가죽 옷을 입고 있었다.

A: 吾[レ]聞[キク]之也、君[음합부]子[33]周[ㇾ,アマネフシ,31]急[キウ,11]不[ㇾ,32]繼[ㇾ,ツカ]富[トメル,11]

B: 吾(レ)聞(キク)、君子は急(キウ)に周(アマネフシ)て富(トメル)に繼(ツカ)不ず

C: 吾(われ)聞(き)く、君子(くんし)は急(きふ)に周(あまね)うして、富(と)めるに繼(つ)がず。

D: 私はこう聞いた。君子は窮迫した者は助け、豊かな者に継ぎたしはしない。

E: 나는 이렇게 들었다. 군자는 窮迫(궁박)한 이는 도와주고, 풍족한 이는 보태주지 않는다.

a: 鄭玄曰非[ニ,ソシル]冉[음합부]有[21]與[アタヘタル,13~23,22]之太[ハナハタ]多[一,キ,13~23,13]也

b: 鄭玄曰冉有が與(アタヘタル)ことの太(ハナハタ)多(キ)ことを非(ソシル)

c: 鄭玄(ぢゃうぐゑん)曰(い)はく、冉有(ぜむいう)が與(あた)へたることの太(はなは)だ多(おほ)きことを非(そし)る。[224)]

d: 鄭玄が言った。冉有の与えた量が多すぎることを誹ったのである。

e: 정현이 말하기를, 冉有(염유)가 준 것이 너무 많음을 나무라신 것이다.

0605

A: 原[음합부]思[인명부]爲[ニ,タリ]之宰[一]

B: 原思宰爲(タリ)

C: 原思(ぐゑんし)宰(さい)たり。

D: 原思が(孔子の家邑の)家宰となった。

E: 原思(원사)가 (공자 가읍의) 邑宰(읍재)가 되었다.

a: 苞氏曰弟[음합부]子原[음합부,ケム]憲[인명부,ゲン[225)]ソ]也。思[33]字[훈독부]也。

b: 苞氏曰弟子原(ケム)憲(ゲンソ)。思は字。

c: 苞氏(はうし)曰(い)はく、弟子(ていし)、原憲(ぐゑんけん)ぞ。思(し)は、字(あざな)。

d: 苞氏が言った。弟子の原憲である。思は字である。

e: 포씨가 말하기를, 제자 原憲(원헌)이다. 思(사)는 字(자)이다.

---

224) 應永本抄物「吾舊語ヲ聞及フニ、君子ハ人[ノ]凍餒[トフタイ]{コヽヘウヘ}ノ急ナル者ニ物ヲ施シテ周シ、瞻マレテ富有ナル者ニ、物ヲヤラスト云リ。是ニヨツテ粟[ヲ]多ク與ヘサルト云リ。是[皇侃ニアリ]ヲ先儒難シテ云。子華[カ]母ノ乏、子華カ結構ニシテアルカハ、不孝ノ者也。而ヲ孔子多ク與ヘスハ、不仁也。若彼母乏シカラスシテ、置(?)[ニ]冉求カ多ク與ルナラハ不智也。何レヲ非トシ、何ヲ是トスヘキソト云ニ、[三]人共ニ皆義アリ。(내가　옛사람들의 말을 듣건대, 군자는 춥고 배고픔이 시급한 사람에게 베풀어 고루 미치게 하지, 보기에 부유한 사람에게 보태 주지는 않는다고 하였다. 이에 의거하여 곡식을 많이 주지 않는다고 말한 것이다. 이것(皇侃(황간)의 義疏에 있다)을 옛 유학자들은 비난하여 말하기를, 자화의 어미의 궁핍함을 자화가 괘념치 않고서 다닌다면 불효한 것이다. 그런데도 공자께서 많이 주지 않으신다면 인하지 못한 것이다. 만일 그의 어미가 궁핍하지도 않은데 冉求(염구)가 많이 준다면 지혜롭지 못한 것이다. 어느 것을 그르다 하고 어느 것을 옳다고 해야 할 것인가 하고 보면 세 사람 모두 의로움이 있다. 269–270쪽)」

225) 「憲」의 漢音은 「ケン」이다.

a: 孔[음합부]子、爲[二,シ,31]魯[22]司[음합부]冦[一,コウ,23~33]以[二,31]原[음합부]憲[一,인명부,13]爲[二,タリ]{ス}家[음합부]邑[22]宰[一,23~33]{ト}也

b: 孔子、魯の司冦(コウ)と爲(シ)て原憲を以て家邑の宰と爲(タリ)

c: 孔子、(こうし)魯(ろ)の司寇(しこう)として、原憲(ぐゑんけん)を以(も)ちて、家邑(かいふ)の宰(さい)と爲(し)たり。

d: 孔子が魯の司寇となって、原憲を家邑の宰とした。

e: 공자께서 노나라 司寇(사구)가 되어 원헌을 가읍의 읍재로 삼으셨다.

A: 與[二,アタフ]之粟[アハ]、九[음합부]百[一]辤[シス]

B: 粟(アハ)、九百與(アタフ)辤(シス)

C: 粟(あは)、九百(きうひゃく)を與(あた)ふ。辭(し)す。

D: 穀物、九百を与えられた。辞退した。

E: 곡식 900을 주셨다. (원헌이) 사양하였다.

a: 孔安國曰九[음합부]百[33]九[음합부]百[음합부]斗也。辤[음합부]讓[シ,31]不[レ,32]受[ケ]也

b: 孔安國曰九百は九百斗。辤讓(シ)て受(ケ)不ず

c: 孔安國(こうあんこく)曰(い)はく、九百(きうひゃく)は、九百斗(きうひゃくと)。辭讓(しじゃう)して、受(う)けず。

d: 孔安国が言った。九百は九百斗である。辞退して受けとらなかった。

e: 공안국이 말하기를, 900은 900말이다. 사양하여 받지 않았다.

A: 子曰毋[ナカレ]

B: 子曰毋(ナカレ)

C: 子(し)の曰(のたう)ばく、毋(な)かれ。

D: 先生が言われた。辞退するな。

E: 선생님께서 말씀하시기를, 그러지 마라.

a: 孔安國曰禄[음합부]法[22]所[ㇾ,13,33]當[アタル]、受[31]毋[ニ,レ]以[31]譲[一,ユツル,13~23]也

b: 孔安國曰禄法の當(アタル)所をば、受て以て譲(ユツル)こと毋(レ)

c: 孔安國(こうあんこく)曰(い)はく、祿法(ろくはふ)の當(あた)る所(ところ)をば、受(う)けて以(も)ちて、譲(ゆづ)ること毋(な)かれ。

d: 孔安国が言った。禄法によってしかるべきところは受けとって、辞退するな。

e: 공안국이 말하기를, 祿法(녹법)에 따라 마땅한 바는 받고, 사양하지 마라.

A: 以[31]與[ニ,アタヘヌ]爾[22]隣[음합부,リン]里郷[음합부]黨[一,11]乎[21]

B: 以て爾の隣(リン)里郷黨に與(アタヘヌ)乎か

C: 以(も)ちて、爾(なんぢ)の隣里(りんり)郷黨(きゃうたう)に與(あた)へぬか。

D: それをもって、君の隣りの村や郷党の人々に分けてやればよかろう。

E: 그것으로써 너의 이웃 마을이나 향당 사람들에게 나누어 주면 되지 않을까?

a: 鄭玄曰五[음합부]家[13]爲[ㇾ,32]鄰[23~33]、五[음합부]鄰[13]爲[ㇾ,32]里[23~33]万二[음합부]千五[음합부]百[음합부]家[13]爲[ㇾ,32]郷[23~33]五[음합부]百[음합부]家[13]爲[ㇾ,32]黨[23~33]也

b: 鄭玄曰五家を鄰と爲す、五鄰を里と爲す万二千五百家を郷と爲す五百家を黨と爲す

c: 鄭玄(ぢゃうぐゑん)曰(い)はく、五家(ごか)を隣(りん)と爲(す)。五隣(ごりん)を里(り)と爲(す)。萬(まん)二千(にせん)五百家(ごひゃくか)を郷(きゃう)と爲(す)。五百家(ごひゃくか)を黨(たう)と爲(す)。

d: 鄭玄が言った。五家を隣とする。五隣を里とする。一万二千五百家を郷とする。五百家を党とする。

e: 정현이 말하기를, 다섯 집을 隣(린)이라고 한다. 다섯 隣(린)을 里(리)라고 한다. 12,500집을 郷(향)이라고 한다. 500집을 黨(당)이라고 한다.

0606

A: 子謂[ᅳ,カタ,31]仲[음합부]弓[ㅡ,11][226)]曰[22]、犂[음합부,リ]牛[22]之子[コ]、[227)]騂[アカウシ,31]且[マタ]角[ツノアリ]。

B: 子仲弓に謂(カタ)て曰の、犂(リ)牛の子(コ)、騂(アカウシ)て且(マタ)角(ツノアリ)。

C: 子(し)、仲弓(ちうきう)に謂(かた)りて曰(のたう)ばく、犂牛(りぎう)の子(こ)、騂(あか)うして且(また)角(つの)あり。

D: 先生が仲弓に語って言われた。斑牛の子[228)]が赤くてまた角がある。

E: 선생님께서 仲弓(중궁)에게 일러 말씀하시기를, 얼룩소의 새끼가 붉고 또 뿔이 있다.

A: 雖[ﾚ,フトモ]欲[ﾚ,32,23~33]勿[ﾚ,ラマク]用[ル,13~23]、山[음합부]川、其[レ]舎[ステメ]諸[ヤ]

B: 用(ル)こと勿(ラマク)欲すと雖(フトモ)、山川、其(レ)舎(ステメ)諸(ヤ)

C: 用(もち)ゐること勿(な)からまく欲(ほ)っすといふとも、山川(さんせん)其(それ)舎(す)てめや。

D: (いけにえに)使わないでおこうと思っても、山川がそれを捨てるだろうか。

E: (희생으로) 쓰지 않으려고 하더라도 산천이 그것을 버리겠느냐?

a: 犂[リ,33]雜[음합부,サツ[229)]]文也。騂[セイ,33]赤[훈합부,キ]色。

b: 犂(リ)は雜(サツ)文。騂(セイ)は赤(キ)色。

c: 犂(り)は、雜文(ざつぶん)。騂(せい)は、赤(あか)き色(いろ)。

---

226) 「A謂B曰」은 'A가 B에게 말한다'와 'A가 B에 대해 말한다'의 두 가지로 해석될 수 있다. 「に」점이 가점된 것은 전자로 해석한 것이다. 永正本集解는 좌훈으로 가나점 「ヲ」가 가점되어 있는데, 이것은 후자로 이해한 결과이다.

227) 句點이 기입되어 있으나 문맥상 讀點으로 파악하였다.

228) 應永本抄物 「犂ハ雜文トテ班ナルヲ云。神ヲ祭ルイケニヘニハ犂ヲ不用、正色[セイシヨク]ナルヲ用ル也。此ニ犂牛カ子ヲ生タルニ、其子ハ班ニハナクシテ、正色ニテ赤キ色ナルヘシ。一說ニ犂ハ耕犂[レイ]也。耕作スル牛ヲ犂ト云。(리(犂)는 잡스런 얼룩무늬가 있는 것(얼룩소)을 말한다. 신께 제사지내는 희생으로는 얼룩소를 쓰지 않으며 정색(正色)인 것을 쓴다. 여기서는 얼룩소(犂牛)가 새끼를 낳았는데 그 새끼는 얼룩무늬가 없고 정색인 붉은 색이라는 의미일 것이다. 일설에 려(犂)는 경려(耕犂)이다. 밭을 가는 소를 려(犂)라고 한다. 272-273쪽)」

229) 「雜」의 漢音은 「さふ」이고 「ざつ」는 관용음이다.

d: 犂はまだら模様である。騂は赤い色である。

e: 犂(리)는 얼룩덜룩한 무늬이다. 騂(성)은 붉은 색이다.

a: 角[ツノアリ,23~33,33]者角周[음합부]正[ニシ,11,31]中[ニ,アタルソ]犧[음합부,キ]牲[一,11]也。

b: 角(ツノアリ)とは角周正(ニシ)にて犧(キ)牲に中(アタルソ)。

c: 角(つの)ありとは、角(つの)の周正(しうせい)にして、犧牲(きせい)に中(あた)るぞ。230)

d: 角があるというのは、角が正しく生えていけにえに適するということである。

e: 뿔이 있다는 것은 뿔이 바르게 나서 희생으로 쓰기에 적합하다는 것이다.

a: 雖[レ,フトモ]欲[下,32,23~33]以[ニ,31]其[22]所[レ,22]生[ウメル]、犂[一,マタラナル,13]而不[上,レ,マク]用、山[음합부]川、寧[ムシロ]、肯[レ,ヘケン]舍[スツ]之乎[ヤ]。

b: 其の生(ウメル)所の犂(マタラナル)を以て用不(マク)欲すと雖(フトモ)、山川、寧(ムシロ)、舍(スツ)肯(ヘケン)乎(ヤ)。

c: 其(そ)の生(う)める所(ところ)の犂(まだら)なるを以(も)ちて、用(もち)ゐざらまく欲(ほっ)すといふとも、山川(さんせん)、寧(むし)ろ、舍(す)つべけんや。

d: 生みの親が斑牛だからといって、使わないようにしようとしても、山川(の神)がそれを捨てるだろうか。

e: 낳아준 어미가 얼룩소라고 하여 (희생으로) 쓰지 않으려고 하더라도, 산천(의 신)이 버리겠느냐?

a: 言[33]父雖[レ,フトモ]不[レ,23~33]善[ヨカラ]、不[レ,32]害[ニ,セ]於其[22]子[22]之美[一,음독부,13]也

b: 言は父善(ヨカラ)不と雖(フトモ)、其の子の美を害(セ)不ず

c: 言(いふこころ)は、父(ちち)善(よ)からずといふとも、其(そ)の子(こ)の美(び)を害(かい)せず。

d: 意味はこうである、父(の身分)が賎しくても、その子の良さを害することはない。

e: 그 뜻은 이러하다. 아비가 미천하다고 하더라도 그 자식의 뛰어남을 해치는 일은 없다.

---

230) 應永本抄物「角アリトハ、角ノユカマスシテ、寸法ノ禮ニ合ヲ云。(뿔이 있다는 것은, 뿔이 뒤틀리지 않았고 크기가 예에 합당함을 말한다. 273쪽)」

0607

A: 子曰回[인명부]也、其[22]心[훈독부]、三[음합부]月不[ㇾ,32]違[ㇾ,タカハ]仁[11]。

B: 子曰回、其の心、三月仁に違(タカハ)不ず。

C: 子(し)の曰(のたう)ばく、回(くゎい)、其(そ)の心(こころ)、三月(さむぐゑつ)仁(じん)に違(たが)はず。

D: 先生が言われた。回は、その心が三ヶ月の間、仁に違うことがない。

E: 선생님이 말씀하시기를, 回(회)는 그 마음이 석 달 동안 仁(인)에서 벗어나지 않는다.

A: 其[22]餘[음독부,33]則日[음합부]月至[レルラク]焉而[훈합부]已[ノミ]矣

B: 其の餘は則日月至(レルラク)而已(ノミ)

C: 其(そ)の餘(よ)は、則(すなは)ち、日月(じつぐゑつ)に至(いた)れるらくのみ。

D: 残りの者は、一日や一月ほど(仁に)至っているのみである。[231)]

E: 그 나머지는 하루나 한 달 정도 (인에) 이르러 있을 뿐이다.

a: 言[33]餘人[33]暫[シハラク]有[ニ,リ]至[ㇾ,ル]仁[11]時[一]。

b: 言は餘人は暫(シハラク)仁に至(ル)時有(リ)。

c: 言(いふこころ)は、餘人(よじん)は、暫(しばら)く仁(じん)に至(いた)る時(とき)有(あ)り。

d: 意味はこうである。残りの者は一時的に仁に至るときがある。

e: 그 뜻은 이러하다. 나머지 사람은 잠시 仁(인)에 이르는 때가 있다.

a: 唯回[인명부,33]移[ㇾ,シ,31]時[13]而不[ㇾ,32]變[セ]也

b: 唯回は時を移(シ)て變(セ)不ず

231) 義疏「其餘謂他弟子也, 爲仁並不能一時, 或至一日, 或至一月, 故云日月至焉而已也」
應永本抄物「其餘トハ自餘ノ弟子ヲ云。殘リノ弟子ハ、或ハ一日ニ一度、或ハ一月ニ一度仁ノ境ニ至ル也。久クハ仁ニヱヲラサル也。日月ト云ヲ皇侃ハ或ハ一日ノ間仁アリ。或ハ一月ノ間仁也ト見タリ。(其餘[그 나머지]란, 그 밖의 제자들을 말한다. 나머지 제자들은 더러는 하루에 한번, 더러는 한 달에 한 번 인의 경지에 이른다. 오래도록 인에 머무르지 못하는 것이다. 日月(일월)이라고 한 것을 皇侃(황간)은, 더러는 하루 동안 인하고 더러는 한 달 동안 인하다는 것으로 보았다. 275쪽)

c: 唯(ただ)回(くゎい)は、時(とき)を移(うつ)して變(へん)ぜず。

d: ただ回は、時間が経っても変わらない。

e: 오직 회는 시간이 흘러도 변하지 않는다.

0608

A: 季[음합부]康[음합부]子[인명부]問[ハク]、仲[음합부]由[인명부,13,33]可[ㆡ,シ]使[ㆡ,シメツ]從[ㆡ,33]政[훈독부,11]也與[ヤ]。

B: 季康子問(ハク)、仲由をば政に從は使(シメツ)可(シ)與(ヤ)。

C: 季康子(きかうし)問(と)はく、仲由(ちういう)をば、政(まつりごと)に從(したが)はしめつべしや。

D: 季康子が聞いた。仲由には政治をとらせることができますか。

E: 季康子(계강자)가 묻기를, 仲由(중유)는 정치를 시킬 만합니까?

A: 子曰由[인명부,33]也果[クワナリ]

B: 子曰由は果(クワナリ)

C: 子(し)曰(のたう)ばく、由(いう)は、果(くゎ)なり。

D: 先生が言われた。由は果であります。

E: 선생님께서 말씀하시기를, 由(유)는 果(과)합니다.

a: 苞氏曰果[23~33,33]謂[ニ,フ]果[음합부]敢[カンメ]決[음합부]断[一,スル,13]也

b: 苞氏曰果とは果敢(カンシテ)決断(スル)を謂(フ)

c: 苞氏(はうし)曰(い)はく、果(くゎ)とは、果敢(くゎかむ)して、決斷(けつたん)するを謂(い)ふ。

d: 苞氏が言った。果とは、果敢に決断することをいう。

e: 포씨가 말하기를, 果(과)란, 과감하게 결단하는 것을 말한다.

A: 於[ㇾ,オイ,31]從[ㇾ,ハン,11]政[11]乎何[ナンカ]有[12]。

B: 政に從(ハン)に於(オイ)て何(ナンカ)有ん。

C: 政(まつりごと)に從(したが)はんに於(おい)て、何(なん)か有(あ)らん。

D: 政治をとることに、何の問題がありましょう。

E: 정치를 하는 데 무슨 문제가 있겠습니까?

A: 曰[イ]賜[인명부,13,33]也、可[ㇾ,シ]使[ㇾ]從[ㇾ,33]政[11]也與[ヤ]。

B: 曰(イ)賜をば、政に從は使可(シ)與(ヤ)。

C: 曰(い)はく、賜(し)をば、政(まつりごと)に從(したが)はしめつべしや。

D: 言った。賜には政治をとらせることができますか。

E: 말하기를, 賜(사)는 정치를 시킬 만합니까?

A: 子曰賜[인명부,33]也、達[ナリ]

B: 子曰賜は、達(ナリ)

C: 子(し)の曰(のたう)ばく、賜(し)は、達(たつ)なり。

D: 先生が言われた。賜は達であります。

E: 선생님께서 말씀하시기를, 賜(사)는 達(달)합니다.

a: 孔安國曰達[23~33,33]謂[ㇾ]通[㆓,スル,13]於物[음합부]理[㆒,11]也

b: 孔安國曰達とは物理に通(スル)を謂

c: 孔安國(こうあんこく)曰(い)はく、達(たつ)とは、物理(ぶつり)に通(つう)ずるを謂(い)ふ。

d: 孔安国が言った。達とは、物事の理に通じることをいう。

e: 공안국이 말하기를, 達(달)이란 사물의 이치에 통한 것을 말한다.

A: 於[ㇾ,31]從[ㇾ,ハン,11]政[11]乎何[ナンカ]有[12]。

B: 政に從(ハン)に於て何(ナンカ)有ん。

C: 政(まつりごと)に從(したが)はんに於(おい)て、何(なん)か有(あ)らん。

D: 政治をとることに、何の問題がありましょう。

E: 정치를 하는 데 무슨 문제가 있겠습니까?

A: 曰求[인명부,13,33]也、可[ㆁ,シ]使[ㆁ,ツ]從[ㆁ,33]政[11]也與[ヤ]。

B: 曰求をば、政に從は使(ツ)可(シ)與(ヤ)。

C: 曰(い)はく、求(きう)をば、政(まつりごと)に從(したが)はしめつべしや。

D: 聞いた。求には政治をとらせることができますか。

E: 말하기를, 求(구)는 정치를 시킬 만합니까?

A: 子曰求[33]也、藝[ナリ]

B: 子曰求は、藝(ナリ)

C: 子(し)の曰(のたう)ばく、求(きう)は、藝(げい)なり。

D: 先生が言われた。求は芸であります。

E: 선생님께서 말씀하시기를, 求(구)는 藝(예)합니다.

a: 孔安國曰藝[23~33,33]曰[ㆁ]多[ニ,キ,13]才[음합부]能[ㅡ]也

b: 孔安國曰藝とは才能多(キ)を曰

c: 孔安國(こうあんこく)曰(い)はく、藝(げい)とは、才能(さいのう)多(おほ)きを曰(い)ふ。

d: 孔安国が言った。芸とは、才能が多いことをいう。

e: 공안국이 말하기를, 藝(예)란 재능이 많음을 말한다.

A: 於[ㆁ,31]從[ㆁ,ハン,11]政[11]乎何[ナンカ]有[アラ,12]

B: 政に從(ハン)に於て何(ナンカ)有(アラ)ん

C: 政(まつりごと)に從(したが)はんに於(おい)て、何(なん)か有(あ)らん。

D: 政治をとることに、何の問題がありましょう。

E: 정치를 하는 데 무슨 문제가 있겠습니까?

0609

A: 季[음합부]氏使[下,二,31]{シム}閔[음합부]子[음합부]騫[一,인명부,13]爲[中,タラ]費[22]宰[上,サイ]

B: 季氏閔子騫を使て費の宰(サイ)爲(タラ)使(シム)

C: 季氏(きし)、閔子騫(びんしけん)をして、費(ひ)の宰(さい)たらしむ。

D: 季氏が閔子騫を費の邑宰にしようとした。

E: 季氏(계씨)가 閔子騫(민자건)을 費(비)의 읍재로 삼고자 하였다.

a: 孔安國曰費[33]季[음합부]氏[22]邑也。

b: 孔安國曰費は季氏の邑。

c: 孔安國(こうあんこく)曰(い)はく、費(ひ)は、季氏(きし)の邑(いふ)。

d: 孔安国が言った。費は季氏の邑である。

e: 공안국이 말하기를, 비는 계씨의 읍이다.

a: 季[음합부]氏不[음합부]臣[ニシ,31]而其[22]邑[음합부]宰[232]叛[ソムク]。

b: 季氏不臣(ニシ)て其の邑宰叛(ソムク)。

c: 季氏(きし)、不臣(ふしん)にして 、其(そ)の邑宰(いふさい)、叛(そむ)く。

d: 季氏が臣下らしくなかったので、その邑宰が謀反を起こした。

e: 계씨가 신하답지 못하여 그 읍재가 모반하였다.

a: 聞[二,キク]閔[음합부]子[음합부]騫[인명부,21]賢[一,ナル,13]故[11]欲[レ,32]用[レ,ヰマク]之也

b: 閔子騫が賢(ナル)を聞(キク)故に之用(ヰマク)欲す

c: 閔子騫(びんしけん)が賢(けん)なるを聞(き)く。故(ゆゑ)に之(これ)を用(もち)ゐまく欲(ほ)っす。

232) 해당 위치에 「數」자가 있는 이본도 있으며 永正本集解에는 그러한 내용의 교감주기가 적혀 있다.

d: 閔子騫が賢であることを聞いて、彼を採用しようとした。

e: (계씨가) 민자건이 현명하다고 들었기에 그를 기용하고자 하였다.

A: 閔[음합부]子[음합부]騫[인명부,21]曰、善[ヨク]爲[レ,タメ,11]我[21]、辭[シセヨ]焉

B: 閔子騫が曰、善(ヨク)我が爲(タメ)に、辭(シセヨ)

C: 閔子騫(びんしけん)が曰(い)はく、善(よ)く我(わ)が爲(ため)に辭(し)せよ。

D: 閔子騫が言った。私のためによろしくお断りくださいますか。

E: 민자건이 말하기를, 나를 위해서 잘 사양해 주십시오.

a: 孔安國曰不[レ,31]欲[レ,セ]爲[ニ,タラム,13~23,13]季[음합부]氏[22]宰[一]語[下,31]使[음합부]者[上,11]曰[イ]、

b: 孔安國曰季氏の宰爲(タラム)ことを欲(セ)不て使者に語て曰(イ)、

c: 孔安國(こうあんこく)曰(い)はく、季氏(きし)の宰(さい)たらんことを欲(ほっ)せずして、使者(ししゃ)に語(かた)りて曰(い)はく、

d: 孔安国が言った。季氏の邑宰になることを望まなかったので、使者に語って言った。

e: 공안국이 말하기를, 계씨의 읍재가 되는 것을 원치 않았으므로 사자에게 일러 말하기를,

a: 善[ク]爲[レ,11]我[21]作[ニ,31]辭[음합부,シ]説[一,セイ,13]令[レ,シメヨ]不[ニ,サラ]復召[一,レ,ヨハ]我[13]之也

b: 善(ク)我が爲に辭(シ)説(セイ)を作て復我を召(ヨハ)不(サラ)令(シメヨ)

c: 善(よ)く我(わ)が爲(ため)に、辭説(しせい)を作(つく)りて、復(また)我(われ)を召(よ)ばざらしめよ。

d: 私のためによろしくお断りの言葉を作って、再び私を呼ばないようにしてくださいと言った。

e: 나를 위해 잘 사양하는 말을 만들어서 다시는 나를 부르지 않게 해 달라고 말하였다.

A: 如[モシ]、有[レ,アラ,33]復[レ,マタスル,13~23]我[13]者

B: 如(モシ)、我を復(マタスル)こと有(アラ)ば

C: 如(も)し、我(われ)を復(また)すること有(あ)らば、

D: もし私(を呼ぶこと)をまたすることがあれば、

E: 만일 나를 (부르는 일을) 다시 하는 일이 있으면,

a: 孔安國曰復[ㇾ,スル,23~33,33]我[13]者、重[カサネ,31]来[31]召[ㇾ,ヨフソ]我[13]也

b: 孔安國曰我を復(スル)とは、重(カサネ)て来て我を召(ヨフソ)

c: 孔安國(こうあんこく)曰(い)はく、我(われ)を復(また)するとは、重(かさ)ねて來(きた)りて我(われ)を召(よ)ぶぞ。

d: 孔安国が言った。私をまたするとは、再び来て私を呼ぶことである。

e: 공안국이 말하기를, 나를 다시 한다는 것은, 다시 와서 나를 부르는 것이다.

A: 則、吾[レ]、必[32]在[㆓,アラ,12]汶[フン,22]上[㆒,ホトリ,11]矣

B: 則、吾(レ)、必ず汶(フン)の上(ホトリ)に在(アラ)ん

C: 則(すなは)ち、吾(われ)、必(かなら)ず汶(ぶん)の上(ほとり)に在(あ)らん。

D: 私はかならずや汶水のほとりに行ってしまおうと思います。

E: 그러면 나는 반드시 汶水(문수) 강가에 있겠습니다.

a: 孔安國曰去[31]之[㆓,ユヒ,31]汶[음합부]水[22]上[㆒,ホトリ,11]欲[㆓,32]北[ノカタ]如[㆒,ㇾ,ユカマク]齊[11]也

b: 孔安國曰去て汶水の上(ホトリ)に之(ユヒ)て北(ノカタ)齊に如(ユカマク)欲す

c: 孔安國(こうあんこく)曰(い)はく、去(さ)りて、汶水(ぶんすい)の上(ほとり)に之(ゆ)いて、北(きた)のかた、齊(せい)に如(ゆ)かまく欲(ほっ)す。

d: 孔安国が言った。去って汶水のほとりに行って、北にある斉の国に行こうと思う。

e: 공안국이 말하기를, 떠나서 문수 강가에 가서 북쪽 齊(제)나라로 가고자 한다.

0610

A: 伯[음합부]牛[인명부]、有[ㇾ]疾[ヤマヒ]

B: 伯牛、疾(ヤマヒ)有

C: 伯牛(はくぎう)、疾(やまひ)有(あ)り。

D: 伯牛が病気になった。

E: 伯牛(백우)가 병에 걸렸다.

a: 馬融曰伯[음합부]牛[33]弟子、冉[음합부]耕[カウソ]也

b: 馬融曰伯牛は弟子、冉耕(カウソ)

c: 馬融(ばいう)曰(い)はく、伯牛(はくぎう)は、弟子(ていし)冉耕(ぜむかう)ぞ。

d: 馬融が行った。伯牛は、弟子の冉耕である。

e: 마융이 말하기를, 伯牛(백우)는 제자 冉耕(염경)이다.

A: 子問[トフラフ]之。自[ㇾ]牖[マト]、[233]執[ニ,31]其[22]手[ㇸ,13]

B: 子問(トフラフ)。牖(マト)自、其の手を執て

C: 子(し)、問(と)ぶらふ。牖(まど)より其(そ)の手(て)を執(と)りて、

D: 先生が見舞いにおいでになった。窓を通して彼の手をとり、

E: 선생님께서 문병을 가셨다. 창을 통해 그의 손을 잡고,

a: 苞氏曰有[ニ,リ]惡[음합부]疾[ㇸ]不[ㇾ,32]欲[ㇾ,セ]見[ㇾ,ミマク]人[13]。

b: 苞氏曰惡疾有(リ)人を見(ミマク)欲(セ)不ず。

c: 苞氏(はうし)曰(い)はく、惡疾(あくしつ)有(あ)り。人(ひと)を見(み)まく欲(ほっ)せず。

d: 苞氏が言った。悪疾にかかった。人に会おうとしなかった。

e: 포씨가 말하기를, 몹쓸 병에 걸렸다. 사람을 만나려고 하지 않았다.

a: 故[11]孔[음합부]子從[ㇾ,リ]牖、執[ニ,ル]其[22]手[ㇸ,13]也

b: 故に孔子牖從(リ)、其の手を執(ル)

c: 故(ゆゑ)に孔子(こうし)、牖(まど)より其(そ)の手(て)を執(と)る。[234]

d: それで孔子が窓より彼の手をとった。

e: 그래서 공자께서 창을 통해 그의 손을 잡았다.

---

233) 句點의 위치에 찍혀 있으나 문맥상 讀點으로 파악하였다.

234) 古注는 義疏의 「有疾時其有惡疾也」와 같은 주석에서 보는 바와 같이 백우가 惡疾(악질)[나쁜 병]에 걸렸기 때문에 공자를 보고자 하지 않았다고 하였으나, 新注는 集注의 「有疾先儒以爲癩也, 牖南牖也, 禮病者居北牖下, 君視之, 則遷於南牖下, 使君得以南面視己, 時伯牛家以此禮尊孔子, 孔子不敢當, 故不入其室, 而自牖執其手, 蓋與之永訣也」와 같은 주석에서 보는 바와 같이 백우가 군주에 대한 예로써 공자를 맞이하였기 때문에 공자가 이것을 사양하여 방에 들어가지 않았다고 보았다.

A: 曰[22]亡[シナン][235]之

B: 曰の亡(シナン)

C: 曰(のたう)ばく、亡(し)なん。

D: 言われた。死にそうだな。

E: 말씀하시기를, 죽겠구나.

a: 孔安國曰亡[バウ,33]喪[サウ]也。疾[훈독부,ヤマイ]、甚[シ]。

b: 孔安國曰亡(バウ)は喪(サウ)。疾(ヤマイ)、甚(シ)。

c: 孔安國(こうあんこく)曰(い)はく、亡(ばう)は喪(さう)。疾(やまひ)甚(はなは)だし。

d: 孔安国が言った。亡は喪である。病気が大変重かった。

e: 공안국이 말하기를, 亡(망)은 喪(상)이다. 병이 매우 깊었다.

a: 故[11]持[ㅡ,トツ,31]其[22]手[ㅡ,13]曰[22]、喪[シナント]之也

b: 故に其の手を持(トツ)て曰の、喪(シナント)

c: 故(ゆゑ)に其(そ)の手(て)を持(と)って曰(のたう)ばく、喪(し)なんと。

d: それで手をとって、死にそうだなと言われたのである。

e: 그래서 그 손을 잡고 죽겠구나라고 말씀하신 것이다.

A: 命[ナル]矣[カナ]夫、斯[ノ]人[ニシ,31]也而有[ㅡ,13~23]斯[훈합부,22]疾[ㅡ]也。斯[훈합부]人[ニシ,31]也而有[ㅡ,13~23]斯[훈합부,22]疾[ㅡ]也

B: 命(ナル)矣(カナ)、斯(ノ)人(ニシ)て斯の疾有こと。斯人(ニシ)て斯の疾有こと

C: 命(めい)なるかな、斯(こ)の人(ひと)にして、斯(こ)の疾(やまひ)有(あ)ること。斯(こ)の人(ひと)にして、斯(こ)の疾(やまひ)有(あ)ること。

D: 天命なのか、(よりによって)この人がこの病気にかかるとは、この人がこの病気にかかるとは。

E: 천명인가, (하필이면) 이 사람이 이런 병에 걸리다니, 이 사람이 이런 병에 걸리다니.

應永本抄物「孔子、伯牛カ惡病ヲ受テ人ニアハンコトヲ可憚ト思テ、不入シテ南ノ窓ヨリ伯牛カ手ヲトリ玉フ也。近注ニハ孔子南面ノ禮ニ當ラシトテ、内ヘ不入ト云リ。(공자께서 伯牛(백우)가 몹쓸 병을 얻어 사람들을 만나는 것을 꺼릴 것이라 생각하고 (안으로) 들어가지 않고 남쪽 창문으로 백우의 손을 잡으신 것이다. 近注(근주)에는 공자께서 南面(남면)의 예를 감당하지 못하시겠다며 안에 들어가지 않았다고 하였다. 278쪽)」古注와 新注를 함께 인용하고 있다.

235) 永正本集解에는 좌훈으로 「ホロヒナン」이라고 가점되어 있다.

a: 苞氏曰再[タヒ]言[13~23,33]之者、痛[훈합부,イタミ]惜[13~23,22]之甚[ハナハタシキナリ]也

b: 苞氏曰再(タヒ)言ことは、痛(イタミ)惜ことの甚(ハナハタシキナリ)

c: 苞氏(はうし)曰(い)はく、再(ふたた)び言(い)ふことは、痛(いた)み惜(をし)むことの甚(はなは)だしきなり。

d: 苞氏が言った。二度言ったのは、痛み惜しむ気持が甚だしいのである。

e: 포씨가 말하기를, 두 번 말한 것은 마음 아파하고 안타까워함이 심한 것이다.

0611

A: 子曰賢[훈합부,ナル]哉[カナ]、回[인명부]也、一[음합부]簞[タン,22]食[シ]、一[음합부]瓢[ヘウ,22]飲[インシ,31]

B: 子曰賢(ナル)哉(カナ)、回、一簞(タン)の食(シ)、一瓢(ヘウ)の飲(インシ)て

C: 子(し)の曰(のたう)ばく、賢(けん)なるかな、回(くゎい)、一簞(いったん)の食(し)、一瓢(いっぺう)の飲(いむ)して、

D: 先生が言われた。賢だね、回は。一簞の飯を食べ、一瓢の水を飲んで、

E: 선생님께서 말씀하시기를, 어질구나, 回(회)는. 한 그릇 밥을 먹고 한 쪽박의 물을 마시며,

a: 孔安國曰簞[33]笥[シ]。瓢[33]瓠[コ]也

b: 孔安國曰簞は笥(シ)。瓢は瓠(コ)

c: 孔安國(こうあんこく)曰(い)はく、簞(たん)は笥(し)。瓢(へう)は瓠(こ)。

d: 孔安国が言った。簞は笥である。瓢は瓠である。

e: 공안국이 말하기를, 簞(단)은 笥(사)[대그릇]이다. 瓢(표)는 瓠(호)[쪽박]이다.

A: 在[ニ,リ]陋[음합부]巷[一,11]。

B: 陋巷に在(リ)。

C: 陋巷(ろうかう)に在(あ)り。

D: むさ苦しい路地に住んでいる。

E: 가난한 동네에 살고 있다.

A: 人[33]不[ㇾ,32]堪[ニ,タヘ]其[22]憂[一,ウレヘ,11]。

B: 人は其の憂(ウレヘ)に堪(タヘ)不ず。

C: 人(ひと)は、其(そ)の憂(うれ)へに堪(た)へず。

D: 人はその苦しさに耐えることができない。

E: (그러면) 사람들은 그 괴로움을 견디지 못한다.

A: 囬[인명부,33]也不[ㇾ,32]改[ニ,メ]其[훈합부,22]樂[一,タノシミ,13]。賢[ナル]哉[カナ]囬[인명부]也

B: 囬は其の樂(タノシミ)を改(メ)不ず。賢(ナル)哉(カナ)囬

C: 回(くゎい)は、其(そ)の樂(たの)しみを改(あらた)めず。賢(けん)なるかな回(くゎい)。

D: 回はその楽しさを改めない。賢だね、回は。

E: 회는 그 즐거움을 고치지 않는다. 어질구나, 회는.

a: 孔安國曰顔[음합부]淵[인명부,33]樂[ㇾ]道[13]、雖[ミ,ヘトモ]簞[음합부]食[シ]在[ニ,23~33]陋[음합부,ロウ]巷[一,カウ,11]、不[ㇾ,32]改[ニ]其[22]所[一,ㇾ,13]樂[タノシフ]也

b: 孔安國曰顔淵は道を樂、簞食(シ)陋(ロウ)巷(カウ)に在と雖(ヘトモ)、其の樂(タノシフ)所を改不ず

c: 孔安國(こうあんこく)曰(い)はく、顔淵(がんゑん)は、道(だう)を樂(たの)しみ、簞食(たんし)し、陋巷(ろうかう)に在(あ)りといへども、其(そ)の樂(たの)しぶ所(ところ)を改(あらた)めず。

d: 孔安国が言った。顔淵は道を楽しみ、一簞の飯を食べて、むさ苦しい路地に住んでいても、その楽しさを改めない。

e: 공안국이 말하기를, 안연은 도를 즐기고, 한 그릇 밥을 먹고 가난한 동네에 살아도 그 즐거움을 고치지 않는다.

0612

A: 冉[음합부]有[인명부,21]曰、非[ㇾ,アラ,32]不[ㇾ,サル,11,33]説[ニ,ヨロコヒ]子[22]之道[一,ミチ,13]也。力[チカラ,22]不[ㇾ,サル]足也。

B: 冉有が曰、子の道(ミチ)を説(ヨロコヒ)不(サル)には非(アラ)ず。力(チカラ)の足不(サル)也。

C: 冉有(ぜむいう)が曰(い)はく、子(し)の道(みち)を説(よろこ)びざるにはあらず。力(ちから)の足(た)らざるなり。

D: 冉有が言った。先生の道を喜ばないわけではありません。力が足りないのです。

E: 冉有(염유)가 말하기를, 선생님의 도를 좋아하지 않는 것은 아닙니다. 힘이 부족한 것입니다.

A: 子曰[22]力[チカラ]不[ㇾ,サル]足者[モノ,33]、中[음합부]道[ニシ,31]而廢[スタレナン]。今[33]女[ナンチ]畫[ヤム]

B: 子曰の力(チカラ)足不(サル)者(モノ)は、中道(ニシ)て廢(スタレナン)。今は女(ナンチ)畫(ヤム)

C: 子(し)の曰(のたう)ばく、力(ちから)足(た)らざるものは、中道(ちうだう)にして、廢(すた)れなん。今(いま)は、女(なんぢ)畫(や)む。

D: 先生が言われた。力の足りない者は、途中で力が尽きる。今君は(最初から)するつもりがないのだ。

E: 선생님이 말씀하시기를, 힘이 부족한 자는 도중에 힘이 다한다. 지금 너는 (처음부터) 할 생각이 없는 것이다.

a: 孔安國曰畫[クワク,33]止[シ]也。

b: 孔安國曰畫(クワク)は止(シ)。

c: 孔安國(こうあんこく)曰(い)はく、畫(くゎく)は止(し)。

d: 孔安国が言った。画は止である。

e: 공안국이 말하기를, 畫(획)은 止(지)[그만두다]이다.

a: 力不[ㆁ,23~33,33]足者、當[〻,シ,11]中[음합부]道[ニシ,31]而廢[ㆍ,ヌ]。

b: 力足不とは、當に中道(ニシ)て廢(ヌ)當(し)。

c: 力(ちから)足(た)らざるとは、當(まさ)に中道(ちうだう)にして、廢(すた)れぬべし。

d: 力が足りないというのは、途中で力尽きてしまうであろう。

e: 힘이 부족하는 것은, 도중에 힘이 다할 것이다.

a: 今女、自[ミ]止[ヤムラク]耳[ノミ]、非[〻,32]力[22]極[ㆍ,음독부,11]之也

b: 今女、自(ミ)止(ヤムラク)耳(ノミ)、力の極に非ず

c: 今(いま)女(なんぢ)自(みづか)ら止(や)むらくのみ。力(ちから)の極(きょく)にあらず。[236]

d: 今君は自分で止めようとしているのである。力が尽きたわけではない。

e: 지금 너는 스스로 그만두고자 할 뿐이다. 힘이 다한 것이 아니다.

0613

A: 子謂[〻,31]子[음합부]夏[ㆍ,11]曰[22,삽입부[女[ナンチ]]]爲[〻,セヨ]君[음합부]子[22]儒[ㆍ,13]。

B: 子子夏に謂て曰の女(ナンチ)君子の儒を爲(セヨ)。

C: 子(し)、子夏(しか)に謂(い)ひて曰(のたう)ばく、女(なんぢ)君子(くんし)の儒(じゅ)をせよ。

D: 先生が子夏に語って言われた。君は君子の学問をしなさい。

E: 선생님께서 子夏(자하)에게 일러 말씀하시기를, 너는 군자의 학문을 하여라.

236) 古注는 '그만두다'와 같은 의미로 해석하였고, 新注, 즉 集注에서는 「謂之畫者, 如畫地以自限也」라고 하여 '스스로 한계짓는 것'이라고 파악하였다.
應永本抄物 「畫トハ、力[チカラ]ハ叶ヘトモ、心ノウケコハヌ方也。畫ノ字ハ地ニ一文字ヲ引テ限リヲシテ、是ヨリコチヘハナキソ、其ヨリソチヘハ行マシキ、ト云心也。人ハ止メサルニ我レトスヽマヌ心也。(畫(획)이란, 힘은 충분하지만 마음이 바라지 않는 것이다. 畫(획)이라는 글자는 땅에 一(일)자를 그어서 경계로 삼고서 여기서부터 이쪽으로는 오지 말라, 거기서부터 그쪽으로는 가지 않으리라는 뜻이다. 남들은 말리지 않았는데 스스로 나아가지 않는다는 뜻이다. 281쪽)」

A: 母[㆑,ナカレ]爲[㆓,スル,13~23]小[음합부]人[22]儒[㆒,13]

B: 小人の儒を爲(スル)こと母(ナカレ)

C: 小人(せうじん)の儒(じゅ)をすること毋(な)かれ。

D: 小人の学問をしてはいけない。

E: 소인의 학문을 하지 말아라.

a: 君子爲[㆑,スルトキ,33]儒[13]將[㆓,11]以[31]明[㆒,㆑,アキラカニセン,23~33]道[13]。

b: 君子儒を爲(スルトキ)は將に以て道を明(アキラカニセン)とす。

c: 君子(くんし)、儒(じゅ)をするときは、將(まさ)に以(も)ちて、道(だう)を明(あき)らかにせんとす。

d: 君子が学問をする時は、道を明らかにしようとする。

e: 군자가 학문을 할 때는 도를 밝히고자 한다.

a: 小[음합부]人爲[㆑,スルトキ,33]儒[13]、則矜[㆓,ホコル]其名[㆒]也

b: 小人儒を爲(スルトキ)は、則其名矜(ホコル)

c: 小人(せうじん)、儒(じゅ)をするときは、則(すなは)ち其(そ)の名(な)を矜(ほこ)る。

d: 小人が学問をする時は、その名を揚げようとする。

e: 소인이 학문을 할 때는 그 이름을 떨치고자 한다.

0614

A: 子[음합부]游、爲[㆓,タリ]武[음합부]城[22]宰[㆒]

B: 子游、武城の宰爲(タリ)

C: 子游(しいう)、武城(ぶせい)の宰(さい)たり。

D: 子游が武城の邑宰となった。

E: 子游(자유)가 武城(무성)의 읍재가 되었다.

a: 苞氏曰武[음합부]城[33]鲁[22]下[음합부]邑也

b: 苞氏曰武城は鲁の下邑

c: 苞氏(はうし)曰(い)はく、武城(ぶせい)は、魯(ろ)の下邑(かいふ)。

d: 苞氏が言った。武城は魯国の下邑である。

e: 포씨가 말하기를, 무성은 노나라의 읍이다.

A: 子曰女[ナンチ]、得[ㇾ,タリ]人[13]焉耳乎哉[237][ヤ]

B: 子曰女(ナンチ)、人を得(タリ)哉(ヤ)

C: 子(し)の曰(のたう)ばく、女(なんぢ)、人(ひと)を得(え)たりや。

D: 先生が言われた。君は人物を得たか。

E: 선생님께서 말씀하시기를, 너는 사람을 얻었느냐?

a: 孔安國曰焉[음합부,エム]耳[ジ]乎[음합부,コ]哉[サヒ,33]皆辞[コトハ]也

b: 孔安國曰焉(エム)耳(ジ)乎(コ)哉(サヒ)は皆辞(コトハ)

c: 孔安國(こうあんこく)曰(い)はく、焉耳乎哉(ゑんじこさい)は皆(みな)辭(ことば)。

d: 孔安国が言った。焉耳乎哉はみな助辞である。

e: 공안국이 말하기를, 焉耳乎哉(언이호재)는 모두 허사이다.

A: 曰有[ニ,リ]澹[음합부,タン]臺[タイ]滅[음합부,ヘツ]明[인명부,メイト云]者[一,22]。

B: 曰澹(タン)臺(タイ)滅(ヘツ)明(メイトイフ)者の有(リ)。

C: 曰(い)はく、澹臺滅明(たむたいべつめい)といふ者(もの)有(あ)り。

D: 言った。澹台滅明という者があります。

E: 말하기를, 澹臺滅明(담대멸명)이라는 자가 있습니다.

A: 行[ユクトキ,11]不[ㇾ,32]由[ㇾ,ヨラ]徑[ミチ,11]

B: 行(ユクトキ)に徑(ミチ)に由(ヨラ)不ず

C: 行(ゆ)くときに、徑(みち)に由(よ)らず。

D: 歩く時は、近道をとおりません。

E: 다닐 때는 지름길로 다니지 않습니다.

---

237) 「哉」가 없는 원문도 있고, 「耳」가 「爾」로 되어 있는 것도 있다.

A: 非[ᅳ,アラサレ,33]公[음합부]事[ㅡ,11]未[ᆖ,タ]{ス}嘗[ムカシヨリ]至[ᅳ,ラ]於偃[인명부,エン,21]之室[ㅡ,シツ,11]也

B: 公事に非(アラサレ)ば未(タ)嘗(ムカシヨリ)偃(エン)が室(シツ)に至(ラ)未(ス)

C: 公事(こうし)にあらざれば、未(いま)だ嘗(むかし)より、偃(えん)が室(しつ)に至(いた)らず。[238)]

D: 公務でなければ、私の家に来たことがありません。

E: 공무가 아니면 제 집에 온 적이 없습니다.

a: 苞氏曰澹[음합부]臺[33]姓、滅[음합부]明[33]名也。字[33]子[음합부]羽、

b: 苞氏曰澹臺は姓、滅明は名。字は子羽、

c: 苞氏(はうし)曰(い)はく、澹臺(たむたい)は姓(せい)、滅明(べつめい)は名(な)。字(あざな)は子羽(しう)、

d: 苞氏が言った。澹台は姓で、滅明は名で、字は子羽である。

e: 포씨가 말하기를, 澹臺(담대)는 성이고, 滅明(멸명)은 이름이며, 字(자)는 子羽(자우)이다.

a: 言[33]其[レ]公[ニシ,31]且[マタ]方[음독부ナリ]也

b: 言は其(レ)公(ニシ)て且(マタ)方(ナリ)

c: 言(いふこころ)は、其(それ)公(こう)にして、且(また)方(はう)なり。[239)]

d: 意味はこうである。彼は公私の分別があって、方正である。

e: 그 뜻은 이러하다. 그는 공사가 분명하고 (품행이) 바르다.

238) 應永本抄物「公叓トハ、公方事ニハ不限公界叓ト云心也。公税ノ事ナトヲ云。不時ニハ、我處ヘモ不來、或ハ年貢、課役、或ハ普請ナトノ時ハカリ來ト云。(公事(공사)란, 관아의 일에 한정되지 않는 공적인 일이라는 뜻이다. 조세에 관한 일 등을 말한다. 때가 아니면 나의 거처로도 오지 않으며, 조세나 課役(과역) 혹은 토목공사 등의 때에만 온다는 것이다. 283쪽)」義疏의 내용을 인용하여 기술하고 있다.

239) 應永本抄物「私ヲヲホフテ、公義ヲ專ニスルヲ云。方ハケタ也。正直ナルヲ云。不[ᅳ]至偃室[ㅡ,ニ]公也。不[ㇾ,ハ]由[ㇾ]徑方也。(사사로움을 제쳐두고 公事(공사)를 완수하는 것을 말한다. 方(방)은 품행이 방정한 것이다. 정직함을 말한다. 偃(언)[자유]의 집에 오지 않는 것은 公(공)한 것이며, 지름길로 다니지 않는 것은 올곧은 것이다. 283쪽)」

0615

A: 子曰孟[음합부]之[음합부]反[인명부,ハン]不[ㇾ,32]伐[ホコラ]

B: 子曰孟之反(ハン)伐(ホコラ)不ず

C: 子(し)の曰(のたう)ばく、孟之反(まうしはん)伐(ほこ)らず。

D: 先生が言われた。孟之反は誇らない。

E: 선생님께서 말씀하시기를, 孟之反(맹지반)은 과시하지 않는다.

a: 孔安國曰鲁[22]大[음합부]夫、孟[음합부]之[음합부]側[인명부,ソク[240]ソ]也。

b: 孔安國曰鲁の大夫、孟之側(ソクソ)。

c: 孔安國(こうあんこく)曰(い)はく、魯(ろ)の大夫(たいふ)、孟之側(まうしそく)ぞ。

d: 孔安国が言った。魯の大夫の孟之側である。

e: 공안국이 말하기를, 노나라 대부인 孟之側(맹지측)이다.

a: 與[ㇾ,23~33]齊、戰[フトキ,11]軍[イクサ]大[11]敗[ヤフル]。[241]

b: 齊與と、戰(フトキ)に軍(イクサ)大に敗(ヤフル)。

c: 齊(せい)と戰(たたか)ふときに、軍(いくさ)大(おほ)いに敗(やぶ)る。

d: 斉の国と戦う時に、軍が大いに敗れた。

e: 제나라와 싸울 때, 군이 크게 패했다.

a: 不[ㇾ,23~33,33]伐者、不[三,サルソ]自[ミ[242]ラ]伐[二,ラ]其[훈합부,22]功[一,11]也

b: 伐不とは、自(ミラ)其の功に伐(ラ)不(サルソ)

c: 伐(ほこ)らずとは、自(みづか)ら其(そ)の功(こう)に伐(ほこ)らざるぞ。

d: 誇らないとは、自らその功を誇らないことである。

e: 과시하지 않는다는 것은, 스스로 그 공을 자랑하지 않는 것이다.

---

240) 「側」의 漢音은 「ショク」이고 呉音은 「シキ」이며 관용음 「ソク」이다.

241) 讀點의 위치에 찍혀 있으나 문맥상 句點으로 파악하였다.

242) 「ミ」를 지우려고 한 흔적이 있다.

A: 奔[ハシルトキニシ,31]而殿[テンタリ]。
B: 奔(ハシルトキニシ)て殿(テンタリ)。
C: 奔(はし)るときにして殿(てん)たり。
D: 後退する時、殿軍(しんがり)の役を務めた。
E: 후퇴할 때 殿軍(전군)[243]의 역할을 하였다.

A: 將[ㇾ,11]{スルトキニ}入[ㇾ,イラント]門[13]、策[二,ムチウ,31]其[22]馬[一,11]曰[イ]非[二,32]敢[アヘ,31]後[一,ヲクレタル,11]也。馬不[ㇾ,サルナリ]進[スヽマ]也
B: 將に門を入(イラント)將(スルトキニ)、其の馬に策(ムチウ)て曰(イ)敢(アヘ)て後(ヲクレタル)に非ず。馬進(ススマ)不(サルナリ)
C: 將(まさ)に門(もん)を入(い)らんとするときに、其(そ)の馬(うま)に策(むちう)ちて曰(い)はく、敢(あ)へて後(おく)れたるにあらず。馬(うま)進(すす)まざるなり。
D: 城門に入ろうとした時に、自分の馬に鞭打ちしながら言った。あえて遅れたわけではない。馬が前に進まなかったのだ。
E: 성문으로 들어올 때 자신의 말에 채찍질하면서 말하기를, 일부러 뒤처진 것이 아니다. 말이 나아가지 않았던 것이다.

a: 馬融曰殿[23~33,33]在[二,ル]軍[22]後[一,シリヘ,11]者[ソ]也。
b: 馬融曰殿とは軍の後(シリヘ)に在(ル)者(ソ)。
c: 馬融(ばいう)曰(い)はく、殿(てん)とは、軍(いくさ)の後(しりへ)に在(あ)る者(もの)ぞ。
d: 馬融が言った。殿(しんがり)は、軍の後尾にいるものである。
e: 마융이 말하기를, 殿(전)이란 군의 후미에 있는 자이다.

a: 前[マヘナル,13]曰[ㇾ,イ]啓[ケヒ,23~33]、後[シリヘナル,13]曰[ㇾ]殿[23~33]。
b: 前(マヘナル)を啓(ケヒ)と曰(イ)、後(シリヘナル)を殿と曰。
c: 前(まへ)なるを啓(けい)と曰(い)ひ、後(しりへ)なるを殿(てん)と曰(い)ふ。
d: 前の方にいるものを啓といい、後尾にいるものを殿という。
e: 선두에 있는 것을 啓(계)라고 하고, 후미에 있는 것을 殿(전)이라고 한다.

243) 후미에서 적을 막는 역할을 하는 군대.

a: 孟[음합부]之[음합부]反、賢[ニシ,31]而有[㆑]勇。

b: 孟之反、賢(ニシ)て而勇有。

c: 孟之反(まうしはん)、賢(けん)にして勇(よう)有(あ)り。

d: 孟之反は賢であって勇気があった。

e: 맹지반은 현명하고 용기가 있었다.

a: 軍大[ヲヽヒ,11]奔[トキ,11]、猶[삽입부[在[㆑]後[ニ]]]爲[㆑,タリ]殿[23~33]。

b: 軍大(ヲヲヒ)に奔(トキ)に、猶後(ニ)在殿と爲(タリ)。

c: 軍(いくさ)大(おほ)いに奔(はし)るときに、猶(なほ)後(しりへ)に在(あ)りて殿(てん)たり。

d: 軍が大いに走って退却する時に、そのまま後尾にいて殿軍の役を務めた。

e: 군대가 크게 후퇴할 때에 그대로 후미에서 전군의 역할을 하였다.

a: 人迎[ムカヘ,31]功[32]之。

b: 人迎(ムカヘ)て功ず。

c: 人(ひと)迎(むか)へて功(こう)ず。

d: 人々が迎えて功を誉めた。

e: 사람들이 맞아들여 공을 치하하였다.

a: 不[㆑,32]欲[㆔]獨[リ]有[㆓,ラン,13~23,13]其[22]名[㆒]。

b: 獨(リ)其の名有(ラン)ことを欲不ず。

c: 獨(ひと)り其(そ)の名(な)有(あ)らんことを欲(ほっ)せず。

d: 自分の名だけが揚げられることを望まなかった。

e: 홀로 자신의 이름만이 알려지는 것을 원치 않았다.

a: 故[11]曰我[21]非[㆓]敢[31]在[㆑,31]後[シリヘ,11]距[㆑,フセ[244)]]敵[㆒,アタ,13]也。馬[22]不[㆑,ナリ]能[㆑]進[13~23]也

b: 故に曰我が敢て後(シリヘ)に在て敵(アタ)を距(フセ)非。馬の進こと能不(ナリ)

c: 故(ゆゑ)に曰(い)ふ。我(わ)が敢(あ)へて後(しりへ)に在(あ)りて、敵(あた)を距(ふせ)ぐにあらず。馬(うま)の進(すす)むこと能(あた)はざるなり。

---

244) 永正本集解에는 「フセケン」이라고 가점되어 있다. 無跋本集解에도 「フセ」아래에 가는 글씨로 「ケン」 혹은 「カン」으로 보이는 글자가 적혀 있으나 반영하지 않았다.

d: それで言った。私はあえて後尾にいて、敵を防いだわけではない。馬が(思うように)進まなかったのである。

e: 그래서 말하였다. 내가 일부러 후미에 남아서 적을 막은 것이 아니다. 말이 (생각처럼) 나아가지 못했던 것이다.

0616

A: 子曰不[ㆾ,ス,33]有[ㆁ,ラ]祝[음합부]鮀[인명부,21]之佞[㆒,음독부]、而[シカモ]有[ㆁ,レ]宋[음합부]朝[인명부,21]之美[㆒]。

B: 子曰祝鮀が佞有(ラ)不(ス)ば、而(シカモ)宋朝が美有(レ)。

C: 子(し)の曰(のたう)ばく、祝鮀(しゅくた)が佞(ねい)有(あ)らずんば、而(しか)も宋朝(そうてう)が美(び)有(あ)れ。

D: 先生が言われた。祝鮀の弁才がなければ、いっそ宋朝の美でもあったほうがよい。[245)]

E: 선생님께서 말씀하시기를, 祝鮀(축타)의 말솜씨가 없다면, 차라리 宋朝(송조)의 아름다움이라도 있어야지.

A: 難[훈합부,カタイ]乎[カナ]。免[ㆁ,マヌカレン,13~23]於今[22]之世[㆒,ヨ,11]矣

B: 難(カタイ)乎(カナ)。今の世(ヨ)に免(マヌカレン)こと

C: 難(かた)いかな。今(いま)の世(よ)に免(まぬか)れんこと。

D: 難しいものだな、今の世で禍を免れることは。

E: 어렵구나, 지금 세상에서 화를 면하는 것은.

a: 孔安國曰佞[33]口[음합부]才也。

b: 孔安國曰佞は口才。

c: 孔安國(こうあんこく)曰(い)はく、佞(ねい)は口才(こうさい)。

245) 古注는 '祝鮀와 같은 말솜씨가 없이 宋朝와 같은 미모가 있다 해도 이 세상을 헤쳐 나가기 어렵다'고 해석하였다. 義疏 「故孔子曰, 言人若不有祝鮀佞, 反宜有宋朝美, 若二者並無, 則難免今世之患難也, 故范寧曰, 祝鮀以佞諂被寵於靈公, 宋朝以美色見愛於南子, 無道之世, 並以取容, 孔子惡時民濁亂唯佞色是尙, 忠正之人不容

d: 孔安国が言った。佞は弁才である。

e: 공안국이 말하기를, 佞(녕)은 말재주이다.

a: 祝[음합부]鮀[인명부,ハ]衛[22]大[음합부]夫。名[33]子[음합부]魚也。

b: 祝鮀(ハ)衛の大夫。名は子魚。

c: 祝鮀(しゅくた)は、衛(ゑい)の大夫(たいふ)。名(な)は子魚(しぎょ)。

d: 祝鮀は衛の大夫である。名は子魚である。

e: 축타는 위나라 대부이다. 이름은 子魚(자어)이다.

a: 時[훈합부,22]世、貴[ㇾ,フ]之[ヲ]。

b: 時の世、之(ヲ)貴(フ)。

c: 時(とき)の世(よ)、之(これ)を貴(たふと)ぶ。

d: 当時、世間ではこれが貴ばれた。

e: 당시 세상에서 그(의 말재주)를 귀하게 여겼다.

a: 宋[음합부]朝[인명부,33]宋[음합부]國[22]之美[음합부]人也。而[31]善[음합부[246],ク]淫[ナリ]。

b: 宋朝は宋國の美人。而て善(ク)淫(ナリ)。

c: 宋朝(そうてう)は、宋國(そうこく)の美人(びじん)。而(しかう)して善(よ)く淫(いむ)なり。

其身, 故發難乎之談, 將以激亂俗, 亦欲發明君子全身遠害也」 新注는 '祝鮀와 같은 말솜씨가 있고 그 위에 宋朝와 같은 미모가 있는 것이 아니라면 이 세상을 헤쳐 나가기 어렵다'고 해석한다. 集注「言衰世好諛悅色, 非此難免」
應永本抄物 「二說アリ。一[ニハ]不[ㇾ,スハ]有[ニ]祝鮀佞[一]、而モ有[ニ,ラン]宋朝之美[一]トヨム也。祝鮀ハシヲラシキ者ニテ、辯舌アリ。故ニ灵公ノ気ニアヘリ。宋朝ハ美男ニテ、淫亂也。故ニ灵公カ夫人ノ南子ニ愛セラル。當時、佞人歟、又美男歟ナラテハ、身ヲモタス。是ヲ孔子ノハヒ叓也。佞淫ヲ二ニ一ツモタスハ、今ノ世ノ患難ニハ免レカタシ、ト云。當時ヲ激シテ云ル也。佞淫ヲヨシト云ニハ非ス。一ニハ不[ㇾ,シテ]有祝鮀佞而有[ンヤ]。宋朝之美トヨム也。祝カ佞ハ、善佞也。孔子是ヲ刺ニ非ス。祝鮀カ佞アラハ、宋朝カ美アリテモ不苦。祝鮀カ佞ナクシテ宋朝カ美アラハ、サテ也。祝鮀カ佞ハヨシ。宋朝カ美ハ惡シ。タトイ美ヲ持ツトモ、善佞アラハヨキ方ニヲホハレテ、惡キ方ハカクヘシ。(두 가지 설이 있다. 하나는 '祝鮀(축타)의 말솜씨가 없다면 宋朝(송조)의 아름다움은 있어야지'라고 읽는 것이다. 축타는 기품이 있으면서 말을 잘 하였다. 그러므로 靈公(영공)의 마음에 들었다. 송조는 미남이면서 음란하였다. 그러므로 영공의 부인인 南子(남자)의 사랑을 받았다. 당시에는 말솜씨가 좋거나 또는 미남이거나 하지 않으면 몸을 보전할 수 없었다. 이것을 공자께서 염두에 두고 말씀하신 것이다. 말솜씨나 음란함 둘 가운데 하나도 갖고 있지 못하면 지금 세상의 환난을 면하기 어렵다고 하였다. 당시를 성토하여 말한 것이다. 말솜씨 좋은 것과 음란함을 좋다고 하는 것은 아니다. 다른 하나는 '축타의 말솜씨가 없는데 송조의 아름다움이 있겠는가'라고 읽는 것이다. 축타의 말솜씨는 선한 말솜씨이다. 공자는 이것을 비판한 것이 아니다. 축타의 말솜씨가 있다면 송조의 아름다움이 있더라도 괴롭지 않다. 축타의 말솜씨가 없이 송조의 아름다움이 있다면 장담할 수 없다. 축타의 말솜씨는 좋다. 송조의 아름다움은 나쁘다. 설령 아름다움을 지녔을지라도 선한 말솜씨가 있다면 좋은 면에 가려서 나쁜 면은 덮어질 것이다. 285-286쪽)」

246) 훈합부의 잘못이다.

d: 宋朝は宋の国の美男子である。そして淫らなことに達者であった。

e: 송조는 송나라의 미남이다. 그리고 음란한 일에 능하였다.

a: 言[33]當[下,11]{ヘシ}如[ニ,シ,31]祝[음합부]鮀[인명부,21]佞[一,22]而反[カヘツ,31]如[中,クナル]宋[음합부]朝[인명부,21]之美[上,22]

b: 言は當に祝鮀が佞の如(シ)て反(カヘツ)て宋朝が美の如(クナル)當(ヘシ)

c: 言(いふこころ)は、當(まさ)に祝鮀(しゅくた)が佞(ねい)の如(ごと)くして、反(かへ)って宋朝(そうてう)が美(び)の如(ごと)くなるべし。

d: 意味はこうである。祝鮀の弁才のようであるか、(そうでなければ)いっそ宋朝の美のようでなければならない。

e: 그 뜻은 이러하다. 축타의 말재주와 같거나 (그게 아니라면) 차라리 송조의 아름다움과 같기라도 해야 할 것이다.

a: 難[훈합부]矣[カナ]免[ニ,レン,13~23]於今[22]世[22]之害[一,11]也

b: 難矣(カナ)今の世の害に免(レン)こと

c: 難(かた)いかな、今(いま)の世(よ)の害(かい)に免(まぬか)れんこと。

d: 難しいものだな、今の世の禍を免れることは。

e: (그렇지 않다면) 어렵구나, 지금 세상의 해를 면하는 것은.

0617

A: 子曰誰[タレ,21]能出[ルトキ,11]、不[レ,サラン]由[レ,ヨラ]戸[ト,11]者。何[ソ]莫[レ,ナカラン]由[ニ,ル,13~23]斯[22]道[一,11]也

B: 子曰誰(タレ)か能出(ルトキ)に、戸(ト)に由(ヨラ)不(サラン)。何(ソ)斯の道に由(ル)こと莫(ナカラン)

C: 子(し)の曰(のたう)ばく、誰(たれ)か能(よ)く出(い)づるときに、戸(と)に由(よ)らざらん。何(なん)ぞ、斯(こ)の道(だう)に由(よ)ること莫(な)からん。

D: 先生が言われた。だれが外出する時、戸口を通らないことができるだろうか。どうしてこの道によることがないだろうか。

E: 선생님께서 말씀하시기를, 누가 나갈 때 문을 통하지 않을 수 있겠는가? 어찌하여 이 도에 의하지 않겠는가?

a: 言[33]人立[ㇾ,31]身[13]成[ㇾ,ㄱ]功[13]、當[ㇾ,11]由[ㇾ,ヨル]道[11]。

b: 言は人身を立て功を成(コト)、當に道に由(ヨル)當。

c: 言(いふこころ)は、人(ひと)身(み)を立(た)てて、功(こう)を成(な)すこと當(まさ)に道(だう)に由(よ)るべし。

d: 意味はこうである。人が身を立てて功を成すには、まさに道によるべきである。

e: 그 뜻은 이러하다. 사람이 몸을 세워서 공을 이루는 것은 마땅히 도에 의해야 할 것이다.

a: 譬[33]猶[ニ]{シ}人[22]出[음합부]入[スル,13~23]要[カナラス]、當[一,ㇾ,11]{ヘキカ}從[ㇾ,ヨリ,32]户也

b: 譬ば猶人の出入(スル)こと要(カナラス)、當に户從(ヨリ)す當(ヘキカ)猶(シ)

c: 譬(たと)へば、猶(なほ)人(ひと)の出入(しゅつにふ)すること、要(かなら)ず當(まさ)に戶(と)よりすべきがごとし。

d: 例えば、出入りするときは、かならず戸口を通らなければならないことと同じである。

e: 비유하자면 출입할 때는 반드시 문을 통해야 하는 것과 같다.

0618

A: 子曰質、勝[ㇾ,カツトキ,33]文[11]、則野[ヤナリ]

B: 子曰質、文に勝(カツトキ)は、則野(ヤナリ)

C: 子(し)の曰(のたう)ばく、質(しつ)、文(ぶん)に勝(か)つときは、則(すなは)ち野(や)なり。

D: 先生が言われた。質が文より勝れば粗野である。

E: 선생님께서 말씀하시기를, 質(질)이 文(문)을 이길 때는 조야하다.

a: 苞氏曰野[33]如[ニ]野[음합부]人[一,22]。

b: 苞氏曰野は野人の如。

c: 苞氏(はうし)曰(い)はく、野(や)は、野人(やじん)の如(ごと)し。

d: 苞氏が言った。野は、野人という時の野と同じである。

e: 포씨가 말하기를, 野(야)는 野人(야인)[247]의 野와 같다.

a: 言[33]鄙[음합부,ヒ]略[ナリ]也

b: 言は鄙(ヒ)略(ナリ)

c: 言(いふこころ)は、鄙略(ひりゃく)なり。

d: 意味はこうである。鄙しくて粗略である。

e: 그 뜻은 이러하다. 촌스럽고 조략하다.

A: 文、勝[レ,トキ,33]質[11]、則史[ナリ]

B: 文、質に勝(トキ)は、則史(ナリ)

C: 文(ぶん)、質(しつ)に勝(か)つときは、則(すなは)ち史(し)なり。

D: 文が質より勝れば、見掛け倒しである。

E: 文(문)이 質(질)을 이길 때는 겉만 번드르르하다.

a: 苞氏曰史[33]者文多[シ,31]而質少[スクナシ]也

b: 苞氏曰史は文多(シ)て質少(スクナシ)

c: 苞氏(はうし)曰(い)はく、史(し)は、文(ぶん)多(おほ)くして、質(しつ)少(すく)なし。[248]

d: 苞氏が言った。史は文が多く、質が少ない。

e: 포씨가 말하기를, 史(사)는 文(문)이 많고 質(질)이 적다.

---

247) 교양이 없고 예절을 모르는 사람.

248) 應永本抄物「文花スギテ、質朴スクナキハ、史官ニ似リ。史官ノ物ヲ注[シルスハ]、千騎ヲ二千騎トシルシ、五千騎ヲ一萬騎ト書テ、藍出テ藍[ヨリモ]青云ナス。武王ノ紂ヲ討テル時、血溺[レ,ス]杵ト注スハ、史官ノ云イスコシタル處也。人ノケラザイニシテ實ミテニナキハ、史官ノ如ト云心也。(화려함이 과하고 질박함이 적은 것은, 史官(사관)과 비슷하다. 사관이 사물에 대해 기술할 때, 千騎(천기)를 이천 기라고 나타내고 오천 기를 일만 기라고 적고서 쪽빛에서 나온 것이 쪽빛보다 푸르다고 둘러댄다. 武王(무왕)이 紂(주)를 토벌할 때에 피가 몽둥이에 흘렀다고 적은 것은 사관이 지나치게 말한 바이다. 사람이 어중간한 재주만 있고 제대로 된 게 없음은 사관과 같다는 의미이다. 287쪽)」

A: 文[음합부]質彬[음합부,ヒム]彬[トシ,31]然[음합부[249],31]後[11]君[음합부]子[ナリ]

B: 文質彬(ヒム)彬(トシ)て然て後に君子(ナリ)

C: 文質(ぶんしつ)彬彬(ひんぴん)として、然(しかう)して後(のち)に君子(くんし)なり。

D: 文と質が調和をなしてこそ、君子である。

E: 文(문)과 質(질)이 彬彬(빈빈)[조화로운 모양]한 연후에야 비로소 군자이다.

a: 苞氏曰彬[음합부]彬[33]文[음합부]質、相[훈합부]半[ナカハナル]之貌[カタチ]也

b: 苞氏曰彬彬は文質、相半(ナカハナル)貌(カタチ)

c: 苞氏(はうし)曰(い)はく、彬彬(ひんぴん)は、文質(ぶんしつ)相(あ)ひ半(なか)ばなる貌(かたち)。

d: 苞氏が言った。彬彬は文と質とが半々となるさまである。

e: 포씨가 말하기를, 彬彬(빈빈)은 文(문)과 質(질)이 어우러진 모양이다.

0619

A: 子曰人[22]之生[イケル,13~23,33]也直[음독부ナレハナリ]

B: 子曰人の生(イケル)ことは直(ナレハナリ)

C: 子(し)の曰(のたう)ばく、人(ひと)の生(い)けることは、直(ちょく)なればなり。

D: 先生が言われた。人が生きるというものは、真っ直ぐであればこそである。

E: 선생님께서 말씀하시기를, 사람이 (제 명대로) 산 것은 정직했기 때문이다.

a: 馬融曰言[33]人[22]之所[下,훈합부]以[ハ]生[ニ,イキ,31]於世[一,11]而自[ミ]終[上,ヲフル]者、以[ニ,ナリ]其正[음합부]直[22]之道[一,13]也

b: 馬融曰言は人の世に生(イキ)て自(ミ)終(ヲフル)所以(ハ)、其正直の道を以(ナリ)

249) 훈합부의 잘못이다.

c: 馬融(ばいう)曰(い)はく、言(いふこころ)は、人(ひと)の世(よ)に生(い)きて、自(みづか)ら終(を)ふる所以(ゆゑん)は、其(そ)の正直(せいちょく)の道(だう)を以(も)ちてなり。

d: 馬融が言った。意味はこうである。人が一生を全うするよりどころは、正直の道をもってする。

e: 마융이 말하기를, 그 뜻은 이러하다. 사람이 세상에서 살다가 스스로 (제 명대로) 마치는 것은 정직함의 도에 의한 것이다.

A: 罔[シヒ,31]之生[イケル,33]也幸[サイハイニシ,31]而免[マヌカレタルナリ]

B: 罔(シヒ)て生(イケル)は幸(サイハイニシ)て免(マヌカレタルナリ)

C: 罔(し)ひて生(い)けるは、幸(さいは)ひにして免(まぬか)れたるなり。

D: 正直ではないのに生きているのは、運良く(禍を)免れたのである。

E: 정직하지 않으면서도 (제 명대로) 산 것은 요행히 (화를) 면한 것이다.

a: 苞氏曰、誣[ㆁ,훈합부,シヒ]罔[31]正[음합부]直[22]之道[ㆀ,13]而亦生[イケル,33]是幸[ニシ,31]而免[マヌカレタルナリ]也

b: 苞氏曰、正直の道を誣(シヒ)罔て亦生(イケル)は是幸(ニシ)て免(マヌカレタルナリ)

c: 苞氏(はうし)曰(い)はく、正直(せいちょく)の道(だう)を誣(し)ひて罔(し)ひて、亦(また)生(い)けるは、是(これ)幸(さいは)ひにして、免(まぬか)れたるなり。

d: 苞氏が言った。正直の道を曲げて生きているのは、運良く(禍を)免れたのである。

e: 포씨가 말하기를, 정직함의 도를 어지럽히면서 산 것은 요행히 (화를) 면한 것이다.

0620

A: 子曰知[シレル]者[33]不[ㆁ,32]如[ㆁ]好[コノ,12]之者[ㆀ,モノ,11,33]

B: 子曰知(シレル)者は好(コノ)む者(モノ)には如不ず

C: 子(し)の曰(のたう)ばく、知(し)れる者(もの)は、好(この)む者(もの)には如(し)かず。

D: 先生が言われた。ただ知っているだけの者は好む者には及ばない。

E: 선생님께서 말씀하시기를, 알기만 하는 사람은 좋아하는 사람에게는 미치지 못한다.

A: 好[コノ,12]之者[33]不[㆑,32]如[㆓,シカ]樂[タノシム]之者[㆒,モノ,11,33]

B: 好(コノ)む者は樂(タノシム)者(モノ)には如(シカ)不ず

C: 好(この)む者(もの)は、樂(たの)しむ者(もの)には如(し)かず。

D: ただ好むだけの者は楽しむ者には及ばない。

E: 좋아하기만 하는 사람은 즐기는 사람에게는 미치지 못한다.

a: 苞氏曰學[훈합부,ヒ]問[31]知[シレル]之者[33]不[㆑,シ]如[㆓]好[ム]之者[モノ,22]篤[㆒,アツキ,11,33]

b: 苞氏曰學(ヒ)問て知(シレル)者は好(ム)者(モノ)の篤(アツキ)には如不(シ)

c: 苞氏(はうし)曰(い)はく、學(まな)び問(と)ひて知(し)れる者(もの)は、好(この)む者(もの)の篤(あつ)きには如(し)かじ。

d: 苞氏が言った。学んで尋ねてただ知っているだけの者は、好む者の篤みには及ばないだろう。

e: 포씨가 말하기를, 배우고 물어서 알기만 하는 사람은, 좋아하는 사람의 독실함에는 미치지 못할 것이다.

a: 好[12]之者[モノ,33]又不[㆑,32]如[㆓]樂[フ]之者[モ,22]深[㆒,11,33]也

b: 好む者(モノ)は又樂(フ)者(モ)の深には如不ず

c: 好(この)む者(もの)は、又(また)樂(たの)しぶ者(もの)の深(ふか)きには如(し)かず。

d: ただ好むだけの者は、また楽しむ者の深みには及ばない。

e: 좋아하기만 하는 사람은, 또한 즐기는 사람의 깊이에는 미치지 못한다.

0621

A: 子曰中[음합부]人以[음합부]上[11,33]可[㆓]以[31]語[㆒,㆑,カタル]上[カミ]也。

B: 子曰中人以上には以て上(カミ)語(カタル)可。

C: 子(し)の曰(のたう)ばく、中人(ちうじん)以上(いじゃう)には、以(も)ちて上(かみ)語(かた)るべし。[250)]

D: 先生が言われた。中以上の人には、上を語ることができる。

E: 선생님께서 말씀하시기를, 중 이상(의 사람)에게는 상[높은 가르침]을 말할 수 있다.

A: 中[음합부]人以[음합부]下[11,33]不[㆑,32]可[㆓]以[31]語[㆒,㆑,カタル]上[カミ]也

B: 中人以下には以て上(カミ)語(カタル)可不ず

C: 中人(ちうじん)以下(いか)には、以(も)ちて上(かみ)語(かた)るべからず。

D: 中以下の人には、上を語ることができない。

E: 중 이하(의 사람)에게는 상을 말할 수 없다.

a: 王肅曰上[23~33,33]謂[㆓]上[음합부]知[22]之所[㆒,㆑,13]知[シレル]也。

b: 王肅曰上とは上知の知(シレル)所を謂。

c: 王肅(わうしく)曰(い)はく、上(かみ)とは、上知(しゃうち)の知(し)れる所(ところ)を謂(い)ふ。

d: 王粛が言った。上とは、上知[聖人]の知っているところをいう。

e: 왕숙이 말하기를, 상이란 上知(상지)[251)]가 아는 바를 말한다.

a: 兩[タヒ]擧[㆓,13~23,33]中[음합부]人[㆒,13]、以[㆓,ナリ]其[22]可[㆑,ク]上[タル]、可[㆒,㆑,13]下[シモタル]也

b: 兩(タヒ)中人を擧ことは、其の上(タル)可(ク)、下(シモタル)可を以(ナリ)

c: 兩(ふたた)び中人(ちうじん)を擧(あ)ぐることは、其(そ)の上(かみ)たるべく、下(しも)たるべきを以(も)ってなり。

---

250) 應永本抄物「人ヲ敎ルニ、上中下ノ三ニ人ノ品ヲ分テ敎レハ、入ヤスキ也。細ニ分レハ、九アリ。上ニ三、中三、下三也。上ノ上ハ、生ナカラニシテ知、聖人ノ機ニテ、イカナル惡人ニアヘトモ、引ソコナハルヽコトナシ。下ノ下ハ寂下ノ愚人ノ機ニテ、イカナ聖人ニアヘトモ、能ナルコトナシ。サルホトニ上ノ上ト、下ノ下トノ二ヲハ除テ、中七品ノ氣ヲ敎ル也。今爰ニ中人ト云ルハ、中ノ中ヲ云。中人以上トハ、上ノ中、上ノ下、中ノ上、ヲ云。是ハ、才學モ優長ナルホトニ、中ノ中ヨリ、上ノ氣ニハ、上知ノシル處ヲ語ルヘシ。(사람을 가르침에 있어 상중하 셋으로 사람의 등급을 나누어 가르치면 입문하기 쉽다. 세분하면 아홉 가지가 있다. 상에 셋, 중에 셋, 하에 셋이다. 上上은 날 때부터 깨달아 聖人(성인)의 자질을 지니고 있으며 어떠한 악인을 만나더라도 잘못 끌려들어 가는 일이 없다. 下下는 가장 낮은 愚人(우인)의 자질을 지니고 있으며 어떠한 성인을 만나더라도 나아질 수가 없다. 그러므로 上上과 下下 두 부류를 제외하고 그 사이의 일곱 부류의 기질을 가르치는 것이다. 지금 여기에서 中人(중인)이라고 하는 것은 中中을 말한다. 중인 이상이라는 것은 上中, 上下, 中上을 말한다. 이것은 재능과 학문도 뛰어나므로 中中보다 위의 기질을 가진 부류에게는 上知(상지)가 아는 바를 이야기할 수 있다. 290쪽)」

251) 도를 깨닫는 능력이 있는 사람. 義疏「上知所知謂聖人之道可教顔閔者也」

d: 二度中人を挙げたのは、上になることも、下になることもできるからである。

e: 두 번 中人(중인)을 든 것은, 상도 될 수 있고, 하도 될 수 있기 때문이다.

0622

A: 樊[음합부]遲問[ㅂ,フ]知[チ]。

B: 樊遲知(チ)問(フ)。

C: 樊遲(はんち)、知(ち)を問(と)ふ。

D: 樊遲が知について尋ねた。

E: 樊遲(번지)가 知(지)에 대해 물었다.

A: 子曰務[ニ,ツトム]民[22]之義[一,キ,13]

B: 子曰民の義(キ)を務(ツトム)

C: 子(し)の曰(のたう)ばく、民(たみ)の義(ぎ)を務(つと)む。

D: 先生が言われた。民の義に努める。

E: 선생님께서 말씀하시기를, 백성의 義(의)에 힘쓴다.

a: 王肅曰務[下]所[ミ,훈합부]以[22]化[ニ,음합부,クワ]導[スル]民[一,13]之義[上,13]也

b: 王肅曰民を化(クワ)導(スル)所以の義を務

c: 王肅(わうしく)曰(い)はく、民(たみ)を化導(くゎたう)する所以(ゆゑん)の義(ぎ)を務(つと)む。

d: 王粛が言った。民を教化して導く方法となる義に努める。

e: 왕숙이 말하기를, 백성을 교화하고 인도하는 방법이 되는 의에 힘쓴다.

A: 敬[ニ,ケイシ,31]鬼[음합부]神[一,13]而遠[サカル,13]之可[ㅂ,シ]謂[ㅂ,フ]知[チ,23~33]矣

B: 鬼神を敬(ケイシ)て遠(サカル)を知(チ)と謂(フ)可(シ)

C: 鬼神(きしん)を敬(けい)して遠(さか)るを知(ち)と謂(い)ふべし。

D: (そして)鬼神を敬して、遠ざけることを知と言うことができる。

E: (그리고) 귀신을 공경하되 멀리하는 것을 知(지)라고 말할 수 있다.

a: 苞氏曰敬[ㇾ,シ,31]鬼[음합부]神[ㇿ,13]而不[ㇾ,32]瀆[ケカサ]也

b: 苞氏曰鬼神を敬(シ)て瀆(ケカサ)不ず

c: 苞氏(はうし)曰(い)はく、鬼神(きしん)を敬(けい)して瀆(けが)さず。

d: 苞氏が言った。鬼神を敬して、冒涜しない。

e: 포씨가 말하기를, 귀신을 공경하여 욕되게 하지 않는다.

A: 問[ㇾ,フ]仁。

B: 仁問(フ)。

C: 仁(じん)を問(と)ふ。

D: 仁について聞いた。

E: 仁(인)에 대해 물었다.

A: 子曰仁[음합부]者[33]先[マツ]難[ナヤム,31]而後[11]獲[ウ]。可[ㇾ,シ]謂[ㇾ,フ]仁[23~33]矣

B: 子曰仁者は先(マツ)難(ナヤン)で後に獲(ウ)。仁と謂(フ)可(シ)

C: 子(し)の曰(のたう)ばく、仁者(じんしゃ)は、先(ま)づ難(なや)んで後(のち)に獲(う)。仁(じん)と謂(い)ふべし。252)

D: 先生が言われた。仁者はまず苦労をして、後に得る。(そうすれば、)仁と言える。

E: 선생님께서 말씀하시기를, 인자는 먼저 고생하고 후에 얻는다. (그렇게 하면) 인이라고 말할 만하다.

a: 孔安國曰先、勞[음합부]苦[ク253)シ,31]乃[イ,삽입부[後[ニ]]]254)得[ㇾ,ウ]功[13]、此[レ]所[ㆁ,훈합부]以[ナリ]爲[ㇿ,ㇾ,スル]仁[23~33]也

---

252) 古注는 '먼저 고생하고 후에 얻는다', 즉 여러 가지 고생을 하고 나서야 목표에 도달한다고 해석한다. 新注는 '어려운 것을 먼저 하고 얻는 것을 나중에 한다'라고 해석한다. 즉, 사람들이 꺼려하여 뒤로 미루는 어려운 것을 먼저 하고, 사람들이 이익이 된다고 생각하여 먼저 하고자 하는 일을 나중에 한다고 해석한다.
應永本抄物 「先辛勞シテ後ニ恩祿ヲ得ヘシ。コレカ仁也。不[ㇾ,シテ]辛苦、祿ヲハムハ不仁也。一說ニ、仁ハトヨム時ハ、剋己[コツキ]復禮[フクレイ]シテ、私慾を拂イ除テ、後ニ得ル者也。(먼저 고생하고 후에 녹봉을 얻어야 한다. 이것이 인이다. 고생하지 않고서 녹을 먹는 것은 인하지 않은 것이다. 일설에 「仁ハ」라고 읽을 때에는 克己復禮(극기복례)하여서 사사로운 욕심을 떨쳐내고 그 뒤에 얻는 것이다. 291쪽)」

253) 「苦」의 漢音은 「こ」이고 吳音은 「く」이다. 가점된 것에 따랐다.

254) 永正本集解는 「乃」 앞에 「而後」를 삽입하였다.

b: 孔安國曰先、勞苦(クシ)て乃(イ)後(ニ)功を得(ウ)、此(レ)仁と爲(スル)所以(ナリ)

c: 孔安國(こうあんこく)曰(い)はく、先(ま)づ勞苦(らうく)して、乃(いま)し後(のち)に功(こう)を得(う)。此(これ)仁(じん)とする所以(ゆゑん)なり。

d: 孔安国が言った。まず苦労をして、そうした後に功を得る。これが仁となる方法である。

e: 공안국이 말하기를, 먼저 고생하고 그런 후에 공을 얻는다. 이것이 인이 되는 방법이다.

0623

A: 子曰知[음합부]者[33]樂[㆑,タノシム][255]水[훈독부,13]

B: 子曰知者は水を樂(タノシム)

C: 子(し)の曰(のたう)ばく、知者(ちしゃ)は、水(みづ)を樂(たの)しむ。

D: 先生が言われた。知者は水を楽しむ。

E: 선생님께서 말씀하시기를, 知者(지자)는 물을 즐긴다.

a: 苞氏曰知[음합부]者[33]樂[㆘,フ]運[㆓,メクラシ,31]其[22]才[음합부]知[㆒,13]以[31]治[㆑,フ]世[13]、如[㆗,ナルコトヲ]水流[ナカレ,31]而不[㆖,㆑,21]知[㆑]已[ヤム,13~23]之也

b: 苞氏曰知者は其の才知を運(メクラシ)て以て世を治(コト)、水流(ナカレ)て已(ヤム)こと知不が如(ナルコトヲ)樂(フ)

c: 苞氏(はうし)曰(い)はく、知者(ちしゃ)は、其(そ)の才知(さいち)を運(めぐ)らして、以(も)ちて世(よ)を治(をさ)むること、水(みづ)流(なが)れて、已(や)むこと知(し)らざるが如(ごと)くなることを樂(たの)しぶ。

d: 苞氏が言った。知者は、その才と知恵を運用して世の中を治めることが。水が流れて止むことを知らないようであることを楽しむ。

e: 포씨가 말하기를, 지자는 그 재주와 지혜를 활용하여 세상을 다스리는 것이, 물이 흘러서 멈추는 것을 모르는 것과 같은 것을 즐긴다.

---

255) 永正本集解에 「ネカフ」라는 훈도 적혀 있다.

A: 仁[음합부]者[33]樂[ㇾ]山

B: 仁者は山樂

C: 仁者(じんしゃ)は、山(やま)を樂(たの)しむ。

D: 仁者は、山を楽しむ。

E: 인자는 산을 즐긴다.

a: 仁[음합부]者[33]樂[ㇾ,フ]如[ニ,ナル,13~23,13]山[22]之安[훈합부,ヤスク][256]固[カタク]、自[음합부]然[11]不[ㇾ,シ,31]動而万[음합부]物生[ㇾ,음독부スル,21]焉也

b: 仁者は山の安(ヤスク)固(カタク)、自然に動不(シ)て万物生(スル)が如(ナル)ことを樂(フ)

c: 仁者(じんしゃ)は、山(やま)の安(やす)く固(かた)く、自然(しぜん)に動(うご)かずして、萬物(ばんぶつ)生(しゃう)ずるが如(ごと)くなることを樂(たの)しぶ。

d: 仁者は、山の安定して固く、そのままありながら動かずに万物が(そこで)生まれるがごとくあることを楽しむ。

e: 인자는 산이 안정되고 굳으며 스스로 그렇게 있으면서 움직이지 않고도 만물이 (거기서) 생겨나는 것과 같은 것을 즐긴다.

A: 知[음합부]者[33]動[ク]、

B: 知者は動(ク)、

C: 知者(ちしゃ)は、動(うご)く。

D: 知者は動く。

E: 지자는 움직인다.

a: 苞氏曰自[ミ]進故[11]動[ク]也

b: 苞氏曰自(ミ)進故に動(ク)

c: 苞氏(はうし)曰(い)はく、自(みづか)ら進(すす)む。故(ゆゑ)に動(うご)く。

d: 苞氏が言った。自ら進む。したがって動く。

e: 포씨가 말하기를, 스스로 나아간다. 그러므로 움직인다.

---

256) 永正本集解에 左訓으로 「シツカニ」라고 가점되어 있다.

A: 仁[음합부]者[33]靜[シツカナリ]

B: 仁者は靜(シツカナリ)

C: 仁者(じんしゃ)は、靜(しづ)かなり。

D: 仁者は静かである。

E: 인자는 고요하다.

a: 孔安國曰無[ᄼ,シ]欲[ヨク]。故[11]静[ナリ]也

b: 孔安國曰欲(ヨク)無(シ)。故に静(ナリ)

c: 孔安國(こうあんこく)曰(い)はく、欲(よく)無(な)し。故(ゆゑ)に靜(しづ)かなり。

d: 孔安国が言った。欲がない。したがって静かである。

e: 공안국이 말하기를, 욕심이 없다. 그러므로 고요하다.

A: 知[음합부]者[33]樂[タノシフ]

B: 知者は樂(タノシフ)

C: 知者(ちしゃ)は、樂(たの)しぶ。

D: 知者は楽しむ。

E: 지자는 즐긴다.

a: 鄭玄曰知[음합부]者[33]自[ミ]役[エキシテ]得[ᅳ,ウ]其[22]志[ᅳ,13]。故[11]樂[フ]之也

b: 鄭玄曰知者は自(ミ)役(エキシテ)其の志を得(ウ)。故に樂(フ)

c: 鄭玄(ぢゃうぐゑん)曰(い)はく、知者(ちしゃ)は、自(みづか)ら役(えき)して、其(そ)の志(こころざし)を得(う)。故(ゆゑ)に樂(たの)しぶ。

d: 鄭玄が言った。知者は自ら努めてその志を得る。したがって楽しむ。

e: 정현이 말하기를, 지자는 스스로 힘써서 그 뜻을 얻는다. 그러므로 즐긴다.

A: 仁[음합부]者[33]壽[イノチナカシ]

B: 仁者は壽(イノチナカシ)

C: 仁者(じんしゃ)は、壽(いのちなが)し。

D: 仁者は天寿を全うする。

E: 인자는 천수를 누린다.

a: 苞氏曰性、静[ナリ]。故[11]壽[음합부,シウ]考[ナリ]也

b: 苞氏曰性、静(ナリ)。故に壽(シウ)考(ナリ)

c: 苞氏(はうし)曰(い)はく、性(せい)、靜(しづ)かなり。故(ゆゑ)に壽考(しうかう)なり。

d: 苞氏が言った。性が静かである。したがって長生きする。

e: 포씨가 말하기를, 性(성)이 고요하다. 그러므로 壽考(수고)[장수][257)]한다.

0624

A: 子曰齊[13]一[ヒトタヒ]、變[음독부セ,33]至[ニ,ナン]於鲁[一,11]。

B: 子曰齊を一(ヒトタヒ)、變(セ)ば鲁に至(ナン)。

C: 子(し)の曰(のたう)ばく、齊(せい)を一(ひと)たび變(へん)ぜば、魯(ろ)に至(いた)りなん。

D: 先生が言われた。斉をひとたび変えれば魯になるだろう。

E: 선생님께서 말씀하시기를, 齊(제)나라를 한 번 바꾸면 노나라가 될 것이다.

A: 鲁[13]一[タヒ]、變[음독부セ,33]至[ニ,ナン]於道[一,훈독부,11]

B: 鲁を一(タヒ)、變(セ)ば道に至(ナン)

C: 魯(ろ)を一(ひと)たび變(へん)ぜば、道(みち)に至(いた)りなん。

D: 魯をひとたび変えれば道に至るだろう。

E: 노나라를 한 번 바꾸면 도에 이르게 될 것이다.

a: 苞氏曰言[33]齊鲁有[ニ,リ]太[음합부]公周[음합부]公[22]之餘[음합부]化[一]也。

b: 苞氏曰言は齊鲁太公周公の餘化有(リ)。

c: 苞氏(はうし)曰(い)はく、言(いふこころ)は、齊魯(せいろ)、太公(たいこう)周公(しうこう)の餘化(よくゎ)有(あ)り。

257) 壽考(수고) : 나이가 아주 많도록 오래 삶.

d: 苞氏が言った。意味はこうである。斉と魯には、太公と周公の施した教化が残っている。

e: 포씨가 말하기를, 그 뜻은 이러하다. 제나라와 노나라에는 太公(태공)과 周公(주공)이 남긴 교화가 있다.

a: 太[음합부]公[33]大[음합부]賢[ナリ]。

b: 太公は大賢(ナリ)。

c: 太公(たいこう)は大賢(たいけん)なり。

d: 太公は大賢である。

e: 태공은 大賢(대현)이다.

a: 周[음합부]公[33]聖[음합부]人[ナリ]也。

b: 周公は聖人(ナリ)。

c: 周公(しうこう)は聖人(せいじん)なり。

d: 周公は聖人である。

e: 주공은 성인이다.

a: 今其[22]政[음합부]教[カウ]、雖[ㇾ]衰[ヲトロヘタリト]、若[モシ]有[ニ,31]明[음합부]君[一]興[オコサ,33]之、者[삭제부]齊[13,33]可[ㇾ,シ]使[ㇾ,シメツ]如[ㇾ,クナラ]魯[22]。

b: 今其の政教(カウ)、衰(ヲトロヘタリト)雖、若(モシ)明君有て興(オコサ)ば、齊をば魯の如(クナラ)使(シメツ)可(シ)。

c: 今(いま)、其(そ)の政教(せいかう)、衰(おとろ)へたりといへども、若(も)し明君(めいくん)有(あ)りて興(おこ)さば、齊(せい)をば魯(ろ)の如(ごと)くならしめつべし。

d: 今政治と教化が衰えたとはいえ、もし明君が現れて興せば、斉を魯のごとくすることができる。

e: 지금 정치와 교화가 쇠퇴하였다고 해도, 만약 명군이 나타나 일으킨다면 제나라를 노나라와 같이 되게 할 수 있다.

a: 魯[13,33]可[ㇾ,シ]使[ㇾ,シメツ]如[ニ,クナラ]大[음합부]道[22]行[オコナハレン]之時[一,22]之也

b: 魯をば大道の行(オコナハレン)時の如(クナラ)使(シメツ)可(シ)

c: 魯(ろ)をば大道(たいだう)の行(おこな)はれん時(とき)の如(ごと)くならしめつべし。

d: (そして)魯を、大道が行われた時のごとくすることができる。

e: (그리고) 노나라를 大道(대도)가 행해졌을 때와 같이 되게 할 수 있다.

0625

A: 子曰觚[コ]、不[ㇾ,32]觚[コナラ]

B: 子曰觚(コ)、觚(コナラ)不ず

C: 子(し)の曰(のたう)ばく、觚(こ)、觚(こ)ならず。

D: 先生が言われた。觚が觚でない。

E: 선생님께서 말씀하시기를, 觚(고)[모가 난 술잔]가 觚가 아니다.

a: 馬融曰觚[33]礼[22]器[훈독부]也。

b: 馬融曰觚は礼の器。

c: 馬融(ばいう)曰(い)はく、觚(こ)は、禮(れい)の器(うつはもの)。

d: 馬融が言った。觚は、礼の器である。

e: 마융이 말하기를, 觚는 禮器(예기)이다.

a: 一[음합부]升[13]曰[ㇾ,フ]爵[23~33]。

b: 一升を爵と曰(フ)。

c: 一升(いっしょう)を爵(しゃく)と曰(い)ふ。

d: 一升を爵という。

e: 一升(일승)[한 되 들이 그릇]을 爵(작)이라고 한다.

a: 二[음합부]升[13]曰[ㇾ]觚[23~33]也

b: 二升を觚と曰

c: 二升(にしょう)を觚(こ)と曰(い)ふ。

d: 二升を觚という。

e: 二升(이승)[두 되 들이 그릇]을 觚(고)라고 한다.

A: 觚[コナレ]哉[ヤ] 觚[コナレ]哉[ヤ]

B: 觚(コナレ)哉(ヤ) 觚(コナレ)哉(ヤ)

C: 觚(こ)なれや、觚(こ)なれや。

D: 觚であろうか、觚であろうか。

E: 觚(고)이겠는가, 觚(고)이겠는가?

a: 觚哉觚哉[23~33,33]言[33]非[ㆭ,ソ]觚[11]也。

b: 觚哉觚哉とは言は觚に非(ソ)。

c: 觚(こ)なれや觚(こ)なれやとは、言(いふこころ)は、觚(こ)にあらざるぞ。

d: 觚であろうか、觚であろうかと言ったのは、意味はこうである。觚ではないということである。

e: 觚(고)이겠는가 觚(고)이겠는가라는 것은, 그 뜻은 이러하다. 觚(고)가 아니라는 것이다.

a: 以[31]喻[下]爲[ㆭ,11]政[13]、而不[ㆭ,トキ,33]得[二,サル]其[22]道[一,13]、則不[上,ㆭ,ル,11]成[ナラ]也

b: 以て政を爲に、其の道を得(サル)不(トキ)は、則成(ナラ)不(ル)に喻

c: 以(も)ちて政(まつりごと)を爲(す)るに、其(そ)の道(みち)を得(え)ざるときは、則(すなは)ち成(な)らざるに喻(たと)ふ。

d: これをもって、政治をするのに、その道が得られない時は成就しないということを喻えたのである。

e: 그것으로써, 정치를 하는 데 있어 도를 얻지 못하면 (올바른 정치가) 되지 못함을 비유한 것이다.

0626

A: 宰[음합부]我[인명부]問曰、仁[음합부]者[11]雖[タトヒ]告[ツケ,31]之曰[イハク]、井[ヰ,11]有[ニ,リトイハ,33]仁[음합부]者[一]焉、其[レ]從[シタカハン]之也

B: 宰我問曰、仁者に雖(タトヒ)告(ツケ)て曰(イハク)、井(ヰ)に仁者有(リトイハ)ば、其(レ)從(シタカハン)

C: 宰我(さいが)問(と)ひて曰(い)はく、仁者(じんしゃ)に雖(たと)ひ告(つ)げて曰(い)はく、井(ゐ)に仁者(じんしゃ)有(あ)りといはば、其(それ)從(したが)はん。[258)]

D: 宰我が尋ねて言った。仮に仁者に告げて、井戸に仁者がいるといったら、まにうけ(て井戸に入)るでしょうか。

E: 宰我(재아)가 물어 말하기를, 가령 仁者(인자)에게 고하여 말하기를, 우물에 인자가 있다고 한다면, 그 말을 믿(고 우물에 들어가)겠습니까?

a: 孔安國曰宰[음합부]我、以[ニ259),훈합부]為[ヘラク]{ヘリ}仁[음합부]者[33]必濟[ニ,スクフ,23~33]人[13]於患[음합부,クワン]難[一,11]。

b: 孔安國曰宰我、以為(ヘラク)仁者は必人を患(クワン)難に濟(スクフ)と以為(ヘリ)。

c: 孔安國(こうあんこく)曰(い)はく、宰我(さいが)、以爲(おも)へらく仁者(じんしゃ)は必(かなら)ず人(ひと)を患難(くゎんなん)に濟(すく)ふといへり。

d: 孔安国が言った。宰我は、仁者はかならず人を患難から救うものと思っていた。

e: 공안국이 말하기를, 재아는 인자는 반드시 사람을 환난에서 구한다고 생각하였다.

---

258) 古注는 '仁者가 우물에 빠지다'라고 해석한다. 義疏 「(井有仁者焉)言有人告於仁者云, 彼處有仁者墮井」 그러나 新注는 「仁=人」으로 파악하여 '우물에 사람이 빠지다'라고 파악하였다. 集注 「(井有仁焉)劉聘君曰, 有仁之仁, 當作人, 今從之」
應永本抄物 「宰我仁者ノ心ヲキハメミントテ叓ヲ巧出シテ問也。仁者ハ常ニ人ノ急難ヲ救程ニ、此ニ人アテ仁者ニ告テ云。餘處ニ仁者ノアルカ、井ノ中一(원문그대로임)墜入テ浮沉ニ及フト云ハ、、告ラレタル處ノ仁者カ走合テ、共ニ井中ヘ飛入テ助ケンカト云。(재아가 인자의 마음을 끝까지 보고자 하여, 교묘하게 물은 것이다. 인자는 항상 사람의 급박한 난을 구하는 만큼, 우물에 사람이 있어 인자에게 고하여 말하였다. 다른 곳에 인자가 있는데 우물 안에 떨어져서 떴다가 잠겼다가 하고 있다고 말하니, 그 사실을 들은 인자가 달려가 같이 우물 안으로 뛰어 들어가 구하려고 할 것인가라고 말했다. 294–295쪽)」

259) 「ミ」의 잘못이다.

a: 故[11]問、有[ﾆ,33]仁[음합부]人堕[ｰ,ﾚ,ヲチレル,13~23]井[11]、[260]將[11]自投[음합부,トウ]下[シ]而出[イタサン]之乎[ヤ]否[イナ]{イダサヽラム}乎[ヤ]

b: 故に問、仁人井に堕(ヲチレル)こと有ば、將に自投(トウ)下(シ)出(イタサン)乎(ヤ)否(イナ)乎(ヤ)

c: 故(ゆゑ)に問(と)ふ。仁人(じんじん)井(ゐ)に墮(おち)れること有(あ)らば、將(まさ)に自(みづか)ら投下(とうか)して出(いだ)さんや否(いな)や

d: それで尋ねた。仁者が井戸に陥っていたら、自ら飛び込んで救うか否か。

e: 그래서 물었다. 인자가 우물에 빠져 있으면 스스로 몸을 던져서 꺼내겠는가, 그렇지 않겠는가?

a: 欲[ﾐ,32]極[ﾆ,훈합부,キハメ]觀[ミマク]仁[음합부]人[22]憂[음합부,イウ]樂[ラク,22]之所[ｰ,ﾚ,13]至[ル]也

b: 仁人の憂(イウ)樂(ラク)の至(ル)所を極(キハメ)觀(ミマク)欲す

c: 仁人(じんじん)の憂樂(いうらく)の至(いた)る所(ところ)を極(きは)め觀(み)まく欲(ほっ)す。

d: 仁者の憂いと喜びの至るところを見極めようと思った。

e: 인자의 걱정과 기쁨의 극한을 보고자 하였다.

A: 子曰何[훈합부,ナン]爲[スレソ]其[レ]然[シカラン]也。君[음합부]子[13,33]可[ﾚ,シ]逝[ユカシム]也。不[ﾚ,32]可[ﾚ]陷[ヲチラシム]也

B: 子曰何(ナン)爲(スレソ)其(レ)然(シカラン)。君子をば逝(ユカシム)可(シ)。陷(ヲチラシム)可不ず

C: 子(し)の曰(のたう)ばく、何(なん)すれぞ、其(それ)然(しか)らん。君子(くんし)をば逝(ゆ)かしむべし。陷(おち)らしむべからず。

D: 先生が言われた。どうしてそんなことがあろうか。君子を行かせることはできる。(しかし)陥れることはできない。

E: 선생님께서 말씀하시기를, 어찌 그런 일이 있겠느냐? 군자를 가게 할 수는 있다. (그러나) 뛰어들게 할 수는 없다.

a: 苞氏曰逝[セイ,33]徃也。

b: 苞氏曰逝(セイ)は徃。

260) 句點의 위치에 찍혀 있으나 문맥상 讀點으로 파악하였다.

c: 苞氏(はうし)曰(い)はく、逝(せい)は往(わう)。

d: 苞氏が言った。逝は往である。

e: 포씨가 말하기를, 逝(서)는 往(왕)[가다]이다.

a: 言[33]君子[음합부,13,33]可[㆑,カラク]使[ニ,シム]往[ユヒ,31]視[一,ミセ]之耳[ノミ]。[261)]

b: 言は君子をば往(ユヒ)て視(ミセ)使(シム)可(カラク)耳(ノミ)。

c: 言(いふこころ)は、君子(くんし)をば往(ゆ)いて、視(み)せしむべからくのみ。

d: 意味はこうである。君子を行かせて見るようにすることができるだけである。

e: 그 뜻은 이러하다. 군자를 가서 보게 할 수만 있을 뿐이다.

a: 不[㆑,シ]肯[ニ,ガエンセ]自投[음합부,トウ]從[一,スルコヲ]之也

b: 自投(トウ)從(スルコトヲ)肯(ガエンセ)不(シ)

c: 自(みづか)ら投從(とうしょう)することを肯(がへん)ぜじ。

d: 自ら(井戸に)入ろうとはしないだろう。

e: 몸소 (우물로) 뛰어드는 일을 기꺼이 하지 않을 것이다.

A: 可[㆑,シ]欺[アサムク]也。不[㆑,32]可[㆑]罔[シフ]也

B: 欺(アサムク)可(シ)。罔(シフ)可不ず

C: 欺(あざむ)くべし。罔(し)ふべからず。

D: 欺くことはできる。無分別に行動させることはできない。

E: 속일 수는 있다. 무분별하게 행동하게 할 수는 없다.

a: 馬融曰可[㆑,23~33,33]欺者、可[㆑,ソ]使[㆑]往[ユカ]也。

b: 馬融曰欺可とは、往(ユカ)使可(ソ)。

c: 馬融(ばいう)曰(い)はく、欺(あざむ)くべしとは、往(ゆ)かしむべきぞ。

d: 馬融が言った。欺くことはできるとは、行かせることはできるというのである。

e: 마융이 말하기를, 속일 수 있다는 것은 가게 할 수 있다는 것이다.

261) 讀點의 위치에 찍혀 있으나 문맥상 句點으로 파악하였다.

a: 不[ㇾ,ト]可[ㇾ]罔者、不[ㇾ,サルソ]可[ㇾ,カラ]得[ㆪ,ウ]誣[훈합부,シヒ]罔[シヒ,31]令[ㆪ,コトヲ]自投[음합부]下[ㆫ,セ]也

b: 罔可不(ト)、誣(シヒ)罔(シヒ)て自投下(セ)令(コトヲ)得(ウ)可(カラ)不(サルソ)

c: 罔(し)ふべからずとは、誣(し)ひて罔(し)ひて、自(みづか)ら投下(とうか)せしむることを得(う)べからざるぞ。

d: 無分別に行動させることはできないとは、盲目的に自ら飛び込ませることはできないというのである。

e: 무분별하게 행동하게 할 수는 없다는 것은, 망령되이 몸소 뛰어들게 할 수는 없다는 것이다.

0627

A: 子曰君[음합부]子[33]博[ヒロク]、學[ㆪ,マナン,31]於文[ㆫ,13]、約[ヤクスルニ]之以[ㇾ,32]禮[13]。亦可[ㆪ,シ]以[31]弗[ㆫ,ㇾ,サル]畔[ソムカ]矣夫

B: 子曰君子は博(ヒロク)、文を學(マナン)で、約(ヤクスルニ)禮を以す。亦以て畔(ソムカ)弗(サル)可(シ)

C: 子(し)の曰(のたう)ばく、君子(くんし)は、博(ひろ)く文(ぶん)を學(まな)んで、約(やく)するに禮(れい)を以(も)ってす。亦(また)以(も)ちて畔(そむ)かざるべし。

D: 先生が言われた。君子は広く学問を学び、これを集約するに礼をもってする。そうすれば、また(道に)背かないようにすることができる。

E: 선생님께서 말씀하시기를, 군자는 널리 학문을 배우고 예로써 집약한다. 그렇게 하면, 또한 (도에) 어긋나지 않을 수 있다.

a: 鄭玄曰弗[ㇾ,23~33,33]畔[ソムカス]、不[ㇾ,サルソ]違[ㇾ,タカ]道[11]也

b: 鄭玄曰畔(ソムカス)弗とは、道に違(タカ)不(サルソ)

c: 鄭玄(ぢゃうぐゑん)曰(い)はく、畔(そむ)かずとは、道(みち)に違(たが)はざるぞ。

d: 鄭玄が言った。背かないとは、道に違わないことである。

e: 정현이 말하기를, 어긋나지 않는다는 것은, 도에 어긋나지 않는다는 것이다.

0628

A: 子見[ニ,ル]南[음합부]子[一,13]。

B: 子南子を見(ル)。

C: 子(し)、南子(なむし)を見(み)る。

D: 先生が南子にお会いになった。

E: 선생님께서 南子(남자)를 만나셨다.

A: 子[음합부]路不[レ,ス]説[ヨロコヒ]。

B: 子路説(ヨロコヒ)不(ス)。

C: 子路(しろ)、説(よろこ)びず。

D: 子路は喜ばなかった。

E: 자로가 탐탁지 않게 여겼다.

A: 夫[음합부]子、矢[チカ,31]之曰[22]、予[レ]所[レ,トコロヲセ,33]否[スマシキ]者、天厭[フサカン]之。天厭[フサカン]之

B: 夫子、矢(チカ)て曰の、予(レ)否(スマシキ)所(トコロヲセ)ば、天厭(フサカン)。天厭(フサカン)

C: 夫子(ふうし)、矢(ちか)ひて曰(のたう)ばく、予(われ)、すまじき所(ところ)をせば、天(てん)厭(ふさ)がん、天(てん)厭(ふさ)がん。

D: 先生が誓って言われた。もし私がしてはならないことをしたならば、天がふせぐだろう。天がふせぐだろう。[262)]

E: 선생님께서 맹세하여 말씀하시기를, 내가 하지 않아야 할 일을 했다면, 하늘이 막을 것이다, 하늘이 막을 것이다.

---

262) 古注는 義疏 「壓塞也……言我見南子, 若有不善之事者, 則天當壓塞我道也」에서 보는 바와 같이 '내가 한 일이 不善한 것이라면 하늘이 나를 막을 것이다'라고 하였고, 新注는 集注의 「厭棄絶也, 聖人之道大德全, 無可不可, 基見惡人, 固謂在我, 有可見之禮, 則彼之不善, 我何與焉」에서 보는 바와 같이 '하늘이 나를 버릴 것이다'라고 파악하였다.
應永本抄物 「孔子誓文ヲタテヽ曰我否[スマシキ]コトヲスルナラハ、天カ其道[ヲ]フサキテ、我ニ惡事ヲサスヘカラスト云ハ、聖人ノ法ヲ天地ト齊[ヒトシ]スル處也。(공자께서 맹세를 하시면서 말씀하시길, 해서는 안 될 일을 했다면, 하늘이 그 길을 막아 내가 악한 일을 하지 못하게 할 것이라고 말씀하신 것은, 성인의 법도를 천지와 동일하게 여긴다는 것이다. 297쪽)」

a: 孔安國曰等[ヒトシク][263)]、以[二,훈합부]爲[ヘラク]{ヘリ}、南[음합부]子[33]者衛[22]靈[음합부]公[21]夫[음합부]人[一,23~33]。也

b: 孔安國曰等(ヒトシク)、以爲(ヘラク)、南子は衛の靈公が夫人と以爲(ヘリ)。

c: 孔安國(こうあんこく)曰(い)はく、等(ひと)しく以爲(おも)へらく南子(なむし)は衛(ゑい)の靈公(れいこう)が夫人(ふじん)といへり。

d: 孔安国が言った。(諸文献には)等しく南子は衛の霊公の夫人であるという。

e: 공안국이 말하기를, (여러 문헌에서) 똑같이 남자는 衛(위)나라 靈公(영공)의 부인이라고 하였다.

a: 淫[음합부]亂[ニシ,31]而靈[음합부]公、惑[マトフ]之。[264)]

b: 淫亂(ニシ)て靈公、惑(マトフ)。

c: 淫亂(いむらん)にして靈公(れいこう)、惑(まど)ふ。

d: 淫らで霊公が惑わされた。

e: 음란하여 영공이 미혹되었다.

a: 孔[음합부]子[22]見[マミユル,13~23]之者、欲[下,メナリ]因[31]以[31]説[二,トイ,31]靈[음합부]公[一,11]使[レ,シメマク]行[中,ハ]治[음합부]道[上,13]也。

b: 孔子の見(マミユル)こと、因て以て靈公に説(トイ)て治道を行(ハ)使(シメマク)欲(シテナリ)。

c: 孔子(こうし)の見(まみ)ゆること、因(よ)りて以(も)ちて靈公(れいこう)に説(と)いて、治道(ちだう)を行(おこな)はしめまく欲(ほっ)してなり。

d: 孔子が(南子に)会ったのは、それによって霊公を諫めて治道を行わせようとしたのである。

e: 공자께서 (남자를) 만난 것은, 그럼으로써 영공에게 간하여 治道(치도)를 행하게 하려 하신 것이다.

a: 矢[シ,33]誓[セヒ]也。

b: 矢(シ)は誓(セヒ)。

c: 矢(し)は誓(せい)。

---

263) 「等」은 永正本集解, 그리고 후대의 간행본에 「舊」라는 본문교정이 보인다. 이에 따른다면 「舊(ふる)く」로 훈독하고 「예로부터」라고 옮길 수 있을 것이다.

264) 讀點의 위치에 찍혀 있으나 문맥상 句點으로 파악하였다.

d: 矢は誓である。

e: 矢(시)는 誓(서)[맹세하다]이다.

a: 子[음합부]路不[ㇾ]說[ヒ]。[265)]

b: 子路說(ヒ)不。

c: 子路(しろ)、說(よろこ)びず。

d: 子路が喜ばなかった。

e: 자로가 탐탁지 않게 여겼다.

a: 故[11]夫[음합부]子、誓[チカツ,31]之曰[22]行[ㇾ,13~23]道[13]既[11]非[㆓,32]婦[음합부]人[22]之事[㆒,ワサ,11,33]

b: 故に夫子、誓(チカツ)て曰の道を行こと既に婦人の事(ワサ)には非ず

c: 故(ゆゑ)に夫子(ふうし)、誓(ちか)って曰(のたう)ばく、道(だう)を行(おこな)ふこと、既(すで)に婦人(ふじん)の事(わざ)にはあらず。

d: それで先生が誓って言われた。道を行うことはもとより婦女子に関する事ではない。

e: 그래서 선생님께서 맹세하여 말씀하시기를, 도를 행하는 것은 애초부터 부녀자의 몫은 아니다.

a: 而[13]弟[음합부]子不[ㇾ]說[ヒ]。[266)]

b: 而を弟子說(ヒ)不。

c: 而(しか)るを弟子(ていし)說(よろこ)びず。

d: それなのに、弟子は喜ばなかった。

e: 그런데 제자들은 탐탁지 않게 여겼다.

a: 與[ㇾ,23~33]之[レ]、咒[음합부,シウ]誓[スル,13~23,33]義可[ㇾ,ヘケレハナリ]疑也

b: 之(レ)與と、咒(シウ)誓(スル)ことは義疑可(ヘケレハナリ)

c: 之(これ)と呪誓(しうせい)することは、義(ぎ)疑(うたが)ふべければなり。

d: 彼に誓ったのは、本意が疑わしいところがあったからである。

e: 그에게 맹세한 것은, 본의가 의심받을 만했기 때문이다.

265) 讀點의 위치에 찍혀 있으나 문맥상 句點으로 파악하였다.

266) 讀點의 위치에 찍혀 있으나 문맥상 句點으로 파악하였다.

0629

A: 子曰中[음합부]庸[22]之爲[ㇾ,タル,13~23]德也、其[レ]至[イタレル]矣[カナ]乎。民鮮[スクナイ,13~23]久矣

B: 子曰中庸の德爲(タル)こと、其(レ)至(イタレル)矣(カナ)。民鮮(スクナイ)こと久

C: 子(し)の曰(のたう)ばく、中庸(ちうよう)の德(とく)たること、其(それ)至(いた)れるかな。民(たみ)鮮(すく)ないこと、久(ひさ)し。

D: 先生が言われた。中庸が徳であること、それは至高である。民に(その徳が)見られなくなって久しい。

E: 선생님께서 말씀하시기를, 중용의 덕, 그것은 지극하구나. 백성에게서 (그 덕을) 볼 수 없게 된 지 오래되었다.

a: 庸[33]常也。

b: 庸は常。

c: 庸(よう)は常(しゃう)。

d: 庸は常である。

e: 庸(용)은 常(상)[일상적인 것]이다.

a: 中[음합부]和[33]可[ニ,キ]常[11]行[一,フ]之德[ナリ]也。

b: 中和は常に行(フ)可(キ)德(ナリ)。

c: 中和(ちうくゎ)は、常(つね)に行(おこな)ふべき德(とく)なり。

d: 中和は常に行うべき徳である。

e: 중화는 일상적으로 행해야 할 덕이다.

a: 世、乱[レ,31]先[음합부]王[22]之道、廢[スタレタリ]。

b: 世、乱(レ)て先王の道、廢(スタレタリ)。

c: 世(よ)乱(みだ)れて、先王(せんわう)の道(だう)、廢(すた)れたり。

d: 世の中が乱れて、先王の道が廃れた。

e: 세상이 혼란하여 선왕의 도가 쇠퇴하였다.

a: 民[22]鮮[ᅼ,スクナシ]能[ク]行[ᅼ,13~23]此[22]道[ᅳ,13]。

b: 民の能(ク)此の道を行こと鮮(スクナシ)。

c: 民(たみ)の能(よ)く此(こ)の道(だう)を行(おこな)ふこと、鮮(すく)なし。

d: 民のうち、この道をきちんと行うことができる者は少ない。

e: 백성 가운데 이 도를 제대로 행할 수 있는 자는 적다.

a: 乆[23~33,33]矣非[ᅼ,ソ]適[タヽ]今[ᅳ,ケフノミ,11]也

b: 乆とは適(タダ)今(ケフノミ)に非(ソ)

c: 久(ひさ)しとは、適(ただ)今(けふ)のみにあらざるぞ。

d: 久しいとは、ただ今日だけのことではないということである。

e: 오래되었다는 것은, 단지 오늘의 일만이 아니라는 것이다.

0630

A: 子貢曰、如[モシ]、能、愽[ヒロク]、施[ᅼ,ホトコシ,31]於民[ᅳ,11]而能濟[ㇾ,スクハ,33]衆[음독부,13]者、何[훈합부]如。可[ㇾ]謂[ㇾ,イフ]仁[23~33]乎[ヤ]。

B: 子貢曰、如(モシ)、能、愽(ヒロク)、民に施(ホトコシ)て能衆を濟(スクハ)ば、何如。仁と謂(イフ)可乎(ヤ)。

C: 子貢(しこう)曰(い)はく、如(も)し能(よ)く愽(ひろ)く民(たみ)に施(ほどこ)して、能(よ)く衆(しう)を濟(すく)はば、何如(いかん)。仁(じん)と謂(い)ふべけんや。

D: 子貢が言った。もし広く民に施し、大衆を救うことができれば、いかがですか。仁と言えますか。

E: 자공이 말하기를, 만약 널리 백성에게 베풀고, 백성을 구제할 수 있다면 어떻습니까? 인이라고 말할 수 있겠습니까?

A: 子曰何[ナンソ]、事[ᅼ,コトヽセン]於仁[ᅳ,ヲシモ]。必也聖乎[21]。堯舜[モ]、其[レ]、猶病[ヤメリ]諸

B: 子曰何(ナンソ)、仁(ヲシモ)事(コトトセン)。必聖乎か。堯舜(モ)、其(レ)、猶病(ヤメリ)

C: 子(し)曰(のたう)ばく、何(なん)ぞ、仁(じん)をしも事(こと)とせん。必(かなら)ずや聖(せい)か。堯(げう)舜(しゅん)も、其(それ)猶(なほ)病(や)めり。

D: 先生が言われた。どうして仁のみであろうか。かならずや聖人であろう。それを堯舜もまたその事を憂えた。

E: 선생님께서 말씀하시기를, 어찌 인하기만 하겠느냐? 반드시 성인일 것이다. 堯(요)임금 舜(순)임금도 그것을 또한 걱정하였다.

a: 孔安國曰若能廣[ク]施[ㆁ,シ,31]恩[음합부]惠[ㆀ,13]濟[ㆁ,スクフハ]民[13]於患[음합부,クワン]難[ㆀ,11]、堯[음합부]舜至[음합부]聖[モ]、猶病[ㆁ,メリ]其難[ㆀ,ヒ,13~23,13]也

b: 孔安國曰若能廣(ク)恩惠を施(シ)て民を患(クワン)難に濟(スクフハ)、堯舜至聖(モ)、猶其難(ヒ)ことを病(メリ)

c: 孔安國(こうあんこく)曰(い)はく、若(も)し能(よ)く廣(ひろ)く恩惠(おんけい)を施(ほどこ)して、民(たみ)を患難(くゎんなん)に濟(すく)ふは、堯(げう)舜(しゅん)至聖(しせい)も、猶(なほ)其(そ)の難(かた)いことを病(や)めり。

d: 孔安国が言った。ひろく恩恵を施し、民を患難から救済することができればということは、堯舜のような聖人さえも、またその難しさに心を患わせた。

e: 공안국이 말하기를, 널리 은혜를 베풀고 백성을 환난에서 구할 수 있다고 하는 것은, 요임금 순임금과 같은 성인도 또한 그 어려움을 걱정하였다.

A: 夫[ソレ]仁[음합부]者[33]己[レ][267]、欲[ㇾ,メ]立[タヽン,23~33]而立[ㇾ,タツ]人[13]。

B: 夫(ソレ)仁者は己(レ)、立(タタン)と欲(シテ)人を立(タツ)。

C: 夫(それ)仁者(じんしゃ)は、己(おのれ)立(た)たんと欲(ほっ)して、人(ひと)を立(た)つ。

D: 凡そ仁者は自分が立とうとする時、他人を立てる。

E: 무릇 인자는 자신이 서고자 할 때 남을 세운다.

A: 巳[レ]、欲[ㇾ,シ,31]達[タツセン,23~33]而達[ㇾ,タツ,32]人[13]。

B: 巳(レ)、達(タツセン)と欲(シ)て人を達(タツ)す。

C: 己(おのれ)達(たっ)せんと欲(ほっ)して、人(ひと)を達(たっ)す。

267) 13 위치에 한자 획의 먹이 번져서 묵점이 찍힌 것처럼 보인다.

D: 自分が到達しようとする時、他人を到達させる。
E: 자신이 도달하고자 할 때 남을 도달하게 한다.

A: 能近[ク]、取[レ,ル]譬[タトヘ]可[レ,ヘカラク]謂[ニ,フ]仁[22]之方[一,ミチ,23~33]也巳[ノミ]
B: 能近(ク)、譬(タトヘ)取(ル)仁の方(ミチ)と謂(フ)可(ヘカラク)巳(ノミ)
C: 能(よ)く近(ちか)く、譬(たと)へを取(と)る。仁(じん)の方(みち)と謂(い)ふべからくのみ。
D: 近いところから、ひき比べられる例をよく取る。仁の方法と言うべきである。
E: 가까이에서 견줄 만한 것을 잘 취한다. 인의 방법이라고 말할 만하다.

a: 孔安國曰更[11]爲[ニ,11]子[음합부]貢[一,21]、説[ニ,トク]仁[음합부]者[22]之行[一,음독부,13]也。
b: 孔安國曰更に子貢が爲に、仁者の行を説(トク)。
c: 孔安國(こうあんこく)曰(い)はく、更(さら)に子貢(しこう)が爲(ため)に、仁者(じんしゃ)の行(かう)を說(と)く。
d: 孔安国が言った。さらに子貢のために、仁者の行動について言った。
e: 공안국이 말하기를, 나아가 자공을 위해서 인자의 행동에 대해 말했다.

a: 方[33]道也。
b: 方は道。
c: 方(はう)は道(だう)。
d: 方は道である。
e: 方(방)은 道(도)[방법]이다.

a: 但能近[ク]、取[ニ,ル]譬[13]於巳[一,レ,11]。[268)]
b: 但能近(ク)、譬を巳(レ)に取(ル)。
c: 但(ただ)能(よ)く近(ちか)く、譬(たと)へを己(おのれ)に取(と)る。
d: ただ近くで自分の身にひき比べられる例をよく取る。
e: 단 가까이에서 나 자신에게서 견줄 만한 것을 잘 취한다.

268) 讀點의 위치에 찍혀 있으나 문맥상 句點으로 파악하였다.

a: 皆恕[㆓,オモハカ,31]巳[21]所[㆒,㆑,13]不[㆑]欲[セ]而勿[㆑,レ]施[㆓,13~23]於人[㆒,11]之也

b: 皆巳が欲(セ)不所を恕(オモハカ)て人に施こと勿(レ)

c: 皆(みな)己(おの)が欲(ほっ)せざる所(ところ)を恕(おもんばか)りて、人(ひと)に施(ほどこ)すこと勿(な)かれ。

d: すべて自分自身が望まないところを配慮して、(それを)人にしないようにしなさい。

e: 모두 자기 자신이 원하지 않는 바를 생각하여 (그것을) 남에게 하지 말라.

論語卷第三
經一千七百一十一字
註二千八百二十字

論語集解述而第七

論語述而第七　　　何晏集解　舊卅九章今卅八章

0701

A: 子曰述[ノヘ,31]而不[ㇾ,32]作[サク]、信[シンシ,31]而好[ㇾ,12]古[훈독부,13]。

B: 子曰述(ノヘ)て作(サク)不ず、信(シンシ)て古を好む。

C: 子(し)の曰(のたう)ばく、述(の)べて作(さく)せず、信(しん)じて古(いにしへ)を好(この)む。

D: 先生が言われた。述べるだけで[269](新たに)創作はしない。古を信じて好む。

E: 선생님께서 말씀하시기를, 傳述(전술)할 뿐 (새로) 창작하지는 않는다. 옛것을 믿고 좋아한다.

A: 竊[ヒソカ,11]比[ニ,ヒ,32]於我[13]老[음합부]彭[一,11][270]

B: 竊(ヒソカ)に我を老彭に比(ヒ)す

C: 竊(ひそ)かに我(われ)を老彭(らうはう)に比(ひ)す。

D: ひそかに自分のことを老彭になぞらえる。

E: 넌지시 나를 老彭(노팽)에 견준다.

a: 苞氏曰老[음합부]彭[33]殷[22]賢[음합부]大[음합부]夫也、好[31]述[ニ,フ]古[22]事[一,13]。

b: 苞氏曰老彭は殷の賢大夫、好て古の事を述(フ)。

269) 義疏「述者傳於舊章也, 作者新制禮樂也, 孔子自言, 我但傳述舊章, 而不新制禮樂也」

270) 이 부분의 원문은 텍스트에 따라 「於我老彭」「我於老彭」「於我於老彭」의 세 종류가 있다. 集注는 첫 번째 것을 본문으로 하고 '우리 노팽선생에게 견주다'라고 해석한다. 그러나 고유명사 앞에서 친근함을 나타내는 연체수식어 '우리'에 해당하는 표현으로 논어에서 「吾」는 쓰이지만 「我」는 안 쓰인다는 점을 근거로 하여 集注의 해석을 비판한 것도 있다. 永正本集解와 無跋本集解의 원문은 모두 첫 번째 것으로 되어 있는데 훈독은 '나를 노팽에게 견준다'로 되어 있어서 원문과 훈독이 서로 잘 맞지 않는 듯이 느껴지지만, 「於我老彭」을 '나를 노팽에게 견준다'로 해석하는 게 불가능하지는 않다.

c: 苞氏(はうし)曰(い)はく、老彭(らうはう)は殷(いん)の賢大夫(けんたいふ)。好(この)みて古(いにしへ)の事(こと)を述(の)ぶ。

d: 苞氏が言った。老彭は殷の賢大夫である。好んで古の事を述べた。

e: 포씨가 말하기를, 노팽은 은나라 현명한 대부이다. 즐겨 옛 일을 전술하였다.

a: 我若[ᅾ,シ]老[음합부]彭[ᅳ,22]矣。但述[ノフラク]之耳[ノミ]也

b: 我老彭の若(シ)。但述(ノフラク)耳(ノミ)

c: 我(われ)、老彭(らうはう)の若(ごと)し。但(ただ)述(の)ぶらくのみ。

d: 自分は老彭と同じである。ただ述べるだけである。

e: 나는 노팽과 같다. 그저 전술할 뿐이다.

0702

A: 子曰黙[モタシ,31]而識[シル]之。

B: 子曰黙(モタシ)て識(シル)。

C: 子(し)の曰(のたう)ばく、黙(もだ)して識(し)る。[271)]

D: 先生が言われた。黙って理解する。

E: 선생님께서 말씀하시기를, 묵묵히 안다.

A: 學[マナ,31]而不[ㇾ,32]厭[イトハ]。

B: 學(マナ)て厭(イトハ)不ず。

C: 學(まな)びて厭(いと)はず。

D: 学んで厭わない。

E: 배우되 싫증내지 않는다.

271) 義疏에서 「見事心識而口不言, 謂之默識也」와 같이 기술하고 있는 바와 같이 古注에서는 '알다'라고 해석하였으나, 集注에서 「識記也, 默識謂不言而存諸心也, 一說識知也, 不言而心解也, 前說近是」라고 기술하고 있는 바와 같이 新注는 '기록하다, 기억하다'라고 이해하였다.

A: 誨[㆑,オシヘ,31]人[13]不[㆑,32]倦[ウマ]。

B: 人を誨(オシヘ)て倦(ウマ)不ず。

C: 人(ひと)を誨(をし)へて倦(う)まず。

D: 人を教えて怠らない。

E: 사람을 가르치되 게을리 하지 않는다.

A: 何[ソ]、有[㆓,ル]於我[㆒,11]哉[ヤ]

B: 何(ソ)、我に有(ル)哉(ヤ)

C: 何(なん)ぞ我(われ)に有(あ)るや。[272)]

D: どうして私にあるだろうか。

E: 어찌 내게 (위의 세 가지가) 있겠는가?

a: 鄭玄曰人無[㆑,シ]有[㆓,13~23]是[22]行[㆒]。

b: 鄭玄曰人是の行有こと無(シ)。

c: 鄭玄(ぢゃうぐゑん)曰(い)はく、人(ひと)、是(こ)の行(かう)有(あ)ること無(な)し。

d: 鄭玄が言った。普通の人はこのような行いがない。

e: 정현이 말하기를, 보통 사람은 이러한 행실이 없다.

a: 於[음합부]我[23~33,33]我[レ]獨[リ]有[ソ]之也

b: 於我とは我(レ)獨(リ)有(ソ)

c: 於我(よが)とは、我(われ)獨(ひと)り有(あ)るぞ。

d: 於我とは、自分独りが持っているということである。

e: 於我(어아)란 나 혼자만 지니고 있다는 것이다.

---

272) 義疏에서 「言由我獨有之, 故天下貴有於我也」라고 한 것과 같이 古注는 위의 세 가지가 '세상 사람들에게는 없고 나(공자)에게만 있다'고 파악하였다. 集注는 「言何者能有於我也, 三者已非聖人之極至, 而猶不敢當, 則謙而又謙之辭也」라고 하여 '어느 것도 나에게 없다'고 하였다. 이밖에 '이 세 가지 외에 나에게 무엇이 있겠는가'라고 이해한 해석도 있다.
應永本抄物 「我トハ孔子ノ我ト稱シ玉フ也。此三ノ行ハ世ノ人ニハナキカ、何トシテ我獨ニアルソヤ、ト云リ。一說何ソ有[㆓,ン]於我[㆒]哉トヨム。比(원문그대로임)三行カ世上ノ人ニアラハ、何ソ我ヲ貴フコトアランヤ。世ノ人ニ無シテ、我ハカリニ有ニヨテ、我ヲ人ノ貴ト也。('나'라는 것은 공자께서 나라고 칭하신 것이다. 이 세 가지 행실은 세상 사람들에게는 없는데 어찌 내게만 홀로 있겠느냐고 하신 것이다. 일설에 '어찌 내게 있겠는가'라고 읽는다. '이 세 가지 행실이 세상 사람들에게 있다면 어찌 나를 존귀하게 여기는 일이 있겠는가. 세상 사람들에게 없고 나에게만 있으므로 나를 사람들이 존귀하게 여긴다'는 것이다. 305쪽)」 集注의 해석을 취하여 기술한 후 일설로써 義疏의 해석을 소개하고 있다.

0703

A: 子曰德[13]之不[ㇾ,32]脩[オサメ]也。

B: 子曰徳を脩(オサメ)不ず。

C: 子(し)の曰(のたう)ばく、徳(とく)を修(をさ)めず。

D: 先生が言われた。徳を修めない。

E: 선생님께서 말씀하시기를, 덕을 닦지 않는다.

A: 學[음독부,탁점,13]之不[ㇾ,32]講[음독부[カウ][273]セ]也。

B: 學を講(カウセ)不ず。

C: 學(がく)を講(かう)ぜず。

D: 学問を講究しない。

E: 학문을 연구하지 않는다.

A: 聞[ㇾ]義[13]不[ㇾ,32]能[ㇾ]従[シタカフ,13~23]也。

B: 義を聞従(シタカフ)こと能不ず。

C: 義(ぎ)を聞(き)きて従(したが)ふこと能(あた)はず。[274]

D: 義を聞いても従うことができない。

E: 의를 듣고도 따르지 못한다.

A: 不[ㇾ,13]善[ヨカラ]不[ㇾ,32]能[ㇾ]改[ムル,13~23]也

B: 善(ヨカラ)不を改(ムル)こと能不ず

C: 善(よ)からざるを改(あらた)むること能(あた)はず。

D: 善くないことを改めることができない。

E: 좋지 않은 것을 고치지 못한다.

---

273) 음독부 우측에 「カウ」라고 적혀있다.

274) 본문이 「徙」로 되어 있는 경우가 많다. 集注의 본문도 「徙」이고 「見善能徙」라고 주석을 달고 있다. 「徙」의 경우는 「うつる」라고 훈독할 수 있다. 應永本抄物도 역시 「徙」으로 이해하고 있다.
應永本抄物 「仁義ノコトヲ聞テ、意ヲ徒(원문그대로임)シテ是ニ從フコトナシ。(仁義에 관하여 듣고서 뜻을 옮겨 이것을 따르는 일이 없다. 306쪽)」

A: 是[レ]吾[カ]憂[ウレヘナリ]也

B: 是(レ)吾(カ)憂(ウレヘナリ)

C: 是(これ)、吾(わ)が憂(うれ)へなり。

D: これが私の心配である。

E: 이것이 나의 근심이다.

a: 孔安國曰夫[음합부]子常[11]以[ᆖ,31]此[22]四者[ᆨ,13]爲[ㇾ,32]憂[23~33]也

b: 孔安國曰夫子常に此の四者を以て憂と爲す

c: 孔安國(こうあんこく)曰(い)はく、夫子(ふうし)、常(つね)に此(こ)の四(よ)つの者(もの)を以(も)ちて憂(うれ)へと爲(す)。

d: 孔安国が言った。先生は常にこの四つのことを心配とされた。

e: 공안국이 말하기를, 선생님은 항상 이 네 가지를 근심으로 삼으셨다.

0704

A: 子之燕[음합부]居[セルトキ,11]申[음합부]申[음합부]如[タリ]也。夭[음합부,ヨウ]夭[음합부]如[タリ]也

B: 子燕居(セルトキ)に申申如(タリ)。夭(ヨウ)夭如(タリ)

C: 子(し)の燕居(ゑんきょ)せるときに、申申如(しんしんじょ)たり。夭夭如(えうえうじょ)たり。[275)]

D: 先生は、家におられるとき、のびやかでのんびりなさった。

E: 선생님께서는 집에 계실 때 평온하고 여유로우셨다.

---

275) 義疏「燕居者退朝而居也」集注「燕居間暇無事之時」
應永本抄物「燕居ト閑[居]トノ二アリ。燕居トハ朝庭ヨリ退テ居ヲ云。閑暇無事ノ時也。閑居トハ、燕居ヨリ退テ居ヲ云。燕居ヨリナヲ閑ナル處也。又三人ニ對[タイ]スルヲ燕居ト云。一人ニ對スルヲ閑居ト云義モアリ。(燕居(연거)와 閑居(한거) 두 가지가 있다. 燕居란 조정에서 물러나 거하는 것을 말하며, 한가롭고 사무가 없는 때이다. 閑居란 燕居로부터 물러나 거하는 것을 말하며, 燕居보다도 더욱 한가로운 것이다. 또한 세 사람에 대한 것을 燕居라고 하고, 한 사람에 대한 것을 閑居라고 하는 뜻도 있다. 306쪽)」

a: 馬融曰申[음합부]申夭[음합부]夭[33]和[음합부]舒[シヨ,22]之貌也

b: 馬融曰申申夭夭は和舒(シヨ)の貌

c: 馬融(ばいう)曰(い)はく、申申(しんしん)夭夭(えうえう)は、和舒(くゎしょ)の貌(かたち)。

d: 馬融が言った。申申と夭夭は、のびやかでのんびりとした様子である。

e: 마융이 말하기를, 申申夭夭(신신요요)는 평온하고 여유로운 모양이다.

0705

A: 子曰甚[ハナハタシイ]矣[カナ]、吾[21]衰[オトロヘタル,13~23]也。

B: 子曰甚(ハナハタシイ)矣(カナ)、吾が衰(オトロヘタル)こと。

C: 子(し)の曰(のたう)ばく、甚(はなは)だしいかな、吾(わ)が衰(おとろ)へたること。

D: 先生が言われた。ひどいものだね、私の衰えが。

E: 선생님께서 말씀하시기를, 심하구나, 나의 노쇠함이.

A: 久[シイカナ]矣、吾不[ヨ,ル,13~23]復[タ]夢[ユメ,11]見[ニ,ミ]周[음합부]公[一,13]也

B: 久(シイカナ)、吾復 (タ)夢(ユメ)に周公を見(ミ)不(ル)こと

C: 久(ひさ)しいかな、吾(われ)復(また)夢(ゆめ)に周公(しうこう)を見(み)ざること。

D: 久しいね、私が再び夢に周公を見なくなったことが。

E: 오래되었구나, 내가 다시 꿈에서 주공을 보지 못한 것이.

a: 孔安國曰孔[음합부]子衰[음합부]老[シ,31]不[ヨ,32]復夢[11]見[ニ]周[음합부]公[一,13]也。

b: 孔安國曰孔子衰老(シ)て復夢に周公を見不ず。

c: 孔安國(こうあんこく)曰(い)はく、孔子(こうし)衰老(すいらう)して、復(また)夢(ゆめ)に周公(しうこう)を見(み)ず。

d: 孔安国が言った。孔子が老衰して再び夢に周公を見なかった。

e: 공안국이 말하기를, 공자가 노쇠하여 다시 꿈에서 주공을 보지 못했다.

a: 明[アキラケシ]、盛[훈합부;サカナシ]時[11,33]夢[11]見[ㆁ,ルㄱ]周[음합부]公[ㆀ,13]欲[ㇾ,ホシキ]行[ㆁ,マク]其[훈합부,22]道[ㆀ,13]也

b: 明(アキラケシ)、盛(サカナシ)時には夢に周公を見(ルコト)其の道を行(マク)欲(ホシキ)

c: 明(あき)らけし、盛(さか)んなっし時(とき)には、夢(ゆめ)に周公(しうこう)を見(み)ること、其(そ)の道(みち)を行(おこな)はまく欲(ほっ)しき。

d: 明らかである、盛年の時、夢に周公を見たことは、その道を行おうとしたのだということが。

e: 명백하다, 한창 때 꿈에서 주공을 본 것은 그 도를 행하고자 한 것임이.

0706

A: 子曰志[ㆁ,ネカヒ]於道[ㆀ,13]

B: 子曰道を志(ネカヒ)

C: 子(し)の曰(のたう)ばく、道(だう)を志(ねが)ひ、

D: 先生が言われた。道に志し、

E: 선생님께서 말씀하시기를, 도에 뜻을 두고

a: 志[33]慕也。

b: 志は慕。

c: 志(し)は慕(ぼ)。[276)]

d: 志は慕である。

e: 志(지)는 慕(모)[바라다]이다.

a: 道[33]不[ㇾ,32]可[ㇾ]體[32]。故[11]志[ネカフラク]之而[훈합부,ノミ]已矣也

b: 道は體す可不ず。故に志(ネカフラク)而(ノミ)已

276) 應永本抄物「道ハ形ナキホトニ心ニシタイネカフヘキ也。(도는 형체가 없으므로 마음으로 사모하고 뜻을 두어야 하는 것이다. 309쪽)」

c: 道(だう)は體(てい)すべからず。故(ゆゑ)に志(ねが)ふらくのみ。

d: 道は形にできない。そのため、志すだけである。

e: 도는 형체화 할 수 없다. 따라서 뜻을 둘 따름이다.

A: 據[ᅳ,ヨリ]於徳[ᅳ,11]、

B: 徳に據(ヨリ)、

C: 徳(とく)に據(よ)り、

D: 徳により、

E: 덕에 의거하고,

a: 據[キヨ,33]杖[チヤウ]也。

b: 據(キヨ)は杖(チヤウ)。

c: 據(きょ)は杖(ちゃう)。

d: 拠は杖である。

e: 據(거)는 杖(장)[의거하다]이다.

a: 徳、有[ᅳ,リ]成[음합부,セイ]形[ᅳ,ケイ]。故[11]可[ㇾ]據[ル]也

b: 徳、成(セイ)形(ケイ)有(リ)。故に據(ル)可

c: 徳(とく)、成形(せいけい)有(あ)り。故(ゆゑ)に據(よ)るべし。

d: 徳は形がある。そのため、よりどころとすることができる。

e: 덕은 형체가 있다. 따라서 의거할 수 있다.

A: 依[ᅳ,ヨリ]於仁[ᅳ,11]

B: 仁に依(ヨリ)

C: 仁(じん)に依(よ)り

D: 仁に依り

E: 인에 의지하고

a: 依[イ]倚[イ]也。

b: 依(イ)倚(イ)。

c: 依(い)は倚(い)。

d: 依は倚である。

e: 依(의)는 倚(의)[의지하다]이다.

a: 仁[33]者功[13]施[ㆁ,32]於人[ㆀ,11]。故[11]可[ㆁ]倚[ヨル]之也

b: 仁は功を人に施す。故に倚(ヨル)可

c: 仁(じん)は功(こう)を人(ひと)に施(ほどこ)す。故(ゆゑ)に倚(よ)るべし。

d: 仁は功を人に施す。そのため、よりかかることができる。

e: 인은 공을 사람에게 베푼다. 따라서 의지할 수 있다.

A: 遊[ㆁ,アソフ]於藝[ㆀ,ケイ,11]

B: 藝(ケイ)に遊(アソフ)

C: 藝(げい)に遊(あそ)ぶ。

D: 芸に遊ぶ。

E: 藝(예)에서 노닌다.

a: 藝[33]六[음합부]藝也。

b: 藝は六藝。

c: 藝(げい)は六藝(ろくげい)。

d: 芸は六芸である。

e: 예는 六藝(육예)[277)]이다.

a: 不[ㆁ]足[ㆁ]據[훈합부,ヨリ]依[ㆀ,ルニ]。故[11]曰[ㆁ]遊[フ,23~33]也

b: 據(ヨリ)依(ルニ)足不。故に遊(フ)と曰

c: 據(よ)り依(よ)るに足(た)らず。故(ゆゑ)に遊(あそ)ぶと曰(い)ふ。

d: 依拠するには足りない。そのため、遊ぶという。

e: 의거하고 의지하기에 족하지 않다. 따라서 노닌다고 한 것이다.

277) 禮, 樂, 射, 御, 書, 數.

0707

A: 子曰自[ミツカラ]、行[ㆁ,ツルトキ,33]束[음합부]脩[シウ]以[음합부]上[ㆍ,13]、吾[レ]、未[ㆁ,タ]{ス}嘗[ムカシヨリ]無[ㆍ,ㆁ,クハアラ]誨[オシフル,13~23]焉

B: 子曰自(ミツカラ)、束脩(シウ)以上を行(ツルトキ)は、吾(レ)、未(タ)嘗(ムカシヨリ)誨(オシフル)こと無(クハアラ)未(ス)

C: 子(し)の曰(のたう)ばく、自(みづか)ら束脩(そくしう)以上(いしゃう)を行(おこな)ひつるときは、吾(われ)、未(いま)だ嘗(むかし)より誨(をし)ふること無(な)くんばあらず。

D: 先生が言われた。自ら束脩の礼以上のことを行った時は、私はいまだかつて教えなかったことがない。

E: 선생님께서 말씀하시기를, 스스로 束脩(속수)의 예[278] 이상을 행했을 때는, 나는 일찍이 가르치지 않은 적이 없었다.

a: 孔安國曰言[33]人、能奉[ㆁ,ウケ,31]禮[13]自、行[ㆁ,ツルトキ,33]束[음합부]脩以[음합부]上[ㆍ,13]、則皆教[훈합부,ヘ]誨[フ]之也

b: 孔安國曰言は人、能禮を奉(ウケ)て自、束脩以上を行(ツルトキ)は、則皆教(ヘ)誨(フ)

c: 孔安國(こうあんこく)曰(い)はく、言(いふこころ)は、人(ひと)能(よ)く禮(れい)を奉(う)けて、自(みづか)ら束脩(そくしう)以上(いしゃう)を行(おこな)ひつるときは、則(すなは)ち皆(みな)教(をし)へ誨(をし)ふ。

d: 孔安国が言った。意味はこうである。人がよく礼を奉じて、自ら束脩の礼以上のことを行った時は、すべて教えた。

e: 공안국이 말하기를, 그 뜻은 이러하다. 사람이 잘 예를 받들어 스스로 속수의 예 이상을 행했을 때에는 모두 가르쳤다.

278) 束(속)은 묶음. 脩(수)는 육포. 옛날 스승에게 가르침을 청할 때, 육포 열 개를 묶은 다발을 예물로 바치는 일.

0708

A: 子曰不[㆑,33]憤[フンセ]、不[㆑,32]啓[ケイセ]、不[㆑,33]悱[ヒセ]、不[㆑,32]發[ハツセ]。

B: 子曰憤(フンセ)不ば、啓(ケイセ)不ず、悱(ヒセ)不ば、發(ハツセ)不ず。

C: 子(し)の曰(のたう)ばく、憤(ふん)せずんば啓(けい)せず、悱(ひ)せずんば發(はっ)せず。[279)]

D: 先生が言われた。憤っているのでなければ啓くことをせず、思っていることがうまく言葉にできないのでなければ開き導いてやらない。

E: 선생님께서 말씀하시기를, (학문적인 의문이나 고민으로) 답답해하지 않으면 열어주지 않고, (잘 말하지 못하여) 애태워하지 않으면 틔워주지 않는다.

A: 擧[㆓,アケ,31]一[ヒトツ,22]隅[㆒,スミ,13]而示[シメス,11]之、不[㆘,トキ,33]以[㆓]三[훈합부,22]隅[㆒,スミ,13]反[㆖,ハンセ]、則吾[レ]不[㆑,32]復[マタセ]

B: 一(ヒトツ)の隅(スミ)を擧(アケ)て示(シメス)に、三の隅(スミ)を以反(ハンセ)不(トキ)は、則吾(レ)復(マタセ)不ず

C: 一(ひと)つの隅(すみ)を擧(あ)げて示(しめ)すに、三(み)つの隅(すみ)を以(も)ちて反(はん)せざるときは、則(すなは)ち吾(われ)復(また)せず。

D: 一つの隅をあげて示したのに、三つの隅をもってかえすようでなければ、私はくりかえし教えることをしない。

E: 한 구석을 들어 보였는데 세 구석으로써 반응하지 않으면, 나는 다시 가르치지 않는다.

279) 應永本抄物「啓ハ戶ヲ偏ニカケリ。孔子ノ其ハ此義ヨト云テ、サトサシムルハ、戶ヲ開テ、明ニナルカ如シ。是ヲ啓ト云也。發ハ弓ヲ從タリ。弓ヲ張テ、矢ヲ放ツ時ハ、アタルコトアリ。學者カ悱々トシテ、ロニエイハサルハ、矢ヲ不放シテ、物ニアタラサルカ如シ。孔子ノ其ハ此事ヨトテ、悟ラシムルハ、矢ヲ放テ射アテタルカ如シ。是ヲ發ト云也。(啓(계)라는 글자는 戶(호)를 편으로 적고 있다. 공자께서 그것은 이런 뜻이라고 말씀하시고 깨우치신 것은, 문[戶]을 열어 밝아지는 것과 같다. 이것을 啓라고 하는 것이다. 發(발)이라는 글자는 弓(궁)을 포함하고 있다. 활[弓]을 당겨 화살을 쏘면 들어맞는다. 배우는 자가 답답하여 말하지 못하는 것은 화살을 놓지 않아 사물에 맞지 않는 것과 같다. 공자께서 이것은 이런 뜻이라고 말씀하시고 깨우치신 것은 화살을 쏘아 맞히는 것과 같다. 이것을 發이라고 하는 것이다. 312쪽)」

a: 鄭玄曰孔[음합부]子、與[ㇾ,23~33]人言[モノイフトキニ,11]、必[32]、待[ㆍ,31]其[22]人[22]心[22]憤[음합부,フム]憤[ブン]、口[22]悱[음합부]悱[ㆍ,タル,13]乃[イ]後[11]啓[훈합부,ヒラキ]發[オコシ,31]爲[11]之説[トク]也。[280)]

b: 鄭玄曰孔子、人與と言(モノイフトキニ)に、必ず、其の人の心の憤(フム)憤(ブン)、口の悱悱(タル)を待て乃(イ)後に啓(ヒラキ)發(オコシ)て爲に説(トク)。

c: 鄭玄(ぢやうぐゑん)曰(い)はく、孔子(こうし)、人(ひと)と言(ものい)ふときに、必(かなら)ず其(そ)の人(ひと)の心(こころ)の憤憤(ふんぷん)、口(くち)の悱悱(ひひ)たるを待(ま)ちて、乃(いま)し後(のち)に啓(ひら)き發(おこ)して、ために説(と)く。

d: 鄭玄が言った。孔子は人にものを言ってやるときに、かならずその人の心が憤っていたり、思っていることがうまく言葉にできないのを待って、その後に啓発してその人のために説いてやった。

e: 정현이 말하기를, 공자님께서 다른 사람과 이야기할 때, 반드시 그 사람이 마음으로 답답해하고 입으로 애태워하기를 기다려서, 그런 연후에 열어 일으키시고 (그 사람을) 위해서 말씀하셨다.

a: 如[ㇾ,キ,33]此[22]、則識[훈합부,リ]思[13~23,22]之深[ナリ]也。[281)]

b: 此の如(キ)は、則識(リ)思ことの深(ナリ)。

c: 此(か)くの如(ごと)きは、則(すなは)ち識(し)り思(おも)ふことの深(ふか)きなり。

d: このようにすれば、知識や思考が深まる。

e: 이와 같이 하면, 알고 생각함이 깊어진다.

a: 説[トクトキ,33]則擧[ㆍ,31]一[음합부]隅[ㆍ,13]以[31]語[ルニ]之、[282)]其人不[ㇾ,トキ,33]思[ㆍ,ハ]其類[ㆍ,タクヒ,13]、則不[ㆍ,ス]復重[31]教[ㆍ,ヘ]之也

b: 説(トクトキ)は則一隅を擧て以て語(ルニ)、其人其類(タクヒ)を思(ハ)不(トキ)は、則復重て教(ヘ)不(ス)

c: 説(と)くときは、則(すなは)ち一隅(いちぐう)を擧(あ)げて以(も)ちて語(かた)るに、其(そ)の人(ひと)其(そ)の類(たぐひ)を思(おも)はざるときは、則(すなは)ち復(また)重(かさ)ねて教(をし)へず。

280) 讀點의 위치에 찍혀 있으나 문맥상 句點으로 파악하였다.
281) 讀點의 위치에 찍혀 있으나 문맥상 句點으로 파악하였다.
282) 句點의 위치에 찍혀 있으나 가나점과의 호응상 讀點으로 파악하였다.

d: 説明する時は一つの隅をあげて語るのに対し、その人がその類例のことを考えない時は、くりかえしてそれ以上のことを教えなかった。

e: 설명할 때에는 한 구석을 들어서 말했는데, 그 사람이 그러한 종류의 것을 생각하지 못할 때에는, 다시 반복하여 가르치지 않았다.

0709

A: 子食[ᅳ,ショクシツルトキ,33]於有[ᅡ]喪[モ]、者[ヒト,22]之側[ᅳ,カタハラ,11]、[283]末[ᅳ,タ]{ス}嘗[ムカシヨリ]飽[ᅳ,アクマテニセ]也。

B: 子喪(モ)有、者(ヒト)の側(カタハラ)に食(ショクシツルトキ)は、末(タ)嘗(ムカシヨリ)飽(アクマテニセ)末(ス)。

C: 子(し)、喪(も)有(あ)る者(ひと)の側(かたは)らに食(しょく)しつるときは、未(いま)だ嘗(むかし)より飽(あ)くまでにせず。

D: 先生は、喪に服している人のそばで食事をなさる時は、決して満腹になるまで召し上がらなかった。

E: 선생님은 상을 당한 사람 옆에서 식사를 하실 때에는 배부를 때까지 드신 적이 없었다.

A: 子於是[훈합부]日[ニシ,31]也哭[コクシツルトキ,33]則不[ᅡ,ス,32]歌[ウタウタ]

B: 子是日(ニシ)て哭(コクシツルトキ)は則歌(ウタウタ)不(ス)ず

C: 子(し)、是(こ)の日(ひ)にして、哭(こく)しつるときは、則(すなは)ち歌(うたうた)はず。

D: 先生は、声をあげて哭かれた日には、歌われなかった。

E: 선생님은 곡을 하신 날에는 노래를 부르지 않으셨다.

a: 喪[33]者哀[음합부]戚[セキス]。

b: 喪は哀戚(セキス)。

283) 句點의 위치에 찍혀 있으나 문맥상 讀點으로 파악하였다.

c: 喪(も)は哀戚(あいせき)す。

d: 喪に服している人は哀しんでいる。

e: 상을 당한 이는 슬퍼하고 있다.

a: 飽[マテニシ,31]食[ᅳ,スル,33]於其[22]側[ᅳ,11]、是無[ᅳ,ナリ]惻[훈합부,イタミ]隱[イタム]之心[ᅳ]之也

b: 飽(マテニシ)て其の側に食(スル)は、是惻(イタミ)隱(イタム)心無(ナリ)

c: 飽(あ)くまでにして其(そ)の側(かたは)らに食(しょく)するは、是(これ)惻(いた)み隱(いた)む心(こころ)無(な)きなり。

d: そのそばで満腹になるまで食事をすることは、惻隠の心がないことである。

e: (그런데) 그 옆에서 배부를 때까지 식사를 하는 것은 惻隱之心(측은지심)[284)]이 없는 것이다.

0710

A: 子謂[ᅳ,31]顔[음합부]淵[ᅳ,11]曰[22]用[モチヰルトキ,33]之則行[フ]。

B: 子顔淵に謂て曰の用(モチヰルトキ)は則行(フ)。

C: 子(し)、顔淵(がんゑん)に謂(い)ひて曰(のたう)ばく、用(もち)ゐるときは、則(すなは)ち行(おこな)ふ。

D: 先生が顔淵に言われた。用いられる時は行う。

E: 선생님께서 顔淵(안연)에게 일러 말씀하시기를, 등용하면 행한다.

A: 舍[スツルトキ,33]之則藏[カクル]。

B: 舍(スツルトキ)は則藏(カクル)。

C: 舍(す)つるときは、則(すなは)ち藏(かく)る。

284) 四端(사단)의 하나. 가엾고 애처롭게 여기는 마음.

D: 捨てられる時は隠れる。

E: 버리면 숨는다.

A: 唯[タヽ]我[レト]與[㆑,23~33]爾[ナンチ]、有[㆑,ル]是[コレ]夫[カナ]

B: 唯(タタ)我(レト)爾(ナンチ)與と、是(コレ)有(ル)夫(カナ)

C: 唯(ただ)我(われ)と爾(なんぢ)と、是(これ)有(あ)るかな。

D: ただ私と君だけにできることだね。

E: 오직 나와 너만이 할 수 있는 일이지.

a: 孔安國曰言[33]可[㆑,トキ,33]行[フ]、則行[フ]、可[㆑,トキ,33]止[ヤム]則止[ヤム]

b: 孔安國曰言は行(フ)可(トキ)は、則行(フ)、止(ヤム)可(トキ)は則止(ヤム)

c: 孔安國(こうあんこく)曰(い)はく、言(いふこころ)は、行(おこな)ふべきときは、則(すなは)ち行(おこな)ふ。止(や)むべきときは、則(すなは)ち止(や)む。

d: 孔安国が言った。意味はこうである。行うべき時は行う。止めるべき時は止める。

e: 공안국이 말하기를, 그 뜻은 이러하다. 행할 만하면 행한다. 그만둘 만하면 그만둔다.

a: 唯我[23~33]與[㆓,23~33,33]顔[음합부]淵[㆒]、同[シカラク]{シキ}耳[ノミ]也

b: 唯我と顔淵與とは、同(シカラク)耳(ノミ)

c: 唯(ただ)我(われ)と顔淵(がんゑん)とは同(おな)じからくのみ。

d: ただ私と顔淵だけが同じである。

e: 오직 나와 안연만이 같다.

0711

A: 子[음합부]路曰、子行[㆓,オコナハムトキ,33]三[음합부]軍[㆒,13]、則誰[タレ,23~33]與[トモニカセン]

B: 子路曰、子三軍を行(オコナハムトキ)は、則誰(タレ)と與(トモニカセン)

C: 子路(しろ)曰(い)はく、子(し)、三軍(さんくん)を行(おこな)はんときは、則(すなは)ち誰(たれ)と與(とも)にかせん。

D: 子路が言った。先生が三軍を率いることになれば、誰とともになさいますか。

E: 子路(자로)가 말하기를, 선생님께서 삼군을 부리시게 된다면, 누구와 함께 하시겠습니까?

a: 孔安國曰大[음합부]國[33]三[음합부]軍。

b: 孔安國曰大國は三軍。

c: 孔安國(こうあんこく)曰(い)はく、大國(たいこく)は三軍(さむくん)。

d: 孔安国が言った。大国には三軍がある。

e: 공안국이 말하기를, 대국에는 삼군이 있다.

a: 子[음합부]路、見[三,31]孔[음합부]子[22]獨[リ]、美[二,ホムル,13]顔[음합부]淵[一,13]

b: 子路、孔子の獨(リ)、顔淵を美(ホムル)を見て

c: 子路(しろ)、孔子(こうし)の獨(ひと)り、顔淵(がんゑん)を美(ほ)むるを見(み)て

d: 子路は、先生が専ら顔淵をほめることを見て

e: 자로가 선생님께서 오직 안연을 칭찬하시는 것을 보고

a: 以[훈합부,下]為[ヘラク]{ヘリ}、己有[삭제부[285)]]勇[アリ]、至[三,31,33]於夫[음합부]子[22]為[二,タラン,11]三[음합부]軍[22]將[一]、亦當[中,11]{ヘシト}唯有[삭제부]與[レ,23~33]已、俱[上,トモナル]。

b: 以為(ヘラク)、己勇(アリ)、夫子の三軍の將爲(タラン)に至ては、亦當に唯已與と俱(トモナル)當(ヘシト)以為(ヘリ)。

c: 以爲(おも)へらく、己(おのれ)勇(いう)あり、夫子(ふうし)の三軍(さむくん)の將(しゃう)たらんに至(いた)りては、亦(また)當(まさ)に唯(ただ)己(おのれ)と俱(とも)なるべしといへり。

d: 自分は勇気があるから、先生が三軍の将軍になった時は、当然自分とともにするだろうと思ったのである。

e: 나는 용기가 있으니 선생님께서 삼군의 대장이 되신다면, 오직 자신과 함께 하실 것이라고 생각한 것이다.

---

285) 글자 가운데에 붉은 원이 그려져 있다.

a: 故[11]發[〻,ス]此[22]問[〻,フム,13]也

b: 故に此の問(フム)を發(ス)

c: 故(ゆゑ)に此(こ)の問(ぶん)を發(はっ)す。

d: それでこのような質問をした。

e: 그래서 이러한 질문을 하였다.

A: 子曰暴[음합부,ホウ]虎[コ]、憑[음합부,ヒヨウ]河[カシ,31]死[シヌトモ]、而、無[ㇾ,ナカラン]悔[クイ]者[モ,11,33]吾[33]不[ㇾ,シ]與[クミセ]也

B: 子曰暴(ホウ)虎(コ)、憑(ヒヨウ)河(カシ)て死(シヌトモ)、而、悔(クイ)無(ナカラン)者(モ)には吾は與(クミセ)不(シ)

C: 子(し)の曰(のたう)ばく、暴虎(ほうこ)憑河(ひょうか)して、死(し)ぬとも、而(しか)も、悔(く)い無(な)からんものには、吾(われ)は與(くみ)せじ。

D: 先生が言われた。素手で虎を捕らえようとしたり、徒歩で大河を渡ろうとしたりして、死んでも後悔しないようなものとは、私はともにしないだろう。

E: 선생님께서 말씀하시기를, 맨손으로 범을 잡고 맨몸으로 강을 건너려다가 죽더라도 후회하지 않을 사람과는 나는 함께 하지 않을 것이다.

a: 孔安國曰暴虎[33]徒[タヽ,11]搏[ウツソ]也

b: 孔安國曰暴虎は徒(タタ)に搏(ウツソ)

c: 孔安國(こうあんこく)曰(い)はく、暴虎(ほうこ)は徒(ただ)に搏(う)つぞ。

d: 孔安国が言った。暴虎は(虎を)素手で捕らえることである。

e: 공안국이 말하기를, 暴虎(포호)는 (범을) 맨손으로 때려잡는 것이다.

a: 憑[음합부]河[33]徒[11]渉[ワタルソ]也

b: 憑河は徒に渉(ワタルソ)

c: 憑河(ひょうか)は徒(ただ)に渉(わた)るぞ。

d: 憑河は徒歩で渡ることである。

e: 憑河(빙하)는 맨몸으로 건너는 것이다.

A: 必[32]也臨[ㇾ,ノソン,31]事[コトニ,11]而懼[オソリ]、好[ㇾ,コノンテ,31]謀[ハカリコト,13]而成[ナサン]者[モノナリ]也

B: 必ず事(コトニ)に臨(ノソン)で懼(オソリ)、謀(ハカリコト)を好(コノンテ)で成(ナサン)者(モノナリ)

C: 必(かなら)ず事(こと)に臨(のぞ)んで懼(おそ)り、謀(はかりごと)を好(この)んで成(な)さん者(もの)なり。

D: かならず事に臨んで恐れ、はかりごとを好んでなす者である。

E: 반드시 일에 임하여 두려워하고, 계획하기를 좋아하여 이루는 사람이다. (그런 사람과 함께 하겠다.)

0712

A: 子曰富[훈독부]、而[モ]、可[ㇾ,ク,33]求[モトメツ]也、雖[ニ,フトモ]執[음합부,シツ]鞭[ヘン,22]之士[一,23~33]、吾[レ]亦爲[セン]之

B: 子曰富、而(モ)、求(モトメツ)可(ク)ば、執(シツ)鞭(ヘン)の士と雖(フトモ)、吾(レ)亦爲(セン)

C: 子(し)曰(のたう)ばく、富(とみ)、而(しか)も、求(もと)めつべくんば、執鞭(しつべん)の士(し)といふとも、吾(われ)亦(また)爲(せ)ん。

D: 先生が言われた。富が求めて得られるものなら、鞭を取る(賎しい)役目[286]でも、私はつとめよう。

E: 선생님께서 말씀하시기를, 부가 구해서 얻을 수 있는 것이라면, 채찍을 잡는 자(와 같이 천한 일이)라도 나는 하겠다.

a: 鄭玄[21]曰富[훈합부]貴[ハ]不[ㇾ,32]可[ニ]求[メ,31]而得[一]者[삭제부]也

b: 鄭玄が曰富貴(ハ)求(メ)て得可不ず

c: 鄭玄(ぢゃうぐゑん)が曰(い)はく、富(と)み貴(たっと)きは求(もと)めて得(う)べからず。

d: 鄭玄が言った。富貴は求めて得られるものではない。

e: 정현이 말하기를, 부귀는 구해서 얻을 수 있는 것이 아니다.

286) 「執鞭(집편)」에 대해서는 '마부'로 이해하기 쉬우나, 귀인이 행차할 때 앞에서 길을 여는 역할을 하던 사람, 즉 일본어로 「露払い」로 보는 것이 일반적인 견해이다.

a: 當[ㆁ,11]{ヘシ}修[ㇾ,メ,31]徳[13]以[31]得[ㆀ]之矣

b: 當に徳を修(メ)て以て得當(ヘシ)

c: 當(まさ)に德(とく)を修(をさ)めて以(も)ちて得(う)べし。

d: 徳を修めて得られるものである。

e: 덕을 닦음으로써 얻을 수 있는 것이다.

a: 若於[ㇾ,オイテ]道[11]、可[ㇾ,クム,33]求[メツ]者、雖[ㆁ,フトモ]執[ㇾ,トル]鞭[ムチ,13]、賤[훈합부,シキ]職[ㆀ,ツトメ,23~33]、我亦爲[セ,12]之矣

b: 若道に於(オイテ)、求(メツ)可(クム)ば、鞭(ムチ)を執(トル)、賤(シキ)職(ツトメ)と雖(フトモ)、我亦爲(セ)ん

c: 若(も)し道(だう)に於(おい)て、求(もと)めつべくんば、鞭(むち)を執(と)る賤(いや)しき職(つと)めといふとも、我(われ)亦(また)爲(せ)ん。

d: もし道において、(富貴が)求めて得られるのなら、鞭を取る賎しい役目でも、私はつとめよう。

e: 만일 도에 입각하여 (부귀가) 구해서 얻을 수 있는 것이라면, 채찍을 잡는 천한 일이라고 하더라도, 나는 하겠다.

A: 如[モシ]不[ㇾ,33]可[ㇾ]求[モトム]、者[삭제부]從[ㆁ,ハ,12]吾[21]所[ㆀ,ㇾ,11]好[コノ,12]

B: 如(モシ)求(モトム)可不ば、吾が好(コノ)む所に從(ハ)ん

C: 如(も)し求(もと)むべからずんば、吾(わ)が好(この)む所(ところ)に從(したが)はん。

D: もし求めて得られないのなら、私の好むところに従おう。

E: 만일 구해서 얻을 수 없는 것이라면, 나는 내가 좋아하는 바에 따르겠다.

a: 孔安國曰所[ㇾ,23~33,33]好者古[음합부]人[22]之道[ナリ]也

b: 孔安國曰好所とは古人の道(ナリ)

c: 孔安國(こうあんこく)曰(い)はく、好(この)む所(ところ)とは、古人(こじん)の道(だう)なり。

d: 孔安国が言った。好むところとは、古人の道である。

e: 공안국이 말하기를, 좋아하는 바란 옛 사람의 도이다.

0713

A: 子[22]之所[ㇾ,33]慎[ツヽシム]、齊[サイ]、戰[セン]、疾[シツ]、

B: 子の慎(ツツシム)所は、齊(サイ)、戰(セン)、疾(シツ)、

C: 子(し)の愼(つつし)む所(ところ)は、齊(さい)、戰(せん)、疾(しつ)。

D: 先生が慎しまれたところは、ものいみと戦争と疾病とである。

E: 선생님께서 조심하신 바는, 齋戒(재계)와 전쟁과 질병이었다.

a: 孔安國曰此[22]三[33]者人[22]所[ㇾ,ナリ]不[ㇾ]能[ㇾ]慎[13~23]。而夫[음합부]子能[삭제부]慎[メリ]之也

b: 孔安國曰此の三は人の慎こと能不所(ナリ)。夫子慎(メリ)

c: 孔安國(こうあんこく)曰(い)はく、此(こ)の三(み)つは、人(ひと)の愼(つつし)むこと能(あた)はざる所(ところ)なり。夫子(ふうし)愼(つつし)めり。

d: 孔安国が言った。この三つは(当時の)人が慎めなかったところである。先生は慎しんだ。

e: 공안국이 말하기를, 이 세 가지는 (당시의) 사람들이 조심하지 못한 바이다. 선생님은 조심하셨다.

0714

A: 子、在[ㇾ,マシ,31]齊[11]聞[ニ,キイ,31]韶[음합부,セウ]樂[一,13]三[음합부]月、不[ㇾ,32]知[ニ,シラ]肉[훈합부,シヽ,22]味[一,アチハヒ,13]

B: 子、齊に在(マシ)て韶(セウ)樂を聞(キイ)て三月、肉(シシ)の味(アチハヒ)を知(シラ)不ず

C: 子(し)、齊(せい)に在(ま)して、韶樂(せうがく)を聞(き)いて三月(さむぐゑつ)、肉(しし)の味(あぢ)はひを知(し)らず。

D: 先生は、斉の国に滞在しておられた時、韶の音楽を聞いて、三ヶ月間肉のうま味を感じることができなかった。

E: 선생님께서 齊(제)나라에 계시면서 韶樂(소악)을 들으시고 석 달 동안 고기 맛을 모르셨다.

a: 周生烈曰孔[음합부]子、在[ㇾ,マシ,31]齊[11]聞[ㇾ,ク]習[ㆁ,ナラハス,13]韶[음합부]樂[22]之盛[음합부]美[ㆀ,13]

b: 周生烈曰孔子、齊に在(マシ)て韶樂の盛美を習(ナラハス)を聞(ク)

c: 周生烈(しうせいれつ)曰(い)はく、孔子(こうし)、齊(せい)に在(ま)して、韶樂(せうがく)の盛美(せいび)を習(なら)はすを聞(き)く。

d: 周生烈が言った。孔子が斉の国に滞在していた時、盛大で優美な韶の音楽を習わすことを聞いた。

e: 주생렬이 말하기를, 공자께서 제나라에 있으면서, 성대하고 아름다운 소악을 익히는 것을 들었다.

a: 故[11]忘[ㆁ,タリ]於肉[훈합부,22]味[ㆀ,13]也

b: 故に肉の味を忘(タリ)

c: 故(ゆゑ)に肉(しし)の味(あぢ)はひを忘(わす)れたり。

d: そのため、肉の味を忘れた。

e: 그래서 고기 맛을 잊으셨다.

A: 曰[22]不[ㇾ,サリキ]圖[ハカラ]、為[ㇾ,オコス,13~23,22]樂[カク,13]之至[ㆁ,イタラント云,13~23,13]於斯[ㆀ,11]也

B: 曰の圖(ハカラ)不(サリキ)、樂 (カク)を為(オコス)ことの斯に至(イタラントイフ)ことを

C: 曰(のたう)ばく、圖(はか)らざりき、樂(がく)を爲(おこ)すことの、斯(ここ)に至(いた)らんといふことを。

D: 言われた。思いもよらなかった、音楽を演奏することがここまでに至るということを。

E: 말씀하시기를, 생각하지 못했다, 음악을 일으킴이 여기에 이르리라고 하는 것을.

a: 王肅曰為[イ,33]作[サ]也。

b: 王肅曰為(イ)は作(サ)。

c: 王肅(わうしく)曰(い)はく、爲(ゐ)は作(さ)。

d: 王粛が言った。為は作である。

e: 왕숙이 말하기를, 爲(위)는 作(작)[일으키다]이다.

a: 不[レ,サリキ]圖。作[ニ,オコス,13~23,22]韶[음합부]樂[一]至[ニ,ラント云,13~23,13]於此[一,11]

b: 圖不(サリキ)。韶樂作(オコス)ことの此に至(ラントイフ)ことを

c: 圖(はか)らざりき。韶樂(せうがく)を作(おこ)すことの、此(ここ)に至(いた)らんといふことを。

d: 思いもよらなかった。韶楽を演奏することがここまでに至るということを。

e: 생각지 못했다, 소악을 일으킴이 여기에 이르리라고 하는 것을.

a: 此[23~33,33]齊[セヒソ]也

b: 此とは齊(セヒソ)

c: 此(ここ)とは齊(せい)ぞ。

d: こことは斉である。

e: 여기라는 것은 제나라이다.

0715

A: 冉[음합부]有曰夫[음합부]子[33]為[ニ,タスケン]衛[훈합부,22]君[一,13]乎[ヤ]

B: 冉有曰夫子は衛の君を為(タスケン)乎(ヤ)

C: 冉有(ぜむいう)曰(い)はく、夫子(ふうし)は衛(ゑい)の君(きみ)を爲(たす)けんや。

D: 冉有が言った。先生は衛の君主を助けるだろうか。

E: 冉有(염유)가 말하기를, 선생님은 衛(위)나라 군주를 도우실까?

a: 孔安國曰為[33]猶[ㇾ]{シ}助[シヨ,22]也。

b: 孔安國曰為は猶助(シヨ)の猶(シ)。

c: 孔安國(こうあんこく)曰(い)はく、爲(ゐ)は猶(なほ)助(しょ)のごとし。

d: 孔安国が言った。為は助のような意味である。

e: 공안국이 말하기를, 爲(위)는 助(조)[돕다]와 같다.

a: 衛[22]君[23~33,33]者謂[ㇾ]輙[13]也。

b: 衛の君とは輙を謂。

c: 衛(ゑい)の君(きみ)とは、輒(てふ)を謂(い)ふ。

d: 衛の君主とは輒をいう。

e: 위나라 군주라는 것은 輒(첩)을 말한다.

a: 衛[22]霊[음합부]公、逐[ニ,オフ]太[음합부]子[22]蒯[음합부,クワイ]聵[一,クワイ,13]。

b: 衛の霊公、太子の蒯(クワイ)聵(クワイ)を逐(オフ)。

c: 衛(ゑい)の靈公(れいこう)、太子(たいし)の蒯聵(くゎいぐゎい)を逐(お)ふ。

d: 衛の霊公が、太子の蒯聵を追い出した。

e: 위나라 靈公(영공)이 태자 蒯聵(괴외)를 쫓아냈다.

a: 公、薨[コウジ,31]而立[ニ,ツ]孫[ノ]輒[一,テフ,13]也。[287)]

b: 公、薨(コウジ)て孫(ノ)輒(テフ)を立(ツ)。

c: 公(こう)、薨(こう)じて孫(まご)の輒(てふ)を立(た)つ。

d: 霊公が崩御し、孫である輒が立てられた。

e: 영공이 붕어하고 손자인 첩을 세웠다.

a: 後[ニ]晉[22]趙[음합부,テウ]鞅[ヤウ]、納[ニ,イル]蒯[음합부]聵[인명부,13]于戚[一,セキ,11]。[288)]

b: 後(ニ)晉の趙(テウ)鞅(ヤウ)、蒯聵を戚(セキ)に納(イル)。

c: 後(のち)に晋(しん)の趙鞅(ちょうよう)、蒯聵(くゎいぐゎい)を戚(せき)に納(い)る。

287) 讀點의 위치에 찍혀 있으나 문맥상 句點으로 파악하였다.

288) 讀點의 위치에 찍혀 있으나 문맥상 句點으로 파악하였다.

d: 後に晋の趙鞅、蒯聵を戚の地に入れた。

e: 후에 晉(진)나라 趙鞅(조앙)이 괴외를 戚(척) 땅에 들였다.

a: 衛[22]石[음합부]曼[음합부,マン]姑[인명부,コ]、帥[ㇾ,ヒキヰテ]師[イクサ,13]圍[ㇾ,12]之[ヲ]。

b: 衛の石曼(マン)姑(コ)、師(イクサ)を帥(ヒキヰテ)之(ヲ)圍む。

c: 衛(ゑい)の石曼姑(せきばんこ)、師(いくさ)を帥(ひきゐ)て之(これ)を圍(かこ)む。

d: 衛の石曼姑が軍隊を率いて、これを囲んだ。

e: 위나라 石曼姑(석만고)가 군사를 이끌고 이를 에워쌌다.

a: 故[11]問[フ]、其[22]意、助[ㇾ,タスケンヤ]輒[13]否[イナ]乎[ヤ]

b: 故に問(フ)、其の意、輒を助(タスケンヤ)否(イナ)乎(ヤ)

c: 故(ゆゑ)に問(と)ふ、其(そ)の意(い)、輒(てふ)を助(たす)けんや否(いな)や。

d: そのため聞いた。先生の意向が輒を助けることにあるのか否かを。

e: 그래서 물었다, 선생님의 의향이 첩을 돕는 것인지 아닌지를.

A: 子貢曰、諾[タク]。吾[レ]將[ㇾ,マサ,11]{ス}問[トハン,23~33]之。[289)]

B: 子貢曰、諾(タク)。吾(レ)將(マサ)に問(トハン)と將(ス)。

C: 子貢(しこう)曰(い)はく、諾(だく)。吾(われ)將(まさ)に問(と)はんとす。

D: 子貢が言った。よろしい。私がうかがってみよう。

E: 자공이 말하기를, 좋다. 내가 여쭈어 보겠다.

A: 入[31]曰[イ]、伯[음합부]夷[인명부]、叔[음합부]齊[인명부,33]、何[훈합부]人[ソ]也。

B: 入て曰(イ)、伯夷、叔齊は、何人(ソ)。

C: 入(い)りて曰(い)はく、伯夷(はくい)・叔齊(しくせい)は、何人(なにびと)ぞ。

D: 入っていった。伯夷と叔斉は、どんな人ですか。

E: 들어가서 말하기를, 백이와 숙제는 어떤 사람입니까?

A: 子曰古[22]之賢[음합부]人[ナリ]也。[290)]

B: 子曰古の賢人(ナリ)。

---

289) 讀點의 위치에 찍혀 있으나 문맥상 句點으로 파악하였다.

290) 讀點의 위치에 찍혀 있으나 문맥상 句點으로 파악하였다.

C: 子(し)の曰(のたう)ばく、古(いにしへ)の賢人(けんじん)なり。

D: 先生が言われた。古の賢人である。

E: 선생님께서 말씀하시기를, 옛 현인이다.

A: 曰[イ]、怨[ウラミアリキ]乎[ヤ]。

B: 曰(イ)、怨(ウラミアリキ)乎(ヤ)。

C: 曰(い)はく、怨(うら)みありきや。

D: 言った。怨みがありましたか。

E: 말하기를, 원망[291]이 있었습니까?

A: 曰求[レ,31]仁[13]而得[レ,タリ]仁[13]。又何[ナム,22]怨[ウラミカアラン]乎[ヤ]

B: 曰仁を求て仁を得(タリ)。又何(ナム)の怨(ウラミカアラン)乎(ヤ)

C: 曰(のたう)ばく、仁(じん)を求(もと)めて仁(じん)を得(え)たり。又(また)何(なん)の怨(うら)みかあらんや。

D: 言われた。仁を求めて仁を得た。また何の怨みがあるだろうか。

E: 말씀하시기를, 인을 구하여 인을 얻었다. 또 무슨 원망이 있겠는가?

a: 孔安國曰夷[인명부]、齊[인명부]、讓[レ,31]國[13]遠[훈합부,ク]去[31]終[ニ,へリ]於餓[훈합부,ウヘ]死[一,ル,11]。[292]

b: 孔安國曰夷、齊、國を讓て遠(ク)去て餓(ウヘ)死(ル)に終(ヘリ)。

c: 孔安國(こうあんこく)曰(い)はく、夷(い)、齊(せい)、國(くに)を讓(ゆづ)りて遠(とほ)く去(さ)りて餓(う)ゑ死(し)ぬるに終(を)へり[293]。

d: 孔安国が言った。夷と斉は、国を譲って遠く去り飢え死にしてしまった。

e: 공안국이 말하기를, 백이와 숙제는 나라를 양보하고 멀리 떠나서 굶어 죽어버렸다.

291) 義疏에는 「怨恨也」, 集注에는 「怨猶悔也」라고 되어 있다. 특정한 대상에 대한 원망 또는 자신의 과거의 행동에 대한 후회라는 두 가지 해석이 가능할 것이다.

292) 讀點의 위치에 찍혀 있으나 문맥상 句點으로 파악하였다.

293) 「終」에는 「へり」라는 훈점이 달려 있다. 의미상으로는 「しまふ」에 가깝고 이것에 완료조동사 「り」가 결합한 형태인 「しまへり」로 훈독하면 좋을 듯하지만, 한문훈독의 보수적인 성격에서 볼 때 「終」을 「しまふ」로 읽었을 가능성은 희박하다고 판단하여 무리가 있기는 하지만 「をへり」라고 읽었다.

a: 故[11]問[フ]怨[アリキ]乎[ヤ]。

b: 故に問(フ)怨(アリキ)乎(ヤ)。

c: 故(ゆゑ)に問(と)ふ。怨(うら)みありきや。

d: そのため聞いた。怨みがありましたか。

e: 그래서 물었다. 원망이 있었습니까?

a: 以[ㇾ,31]讓[リヲ]為[ㇾ,32]仁[13]。豈怨[アラン]乎[ヤ]

b: 讓(リヲ)以て仁を為す。豈怨(アラン)乎(ヤ)

c: 讓(ゆづ)りを以(も)ちて仁(じん)を爲(な)す。豈(あに)怨(うら)みあらんや。

d: 譲ることによって仁を行った。どうして怨みがあるだろうか。

e: 양보함으로써 인을 행하였다. 어찌 원망이 있었겠는가?

A: 出[31]曰[イ]、夫[음합부]子[33]不[ㇾ,シ]為[タスケ]也

B: 出て曰(イ)、夫子は為(タスケ)不(シ)

C: 出(い)でて曰(い)はく、夫子(ふうし)は爲(たす)けじ。

D: 退室して言った。先生は助けないだろう。

E: 나와서 말하기를, 선생님은 돕지 않을 것이다.

a: 鄭玄曰父[음합부]子爭[ㇾ,アラソフ,33]國[13]、悪[음합부]行[ナリ]也。

b: 鄭玄曰父子國を爭(アラソフ)は、悪行(ナリ)。

c: 鄭玄(ぢゃうぐゑん)曰(い)はく、父子(ふし)國(くに)を爭(あらそ)ふは、惡行(あくかう)なり。

d: 鄭玄が言った。父子が国を争うのは悪行である。

e: 정현이 말하기를, 父子(부자)가 나라를 놓고 다투는 것은 악행이다.

a: 孔[음합부]子以[ニ,31]伯[음합부]夷叔[음합부]齊[一,13]為[ニ]賢[シ,11,31]且仁[一,アリ,23~33]。[294]

b: 孔子伯夷叔齊を以て賢に(シ)て且仁(アリ)と為。

c: 孔子(こうし)、伯夷(はくい)・叔齊(しくせい)を以(も)ちて、賢(けん)にして且(か)つ仁(じん)ありと爲(す)。

294) 讀點의 위치에 적혀 있으나 문맥상 句點으로 파악하였다.

d: 先生は伯夷と叔斉を賢明で仁であるとした。

e: 공자께서는 백이와 숙제를 현하고 또한 인하다고 여겼다.

a: 故[11]知[ヌ]不[ㇾ,ト云,13~23]助[ニ,シ]衛[훈합부,22]君[一,ヲ]明[アキラケシ]也

b: 故に知(ヌ)衛の君(ヲ)助(シ)不(トイフ)こと明(アキラケシ)

c: 故(ゆゑ)に知(し)りぬ。衛(ゑい)の君(きみ)を助(たす)けじといふこと、明(あき)らけし。

d: そのため知った。衛の君主を助けないだろうということが明らかである。

e: 그래서 알았다. 위나라 군주를 돕지 않으리라는 것이 분명하다.

0716

A: 子[22]曰[22]飯[ニ,クラヒ]蔬[음합부,ソ]食[一,シ,13]、飲[ㇾ,ノミ]水[13]、[295]曲[ㇾ,マケ,31]肱[ヒチ,13]而枕[マクラトシ,31]之樂[タノシム,13~23]亦、在[ニ,リ]其[22]中[一,11]矣

B: 子の曰の蔬(ソ)食(シ)を飯(クラヒ)、水を飲(ノミ)、肱(ヒチ)を曲(マケ)て枕(マクラトシ)て樂 (タノシム)こと亦、其の中に在(リ)

C: 子(し)の曰(のたう)ばく、蔬食(そし)を飯(くら)ひ、水(みづ)を飲(の)み、肱(ひぢ)を曲(ま)げて枕(まくら)として樂(たの)しむこと、亦(また)其(そ)の中(なか)に在(あ)り。[296]

D: 先生が言われた。粗末な食事をし、水を飲み、肱をまげて枕にする。楽しみはまたその中にもある。

E: 선생님께서 말씀하시기를, 거친 밥을 먹고 물을 마시며 팔을 굽혀 베개를 삼으니, 즐거움이 또한 그 가운데에 있다.

295) 句點의 위치에 찍혀 있으나 문맥상 讀點으로 파악하였다.

296) 經典釋文「食如字, 謂菜食, 一音嗣, 飯也」集注「食音嗣」
應永本抄物「飯ハ猶[ㇾ]食也。疏食ハ菜食トテ、野菜食トテ、野菜食物也。近注ニハ、麁飯也、ト注シテ、ソサフナル食物也。(飯(반)은 食(사)와 같다. 疏食(소사)는 菜食(채사)이며 野菜食(야채사)라고 하여 채소로 만든 음식이다. 近注(근주)에는 麤飯(추반)이라고 주석하였는데 거친 음식을 말한다. 326쪽)」

a: 孔安國曰蔬[음합부]食[33]菜[음합부,サイ]食[シソ]也。[297)]肱[コウ,33]臂[ヒ]也。

b: 孔安國曰蔬食は菜(サイ)食(シソ)。肱(コウ)は臂(ヒ)。

c: 孔安國(こうあんこく)曰(い)はく、蔬食(そし)は菜食(さいし)ぞ。肱(こう)は臂(ひ)。

d: 孔安国が言った。蔬食は菜食である。肱は臂(うで)である。

e: 공안국이 말하기를, 蔬食(소사)는 菜食(채사)이다. 肱(굉)은 臂(비)[팔]이다.

a: 孔[음합부]子以[レ,31]此[13]為[レ,32]樂[シヒ,23~33]也

b: 孔子此を以て樂(シヒ)と為す

c: 孔子(こうし)、此(これ)を以(も)ちて樂(たの)しびと爲(す)。

d: 孔子はこれを楽しみとした。

e: 공자께서는 이것을 즐거움으로 여겼다.

A: 不[음합부]義[ニシ,31]而冨[トミ]、且[マタ]貴[キ,33]於[レ,31]我[11]如[ニ,シ]浮[훈합부,ウカヘル]雲[一,22]

B: 不義(ニシ)て冨(トミ)、且(マタ)貴(キ)は我に於て浮(ウカヘル)雲の如(シ)

C: 不義(ふぎ)にして富(と)み、且(また)貴(たふと)きは、我(われ)に於(おい)て浮(う)かべる雲(くも)の如(ごと)し。

D: 不義でありながら、富みかつ貴いことは、私にとって浮雲のようである。

E: 의롭지 못하면서 부하고 또 귀한 것은 나에게 있어 뜬 구름과 같다.

a: 鄭玄曰冨[훈합부[298)],トミ]貴[キコ[299)]]而不[レ,サルハ]以[レ,セ]義[13]者於[レ,31]我[11]如[レ,シトハ]浮[훈합부]雲[22]非[ニ,32]已[21]之有[一,음독부,イフ[300)],11]也

b: 鄭玄曰冨(トミ)貴(キコト)義を以(セ)不(サルハ)我に於て浮雲の如(シトハ)已が有(イフ)に非ず

c: 鄭玄(ぢやうぐゑん)曰(い)はく、富(とみ)貴(たふと)きこと、義(ぎ)を以(も)ってせざるは、我(われ)に於(おい)て浮(う)かべる雲(くも)の如(ごと)しとは、己(おの)が有(いう)にあらず。

---

297) 讀點의 위치에 찍혀 있으나 문맥상 句點으로 파악하였다.

298) 음합부처럼 보이나 가나점과의 호응상 훈합부로 파악하였다.

299) 23~33 위치에 주점을 기입했다가 지운 것으로 보인다.

300) 글자 바로 우측에 「イフ」, 그 우측에 음독부가 기입되어 있다.

d: 鄭玄が言った。富貴が義によるものでなければ、私にとって浮雲のようであるといったのは、自分が持てるものではないという意味である。

e: 정현이 말하기를, 부귀가 의로 얻은 것이 아니라면 내게 있어 뜬 구름과 같다고 한 것은 내가 가질 수 있는 것이 아니다.

0717

A: 子曰加[ᅳ,へ,31]我[11]數[음합부]年[ᅳ,13]五[음합부]十[ニシ,31]以[31]學[㆑,マナヒ,33]易[13]可[ᆯ,シ]以[31]無[ᅳ,カル]大[オホイナル]過[ᅳ,アヤマチ]矣

B: 子曰我に數年を加(へ)て五十(ニシ)て以て易を學(マナヒ)ば以て大(オホイナル)過(アヤマチ)無(カル)可(シ)

C: 子(し)の曰(のたう)ばく、我(われ)に數年(すうねん)を加(くは)へて、五十(ごじふ)にして以(も)ちて易(えき)を學(まな)びば、以(も)ちて大(おほ)いなる過(あやま)ち無(な)かるべし。

D: 先生が言われた。私に数年が加えられ五十歳で易を学べば、大きな過ちはないだろう。

E: 선생님께서 말씀하시기를, 나에게 몇 년이 더해져서 나이 오십에 周易(주역)을 배운다면 큰 잘못은 없게 될 것이다.

a: 易[33]窮[㆑,キワメ]理[13]、盡[㆑,シ,31]性[13]以[31]至[ᅳ,ル]於命[ᅳ,11]。

b: 易は理を窮(キワメ)、性を盡(シ)て以て命に至(ル)。

c: 易(えき)は理(り)を窮(きは)め性(せい)を盡(つく)して以(も)ちて命(めい)に至(いた)る。

d: 易は理をきわめ、性を尽くして、命に至る。

e: 周易(주역)은 理(리)를 철저히 연구하고 性(성)을 다하여 命(명)에 이른다.

a: 年五[음합부]十[シ,31]而知[ᅳ,ル]天[음합부]命[ᅳ,13]。

b: 年五十(シ)て天命を知(ル)。

c: 年(とし)五十(ごじふ)にして天命(てんめい)を知(し)る。

d: 五十歳になって天命を知る。

e: 나이 오십에 天命(천명)을 안다.

a: 以[ᆖ]知[ル]天[ㇾ,삭제부]命[13]之年[ᆨ,13]讀[ᆖ,ヨム]至[ㇾ,ル]命[11]之書[ᆨ,13]。

b: 命を知(ル)年を以命に至(ル)書を讀(ヨム)。

c: 命(めい)を知(し)る年(とし)を以(も)ちて命(めい)に至(いた)る書(しょ)を讀(よ)む。

d: 天命を知る年に天命に至る本を読む。

e: 천명을 아는 나이에 천명에 이르는 서책을 읽는다.

a: 故[11]可[ᆖ,シ]以[31]無[ᆖ,カル]大[ナル]過[ᆨ,チ]也

b: 故に以て大(ナル)過(チ)無(カル)可(シ)

c: 故(ゆゑ)に以(も)ちて大(おほ)いなる過(あやま)ち無(な)かるべし。[301)]

d: したがって、それによって大きな過ちはなくなるだろう。

e: 그러므로 이로써 큰 잘못이 없게 될 수 있다.

---

301) 古注는 義疏의 「當孔子爾時年已四十五六, 故云加我數年五十而學易也, 所以必五十而學易者, 人年五十, 是知命之年也」와 같은 주석에서 보는 바와 같이, 이것은 공자가 45–6세 때의 일로 몇 년을 더하여 하늘의 명을 아는 50이 되어 주역을 공부한다고 하였다. 新注는 集注의 「加作假, 五十作卒…史記作假我數年, 若是我於易則彬彬矣, 加正作假而無五十字, 蓋是時孔子年已幾七十矣, 五十字誤無疑也」에서 보는 바와 같이, '하늘이 내게 몇 년을 더 빌려주어서 마침내 그 시간에 주역을 배우면'이라고 파악하였다. 이 밖에 經典釋文의 「魯讀易爲亦、今從古」와 같은 설도 있다.
應永本抄物 「皇侃カ說ハ、此語ハ孔子四十五六歲ノ時也。故ニ我ニ數年ヲ加テ、四五年シテ易を學ハヽ、我身ニ大ナル過アラスト云リ。五十ハ知命ノ年也。易大演(원문그대로임)ノ數五十アリ。是理ヲ窮メ、命ヲ盡ス書也。知命ノ年ヲ以テ、知命書ヲ讀テ、其理ヲ得ハ、精微ヲ極メ、照シテ身ニ過チナカルヘシト云。孔子、五十以前ハ、易ヲ學ハレサル歟ト云ニ文[モン]ノ如クハ、不讀、ト見タリ。然トイヘトモ、王輔弼カ易ヲ注スルコト、十八歲ノ時也。三十ニシテ死ス。王弼タニモ、若年ニシテ、易ヲ注ス。孔子何ソ五十マテ易ヲ讀サルコトアラン。……朱晦庵カ義ニハ、是時、孔子七十近キ也。加ハ假ノ字也。加ト假ト音近ニヨテ、誤テ加ノ字ヲ畫也。史記ニモ假ノ字ヲカケリ。五十ハ卒ノ字也。其義ナラハ、假[ᆖ,カフ(원문그대로임)]我[ニ]數年[ᆨ,ヲ]卒[ツイニ]以學[ㇾ,ニハ]易トヨムヘシ。卒ハ盡也。我[ニ]、數年ヲ、天カ假シテマチツト久ク生テ、易ノ理ヲ盡シテ、學ヒハ、大ナル過ナカルヘシト云義ナリ。(皇侃(황간)의 설은, "이 말씀은 공자께서 45~6세 때의 것이므로, 내게 몇 년을 더하여 4~5년 易(역)을 배우면 내 일신에 큰 잘못이 없을 것이라고 하신 것이다. 50은 천명을 아는 나이이다. 易에는 大衍之數(대연지수) 50이 있어서 이것은 이치를 터득하여 천명을 다하는 책이다. 천명을 아는 책을 읽고 그 이치를 얻으면 정교함을 터득하여 비추어 일신에 과오가 없을 것이라고 하였다. 공자께서 50세 이전에는 易을 배우지 않았는가 하는 점에 대해서는 문장 그대로 읽지 않는다"고 보았다. 그렇다고는 하지만 王弼이 易을 주석한 것이 열여덟 살 때였고 서른에 죽었는데, 王弼(왕필)도 젊은 나이에 易을 주석하였는데 공자께서 어찌 50세까지 易을 읽지 않았겠는가. ……朱熹(주희)의 해석으로는 이 때 공자의 나이는 70에 가까웠다. 加(가)는 假(가)이다. 加와 假의 음이 비슷하므로 착오로 加를 적은 것이다. 史記(사기)에도 假라고 적혀 있다. 五十은 卒(졸)을 적은 것이다. 그런 의미라면 "내게 몇 년을 빌려주어서 마침내 그것으로써 易을 배우면"이라고 읽어야 할 것이다. 卒은 盡(진)이다. 내게 몇 년을 하늘이 빌려 주시어 조금 더 오래 살아서 易의 이치를 극진히 배우면 큰 과오가 없을 것이라는 뜻이다. 327–329쪽)」 먼저 義疏를 인용하여 기술하고 다시 新注를 인용하여 기술하고 있다.

0718

A: 子所[ㄹ, 33]雅[マサシク]言[ㅡ, イフ]、

B: 子雅(マサシク)言(イフ)所は、

C: 子(し)、雅(まさ)しく言(い)ふ所(ところ)は、

D: 先生が正しく言われるところは、

E: 선생님께서 바르게 말씀하시는 바는,

a: 孔安國曰雅[음합부]言[33]正[음합부]言也

b: 孔安國曰雅言は正言

c: 孔安國(こうあんこく)曰(い)はく、雅言(がげん)は正言(せいげん)。[302)]

d: 孔安国が言った。雅言は正言である。

e: 공안국이 말하기를, 雅言(아언)은 正言(정언)이다.

A: 詩、書、執[음합부]禮[13]、皆雅[マサシク]言[イフ]也

B: 詩、書、執禮を、皆雅(マサシク)言(イフ)

C: 詩(し)、書(しょ)、執禮(しふれい)を皆(みな)雅(まさ)しく言(い)ふ。

D: 詩、書、礼を行うことは、すべて正しく言われた。

E: 詩經(시경)과 書經(서경)(을 읽는 것)과 禮(예)를 거행하는 것은 모두 바르게 말씀하셨다.

a: 鄭玄曰讀[ㄹ,トキ,33]先[음합부]王典[음합부,テム]法[ㅡ,13]、必正[マサシク]、言[ㄹ,フ]其[22]音[ㅡ,훈독부,13]。

b: 鄭玄曰先王典(テム)法を讀(トキ)は、必正(マサシク)、其の音を言(フ)。

302) 「正言」에는 몇 가지 설이 있다. 첫째로 集解에 실려있는 정현의 설로, 피휘하지 않고 모두 읽는다는 것이다. 두 번째는 중국에는 여러 지방의 발음이 있고 공자님의 경우 노나라 사람이지만 지역의 발음이 아니라 주나라의 표준음으로 읽는다는 것이다. 셋째로 新注, 즉 集注에서는 「常言」이라 하여 '항상' 이라고 해석하였다. 應永本抄物 「孔子、平生書ヲ讀ニ、有メノマヽニヨミテ、私ニイミサクルコトナシ。一字ヲモイミサクレハ、其義理チカヘリ。(공자께서 평소에 책을 읽으실 때에 있는 그대로 읽었지 사사로이 꺼려 피하는 일이 없었다. 한 글자라도 꺼려 피하면 그 의미와 이치가 달라진다. 330−331쪽)」 集解의 설에 따라 기술되어 있다.

c: 鄭玄(ぢゃうぐゑん)曰(い)はく、先王(せんわう)の典法(てんはふ)を讀(よ)むときは、必(かなら)ず正(まさ)しく其(そ)の音(おと)を言(い)ふ。

d: 鄭玄が言った。先王の経典を読む時は、かならずその音を正しく言う。

e: 정현이 말하기를, 선왕의 경전을 읽을 때는 반드시 音(음)을 바르게 말한다.

a: 然[훈합부]後[11]義全[훈독부,シ]。

b: 然後に義全(シ)。

c: 然(しか)る後(のち)に義(ぎ)全(まった)し。

d: そうしてこそ義が完全になる。

e: 그런 연후에야 의가 온전해진다.

a: 故[11]不[ᄂ,32]可[ᄂ]有[ᄂ]所[ᄂ]諱[イム]也。[303)]

b: 故に諱(イム)所有可不ず。

c: 故(ゆゑ)に諱(い)む所(ところ)有(あ)るべからず。

d: そのため、忌むところがあってはならない。

e: 그러므로 피휘하는 바가 있어서는 안 된다.

a: 禮[33]不[ᄂ,32]誦[セ]。

b: 禮は誦(セ)不ず。

c: 禮(れい)は誦(しょう)せず。

d: 礼は読誦するものではない。

e: 예는 독송하는 것이 아니다.

a: 故[11]言[ᄂ,フ]執[음독부,23~33]也

b: 故に執と言(フ)

c: 故(ゆゑ)に執(しふ)と言(い)ふ。

d: そのため執といった。

e: 그러므로 執(집)이라고 하였다.

---

303) 讀點의 위치에 찍혀 있으나 문맥상 句點으로 파악하였다.

0719

A: 葉[음합부,セウ]公、問[ᅴ,フ]孔[음합부]子[13]於子[음합부]路[ᅳ,11]。
B: 葉(セウ)公、孔子を子路に問(フ)。
C: 葉公(せふこう)、孔子(こうし)を子路(しろ)に問(と)ふ。
D: 葉公が、孔子について子路に聞いた。
E: 葉公(섭공)이 공자에 대해서 子路(자로)에게 물었다.

A: 子[음합부]路不[32]對[コタヘ]
B: 子路對(コタヘ)不ず
C: 子路(しろ)、對(こた)へず。
D: 子路は答えなかった。
E: 자로는 대답하지 않았다.

a: 孔安國曰葉[음합부]公名[33]諸[음합부]梁[リヤウ]、楚[22]大[음합부]夫也、食[ᅴ,ハム]宋[サイ,13]於葉[ᅳ,セウ,11]。僣[セムシ,31]稱[レ,32]公[23~33]
b: 孔安國曰葉公名は諸梁(リヤウ)、楚の大夫、宋(サイ)を葉(セウ)に食(ハム)。僣(セムシ)て公と稱す
c: 孔安國(こうあんこく)曰(い)はく、葉公(せふこう)、名(な)は諸梁(しょりゃう)、楚(そ)の大夫(たいふ)、宋(さい)を葉(せふ)に食(は)む。僣(せむ)じて公(こう)と稱(しょう)す。
d: 孔安国が言った。葉公の名は諸梁、楚の大夫で、葉を領地とした。僭越にも公と称した。
e: 공안국이 말하기를, 섭공의 이름은 諸梁(제량)이고 楚(초)나라 대부이며, 葉(섭)을 영지로 하였다. 참람되이 공이라 칭하였다.

a: 不[レ,サルㄱ,33]對[ヘ]者、未[レ,タ]{サレハソ}知[ᆖ]所[ᅴ,훈합부]以[13]荅[ᅳ,セン]{ヘム}也
b: 對(ヘ)不(サルコト)は、未(タ)荅(セン)所以を知未(サレハソ)

c: 對(こた)へざることは、未(いま)だ答(たふ)せん所以(ゆゑん)を知(し)らざればぞ。[304]

d: 答えなかったのは、どう答えていいか分からなかったからである。

e: 대답하지 않은 것은, 답할 바를 알지 못했기 때문이다.

A: 子曰女[ナムチ]、奚[ソ]、不[ㇾ,サツル]曰[イハ]。

B: 子曰女(ナムチ)、奚(ソ)、曰(イハ)不(サツル[305])。

C: 子(し)の曰(のたう)ばく、女(なんぢ)、奚(なん)ぞ、曰(い)はざっつる。

D: 先生が言われた。君はなぜ言ってくれなかったのか。

E: 선생님께서 말씀하시기를, 너는 어째서 말하지 않았느냐?

A: 其[レ]為[ㇾ,ナリ]人[23~33]也、發[ㇾ,オコシ,31]憤[イキトヲリ,13]忘[ㇾ,ワスル]食[13]。

B: 其(レ)人と為(ナリ)、憤(イキトヲリ)を發(オコシ)て食を忘(ワスル)。

C: 其(それ)人(ひと)と爲(な)り、憤(いきどほ)りを發(おこ)して食(しょく)を忘(わす)る。[306]

D: その人となりは、憤りを起こしては食べることを忘れる。

E: 그[공자]의 사람됨은 분개하는 마음을 일으켜서 먹는 것을 잊는다.

A: 樂[タノシミ]、以[コレヲ,31]忘[ㇾ,タリ]憂[ウレヘ,13]

B: 樂(タノシミ)、以(コレヲ)て憂(ウレヘ)を忘(タリ)

C: 樂(たの)しみ、これを以(も)ちて憂(うれ)へを忘(わす)れたり。

D: 楽しむこと、これをもって憂いを忘れる。

E: (도를) 즐기는 것, 이것으로써 근심을 잊는다.

---

304) 應永本抄物「皇侃カ疏ニ、何ト云コトヲ問トモ、イツレニ、孔子ノ德ニソムクコトヲ問フモノナルカ故ニ、子路不對ト云。李充[シユン]カ說ニ疑[ウタカフ]クハ、葉公カ孔子ヲ楚ニ仕ヘシメテ、政ヲサセント思ヘル者也。子路、夫子ノ仕フヘカラサルコトヲ知レリ。故ニ不答ト云。(皇侃(황간)의 疏(소)에, '어떠한 것을 물을지라도 어차피 공자의 덕에 반하는 것을 물을 것이므로 자로는 대답하지 않았다'고 하였다. 李充(이충)의 설에 의심하기를 '葉公(섭공)이 공자를 초나라로 출사시켜 정치를 하게 하려고 하였던 것이다. 자로는 선생님이 출사하지 않으시리라는 것을 알고 있었으므로 대답하지 않았다'고 하였다. 332쪽)」義疏의「所問之事, 當乖孔子之德, 故子路不對之也」및 그 이하의 주석을 풀어쓰는 형태로 기술되어 있다.

305)「ざりつる」에서「り」가 무표기된 것으로 파악하였다.

306)「憤」의 대상에 대해서는 학문으로 보는 설과, 도가 행해지지 않는 세태로 보는 설 등이 있다.
應永本抄物「其トハ、孔子ニ其也。孔子ハ道ノ行レサルコトヲ歎テ、憤ヲ發シテ、食事ヲモ忘レタマヘリ。道ヲ樂テ、貧賤ノ憂ヲモ忘玉ヘリ。天ヲ信シ、命ニ任テ、年ノヨルコトヲモ不知也。如何トテ不對ソト云リ。('그'란 공자를 말한다. 공자는 도가 행해지지 않음을 탄식하여 분개함을 일으켜 끼니도 잊으셨다. 도를 즐겨 빈천함에 대한 근심도 잊으셨다. 하늘을 믿고 천명에 맡겨 나이가 드는 것도 알지 못하셨다. 어째서 이와 같이 대답하지 않은 것이냐고 하신 것이다. 332-333쪽)」

A: 不[㆑,32,23~33]知[㆓]老[オヒ,22]之將[㆒,㆑,マサ,11]{スルコトヲ}至[イタンナン,23~33]也、云[㆑,イフナラン]爾[シカ]
B: 老(オヒ)の將(マサ)に至(イタンナン)と將(スルコトヲ)知不ずと、爾(シカ)云(イフナラン)
C: 老(お)いの將(まさ)に至(いた)んなんとすることを知(し)らずと、爾(しか)云(い)ふならん。
D: 老いが近づいてくることを知らないと、そう言ってくれればよかったのに。
E: 늙음이 장차 닥쳐오는 것을 모른다고, 그렇게 말하지 그랬느냐.

0720

A: 子曰我[レ]、非[㆓,32]生[ウマレナカラニシ,31]而知[シレル]之者[㆒,モノ,11,33]
B: 子曰我(レ)、生(ウマレナカラニシ)て知(シレル)者(モノ)には非ず
C: 子(し)の曰(のたう)ばく、我(われ)、生(う)まれながらにして知(し)れる者(もの)にはあらず。
D: 先生が言われた。私は生まれながらにして知る者ではない。
E: 선생님께서 말씀하시기를, 나는 태어나면서부터 (도를) 아는 사람은 아니다.

A: 好[㆑,コノム,31]古[イニシヘ,13]敏[ヒンニシ,31]而求[モトメタル]之者[ナリ]也
B: 古(イニシヘ)を好(コノん)で敏(ヒンニシ)て求(モトメタル)者(ナリ)
C: 古(いにしへ)を好(この)んで敏(びん)にして求(もと)めたる者(もの)なり。
D: 古いものを好んで勉めて求める者である。
E: 옛것을 좋아하여 열심히 (그것을) 추구하는 사람이다.

a: 鄭玄曰言[㆑,ト[307],33]此[コレ,13]者、勉[㆓,ツトメシメントナリ]人[13]於學[㆒,11]也
b: 鄭玄曰此(コレ)を言(ト)は、人を學に勉(ツトメシメントナリ)

307) 永正本集解에는 「こと」에 해당하는 오코토점이 기입되어 있고, 문맥상 타당하므로 이에 따른다.

c: 鄭玄(ぢゃうぐゑん)曰(い)はく、此(これ)を言(い)ふことは、人(ひと)を學(がく)に勉(つと)めしめんとなり。

d: 鄭玄が言った。このように言ったのは、人を学問に励ませるためである。

e: 정현이 말하기를, 이와 같이 말한 것은 사람을 학문에 힘쓰게 하려 함이다.

0721

A: 子[33]不[ㇾ,32]語[ニ,カタラ]恠[クワイ]、力、亂[ラン]、神[一]。308)

B: 子は恠(クワイ)、力、亂(ラン)、神、語(カタラ)不ず。

C: 子(し)は怪(くゎい)、力(りょく)、亂(らん)、神(しん)、語(かた)らず。

D: 先生は怪、力、乱、神については語られなかった。

E: 선생님께서는 怪(괴), 力(력), 亂(난), 神(신)에 대해서는 말씀하지 않으셨다.

a: 孔安國曰恠[33]恠[음합부]異[イ]也。

b: 孔安國曰恠は恠異(イ)。

c: 孔安國(こうあんこく)曰(い)はく、怪(くゎい)は怪異(くゎいい)。

d: 孔安国が言った。怪は怪異なことである。

e: 공안국이 말하기를, 괴는 괴이한 일이다.

a: 力[23~33,33]謂[ㇾ,イフ]若[下,コトキ,13]奡[인명부,ガウ,21]盪[ㇾ,オシ,31]舟[13]烏[음합부,ヲウ]獲[인명부,クワク]擧[ニ,アケタル]千[음합부]鈞[一,ギン]之屬[上,タクヒ,22]也。

b: 力とは奡(ガウ)が舟を盪(オシ)て烏(ヲウ)獲(クワク)千鈞(ギン)擧(アケタル)屬(タクヒ)の若(コトキ)を謂(イフ)。

c: 力(りょく)とは、奡(がう)が舟(ふね)を盪(お)して、烏獲(をくゎく)千鈞(せんきん)を擧(あ)げたる屬(たぐひ)の若(ごと)きを謂(い)ふ。

308) 讀點의 위치에 찍혀 있으나 문맥상 句點으로 파악하였다.

d: 力とは、奡が船をおし、烏獲が千鈞を持ちあげるような類の話をいう。

e: 역이란, 奡(오)[309]가 배를 밀고 烏獲(오획)[310]이 千鈞(천균)[311]을 드는 것과 같은 종류를 말한다.

a: 乱[23~33,33]謂[ㇾ]臣[22]弑[ㇾ,シヽ]君[13]、子[훈독부,22]弑[ㇾ,ㇾ,シスル,13]父[13]也。[312]

b: 乱とは臣の君を弑(シシ)、子の父を弑(シスル)を謂。

c: 亂(らん)とは、臣(しん)の君(きみ)を弑(し)し、子(こ)の父(ちち)を弑(し)するを謂(い)ふ。

d: 乱とは、臣下が王を殺し、子が父を殺す(ような)ことをいう。

e: 난이란, 신하가 임금을 죽이고, 자식이 부모를 죽이는 (것과 같은) 일을 말한다.

a: 神[ハ,23~33]謂[ニ]鬼[음합부]神[22]之事[ㇾ,13]也。

b: 神と(ハ)鬼神の事を謂。

c: 神(しん)とは、鬼神(きしん)の事(こと)を謂(い)ふ。

d: 神とは、鬼神に関することをいう。

e: 신이란, 귀신에 관한 일을 말한다.

a: 或[33]無[ㇾ,シ]益[ニ]於教[음합부,カウ]化[ㇾ,11]也。或[33]所[ㇾ,ナリ]不[ニ,サル]忍[シノ,31]言[ㇾ,イハ]也

b: 或は教(カウ)化に益無(シ)。或は忍(シノ)て言(イハ)不(サル)所(ナリ)

c: 或(ある)いは教化(かうくゎ)に益(えき)すること無(な)し。或(ある)いは忍(しの)びて言(い)はざる所(ところ)なり。

d: あるいは教化に益することがなかったり、あるいは言うに耐えないためである。

e: 혹은 교화에 득될 것이 없거나 혹은 차마 말할 수 없는 바이기 때문이다.

309) 殷(은)나라 때 장사.

310) 秦(진)나라 때 장사.

311) 3만근.

312) 讀點의 위치에 찍혀 있으나 문맥상 句點으로 파악하였다.

0722

A: 子曰我[レ]、三[음합부]人、行[オコナツルトキ,33]必[32]得[ᅳ,ウ]我師[ᅳ,음독부,13]焉。[313)]

B: 子曰我(レ)、三人、行(オコナツルトキ)は必ず我師を得(ウ)。

C: 子(し)の曰(のたう)ばく、我(われ)、三人(さむにん)行(おこな)っつるときは、必(かなら)ず我(わ)が師(し)を得(う)。[314)]

D: 先生が言われた。私は三人で行動したら、かならず私の師を得る。

E: 선생님께서 말씀하시기를, 나는 셋이서 행하면 반드시 나의 스승을 얻는다.

A: 擇[ᅳ,エラム,31]其[22]善[훈합부,ヨキ]者[ᅳ,モノ,13]而從[フ]之。

B: 其の善(ヨキ)者(モノ)を擇(エラン)で從(フ)。

C: 其(そ)の善(よ)き者(もの)を擇(えら)んで從(したが)ふ。

D: そのうちよいものを選んで従う。

E: 그 중의 선한 자를 골라 따른다.

A: 其[22]不[レ,ル]善[ヨカラ]者[13,33]而[シカモ]、改[12]之

B: 其の善(ヨカラ)不(ル)者をば而(シカモ)、改む

C: 其(そ)の善(よ)からざる者(もの)をば、而(しか)も改(あらた)む。

D: そのうちよくないものは直す。

E: 그 중의 선하지 않은 자는 고친다.

---

313) 無跋本集解과 달리 「三人行必有我師」와 같은 본문을 지닌 주석서도 있다. 集注도 그러하다.

314) 義疏는 「我師彼之長而改彼之短, 彼亦師我之長而改我之短, 旣更相師法, 故云無常師也」라고 하여 集解의 해석과는 조금 차이가 있다. 즉 내가 상대의 장점을 보고 나의 단점을 고치고, 상대도 나의 장점을 보고 자신의 단점을 고치므로 누가 스승이다라고 정해진 것이 없고 서로가 스승이 된다는 것이다.
集注는 「三人同行, 其一我也, 彼二人者一善一惡, 則我從其善而改其惡焉, 是二人者皆我師也」이라고 하였다. 즉 「三人」이란 나를 포함하여 세 사람이고, 나를 제외한 두 사람을 「善·惡」, 즉 나보다 나은 사람과 나에게 미치지 못하는 사람이 있는데 나보다 나은 사람은 말할 것도 없고 나에게 미치지 못하는 사람도 나를 고치게 하는 스승이라고 파악하고 있다.
應永本抄物 「三人トハ我獨、彼二人ノ行跡カ、一人ハ善、一人ハ惡アルヘシ。我其善者ニハ從ヘシ。惡者ヲハ改ヘシ。然レハ、二人ナカラ我師トナル也。(세 사람이라는 것은 나 한 사람과 다른 두 사람을 말하는데, 그 행적이 한 사람은 선하고 한 사람은 악한 이가 있을 것이다. 나는 선한 이는 좇을 것이며, 악한 이는 고칠 것이다. 그러므로 두 사람 모두 나의 스승이 되는 것이다. 334쪽)」 集注에 따른 해석으로 볼 수 있다.

a: 言[13]我三[음합부]人、行[フトキハ]本[ヨリ]無[ニ,シ]賢[음합부]愚[一]。

b: 言は我三人、行(フトキハ)本(ヨリ)賢愚無(シ)。

c: 言(いふこころ)は、我(われ)三人(さむにん)行(おこな)ふときは、本(もと)より賢愚(けんぐ)無(な)し。

d: 意味はこうである。私は三人で行動したら、もとより賢愚の区別はない。

e: 그 뜻은 이러하다. 나는 셋이서 행하면 처음부터 현명함과 어리석음의 구별은 없다.

a: 擇[レ,エラム]善[13]從[フ]之、不[レ,13,33]善[ヨカラ]、改[レ]之[ヲ]。故[11]無[ニ,シ]常[22]師[一]也

b: 善を擇(エラム)從(フ)、善(ヨカラ)不をば之(ヲ)改。故に常の師無(シ)

c: 善(よ)きを擇(えら)んで從(したが)ふ。善(よ)からざるをば之(これ)を改(あらた)む。故(ゆゑ)に常(つね)の師(し)無(な)し。

d: よいものを選んで従う。よくないものを改める。したがって、決まった師はいないのである。

e: 선한 것을 택하여 좇는다. 선하지 않은 것을 고친다. 그러므로 일정한 스승이 없다.

0723

A: 子曰天、生[ニ,ナセリ]德[13]於予[一,ワレ,11]。桓[음합부,クワン]魋[인명부,タイ]、[315]其[ソレ]、如[レ]予[ワレ,13]何[セン]

B: 子曰天、德を予(ワレ)に生(ナセリ)。桓(クワン)魋(タイ)、其(ソレ)、予(ワレ)を如何(セン)

C: 子(し)の曰(のたう)ばく、天(てん)、德(とく)を予(われ)に生(な)せり。桓魋(くゎんたい)、其(それ)予(われ)を如何(いかん)せん。

D: 先生が言われた。天が徳を私に授けた。桓魋のようなものが私をどうしようと言うのか。

E: 선생님께서 말씀하시기를, 하늘이 덕을 나에게 내려주었다. 桓魋(환퇴)와 같은 자가 나를 어찌하겠는가?

315) 讀點의 위치에 적혀 있다. 자간이 좁은 것에 기인한 것으로 보인다.

a: 苞氏曰桓[음합부]魋[인명부,33]宋[22]司[음합부]馬[음합부]黎[인명부,レイソ]也。

b: 苞氏曰桓魋は宋の司馬黎(レイソ)。

c: 苞氏(はうし)曰(い)はく、桓魋(くゎんたい)は宋(そう)の司馬(しば)黎(れい)ぞ。

d: 苞氏が言った。桓魋は宋の司馬の黎である。

e: 포씨가 말하기를, 환퇴는 宋(송)나라 司馬(사마) 黎(려)이다.

a: 天、生[ᆖ,ナセリ,23~33,33]德[13]於予[ᆞ,11]者謂[ᅮ]授[クル,11][316]、以[ᆖ,シ,31]聖[음합부]性[ᆞ,13]也合[ᆖ,カナヘ,31]德[13]天[음합부]地[ᆞ]吉[ニシ,31]無[ㄴ,キ,13]不[ㄴ,スト云,13~23]利[ᅩ,セ]。

b: 天、德を予に生(ナセリ)とは授(クル)に、聖性を以(シ)て德を天地合(カナヘ)て吉(ニシ)て利(セ)不(ストイフ)こと無(キ)を謂。

c: 天(てん)、德(とく)を予(われ)に生(な)せりとは、授(さづ)くるに聖性(せいせい)を以(も)ってして、德(とく)を天地(てんち)に合(かな)へて、吉(よ)きにして利(り)せずといふこと無(な)きを謂(い)ふ。

d: 天が德を私に授けたというのは、聖性を授け、德を天地に合うようにして、吉祥ですべて利にならないことがないことをいう。

e: 하늘이 덕을 나에게 내려주었다는 것은, (하늘이) 내려줌에 있어 성스러운 성품으로써 하고, 덕을 천지에 합당하게 하여 길하고 이롭지 않은 것이 없음을 말한다.

a: 故[11]曰[22]、其[レ]如[ㄴ]予[ワレ,13]何[セン]也

b: 故に曰の、其(レ)予(ワレ)を如何(セン)

c: 故(ゆゑ)に曰(のたう)ばく、其(それ)予(われ)を如何(いかん)せん。

d: そこで言われた。彼が私をどうしようというのか。

e: 그러므로 말씀하시기를, 그가 나를 어찌 하겠는가?

---

316) 義疏에는 「授」 뒤에 「我」자가 있어서 뜻이 더욱 명확하게 드러난다.

0724

A: 子曰二[음합부]三[음합부]子、[317]以[ﾚ,31]我[13]為[ﾚ,スル]隱[ﾚ,カクセリ,23~33]子[ナンチニ,11]{シ+합점[318]}乎[21]。

B: 子曰二三子、我を以て子(ナンチニ)に隱(カクセリ)と為(スル)乎か。

C: 子(し)の曰(のたう)ばく、二三子(にさむし)、我(われ)を以(も)ちて子(なんぢ)に隱(かく)せりと爲(す)るか。

D: 先生が言われた。君たち、私が君たちに何か隠していると思うのか。

E: 선생님께서 말씀하시기를, 애들아, 내가 너희들에게 무언가 숨기고 있다고 여기느냐?

A: 吾[レ]無[ﾚ,シ]隱[ニ,カクス,13~23]乎爾[一,ナンタチ,11]

B: 吾(レ)爾(ナンタチ)に隱(カクス)こと無(シ)

C: 吾(われ)爾(なんだち)に隱(かく)すこと無(な)し。

D: 私は君たちに隠すことはない。

E: 나는 너희들에게 숨기는 것이 없다.

a: 苞氏曰二[음합부]三[음합부]子[23~33,33]謂[ニ]諸[음합부]弟[음합부]子[一,13]也。

b: 苞氏曰二三子とは諸弟子を謂。

c: 苞氏(はうし)曰(い)はく、二三子(にさむし)とは、諸弟子(しょていし)を謂(い)ふ。

d: 苞氏が言った。二三子とは、諸弟子をいう。

e: 포씨가 말하기를, 二三子(이삼자)는 여러 제자를 말한다.

a: 聖[음합부]人[33]知[ニ,13~23]廣[ヒロク]道[一,13]深[シ]。

b: 聖人は廣(ヒロク)道を知こと深(シ)。

317) 句點의 위치에 찍혀 있으나 문맥상 讀點으로 파악하였다.

318) 좌측의 「シ」에 합점(合點)이 기입되어 있다. 합점은 해당 한자에 기입된 여러 가지 훈 중 가점자가 채택한 훈에 기입하는 것이다. 永正本集解에는 「子」에 음독부가 달려 있는데 이에 대응되는 내용이라 할 수 있다. 그러나 아래 D와 E에서는 의미를 고려하여 우측의 훈을 취하였다.

c: 聖人(せいじん)は、廣(ひろ)く道(みち)を知(し)ること、深(ふか)し。[319)]

d: 聖人は、知るところが広く、道が深い。

e: 성인은 아는 바가 넓고 도가 깊다.

a: 弟[음합부]子、學[フル,13~23]之不[㆑,シ,31]能[㆑]及[13~23]以[三,훈합부]為[ヘラク]{ヘリ}、有[㆑,リ]所[二]隱[훈합부,カクシ]匿[一,カク,32]。故[11]解[トク]之也

b: 弟子、學(フル)こと及こと能不(シ)て以為(ヘラク)、隱(カクシ)匿(カク)す所有(リ)以為(ヘリ)。故に解(トク)

c: 弟子(ていし)、學(まな)ぶること、及(およ)ぶこと能(あた)はずして、以爲(おも)へらく、隱(かく)し匿(かく)す所(ところ)有(あ)りといへり。故(ゆゑ)に解(と)く。

d: 弟子たちは、学んでも及ぶことができないので、(先生が)隠しているところがあると思ったのである。そのため(そのような疑いを)解いてやった。

e: 제자들은 배워도 배움이 미칠 수가 없었으므로, (선생님이) 숨기는 바가 있다고 생각하였다. 그래서 (그러한 의심을) 풀어주었다.

A: 吾[レ]、無[三,キ,33]所[삭제부]行[オコナフトシ,31]而不[㆑,スト云,13~23]與[二,トモニセ]二[음합부]三[음합부]子[一,23~33]者是[レ]丘[인명부, ナリ]也

B: 吾(レ)、行(オコナフトシ)て二三子と與(トモニセ)不(ストイフ)こと無(キ)は是(レ)丘(ナリ)

C: 吾(われ)、行(おこな)ふとして、二三子(にさむし)と與(とも)にせずといふこと無(な)きは、是(これ)丘(きう)なり。

D: 私は(何かを)行うにあたって、君たちと共にしないということはない。それが丘という人間である。

E: 나는 무엇을 행하든 너희들과 함께 하지 않은 것이 없다. 이것이 나이다.

a: 苞氏曰我所[㆑]為[スル]、無[㆑,キ,33]不[下,ストイ云,13~23]與[㆑,23~33]爾[ナムタチ]、共[上,トモニセ]之者、是[レ]丘[21]之心[ナリ]也

b: 苞氏曰我為(スル)所、爾(ナムタチ)與と、共(トモニセ)不(ストイフ)こと無(キ)は、是(レ)丘が心(ナリ)

319) 永正本集解에서는 「知(ち)廣(ひろ)く、道(たう)深(ふか)し」와 같이 읽고 있다. 의미상 이것이 타당하다고 생각된다. 이에 c는 無跋本集解의 훈점에 따라 훈독문을 작성하고, d와 e 번역문은 본문의 바른 이해에 따랐다.

c: 苞氏(はうし)曰(い)はく、我(われ)爲(す)る所(ところ)、爾(なん)だちと共(とも)にせずといふこと無(な)きは、是(これ)丘(きう)が心(こころ)なり。

d: 苞氏が言った。私がなすことはすべて、かならず君たちと共にする。これが私の心である。

e: 포씨가 말하기를, 내가 행하는 일은 모두 반드시 너희들과 함께 한다. 이것이 나의 마음이다.

0725

A: 子以[ﾚ,31]四[ｯ,13]教[ｵｼﾌ]。文、行、忠、信

B: 子四(ｯ)を以て教(ｵｼﾌ)。文、行、忠、信

C: 子(し)、四(よ)つを以(も)ちて敎(をし)ふ。文(ぶん)、行(かう)、忠(ちう)、信(しん)。

D: 先生は四つをもって教えた。学問、実践、忠心、信義である。

E: 선생님께서는 네 가지로써 가르치셨다. 학문과 실천과 충심과 신의이다.

a: 四[33]者有[ﾆ,ﾘ]形[음합부,ｹｲ]質[ｰ]。可[ﾆ,ｼ]舉[31]以[31]教[ｰ,ﾌ]也

b: 四は形(ｹｲ)質有(ﾘ)。舉て以て教(ﾌ)可(ｼ)

c: 四(よ)つは形質(けいしつ)有(あ)り。擧(あ)げて以(も)ちて敎(をし)ふべし。

d: 四つは形と質がある。取り挙げて教えるべきものである。

e: 네 가지는 형과 질이 있다. 들어서 가르칠 만하다.

0726

A: 子曰[22]聖[음합부]人[13,33]吾[レ]、不[ᐤ二,スナヌ]得[31]而見[ᐤ一,ミ]之矣。

B: 子曰の聖人をば吾(レ)、得て見(ミ)不(スナヌ)。

C: 子(し)の曰(のたう)ばく、聖人(せいじん)をば、吾(われ)、得(え)て見(み)ずなんぬ。

D: 先生が言われた。私は聖人には(ついに)会えなくなってしまった。

E: 선생님께서 말씀하시기를, 나는 성인을 (끝내) 만날 수 없게 되었다.

A: 得[ㇾ,31,33]見[ミル,13~23]君[음합부]子[ヲタモ]者、斯[コレ]可[음독부ナリ]矣

B: 見(ミル)こと得てば君子(ヲタモ)、斯(コレ)可(なり)

C: 見(み)ること得(え)てば、君子(くんし)をだも、斯(これ)可(か)なり。

D: せめて君子にでも会えれば、それでよい。

E: 군자만이라도 만날 수 있다면, 그것으로 족하다.

a: 疾[ᐤ三,ニク,12]世[22]無[ᐤ二,キ,13~23,13]明[음합부]君[ᐤ一]也

b: 世の明君無(キ)ことを疾(ニク)む

c: 世(よ)の明君(めいくん)無(な)きことを疾(にく)む。

d: 世に明君がいないことを嘆いたのである。

e: 세상에 명군이 없음을 개탄한 것이다.

0727

A: 子曰善[음합부]人[13,33]吾[レ]不[ᐤ二,スナヌ]得[31]而見[ᐤ一,ミ]之矣。

B: 子曰善人をば吾(レ)得て見(ミ)不(スナヌ)。

C: 子(し)の曰(のたう)ばく、善人(ぜんじん)をば、吾(われ)得(え)て見(み)ずなんぬ。

D: 先生が言われた。私は善人には(ついに)会えなくなってしまった。

E: 선생님께서 말씀하시기를, 나는 선인을 (끝내) 만날 수 없게 되었다.

A: 得[ㇾ,31,33]見[ミル,13~23]、有[ㇾ,ル]恒[ツネ]、者[ヒトヲタモ]斯[コレ]可[음독부ナリ]矣。

B: 見(ミル)こと得てば、恒(ツネ)有(ル)、者(ヒトヲタモ)斯(コレ)可(ナリ)。

C: 見(み)ること得(え)てば、恒(つね)有(あ)る者(ひと)をだも斯(これ)可(か)なり。

D: せめて恒常心のある人にでも会えれば、それでよい。

E: 항상심이 있는 자만이라도 만날 수 있다면, 그것으로 족하다.

A: 亡[ナケレトモ]而為[ㇾ,32]有[アリ,23~33]。

B: 亡(ナケレトモ)有(アリ)と為す。

C: 亡(な)けれども、有(あ)りと爲(す)。

D: ないのにあるふりをする。

E: 없으면서 있는 체한다.

A: 虚[ムナシケレトモ]而為[ㇾ,32]盈[ミテリ,23~33]。

B: 虚(ムナシケレトモ)盈(ミテリ)と為す。

C: 虚(むな)しけれども盈(み)てりと爲(す)。

D: からっぽなのに満ちているふりをする。

E: 비어 있으면서 가득한 체한다.

A: 約[セハシケレトモ]而為[ㇾ,32]泰[ユタカナリ,23~33]。

B: 約(セハシケレトモ)泰(ユタカナリ)と為す。

C: 約(せは)しけれども泰(ゆた)かなりと爲(す)。

D: 貧しいのに豊かなふりをする。

E: 궁핍하면서도 풍요로운 체한다.

A: 難[カタイ]乎[カナ]有[ㇾ,ル,13~23]恒[ツネ]矣

B: 難(カタイ)乎(カナ)恒(ツネ)有(ル)こと

C: 難(かた)いかな、恒(つね)有(あ)ること。[320)]

D: 難しい、恒常心のあることは。

E: 어렵구나, 항상심이 있는 것은.

a: 孔安國曰難[㆑,シ]可[㆓,キ,13~23]名[ナツケ,31]之為[㆒,㆑,32]有[㆑,リト,23~33]常也

b: 孔安國曰名(ナツケ)て常有(リト)と為す可(キ)こと難(シ)

c: 孔安國(こうあんこく)曰(い)はく、名(なづ)けて常(つね)有(あ)りと爲(す)べきこと難(かた)し。

d: 孔安国が言った。(ある人を)恒常心があると評価することは難しい。

e: 공안국이 말하기를, (어떤 사람을) 항상심이 있다고 하기 어렵다.

0728

A: 子[음독부]釣[テウスレトモ]而不[㆑,ス]綱[カウセ]。

B: 子釣(テウスレトモ)綱(カウセ)不(ス)。

C: 子(し)、釣(てう)すれども綱(かう)せず。

D: 先生は、一本釣はしても綱は使わなかった。

E: 선생님께서는 낚시는 하시더라도 그물은 쓰지 않으셨다.

A: 弋[ヨクスレトモ]不[㆑,ス]射[㆑,イ]宿[ネトリ,13]

B: 弋(ヨクスレトモ)宿(ネトリ)を射(イ)不(ス)

C: 弋(よく)すれども宿(ねとり)を射(い)ず。

320) 위와 같은 이해 이외에 '없어도 있는 것으로 여기고, 비어 있어도 차 있는 것으로 여기고, 가난해도 태연하게 여긴다'와 같이 해석할 수 있는 가능성도 있다.
應永本抄物「恒ナル人、今ナキト云コトヲ云。當時ハナキ物ヲモ、有カホシ、虚キヲモ充滿スルヨシヲシテ、誇ル。約トハ家貧ヲ云。疲勞スレトモユフケンナル樣ヲス。皆今ノ小人ノナリ也。故ニ恒アル人ナシト云。(항상된 사람이 지금은 없다는 것을 말한다. 당시에는 없는 것도 있는 척 하고, 비어 있는 것도 가득 차 있는 척하는 것을 비난하였다. 約(약)이란 집이 가난한 것을 말한다. 지쳤음에도 굳건한 척을 한다. 이것은 모두 지금의 소인들의 행태이다. 그러므로 항상심이 있는 사람이 없다고 한 것이다. 339쪽)」

D: いとゆみはされるが寝ている鳥は射なかった。

E: 주살[실 달린 화살]질은 하시더라도 자는 새는 쏘지 않으셨다.

a: 孔安國曰釣[33]者一[음합부]竿[カン,22]釣[ツリ]也。

b: 孔安國曰釣は一竿(カン)の釣(ツリ)。

c: 孔安國(こうあんこく)曰(い)はく、釣(てう)は一竿(いっかん)の釣(つり)。

d: 孔安国が言った。釣は一竿の釣りである。

e: 공안국이 말하기를, 釣(조)는 장대 하나로 하는 낚시이다.

a: 綱[23~33,33]者爲[ㇾ,ツク]大[음합부]綱[13,31]以[31]攅[ヨコサマ,11]絶[ㇾ,タツソ]流[음독부,13]

b: 綱とは大綱を爲(ツク)て以て攅(ヨコサマ)に流を絶(タツソ)

c: 綱(かう)とは、大綱(たいかう)を爲(つく)りて以(も)ちて横(よこさま)に流(りう)を絶(た)つぞ。

d: 綱とは、大綱を作って流れを横断させることである。

e: 綱(강)이란 큰 그물을 만들어서 가로질러 물의 흐름을 끊는 것이다.

a: 以[ㇾ,31]缴[イト,13]繋[ㇾ,カケ,31]釣[11]羅[음합부,ラ]属[ショクシ,31]著[ㇾ,ツケタリ]綱[11]也。[321]

b: 缴(イト)を以て釣に繋(カケ)て羅(ラ)属(ショクシ)て綱に著(ツケタリ)。

c: 繳(いと)を以(も)ちて釣(つり)に繋(か)けて羅屬(らしょく)して綱(かう)に著(つ)けたり。

d: 糸を釣針につなげてつらなるように綱につける。

e: 실을 낚싯대에 매서 이어서 그물에 단다.

a: 弋[33]缴[음합부,シヤク]射[シヤ]也。

b: 弋は缴(シヤク)射(シヤ)。

c: 弋(よく)は繳射(しゃくしゃ)。

d: 弋は繳射である。

e: 弋(익)은 주살질이다.

321) 讀點의 위치에 찍혀 있으나 문맥상 句點으로 파악하였다.

a: 宿[33]宿[음합부]鳥[ソ]也
b: 宿は宿鳥(ソ)
c: 宿(しく)は宿鳥(しくてう)ぞ。
d: 宿は宿鳥である。
e: 宿(숙)은 宿鳥(숙조)[자는 새]이다.

0729

A: 子曰盖[ケタシ]、有[アラ,12]、不[ㇾ,シ,32,31]知[シラ]而作[サクスル,33]之者。
B: 子曰盖(ケタシ)、有(アラ)ん、知(シラ)不ず(シ)て作(サクスル)は。
C: 子(し)の曰(のたう)ばく、蓋(けだ)し有(あ)らん、知(し)らずして作(さく)するは。
D: 先生が言われた。おそらくいるだろう、知らずに作っている者が。
E: 선생님께서 말씀하시기를, 아마도 있을 것이다. 알지 못하면서 만드는 사람이.

A: 我[レ]無[ㇾ,シ]是[コレ]也
B: 我(レ)是(コレ)無(シ)
C: 我(われ)、是(これ)無(な)し。
D: 私はそのようなことがない。
E: 나는 그런 일이 없다.

a: 苞氏曰時[훈합부,22]人、多[ク]有[ㇸ,リ]穿[음합부]鑿[シ,31]妄[ミタリニ]作[ㆁ,ル]篇[음합부]籍[ㆎ,セキ,13]者[ㆍ,モ,22]。故[11]云[ㇾ,フ]然[シカ]也
b: 苞氏曰時の人、多(ク)穿鑿(シ)て妄(ミタリニ)篇籍(セキ)を作(ル)者(モ)の有(リ)。故に然(シカ)云(フ)
c: 苞氏(はうし)曰(い)はく、時(とき)の人(ひと)、多(おほ)く穿鑿(せんさく)して妄(みだ)りに篇籍(へんせき)を作(つく)る者(もの)有(あ)り。故(ゆゑ)に然(しか)云(い)ふ。

d: 苞氏が言った。当時の人は穿鑿して、みだりに書物を作る者が多かった。そのためそう言ったのである。

e: 포씨가 말하기를, 당시의 사람은 천착하여 함부로 책을 만드는 자가 많이 있었다. 그래서 그렇게 말한 것이다.

A: 多[ク]聞[31]擇[ㆁ,31]其[ノ]善[훈합부,ヨキ]者[ㆀ,モノ,13]而從[シタカフ]之。

B: 多(ク)聞て其(ノ)善(ヨキ)者(モノ)を擇て從(シタカフ)。

C: 多(おほ)く聞(き)きて其(そ)の善(よ)き者(もの)を擇(えら)びて從(したが)ふ。

D: たくさん聞いて、そのうちよいものを選んで従う。

E: 많이 듣고 그 중에서 좋은 것을 골라 따른다.

A: 多見[31]而識[シル,33]之、知[シル,21]次[ツキナリ]也

B: 多見て識(シル)は、知(シル)が次(ツキナリ)

C: 多(おほ)く見(み)て識(し)るは、知(し)るが次(つぎ)なり。

D: たくさん見て知ることは、(生まれる時から)知ることの次である。

E: 많이 보고 아는 것은, (날 때부터) 아는 것의 다음이다.

a: 孔安國曰如[㆑,33]此[22]次[ㆁ,ツク]於[322]知[ㆀ,シル,11]之者也

b: 孔安國曰此の如は知(シル)に次(ツク)

c: 孔安國(こうあんこく)曰(い)はく、此(か)くの如(ごと)きは知(し)るに次(つ)ぐ。

d: 孔安国が言った。このようなことは(生まれる時から)知ることの次である。

e: 공안국이 말하기를, 이와 같은 것은 (날 때부터) 아는 것에 버금간다.

322) 「天生」이 삽입되어 있는 이본이 있다. 永正本集解에서도 「天生」을 삽입할 것을 지시하고 있다. 의미상 '태어날 때부터 아는 것'을 의미하는 것으로 보인다.

0730

A: 互[음합부,ゴ[323]]鄕[キヤウ]難[ニ,シ]與[トモ,11]言[一,イフ,13~23]。
B: 互(ゴ)鄕(キヤウ)與(トモ)に言(イフ)こと難(シ)。
C: 互鄕(ごきゃう)與(とも)に言(い)ふこと難(かた)し。
D: 互鄕(の人と)はともに話すことが難しい。
E: 互鄕(호향) 지방(의 사람들)은 더불어 말하기 어렵다.

A: 童[음합부]子見[マミユ]。
B: 童子見(マミユ)。
C: 童子(とうし)見(まみ)ゆ。
D: 童子が(孔子に)お目にかかった。
E: (호향의) 동자가 (공자를) 뵈었다.

A: 門[음합부]人、惑[マトヒヌ]
B: 門人、惑(マトヒヌ)
C: 門人(もんじん)、惑(まど)ひぬ。
D: 門人は戸惑った。
E: 문인들은 당혹스러워 하였다.

a: 鄭玄曰互[음합부]鄕[33]鄕[22]名也。
b: 鄭玄曰互鄕は鄕の名。
c: 鄭玄(ぢゃうぐゑん)曰(い)はく、互鄕(ごきゃう)は鄕(きゃう)の名(な)。
d: 鄭玄が言った。互鄕は鄕の名である。
e: 정현이 말하기를, 호향은 고장 이름이다.

323) 「互」의 漢音은 「コ」이고, 「ゴ」는 吳音이다.

a: 其[22]鄕[훈합부]人[22]言[음합부]語、自專[ホシイマヽニシ,31]不[ㆾ,32]達[ᅳ,セ]時[22]宜[ᅳ,11]。

b: 其の鄕人の言語、自專(ホシイマヽニシ)て時の宜に達(セ)不ず。

c: 其(そ)の鄕人(きゃうひと)の言語(げんご)、自(みづか)ら專(ほ)しいままにして時(とき)の宜(ぎ)に達(たっ)せず。[324)]

d: その鄕の人の言葉は好き勝手で、当時の標準の言葉に達していなかった。

e: 그 고장 사람의 언어는 제멋대로여서 당시의 표준어와 잘 통하지 않았다.

a: 而[13]有[ᅳ,リ]童[음합부]子[22]來[31]見[ᅳ,13~23]孔[음합부]子[ᅳ,11]。[325)]

b: 而を童子の來て孔子に見こと有(リ)。

c: 而(しか)るを童子(とうし)の來(きた)りて孔子(こうし)に見(まみ)ゆること有(あ)り。

d: ところがある童子が来て孔子にお目にかかった。

e: 그런데 (호향의) 동자가 와서 공자를 뵈었다.

a: 門[음합부]人、恠[ᅳ,アヤシフ]孔[음합부]子[22]見[ᅳ,マミユル,13~23,13]也

b: 門人、孔子の見(マミユル)ことを恠(アヤシフ)

c: 門人(もんじん)、孔子(こうし)の見(まみ)ゆることを怪(あや)しぶ。

d: 門人たちは、孔子が会うことをあやしく思った。

e: 문인들은 공자가 만나는 것을 이상하게 여겼다.

A: 子曰與[ᅳ,クミセン]其[22]進[ᅳ,スヽマン,11,33]也。[326)]

B: 子曰其の進(ススマン)には與(クミセン)。

C: 子(し)の曰(のたう)ばく、其(そ)の進(すす)まんには與(くみ)せん。

D: 先生が言われた。その人が(私に)進み出てくるのには与する。

E: 선생님께서 말씀하시기를, 그가 (나에게) 나아옴에는 더불어 함께할 것이다.

---

324) 「自專」은 방언으로 인해 알아들을 수 없다고 이해할 가능성과 풍속이 저급하여 말의 내용이 바르지 않다고 이해할 두 가지 가능성이 있다. 應永本抄物는 전자를 취하고 있다.
應永本抄物 「此一鄕ノ人イヤシウシテ、中國ト其語カハレリ。此處ノ人ノ辭ヲハ、餘ノ處ノ人聞知ス。又餘處ノ人ノ辭ヲ、此處ノ者不聞知シテ、互ニ、言語不通。(이 고장의 사람들은 비천하여 수도 주변과 언어가 다르다. 이곳 사람들의 말을 다른 곳 사람들은 알아듣지 못하고, 또한 다른 곳 사람들의 말을 이곳 사람들은 알아듣지 못하여 서로 언어가 통하지 못하였다. 342쪽)」

325) 讀點의 위치에 찍혀 있으나 문맥상 句點으로 파악하였다.

326) 讀點의 위치에 찍혀 있으나 문맥상 句點으로 파악하였다.

A: 不[ㇾ,シ]與[ㆁ,クミセ]其[22]退[ㆀ,シリソカン,11,33]也。
B: 其の退(シリソカン)には與(クミセ)不(シ)。
C: 其(そ)の退(しりぞ)かんには與(くみ)せじ。
D: その人が退いていくのには与しない。
E: 그 물러간 것에는 개의치 않을 것이다.

A: 唯[タヽ]何[ソ]甚[シキ]
B: 唯(タタ)何(ソ)甚(シキ)
C: 唯(ただ)何(なん)ぞ甚(はなは)だしき。
D: ただ(むやみに)どうしてひどくするだろうか。
E: 오직 (덮어놓고) 어찌 심하게 하겠는가?

a: 孔安國曰教[음합부,カウ]誨[クワイ,22]之道、與[ㆁ,セン]其[22]進[ㆀ,マム,11,33]。不[ㇾ,シ]與[ㆁ,セ]其[22]退[ㆀ,カム,11,33]
b: 孔安國曰教(カウ)誨(クワイ)の道、其の進(マム)には與(セン)。其の退(カム)には與(セ)不(シ)
c: 孔安國(こうあんこく)曰(い)はく、教誨(かうくゎい)の道(みち)、其(そ)の進(すす)まんには與(くみ)せん。其(そ)の退(しりぞ)かんには與(くみ)せじ。[327)]
d: 孔安国が言った。教誨の道は、進むところには与する。退くところには与しない。
e: 공안국이 말하기를, 가르침의 도는 나아옴에는 함께할 것이다. 물러남에는 개의치 아니할 것이다.

a: 恠[ㆁ,フ]我[21]見[ㆁ,マ,13~23,13]此[22]童[음합부]子[ㆀ,11]。
b: 我が此の童子に見(マ)ことを恠(フ)。
c: 我(わ)が此(こ)の童子(とうし)に見(まみ)ゆることを怪(あや)しぶ。
d: 私がこの童子に会うことをあやしく思う。
e: 내가 이 동자를 만나보는 것을 이상하게 여긴다.

---

327) 「與」에 대해 古注의 경우 '함께 하다'라고 이해하였고, 이에 따르면 「くみす」라고 훈독할 수 있다. 集注는 「人潔至往也十四字, 當在與其進也之前…與許也…但許其進而來見耳, 非許其既退而爲不善也…疑此章有錯簡」라고 주석을 달고 있어서, 이에 따르면 「ゆるす」라고 훈독할 수 있다.

a: 悪[ㇾ,ニクム,13~23]悪[アク,13]何[ソ]一[ヒトツ,11]甚[シキ]也

b: 悪(アク)を悪(ニクム)こと何(ソ)一(ヒトツ)に甚(シキ)

c: 惡(あく)を惡(にく)むこと、何(なん)ぞ一(ひと)つに甚(はなは)だしき。

d: 悪をにくむことが、どうしてこのように一律にひどいのか。

e: 악을 미워하는 것이 어찌 이리 한결같이 심한가?

A: 人、潔[ㇾ,イサキヨクシ,31]已[13]以[31]進[スヽマ,33]與[㆔,クミセ,12]其[22]潔[㆒,イサキヨキ,11]也。[328)]不[ㇾ,シ]保[㆔,ヤスンセ]其[22]往[㆒,イムジ,13,33]也

B: 人、已を潔(イサキヨクシ)て以て進(ススマ)ば其の潔(イサキヨキ)に與(クミセ)ん。其の往(イムジ)をば保(ヤスンセ)不(シ)

C: 人(ひと)、己(おのれ)を潔(いさぎよ)くして以(も)ちて進(すす)まば、其(そ)の潔(いさぎよ)きに與(くみ)せん。[329)]其(そ)の往(い)んじをば保(やす)んぜじ。[330)]

D: 人が自分を潔くして進み出てくるなら、その潔さと与する。その過ぎさったことは与しない。

E: 사람이 스스로를 떳떳하게 하여 나아오면, 그 떳떳함에 함께 할 것이다. 그 지나간 일에는 개의치 않을 것이다.

a: 鄭玄曰往[ワフ,33]猶[ㇾ,ヲ]{シ}去[22]也

b: 鄭玄曰往(ワウ)は猶(ヲ)去の猶(シ)

c: 鄭玄(ぢゃうぐゑん)曰(い)はく、往(わう)は猶(なほ)去(きょ)のごとし。

d: 鄭玄が言った。往は去のような意味である。

e: 정현이 말하기를, 往(왕)은 去(거)[떠나다]와 같다.

---

328) 讀點의 위치에 찍혀 있으나 문맥상 句點으로 파악하였다.

329) 「潔」에 대해 集注는 「修治也」라고 주석을 달고 있고 이에 따르면 「をさむ」라고 훈독할 수 있다.
應永本抄物 「人己カ心ヲ無心無念ニシテ來ナラハ、其潔白ナルニクミシテ教ヘシ。(사람이 제 마음을 무심무념하게 하여 온다면 그 결백한 면과 함께하여 가르칠 것이다. 343쪽)」 古注를 취하고 있음을 알 수 있다.

330) 「往」에 가점된 대문의 훈점은 「いんじをば」라고 하여 '배움을 청하러 오기 이전'으로 파악하고 있는 것으로 판단된다. 그러나 세주의 정현주는 배움을 얻고 '떠난 후'로 이해하고 있다. 마지막 세주의 「往」에 대해 좌훈으로 「イムジ」라고 되어 있는 것으로 볼 때 정훈은 '떠난 후의 일'로 이해하고 훈독했을 가능성도 있다.
應永本抄物 「往トハ過シ方ノ行跡ヲ云。是ヨリ前ニワロカリシコトヲ云ヘカラス。人ハ始ワロケレトモ、終ヨキコトアリ。先ニハ迷トモ、後ニ悟ルコトアリ。教誨ノ道潔ニ與シテ、以前ノ行跡ヲイハスト云。此鄭玄カ注ニ、往ト云ヲ、去後之行ト見タリ。去ト云モスキシ方、今日ヨリ前ヲ云也。(往(왕)이란 지난 행적을 말한다. 이전에 나빴던 것을 말해서는 안 된다. 사람은 처음에는 나빴더라도 마지막에는 좋아지는 일이 있다. 이전에는 헤매었더라도 나중에는 깨닫는 일이 있다. 가르침의 도는 결백한 것과 함께 하고 이전의 행적을 거론하지 않는다고 하였다. 343쪽)」 '배움을 청하기 오기 이전'으로 파악한 대문의 훈점과 동일하게 기술되어 있다.

a: [삽입부[言[ハ]]]人虚[レ,ムナシフシ,31]巳[13]自[ミ]潔[シ,31]而来[33]當[レ,11]{ヘシ}與[二,ス]其[22]進[一,マム,11,33]之。

b: 言(ハ)人巳を虚(ムナシフシ)て自(ミ)潔(シ)て来ば當に其の進(マム)には與(ス)當(ヘシ)。

c: 言(いふこころ)は、人(ひと)己(おのれ)を虚(むな)しうして、自(みづか)ら潔(いさぎよ)くして來(きた)らば、當(まさ)に其(そ)の進(すす)まんには與(くみ)すべし。

d: 意味はこうである。人が自分を虚にして自ら潔くして来たならば、その進み出てくるところには与すべきである。

e: 그 뜻은 이러하다. 사람이 자신을 비워 스스로 떳떳하게 하여 온다면, 그 나아옴에는 함께 해야 한다.

a: 亦何[ソ]能、保[二,ヤスムセム]其[22]去[31]{イムジ}後[22]之行[一,음독부ヲ]也

b: 亦何(ソ)能、其の去て後の行(ヲ)保(ヤスムセム)

c: 亦(また)何(なん)ぞ能(よ)く、其(そ)の去(さ)りて後(のち)の行(かう)を保(やす)んぜん。

d: またどうして去った後の行いを気にするだろうか。

e: 또한 어찌 그 떠나간 후의 행실에 연연하겠는가?

0731

A: 子曰仁遠[トホカレ]乎哉[ヤ]我[レ]、欲[レ,ホスレ,33]仁[13]、斯[コヽ,11]仁至[イタル]矣

B: 子曰仁遠(トホカレ)哉(ヤ)我(レ)、仁を欲(ホスレ)ば、斯(ココ)に仁至(イタル)

C: 子(し)の曰(のたう)ばく、仁(じん)遠(とほ)かれや。我(われ)仁(じん)を欲(ほっ)すれば、斯(ここ)に仁(じん)至(いた)る。

D: 先生が言われた。仁は遠いものか。私が仁を望めば仁が至る。

E: 선생님께서 말씀하시기를, 인은 먼 것인가? 내가 인을 원하면 인이 이른다.

a: 苞氏曰仁[음합부]道不[㆑,32]遠[カラ]。[331)]行[トキ,33]之則是[11[332)]]至[ル]也

b: 苞氏曰仁道遠(カラ)不ず。行(トキ)は則是に至(ル)

c: 苞氏(はうし)曰(い)はく、仁道(じんだう)遠(とほ)からず。行(おこな)ふときは、則(すなは)ち是(ここ)に至(いた)る。

d: 苞氏が言った。仁道は遠くない。行えば(仁が)至る。

e: 포씨가 말하기를, 인도가 멀지 않다. 행하면 (인이) 이른다.

0732

A: 陳[음합부]司[음합부]敗、問[ハク]、昭[음합부]公、知[㆑,シレリ]禮[13]乎[ヤ]

B: 陳司敗、問(ハク)、昭公、禮を知(シレリ)乎(ヤ)

C: 陳司敗(ちんしはい)問(と)はく、昭公(せうこう)、禮(れい)を知(し)れりや。

D: 陳司敗が聞いた。昭公は礼を知っていますか。

E: 陳司敗(진사패)가 묻기를, 昭公(소공)은 예를 아셨습니까?

a: 孔安國曰司[음합부]敗[33]官名也。[333)]

b: 孔安國曰司敗は官名。

c: 孔安國(こうあんこく)曰(い)はく、司敗(しはい)は官名(くゎんめい)。

d: 孔安国が言った。司敗は官名である。

e: 공안국이 말하기를, 사패는 관명이다.

a: 陳[22]大[음합부]夫[ソ]也。

b: 陳の大夫(ソ)。

---

331) 讀點의 위치에 찍혀 있으나 문맥상 句點으로 파악하였다.

332) 永正本集解도 무발본과 마찬가지로 「に」를 의미하는 오코토점이 기입되어 있어서 「ここに」라고 훈독한 것으로 생각된다. 그러나 한문구문 본래의 의미로는 「是=仁」이라고 파악하는 것이 옳고 그것을 훈독에 반영한다면 「これ」라고 읽는 것이 타당할 것으로 생각된다.

333) 讀點의 위치에 찍혀 있으나 문맥상 句點으로 파악하였다.

c: 陳(ちん)の大夫(たいふ)ぞ。

d: 陳の大夫である。

e: 진나라 대부이다.

a: 昭[음합부]公[33]鲁[22]昭[음합부]公[인명부]。也

b: 昭公は鲁の昭公。

c: 昭公(せうこう)は魯(ろ)の昭公(せうこう)。

d: 昭公は魯の国の昭公である。

e: 소공은 노나라 소공이다.

A: 孔[음합부]子對[31]曰[22]、知[ㇾ,シレリ]禮[13]。

B: 孔子對て曰の、禮を知(シレリ)。

C: 孔子(こうし)對(こた)へて曰(のたう)ばく、禮(れい)を知(し)れり。

D: 孔子が答えて言われた。礼を知っています。

E: 공자께서 대답하여 말씀하시기를, 예를 아셨습니다.

A: 孔[음합부]子退[シリソキヌ]

B: 孔子退(シリソキヌ)

C: 孔子(こうし)、退(しりぞ)きぬ。

D: 孔子が退かれた。

E: 공자께서 물러나셨다.

A: 揖[㆓,イツシ,31]巫[음합부]馬[음합부]期[㆒,인명부,13]而進[スヽム,31]之曰[イ]、吾[レ]聞[キク]君[음합부]子[33]不[ㇾ,32]黨[タウセ]。

B: 巫馬期を揖(イツシ)て進(ススン)で曰(イ)、吾(レ)聞(キク)君子は黨(タウセ)不ず。

C: 巫馬期(ぶばき)を揖(いっ)して進(すす)んで曰(い)はく、吾(われ)聞(き)く、君子(くんし)は黨(たう)せず。

D: (陳司敗が)巫馬期に揖して進み出させて言った。私は聞いた、君子は徒党を組まないと。

E: (진사패가) 巫馬期(무마기)에게 읍하고 (무마기를 앞으로) 나오게 하여 말하기를, 나는 들었다, 군자는 무리를 짓지 않는다고.

A: [삽입부[君子亦黨[タウ]乎[ヤ]]]
B: 君子亦黨(タウ)乎(ヤ)
C: 君子(くんし)、亦(また)黨(たう)するや。
D: 君子もまた徒党を組むのか。
E: 군자도 또한 무리를 짓는가?

A: 君娶[ニ,メトレリ]於吳[一,11]。
B: 君吳に娶(メトレリ)。
C: 君(きみ)、吳(ご)に娶(めと)れり。
D: 君主は呉の国から妻を娶られた。
E: 임금께서는 吳(오)나라에서 부인을 얻으셨다.

A: 為[ニ,タメ,11]同[음합부]姓[一,ナル,21]謂[ニ,フ]之[13]吳[음합부]孟[음합부]子[一,23~33]。
B: 同姓(ナル)が為(タメ)に之を吳孟子と謂(フ)。
C: 同姓(とうせい)なるが爲(ため)に、之(これ)を吳孟子(ごまうし)と謂(い)ふ。
D: 同姓であったため、妻を呉孟子といった。
E: 동성이기 때문에 이 부인을 吳孟子(오맹자)라고 불렀다.

A: 君、而知[レ,33]禮[13]、孰[タレ,21]不[レ,12]知[レ]禮[レイ,13]
B: 君、禮を知ば、孰(タレ)か禮(レイ)を知不ん
C: 君(きみ)、禮(れい)を知(し)らば、孰(たれ)か禮(れい)を知(し)らざらん。
D: 君主が礼を知るなら誰が礼を知らないというだろうか。
E: 임금께서 예를 안다면 누가 예를 모른다고 하겠는가?

a: 孔安國曰巫[음합부]馬[음합부]期[33]弟[음합부]子也。[334)]
b: 孔安國曰巫馬期は弟子。
c: 孔安國(こうあんこく)曰(い)はく、巫馬期(ぶばき)は弟子(ていし)。
d: 孔安国が言った。巫馬期は弟子である。
e: 공안국이 말하기를, 무마기는 제자이다.

334) 讀點의 위치에 찍혀 있으나 문맥상 句點으로 파악하였다.

a: 名[33]施[인명부]。[335)]

b: 名は施。

c: 名(な)は施(し)。

d: 名は施である。

e: 이름은 施(시)이다.

a: 相[훈합부]助[タスケ,31]匿[㆑,カクス,13]非[음독부ヲ,13]、曰[㆑]黨[23~33]。

b: 相助(タスケ)て非(ヲ)を匿(カクス)を、黨と曰。

c: 相(あ)ひ助(たす)けて非(ひ)を匿(かく)すを、黨(たう)と曰(い)ふ。

d: 互いに助けて非を隠す者たちを党という。

e: 서로 도와서 잘못을 감춰주는 것을 黨(당)이라고 한다.

a: 魯、呉[ゴ]、俱[トモ,11]姫[음합부,キ]姓[ナリ]也。

b: 魯、呉(ゴ)、俱(トモ)に姫(キ)姓(ナリ)。

c: 魯(ろ)・呉(ご)、俱(とも)に姫姓(きせい)なり。

d: 魯の国と呉の国は、ともに姫姓である。

e: 노나라와 오나라 모두 성이 姫(희)이다.

a: 禮[11]同[음합부]姓[ナル,13,33]不[㆑,32]婚[コンセ]。

b: 禮に同姓(ナル)をば婚(コンセ)不ず。

c: 禮(れい)に同姓(とうせい)なるをば婚(こん)せず。

d: 礼によれば同姓は結婚しない。

e: 예에 동성은 혼인하지 않는다.

a: 而[13]君、娶[㆑,レリ][삽입부[呉[11]]]之。

b: 而を君、呉に娶(レリ)。

c: 而(しか)るを君(きみ)、呉(ご)に娶(めと)れり。

d: ところが君主は呉の国から妻を娶られた。

e: 그런데 임금께서 오나라에서 부인을 얻으셨다.

---

335) 讀點의 위치에 찍혀 있으나 문맥상 句點으로 파악하였다.

a: 當[ㇾ,11]{シ}稱[ㆁ]呉[음합부]姬[ㆀ,23~33]。
b: 當に呉姬と稱當(シ)。
c: 當(まさ)に吳姬(ごき)と稱(しょう)すべし。
d: 当然呉姬と称するべきである。
e: 마땅히 吳姬(오희)라고 불러야 한다.

a: 諱[イン,31]曰[ㆁ,フ][삽입부[呉]]孟[음합부]子[ㆀ,23~33]也
b: 諱(イン)で呉孟子と曰(フ)
c: 諱(い)んで吳孟子(ごまうし)と曰(い)ふ。
d: (しかしそれを)避けて呉孟子といった。
e: (그런데 그것을) 피하여 오맹자라고 불렀다.

A: 巫[음합부]馬[음합부]期[인명부]以[31]告[マウ,32]。
B: 巫馬期以て告(マウ)す。
C: 巫馬期(ぶばき)以(も)ちて告(まう)す。
D: 巫馬期はそのことを(先生に)申し上げた。
E: 무마기가 이것을 (선생님께) 말씀드렸다.

A: 子曰丘[인명부]也幸[サイハイナリ]
B: 子曰丘幸(サイハイナリ)
C: 子(し)の曰(のたう)ばく、丘(きう)幸(さいは)ひなり。
D: 先生が言われた。私は幸せである。
E: 선생님께서 말씀하시기를, 나는 행복하다.

A: 苟[イヤシクモ]有[ㇾ,トキ,33]過[アヤマチ]、[336]人、必[ス]知[シル]之
B: 苟(イヤシクモ)過(アヤマチ)有(トキ)は、人、必(ス)知(シル)
C: 苟(いやし)くも過(あやま)ち有(あ)るときは、人(ひと)必(かなら)ず知(し)る。
D: もし過ちがあれば、人がかならず見抜いてくれる。
E: 만약 잘못이 있으면 사람들이 반드시 안다.

---

336) 句點의 위치에 찍혀 있으나 문맥상 讀點으로 파악하였다.

a: 孔安國曰以[〻,31]司[음합부]敗[21]言[⁻,コト,13]告[マフス,32]也。[337)]

b: 孔安國曰司敗が言(コト)を以て告(マフス)す。

c: 孔安國(こうあんこく)曰(い)はく、司敗(しはい)が言(こと)を以(も)ちて告(まう)す。

d: 孔安国が言った。司敗の言葉を告げた。

e: 공안국이 말하기를, 사패의 말을 고했다.

a: 諱[〻,イム,33]國[22]悪[⁻,13]禮[ナリ]也。

b: 國の悪を諱(イム)は禮(ナリ)。

c: 國(くに)の惡(あく)を諱(い)むは禮(れい)なり。

d: 国の悪を(口に出すことを)憚ることは礼である。

e: 나라의 악을 (드러내는 것을) 피하는 것은 예이다.

a: 聖[음합부]人[33]智深[ク]道弘[シ]。

b: 聖人は智深(ク)道弘(シ)。

c: 聖人(せいじん)は智(ち)深(ふか)く、道(だう)弘(ひろ)し。

d: 聖人は知恵が深く、道が広い。

e: 성인은 지혜가 깊고 도가 넓다.

a: 故[11]受[31]以[31]為[ᅛ,32]過[ア,23~33]也

b: 故に受て以て過(ア)と為す

c: 故(ゆゑ)に受(う)けて以(も)ちて過(あやま)ちと爲(す)。

d: そのため、受けいれて過ちと認めたのである。

e: 그러므로 이것을 받아들여서 잘못이라고 한 것이다.

---

337) 讀點의 위치에 찍혀 있으나 문맥상 句點으로 파악하였다.

0733

A: 子[음독부]與[ㇾ,23~33]人、歌[ウタウタフトキニシ,31]而善[ヨキトキ,33]、必[32]使[ㇾ,シメ,31]反[カヘサ]之而後[11]和[クワ,32]之

B: 子人與と、歌(ウタウタフトキニシ)て善(ヨキトキ)は、必ず反(カヘサ)使(シメ)て後に和(クワ)す

C: 子(し)、人(ひと)と歌(うたうた)ふときにして、善(よ)きときは、必(かなら)ず反(かへ)さしめて、後(のち)に和(くゎ)す。

D: 先生は、人と歌う時、うまく歌うとかならず繰り返させ、その後で一緒に歌われた。

E: 선생님께서는 사람들과 노래를 부르실 때, 잘 부르면 반드시 반복하게 하고, 나중에 함께 부르셨다.

a: 樂[ニ]其[22]善[一,ヨキ,13]。故[11]使[ニ,シメ,31]重[カサネ,31]歌[一,ハ]而後[11]自[ミ]和[クワ,32]之也

b: 其の善(ヨキ)を樂。故に重(カサネ)て歌(ハ)使(シメ)て後に自(ミ)和(クワ)す

c: 其(そ)の善(よ)きを樂(たの)しむ。故(ゆゑ)に重(かさ)ねて歌(うた)はしめて、後(のち)に自(みづか)ら和(くゎ)す。

d: その良さを楽しむ。そのため、繰り返し歌わせ、その後で自ら一緒に歌ったのである。

e: 그 좋음을 즐긴다. 그러므로 반복하여 노래를 부르게 하고, 그런 후에 스스로 함께 불렀다.

0734

A: 子曰文[음합부]莫[ハクナル,13~23]吾[レ]猶[ㇾ,ナヲ]{コトシ}人[22]也

B: 子曰文莫(ハクナル)こと吾(レ)猶(ナヲ)人の猶(コトシ)

C: 子(し)の曰(のたう)ばく、文莫(ぶんばく)なること[338]、吾(われ)猶(なほ)人(ひと)のごとし。

D: 先生が言われた。熱心に学問に励むことは、私また人並みである。

E: 선생님께서 말씀하시기를, 열심히 공부하는 것은 나 또한 다른 사람과 같다.

a: 莫[33]無[ブ]也。文[음합부]無[23~33,33]者猶[ᆖ,ヲ]{シ}俗[ショク,22]言[ᆕ,イハン,21]文[음합부]不[ᆨ,ト]也。[339]

b: 莫は無(ブ)。文無とは猶(ヲ)俗(ショク)の文不(ト)言(イハン)が猶(シ)。

c: 莫(ばく)は無(ぶ)。文無(ぶんぶ)とは、猶(なほ)俗(しょく)の文不(ぶんぶ)と言(い)はんがごとし。

d: 莫は無である。文無は俗にいう文不のような意味である。

e: 莫(막)은 無(무)이다. 文無(문무)는 또한 세속에서 文不(문부)라고 말하는 것과 같다.

a: 文[음합부]不[ナル,13~23]、吾[レ]猶[ㇾ,ナヲ]{ト云ハ}人[22]者、言[33]凢[ソ]文、皆[훈독부]不[ㇾ,32]勝[ᆕ,マサラ]於人[ᆨ]也

b: 文不(ナル)こと、吾(レ)猶(ナヲ)人の猶(トイフハ)、言は凢(ソ)文、皆人勝(マサラ)不ず

c: 文不(ぶんぶ)なること、吾(われ)猶(なほ)人(ひと)のごとしといふは、言(いふこころ)は、凡(およ)そ文(ぶん)、皆(みな)人(ひと)に勝(まさ)らず。

d: 熱心に学問に励むことでは、私は人並みであるといったのは、意味はこうである。大体学問において人より優れることはないということである。

e: 열심히 공부하는 것에 있어서는 나는 다른 사람과 같다고 한 것은 그 뜻은 이러하다. 대개 학문이 모두 다른 사람보다 뛰어나지는 않다는 것이다.

A: 躬[ミ,11]行[ᆕ,フ,13~23,33]君[음합부]子[ᆨ,13]則吾[レ]未[ᆕ,タ]{ス}之有[ᆨ,ㇾ]得[13~23]也

B: 躬(ミ)に君子を行(フ)ことは則吾(レ)未(タ)得こと有未(ス)

---

338) 古注는 「文莫」을 '공부'라는 뜻의 2자숙어로 파악하였다. 新注, 즉 集注에서는 「文」은 '학문'을 의미하며 「莫」은 의문사로 보아 따로따로 파악하였다.
應永本抄物 「文莫トハ、文不ト云義也。文不トハ、我カ文章スクレス、只ヨノ常ノ人ト同シ。是孔子ノ謙也。(文莫(문막)이란 文不(문불)이라는 뜻이다. 文不이란 나의 문장이 뛰어나지 못하여 다만 뭇사람들과 같다는 것이다. 이것은 공자의 겸사이다. 346–347쪽)」 古注에 의거하여 기술되어 있다.

339) 讀點의 위치에 찍혀 있으나 문맥상 句點으로 파악하였다.

C: 躬(み)に君子(くんし)を行(おこな)ふことは、則(すなは)ち吾(われ)未(いま)だ得(う)ること有(あ)らず。

D: 自ら君子のように行うことは、私はまだできていない。

E: 몸소 군자와 같이 행하는 것에는 나는 아직 이르지 못했다.

a: 孔安國曰躬[11]為[ﾆ,スル,13~23,33]君[음합부]子[ﾞ,13]已[オノレ]未[ﾚ,タ]能[ﾚ]得[ル,13~23]之也

b: 孔安國曰躬に君子を為(スル)ことは已(オノレ)未(タ)得(ル)こと能未

c: 孔安國(こうあんこく)曰(い)はく、躬(み)に君子(くんし)を爲(す)ることは、己(おのれ)未(いま)だ得(う)ること能(あた)はず。

d: 孔安国が言った。自ら君子(の道)を行うことは、私はまだできていない。

e: 공안국이 말하기를, 몸소 군자(의 도)를 행하는 것에는 나는 아직 이르지 못했다.

0735

A: 子曰若[モシ]、[340]聖[ト]與[ﾚ,23~33,33]仁、則吾[レ]豈敢[アヘンヤ]

B: 子曰若(モシ)、聖(ト)仁與とは、則吾(レ)豈敢(アヘンヤ)

C: 子(し)の曰(のたう)ばく、若(も)し聖(せい)と仁(じん)とは、則(すなは)ち吾(われ)豈(あに)敢(あ)へんや。

D: 先生が言われた。聖や仁のようなものは、私がどうして及ぶだろうか。

E: 선생님께서 말씀하시기를, 성과 인(과 같은 경지)이라면 내가 어찌 이르겠는가?

a: 孔安國曰孔[음합부]子、謙[ケムニシ,31]不[ﾐ,32]敢[31]自[ヲ]名[ﾆ,ナツケラレ]仁[음합부]聖[ﾞ,23~33]也

b: 孔安國曰孔子、謙(ケムニシ)て敢て自(ヲ)仁聖と名(ナツケラレ)不ず

340) 句點의 위치에 찍혀 있으나 문맥상 讀點으로 파악하였다.

c: 孔安國(こうあんこく)曰(い)はく、孔子(こうし)、謙(けむ)にして敢(あ)へて自(おの)づから仁聖(じんせい)と名(な)づけられず。

d: 孔安国が言った。孔子は謙虚で、あえて仁聖と自称しなかった。

e: 공안국이 말하기를, 공자께서는 겸손하여 감히 인성이라 자처하지 않으셨다.

A: 抑[ソモ2자반복부]為[マナン,31]之不[ᅛ,32]厭[イトハ]。誨[ᅛ,オシヘ,31]人[13]不[ᅛ,32]倦[ウマ]。則可[ᅛ,ヘカラク]謂[ᅛ,フ]云[ᅛ,23~33]爾[シカ]巳[ノミ]矣。

B: 抑(ソモソモ)為(マナン)で厭(イトハ)不ず。人を誨(オシヘ)て倦(ウマ)不ず。則爾(シカ)云と謂(フ)可(ヘカラク)巳(ノミ)。

C: 抑(そもそも)爲(まな)んで厭(いと)はず。人(ひと)を誨(をし)へて倦(う)まず。則(すなは)ち爾(しか)云(い)ふと謂(い)ふべからくのみ。

D: ただしかし学ぶことを厭わない。人を教えることを怠らない。そう言えるのみである。

E: 그렇기는 하지만 배우는 것을 싫증내지 않는다. 다른 사람을 가르치는 것을 게을리하지 않는다. 그렇게 말할 수 있다.

A: 公[음합부]西[음합부]華[21]曰正[マサシ]、唯[タヽ]弟[음합부]子[33]不[ᅛ,ス]能[ᅛ]學[マナフ,13~23]也

B: 公西華が曰正(マサシ)、唯(タタ)弟子は學(マナフ)こと能不(ス)

C: 公西華(こうせいくゎ)が曰(い)はく、正(まさ)し。唯(ただ)弟子(ていし)は學(まな)ぶこと能(あた)はず。

D: 公西華が言った。そのとおりです。ただ弟子たちがまねすることのできないものです。

E: 公西華(공서화)가 말하기를, 그렇습니다. 그저 제자는 배울 수 없습니다.

a: 苞氏曰正[マ생략부[341)],23~33,33]如[ᅛ,ソ]所[ᅛ,22]言[フ]。[342)]

b: 苞氏曰正(マ)とは言(フ)所の如(ソ)。

c: 苞氏(はうし)曰(い)はく、正(まさ)しとは、言(い)ふ所(ところ)の如(ごと)きぞ。

d: 苞氏が言った。正(まさ)し[まさにそうである]とは、言ったとおりであるという意味である。

e: 포씨가 말하기를, 그렇습니다라는 것은, 말한 바대로라는 의미이다.

---

341) 「マサシ」에서 「マ」는 가나로 기입하고 「サシ」를 생략하여 세로선으로 나타내었다. 이하 「생략부」라고 칭한다.
342) 讀點의 위치에 찍혀 있으나 문맥상 句點으로 파악하였다.

a: 弟[음합부]子猶不[ㇾ,32]能[ㇾ]學[13~23]也。況[イワムヤ]仁[음합부]聖[13]乎[ヤ]也

b: 弟子猶學こと能不ず。況(イワムヤ)仁聖を乎(ヤ)

c: 弟子(ていし)猶(なほ)學(まな)ぶこと能(あた)はず。況(いは)んや仁聖(じんせい)をや。

d: 弟子たちは、それでさえなおまねすることができない。ましてや仁聖は言うまでもない。

e: 제자는 배울 수 없다. 하물며 인성이야 말할 나위가 있겠는가.

0736

A: 子[음독부,ノ]疾[ヤマヒ]病[음독부ナリ]。

B: 子(ノ)疾(ヤマヒ)病(ナリ)。

C: 子(し)の疾(やまひ)、病(へい)なり。

D: 先生の病気が重かった。

E: 선생님의 병이 깊었다.

A: 子[음합부]路、請[ㇾ,フ]禱[イノラン,23~33]

B: 子路、禱(イノラン)と請(フ)

C: 子路(しろ)、禱(いの)らんと請(こ)ふ。

D: 子路が祈ることを願った。

E: 子路(자로)가 기도하기를 청했다.

a: 苞氏曰禱[23~33,33]禱[㆓,훈합부,リ]請[コフソ]於鬼[음합부]神[㆒,11]也

b: 苞氏曰禱とは鬼神に禱(リ)請(コフソ)

c: 苞氏(はうし)曰(い)はく、禱(たう)とは、鬼神(きしん)に禱(いの)り請(こ)ふぞ。

d: 苞氏が言った。禱とは、鬼神に祈って請うことである。

e: 포씨가 말하기를, 禱(도)라는 것은 귀신에게 기도하여 청하는 것이다.

A: 子曰有[リ]諸[ヤ]

B: 子曰有(リ)諸(ヤ)

C: 子(し)の曰(のたう)ばく有(あ)りや。

D: 先生が言われた。(そんなことが)あるのか。

E: 선생님께서 말씀하시기를, (그런 일이) 있느냐?

a: 周生烈曰言[33]有[下,リ]此[22]禱[ニ,훈합부]請[ト云]於鬼[음합부]神[一,11]之事[上]
乎[ヤ]也

b: 周生烈曰言は此の鬼神に禱請(トイフ)事有(リ)乎(ヤ)

c: 周生烈(しうせいれつ)曰(い)はく、言(いふこころ)は、此(こ)の鬼神(きしん)に禱(いの)り請(こ)ふといふ事(こと)有(あ)りや。

d: 周生烈が言った。意味はこうである。このような鬼神に請うなどということがあるのか。

e: 주생렬이 말하기를, 그 뜻은 이러하다. 귀신에게 기도하여 청하는 일이 있느냐?

A: 子[음합부]路對[훈합부,31]曰、有[リ]之。

B: 子路對て曰、有(リ)。

C: 子路(しろ)對(こた)へて曰(い)はく、有(あ)り。

D: 子路が答えて言った。あります。

E: 자로가 대답하여 말하기를, 있습니다.

A: 誄[ルイ,11]曰[イ]、禱[ニ,음합부,タウ]爾[シスト云ヘリ]于上[음합부]下神[음합부]祇[一]

B: 誄(ルイ)に曰(イ)、上下神祇禱(タウ)爾(シストイヘリ)

C: 誄(るい)[343]に曰(い)はく、上下(しゃうか)神祇(しんき)に禱爾(たうじ)すといへり。

D: 誄に、上下の神祇に祈ったといいます。

E: 誄文(뇌문)에, 하늘과 땅의 귀신[344]에게 기도했다고 합니다.

---

343) 죽은 이의 생전의 공덕을 기리고 그의 죽음을 슬퍼함, 또는 그 문장.
應永本抄物 「誄[ルイ]カ言[コト]ハ累[ルイ]也。力艾ル也。生タル時德行アレハ、死シテ後ニ其生ケル時ニ、行跡ヲ累[カサネ]列[ツラネ]テ、謚ヲ付也。其コトヲ記シタル物ヲ誄ト云。今ノ祭文ノ如シ。(誄(뢰)의 뜻은 累(루)이다. 힘이 다하는 것이다. 살아 있을 때에 덕행이 있었으면 죽고 난 뒤에 생전의 행적을 거듭 나열하여 시호를 붙인다. 그러한 것을 적은 것을 誄라고 한다. 지금의 제문과 같다. 349쪽)」

344) 神祇(천기) : 천신지기(天神地祇). 하늘의 신령과 땅의 신령.

a: 孔安國曰子[음합부]路失[ㇾ,ウシナヘリ]指[ムネ,13]也。

b: 孔安國曰子路指(ムネ)を失(ウシナヘリ)也。

c: 孔安國(こうあんこく)曰(い)はく、子路(しろ)、指(むね)を失(うしな)へり。

d: 孔安国が言った。子路は(先生の言葉の)趣旨をとり損ねた。

e: 공안국이 말하기를, 자로는 (공자의 질문의) 취지를 놓쳤다.

a: 誄[ルイ,33]禱[음합부,タフ]篇[22]名也

b: 誄(ルイ)は禱(タフ)篇の名

c: 誄(るい)は禱篇(たうへん)の名(な)。

d: 誄は祷篇の名である。

e: 誄(뢰)는 禱篇(도편)의 이름이다.

A: 子曰丘[21]之禱[イノル,13~23]之、乆[シ]矣

B: 子曰丘が禱(イノル)こと、乆(シ)

C: 子(し)の曰(のたう)ばく、丘(きう)が禱(いの)ること久(ひさ)し。

D: 先生が言われた。私は(そのような)祈りなら、もう長いことしている。

E: 선생님께서 말씀하시기를, 나는 (그런) 기도를 해 온 것이 오래되었다.

a: 孔安國曰孔[음합부]子素[モトヨリ]行[음독부]、合[ㇾ,カナヘリ]於神[음합부]明[ㇾ,11]。故[11]曰丘[21]之禱[13~23]之乆[ト云]矣

b: 孔安國曰孔子素(モトヨリ)行、神明に合(カナヘリ)。故に曰丘が禱こと乆(トイフ)

c: 孔安國(こうあんこく)曰(い)はく、孔子(こうし)、素(もと)より行(かう)、神明(しんめい)に合(かな)へり。故(ゆゑ)に曰(のたう)ばく、丘(きう)が禱(いの)ること久(ひさ)しといふ。

d: 孔安国が言った。孔子は普段の行いが神明にかなっていた。そのため、私は祈りをして長いといったのである。

e: 공안국이 말하기를, 공자는 평소 행함이 신명에 부합하였다. 그러므로 말씀하시기를, 나는 기도해 온 것이 오래되었다고 말한 것이다.

0737

A: 子曰奢[ヲコリ,33]則不[음합부]遜[ソンナリ]。

B: 子曰奢(ヲコリ)は則不遜(ソンナリ)。

C: 子(し)の曰(のたう)ばく、奢(おご)りは則(すなは)ち不孫(ふそん)なり。

D: 先生が言われた。奢れば不遜である。

E: 선생님께서 말씀하시기를, 사치스러우면 불손하다.

A: 儉[ケン,33]則固[イヤシ]。

B: 儉(ケン)は則固(イヤシ)。

C: 儉(けむ)は則(すなは)ち固(いや)し。

D: 倹約であれば頑固である。

E: 검약하면 고루하다.

A: 與[ᅳ,ヨリ,33]其[22]不[음합부]遜[ᅳ,ナル]{ナラム+합점[345)]}也、[346)]寧[ムシロ]固[イヤシカレ]

B: 其の不遜(ナル)與(ヨリ)は、寧(ムシロ)固(イヤシカレ)

C: 其(そ)の不孫(ふそん)なるよりは、寧(むし)ろ固(いや)しかれ。

D: 不遜であるよりは、むしろ頑固なほうがましである。

E: 불손한 것보다는 차라리 고루한 것이 낫다.

a: 孔安國曰俱[11]失[セリ]之。也[삭제부]

b: 孔安國曰俱に失(セリ)。

c: 孔安國(こうあんこく)曰(い)はく、俱(とも)に失(しっ)せり。

d: 孔安国が言った。両方とも(中庸の道を)失っている。

e: 공안국이 말하기를, 모두 (중용의 도를) 잃었다.

---

345) 合點(합점) 즉, 해당훈을 취하라는 훈점이 달려 있기는 하나 따르지 않고 正訓(정훈)에 따라 훈독하였다.
346) 句點의 위치에 찍혀 있으나 문맥상 讀點으로 파악하였다.

a: 奢[シヤ,33]不[ㇾ,32]如[ㇾ]儉[11]。

b: 奢(シヤ)は儉に如不ず。

c: 奢(しゃ)は儉(けむ)に如(し)かず。

d: (それでも)奢は倹に及ばない。

e: (그렇다 해도) 奢(사)는 儉(검)에 미치지 못한다.

a: 奢[33]則僭[ㇾ,セン,31]上[11]儉[ケン,33]則不[ㇾ,サル]及[ㇾ,33]禮[11]耳[ノミ]。

b: 奢は則上に僭(セン)て儉(ケン)は則禮に及ば不(サル)耳(ノミ)。

c: 奢(しゃ)は則(すなは)ち上(かみ)に僭(せむ)じて、儉(けむ)は則(すなは)ち禮(れい)に及(およ)ばざるのみ。

d: 奢ならば目上の人に僭越にするが、倹ならば礼に及ばないだけである。

e: 사치는 윗사람에게 참람되이 하지만, 검약은 예에 미치지 못할 따름이다.

a: 固[コ,33]陋[ロウ]也

b: 固(コ)は陋(ロウ)

c: 固(こ)は陋(ろう)。

d: 固は陋である。

e: 固(고)는 陋(루)[고루하다]이다.

0738

A: 子曰君[음합부]子[33]坦[タム]、蕩[음합부,タウ]蕩[タリ]。小[음합부]人[33]長、戚[음합부]戚[タリ]

B: 子曰君子は坦(タム)、蕩(タウ)蕩(タリ)。小人は長、戚戚(たり)

C: 子(し)の曰(のたう)ばく、君子(くんし)は坦(たん)、蕩蕩(たうたう)たり、小人(せうじん)は長(ちゃう)、戚戚(せきせき)たり。

D: 先生が言われた。君子は穏やかでのびのびしており、小人はいつもくよくよしている。

E: 선생님께서 말씀하시기를, 군자는 편안하고 구애됨이 없으며, 소인은 늘 걱정스러워 한다.

a: 鄭玄曰坦[음합부]蕩[음합부]蕩[33]寛[음합부,クワム]廣[22]貌也。

b: 鄭玄曰坦蕩蕩は寛(クワム)廣の貌。

c: 鄭玄(ぢゃうぐゑん)曰(い)はく、坦蕩蕩(たんたうたう)は、寛廣(くゎんくゎう)の貌(かたち)。

d: 鄭玄が言った。坦蕩蕩は寛大で心の広い様子である。

e: 정현이 말하기를, 坦蕩蕩(탄탕탕)은 너그럽고 마음이 넓은 모양이다.

a: 長戚[음합부]戚[33]多[ニ,キ]憂[훈합부,ヘ]懼[一,ヲソルヽ,13~23]貌也

b: 長戚戚は憂(ヘ)懼(ヲソルル)こと多(キ)貌

c: 長戚戚(ちゃうせきせき)は、憂(うれ)へ懼(おそ)るること多(おほ)き貌(かたち)。

d: 長戚戚は、憂えておそれることが多い様子である。

e: 長戚戚(장척척)은 걱정하고 두려워하는 것이 많은 모양이다.

0739

A: 子温[ヲンニシ,31]而厲[ハケシ]。

B: 子温(ヲンニシ)て厲(ハケシ)。

C: 子(し)温(をん)にして厲(はげ)し。

D: 先生は穏やかでありながら厳しさがある。

E: 선생님께서는 온화하면서도 엄하셨다.

A: 威[イアツ,31]而不[ﾚ,32]猛[タケカラ]。

B: 威(イアツ)て猛(タケカラ)不ず。

C: 威(ゐ)あって猛(たけ)からず。

D: 威厳がありながらも猛烈ではない。

E: 위엄이 있으면서도 무섭지 않으셨다.

A: 恭[ケウニシ,31]而安[ヤスシ]

B: 恭(ケウニシ)て安(ヤスシ)

C: 恭(きょう)にして安(やす)し。

D: 恭謙でありながらも安らかである。

E: 공손하면서도 (비굴하지 않고) 편안하셨다.

論語集解泰伯第八

論語泰伯第八　　　　何晏集解　凢卄一章

0801

A: 子曰泰[음합부]伯[13,33]其[レ]可[ﾚ,ヘカラク]謂[ﾆ,フ]至[음합부]德[ｰ,23~33]也巳[ノミ]矣。

B: 子曰泰伯をば其(レ)至德と謂(フ)可(ヘカラク)巳(ノミ)。

C: 子(し)の曰(のたう)ばく、泰伯(たいはく)をば其(それ)至德(しとく)と謂(い)ふべからくのみ。

D: 先生が言われた。泰伯は至徳といっていいだろう。

E: 선생님께서 말씀하시기를, 泰伯(태백)은 지덕[347]이라고 할 만하다.

A: 三[ミタヒ]、以[ﾆ,31]天[음합부]下[ｰ,13]讓[ユツル]。民、無[ﾆ,シ]得[31]而稱[ｰ,음독부スル,13~23]焉

B: 三(ミタヒ)、天下を以て讓(ユツル)。民、得て稱(スル)こと無(シ)

C: 三(み)たび天下(てんか)を以(も)ちて讓(ゆづ)る。民(たみ)、得(え)て稱(しょう)すること無(な)し。[348]

D: 三度も天下を譲った。民は称えることすらできなかった。

E: 세 번이나 천하를 양보했다. (은밀히 하여 알지 못했기 때문에) 백성들이 칭송할 수 없었다.

---

347) 至德(지덕) : 지극히 덕이 높은 사람.

348) 태왕에게 아들이 셋 있었는데 태백이 장자이고 그 다음이 중옹, 막내가 계력이다. 태백은 동생 중옹과 함께 吳越(오월)로 가서 선왕의 상에도 돌아오지 않아 막내동생 계력으로 하여금 상주가 되게 하였다. 이것이 一讓(일양)이다. 계력이 죽자 그의 아들인 문왕, 창으로 하여금 왕위를 잇게 하였다. 이것이 二讓(이양)이다. 그 후 돌아오지 않고 머리를 자르고 몸에 문신을 하여 숨어지냈는데, 이것이 三讓(삼양)이다.

a: 王[음합부]肅曰泰[음합부]伯[인명부,33]周[22]太[음합부]王[인명부,22]之太[음합부]子也。

b: 王肅曰泰伯は周の太王の太子。

c: 王肅(わうしく)曰(い)はく、泰伯(たいはく)は周(しう)の太王(たいわう)の太子(たいし)。

d: 王粛が言った。泰伯は周の太王の太子である。

e: 왕숙이 말하기를, 태백은 주나라 태왕의 태자이다.

a: 次[ツキ]仲[음합부]雍[인명부]。少[음합부]弟[13]曰[ᅳ]季[음합부]歷[ᅳ,인명부,レキ,23~33]。

b: 次(ツキ)仲雍。少弟を季歷(レキ)と曰。

c: 次(つぎ)は仲雍(ちうよう)。少弟(せうてい)を季歷(きれき)と曰(い)ふ。

d: 次男は仲雍である。下の弟を季歴という。

e: 다음은 仲雍(중옹)이다. 밑의 동생을 季歷(계력)이라고 한다.

a: 季[음합부]歷[인명부]賢[ケンニシ,31]又生[ᅳ,ウメリ]聖[음합부]子[22]文[음합부]王[음합부]昌[ᅳ,인명부,シヤウ,13]。

b: 季歷賢(ケンニシ)て又聖子の文王昌(シヤウ)を生(ウメリ)。

c: 季歷(きれき)、賢(けん)にして、又(また)聖子(せいし)の文王(ぶんわう)昌(しゃう)を生(う)めり。

d: 季歴は賢くて、また聖子である文王昌を生んだ。

e: 계력은 현명하였고 또한 성자인 문왕 昌(창)을 낳았다.

a: 昌[인명부]必[32]有[ᅳ,タモタ]天[음합부]下[ᅳ,13]。故[11]泰[음합부]伯[인명부]以[ᅳ,31]天[음합부]下[ᅳ,13]三[ミタヒ]讓[ᅳ,ル]於王[음합부]季[ᅳ,11]。

b: 昌必ず天下を有(タモタ)。故に泰伯天下を以て三(ミタヒ)王季に讓(ル)。

c: 昌(しゃう)、必(かなら)ず天下(てんか)を有(たも)たん。故(ゆゑ)に泰伯(たいはく)天下(てんか)を以(も)ちて、三(み)たび王季(わうき)に讓(ゆづ)る。

d: 昌はかならず天下を治めると思われた。それで泰伯は天下を三度も王季に譲った。

e: 창이 반드시 천하를 다스리게 될 것이라고 생각했다. 그러므로 태백은 천하를 세 번이나 王季(왕계)[계력]에게 양보했다.

a: 其讓[ユツリ]隱[カクレタリ]。

b: 其讓(ユツリ)隱(カクレタリ)。

c: 其(それ)讓(ゆづ)り隱(かく)れたり。

d: (しかし)譲ったことがあらわれなかった。

e: (그러나) 양보한 것이 드러나지 않았다.

a: 故[11]無[ㆁ,シ]得[31]而稱[スル]言[삭제부]之者[ㆀ]所[ㆂ,훈합부]以為[ㆁ,スル]至[음합부]德[ㆀ,23~33]也

b: 故に得て稱(スル)者無(シ)至徳と為(スル)所以

c: 故(ゆゑ)に得(え)て稱(しょう)する者(もの)無(な)し。至德(しとく)と爲(す)る所以(ゆゑん)なり。

d: そのため称えることすらできなかった。(これが)至徳とする理由である。

e: 이에 칭송할 수조차 없었다. (이것이) 지덕이라고 이르는 연유이다.

0802

A: 子曰恭[ケウニシ,31]而無[㆑,トキ,33]禮、則勞[ラウ,32]。

B: 子曰恭(ケウニシ)て禮無(トキ)は則勞(ラウ)す。

C: 子(し)の曰(のたう)ばく、恭(きょう)にして禮(れい)無(な)きときは、則(すなは)ち勞(らう)す。

D: 先生が言われた。うやうやしくするにも礼によらなければ、疲れることになる。

E: 선생님께서 말씀하시기를, 공손하되 예가 없으면 고생을 하게 된다.

A: 慎[ツヽシン,31]而無[㆑,トキ,33]禮則葸[シ,32]

B: 慎(ツツシン)で禮無(トキ)は則葸(シ)す

C: 愼(つつし)んで禮(れい)無(な)きときは、則(すなは)ち葸(し)す。

D: 愼重にするにも礼によらなければ、びくびくすることになる。

E: 신중하되 예가 없으면 겁을 내게 된다.

a: 葸[33]畏[훈합부,ヲソリ]{オチ}懼[ヲソルヽ]之貌也。

b: 葸は畏(ヲソリ)懼(ヲソルル)貌。

c: 葸(し)は畏(おそ)り懼(おそ)るる貌(かたち)。

d: 葸(し)は恐れる様子である。

e: 葸(사)는 겁내고 두려워하는 모습이다.

a: 言[33]愼[メトモ]而不[ᅳ,トキ,33]以[ㇾ,31]禮[13]節[ᅳ,セ]之、[349]則常[11]畏[훈합부,リ]懼[ル]也

b: 言は愼(メトモ)禮を以て節(セ)不(トキ)は、則常に畏(リ)懼(ル)

c: 言(いふこころ)は、愼(つつし)めども禮(れい)を以(も)ちて節(せっ)せざるときは、則(すなは)ち常(つね)に畏(おそ)り懼(おそ)る。

d: 意味はこうである。愼んでも礼をもって節しないと、常にびくびくすることになる。

e: 그 뜻은 이러하다. 신중해도 예로써 조절하지 않으면 항상 겁내고 두려워하게 된다.

A: 勇[ユウアリ,ニシテ+합점,31]而無[ㇾ,トキ,33]禮、則亂[ラン,32]。

B: 勇(ユウニシテ)て禮無(トキ)は、則亂(ラン)す。

C: 勇(いう)にして禮(れい)無(な)きときは、則(すなは)ち亂(らん)す。

D: 勇敢にするにも礼によらなければ、乱暴になる。

E: 용기가 있되 예가 없으면 난폭하게 된다.

A: 直[チヨクニシ,31]而無[ㇾ,33]禮、則絞[カウ,32]

B: 直(チヨクニシ)て禮無は、則絞(カウ)す

C: 直(ちょく)にして禮(れい)無(な)きときは、則(すなは)ち絞(かう)す。

D: 真っ直ぐにするにも礼によらなければ、(人に)厳しくなる。

E: 곧되 예가 없으면 (남에게) 각박하게 된다.

---

349) 句點 위치에 찍혀 있으나 문맥상 讀點으로 파악하였다.

a: 馬融曰絞[カウ,33]絞[음합부]刺[シ]也

b: 馬融曰絞(カウ)は絞刺(シ)

c: 馬融(ばいう)曰(い)はく、絞(かう)は絞刺(かうし)。

d: 馬融が言った。絞は絞刺である。

e: 마융이 말하기를, 絞(교)는 絞刺(교자)[각박하다]이다.

A: 君[음합부]子篤[二,アツキトキ,33]於親[一,11]則民、興[二,オコ,32]於仁[一,13]。

B: 君子親に篤(アツキトキ)は則民、仁を興(オコ)す。

C: 君子(くんし)、親(しん)に篤(あつ)きときは、則(すなは)ち民(たみ)、仁(じん)を興(おこ)す。

D: 君主が親族に手厚くすれば、民が仁の心を起こす。

E: 임금이 친족에게 돈독히 대하면 백성이 인을 일으킨다.

A: 故[음합부,コ]舊[キウ]、不[レ,トキ,33]遺[ワスレ]、則民、不[レ,32]偷[イヤシカラ]

B: 故(コ)舊(キウ)、遺(ワスレ)不(トキ)は、則民、偷(イヤシカラ)不ず

C: 故舊(こきう)、遺(わす)れざるときは、則(すなは)ち民(たみ)、偷(いや)しからず。

D: 旧友を忘れなければ、民が卑しくならない。

E: 옛 친구를 잊지 않으면 백성이 천박하지 않게 된다.

a: 苞氏曰興[キヨウ,33]起[キ]也。

b: 苞氏曰興(キヨウ)は起(キ)。

c: 苞氏(はうし)曰(い)はく、興(きょう)は起(き)。

d: 苞氏が言った。興は起である。

e: 포씨가 말하기를, 興(흥)은 起(기)[일으키다]이다.

a: 君能厚[二,フシ,31]於親[음합부]属[一,ショク,11]不[三,ル,33]遺[二,훈합부,ワスレ]忘[レ]其[22]故[음합부]舊[一,13]、行[22]之美[ナル]者[ナリ]也。

b: 君能親属(ショク)に厚(フシ)て其の故舊を遺(ワスレ)忘(レ)不(ル)は、行の美(ナル)者(ナリ)。

c: 君(きみ)能(よ)く親屬(しんしょく)に厚(あつ)うして、其(そ)の故舊(こきう)を遺(わす)れ忘(わす)れざるときは、行(かう)の美(び)なる者(もの)なり。

d: 君主が親族に手厚くして、旧友を忘れないということは、美しい行いである。
e: 임금이 친족에게 돈독히 대하고 옛 친구를 잊지 않는 것은 아름다운 행실이다.

a: 則民皆化[シ,31]之起[オコシ,31]為[ᆖ,ナシ,31]仁[음합부]厚[22]之行[ᅳ,13]不[ᆖ,32]偷[훈합부,イヤシク]薄[ᅳ,イヤシカラ]也
b: 則民皆化(シ)て起(オコシ)て仁厚の行を為(ナシ)て偷(イヤシク)薄(イヤシカラ)不ず
c: 則(すなは)ち民(たみ)、皆(みな)化(くゎ)して、起(おこ)して仁厚(じんこう)の行(かう)を爲(な)して、偷(いや)しく薄(いや)しからず。
d: すなわち民がみな感化され、(仁を)起こして、仁の厚い行いをして、浅薄でなくなる。
e: 즉 백성이 모두 교화되어 (인을) 일으켜서 인이 두터운 행실을 하게 되어 천박하지 않게 된다.

0803

A: 曽[음합부]子有[ᆫ,アリ]疾[ヤマヒ]。
B: 曽子疾(ヤマヒ)有(アリ)。
C: 曾子(そうし)、疾(やまひ)有(あ)り。
D: 曾子が病気にかかった。
E: 曾子(증자)가 병에 걸렸다.

A: 召[ᆖ,ヨンテ,31]門[음합부]弟[음합부]子[ᅳ,13]曰[イ]、啓[ᆖ,ヒラケ]予[21]足[ᅳ,アシ,13]。啓[ᆖ,ケ]予[21]手[ᅳ,テ,13]
B: 門弟子を召(ヨンテ)で曰(イ)、予が足(アシ)を啓(ヒラケ)。予が手(テ)を啓(ケ)
C: 門弟子(もんていし)を召(よ)んで曰(い)はく、予(よ)が足(あし)を啓(ひら)け。予(よ)が手(て)を啓(ひら)け。
D: 弟子たちを呼んで言った。ふとんを開いて私の足を見なさい。私の手を見なさい。
E: 제자들을 불러 말하기를, 이불을 들추어 내 발을 살펴보아라. 내 손을 살펴보아라.

a: 鄭玄曰啓[33]開也。
b: 鄭玄曰啓は開。
c: 鄭玄(ぢゃうぐゑん)曰(い)はく、啓(けい)は開(かい)。
d: 鄭玄が言った。啓は開である。
e: 정현이 말하기를, 啓(계)는 開(개)[열다]이다.

a: 曽[음합부]子以[下,훈합부]為[ラク]{ヘリ}、受[二,ウケタリ]身[음합부]躰[13]於父[음합부]母[一,11]、不[中,32,23~33]敢毀[음합부,キ]{ソコナヒ}傷[上,シヤウセ]{ヤフラス}之。
b: 曽子以為(ラク)、身躰を父母に受(ウケタリ)、敢毀(キ)傷(シヤウセ)不ずと以爲(ヘリ)。
c: 曾子(そうし)、以爲(おも)へらく、身體(しんてい)を父母(ふぼ)に受(う)けたり、敢(あ)へて毀傷(きしゃう)せずといへり。
d: 曾子が、身体は父母から受けたので、敢えて損なったり傷つけたりしてはいけないと思ったのである。
e: 증자가, 신체를 부모에게서 받았으니 감히 훼손하고 상하게 할 수 없다고 생각하였다.

a: 故[11]使[二,レ,31,12]{シ}弟[음합부]子[13]開[レ,31]衾[フスマ,13]而視[一,ミセ]之也
b: 故に弟子を使て衾(フスマ)を開て視(ミセ)使(シ)む
c: 故(ゆゑ)に弟子(ていし)をして、衾(ふすま)を開(あ)けて視(み)せしむ。
d: それで弟子にふとんを開いて見させた。
e: 그러므로 제자로 하여금 이불을 들추어 보게 하였다.

A: 詩[11]云、戰[음합부,セン]戰[2자반복부]兢[음합부]兢[トシ,31]如[レ,ク]臨[二,ノソメル,21]深[음합부]淵[一,11]、[350]如[レ,シ]履[二,フメル,21]薄[ウスキ]氷[一,ヒ,13]
B: 詩に云、戰(セン)戰(セン)兢兢(トシ)て深淵に臨(ノソメル)が如(ク)、薄(ウスキ)氷(ヒ)を履(フメル)が如(シ)
C: 詩(し)に云(い)はく、戰戰(せんせん)兢兢(きょうきょう)として、深淵(しむゑん)に臨(のぞ)めるが如(ごと)く、薄(うす)き氷(ひ)を履(ふ)めるが如(ごと)し。

350) 句點 위치에 찍혀 있으나 문맥상 讀點으로 파악하였다.

D: 詩経に言う。戦々兢々として、深淵に臨むようにし、薄い氷を踏むようにする。

E: 시경에 이르기를, 戰戰兢兢(전전긍긍)하여 깊은 물가에 있는 듯이 하고 얇은 얼음을 밟는 듯이 한다.

a: 孔安國曰言[〻,イヘルフ,33]此[22]詩[㇐,13]者、喻[フ]、巳[21]常[11]誡[훈합부,イマシメ]愼[31]恐[ㆾ,ヲソルヽ,11]有[ㆾ,ラン,13~23,13]所[〻]毀[훈합부,ソコナヒ]傷[㇐,ヤフル]也

b: 孔安國曰此の詩を言(イヘルコト)は、喻(フ)、巳が常に誡(イマシメ)愼て毀(ソコナヒ)傷(ヤフル)所有(ラン)ことを恐(ヲソルル)に

c: 孔安國(こうあんこく)曰(い)はく、此(こ)の詩(し)を言(い)へることは、喩(たと)ふ、己(おの)が常(つね)に誡(いまし)め愼(つつし)みて、毀(そこな)ひ傷(やぶ)る所(ところ)有(あ)らんことを恐(おそ)るるに。

d: 孔安国が言った。この詩を言ったのは、自ら常に戒め慎んで、損ない傷つけるところがあるかと恐れていることをたとえたのである。

e: 공안국이 말하기를, 이 시를 말한 것은, 자기가 항상 경계하고 삼가서 훼손하고 다치게 하는 바가 있을까 두려워하는 것을 비유한 것이다.

A: 而今[ケフヨリメ]、而後[ノチ]、吾[レ]知[ㆾ,シンヌ]免[マヌカレヌト云,13~23,13]夫小[음합부]子

B: 今(ケフヨリシテ)、後(ノチ)、吾(レ)免(マヌカレヌトイフ)ことを知(シンヌ)小子

C: 今(けふ)よりして後(のち)、吾(われ)免(まぬか)れぬといふことを知(し)んぬ、小子(せうし)。

D: これから後、私は(このような心配から)免れたことが分かった、弟子たちよ。

E: 지금 이후로 나는 (이러한 걱정에서) 벗어났음을 알았다, 제자들이여.

a: 周生烈[21]曰乃[イ]、今[훈합부]日[ヨリ]而後[ニ]我[レ]自[ミ]知[ㆾ,ヌ]免[〻,ヌト云,13~23,13]於患[음합부,クワム]難[㇐,11]矣。

b: 周生烈が曰乃(イ)、今日(ヨリ)後(ニ)我(レ)自(ミ)患(クワム)難に免(ヌトイフ)ことを知(ヌ)。

c: 周生烈(しうせいれつ)が曰(い)はく、乃(いま)し今日(けふ)より後(のち)に、我(われ)自(みづか)ら患難(くゎんなん)に免(まぬか)れぬといふことを知(し)りぬ。

d: 周生烈が言った。これから後、私は(このような)心配から解放されたことを自ら知った。

e: 주생렬이 말하기를, 지금 이후로 나는 (이러한) 걱정에서 벗어났음을 스스로 알았다.

a: 小[음합부]子[33]弟[음합부]子也。
b: 小子は弟子。
c: 小子(せうし)は弟子(ていし)。
d: 小子は弟子である。
e: 小子(소자)는 제자이다.

a: 呼[ヨハフ,33]者、欲[ㆭ,ナリ]使[ㆭ,マク]聽[ㆁ,훈합부,キヽ]識[シラ]其[22]言[ㆀ,コト,13]也
b: 呼(ヨハフ)は、其の言(コト)を聽(キキ)識(シラ)使(マク)欲(ナリ)
c: 呼(よ)ばふは、其(そ)の言(こと)を聽(き)き識(し)らしめまく欲(ほっ)してなり。
d: (弟子たちを改めて)呼んだのは、その言葉を聴かせて知らせようとしたのである。
e: (제자들을 다시) 부른 것은, 그 말을 들어 알게 하고자 한 것이다.

0804

A: 曽[음합부]子有[ㆭ]疾[ヤマヒ]。
B: 曽子疾(ヤマヒ)有。
C: 曾子(そうし)、疾(やまひ)有(あ)り。
D: 曾子が病気にかかった。
E: 曾子(증자)가 병에 걸렸다.

A: 孟[음합부]敬[음합부]子[인명부]問[トフラフ]之。
B: 孟敬子問(トフラフ)。
C: 孟敬子(まうけいし)問(とぶら)ふ。
D: 孟敬子が見舞った。
E: 孟敬子(맹경자)가 문병하였다.

a: 馬融曰孟[음합부]敬[음합부]子[33]魯[22]大[음합부]夫、仲[음합부]孫[음합부]踕[인명부,セウ]也

b: 馬融曰孟敬子は魯の大夫、仲孫踕(セウ)

c: 馬融(ばいう)曰(い)はく、孟敬子(まうけいし)は魯(ろ)の大夫(たいふ)、仲孫踕(ちうそんせふ)。

d: 馬融が言った。孟敬子は魯の大夫の仲孫踕である。

e: 마융이 말하기를, 맹경자는 노나라 대부인 仲孫踕(중손첩)이다.

A: 曽[음합부]子言[イ,31]曰、鳥[22]之將[レ,マサ,11]{スルトキニ}死[シナム,23~33]、其鳴[13~23]也哀[カナシ]。

B: 曽子言(イ)て曰、鳥の將(マサ)に死(シナム)と將(スルトキニ)、其鳴こと哀(カナシ)。

C: 曾子(そうし)言(い)ひて曰(い)はく、鳥(とり)の將(まさ)に死(し)なんとするときに、其(そ)の鳴(な)くこと哀(かな)し。

D: 曾子が語って言った。鳥がまさに死のうとするとき、その鳴き声は哀しい。

E: 증자가 일러 말하기를, 새가 장차 죽으려 할 때에, 그 우는 것이 슬프다.

A: 人[22]之將[レ,11]{スルトキニ}死[シナン,23~33]、其[22]言[イフ,13~23]也善[ヨシ]

B: 人の將に死(シナン)と將(スルトキニ)、其の言(イフ)こと善(ヨシ)

C: 人(ひと)の將(まさ)に死(し)なんとするときに、其(そ)の言(い)ふこと善(よ)し。

D: 人がまさに死のうとするとき、その言葉は善い。

E: 사람이 장차 죽으려 할 때에, 그 말이 선하다.

a: 苞氏曰欲[レ,32]戒[ニ,シメマク]敬[음합부]子[一,13]

b: 苞氏曰敬子を戒(シメマク)欲す

c: 苞氏(はうし)曰(い)はく、敬子(けいし)を戒(いまし)めまく欲(ほっ)す。

d: 苞氏が言った。敬子を戒めようとしたのである。

e: 포씨가 말하기를, 경자로 하여금 경계하게 하고자 한 것이다.

a: 言[33]我[レ]將[マサニ,11]{ス}且[レ,삭제부]死[シナン,23~33]言[イフ,13~23]善[ヨシ]可[レ]用也

b: 言は我(レ)將(マサニ)に死(シナン)と將(ス)言(イフ)こと善(ヨシ)用可

c: 言(いふこころ)は、我(われ)將(まさ)に死(し)なんとす。言(い)ふこと善(よ)し。用(もち)ゐるべし。

d: 意味はこうである。私はいまにも死にそうである。よいことを言うので聞く価値がある。

e: 그 뜻은 이러하다. 나는 곧 죽을 것이다. (그러므로) 말하는 것이 선하므로 들을 만하다.

A: 君[음합부]子[22]所[ㆸ,22]貴[タトフル]道[ミチ]者、三[ミツ]。

B: 君子の貴(タトフル)所の道(ミチ)、三(ミツ)。

C: 君子(くんし)の貴(たっと)ぶる所(ところ)の道(みち)、三(み)つ。

D: 君子が貴ぶ道は三つである。

E: 군자가 귀히 여기는 도는 세 가지이다.

A: 動[㆓,シ,31]容[음합부,ヨウ]貌[㆒,ハウ,13]斯[コヽ,11]遠[㆓,サク]暴[음합부,ホウ]慢[マン,13]矣。

B: 容(ヨウ)貌(ハウ)を動(シ)て斯(ココ)に暴(ホウ)慢(マン)を遠(サク)。

C: 容貌(ようばう)を動(とう)じて、斯(ここ)に暴慢(ぼうまん)[351]を遠(とほ)ざく。[352]

D: 振る舞えば、暴慢を遠ざける。

E: 행동은 난폭함을 멀리한다.

A: 正[㆓,タヽシフシ,31]顔[음합부]色[㆒,13]斯[コヽ,11]近[ㆸ,チカツク]信[13]矣。

B: 顔色を正(タタシフシ)て斯(ココ)に信を近(チカツク)。

C: 顔色(がんしょく)を正(ただ)しうして、斯(ここ)に信(しん)を近(ちか)づく。

D: 顔色を正しくすれば、信が近くなる。

E: 안색을 바르게 하면 신이 가까워진다.

A: 出[㆓,イタメ]辭[음합부,シ]氣[㆒,キ,13]斯[コヽ,11]遠[㆓,サク]鄙[음합부,ヒ]倍[㆒,ハイ,13]矣

B: 辭(シ)氣(キ)を出(イタシテ)斯(ココ)に鄙(ヒ)倍(ハイ)を遠(サク)

351) 「暴」의 한음은 「ホウ」이고, 「慢」의 한음은 「バン」이지만, 가나점에 따랐다.

352) 應永本抄物 「君子ハ坐トキハ儼然タリ。行時ハ蹌々タリ。如此ナレハ、人望テ畏テ、暴慢ノ者ナシ。動容皃トハ容儀進退ノ正ヲ云。然レハ、暴慢ノ者ヨリツカサル也。(군자는 앉을 때에는 엄숙하고 가지런하며 걸을 때에는 예절에 맞게 걷는다. 이와 같이 하면 사람들이 바라보고 경외하며, (군자에게) 난폭한 이가 없다. 動容貌(동용모)란 몸가짐과 행실이 방정한 것을 말한다. 그러므로 난폭한 이가 가까이 오지 못하는 것이다. 361쪽)」

C: 辭氣(しき)を出(いだ)して、斯(ここ)に鄙倍(ひはい)を遠(とほ)ざく。

D: 言葉づかいは、下品な言葉を遠ざける。

E: 말은, 천박한 말을 멀리한다.

a: 鄭[음합부]玄曰此[22]道[23~33,33]謂[ㇾ]禮[13]也。

b: 鄭玄曰此の道とは禮を謂。

c: 鄭玄(ぢゃうぐゑん)曰(い)はく、此(こ)の道(みち)とは、禮(れい)を謂(い)ふ。

d: 鄭玄が言った。ここでの道とは礼をいう。

e: 정현이 말하기를, 여기서의 도란 예를 말한다.

a: 動[ニ,シ,31]容[음합부]貌[一,13]能濟[음합부,セイ]濟、蹌[음합부,シヤウ]蹌[タルトキ,33]則人不[ニ,32]敢[31]暴[음합부]慢[一,マンセ]之也。

b: 容貌を動(シ)て能濟(セイ)濟、蹌(シヤウ)蹌(タルトキ)は則人敢て暴慢(マンセ)不ず。

c: 容貌(ようばう)を動(とう)じて、能(よ)く濟濟(せいせい)蹌蹌(しゃうしゃう)たるときは、則(すなは)ち人(ひと)敢(あ)へて暴慢(ぼうまん)せず。

d: 振る舞いにおいて、整っていて礼があれば、人は敢えて暴慢にしない。

e: 행동을 함에 가지런하고 예의바르게 하면, 남이 감히 난폭하게 대하지 않는다.

a: 正[ニ,タヽシフシ,31]顔[음합부]色[一,13]能矜[음합부,キヨウ]莊嚴[음합부,ケン]栗[リツナルトキ,33]則人不[ニ,32]敢[31]欺[훈합부,アサムキ]誕[一,イツハラ]之也。

b: 顔色を正(タタシフシ)て能矜(キヨウ)莊嚴(ケン)栗(リツナルトキ)は則人敢て欺(アサムキ)誕(イツハラ)不ず。

c: 顔色(がんしょく)を正(ただ)しうして、能(よ)く矜莊(きょうさう)嚴栗(げむりつ)なるときは、則(すなは)ち人(ひと)敢(あ)へて欺(あざむ)き誕(いつは)らず。

d: 顔色を正しくして、慎重で厳かであれば、人は敢えて欺き偽らない。

e: 안색을 바르게 하여 조심스럽고 엄숙하게 하면, 남이 감히 속이고 거짓말하지 못한다.

a: 出[ニ,31]辭[음합부]氣[一,13]能順[ニシ,31]而說[トクトキ,33]則無[ヨ,シ]悪[음합부]戾[レイ,22]之言[13~23]、入[ニ,13~23]於耳[一,ミヽ,11]也

b: 辭氣を出て能順(ニシ)て說(トクトキ)は則悪戾(レイ)の言こと、耳(ミミ)に入こと無(シ)

c: 辭氣(しき)を出(いだ)して、能(よ)く順(しゅん)にして說(と)くときは、則(すなは)ち惡戾(あくれい)の言(こと)、耳(みみ)に入(い)ること無(な)し。

d: 言葉づかいにおいて、恭順にすれば、道理に背いた悪い言葉が耳に入ることがない。

e: 말을 함에 있어 공순하게 하면, 악하고 무도한 말이 귀에 들어오는 일이 없다.

A: 籩[음합부,ヘン]豆[トウ,22]之事[コト,33]則有司、存[ソンセリ]

B: 籩(ヘン)豆(トウ)の事(コト)は則有司、存(ソンセリ)

C: 籩豆(へんとう)の事(こと)は則(すなは)ち有司(いうし)、存(そん)せり。

D: 籩豆のことは、司る役人がいる。

E: 籩豆(변두)의 일[제사]은 담당하는 관리가 있다.

a: 苞氏曰敬[음합부]子、忘[ㇾ,ワスレ,31]大[13]務[ㇾ;ツトム]小[13]。

b: 苞氏曰敬子、大を忘(ワスレ)て小を務(ツトム)。

c: 苞氏(はうし)曰(い)はく、敬子(けいし)、大(たい)を忘(わす)れて小(せう)を務(つと)む。

d: 苞氏が言った。敬子は大事を忘れて小事に務めた。

e: 포씨가 말하기를, 경자는 큰 것을 잊고 작은 것에 힘썼다.

a: 故[11]又戒[イマシムル,11]之以[ㇾ,32]此[13]也。

b: 故に又戒(イマシムル)に此を以す。

c: 故(ゆゑ)に又(また)戒(いまし)むるに此(これ)を以(も)ってす。

d: それでこうして戒めたのである。

e: 그러므로 또한 이로써 경계로 삼은 것이다.

a: 籩[음합부]豆[33]禮[22]器也

b: 籩豆は禮の器

c: 籩豆(へんとう)は禮(れい)の器(うつはもの)。

d: 籩豆は儀礼のための器である。

e: 변두는 예에 쓰는 그릇[제기]이다.

0805

A: 曽[음합부]子曰、以[ㇾ,31]能[ノウ,13]問[ㆪ,ヒ]於不[음합부]能[ㆫ,11]、[353] 以[ㇾ,31]多[13]問[ㆪ,フ]於寡[ㆫ,クワ,11]。

B: 曽子曰、能(ノウ)を以て不能に問(ヒ)、多を以て寡(クワ)に問(フ)。

C: 曾子(そうし)曰(い)はく、能(のう)を以(も)ちて不能(ふのう)に問(と)ひ、多(た)を以(も)ちて寡(くゎ)に問(と)ふ。

D: 曾子が言った。能をもって不能に問い、多きをもって少なきに問う。

E: 曾子(증자)가 말하기를, 능으로써 불능에게 묻고, 많은 것으로써 적은 것에게 묻는다.

A: 有[アレトモ]若[ㇾ,コトク,32]無[ナキ,21]。實[ミテレトモ]若[ㇾ,コトク,32]虛[ムナシキ,21]。犯[ヲカセレトモ]而不[ㇾ,32]校[ムクヒ]

B: 有(アレトモ)無(ナキ)が若(コトク)す。實(ミテレトモ)虛(ムナシキ)が若(コトク)す。犯(ヲカセレトモ)校(ムクヒ)不ず

C: 有(あ)れども無(な)きが若(ごと)くす。實(み)てれども虛(むな)しきが若(ごと)くす。犯(をか)せれども校(むく)いず。

D: あってもないようにする。満ちていても空いているようにする。非道を働かれても仕返しをしない。

E: 있어도 없는 듯이 하고, 차 있어도 비어 있는 듯이 하며, (남에게 무도한 일로) 해를 입더라도 되갚지 아니한다.

a: 苞氏曰校[カウ,33]報也。

b: 苞氏曰校(カウ)は報。

c: 苞氏(はうし)曰(い)はく、校(かう)は報(ほう)。[354]

---

353) 句點 위치에 찍혀 있으나 문맥상 讀點으로 파악하였다.

354) 古注는 「報」라고 풀었으므로 「報」의 상용훈에 따라 「むくゆ」라고 훈독할 수 있다. 集注에서는 「校計較也」라는 주석이 달려 있는데, 이에 따르면 「はかる」라고 훈독할 수 있다.
應永本抄物 「人カ惡事ヲシカクレトモ、返報セス。(남이 몹쓸 짓을 해오더라도 되갚아 주지 않는다. 364쪽)」 古注에 의거하여 기술되어 있다.

d: 苞氏が言った。校は報である。

e: 포씨가 말하기를, 校(교)는 報(보)[되갚다]이다.

a: 言[33]見[二,ルレトモ]侵[훈합부,ヲカシ]犯[一,ヲカサ]而不[レ,32]報[ムクヒ]之也

b: 言は侵(ヲカシ)犯(ヲカサ)見(ルレトモ)報(ムクヒ)不ず

c: 言(いふこころ)は、侵(をか)し犯(をか)さるれども報(むく)いず。

d: 意味はこうである。害されても仕返しをしない。

e: 그 뜻은 이러하다. 해를 입더라도 되갚지 아니한다.

A: 昔[훈합부]者、吾[21]友[トモ]、嘗[ムカシ]、從[二,シタカヘリキ]事[コト,11]於斯[一,ココ,11]矣

B: 昔者、吾が友(トモ)、嘗(ムカシ)、事(コト)に斯(ココ)に從(シタカヘリキ)

C: 昔(むかし)、吾(わ)が友(とも)、嘗(むかし)、事(こと)に斯(ここ)に從(したが)へりき。

D: 昔私の友は何事においてもこれに従った。

E: 옛날 나의 친구는 일을 함에 있어서 이에 따랐다.

a: 馬融曰友[23~33,33]謂[二,イフ]顔[음합부]淵[一,13]也

b: 馬融曰友とは顔淵を謂(イフ)

c: 馬融(ばいう)曰(い)はく、友(とも)とは顔淵(がんゑん)を謂(い)ふ。

d: 馬融が言った。友とは顔淵をいう。

e: 마융이 말하기를, 친구란 안연을 말한다.

0806

A: 曽[음합부]子[21]曰、可[三,シ]以[31]託[二,ツク]六[음합부]尺[22]之孤[一,음독부,13]

B: 曽子が曰、以て六尺の孤を託(ツク)可(シ)

C: 曾子(そうし)が曰(い)はく、以(も)ちて六尺(ろくせき)の孤(こ)を託(つ)くべし。

D: 曾子が言った。六尺の孤児を託すこともできる。

E: 曾子(증자)가 말하기를, 육척의 고아를 맡길 만하다.

a: 孔安國曰六[음합부]尺[22]之孤[33]謂[ニ]幼[음합부]少[22]之君[一,ナリ[355]]也

b: 孔安國曰六尺の孤は幼少の君謂

c: 孔安國(こうあんこく)曰(い)はく、六尺(ろくせき)の孤(こ)は、幼少(いうせう)の君(きみ)を謂(い)ふ。

d: 孔安国が言った。六尺の孤児とは、幼い君主をいう。

e: 공안국이 말하기를, 육척의 고아란 어린 임금을 말한다.

A: 可[ミ,シ]以[31]寄[ニ,ヨス]百[음합부]里[22]之命[一,13]

B: 以て百里の命を寄(ヨス)可(シ)

C: 以(も)ちて百里(ひゃくり)の命(めい)を寄(よ)すべし。

D: 百里の命を任すこともできる。

E: 백리의 명을 맡길 만하다.

a: 孔安國曰攝[ニ,スルソ]君[22]之政[음합부]令[一,13]也

b: 孔安國曰君の政令を攝(スルソ)

c: 孔安國(こうあんこく)曰(い)はく、君(きみ)の政令(せいれい)を攝(せふ)するぞ。

d: 孔安国が言った。君主の政令を実行することである。

e: 공안국이 말하기를, 임금의 政令(정령)을 맡는 것이다.

A: 臨[ニ,31]大[음합부]節[一,11]而不[レ,サル,33]可[レ,ヘカラ]奪[ウハフ]也

B: 大節に臨て奪(ウハフ)可(ヘカラ)不(サル)は

C: 大節(たいせつ)に臨(のぞ)みて奪(うば)ふべからざるは、

D: 国家の大事に当たって、何者にも揺るがしがたければ、

E: 국가의 대사를 당하여 (지조를) 빼앗을 수 없다면,

355) 永正本集解의 주는 「孔安國曰六尺之孤幼少之君也」로 「謂」가 없다. 「ナリ」라고 적힌 가나점은 永正本集解과 같이 「謂」가 없는 본문에 따른 것으로 보인다. 여기에서는 無跋本集解의 본문을 「ナリ」점보다 우선하여 본문에 따라 훈독하였다.

a: 大[음합부]節[23~33,33]安[ㆁ,ンシ]國[음합부]家[ㆀ,13]、定[ㆁ,ソ]社[음합부]稷[ㆀ]也。[356)]

b: 大節とは國家を安(ンシ)、社稷定(ソ)。

c: 大節(たいせつ)とは、國家(こっか)を安(やす)んじ、社稷(しゃしょく)を定(さだ)むるぞ。[357)]

d: 大節とは、国家を安らかにして社稷を安定させることである。

e: 大節(대절)이란, 국가를 평안케 하고 사직을 안정되게 하는 것이다.

a: 奪[23~33,33]者不[レ,ソ]可[ㆁ,ラ]傾[훈합부,フケ]奪[ㆀ,フ]之也

b: 奪とは傾(フケ)奪(フ)可(ラ)不(ソ)

c: 奪(うば)ふとは、傾(かたぶ)け奪(うば)ふべからざるぞ。

d: 奪う(ことができない)とは、傾け奪うことができないことをいう。

e: 빼앗(을 수 없다)는 것은, 기울여 빼앗을 수 없다는 것이다.

A: 君[음합부]子人[ヒト]與[21]君[음합부]子人[ヒトナリ]也

B: 君子人(ヒト)與か君子人(ヒトナリ)

C: 君子(くんし)人(ひと)か。君子(くんし)人(ひと)なり。

D: 君子であろうか。君子である。

E: 군자다운 사람인가? 군자다운 사람이다.

0807

A: 曽[음합부]子曰士、不[レ,32]可[ㆂ]以[31]不[ㆁ,スハアル]弘[음합부]毅[ㆀ,キナラ]。

B: 曽子曰士、以て弘毅(キナラ)不(スハアル)可不ず。

---

356) 讀點의 위치에 찍혀 있으나 문맥상 句點으로 파악하였다.

357) 義疏「國有大難, 臣能死之, 是臨大節不可奪也」
集注「其才可以, 輔幼君攝國政, 其節至於死生之際而不可奪, 可謂君子矣」

C: 曾子(そうし)曰(い)はく、士(し)、以(も)ちて弘毅(こうぎ)ならずんばあるべからず。

D: 曾子が言った。士人は度量が大きく、意志が強くなければならない。

E: 曾子(증자)가 말하기를, 선비는 도량이 넓고, 의지가 굳지 않으면 안 된다.

A: 任[シン]重[オモフシ,31]而道、遠[トホシ]

B: 任(シン)重(オモフシ)て道、遠(トホシ)

C: 任(じむ)重(おも)うして、道(だう)遠(とほ)し。

D: 任務は重く、道は遠い。

E: 임무는 막중하고 갈 길은 멀다.

a: 苞氏曰弘[33]大也。

b: 苞氏曰弘は大。

c: 苞氏(はうし)曰(い)はく、弘(こう)は大(たい)。

d: 苞氏が言った。弘は大である。

e: 포씨가 말하기를, 弘(홍)은 大(대)이다.

a: 毅[ハ]強[シヒ,31]而能、決[음합부]断[スルソ]也。

b: 毅(ハ)強(シヒ)て能、決断(スルソ)。

c: 毅(ぎ)は强(し)ひて能(よ)く決斷(けつたん)するぞ。

d: 毅は強くて決断力があることである。

e: 毅(의)는 굳세고 결단력이 있는 것이다.

a: 士、弘[음합부]毅[ニシ,31]、然[31]後[11]、能負[ニ,オフ,31]重[음합부]任[一,ジン,13]致[ニ,ル]遠[음합부]路[一,ニ]也

b: 士、弘毅(ニシ)て然て後に、能重任(ジン)を負(オフ)て遠路(ニ)致(ル)

c: 士(し)、弘毅(こうぎ)にして然(しかう)して後(のち)に、能(よ)く重任(ちょうじむ)を負(お)うて、遠路(ゑんろ)に致(いた)る。

應永本抄物「大節トハ、國ニ大難アラン時ニ身命ヲ不惜、打死センハ、君子ナルヘキカ、ト自問シテ、サリトテハ、君子人也、ト自答スル也。(大節(대절)이라는 것은 나라에 큰 어려움이 있을 때를 말한다. 그러한 때에 제 목숨을 아끼지 않고 죽으려 하는 것은 군자라 할 만하겠는가라고 자문하고서는 군자다운 사람이라고 자답하는 것이다. 366쪽)」義疏에 의거하여 기술되어 있다.

d: 士人は度量が大きく、意志が強くてこそ、重任を担って、遠路を最後まで行くことができる。

e: 선비는 도량이 넓고, 의지가 굳어야 중임을 지고 먼 길을 끝까지 갈 수 있다.

A: 仁、以[コレ,13,31]為[ニ,32]巳[ヲノレ,21]任[一,23~33]。不[ニ,32]亦重[一,オモカラ]乎[ヤ]。

B: 仁、以(コレ)をて巳(ヲノレ)が任と為す。亦重(オモカラ)不ず乎(ヤ)。

C: 仁(じん)、これを以(も)ちて己(おのれ)が任(じむ)と爲(す)。亦(また)重(おも)からずや。

D: 仁をもって己れの任務とする。なんとまた重いことではないか。

E: 인으로써 자신의 임무로 삼는다. 또한 막중하지 아니한가?

A: 死[シム,31]而後[11]巳[ヤム]。不[ニ,32]亦遠[一,トホカラ]乎[ヤ]

B: 死(シン)で後に巳(ヤム)。亦遠(トホカラ)不ず乎(ヤ)

C: 死(し)んで後(のち)に已(や)む。亦(また)遠(とほ)からずや。

D: 死ぬまで終わらない。なんとまた遠いことではないか。

E: 죽은 후에야 그친다. 또한 멀지 아니한가?

a: 孔安國曰以[レ,31]仁[13]為[ニ,32]巳[21]任[一,23~33]。重[ヲモキ,13~23]莫[レ,ナシ]重[レ,33]焉[コレヨリ]

b: 孔安國曰仁を以て巳が任と為す。重(ヲモキ)こと焉(コレヨリ)重は莫(ナシ)

c: 孔安國(こうあんこく)曰(い)はく、仁(じん)を以(も)ちて己(おのれ)が任(じむ)と爲(す)。重(おも)きこと、焉(これ)より重(おも)きは莫(な)し。

d: 孔安国が言った。仁をおのれの任務とする。これより重いことはない。

e: 공안국이 말하기를, 인을 자신의 임무로 삼는다. 이보다 무거운 것은 없다.

a: 死[31]而後[11]巳[ヤム]。遠[13~23]莫[レ,シ]遠[レ,33]焉[コレヨリ]也

b: 死で後に巳(ヤム)。遠こと焉(コレヨリ)遠は莫(シ)

c: 死(し)んで後(のち)に已(や)む。遠(とほ)きこと、焉(これ)より遠(とほ)きは莫(な)し。

d: 死ぬまで終わらない。これより遠いことはない。

e: 죽은 후에야 그친다. 이보다 먼 것은 없다.

0808

A: 子曰興[ㇾ,オコリ]於詩[ㇾ,11]、

B: 子曰詩に興(オコリ)、

C: 子(し)の曰(のたう)ばく、詩(し)に興(おこ)り、[358)]

D: 先生が言われた。詩から始まり、

E: 선생님께서 말씀하시기를, 詩(시)에서 시작하고,

a: 苞氏曰興[キヨウ,33]起[キ]也。

b: 苞氏曰興(キヨウ)は起(キ)。

c: 苞氏(はうし)曰(い)はく、興(きょう)は起(き)。

d: 苞氏が言った。興は起である。

e: 포씨가 말하기를, 興(흥)은 起(기)[시작하다]이다.

a: 言[33]修[ㇾ,ル,13~23]身當[ㇾ,ニ]{ヘシ}先[ツ]學[ㇾ,ㇾ,フ]詩[ヲ]也

b: 言は身修(ル)こと當(ニ)先(ツ)詩(ヲ)學(フ)當(ヘシ)

c: 言(いふこころ)は、身(み)を修(をさ)むること、當(まさ)に先(まづ)詩(し)を學(まな)ぶべし。

d: 意味はこうである。身を修めるには、まず詩を学ぶべきである。

e: 그 뜻은 이러하다. 몸을 닦기 위해서는, 마땅히 먼저 시를 배워야 한다.

A: 立[ㇾ,タチ]於禮[ㇾ,レイ,11]、

B: 禮(レイ)に立(タチ)、

C: 禮(れい)に立(た)ち、

D: 礼をもって立ち、

E: 예로써 서고,

358) 應永本抄物 「興トハ詩ヨリ起ルト云心也。其故ハ、詩ニハ夫婦ノ法、人倫ノ本アリ。事[ㇾ]父、事[ㇾ]君ヤウソ、萬ツノコトヲ知ホトニ、先ツ一番ニ詩ヲ學フカヨキ也。(興(흥)이란 詩經(시경)으로부터 시작한다는 뜻이다. 그 까닭은 詩經에는 부부의 법도와 인륜의 근본이 있다. 아버지를 섬기고 임금을 섬기는 것과 같은 것이다. 세상만사를 알게 되므로 우선 제일 먼저 詩經을 배우는 것이 바람직한 것이다. 368쪽)」

a: 苞氏曰禮[33]者所[ニ,훈합부]以[ナリ]立[一,ㇾ,ル]身[13]也

b: 苞氏曰禮は身を立(ル)所以(ナリ)

c: 苞氏(はうし)曰(い)はく、禮(れい)は身(み)を立(た)つる所以(ゆゑん)なり。

d: 苞氏が言った。礼は身を立てる手段である。

e: 포씨가 말하기를, 예는 몸을 세우는 방편이다.

A: 成[ニ,ナル]於樂[一,カク,11]

B: 樂(カク)に成(ナル)

C: 樂(がく)に成(な)る。

D: 楽をもって完成する。

E: 음악으로 이룬다.

a: 孔安國曰樂[カク,33]所[ニ,훈합부]以[ナリ]成[一,ㇾ,ナス,32]性[13]也

b: 孔安國曰樂(カク)は性を成(ナス)す所以(ナリ)

c: 孔安國(こうあんこく)曰(い)はく、樂(がく)は性(せい)を成(な)す所以(ゆゑん)なり。

d: 孔安国が言った。楽は人間性を完成する手段である。

e: 공안국이 말하기를, 음악은 성품을 완성시키는 방편이다.

0809

A: 子曰民[33]可[ㇾ,シ]使[ㇾ,シム]由[モチヰ]之。

B: 子曰民は由(モチヰ)使(シム)可(シ)。

C: 子(し)の曰(のたう)ばく、民(たみ)は由(もち)ゐしむべし。

D: 先生が言われた。民に使わせることはできる。

E: 선생님께서 말씀하시기를, 백성에게 (덕을) 쓰게 할 수는 있다.

A: 不[ㆾ,32]可[ㆾ]使[ㆾ,シム]知[シラ]之

B: 知(シラ)使(シム)可不ず

C: 知(し)らしむべからず。

D: 理解させることはできない。

E: 알게 할 수는 없다.

a: 由[33]用也。

b: 由は用。

c: 由(いう)は用(よう)。[359)]

d: 由は用である。

e: 由(유)는 用(용)[쓰다]이다.

a: 可[ㆾ,シ,31]使[ㆾ,シム]用[ヰ]而不[ㆾ,23~33,33]可[ㆾ]使[ㆾ]知[ラ]者、百[음합부]姓[ハ]能日[ヒヽ,11]用[ヰレトモ]而、不[ㆾ,ソ]能[ㆾ]知[13~23]也

b: 用(ヰ)使(シム)可(シ)て知(ラ)使可不とは、百姓(ハ)能日(ヒヒ)に用(ヰレトモ)、知こと能不(ソ)

c: 用(もち)ゐしむべくして知(し)らしむべからずとは、百姓(ひゃくせい)は能(よ)く日(ひび)に用(もち)ゐれども、知(し)ること能(あた)はざるぞ。

d: 使わせることはできても、理解させることはできないとは、百姓は毎日用いても、理解することはできないことをいう。

e: 쓰게 할 수는 있으나 알게 할 수는 없다는 것은, 백성은 날마다 쓰더라도 이해할 수는 없다는 것이다.

---

359) 古注의 주석에 따르면 「もちゐる」라고 훈독할 수 있다. 集注는 「民可使之由於是理之當然」라고 주석을 달고 있으며 이에 따르면 「由」의 상용훈인 「よる」로 훈독하게 된다.(學而第一篇 12장에서도 동일한 예를 볼 수 있다.)
應永本抄物 「上タル人ノ政ヲスルニハ、德ヲ施シテ天下ノ萬民ニ日々ニ用イシムヘシ。不可知之トハ是上ノ德ト知シムヘカラス。天道如此元享日新ノ道ハ、百姓日々ニ用ル。而レトモ天道ハ深遠ナル程ニ、天ト云理ヲ知ラス。知ハ小德也。不知ハ大德也。(위에 있는 사람이 정치를 함에 있어서는, 덕을 베풀어 천하 만민이 날로 쓰게 할 수 있다. 不可知之(불가지지)란 이것이 윗사람의 덕임을 알게 할 수는 없다는 것이다. 하늘의 도가 이와 같으니 元享日新(원형일신)의 도는 백성들이 날마다 쓰지만, 하늘의 도는 심원하므로 하늘이라는 이치를 알지 못한다. 아는 것은 작은 덕이고, 알 수 없는 것은 큰 덕이다. 368−369쪽)」 古注에 의거하여 기술되어 있다.

0810

A: 子曰好[ㇾ,コノム,31]勇[13]疾[ㇾ,ニクム,33]貧[マツシキ,13]亂[ランナリ]也

B: 子曰勇を好(コノン)で貧(マツシキ)を疾(ニクム)は亂(ランナリ)

C: 子(し)の曰(のたう)ばく、勇(いう)を好(この)んで、貧(まづ)しきを疾(にく)むは、亂(らん)なり。

D: 先生が言われた。勇ましさを好んで貧しさを憎むものは、乱を起こす。

E: 선생님께서 말씀하시기를, 용맹함을 좋아하고 가난을 싫어하는 자는 난을 일으킨다.

a: 苞氏曰好[ㇾ,12]勇[13]之人[ニメ]而患[ニ,훈합부,ヘ]疾[ニクム,33]已[21]之貧[음합부]賤[一,ナルコヲ]者、必[32]將[ㇾ,11]{ストナリ}為[ㇾ,セント]亂[13]也

b: 苞氏曰勇を好む人(ニシテ)已が貧賤(ナルコトヲ)患(ヘ)疾(ニクム)は、必ず將に亂を為(セント)將(ストナリ)

c: 苞氏(はうし)曰(い)はく、勇(いう)を好(この)む人(ひと)にして、己(おの)が貧賤(ひんせん)なることを患(うれ)へ疾(にく)むは、必(かなら)ず將(まさ)に亂(らん)を爲(せ)んとすとなり。

d: 苞氏が言った。勇ましさを好む人で、己の貧しいことを憂えて憎むものは、かならず乱を起こそうとする。

e: 포씨가 말하기를, 용맹함을 좋아하는 사람으로서 자신의 빈천함을 걱정하고 싫어하는 자는, 반드시 장차 난을 일으킬 것이다.

A: 人[ヒトヽシ,31]而不[ㇾ,ル,13]仁[アラ]、疾[ニクム,13~23]之已[ステ,11]甚[シキ,33]亂[ランナリ]也

B: 人(ヒトトシ)て仁(アラ)不(ル)を、疾(ニクム)こと已(ステ)に甚(シキ)は亂(ランナリ)

C: 人(ひと)として、仁(じん)あらざるを疾(にく)むこと、已(すで)に甚(はなは)だしきは、亂(らん)なり。

D: 人として、仁でないことを憎むことが、あまりにも甚だしいものは、乱を起こす。

E: 사람으로서 어질지 못한 것을 미워함이 대단히 심한 자는 난을 일으킨다.

a: 孔安國曰疾[ㇾ,ニクム,13~23]悪[13]太[훈합부,ハナハタ]甚[トキハ]亦使[ㆁ,ㇾ,31,12]其[13][360]為[ㆀ,ㇾ,セ]乱[13]也

b: 孔安國曰悪を疾(ニクム)こと太(ハナハタ)甚(トキハ)亦其を使て乱を為(セ)使む

c: 孔安國(こうあんこく)曰(い)はく、惡(あく)を疾(にく)むこと、太(はなは)だ甚(はなは)だしきときは、亦(また)其(それ)をして亂(らん)をせしむ。

d: 孔安国が言った。悪を憎むことが甚だしいときは、またそれによって乱を起こすようになる。

e: 공안국이 말하기를, 악을 미워하는 것이 심하고 심할 때에는 또한 그로 인해 난을 일으키게 된다.

0811

A: 子曰如[モシ]、有[ㆁ,アリトモ]周[음합부]公[22]之才[음독부,22]之美[ㆀ,ヒ]、使[タトヒ]、驕[オコリ]且悋[ヤフサカナラ,33]、其[22]餘[ヨハ,33]不[ㇾ,サラク]足[ㇾ,タラ]觀[ミル,11]也已[ノミ]矣

B: 子曰如(モシ)、周公の才の美(ヒ)有(アリトモ)、使(タトヒ)、驕(オコリ)且悋(ヤフサカナラ)ば、其の餘(ヨハ)は觀(ミル)に足(タラ)不(サラク)已(ノミ)

C: 子(し)の曰(のたう)ばく、如(も)し、周公(しうこう)の才(さい)の美(び)有(あ)りとも、使(たと)ひ、驕(おご)り且(また)悋(やぶさ)かならば、其(そ)の餘(よ)は觀(み)るに足(た)らざらくのみ。[361]

360) 본문의 글자는 「其」를 「甚」으로 고친 듯한 모양이다. 永正本集解의 본문에는 「其」로 되어 있으므로 여기에서도 「其」로 보았다.

361) 古注에서는 義疏의 「言人假令有才能如周公旦之美」과 같은 주석에서도 볼 수 있는 것처럼 부사로 파악하였다. 이에 따르면 「たとひ」라고 훈독할 수 있다. 集注는 「程子曰, 此甚言驕吝之不可也, 蓋有周公之德, 則自無驕吝, 若但有周公之才, 而驕吝焉」와 같은 주석을 달고 있는데 「使」를 사역의 조동사로 읽은 것으로 보인다.
應永本抄物 「見餘トハ周公ノ才能ヲ云也。驕リ吝ナル外ニタトイ周公ノ才能アリトモ見ニ不[ㇾ]足。驕ヲ以テ才能ヲケレ(원문그대로임)テノクル也。況ヤ不才ニシテ驕ランヲヤ。(나머지를 본다는 것은 周公(주공)의 재능을 말하는 것이다. 교만하고 인색하면 설령 周公의 재능이 있다 할지라도 볼 만한 것이 없다는 것이다. 교만함으로 인해 재능이 가려져 버리는 것이다. 하물며 재능도 없고서 교만한 것은 말할 것도 없다. 370쪽)」

D: 先生が言われた。もし周公の才のような美しさがあっても、かりに驕りかつ吝嗇であれば、その残りは見るに足りない。

E: 선생님께서 말씀하시기를, 만약 周公(주공)의 재주와 같은 아름다움이 있을지라도, 가령 교만하고 또한 인색하면, 그 나머지는 더 볼 것도 없다.

a: 孔安國曰周[음합부]公[33]者周[음합부]公[음합부]旦[ソ]也

b: 孔安國曰周公は周公旦(ソ)

c: 孔安國(こうあんこく)曰(い)はく、周公(しうこう)は周公旦(しうこうたん)ぞ。

d: 孔安国が言った。周公は周公旦である。

e: 공안국이 말하기를, 주공은 周公旦(주공단)이다.

0812

A: 子曰三[음합부]年學[マナン,31]不[レ,ルトキ,33]至[ニ]於穀[一,ヨキ,11]、不[レ,サラク]易[レ,ヤスカラ]得[ウル,13~23]也已[ノミ]

B: 子曰三年學(マナン)で穀(ヨキ)に至不(ルトキ)は、得(ウル)こと易(ヤスカラ)不(サラク)已(ノミ)

C: 子(し)の曰(のたう)ばく、三年(さむねん)學(まな)んで、穀(よ)きに至(いた)らざるときは、得(う)ること易(やす)からざらくのみ。

D: 先生が言われた。三年学んで善に至らないことは、得やすくない[めったにない]。

E: 선생님께서 말씀하시기를, 삼년을 배워서 좋음에 이르지 못하는 것은, 얻는 것이 쉽지 않다[거의 없다].

a: 孔安國曰穀[コク,33]善[ナリ]也。

b: 孔安國曰穀(コク)は善(ナリ)。

c: 孔安國(こうあんこく)曰(い)はく、穀(こく)は善(ぜん)なり。

d: 孔安国が言った。穀は善である。

e: 공안국이 말하기를, 穀(곡)은 善(선)[좋음]이다.

a: 言[33]人、三[음합부]歲[サイマテニ]學[31]不[㆑,トキ,33]至[㆓,ラ]於善[㆒,ヨキ,11]不[㆑]可[㆑]得。

b: 言は人、三歲(サイマテニ)學て善(ヨキ)に至(ラ)不(トキ)は得可不。

c: 言(いふこころ)は、人(ひと)、三歲(さむさい)までに學(まな)びて善(よ)きに至(いた)らざるときは得(う)べからず。

d: 意味はこうである。人が三年も学んで善に至らないことはない。

e: 그 뜻은 이러하다. 사람이 삼년이나 배워서 좋음에 이르지 않는 경우는 없다.

a: 言[33]必無[㆑,ケン]及[フ,13~23]也。

b: 言は必及(フ)こと無(ケン)。

c: 言(いふこころ)は、必(かなら)ず、及(およ)ぶこと無(な)けん。

d: 意味はこうである。きっと及ぶことがないだろう。

e: 그 뜻은 이러하다. 반드시 (선에) 미침이 없을 것이다.

a: 所[㆘,훈합부]以[ナリ]勸[㆗,ムル]人[ヲ]於學[㆖,음독부ニ]也[362)]

b: 人(ヲ)學(ニ)勸(ムル)所以(ナリ)

c: 人(ひと)を學(がく)に勸(すす)むる所以(ゆゑん)なり。[363)]

d: 人を学に勧めた言葉である。

e: 사람을 학문으로 인도하는 말이다.

---

362) 「人」과 「學」의 가나점과 오코토점은 서로 다른 훈독문이 성립되도록 가점되어 있다. 가나점에 따르면 B에 제시한 바와 같이 「人を學に(사람을 학문으로)」와 같고, 오코토점에 따르면 「人に學を(사람에게 학문을)」와 같이 읽을 수 있다. 여기서는 가나점을 우선하였다.

363) 「章全体の意」集解에서는 「穀」을 「善」이라고 보았고 이에 따라 無跋本集解는 「よき」라고 훈독하였다. '삼년을 배우고서 善을 얻지 못한다면 그것을 얻기 어렵다'고 파악한 것이다. 義疏에서는 「言學三年者必至於善道也……孫綽曰, 穀祿也, 云三年學足以通業, 可以得祿」라고 주석을 달아서 '삼년에 善을 얻지 못하는 자는 없을 것이다'라고 파악하였으며, 「祿」이라고 파악한 주석도 싣고 있다. 集注는 「穀祿也……爲學之久, 而不求祿, 如此之人不易得也, 楊氏曰, 雖子張之賢, 猶以干祿爲問, 況其下者乎, 然則三年學而不至於穀宜不易得也」과 같이 「善」을 「祿」이라고 파악하여 '삼년을 배우고서도 봉록에 뜻을 두지 않는 자는 찾아보기 어렵다'라고 이해하였다.
應永本抄物 「若シ三年學□善道ニ至ラスハ、遂[ニ]道ヲウルコトハ有マシキ也。必三年學テ成就スルニハアラネトモ、サラハ三年學テミント思フ者アルヘキ故ニ、如此云リ。人ヲ學ニスヽメン爲也。(만약 삼년을 배워서 선한 도에 이르지 못한다면 끝내 도를 얻는 일은 없을 것이다. 반드시 삼년을 배워서 성취할 수 있는 것은 아니지만, 그러면 삼년은 배워봐야겠다고 생각하는 사람이 있을 것이므로 이렇게 말한 것이다. 사람을 배움에 나아가게 하기 위함이다. 370−371쪽)」 古注에 의거하여 기술되어 있다.

0813

A: 子曰篤[ㇾ,アツフシ,31]信[シン,11]好[ㇾ,12]學[13]。

B: 子曰信(シン)に篤(アツフシ)て學を好む。

C: 子(し)の曰(のたう)ばく、信(しん)に篤(あつ)うして學(がく)を好(この)む。

D: 先生が言われた。信に篤くして学問を好む。

E: 선생님께서 말씀하시기를, 信(신)에 돈독하면서 학문을 좋아한다.

A: 守[㆓,ル]死[13]善[음합부]道[㆒,11]。

B: 死を善道に守(ル)。

C: 死(し)を善道(ぜんだう)に守(まも)る。[364)]

D: 死を善道に守る。

E: 죽음을 선도에서(죽음으로써 선도를) 지킨다.

A: 危[음합부]邦[11,33]不[ㇾ]入[イラ]。乱[음합부]邦[11,33]不[ㇾ,ス]居[オラ]。

B: 危邦には入(イラ)不。乱邦には居(オラ)不(ス)。

C: 危邦(ぎはう)には入(い)らず、亂邦(らんぱう)には居(を)らず。

D: 危うい邦には入ることなく、乱れた邦には居しない。

E: 위험한 나라에는 들어가지 않고, 어지러운 나라에는 거하지 않는다.

A: 天[음합부]下有[ㇾ,33]道、則見[マミエ]、無[ㇾ,トキ,33]道、則隱[カクル]

B: 天下道有ば、則見(マミエ)、道無(トキ)は、則隱(カクル)

C: 天下(てんか)道(みち)有(あ)らば、則(すなは)ち見(まみ)え、道(みち)無(な)きときは、則(すなは)ち隱(かく)る。

D: 天下に道があればあらわれ、道がなければ隠れる。

E: 천하에 도가 있으면 나타나고, 도가 없을 때는 은거한다.

---

364) 應永本抄物「生ルトモ惡事ヲセス死トモ、善事ヲスルヲ云。(살아서도 나쁜 짓을 하지 않고, 죽어서도 좋은 일을 하는 것을 말한다. 371쪽)」

a: 苞氏曰言[음합부]行[カウ]當[ㆁ,11]常[11]然[ㆀ,ル]也。
b: 苞氏曰言行(カウ)當に常に然(ル)當。
c: 苞氏(はうし)曰(い)はく、言行(げんかう)當(まさ)に常(つね)に然(しか)るべし。
d: 苞氏が言った。言行はまさに常にしかるべきである。
e: 포씨가 말하기를, 언행은 마땅히 늘 그러해야 한다.

a: 危[음합부]邦[ニ]不[ㇾ,23~33,33]入、謂[ㆁ,ソ]始[31]欲[ㆀ,ㇾ,スル,13]往[ユカマク]也。
b: 危邦(ニ)入不とは、始て往(ユカマク)欲(スル)を謂(ソ)。
c: 危邦(ぎはう)に入(い)らずとは、始(はじ)めて往(ゆ)かまく欲(ほっ)するを謂(い)ふぞ。
d: 危うい邦に入らないというのは、最初に行こうとすることをいう。
e: 위험한 나라에 들어가지 않는다는 것은, 처음에는 가고자 했음을 말한다.

a: 乱[음합부]邦[11,33]不[ㇾ,23~33,33]居、今欲[ㇾ,スルソ]去[ラマク]也。
b: 乱邦には居不とは、今去(ラマク)欲(スルソ)。
c: 亂邦(らんぱう)には居(を)らずとは、今(いま)去(さ)らまく欲(ほっ)するぞ。
d: 乱れる邦に居しないというのは、もう去ろうとすることをいう。
e: 어지러운 나라에 거하지 않는다는 것은, 이제는 떠나고자 하는 것이다.

a: 臣、弑[ㇾ,シ]君[13]、子弑[ㇾ,シスル,33]父[13]、乱[ナリ]。也[삭제부]
b: 臣、君を弑(シ)、子父を弑(シスル)は、乱(ナリ)。
c: 臣(しん)、君(きみ)を弑(し)し、子(こ)、父(ちち)を弑(し)するは、亂(らん)なり。
d: 臣が君を殺し、子が父を殺すことは乱である。
e: 신하가 임금을 죽이고, 자식이 아비를 죽이는 것은 난이다.

a: 危[アヤウシト,33]者將[ㇾ,11]{スル}乱[ミタレン,23~33]之兆[キサシナリ]也
b: 危(アヤウシト)は將に乱(ミタレン)と將(スル)兆(キサシナリ)
c: 危(あや)ふしとは、將(まさ)に亂(みだ)れんとする兆(きざ)しなり。
d: 危ういというのは、まさに乱れようとする兆しである。
e: 위험하다는 것은, 장차 어지러워질 조짐이다.

A: 邦有[ㇾ,トキ,11]道、貧[マツシク]、且[マタ]、賤[イヤシキ,33]焉耻[ナリ]也。

B: 邦道有(トキ)に、貧(マツシク)、且(マタ)、賤(イヤシキ)は耻(ナリ)。

C: 邦(くに)道(だう)有(あ)るときに、貧(まづ)しく、且(また)賤(いや)しきは恥(はぢ)なり。

D: 邦に道があるときに、貧しくて身分が賎しいのは恥である。

E: 나라에 도가 있을 때, 가난하고 천한 것은 수치이다.

A: 邦無[ㇾ,トキ,11]道 、富[トミ]、且[マタ]、貴[タトキ,33]焉耻[ナリ]也

B: 邦道無(トキ)に、富(トミ)、且(マタ)、貴(タトキ)は耻(ナリ)

C: 邦(くに)道(だう)無(な)きときに、富(と)み、且(また)貴(たっと)きは恥(はぢ)なり。

D: 邦に道がないときに、富んで身分が貴いのは恥である。

E: 나라에 도가 없을 때, 부하고 귀한 것은 수치이다.

0814

A: 子[22]曰不[ㇾ,33]在[ニ,アラ]其[22]位[一,クラヰ,11]、不[ㇾ,32]謀[ニ]其[22]政[一,マツリコト,13]也

B: 子の曰其の位(クラヰ)に在(アラ)不ば、其の政(マツリコト)を謀不ず

C: 子(し)の曰(のたう)ばく、其(そ)の位(くらゐ)に在(あ)らずんば、其(そ)の政(まつりごと)を謀(はか)らず。

D: 先生が言われた。その位にいなければ、その職務をしようとしない。

E: 선생님께서 말씀하시기를, 그 지위에 있지 않다면, 그 직무를 하려고 하지 않는다.

a: 孔安國曰欲[三,32]各專[ニ,음합부]一[ナランヿ,13]於其[22]職[一,11]也

b: 孔安國曰各其の職に專一(ナランコト)を欲す

c: 孔安國(こうあんこく)曰(い)はく、各(おのおの)其(そ)の職(つと)めに專一(せんいつ)ならんことを欲(ほっ)す。

d: 孔安国が言った。各々自分の務めに専念することを願っている。

e: 공안국이 말하기를, 각각 그 직분에 전념하기를 바란다.

0815

A: 子曰師[음합부]摯[シ,21]之始[ㆍ,ハシムルトキ,11]關[음합부]雎[22]之乱[ㅡ,ラン,13]、洋[음합부,ヤウ]洋[음합부]乎[コトシ,31]盈[㆑,ミテル]耳[11]哉[カナ]

B: 子曰師摯(シ)が關雎の乱(ラン)を始(ハシムルトキ)に、洋(ヤウ)洋乎(コトシ)て耳に盈(ミテル)哉(カナ)

C: 子(し)の曰(のたう)ばく、師摯(しし)が關雎(くゎんしょ)の亂(らん)を始(はじ)むるときに、洋洋乎(やうやうこ)として耳(みみ)に盈(み)てるかな。[365)]

D: 先生が言われた。師摯が関雎の終章を始めるときに、盛んで美しく耳いっぱいに広がるね。

E: 선생님께서 말씀하시기를, 태사 지(摯)가 關雎(관저)의 亂(앞)[악부종장]을 시작하니, 성대하며 아름답고 귀에 가득 차는구나.

a: 鄭玄曰師[음합부]摯[23~33,33]魯[22]大[음합부]師之名。

b: 鄭玄曰師摯とは魯の大師名。

---

365) 義疏는 「師魯太師也, 摯太師名也, 始首也, 關雎詩篇也, 洋洋聲盛也, 于時禮樂崩壞, 正聲散逸, 唯魯太師猶識關雎之聲, 而首理調定, 使聲盛盈於耳聽也」라고 주석을 달고 있다. 集注는 「師摯魯樂師, 名摯也, 亂樂之卒章也, 史記曰, 關雎之亂, 以爲風始, 洋洋美盛意, 孔子自衛反魯而正樂, 適師摯在官之初, 故樂之美盛如此」와 같이 「亂」을 「終章」으로 파악하였다. 이에 따르면 「師摯の始め、関雎のをはり」와 같이 훈독할 수 있다.
應永本抄物 「師摯ハ魯ノ樂師。名ハ摯也。關雎ハ毛詩ノ最初ノ篇ノ名也。……亂ハ理[ヲサマル]也。關雎ノヲサマル音ヲ始ト云義也。亂ノ字ヲヲサムルトヨムハ、治ハ亂ノ始也。亂ハ治ノ始也。治ル時ハ亂ル、亂ル時ハ治ル也。(師摯(사지)는 노나라의 악사이다. 이름은 摯(지)이다. 關雎(관저)는 모시의 맨 첫 편의 이름이다. ……亂(란)은 理(리)[다스려지다]이다. 관저의 다스려진 소리를 시작한다는 뜻이다. 亂이라는 글자를 ヲサマル[다스려지다]라고 읽는 것은, 다스려지는 것은 흐트러짐의 시작이고, 흐트러짐은 다스려짐의 시작이기 때문이다. 다스려질 때에는 흐트러지고, 흐트러질 때에는 다스려지는 것이다. 372-373쪽)」 먼저 古注에 따라 기술하고 후반부에는 論語輯釋(卷八13オ)에 「師古曰、古賦末有亂、亂理也、總理一賦之終」이라는 주석에 의거한 내용을 기술하고 있다.

c: 鄭玄(ぢゃうぐゑん)曰(い)はく、師摯(しし)とは魯(ろ)の大師(たいし)の名(な)。

d: 鄭玄が言った。師摯というのは、魯の大師の名である。

e: 정현이 말하기를, 師摯(사지)는 노나라 태사[악사]의 이름이다.

a: 始[33]猶[レ]{シ}首[음독부,22]也。

b: 始は猶首の猶(シ)。

c: 始(し)は、猶(なほ)首(しう)のごとし。

d: 始は、また首のような意味である。

e: 始(시)는 또한 首(수)[시작하다]와 같다.

a: 周[22]道[훈독부]既[11]衰[オトロヘ,31]鄭[음합부]衛[22]之音[コヱ]、作[ヲコリ]正[음합부]樂廢[スタレ,31]而失[レ,ヘリ]節[13]。

b: 周の道既に衰(オトロヘ)て鄭衛の音(コヱ)、作(ヲコリ)正樂廢(スタレ)て節を失(ヘリ)。

c: 周(しう)の道(みち)、既(すで)に衰(おとろ)へて、鄭衛(ていゑい)の音(こゑ)作(おこ)り、正樂(せいがく)廢(すた)れて、節(せつ)を失(うしな)へり。

d: 周の道がすでに衰えて、鄭の国と衛の国の音楽が起って、正楽が廃れて節を失った。

e: 주나라의 도가 이미 쇠하여 정나라와 위나라의 소리가 일어나 正樂(정악)이 쇠퇴하여 곡조를 잃게 되었다.

a: 鲁[22]大[음합부]師[음합부]摰、識[下,シテ]關[음합부]雎[22]之聲[上,13]而首[ハシメ,31]理[二,オサムルトキ]其乱[一,13]、

b: 鲁の大師摰、關雎の聲を識(シテ)首(ハシメ)て其乱を理(オサムルトキ)、

c: 魯(ろ)の大師(たいし)摰(し)、關雎(くゎんしょ)の聲(こゑ)を識(し)って、首(はじ)めて其(そ)の亂(らん)を理(をさ)むるとき、

d: 魯の大師の摯が関雎の音楽を知って、始めてその乱れをおさめたとき、

e: 노나라의 태사 지가 관저의 소리를 알고 비로소 그 흐트러진 소리를 바르게 하였을 때,

a: 洋[음합부]洋[トシ,31]乎[삭제부]盈[レ,ミテリ,23~33,33]耳[11]、哉[삭제부]聽[31]而美[ホムルソ]也

b: 洋洋(トシ)て耳に盈(ミテリ)とは、聽て美(ホムルソ)

c: 洋洋(やうやう)として耳(みみ)に盈(み)てりとは、聽(き)きて美(ほ)むるぞ。

d: 盛んで美しく耳いっぱいに広がるとは、聴いてほめたのである。

e: 성대하고 아름답게 귀에 가득 찬다고 한 것은, 듣고 칭찬한 것이다.

0816

A: 子曰狂[キヤウニシ,31]而不[レ,32]直[ナラ]

B: 子曰狂(キヤウニシ)て直(ナラ)不ず

C: 子(し)の曰(のたう)ばく、狂(きゃう)にして直(ちょく)ならず。

D: 先生が言われた。情熱的でありながら正直ではない。

E: 선생님께서 말씀하시기를, 열정적이면서 정직하지 않다.

a: 孔安國曰狂[음합부]者[33]進[13]取[ル]。[366]宜[レ,ヨロシ]直[ナルニ,11]也

b: 孔安國曰狂者は進て取(ル)。直(ナルニ)に宜(ヨロシ)

c: 孔安國(こうあんこく)曰(い)はく、狂者(きゃうしゃ)[367]は進(すす)みて取(と)る。直(ちょく)なるに宜(よろ)し。

d: 孔安国が言った。情熱的な人は進んで取る。正直なのがよい。

e: 공안국이 말하기를, 열정적인 사람은 나아가 취한다. 정직한 것이 좋다.

A: 侗[トウニシ,31]而不[レ,32]愿[ケンナラ]

B: 侗(トウニシ)て愿(ケンナラ)不ず

C: 侗(とう)にして愿(げん)ならず。

D: 無知でありながらつつしみがない。

E: 무지하면서도 삼감이 없으며

366) 讀點의 위치에 찍혀 있으나 문맥상 句點으로 파악하였다.

367) 應永本抄物「狂者ハ進テ大道ヲ取テ、正直ナル者也。而ニ當時ノ狂者ハ、不正直也。(狂者(광자)는 나아가서 큰 도를 취하고 정직한 자이다. 하지만 당시의 狂者는 정직하지 않았다. 373쪽)」

a: 孔安國曰侗[33]未[ㄴ,サル]成[ㄴ,ラ]器[ウツハモノ,11]之人[ナリ]也。宜[ニ,シ]謹[음합부,キン]愿[一,ケン,11]也

b: 孔安國曰侗は器(ウツハモノ)に成(ラ)未(サル)人(ナリ)。謹(キン)愿(ケン)に宜(シ)

c: 孔安國(こうあんこく)曰(い)はく、侗(とう)は器(うつはもの)に成(な)らざる人(ひと)なり。謹愿(きんげん)なるに宜(よろ)し。[368]

d: 孔安国が言った。侗は器になっていない人である。つつしみがあるのがよい。

e: 공안국이 말하기를, 侗(동)은 그릇이 되지 못한 사람이다. 삼가는 것이 좋다.

A: 悾[음합부,コウ]悾[トシ.31]而不[ㄴ,33]信[음독부アラ]、

B: 悾(コウ)悾(トシ)て信(アラ)不ば、

C: 悾悾(こうこう)として信(しん)あらずんば、

D: 無能でありながら、信がなければ、

E: 무능하면서도 신의가 없으면

a: 苞氏曰悾[음합부]悾[33]愨[음합부,カク]愨也。宜[ㄴ,シ]可[ㄴ,キ,11]信[アル]也

b: 苞氏曰悾悾は愨(カク)愨。信(アル)可(キ)に宜(シ)

c: 苞氏(はうし)曰(い)はく、悾悾(こうこう)は愨愨(かくかく)。信(しん)あるべきに宜(よろ)し。[369]

d: 苞氏が言った。悾悾は愨愨である。信があるのがよい。

e: 포씨가 말하기를, 悾悾(공공)은 愨愨(각각)[무능한 모습]이다. 신의가 있음이 좋다.

A: 吾[レ]、不[ㄴ,32]知[シラ]之矣

B: 吾(レ)、知(シラ)不ず

C: 吾(われ)知(し)らず。

D: 私はどうしようもない。

E: (이런 사람들은) 나는 어쩔 수 없다.

---

368) 義疏「侗謂籠侗, 未成器之人也」集注「侗無知貌」
應永本抄物 「侗トハ未[ㄴ]成[ㄴ]器之人也ト云。幼少者ヲ云。…近注ニ侗ハ無知ノ皃。一事ヲモ解ラサルヲ云。(侗(동)이란 그릇을 이루지 못한 사람이라고 한다. 어린 사람을 말한다. …근주에는 侗은 무지한 모양이며, 한 가지도 깨닫지 못함을 말한다고 하였다. 373쪽)」 먼저 古注를 들어 기술한 후 新注도 인용하고 있다.

369) 義疏「悾悾謂野愨也」集注「悾悾無能貌」
應永本抄物「悾々ハ無能ノ皃。無能ノ者ハ信アル者也。而ニ當時ノ悾々タル者ハ不信也。(悾悾(공공)은 재능이 없는 모양이다. 재능이 없는 자는 신의가 있다. 하지만 당시의 재능이 없는 자는 신의가 없었다. 373쪽)」

a: 孔安國曰言[33]皆與[ニ]常[22]度[一]、反[セリ]故[11]我[レ]不[ㇾ,32]知也

b: 孔安國曰言は皆常の度與、反(セリ)故に我(レ)知不ず

c: 孔安國(こうあんこく)曰(い)はく、言(いふこころ)は、皆(みな)常(つね)の度(と)と反(はん)せり。故(ゆゑ)に我(われ)知(し)らず。

d: 孔安国が言った。意味はこうである。みな常識的な基準に反している。したがって私もどうしようもない。

e: 공안국이 말하기를, 그 뜻은 이러하다. 모두 상식적인 기준에 반한다. 그래서 나도 어쩔 수 없다.

0817

A: 子曰學、如[モシ]、不[ㇾ,トキ,33]及、猶[ㇾ,ヲ]{コトクス}恐[ㇾ,ヲソルヽ,21]失[ウシナイテン,13~23,13]之

B: 子曰學、如(モシ)、及不(トキ)は、猶(ヲ)失(ウシナイテン)ことを恐(ヲソルル)が猶(コトクス)

C: 子(し)の曰(のたう)ばく、學(がく)、如(も)し及(およ)ばざるときは、猶(なほ)失(うしな)ひてんことを恐(おそ)るるがごとくす。[370)]

D: 先生が言われた。学問は、及んでいないときは、失うことを恐れるようにする。

E: 선생님께서 말씀하시기를, 학문은 이르지 못했을 때에는, 잃는 것을 두려워하듯이 한다.

---

370) 應永本抄物「此注ノ義ナラハ、學文ヲハ熟スルホトニスヘシ。若熟セスンハ、一旦學ヒ得タリトモ、失テミナスヘキト恐ルヽ如クスヘシト也。一説學如[ㇾ,シ]不[ㇾ]及、猶[ㇾ]恐[ㇾ]失之トヨム也。如[ㇾ]不[ㇾ]及トハ、喩ヘハ前[サキ]ヘ行人ヲ追ニ、エ追付サルヲ、追付ントスル如ク、急ニ務テスヘシ。若學得タラハ、此ヲ取ニカサシトスルコト、喩ハ手ニ玉ナトヲ持ヲ失イカセント思テ、心ニカクル如ク、念々ニ忘サルヤウニスヘキ也。(이 주석의 뜻은, 학문은 성숙할 정도로 해야 하며, 만일 성숙되지 않았다면 일단 배워서 얻었더라도 잃어버릴까 두려워하는 듯이 해야 한다는 것이다. 일설에는 '학문은 이르지 못하는 것과 같고, 또한 잃을까 두려운 것과 같다'라고 읽는다. 가령 앞서 가는 사람을 좇을 때 따라잡지 못하는 것을 따라잡고자 하듯이 서둘러 힘써야 하는 것이다. 만약 배워서 얻었다면 이것을 놓치지 않으려 하는 것을, 가령 손에 옥 같은 것을 쥐었는데 잃어버리지는 않을까 싶어 마음을 쓰는 것과 같이 생각 생각마다 잊지 않도록 해야 하는 것이다. 374쪽)」

a: 學[ハ]、自[ㆱ,リ]外、入[훈합부[371)]]至[メ]{ル}、熟[シクシ,31]、乃、可[ニ]長[훈합부,ナカク]久[一,カル]。

b: 學(ハ)、外自(リ)、入至(シテ)、熟(シクシ)て、乃、長(ナカク)久(カル)可。

c: 學(がく)は外(そと)より入至(じふし)して、熟(しゅく)して、乃(いま)し長(なが)く久(ひさ)しかるべし。

d: 学問は外から入って、熟して、はじめて長く保つことができる。

e: 학문은 밖으로부터 들어와 이르러서, 무르익어 비로소 길게 오래갈 수 있다.

a: 如[シ]、不[ㆱ,トキハ,33]及、猶[ㆱ,ヲ]{スラク}恐[ㆱ,ルヽ,21]失[ウシナテン,13~23,13]之耳[ノミ]也

b: 如(シ)、及不(トキハ)は、猶(ヲ)失(ウシナテン)ことを恐(ルル)が猶(スラク)耳(ノミ)

c: 如(も)し、及(およ)ばざるときは、猶(なほ)失(うしな)ひてんことを恐(おそ)るるがごとくすらくのみ。

d: もし及んでいないときは、失うことを恐れるようにするのみである。

e: 만약 이르지 못했을 때에는, 잃는 것을 두려워하는 듯이 한다.

0818

A: 子曰巍[음합부,キ]巍[タル]乎[カナ]舜[인명부,シユン]禹[인명부,ウ,22]之有[ニ,タモテル,13~23]天[음합부]下[一,13]也。而[シ,31]不[ㆱ,32]與[アツカラ]焉

B: 子曰巍(キ)巍(タル)乎(カナ)舜(シユン)禹(ウ)の天下を有(タモテル)こと。而(シ)て與(アツカラ)不ず

C: 子(し)の曰(のたう)ばく、巍巍(ぎぎ)たるかな、舜(しゅん)・禹(う)の、天下(てんか)を有(たも)てること。而(しかう)して與(あづ)からず。

371) 음합부의 잘못으로 보인다.

D: 先生が言われた。高大であるな、舜と禹が天下を保ったことが。しかし関与しなかった。

E: 선생님께서 말씀하시기를, 크고 높구나, 舜(순)임금과 禹(우)임금이 천하를 얻으심이. 그리고 (그 후의 정치에) 관여치 않으셨다.

a: 美[ᅮ,ホム]舜[인명부]禹[인명부]巳[オノレ]不[ᆖ,スメ]與[ᆖ,훈합부,アツカリ]求[メ][372]天[음합부]下[ᅳ,13]而得[ᅩ,エタル,13~23,13]之也。

b: 舜禹巳(オノレ)天下を與(アツカリ)求(メ)不(スシテ)得(エタル)ことを美(ホム)。

c: 舜(しゅん)・禹(う)、己(おのれ)天下(てんか)を與(あづ)かり求(もと)めずして得(え)たることを美(ほ)む。[373]

d: 舜と禹が、自ら天下を関与し求めることなく得たことを称える。

e: 순임금과 우임금이 스스로 천하를 관여하여 구하지 않고서 얻은 것을 칭송한 것이다.

a: 巍[음합부]巍[タル,33]者高[음합부]大[22]之稱[セウソ]也

b: 巍巍(タル)は高大の稱(セウソ)

c: 巍巍(ぎぎ)たるは高大(かうたい)の稱(しょう)ぞ。

d: 巍巍とは、高くて大きいことをいう。

e: 巍巍(외외)는 높고 큰 것을 칭하는 것이다.

---

372) 31 위치에 주점이 번진 것이 보이는데 가점 당시 튄 것으로 보인다.

373) 「不與焉」의 해석에 있어 대문의 훈독과 세주의 내용이 차이를 보인다고 판단된다. 대문의 훈독은, 요임금과 순임금이 천하를 얻은 후 정치를 함께 있어 독단적으로 함이 없이 여러 인재들과 함께 하였다고 이해할 수 있다. 그러나 集解에 실려 있는 何晏의 주석은 천하를 나서서 구하고자 하지 않았고 이것을 칭송한 것이라고 기술하고 있다. 義疏는 「舜受堯禪而有天下, 禹受舜禪而有天下, 此二聖得時有天下, 並非身所預求, 而君自禪之也, 一云, 孔子歎己不預見舜禹之時也, 若逢其時, 則己宜道當用也」라고 하여 먼저 集解와 동일한 맥락의 주석을 달았고, 일설로서 공자가 그 시대를 보지 못한 것에 대해 탄식하는 것이라는 설을 싣고 있다. 集注는 「不與猶言不相關, 言其不以位爲樂也」라고 하여 대문의 훈독과 기조를 같이 한다고 볼 수 있다.
應永本抄物 「而不[ㇾ]與[アツカラ]トハ舜堯ノ禪ヲ受テ、天下ヲ持ツ。禹ハ舜ノ禪ヲ受テタモツ。舜禹ノ方ヨリ天下ヲ我ニユツルト預リ、求ルニアラス。……一說而不與ト云ハ、孔子ノ舜禹ノ時ヲ預リミサルコトヨ、ト歎息シ玉ヘリ。若、其時ニアハヽ、孔子ノ道ハ用ラルヘキ者ヲト云心也。(而不與[그리고 관여하지 않았다]라는 것은 다음과 같다. 舜(순)임금은 堯(요)임금의 선양을 받아 천하를 얻었다. 禹(우)임금은 舜임금의 선양을 받아 천하를 얻었다. 舜임금과 禹임금 쪽에서 천하를 나에게 넘겨달라고 구한 것이 아니다. ……일설에 而不與라고 한 것은 공자가 舜임금과 禹임금의 시대를 보지 못하였구나라며 탄식한 것이라고 한다. 만일 그 시절[舜임금과 禹임금의 시대]을 만났더라면 공자의 도는 쓰임받았을 텐데라는 의미이다. 374–375쪽)」 義疏의 주석을 바탕으로 기술되어 있음을 알 수 있다.

0819

A: 子曰[22]大[훈합부,ナル]哉[カナ]堯[인명부,22]之為[レ,タル,13~23]君也。

B: 子曰の大(ナル)哉(カナ)堯の君為(タル)こと。

C: 子(し)の曰(のたう)ばく、大(おほ)いなるかな、堯(げう)の君(きみ)たること。

D: 先生が言われた。偉大だな、尭の君としての行いが。

E: 선생님께서 말씀하시기를, 크도다, 요임금의 임금됨이.

A: 巍[음합부]巍[タル]乎[カナ]、唯天[13]為[レ,32]大[オホイナリ,23~33]。唯[タヽ]堯[인명부]、則[ノトル]之

B: 巍巍(タル)乎(カナ)、唯天を大(オホイナリ)と為す。唯(タタ)堯、則(ノトル)

C: 巍巍(ぎぎ)たるかな、唯(ただ)天(てん)を大(おほ)いなりと爲(す)。唯(ただ)堯(げう)、則(のっと)る。

D: 高大だなあ、ただ天だけが偉大である。ただ尭だけが(これに)則った。

E: 높고 크도다, 하늘만이 크다. 오직 요임금만이 (하늘을) 본받았다.

a: 孔安國曰則[33]法也。[374)]

b: 孔安國曰則は法。

c: 孔安國(こうあんこく)曰(い)はく、則(そく)は法(はふ)。

d: 孔安国が言った。則は法である。

e: 공안국이 말하기를, 則(칙)은 法(법)[본받다]이다.

a: 美[ニ,ホム]堯[22]能法[レ,ノトッ,31]天[11]而行[一,レ,13~23,13]化[ヲ]也

b: 堯の能天に法(ノトッ)て化(ヲ)行ことを美(ホム)

c: 堯(げう)の、能(よ)く天(てん)に法(のっと)って、化(くゎ)を行(おこな)ふことを美(ほ)む。

d: 尭が天に則って、教化を行ったことを称える。

e: 요임금이 능히 하늘을 본받아 교화를 행한 것을 칭송하였다.

---

374) 讀點의 위치에 찍혀 있으나 문맥상 句點으로 파악하였다.

A: 蕩[음합부]蕩[タル]乎[カナ]民、無[ﾆ,キ,13~23]能[ク]名[ｰ,ナツクル,13~23]焉

B: 蕩蕩(タル)乎(カナ)民、能(ク)名(ナツクル)こと無(キ)こと

C: 蕩蕩(たうたう)たるかな、民(たみ)、能(よ)く名(なづ)くること無(な)きこと。

D: 広遠だなあ、民が名づけることができないことは。

E: 넓고 멀도다, 백성이 능히 말로 일컬을 수 없는 것은.

a: 苞氏曰蕩[음합부]蕩[33]廣[음합부]逺[22]之稱[ソ]也。

b: 苞氏曰蕩蕩は廣逺の稱(ソ)。

c: 苞氏(はうし)曰(い)はく、蕩蕩(たうたう)は廣遠(くゎうゑん)の稱(しょう)ぞ。

d: 苞氏が言った。蕩蕩は広くて遠いことをいう。

e: 포씨가 말하기를, 蕩蕩(탕탕)은 넓고 먼 것을 말한다.

a: 言[33]其[レ]布[ﾚ,シクﾞ]德[13]廣[음합부]逺[ニシ,31]民、無[ﾆ,シ]能、識[シ,31]名[ｰ,ナツクル,13~23]焉

b: 言は其(レ)德を布(シクコト)廣逺(ニシ)て民、能、識(シ)て名(ナツクル)こと無(シ)

c: 言(いふこころ)は、其(それ)德(とく)を布(し)くこと、廣遠(くゎうゑん)にして、民(たみ)、能(よ)く識(し)りて名(なづ)くること無(な)し。[375)]

d: 意味はこうである。徳を施すことが広遠でありながら、民が知って名づけることができなかった。

e: 그 뜻은 이러하다. 덕을 펴는 것이 廣遠(광원)하여, 백성이 능히 알아서 말로 일컬을 수 없었다.

A: 巍巍[タル]乎[カナ]其[レ]有[ﾆ,13~23]成[음합부,イ]切[ｰ]也

B: 巍巍(タル)乎(カナ)其(レ)成(イ)切有こと

C: 巍巍(ぎぎ)たるかな、其(それ)成功(せいこう)有(あ)ること。

D: 高大だなあ、成した功のあることが。

E: 높고 크도다, 공을 이룸이 있음이.

---

375) 義疏「言堯布德廣遠, 功用遍匝, 故民無能識而名之者也」
集注「言物之高大, 莫有過於天者, 而獨堯之德, 能與之準, 故其德之廣遠, 亦如天之不可以言語形容也」
應永本抄物「堯ノ德ハ廣大ニシテ、民不知故ニ、何ト云德アリト名付ルコトナキ也。大德ハ如此也。(堯(요)임금의 덕은 광대하여 백성들이 알지 못했기 때문에 어떠한 덕이 있다고 이름할 것이 없었던 것이다. 大德(대덕)은 이와 같은 것이다. 376쪽)」古注에 의해 기술되어 있다.

a: 功[훈합부]成[ナリ]、化隆[サカンニシ,31]高[음합부]大[ナルㄱ]巍[음합부]巍[タリ]也

b: 功成(ナリ)、化隆(サカンニシ)て高大(ナルコト)巍巍(タリ)

c: 功(こう)成(な)り、化(くゎ)隆(さか)んにして、高大(かうたい)なること、巍巍(ぎぎ)たり。

d: 功が成って教化が盛んでありながら、高大であるさまが巍巍としている。

e: 공이 이루어져 교화가 활발하고 높고 큰 것이 巍巍(외외)하다.

A: 煥[クワンタル]乎[カナ]其[レ]有[ニ,13~23]文[음합부]章[一]

B: 煥(クワンタル)乎(カナ)其(レ)文章有こと

C: 煥(くゎん)たるかな、其(それ)文章(ぶんしゃう)有(あ)ること。

D: 輝かしいなあ、文章[文物制度の文化]のあることが。

E: 찬란하구나, 文章(문장)[문물제도의 문화]이 있음이.

a: 煥[33]明也。[376)]

b: 煥は明。

c: 煥(くゎん)は明(めい)。

d: 煥は明である。

e: 煥(환)은 明(명)[밝다]이다.

a: 其立[レ,31]文[13]垂[レ,タレタル,13~23]制復著[음합부,チヨ]明[ナリ]也

b: 其文を立て制垂(タレタル)こと復著(チヨ)明(ナリ)

c: 其(それ)文(ぶん)を立(た)てて、制(せい)を垂(た)れたること、復(また)著明(ちょめい)なり。

d: 文を立てて、制度を(後代にまで)およぼしたことが輝かしい。

e: 文(문)을 세워서 제도를 (후대에까지) 전해줌이 찬란하다.

376) 讀點의 위치에 찍혀 있으나 문맥상 句點으로 파악하였다.

0820

A: 舜有[ニ,リテ]臣、五[음합부]人[一][377]、[378]而[31]天[음합부]下治[オサマル]

B: 舜臣、五人有(リテ)、而て天下治(オサマル)

C: 舜(しゅん)、臣(しん)、五人(ごにん)有(あ)りて、而(しかう)して天下(てんか)治(をさ)まる。

D: 舜には臣が五人いて、それで天下が治まった。

E: 순임금에게는 신하 5인이 있어서, 천하가 잘 다스려졌다.

a: 孔安國曰禹[인명부]、稷[인명부]、契[379][인명부,セツ]、皐[음합부,カウ]陶[인명부,ヨウ]、伯[음합부]益[인명부,ソ]也

b: 孔安國曰禹、稷、契(セツ)、皐(カウ)陶(ヨウ)、伯益(ソ)

c: 孔安國(こうあんこく)曰(い)はく、禹(う)、稷(しょく)、契(せつ)、皐陶(かうえう)、伯益(はくえき)ぞ。

d: 孔安国が言った。禹、稷、契、皐陶、伯益である。

e: 공안국이 말하기를, 禹(우), 稷(직), 契(설), 皐陶(고요), 伯益(백익)이다.

A: 武[음합부]王[22]曰[22]予[レ]、有[ニ,リ]乱[ラン]臣[삭제부][380]十人[一]

B: 武王の曰の予(レ)、乱(ラン)十人有(リ)

C: 武王(ぶわう)の曰(のたう)ばく、予(われ)、亂(らん)十人(じふにん)有(あ)り。

D: 武王が言われた。私には治める臣が十人いる。

E: 武王(무왕)이 말씀하시기를, 나는 (함께) 다스리는 신하가 10인 있다.

377) 「五人」 좌측에 별도의 종이가 붙어 있고, 「五」에 해당하는 위치에 「一」, 「人」에 해당하는 위치에 「二+탁점」이 적혀 있다.

378) 句點 위치에 찍혀 있으나 문맥상 讀點으로 파악하였다.

379) 「生+力+大」이다. 이하 같다.

380) 지금까지 기입되었던 삭제부보다는 좌측에 치우쳐 있다. 그 왼쪽에 「不可讀」이라고 적혀 있다. 논어 텍스트 중에 「臣」이 없는 것이 있다. 이에 대해서는 十人 중에는 문왕의 정실부인이며 무왕의 모친인 文母(문모)가 포함되므로 「臣」이라는 글자를 쓰는 것이 적합하지 않다는 등의 설이 있다.

a: 孔安國曰乱[33]理[ソ]也。

b: 孔安國曰乱は理(ソ)。

c: 孔安國(こうあんこく)曰(い)はく、亂(らん)は理(り)ぞ。[381)]

d: 孔安国が言った。乱は理である。

e: 공안국이 말하기를, 亂(난)은 理(리)[다스리다]이다.

a: 理[ㇾ,オサムル]官[13]者[22]、十[음합부]人[23~33,33]也、謂[㆓]周[음합부]公[음합부]旦[인명부,タン]、召[음합부]公[음합부]奭[인명부,セキ]、太[음합부]公[음합부]望[인명부,ハウ]、畢[음합부,ヒツ]公[인명부]、榮[음합부,エイ]公[인명부]、太[음합부]顚[인명부,テム]、閎[음합부,クワウ]夭[인명부]、散[음합부]冝[음합부,ギ]生[인명부]、南[음합부]宮[음합부]适[㆒,인명부,クワツヲ]也。

b: 官を理(オサムル)者の、十人とは、周公旦(タン)、召公奭(セキ)、太公望(ハウ)、畢(ヒツ)公、榮(エイ)公、太顚(テム)、閎(クワウ)夭、散冝(ギ)生、南宮适(クワツヲ)謂。

c: 官(くゎん)を理(をさ)むる者(もの)、十人(じふにん)とは、周公旦(しうこうたん)、召公奭(せうこうせき)、太公望(たいこうばう)、畢公(ひっこう)、榮公(えいこう)、太顚(たいてん)、閎夭(くゎうえう)、散宜生(さんぎせい)、南宮适(なむきうくゎつ)を謂(い)ふ。

d: 官を治める者、十人とは、周公旦、召公奭、太公望、畢公、栄公、太顚、閎夭、散宜生、南宮适をいう。

e: 관을 다스리는 자 10인이란, 周公旦(주공단), 召公奭(소공석), 太公望(태공망), 畢公(필공), 榮公(영공), 太顚(태전), 閎夭(굉요), 散宜生(산의생), 南宮适(남궁괄)을 말한다.

a: 其餘[ノ]一人[33]謂[㆓]文母[㆒,13]也

b: 其餘(ノ)一人は文母を謂

381) 應永本抄物 「亂ハ理[ヲサムル]也。武王曰、我ト共ニ天下ヲ理ル者十人アリ。注ニミヘタリ。亂臣ノ臣ノ字讀サルヲ習トス。馬氏曰、亂ハ治也。輔氏曰、荀子曰、治亂謂[㆓]之亂[㆒]、猶[㆔]治汙謂[㆓]之汙[㆒]、則亂訓[ㇾ]治文矣。一説治ノ字ヲハ、古文ニ爪ノ字ノ下ニ糸ヲ書テ、ツクリニ乚字ヲカケリ。是手ヲ以テ糸ヲ理テ、條理アル心也。古文尚書ニ、德惟𤔔[ヲサマル]トカケリ。而ヲ後人𤔔[ノ]字ニ乚ノ字ヲソヘテ書タレハ、𤔔ト云字ト皃似タリ。コレニヨテ、其マヽ誤テ𤔔ノ字ヲノ(원문그대로임)亂ノ字トスル也。(亂(난)은 理[다스리다]이다. 무왕께서 말씀하시기를 나와 함께 천하를 다스리는 자가 열 명 있다고 하였다. 주석에 보인다. 亂臣(난신)의 臣은 읽지 않는 것을 관례로 한다. 마융이 말하기를 亂은 治(치)이다. 輔氏(보씨)가 말하기를, 荀子(순자)에 이르기를, 어지러움을 다스리는 것을 일컬어 亂이라 하고, 또한 더러움을 다스리는 것를 일컬어 汙(오)라 하는 것과 같다. 즉 亂은 다스린다는 의미의 글자인 것이다. 일설에 治라는 글자를 古文(고문)에서는 爪 밑에 糸를 적고 그 오른쪽에 乚을 적었다. 즉 손으로 실타래를 다스려서 조리가 있다는 뜻이다. 古文尙書(고문상서)에 德惟𤔔(덕유치)라고 적혀 있는데, 후대의 사람들은 𤔔에 乚를 붙여서 적으니 𤔔(치)와 모양이 비슷했다. 이로 인해서 그대로 오인하여 𤔔를 亂으로 삼은 것이다. 377쪽)」

c: 其(そ)の餘(あまり)の一人(ひとり)は、文母(ぶんぼ)を謂(い)ふ。

d: その残りの一人は、文母をいう。

e: 그 나머지 한 사람은 文母(문모)[文王(문왕)의 妃(비), 武王(무왕)의 모친]를 말한다.

A: 孔子[22]曰[22]才難[カタイ,13~23]、不[ᅳ,32]其[レ]然[ᅳ,シカラ]乎[ヤ]。

B: 孔子の曰の才難(カタイ)こと、其(レ)然(シカラ)不ず乎(ヤ)。

C: 孔子(こうし)の曰(のたう)ばく、才(さい)難(かた)いこと、其(それ)然(しか)らずや。

D: 孔子が言われた。才は得難いこと、そのとおりではないか。

E: 공자께서 말씀하시기를, 인재는 (얻기) 어려운 것, 정말 그렇지 않은가?

A: 唐[음합부]虞[ク,22][382]之際[アイタ,11]、於斯[コヽ,11]為[レ,32]盛[サカンナリ,23~33]。

B: 唐虞(ク)の際(アイタ)に、斯(ココ)に盛(サカンナリ)と為す。

C: 唐虞(たうぐ)の際(あひだ)に、斯(ここ)に盛(さか)んなりと爲(す)。

D: 唐虞[尭舜]の時代に、この時に盛んであった。

E: 唐虞(당우)[요순]의 시대에, 이때에 성하게 되었다.

A: 有[ᅳ]婦[음합부]人[ᅳ]焉。九[음합부]人而[훈합부]巳[ノミナリ]

B: 婦人有。九人而巳(ノミナリ)

C: 婦人(ふじん)有(あ)り。九人(きうにん)のみなり。

D: (その中に一人)婦人がいる。九人だけである。

E: (그 중에 한 명) 부인이 있다. 9인뿐이다.

a: 孔安國曰唐[33]者堯[22]號[カフ]也。

b: 孔安國曰唐は堯の號(カフ)。

c: 孔安國(こうあんこく)曰(い)はく、唐(たう)は堯(げう)の號(かう)。

d: 孔安国が言った。唐は尭の号である。

e: 공안국이 말하기를, 唐(당)은 요임금의 호이다.

a: 虞[ク,33]者舜[22]号也。

b: 虞(ク)は舜の号。

---

382) 「虞」 좌측에 별도의 종이가 붙어 있고, 「一」이라고 적혀 있다.

c: 虞(ぐ)は舜(しゅん)の號(かう)。

d: 虞は舜の号である。

e: 虞(우)는 순임금의 호이다.

a: 際[23~33,33]者堯[음합부]舜交[음합부,カウ]會[22]之間[ソ]也。

b: 際とは堯舜交(カウ)會の間(ソ)。

c: 際(せい)とは、堯舜(げうしゅん)交會(かうくゎい)の間(あひだ)ぞ。

d: 際とは、尭舜が交会する間である。

e: 際(제)란 요순이 교회하던 시기[요임금과 순임금이 차례로 다스리던 시대]이다.

a: 斯[シ,33]此[シ]也。

b: 斯(シ)は此(シ)。

c: 斯(し)は此(し)。[383)]

d: 斯は此である。

e: 斯(사)는 此(차)[여기]이다.

a: 此[コヽ,33]此[ᅳ,コヽソ][384)]於周[ᅳ,ニ]也。

b: 此(ココ)は周(ニ)此(ココソ)。

c: 此(ここ)は、周(しう)に此(ここ)ぞ。

d: 此はここ周である。

e: 此(차)는 여기 주나라이다.

a: 言[33]堯[음합부]舜、交[음합부,カウ]會[22]之間[ヲ]比[ᅳ,ナラフレ,33]於此周[ᅳ,11]、[385)]周最[モトモ]盛[サカンニシ,31]多[レ,シ]賢。

b: 言は堯舜、交(カウ)會の間(ヲ)此周に比(ナラフレ)ば、周最(モトモ)盛(サカンニシ)て賢多(シ)。

---

383) 應永本抄物「斯トハ周ヲ云。周ニハ賢才多トイヘトモ、尚十人ニ不滿メ、九人ハ男子、一人ハ女也。是人才ノ得カタキ處也、ト云。(斯[여기]란 주나라를 말한다. 주나라에는 현명하고 재능이 많은 사람이 많았다고는 하지만 열 명을 채우지 못했고, 아홉 명은 남자이고 한 명은 여자였다. 이것은 인재 구하기가 어려움을 말한 것이다. 379쪽)」

384) 「此」가 후에 삽입된 것으로 보인다.

385) 句點 위치에 찍혀 있으나 문맥상 讀點으로 파악하였다.

c: 言(いふこころ)は、堯舜(げうしゅん)、交會(かうくゎい)の間(あひだ)を此(こ)の周(しう)に比(なら)ぶれば、周(しう)最(もっと)も盛(さか)んにして、賢(けん)多(おほ)し。

d: 意味はこうである。尭舜が交会する間をこの周に比べれば、周が最も盛んで、賢者が多い。

e: 그 뜻은 이러하다. 요와 순이 교회하던 시기를 이 주나라에 비교하면, 주나라가 가장 성하여 현인이 많다.

a: 然[レトモ]、尚有[ニ,リ]一[ヒトリ,22]婦[음합부]人[一]。

b: 然(レトモ)、尚一(ヒトリ)の婦人有(リ)。

c: 然(しか)れども尙(なほ)一(ひと)りの婦人(ふじん)有(あ)り。

d: それにもかかわらず、一人の婦人がいる。

e: 그럼에도 불구하고 한 사람의 부인이 있다.

a: 其餘[アマリハ]九[음합부]人而[훈합부]巳[ノミナリ]。

b: 其餘(アマリハ)九人而巳(ノミナリ)。

c: 其(そ)の餘(あま)りは、九人(きうにん)のみなり。

d: (したがって)残りは九人のみである。

e: (따라서) 나머지는 9인뿐이다.

a: 大[음합부]才[ノ]難[レ,13~23]得、豈不[レ,32]然乎[ヤ]

b: 大才(ノ)得難こと、豈然不ず乎(ヤ)

c: 大才(たいさい)の得(え)難(がた)きこと、豈(あに)然(しか)らずや。

d: 立派な人材を得難いことは、まったくそのとおりでないか。

e: 큰 인재를 얻기 어려운 것이, 과연 그대로가 아닌가?

A: 三[ニ,음합부]分[シ,31]天[음합부]下[一,13]有[ニ,タモ,31]其[22]二[一,13]以[31]服[ニ,음합부]事[탁점,32]殷[一,11]。

B: 天下を三分(シ)て其の二を有(タモ)て以て殷に服事す。

C: 天下(てんか)を三分(さむふん)して、其(そ)の二(ふた)つを有(たも)ちて、以(も)ちて殷(いん)に服事(ふくじ)す。

D: 天下を三分し、その二つを領有し、それでいながら殷に従って仕えた。

E: 천하를 삼분하여 그 둘을 가지고도 은나라를 복종하여 섬겼다.

A: 周[22]德[13,33]其[レ]可[㆑,カラク]謂[㆓,イフ]至[음합부]德[㆒,23~33]也巳[ノミ]矣

B: 周の徳をば其(レ)至徳と謂(イフ)可(カラク)巳(ノミ)

C: 周(しう)の德(とく)をば、其(それ)至德(しとく)と謂(い)ふべからくのみ。

D: 周の徳は、至徳というべきである。

E: 주나라의 덕은 지극한 덕이라고 이를 만하다.

a: 苞氏曰殷[22]紂[인명부,チウ]、淫[음합부]乱[ナリ]。

b: 苞氏曰殷の紂(チウ)、淫乱(ナリ)。

c: 苞氏(はうし)曰(い)はく、殷(いん)の紂(ちう)、淫亂(いむらん)なり。

d: 苞氏が言った。殷の国の紂は淫乱であった。

e: 포씨가 말하기를, 은나라의 紂(주)임금은 음란했다.

a: 文[음합부]王為[㆓,シ,31]西[음합부]伯[㆒,23~33]而有[㆓,リ]聖[음합부]德[㆒]。

b: 文王西伯と為(シ)て聖徳有(リ)。

c: 文王(ぶんわう)、西伯(せいはく)として聖德(せいとく)有(あ)り。

d: 文王は西伯として聖徳があった。

e: 文王(문왕)은 西伯(서백)으로서 성덕이 있었다.

a: 天[음합부]下之歸[㆑,スル,13~23]周[11]者[22]、三[음합부]分[シ,31]有[㆑,タモテル]二[13]

b: 天下周に歸(スル)者の、三分(シ)て二を有(タモテル)

c: 天下(てんか)の周(しう)に歸(き)する者(もの)、三分(さむふん)して二(ふた)つを有(たも)てる。

d: 天下において周に帰したのが、三分の二だった。

e: 천하에서 주나라에 귀의한 사람이 3분의 2였다.

a: 而[シコウメ]猶[ヲ][386]以[31]服[㆓,음합부]事[32]殷[㆒,11]。

b: 而(シコウシテ)猶(ヲ)以て殷に服事す。

c: 而(しかう)して猶(なほ)以(も)ちて殷(いん)に服事(ふくじ)す。

d: それでもなお殷に従って仕えた。

e: 그런데도 여전히 은나라를 복종히여 섬겼다.

a: 故[11]謂[㆓]之[ヲ]至[음합부]德[㆒,23~33]也

b: 故に之(ヲ)至德と謂

c: 故(ゆゑ)に之(これ)を至德(しとく)と謂(い)ふ。

d: そのゆえに、これを至徳という。

e: 그러므로 이것을 지극한 덕이라고 한다.

0821

A: 子曰禹[13,33]吾[レ]無[㆓,ナシ]間[음합부]然[㆒,センスル,13~23]矣

B: 子曰禹をば吾(レ)間然(センスル)こと無(ナシ)

C: 子(し)の曰(のたう)ばく、禹(う)をば吾(われ)間然(かんぜん)すること無(な)し。[387]

D: 先生が言われた。禹は、私には口をはさむ余地がない。

E: 선생님께서 말씀하시기를, 禹(우)임금은 내가 흠잡을 데가 없다.

a: 孔安國曰孔[음합부]子推[㆓,ヲシ,31]禹[22]功[음합부]德[22]之盛[㆒,サカンナル,13]

b: 孔安國曰孔子禹の功德の盛(サカンナル)を推(ヲシ)て

386) 왼쪽에 [シ]라는 가나점이 보이지만 역독점이 보이지 않을 뿐만 아니라 다른 훈점과도 호응하지 않으므로 취급하지 않았다.

387) 義疏「間猶非覵也, 孔子美禹之德美盛, 而我不知何以厝於非覵矣」集注「間罅隙也, 謂指其罅隙而非議之也」應永本抄物「間[ハ]隙也。人ハスキヒマヲ伺ハ、誤ナクテ叶ハヌ者也。其誤處ヲ訕[ソシル]ルヲ郷間ト云。孔子曰、禹ヲハ吾是ソ(원문그대로임)越度ノスキヒマトテ、ソシルヘキ處ナシ。(間(간)은 隙(극)이다. 사람은 허점을 찾으면 잘못이 없을 수 없는 법이다. 그 잘못된 곳을 비난하는 것을 鄕間(향간)이라고 한다. 공자께서 말씀하시기를, "禹(우)임금은 내가 이것이 잘못된 점이라고 비판할 만한 곳이 없다"고 하셨다. 380쪽)」

c: 孔安國(こうあんこく)曰(い)はく、孔子(こうし)、禹(う)の功德(こうとく)の盛(さか)んなるを推(お)して、

d: 孔安国が言った。孔子が禹の功徳の盛んであることを推して、

e: 공안국이 말하기를, 공자께서 우임금의 공덕의 성함을 받들어,

a: 言[四,イフ]巳[21]不[レ,13~23,13]能[三]復間[二,음합부,カム]厠[シスル,13~23]其[22]間[一,ニ]也

b: 巳が復其の間(ニ)間(カン)厠(シスル)こと能不ことを言(イフ)

c: 己(おの)が、復(また)其(そ)の間(かん)に間厠(かんし)すること能(あた)はざることを言(い)ふ。

d: 自分がことさらに口をはさめるところがないことをいう。

e: 자신이 새삼스럽게 흠잡을 수 있는 곳이 없음을 말한다.

A: 非[二,ウスウシ,31]飲[음합부]食[一,シヲ,13]而致[二,32]孝[13]乎鬼[음합부]神[一,11]

B: 飲食(シヲ)を非(ウスウシ)て孝を鬼神に致す

C: 飲食(いむし)を非(うす)うして、孝(かう)を鬼神(きしん)に致(いた)す。

D: 飲食をきりつめ、鬼神[先祖の霊や天地の神々]に孝を尽くす。

E: (자신이 먹는) 음식을 보잘것없이 먹고 귀신[조상신이나 천지신명]에게 효를 다한다.

a: 馬融曰非[ヒ,33]薄[ハク]也。

b: 馬融曰非(ヒ)は薄(ハク)。

c: 馬融(ばいう)曰(い)はく、非(ひ)は薄(はく)。

d: 馬融が言った。非は薄である。

e: 마융이 말하기를, 非(비)는 薄(박)[보잘것없다]이다.

a: 致[二,23~33,33]孝[13]乎鬼[음합부]神[一,11]、祭[음합부,セイ]祀、豐[음합부,ホウ]潔[ケツナルソ]也

b: 孝を鬼神に致とは、祭(セイ)祀、豐(ホウ)潔(ケツナルソ)

c: 孝(かう)を鬼神(きしん)に致(いた)すとは、祭祀(せいし)、豊潔(ほうけつ)なるぞ。

d: 鬼神に孝を致すとは、祭祀を豊かで清くすることである。

e: 귀신에게 효를 다한다는 것은, 제사를 풍성하고 정결하게 한다는 것이다.

A: 悪[ㆁ,アシクシ,31]衣[음합부]服[ㆀ,13]而致[ㆁ]美[13]乎黻[음합부,フツ]冕[ヘン,11]
B: 衣服を悪(アシクシ)て美を黻(フツ)冕(ヘン)に致
C: 衣服(いふく)を惡(あ)しくして、美(び)を黻冕(ふつべん)に致(いた)す。
D: 衣服を質素にして、黻冕に美を致す。
E: 의복을 검소하게 입고, 黻(불)과 冕(면)[388]에 아름다움을 지극히 한다.

a: 孔安國曰損[ㆁ,ソムシ,13]其[22]常[22]服[ㆀ,ヲ]以[13]盛[ㆁ,サカム,11,32]祭[음합부,セイ]服[ㆀ,13]也
b: 孔安國曰其の常の服(ヲ)損(ソンシ)て以て祭(セイ)服を盛(サカム)にす
c: 孔安國(こうあんこく)曰(い)はく、其(そ)の常(つね)の服(ふく)を損(そん)じて以(も)ちて祭服(せいふく)を盛(さか)んにす。
d: 孔安国が言った。普段の衣服を質素にして、それをもって祭服を盛大にした。
e: 공안국이 말하기를, 그 평상복은 허름하게 입고 그럼으로써 제사 옷은 성대하게 하였다.

A: 卑[ㆁ,イヤシウシ,31]宮[음합부]室[ㆀ,13]而盡[ㆁ,32]力[チカラ,13]乎溝[음합부,コウ]洫[ㆀ,イキ,11]
B: 宮室を卑(イヤシウシ)て力(チカラ)を溝(コウ)洫(イキ)に盡す
C: 宮室(きうしつ)を卑(いや)しうして、力(ちから)を溝洫(こういき)[389]に盡(つく)す。
D: 宮室を粗末にして、治水に力を尽した。
E: 궁실을 보잘 것 없이 하고 치수에 힘을 쏟았다.

a: 苞氏曰方[음합부]里[13]為[㆑,32]井[23~33]。
b: 苞氏曰方里を井と為す。
c: 苞氏(はうし)曰(い)はく、方里(はうり)を井(せい)と爲(す)。
d: 苞氏が言った。一里四方を井という。
e: 포씨가 말하기를, 사방 1리를 井(정)이라고 한다.

a: 井[22]間[11]有[㆑,リ]溝[コウ]。溝廣[サ]深[サ]四[음합부]尺。
b: 井の間に溝(コウ)有(リ)。溝廣(サ)深(サ)四尺。

---

388) 제사 때 하는 무릎덮개와 관.
389) 「洫」의 한음은 「きょく」이나 가나점에 따랐다.

c: 井(せい)の間(あひだ)に、溝(こう)有(あ)り。溝(こう)、廣(ひろ)さ深(ふか)さ四尺(しせき)。

d: 井の間に溝がある。溝は幅と深さが四尺である。

e: 정 사이에 溝(구)가 있다. 구는 너비와 깊이가 4척이다.

a: 十[음합부]里[13]為[ㇾ,32]城[23~33]。

b: 十里を城と為す。

c: 十里(じふり)を城(せい)と爲(す)。

d: 十里を城という。

e: 10리를 城(성)이라고 한다.

a: 城[22]間[11]有[ㇾ]洫[イキ]。洫廣[훈합부;サ]深八[음합부]尺[セキ]也

b: 城の間に洫(イキ)有。洫廣(サ)深八尺(セキ)

c: 城(せい)の間(あひだ)に、洫(いき)有(あ)り。洫(いき)、廣(ひろ)さ深(ふか)さ八尺(はっせき)。

d: 城の間に、洫がある。洫は幅と深さが八尺である。

e: 성 사이에 洫(혁)이 있다. 혁은 너비와 깊이가 8척이다.

A: 禹[13,33]吾[レ]無[ニ,シ]間[음합부]然[ー,スル,13~23]矣

B: 禹をば吾(レ)間然(スル)こと無(シ)

C: 禹(う)をば、吾(われ)、間然(かんぜん)すること無(な)し。

D: 禹は、私には口をはさむ余地がない。

E: 우임금은 내가 흠잡을 데가 없다.

論語卷第四

經一千五百十四字

注二千三百七十七字

論語集解子罕第九

論語集解第九　　　　何晏集解　九卌一章　皇卅章

0901

A: 子罕[マレ,11]言[㆑,トキ]利、與[㆑,ユルシ]命、與[㆑,ユル,32]仁

B: 子罕(マレ)に利言(トキ)、命與(ユルシ)、仁與(ユル)す

C: 子(し)罕(まれ)に利(り)を言(と)き、命(めい)を與(ゆる)し、仁(じん)を與(ゆる)す。[390)]

D: 先生は、まれに利を言われ、命を許され、仁を許された。

E: 선생님께서는 드물게 利(이)를 말하시며 命(명)을 허하시고 인을 허하셨다.

a: 罕[カム,33]者希[キ]也。

b: 罕(カン)は希(キ)。

c: 罕(かん)は希(き)。[391)]

d: 罕は希である。

e: 罕(한)은 希(희)[드물다]이다.

a: 利[33]者義[22]之和[クワ]也。

b: 利は義の和(クヮ)。

---

390) 古注와 新注는 모두 「與」를 조사로 보고 「利와 命과 仁」과 같이 이해하고 있다. 「與」는 조사 외에 「トモニス·クミスル」와 같이 동사로 읽을 수도 있다. 荻生徂徠는 「與」를 「トモニス」로 읽어서 '선생님께서는 利에 대해 거의 언급을 하지 않으셨는데, (만약에 언급을 하실 때에는) 꼭 命이나 仁과 연관시켜서 언급하셨다'로 파악하였다. 즉 '利를 命이나 仁과 함께 하게 하다'라고 이해한 것이다.
無跋本集解을 포함한 淸原家 계통의 훈점본에서는 이 「與」를 「ユルス」로 읽는다. 義疏에서 「與者言語許與之也」라고 한 것처럼, 「與」에는 「允許·許可」(『汉语大词典』)의 뜻도 있다.

391) 應永本抄物 「罕ノ字ハ利命仁ノ三ニカケテ見ヘシ。罕ニト云ハ一向ニ云サルニ非ス。時トシテ云コトアルヲ云。(罕(한)이란 글자는 利(이)·命(명)·仁(인)의 세 가지에 해당하는 것으로 보아야 한다. '드물게'라는 것은 전혀 말하지 않는 것이 아니라 때때로 말함이 있음을 말한다. 385쪽)」

c: 利(り)は義(ぎ)の和(くゎ)。[392)]

d: 利は義の和である。

e: 이는 의의 和(화)이다.

a: 命[33]者天[22]之命也。

b: 命は天の命。

c: 命(めい)は天(てん)の命(めい)。[393)]

d: 命は天の命である。

e: 명은 하늘의 명이다.

a: 仁者行[22]之盛[サカンナルソ]也。

b: 仁行の盛(サカンナルソ)。

c: 仁(じん)は行(かう)の盛(さか)んなるぞ。[394)]

d: 仁は行の盛んなることである。

e: 인은 행의 성함이다.

a: 寡[ﾆ,ナシ]能及[ｰ,ㄱ,13~23]之故[ニ,11]希[マレニ]言[トク]也

b: 能及(コト)こと寡(ナシ)故(ニ)に希(マレニ)言(トク)

c: 能(よ)く及(およ)ぶこと寡(すく)なし。故(ゆゑ)に希(まれ)に言(と)く。

---

392) 義疏「卽引文言也, 義者宜也, 和者無害也, 凡人世之利, 利彼則害此, 非義和也, 若天道之利, 利而無害, 故萬物得宜而和, 故曰義之和也」
應永本抄物「注利者義之和也トハ文言ノ辭也。義ハ宜也。和ト云ハ物ヲ害スルコトナキ也。云凡ソ世間ノ利ハ、彼ヲ利スレハ此ヲ害ス。是ハ義ノ和ニ非ス。天道ノ利ハ萬物ヲ利シテ害スルコトナシ。故ニ萬物宜キコトヲ得テ和ス。(주석에서 利(이)는 義(의)의 和(화)라고 한 것은 文言(문언)에 나오는 말이다. 義는 宜(의)이다. 和란 사물을 해하는 일이 없는 것이다. 무릇 세간의 利는 저쪽을 이롭게 하면 이쪽을 해한다. 이것은 義의 和가 아니다. 하늘의 利는 만물을 이롭게 하고 해하는 일이 없다. 따라서 만물이 바람직한 바를 얻어서 和한다. 386쪽)」

393) 應永本抄物「命ハ天ノ命也トハ、天ハ言語ヲ出命令スルコトナケレトモ、萬物ニ賦予シテ其性ヲトケシムルコト人君ノ下ニ命令スルカ如シ。故ニ命ト云。中庸ニ天ノ命之謂性云是。(命(명)은 하늘의 命이라고 한 것은 (다음과 같은 뜻이다), 하늘은 말을 내어 명령하는 것은 아니지만, 만물에 부여하여 그 천성을 녹아들게 함이 임금이 휘하에게 명령하는 것과 같으므로 命이라고 하는 것이다. 중용에서 天命之謂性이라고 한 것은 이것이다. 386쪽)」

394) 應永本抄物「仁者行之盛セ(원문그대로임)トハ仁ハ五常ノ中ニ於テ、尤肝要タリ。夏秋冬ハ春ノ一元ノ氣ヨリ始ル。仁ハ春ニトル。義禮智ハ仁ノ一ヨリ出ツ。故ニ行之盛トハ云也。(仁者行之盛(인자행지성)이라는 것은 (다음과 같은 뜻이다), 인은 五常(오상) 가운데 가장 중요한 것이다. 여름과 가을과 겨울은 봄이라는 근원의 기운으로부터 말미암는다. 인은 봄에 해당되며, 義(의), 禮(예), 智(지)는 인이라는 근원으로부터 나오므로 行之盛[행의 성함]이라고 한 것이다. 386쪽)」

d: 及ぶことができるものが少ない。それでまれに言われたのである。

e: (이 세 가지에) 미치는 일이 적다. 그러므로 드물게 말씀하신 것이다.

0902

A: 達[음합부]巷[음합부]黨[22]人[22[395]]曰、大[オホイナル]哉[カナ]。孔[음합부]子[22]博[ヒロク]學[マナム,31]而無[ㇾ,ナキ,13~23]所[ㇾ]成[ㇾ,ナス]名[ナ,13]

B: 達巷黨の人の曰、大(オホイナル)哉(カナ)。孔子の博(ヒロク)學(マナン)で名(ナ)を成(ナス)所無(ナキ)こと

C: 達巷黨(たっかうたう)の人(ひと)が曰(い)はく、大(おほ)いなるかな。孔子(こうし)の博(ひろ)く學(まな)んで名(な)を成(な)す所(ところ)無(な)きこと。

D: 達巷党の人が言った。大きいね、孔子の広く学んで(特定の分野で)名をつけようがないことが。

E: 達巷(달항)이라는 마을의 사람이 말하기를, 크구나, 공자의 학문은 넓어서 (특정 분야에서만) 이름을 붙일 수가 없음이.

a: 鄭玄曰、達[음합부]巷[33]黨[22]名也。五[음합부]百[음합부]家[13]為[ㇾ,32]黨[23~33]。

b: 鄭玄曰、達巷は黨の名。五百家を黨と為す。

c: 鄭玄(ぢゃうぐゑん)曰(い)はく、達巷(たっかう)は黨(たう)の名(な)。五百家(ごひゃくか)を黨(たう)と爲(す)。

d: 鄭玄が言った。達巷は党の名である。五百家を党とする。

e: 정현이 말하기를, 달항은 黨(당)의 이름이다. 오백 집을 당이라고 한다.

a: 此[22]黨[22]之人、美[下,ホムラク]孔[음합부]子[22]博[ク]學[二]道[음합부]藝[一,13,31]不[ㇾ,ㄱ,13]成[中]一[음합부]名[上,ヲ]而[훈합부]已[ノミ]也

b: 此の黨の人、孔子の博(ク)道藝を學て一名(ヲ)成不(コト)を美(ホムラク)而已(ノミ)

395) 내용상으로는 21점, 즉 「が」가 타당하다. 한문훈독문에서는 이에 따랐다.

c: 此(こ)の黨(たう)の人(ひと)、孔子(こうし)の博(ひろ)く道藝(だうげい)を學(まな)びて、一名(いちめい)を成(な)さざることを美(ほ)むらくのみ。[396)]

d: この党の人が、孔子の広く道芸を学び、たった一つの名で呼びようがないことを誉めたのである。

e: 이 당 사람이, 공자가 널리 道藝(도예)를 배워서 한 가지 이름만을 붙일 수 없음을 칭송한 것이다.

A: 子聞[31]之謂[ㆁ,カタ,31]門[음합부]弟[음합부]子[ㆀ,11]曰[22]、吾[レ]何[ナ,13,21]執[トレル]。

B: 子聞て門弟子に謂(カタ)て曰の、吾(レ)何(ナ)をか執(トレル)。

C: 子(し)聞(き)きて、門弟子(もんていし)に謂(かた)りて曰(のたう)ばく、吾(われ)何(なに)をか執(と)れる。

D: 先生が聞かれて、弟子たちに語って言われた。私は何をしているのだろうか。

E: 선생님께서 들으시고 제자들에게 일러 말씀하시기를, 나는 무엇을 하고 있는 것인가?

A: 執[㆑,トレル]御[キヨ,13]乎[21]執[㆑,レル]射[13]乎[21]。

B: 御(キヨ)を執(トレル)乎か射を執(レル)乎か。

C: 御(ぎょ)を執(と)れるか、射(しゃ)を執(と)れるか。

D: 御をしているのか、射をしているのか。

E: 말타기를 하고 있는 것인가, 활쏘기를 하고 있는 것인가?

A: 吾[33]執[㆑,トレリ]御[13]矣

B: 吾は御を執(トレリ)

C: 吾(われ)は御(ぎょ)を執(と)れり。

D: 私は御をしているのだ。

E: 나는 말타기를 하고 있는 것이다.

---

396) 應永本抄物「其故ハ孔子ノ廣學博才ニシテ、諸藝ニ達シ玉フホトニ、其內ニ一ヲ取テ是ニ達シ玉フト云ヘキヤウナシ。一藝一能ニ達スル者ハ、其名ヲウル者也。孔子ハ何ヲモヨクシリ玉フホトニ、是ソ其能藝ヨト名ヲトルコトナキ也。(그 이유는 (이러하다), 공자께서 널리 배우시고 재능이 뛰어나 모든 藝(예)에 통달하셨으니, 그 가운데 하나를 꼽아서 이것에 통달하셨다고 할 만한 것이 없다. 한 가지 기예와 한 가지 재능에 통달한 자는 명성을 얻는 사람이다. 공자께서는 무엇이든지 잘 아셨기 때문에 이것이 능한 기예라고 명성을 얻을 만한 것이 없는 것이다. 387쪽)」

a: 鄭玄曰聞[ᅳ,31]人[22]美[ᅳ,ホムル,13]之承[ウクル,11]以[ㇾ,32]謙[ケン,13]也

b: 鄭玄曰人の美(ホムル)を聞て承(ウクル)に謙(ケン)を以す

c: 鄭玄(ぢゃうぐゑん)曰(い)はく、人(ひと)の美(ほ)むるを聞(き)きて、承(う)くるに謙(けむ)を以(も)ってす。

d: 鄭玄が言った。人がほめるのを聞いて、謙遜をもってうけたのである。

e: 정현이 말하기를, 남의 칭찬을 듣고 겸손하게 받아들였다.

a: 吾[レ]執[ㇾ,23~33,33]御[13]者、欲[ㇾ,32]名[ᅳ,ナツケン,13~23,13]六[음합부]藝之卑[ᅳ,イヤシキ,11]也

b: 吾(レ)御を執とは、六藝卑(イヤシキ)に名(ナツケン)ことを欲す

c: 吾(われ)御(ぎょ)を執(と)れりとは、六藝(ろくげい)の卑(いや)しきに名(な)づけんことを欲(ほっ)す。[397]

d: 私は御をしていると言ったのは、六芸の中で卑しいものを挙げようとしたのである。

e: 나는 말타기를 하고 있다고 한 것은, 六藝(육예) 중의 비천한 것을 들어 말하고자 한 것이다.

0903

A: 子曰麻[음합부]冕[ヘン,33]禮[ナリ]也。今[22]也純[イト,33]儉[ケンナリ]。吾[33]從[ㇾ,シタカハム]衆[シウ,11]

B: 子曰麻冕(ヘン)は禮(ナリ)。今の純(イト)は儉(ケンナリ)。吾は衆(シウ)に從(シタカハン)

397) 應永本抄物「六藝ハ禮樂射御書數也。始ニ執御乎執射乎ト云ハ、六藝ノ内ニ取分卑キ藝ヲスルト宣ル也。射御ノ二内ニハ猶御ハ卑シ。人ノ僕ノスルコト也。寂下ノ卑キ藝ヲスルト云リ。是皆孔子ノ謙[ケン]{ヘリクタル}スル所也。(六藝(육예)란 禮(예), 樂(악), 射(사), 御(어), 書(서), 數(수)이다. 처음에 執御乎執射乎[말타기를 하고 있나, 활을 쏘고 있나]라고 하신 것은, 六藝 중에서 유독 비천한 기예를 한다고 말씀하신 것이다. 활쏘기와 말타기, 이 두 기예 중에서는 말타기가 더욱 비천한 것으로, 종복들이 하는 것이다. 가장 비천한 기예를 한다고 말한 것이다. 이것은 모두 공자께서 겸손함을 표하신 것이다. 388쪽)」

C: 子(し)の曰(のたう)ばく、麻冕(ばべん)は禮(れい)なり。今(いま)の純(いと)は儉(けむ)なり。吾(われ)は衆(しう)に從(したが)はん。

D: 先生が言われた。麻冕が(本来の)礼である。今の純は倹約である。私は多くの人に従おう。

E: 선생님께서 말씀하시기를, 麻冕(마면)이 (본래의) 예이다. 지금의 명주는 검소하다. 나는 많은 이들(의 행실)을 따를 것이다.

a: 孔安國曰冕[33]緇[음합부,シ]布[ホ,22]冠也。

b: 孔安國曰冕は緇(シ)布(ホ)の冠。

c: 孔安國(こうあんこく)曰(い)はく、冕(べん)は緇布(しほ)の冠(くゎん)。

d: 孔安国が言った。冕は緇布の冠である。

e: 공안국이 말하기를, 冕(면)은 치포로 된 관이다.

a: 古[11]者績[음합부,セキ]麻[ハ]三[음합부]十[음합부]升[セウ,22]布以[コレヲ,31]為[ツクレリ]之。[398)]

b: 古に績(セキ)麻(ハ)三十升(セウ)の布以(コレヲ)て為(ツクレリ)。

c: 古(いにしへ)に、績麻(せきば)は、三十升(さんじふしょう)の布(ほ)、これを以(も)ちて爲(つく)れり。

d: 昔、績麻は三十升の布で作った。

e: 옛날에 績麻(적마)는 삼십승의 포로 만들었다.

a: 纯[スヰン,33]絲[シ]也。[399)]

b: 纯(スヰン)は絲(シ)。

c: 純(しゅん)は絲(し)。

d: 純は糸である。

e: 純(준)[400)]은 絲(사)[명주]이다.

a: 絲[イト,33]易[ﾚ]成[ナシ]。故[11]從[ﾚ]儉[ケン,11]也

b: 絲(イト)は成(ナシ)易。故に儉(ケン)に從

398) 讀點의 위치에 찍혀 있으나 문맥상 句點으로 파악하였다.
399) 讀點의 위치에 찍혀 있으나 문맥상 句點으로 파악하였다.
400) 생사 준.

c: 絲(いと)は成(な)し易(やす)し。故(ゆゑ)に儉(けむ)に從(したが)ふ。

d: 絹糸は作り易い。それで、倹約に従うものである。

e: 명주는 만들기 쉽다. 그러므로 검소함에 따르는 것이다.

A: 拜[㆑,スル,33]下[シモ,11]禮[ナリ]也。今拜[㆓,スル,33]乎上[㆒,11]泰[ナリ]。

B: 下(シモ)に拜(スル)は禮(ナリ)。今上に拜(スル)は泰(ナリ)。

C: 下(しも)に拜(はい)するは禮(れい)なり。今(いま)上(かみ)に拜(はい)するは泰(たい)なり。

D: 壇の下で拝することが(本来の)礼である。今壇の上で拝するのは驕慢である。

E: 단 아래에서 절하는 것이 (본래의) 예이다. 지금 단 위에서 절하는 것은 교만하다.

A: 雖[㆑,ヘトモ]違[㆑,タカヘリ,23~33]衆[11]吾[33]從[㆑,シタカ,12]下[シモ,11]

B: 衆に違(タカヘリ)と雖(ヘトモ)吾は下(シモ)に從(シタカ)ん

C: 衆(しう)に違(たが)へりといへども、吾(われ)は下(しも)に從(したが)はん。

D: 多くの人と異なっても、私は壇の下(で拝する礼)に従おう。

E: 많은 사람들(의 행실)과 어긋날지라도 나는 아래(에서 절하는 예)를 따를 것이다.

a: 王肅曰臣[23~33]之與[㆑,23~33]君、行[㆑,トキ,33]禮[13]者下[クタ,31]拜[32]

b: 王肅曰臣と君與と、禮を行(トキ)は下(クタ)て拜す

c: 王肅(わうしく)曰(い)はく、臣(しん)と君(きみ)と、禮(れい)を行(おこな)ふときは、下(くだ)りて拜(はい)す。

d: 王粛が言った。臣が君に対して礼を行うときは、下って拝する。

e: 왕숙이 말하기를, 신하와 임금이 예를 행할 때는 (신하는) 내려가서 절을 한다.

a: 然[훈합부,31]後[11]升[ノホ,31]成[㆑]禮[13]

b: 然て後に升(ノホ)て禮を成

c: 然(しかう)して後(のち)に、升(のぼ)りて禮(れい)を成(な)す。

d: そうした後、上って礼を成す。

e: 그런 뒤에 올라가 예를 이룬다.

a: 時[ノ]臣、驕[음합부,ケウ]泰[タイナリ]。故[11]於上[11]拜[32]

b: 時(ノ)臣、驕(ケウ)泰(タイナリ)。故に上に拜す

c: 時(とき)の臣(しん)、驕泰(けうたい)なり。故(ゆゑ)に上(かみ)に拝(はい)す。

d: 当時の臣は驕慢であった。それで壇の上で拝したのである。

e: 당시의 신하들은 교만하였다. 그러므로 단 위에서 절을 하였다.

a: 今從[ㇾ,フ,33]下[11]禮之恭[ナリ]也

b: 今下に從(フ)は禮恭(ナリ)

c: 今(いま)下(しも)に從(したが)ふは、禮(れい)の恭(きょう)なり。

d: 今壇の下に従うことは、礼の恭である。

e: 지금 단 아래(에서 절하는 예)를 따르는 것은 예의 공손함이다.

0904

A: 子絶[ㇾ,タツ]四[ヨツ,13]、

B: 子四(ヨツ)を絶(タツ)、

C: 子(し)、四(よ)つを絶(た)つ。

D: 先生は四つのものを絶たれた。

E: 선생님께서는 네 가지를 끊으셨다.

A: 毋[ㇾ,ナシ]意[コロトスル,13~23]

B: 意(コロトスル)こと毋(ナシ)

C: 意(こころ)とすること毋(な)し。

D: 自分の意のままになさることがなかった。

E: 자신의 뜻대로 하지 않으셨다.

a: 以[ㇾ,31]道[13]為[ㇾ,32]度[23~33]。

b: 道を以て度と為す。

c: 道(だう)を 以(も)ちて、度(と)とす。

d: 道を尺度とする。

e: 도를 기준으로 삼는다.

a: 故[11]不[レ,32]任[レ,マカセ]意[11]也

b: 故に意に任(マカセ)不ず

c: 故(ゆゑ)に意(こころ)に任(まか)せず。

d: ゆえに、自分の意のままにはしない。

e: 그러므로 자신의 뜻대로 하지 않는다.

A: 毋[レ,ナシ]必[カナラストスル,13~23]

B: 必(カナラストスル)こと毋(ナシ)

C: 必(かなら)ずとすること毋(な)し。

D: かならずこうでなければならないということがなかった。

E: 반드시 이래야만 한다는 것이 없으셨다.

a: 用[モチヰルトキ,33]之則行[フ]。

b: 用(モチヰルトキ)は則行(フ)。

c: 用(もち)ゐるときは、則(すなは)ち行(おこな)ふ。

d: 用いられれば、行う。

e: 등용되면 행한다.

a: 捨[スツルトキ,33]之則藏[カクル]。

b: 捨(スツルトキ)は則藏(カクル)。

c: 捨(す)つるときは、則(すなは)ち藏(かく)る。

d: 捨てられれば隠れる。

e: 버려지면 은둔한다.

a: 故[11]無[ニ,シ]專[モハラ]必[一,トスルヿ]也

b: 故に專(モハラ)必(トスルコト)無(シ)

c: 故(ゆゑ)に專(もは)ら必(かなら)ずとすること無(な)し。

d: それで、一つのことをかならずしようとすることがない。

e: 그러므로 한 가지를 가지고 반드시 이래야만 한다고 하는 것이 없었다.

A: 毋[ㇾ,ナシ]固[カタシトスル,13~23]

B: 固(カタシトスル)こと毋(ナシ)

C: 固(かた)しとすること毋(な)し。

D: 頑固なところがなかった。

E: 고집스러움이 없으셨다.

a: 無[ㇾ,ナク]可[カモ]、無[㆓]不[음합부]可[㆒,モ]。

b: 可(カモ)無(ナク)、不可(モ)無。

c: 可(か)も無(な)く、不可(ふか)も無(な)し。

d: 可もなく、不可もない。

e: 可(가)도 없고, 不可(불가)도 없다.

a: 故[11]無[㆓,シ]固[ク]行[㆒,オコナフ,13~23]也

b: 故に固(ク)行(オコナフ)こと無(シ)

c: 故(ゆゑ)に固(かた)く行(おこな)ふこと無(な)し。

d: それで、頑固に行うことがない。

e: 그러므로 고집스럽게 행하는 일이 없다.

A: 毋[ㇾ,シ]我[ワレトスル,13~23]

B: 我(ワレトスル)こと毋(シ)

C: 我(われ)とすること毋(な)し。

D: 自分を主張されることがなかった。

E: 자기를 내세우는 일이 없으셨다.

a: 述[ㇾ,ノヘ,31]古[13]而不[㆓]自作[㆒,ラ]。

b: 古を述(ノヘ)て自作(ラ)不。

c: 古(いにしへ)を述(の)べて、自(みづか)ら作(つく)らず。

d: 古を述べるだけで、自ら作ることはない。

e: 옛 일을 서술할 뿐 스스로 만들지 않는다.

a: 處[ニ,ヰ,31]群[음합부]萃[一,スイ,11]而不[ニ]自異[一,コトナラ]。

b: 群萃(スイ)に處(ヰ)て自異(コトナラ)不。

c: 群萃(くんすい)に處(ゐ)て、自(みづか)ら異(こと)ならず。

d: 群れの中に居て、目立った行動をしない。

e: 무리 가운데 처하여 (다른 사람과) 다르게 행동하지 않는다.

a: 唯道是[11]從[フ]。

b: 唯道是に從(フ)。

c: 唯(ただ)道(だう)、是(これ)に從(したが)ふ。

d: ただ道のみに従う。

e: 오직 도, 이것에 따른다.

a: 故[11]不[ㇾ,32]自[ミ]有[ニ,アリトセ]其[22]身[一,13]也

b: 故に自(ミ)其の身を有(アリトセ)不ず

c: 故(ゆゑ)に自(みづか)ら其(そ)の身(み)を有(あ)りとせず。

d: したがって、みずから自分自身があると思わない。

e: 그러므로 스스로 자기자신이 있다고 여기지 않는다.

0905

A: 子畏[ニ,オソル]於匡[一,キヤウ,11]

B: 子匡(キヤウ)に畏(オソル)

C: 子(し)、匡(きゃう)に畏(おそ)る。

D: 先生が匡で危険にあわれた。
E: 선생님께서, 匡(광) 땅에서 위험에 처하셨다.

a: 苞氏曰匡[훈합부]人誤[アヤマ,31]圍[ニ,カコ,12]夫[음합부]子[一,13]。
b: 苞氏曰匡人誤(アヤマ)て夫子を圍(カコ)む。
c: 苞氏(はうし)曰(い)はく、匡人(きゃうひと)誤(あやま)りて、夫子(ふうし)を圍(かこ)む。
d: 苞氏が言った。匡の人たちが誤って先生をとり囲んだ。
e: 포씨가 말하기를, 광 사람들이 잘못 알고 선생님을 포위했다.

a: 以[ニ,훈합부]為[ヘラク]{ヘリ}陽[음합부]虎[一,인명부,23~33]。
b: 以為(ヘラク)陽虎と以為(ヘリ)。
c: 以爲(おも)へらく、陽虎(やうこ)といへり。
d: 陽虎と思ったのである。
e: 陽虎(양호)라고 생각한 것이다.

a: 陽[음합부]虎[인명부]甞[ムカシ]暴[ニ,シフ]於匡[一,11]。
b: 陽虎甞(ムカシ)匡に暴(シフ)。
c: 陽虎(やうこ)、嘗(むかし)匡(きゃう)に暴(し)ふ。
d: 陽虎は昔、匡で暴れた。
e: 양호는 예전에 광 땅에서 포악한 짓을 했다.

a: 夫[음합부]子[22]弟[음합부]子顏[음합부]尅[인명부]、時[11]又與[レ,23~33]虎[인명부]倶[トモ,11]徃[ユク]。
b: 夫子の弟子顏尅、時に又虎與と倶(トモ)に徃(ユク)。
c: 夫子(ふうし)の弟子(ていし)顏剋(がんこく)、時(とき)に又(また)虎(こ)と倶(とも)に往(ゆ)く。
d: 先生の弟子である顏剋が当時も陽虎と一緒に行っていた。
e: 선생님의 제자인 顏剋(안극)이 당시에도 양호와 함께 갔었다.

a: 後[11]尅[인명부]、爲[ニ,シ,31]夫[음합부]子[22]御[一,キヨ,23~33]至[ニ,ル]於匡[一,11]。
b: 後に尅、夫子の御(キヨ)と爲(シ)て匡に至(ル)。

c: 後(のち)に剋(こく)、夫子(ふうし)の御(ぎょ)として匡(きゃう)に至(いた)る。

d: 後に顔剋が先生の御者として匡に至った。

e: 후에 안극이 선생님의 마부가 되어 광 땅에 이르렀다.

a: 匡[훈합부]人相[훈합부]與[トモ,11]共[トモ,11]識[ㇾ,シレリ]尅[인명부,13]。

b: 匡人相與(トモ)に共(トモ)に尅を識(シレリ)。

c: 匡人(きゃうひと)相(あ)ひ與(とも)に共(とも)に剋(こく)を識(し)れり。

d: 匡の人が皆共に顔剋だとわかった。

e: 광 땅의 사람들이 서로 함께 모두 안극을 알아보았다.

a: 又夫[음합부]子容[음합부]貌[ハウ]、與[ㇾ,23~33]虎[인명부]、[401]相[훈합부]似[タリ]。

b: 又夫子容貌(ハウ)、虎與と、相似(タリ)。

c: 又(また)夫子(ふうし)容貌(ようばう)、虎(こ)と相(あ)ひ似(に)たり。

d: また、先生の容貌は陽虎に似ていた。

e: 또 선생님의 용모는 양호와 닮았다.

a: 故[11]匡[훈합부]人以[ㇾ,31]兵[ツハモノ,13]圍[カコ,12]之也

b: 故に匡人兵(ツハモノ)を以て圍(カコ)む

c: 故(ゆゑ)に匡人(きゃうひと)兵(つはもの)を以(も)ちて圍(かこ)む。

d: そこで、匡の人が兵士でとり囲んだ。

e: 그러므로 광 사람들이 병사로 포위했다.

A: 曰[22]文[음합부]王旣[11]沒[음독부シタレトモ]、文不[ㇾ,サレ]在[ㇾ]玆[コヽ,11]乎[ヤ]

B: 曰の文王旣に沒(シタレトモ)、文玆(ココ)に在不(サレ)乎(ヤ)

C: 曰(のたう)ばく、文王(ぶんわう)旣(すで)に沒(ぼっ)したれども、文(ぶん)玆(ここ)に在(あ)らざれや。

D: 言われた。文王はもう亡くなられたが、文はここにあるではないか。

E: 말씀하시기를, 문왕은 이미 돌아가셨지만, 文(문)은 여기에 있지 않느냐?

401) 句點의 위치에 찍혀 있으나 문맥상 讀點으로 파악하였다.

a: 孔安國曰、玆[シ,33]此[シ]也。

b: 孔安國曰、玆(シ)は此(シ)。

c: 孔安國(こうあんこく)曰(い)はく、玆(し)は此(し)。

d: 孔安国が言った。玆は此である。

e: 공안국이 말하기를, 玆(자)는 此(차)[여기]이다.

a: 言[33]文[음합부]王雖[㆓]已[ステ,11]沒[㆒,タリ,23~33]其[22]文、見[음독부,11]在[㆑,リ]此[コヽ,11]

b: 言は文王已(ステ)に沒(タリ)と雖其の文、見に此(ココ)に在(リ)

c: 言(いふこころ)は、文王(ぶんわう)已(すで)に沒(ぼっ)したりといへども、其(そ)の文(ぶん)、見(けん)に此(ここ)に在(あ)り。

d: 意味はこうである。文王はもう亡くなったが、その文は現にここにある。

e: 그 뜻은 이러하다. 문왕은 이미 죽었지만 그 문은 바로 여기에 있다.

a: 此[23~33,33]自、此[㆓,コヽ]其[훈합부,22]身[㆒,11]也

b: 此とは自、其の身に此(ココ)

c: 此(ここ)とは自(みづか)ら、其(そ)の身(み)に此(ここ)ぞ。

d: こことは自分自身である。

e: 여기라는 것은 자기자신이다.

A: 天之將[㆑,マサ,11]{セマシカハ}喪[㆓,ホロホサン,23~33]斯[훈합부,22]文[㆒,13]也、

B: 天將(マサ)に斯の文を喪(ホロホサン)と將(セマシカハ)、

C: 天(てん)、將(まさ)に斯(こ)の文(ぶん)を喪(ほろ)ぼさんとせましかば、

D: 天がこの文を滅ぼそうとしたのなら、

E: 하늘이 장차 이 문을 멸하고자 했다면,

A: 後[음합부]死[22]者[22]不[㆑,サラマシ]得[㆑]與[㆓,アツカル,13~23]於斯[22]文[㆒,11]也

B: 後死の者の斯の文に與(アツカル)こと得不(サラマシ)

C: 後死(こうし)の者(もの)、斯(こ)の文(ぶん)に與(あづか)ること得(え)ざらまし。

D: 後死の者がこの文に関わることはできなかっただろう。

E: (문왕보다) 후에 죽을 사람[나]이 이 문에 참여할 수 없었을 것이다.

a: 孔安國曰、文[음합부]王既[11]沒[タリ]。

b: 孔安國曰、文王既に沒(タリ)。

c: 孔安國(こうあんこく)曰(い)はく、文王(ぶんわう)既(すで)に沒(ぼっ)したり。

d: 孔安国が言った。文王はもう亡くなった。

e: 공안국이 말하기를, 문왕은 이미 죽었다.

a: 故[11]孔[음합부]子自謂[ᅳ]後[음합부]死[ᅳ,23~33]也。

b: 故に孔子自後死と謂。

c: 故(ゆゑ)に孔子(こうし)、自(みづか)ら後死(こうし)と謂(い)ふ。[402)]

d: そこで、孔子は自らを後死といったのである。

e: 그러므로 공자는 자신을 후에 죽을 사람이라고 한 것이다.

a: 言[33]天將[ㇾ,11]{セマシカハ}喪[ᅳ,ホロホサン,23~33]此[훈합부,22]文[ᅳ,13]者、本[モト]不[ㇾ,サラマシ]當[ㇾ,11]{ヘカラ}使[ᅳ,ㇾ,メ]{シム}我[13]知[ᅳ,ラ]之。

b: 言は天將に此の文を喪(ホロホサン)と將(セマシカハ)、本(モト)當に我を使(シテ)知(ラ)使(シム)當(ヘカラ)不(サラマシ)。

c: 言(いふこころ)は、天(てん)將(まさ)に此(こ)の文(ぶん)を喪(ほろ)ぼさんとせましかば、本(もと)、當(まさ)に我(われ)をして知(し)らしむべからざらまし。

d: 意味はこうである。天がこの文を滅ぼそうとしたのなら、そもそも私に知るようにさせることはなかっただろう。

e: 그 뜻은 이러하다. 하늘이 장차 이 문을 멸하고자 했다면, 애초부터 나로 하여금 알게 하지 않았을 것이다.

a: 今使[ᅳ,ㇾ,メ]{シメタリ}我[13]知[ᅳ,ラ]。

b: 今我を使(シテ)知(ラ)使(シメタリ)。

c: 今(いま)我(われ)をして知(し)らしめたり。

d: 今私に知るようにさせた。

e: 지금 나로 하여금 알게 했다.

---

402) 應永本抄物「後死トハ、文王ハ既ニ死ヘキカ、文王ヨリ後ニ死ヘキホトニ孔子ノ我身ヲ後死者ト云ル也。(後死(후사)란 (이러하다), 문왕은 이미 죽었으니 (자신이) 문왕보다 나중에 죽을 것이므로 공자께서 스스로를 後死者[나중에 죽을 사람]라고 하신 것이다. 391−392쪽)」

a: 未[ㇾ,イ]{サルソ}欲[ㇾ,セ]喪[13~23,13]之

b: 未(イ)喪ことを欲(セ)未(サルソ)

c: 未(いま)だ喪(ほろ)ぼさんことを欲(ほっ)せざるぞ。

d: 滅ぼそうとしていないのである。

e: 멸하려고 하지 않은 것이다.

A: 天之未[ㇾ,タ]{サルニ}喪[ニ,ホロホサ]斯[22]文[一,13]匡[훈합부]人、其[レ]如[ㇾ]予[レ,13]何[セン]

B: 天未(タ)斯の文を喪(ホロホサ)未(サルニ)匡人、其(レ)予(レ)を如何(セン)

C: 天(てん)、未(いま)だ斯(こ)の文(ぶん)を喪(ほろ)ぼさざるに、匡人(きゃうひと)、其(それ)予(われ)を如何(いかん)せん。

D: 天がこの文を滅ぼさないのに、匡の人たちが私をどうしようというのか。

E: 하늘이 이 문을 멸하지 않을진대, 광 땅 사람이 나를 어찌하겠는가?

a: 馬融曰如[음합부]予[음합부]何[23~33,33]者猶[ㇾ,ヲ]{シ}言[ニ,イハン,21]奈[음합부,ダイ]我[음합부]何[一,23~33]也。

b: 馬融曰如予何とは猶(ヲ)奈(ダイ)我何と言(イハン)が猶(シ)。

c: 馬融(ばいう)曰(い)はく、如予何(じょよか)とは、猶(なほ)奈我何(だいがか)と言(い)はんがごとし。

d: 馬融が言った。如予何とは、奈我何というような意味である。

e: 마융이 말하기를, 如予何(여여하)라고 하는 것은, 奈我何(내아하)[나를 어찌하겠는가]와 같다.

a: 天之未[ㇾ,タ]{ス}喪[ニ]此[훈합부,22]文[一,13]也。

b: 天未(タ)此の文を喪未(ス)。

c: 天(てん)、未(いま)だ此(こ)の文(ぶん)を喪(ほろ)ぼさず。

d: 天はこの文を滅していない。

e: 하늘은 이 문을 멸하지 않는다.

a: 則我當[ㇾ,マ,11]{シ}傳[フ]之。

b: 則我當(マ)に傳(フ)當(シ)。

c: 則(すなは)ち我(われ)當(まさ)に傳(つた)ふべし。

d: だから、私は伝えなければならない。

e: 그러므로 나는 전해야 한다.

a: 匡[훈합부]人、欲[ニ][403]奈[ㇾ,イ]我[13]何[ㇸ,23~33]、

b: 匡人、我を奈(イ)何と欲、

c: 匡人(きゃうひと)、我(われ)を奈何(いかん)せんと欲(ほっ)するとは、

d: 匡の人が私をどうしようかというのは、

e: 광 땅 사람이 나를 어찌하겠는가라는 것은,

a: 言[33]其[レ]不[ㇾ,シ]能[ニ]違[ㇾ,タカ,31]天[11]而害[ㇸ,ㇾ,13~23]巳[ヲノレ,13]也

b: 言は其(レ)天に違(タカ)て巳(ヲノレ)を害こと能不(シ)

c: 言(いふこころ)は、其(それ)天(てん)に違(たが)ひて、己(おのれ)を害(かい)すること能(あた)はじ。

d: 意味はこうである。彼らが天に逆らって、私を害することはできないだろう。

e: 그 뜻은 이러하다. 그들이 하늘(의 뜻)을 어기고서 나를 해할 수 없을 것이다.

0906

A: 太宰問[ニ,31]於子[음합부]貢[ㇸ,11]曰、夫[음합부]子[33]聖[음합부]者與[21]。何[ナソ]其[レ]多[음합부]能[ナル]也

B: 太宰子貢に問て曰、夫子は聖者與か。何(ナソ)其(レ)多能(ナル)

C: 太宰(たいさい)子貢(しこう)に問(と)ひて曰(い)はく、夫子(ふうし)は聖者(せいしゃ)か。何(なん)ぞ其(それ)多能(たのう)なる。

403) 永正本集解에 「スルとは」라고 가점되어 있다. 한문훈독문은 이에 따랐다.

D: 太宰が子貢に聞いて言った。先生は聖者なのか。どうして多能なのか。

E: 太宰(태재)가 자공에게 물어 말하기를, 선생님은 성자이신가? 어찌 그렇게 다능하신가?

a: 孔安國曰太[음합부]宰[33]大[음합부]夫[22]官[22]名也。

b: 孔安國曰太宰は大夫の官の名。

c: 孔安國(こうあんこく)曰(い)はく、太宰(たいさい)は大夫(たいふ)の官名(くゎんめい)。

d: 孔安国が言った。太宰は大夫の官名である。

e: 공안국이 말하기를, 태재는 대부의 관직명이다.

a: 或[モシク,33]呉、或[クハ,33]宋、未[ㇾ,32]可[ㇾ]分[ワカツ]也。

b: 或(モシク)は呉、或(クハ)は宋、未分(ワカツ)可未ず。

c: 或(も)しくは呉(ご)、或(も)しくは宋(そう)、未(いま)だ分(わか)つべからず。

d: 呉の人なのか、宋の人なのか、分からない。

e: 오나라 사람인지 송나라 사람인지 알 수 없다.

a: 疑[㆔,フ]孔[음합부]子[22]多[㆓,음합부]能[ナル,13~23,13]於小[음합부]藝[㆒,ケイ,11]也

b: 孔子の小藝(ケイ)に多能(ナル)ことを疑(フ)

c: 孔子(こうし)の、小藝(せうげい)に多能(たのう)なることを疑(うたが)ふ。

d: 孔子が小芸に多能であることを訝しく思った。

e: 공자가 小藝(소예)에 다능한 것에 대해서 의아하게 생각하였다.

A: 子貢[21]曰、固[マコト,11]天[22]縱[ユルセル]之將[음합부]聖[ナリ]。又多[음합부]能[ナリ]也

B: 子貢が曰、固(マコト)に天の縱(ユルセル)將聖(ナリ)。又多能(ナリ)

C: 子貢(しこう)が曰(い)はく、固(まこと)に天(てん)の縱(ゆる)せる將聖(しゃうせい)なり。又(また)多能(たのう)なり。[404)]

404) 古注에서는 「將」을 「大」라고 보았다. 이에 따라 集解本은 「將聖」를 음독하여 「しょうせい」라고 읽었다. 義疏 「孔子大聖, 是天所固縱……將大也」 集注는 「將殆也, 謙若不敢知之辭」와 같이 단정하지 않고 겸손하게 표현하여 '거의 성인이다'와 같이 해석하였다. 따라서 集注訓點本은 「ほとんど」라고 훈독한다.
應永本抄物 「將大也大聖人タルヲ云。(將(장)은 大(대)[크다]이다. 큰 성인임을 말한다. 393쪽)」 古注에 의해 기술되어 있다.

D: 子貢が言った。確かに天の許した聖人です。また多能でもあります。

E: 자공이 말하기를, 진실로 하늘이 허락한 큰 성인입니다. 또한 다능합니다.

a: 孔安國曰言[33]天固[マコト,11]縱[ユルセ]之大[음합부]聖[22]之德[ナリ]。又使[ニ,シ,12]多[음합부]能[ナラ]也

b: 孔安國曰言は天固(マコト)に縱(ユルセ)大聖の德(ナリ)。又多能(ナラ)使(シ)む

c: 孔安國(こうあんこく)曰(い)はく、言(いふこころ)は、天(てん)固(まこと)に縱(ゆる)せる大聖(たいせい)の德(とく)なり。又(また)多能(たのう)ならしむ。

d: 孔安国が言った。意味はこうである。天が確かに許した大聖の徳である。また多能にもさせた。

e: 공안국이 말하기를, 그 뜻은 이러하다. 하늘이 진실로 허락하신 큰 성인의 덕이다. 또한 (그로 하여금) 다능하게 하였다.

A: 子聞[31]之曰[22]太[음합부]宰[33]知[レ,シレル]我[13]者[ヒト]乎[21]。

B: 子聞て曰の太宰は我を知(シレル)者(ヒト)乎か。

C: 子(し)聞(き)きて曰(のたう)ばく、太宰(たいさい)は我(われ)を知(し)れる者(ひと)か。

D: 先生が聞いて言われた。太宰は私を知っている者か。

E: 선생님께서 듣고 말씀하시기를, 태재는 나를 아는 자인가?

A: 吾[レ]少[ワカヽシトキ,11]也賤[イヤシカリキ]。故[11]多[ニ,음합부]能[ナリ]鄙[음합부]事[一,11]。

B: 吾(レ)少(ワカカシトキ)に賤(イヤシカリキ)。故に鄙事に多能(ナリ)。

C: 吾(われ)少(わか)かっしときに賤(いや)しかりき。故(ゆゑ)に鄙事(ひし)に多能(たのう)なり。

D: 私は若かった時に賎しかった。それで、賎しい事に多能である。

E: 나는 젊었을 때 미천하였다. 그래서 비천한 일에 다능하다.

A: 君[음합부]子多[タナレ]乎[ヤ]哉。不[レ]多[タナラ]也

B: 君子多(タナレ)乎(ヤ)。多(タナラ)不

C: 君子(くんし)多(た)なれや。多(た)ならず。

D: 君子は多能であるか。多能ではない。

E: 군자는 (반드시) 다능한가? (반드시) 다능하지 않다.

a: 苞氏曰我[レ]少[훈합부,ワカク]小[ワカヽシトキ,11]貧[훈합부,ク]賤[メ]常[11]自執[㆑,トレリキ]事[13]。

b: 苞氏曰我(レ)少(ワカク)小(ワカカシトキ)に貧(ク)賤(シテ)常に自事を執(トレリキ)。

c: 苞氏(はうし)曰(い)はく、我(われ)少(わか)く小(わか)かっしときに、貧(まづ)しく賤(いや)しくして、常(つね)に自(みづか)ら事(こと)を執(と)れりき。

d: 苞氏が言った。私は若かった時に貧しく卑賤だったので、いつも自ら事を行っていた。

e: 포씨가 말하기를, 내가 젊었을 때에 가난하고 미천하여 항상 스스로 일을 하였다.

a: 故[11]多[㆔,음합부]能[ナリ]為[㆓,スル,11]鄙[음합부]人[22]之事[㆒,13]

b: 故に鄙人の事を為(スル)に多能(ナリ)

c: 故(ゆゑ)に鄙人(ひじん)の事(こと)を爲(す)るに多能(たのう)なり。

d: それで、賎しい人の仕事をするのに多能である。

e: 그래서 비천한 사람의 일을 하는 데에 다능하다.

a: 君[음합부]子固[マコト,11]不[㆑]當[㆓,11]{ヘカラ}多[음합부]能[㆒,ナル]也

b: 君子固(マコト)に當に多能(ナル)當(ヘカラ)不

c: 君子(くんし)、固(まこと)に當(まさ)に多能(たのう)なるべからず。

d: 君子はかならずしも多能である必要はない。

e: 군자는 반드시 다능해야 하는 것은 아니다.

A: 牢[ラウ,21]曰[イハク]子云[ノ]、吾不[㆑,32]試[モチヰラレ]。故[11]藝[ケイナリ]

B: 牢(ラウ)が曰(イハク)子云(ノ)、吾試(モチヰラレ)不ず。故に藝(ケイナリ)

C: 牢(らう)が曰(い)はく、子(し)の云(のたう)ばく、吾(われ)試(もち)ゐられず。故(ゆゑ)に藝(げい)なり。[405]

405) 應永本抄物「我時世ニ用ラレサルニ依テ技藝ヲ習得タリト云。若、世ニ用ラレハ大道ヲ起シテ鄙キコトナトヲハ知ヘカラスト云リ。(내가 세상에 쓰임 받지 못하였으므로 기예를 습득하였다고 한 것이다. 만약 세상에 쓰임을 받았더라면 큰 도를 일으켜서 비천한 일 따위는 알지 못하였을 것이라고 하였다. 394쪽)」

D: 牢が言った。先生が言われた。私は登用されなかった。だから、多芸である。

E: 牢(뢰)가 말하기를, 선생님께서 말씀하시기를, 나는 쓰이지 못했다. 그러므로 재능이 있다.

a: 鄭玄曰牢[33]弟[음합부]子、[406]子[음합부]牢也。

b: 鄭玄曰牢は弟子、子牢。

c: 鄭玄(ぢゃうぐゑん)曰(い)はく、牢(らう)は弟子(ていし)、子牢(しらう)。

d: 鄭玄が言った。牢は弟子の子牢である。

e: 정현이 말하기를, 뢰는 제자 子牢(자뢰)이다.

a: 試[シ,33]用也。

b: 試(シ)は用。

c: 試(し)は用(よう)。

d: 試は用である。

e: 試(시)는 用(용)[쓰이다]이다.

a: 言[33]孔[음합부]子自云[ノ]、我不[ㆭ]見[ㆭ,ラレ]用。

b: 言は孔子自云(ノ)、我用見(ラレ)不。

c: 言(いふこころ)は、孔子(こうし)自(みづか)ら云(のたう)ばく、我(われ)用(もち)ゐられず。

d: 意味はこうである。孔子が自ら言った。私は登用されなかった。

e: 그 뜻은 이러하다. 공자께서 스스로 말하기를, 내가 쓰이지 못하였다.

a: 故[11]多[ㆁ,음합부]能[ナリ]伎[음합부,ギ][407]藝[ㆀ,11]也

b: 故に伎(ギ)藝に多能(ナリ)

c: 故(ゆゑ)に伎藝(ぎげい)に多能(たのう)なり。

d: だから、技芸に多能であるといった。

e: 그러므로 기예에 다능하다고 하였다.

406) 句點의 위치에 찍혀 있으나 문맥상 讀點으로 파악하였다.

407) 漢音은 「キ」이지만 탁점이 기입되어 있으므로 이에 따랐다.

0907

A: 子曰吾[レ]有[ㇾ,アレ]知[シレル,13~23]乎[ヤ]哉。無[ㇾ,ナシ]知[シレル,13~23]也

B: 子曰吾(レ)知(シレル)こと有(アレ)乎(ヤ)。知(シレル)こと無(ナシ)

C: 子(し)の曰(のたう)ばく、吾(われ)知(し)れること有(あ)れや。知(し)れること無(な)し。

D: 先生が言われた。私は知っていることがあるか。知っていることがない。

E: 선생님께서 말씀하시기를, 나는 아는 것이 있는가? 아는 것이 없다.

a: 知[シレリ,23~33,33]者知[ㇾ,ル]意[13]之知[ソ]也。

b: 知(シレリ)とは意を知(ル)知(ソ)。

c: 知(し)れりとは、意(い)を知(し)る知(ち)ぞ。

d: 知っているというのは、意を知るという意味の知である。

e: 안다는 것은, 뜻을 아는 知(지)이다.

a: 言[33]知[훈합부,レル]者[33]言[コト,33]未[ㆁ]必盡[ㆀ,ツクサ]也。

b: 言は知(レル)者は言(コト)は未必盡(ツクサ)未。

c: 言(いふこころ)は、知(し)れる者(もの)は、言(こと)は未(いま)だ必(かなら)ず盡(つく)さず。

d: 意味はこうである。知っている者は言葉をかならずしも尽くさない。

e: 그 뜻은 이러하다. 아는 사람은 말을 반드시 다하지 않는다.

a: 今我[レ]誠[11]盡[ツクセリ]也

b: 今我(レ)誠に盡(ツクセリ)

c: 今(いま)、我(われ)、誠(まこと)に盡(つく)せり。

d: 今、私はまことに尽くした。

e: 지금 나는 진실로 다했다.

A: 有[ㆁ,31]鄙[음합부]夫[ㆀ]問[ㆁ,フ]於我[ㆀ,11]空[음합부,コウ]空[음합부]如[タリ]也。

B: 鄙夫有て我に問(フ)空(コウ)空如(タリ)。

C: 鄙夫(ひふ)有(あ)りて、我(われ)に問(と)ふ。空空如(こうこうじょ)たり。[408)]

D: 卑しい者がいて、私に聞いた。愚直であった。

E: 비천한 이가 있어 나에게 물었다. 우직했다.

A: 我[レ]、叩[ᅳ,ヲコシ,31]其[22]兩[フタツ,22]端[ᅳ,ハシ,13]而竭[ツク,32]焉

B: 我(レ)、其の兩(フタツ)の端(ハシ)を叩(ヲコシ)て竭(ツク)す

C: 我(われ)、其(そ)の兩(ふた)つの端(はし)を叩(おこ)して竭(つく)す。[409)]

D: 私はその(話の)両端を叩きおこして尽くした。

E: 나는 그 (이야기의) 양쪽 끝을 분명하게 확인하여 다 알려주었다.

a: 孔安國曰有[ᅳ,31]鄙[음합부]夫[ᅳ]来[31]問[ᅳ,フ]於我[ᅳ,11]。

b: 孔安國曰鄙夫有て来て我に問(フ)。

c: 孔安國(こうあんこく)曰(い)はく、鄙夫(ひふ)有(あ)りて、來(きた)りて、我(われ)に問(と)ふ。

d: 孔安国が言った。卑しい者がいて、来て私に聞いた。

e: 공안국이 말하기를, 어떤 비천한 이가 와서 나에게 물었다.

a: 其[22]意空[음합부]空[음합부]然[タリ]。

b: 其の意空空然(タリ)。

c: 其(そ)の意(い)、空空然(こうこうぜん)たり。

d: その意が愚直であった。

e: 그 뜻이 우직했다.

---

408) 應永本抄物「空々如ト云ニ二義有。一ニハ鄙夫ノ心空々如ト無心無念ナル者ニハ叩[ᅳ]兩端[ᅳ,ヲ]テ教ト也。一ニハ孔子ノ心空々如トシテ無念無想ナルヲ云。心カ空々如タルニヨテ無量ノコトヲ云ルニ盡コト無キ也。喩ハ笛ノ中ニ物ヲ入タラハ音ハ不可出。笛ノ中空虛ナルニヨツテ、イカ程吹トモ音ノ不盡如ク、孔子ノ胸中空々如タルニヨツテ其言ノ盡ルコトナキ也。(空空如(공공여)라고 한 것에 두 가지 의미가 있다. 일설에는 비천한 이 가운데 그 마음이 空空如하게 무심무념한 이가 있다면 양쪽 끝을 두드려 알려준다는 것이다. 다른 일설에는 공자의 마음이 空空如하게 무념무상한 것을 말한다. 마음이 空空如하므로 無量(무량)한 것을 말하여도 다함이 없는 것이다. 가령 피리 안에 무언가 들어차 있으면 소리가 나지 않지만 피리 안은 텅 비어 있으므로 어떻게 불더라도 소리가 다하여 없어지는 일이 없는 것처럼, 공자의 흉중이 空空如하므로 그 말이 다하여 없어지지 않는 것이다. 395–396쪽)」

409) 「叩」에 대해 義疏는 「故卽爲其發事終始, 竭盡我誠也」과 같이 주석을 달고 있다. 集解訓點本에서는 集解와 義疏의 「發」이라는 주석에 의거하여 「おこす」라고 훈독한다. 集注는 「叩音口……叩發動也」라고 주석을 달고 있고 이에 따르면 「たたく」라고 훈독할 수 있다.

a: 我則發[ᅳ,ヲコシ]事[22]之終[훈합부,ヲハリ]始[ハシメ,22]兩[フタツ]端[ᅳ,13,31]以語[カタル]之。

b: 我則事の終(ヲハリ)始(ハシメ)の兩(フタツ)端を發(ヲコシ)て以語(カタル)。

c: 我(われ)、則(すなは)ち、事(こと)の終(をはり)始(はじめ)の兩(ふた)つの端(はし)を發(おこ)して、以(も)ちて語(かた)る。

d: 私は事の終始両端をしっかり確認して、それをもとに語った。

e: 나는 일의 시작과 끝 양쪽 끝을 분명하게 확인하여, 그것을 바탕으로 말했다.

a: 竭[ᅳ,훈합부;ツクシ]盡[ツクシ,31]所[ᅳ,ㇾ,13]知不[ᅳ]為[タメ,11]有[ᅳ,ㇾ]愛[ヲシム,13~23]也

b: 知所を竭(ツクシ)盡(ツクシ)て為(タメ)に愛(ヲシム)こと有不

c: 知(し)る所(ところ)を竭(つく)し盡(つく)して、爲(ため)に愛(を)しむこと有(あ)らず。

d: 知る所を尽くして、そのために惜しむところがない。

e: 아는 바를 다하고 그를 위해서 아끼는 바가 없다.

0908

A: 子曰鳳[음합부]鳥、不[ㇾ]至[イタラ]。河不[ㇾ]出[ㇾ,イタサ]圖[ト,13]。吾[レ]已[ヤンヌル]矣夫[カナ]

B: 子曰鳳鳥、至(イタラ)不。河圖(ト)を出(イタサ)不。吾(レ)已(ヤンヌル)夫(カナ)

C: 子(し)の曰(のたう)ばく、鳳鳥(ほうてう)、至(いた)らず。河(か)、圖(と)を出(いだ)さず。吾(われ)已(や)んぬるかな。[410)]

410) 應永本抄物「聖人ノ天子タルニハ必鳳凰來リ、河國(원문그대로임)トテ河中ヨリ龍馬カ圖ヲ負テ出ルコトアリ。舜ノ時ハ几几來儀ス。文王ノ時ハ几几岐山ニ鳴ク。伏義ノ時ハ神龍カ河圖ヲ負テ出テ、伏義ニ授タリ。河圖トハ卦ノ圖也。坎艮震巽離坤脫乹ノル(원문그대로임)方ノ卦也。鳳鳥河圖ハ聖王[ノ]端也。今此端ナシ。(聖人(성인)이 천자일 때에는 반드시 봉황이 오며, 河圖(하도)라고 하여 황하 가운데에서 용마가 圖(도)를 짊어지고 나오는 일이 있다. 舜(순) 임금 때에 봉황이 왔었고, 문왕 때에는 봉황이 岐山(기산)에서 울었다. 伏義(복희)의 시절에는 신룡이 河圖를 짊어지고 나와서 伏義에게 주었다. 河圖란 卦(괘)의 그림이다. 坎(감)·艮(간)·震(진)·巽(손)·離(이)·坤(곤)·脫(탈)·乾(건)의 방향에 해당하는 괘이다. 봉황과 河圖는 성군의 상서로운 징후이다. 지금은 이 상서로운 징후가 없다. 396쪽)」

D: 先生が言われた。鳳鳥がやってこない。黄河からは図が出てこない。私は終わったな。

E: 선생님께서 말씀하시기를, 봉황새가 오지 않는다. 황하에서 圖(도)가 나오지 않는다. 나는 끝났구나.

a: 孔安國曰有[㆓,31]聖[음합부]人[㆒]受[㆑,ウクルトキハ]命[13]、則鳳[음합부]鳥至[イタリ]、河[음독부]出[㆑,イタ,32]圖[ト,13]。

b: 孔安國曰聖人有て命を受(ウクルトキハ)、則鳳鳥至(イタリ)、河圖(ト)を出(イタ)す。

c: 孔安國(こうあんこく)曰(い)はく、聖人(せいじん)有(あ)りて、命(めい)を受(う)くるときは、則(すなは)ち鳳鳥(ほうてう)至(いた)り、河(か)、圖(と)を出(いだ)す。

d: 孔安国が言った。聖人があって天命を受ければ、鳳鳥がやってきて、黄河からは図が出る。

e: 공안국이 말하기를, 성인이 있어서 천명을 받으면 봉황새가 오고 황하에서는 圖(도)가 나온다.

a: 今天無[㆑,シ]此[훈합부,22]瑞[スイ]。

b: 今天此の瑞(スイ)無(シ)。

c: 今(いま)天(てん)此(こ)の瑞(すい)無(な)し。

d: 今、天にはこの祥瑞がない。

e: 지금은 하늘에 이런 상서로운 징후가 없다.

a: 吾[レ]已[훈합부,ヤンヌル]矣[훈합부]夫[カナ,23~33,33]者、不[㆑]得[㆑]見[㆑,13~23]也。

b: 吾(レ)已(ヤンヌル)矣夫(カナ)とは、見こと得不。

c: 吾(われ)已(や)んぬるかなとは、見(み)ること得(え)ず。

d: 私は終わったなとは、見られないということである。

e: 나는 끝났구나라는 것은, 볼 수 없다는 것이다.

a: 河[음합부]圖[33]八[음합부]卦[クハ]是[ナリ]也

b: 河圖は八卦(クハ)是(ナリ)

c: 河圖(かと)は八卦(はちくゎ)、是(これ)なり。

d: 河図は八卦である。

e: 河圖(하도)는 八卦(팔괘)이다.

0909[411)]

A: 子見[〻,31,33]齊[음합부,シ]衰[サイ,22]者[22]、冕[음합부,ヘン]衣[음합부]裳[シヤウ,22]者[22,23~33]與[〻,23~33,13]瞽[음합부,コ]者[〺,シヤ]

B: 子齊(シ)衰(サイ)の者の、冕(ヘン)衣裳(シヤウ)の者のと瞽(コ)者(シヤ)與とを見てば

C: 子(し)齊衰(しさい)の者(もの)、冕衣裳(べんいしゃう)の者(もの)と瞽者(こしゃ)とを見(み)てば、

D: 先生は喪服を着た者と官服を着た者と盲人にお会いになれば、

E: 선생님께서는 상복을 입은 사람, 관복을 입은 사람과 맹인을 만나시면,

a: 苞氏曰冕[ヘン,33]者、冕[음합부]冠也。大[음합부]夫之服[ナリ]也。

b: 苞氏曰冕(ヘン)は、冕冠。大夫服(ナリ)。

c: 苞氏(はうし)曰(い)はく、冕(べん)は冕冠(べんくゎん)。大夫(たいふ)の服(ふく)なり。

d: 苞氏が言った。冕は冕冠である。大夫の服である。

e: 포씨가 말하기를, 冕(면)은 면관이다. 대부의 옷이다.

a: 瞽[음합부]者[33]盲[훈합부,メシヒタル]者[ナリ]也

b: 瞽者は盲(メシヒタル)者(ナリ)

c: 瞽者(こしゃ)は盲(めし)ひたる者(もの)なり。

d: 瞽者は盲人である。

e: 瞽者(고자)는 맹인이다.

A: 見[ミル,11]之、雖[〻,ヘトモ]少[음합부]者[〺,ナリ,23~33]、必作[タツ]。過[スクルトキ,33]之必趨[ワシル]

B: 見(ミル)に、少者(ナリ)と雖(ヘトモ)、必作(タツ)。過(スクルトキ)は必趨(ワシル)

C: 見(み)るに、少者(せうしゃ)なりといへども、必(かなら)ず作(た)つ。過(す)ぐるときは、必(かなら)ず趨(わし)る。

411) 장의 시작을 나타내는 주점이 빠져 있다.

D: 見れば、若い人であっても、かならずお立ちになった。通り過ぎるときはかならず小走りで通られた。

E: 보시면 비록 젊은 사람이더라도 반드시 일어나셨다. 그 곁을 지나실 때는 반드시 종종걸음을 하셨다.

a: 苞氏曰作[サ,33]起[キ]也。趨[ワシル,23~33,33]疾[トク]行[ユクソ]也。

b: 苞氏曰作(サ)は起(き)。趨(ワシル)とは疾(トク)行(ユクソ)。

c: 苞氏(はうし)曰(い)はく、作(さ)は起(き)。趨(わし)るとは、疾(と)く行(ゆ)くぞ。

d: 苞氏が言った。作は起である。趨は速やかに行くことである。

e: 포씨가 말하기를, 作(작)은 起(기)이다. 趨(추)는 빨리 가는 것이다.

a: 此[コレ,33]夫[음합부]子[22]哀[ㇾ,カナシヒ]有[ㇾ,13]喪[モ]、尊[ㇾ,タトヒ]在[ㇾ,13]位[11]、恤[ㇾ,ウレフルナリ]不[ㇾ,サル,13]成[ㇾ]人[23~33]之也

b: 此(コレ)は夫子の喪(モ)有を哀(カナシヒ)、位に在を尊(タトヒ)、人と成不(サル)を恤(ウレフルナリ)

c: 此(これ)は、夫子(ふうし)の、喪(も)有(あ)るを哀(かな)しび、位(くらゐ)に在(あ)るを尊(たっと)び、人(ひと)と成(な)らざるを恤(うれ)ふるなり。

d: これは先生が、喪にあることを哀しみ、位にある人を尊び、(全うな)人になれなかった者を憂えるということである。

e: 이것은 공자님이, 상을 당한 것을 불쌍히 여기고, 지위가 있는 사람을 귀하게 여기며, (온전한) 사람이 되지 못한 사람을 걱정한 것이다.

0910

A: 顔[음합부]淵[인명부]喟[음합부]然[トシ,31]歎[ナケイ,31]曰[イハク]

B: 顔淵喟然(トシ)て歎(ナケイ)て曰(イハク)

C: 顔淵(がんゑん)、喟然(きぜん)として歎(なげ)いて曰(い)はく、

D: 顔淵がため息をついて嘆いて言った。

E: 안연이 한숨을 쉬며 탄식하여 말하기를,

a: 喟[음합부]然[33]歎[훈합부,ナケク]聲也

b: 喟然は歎(ナケク)聲

c: 喟然(きぜん)は、歎(なげ)く聲(こゑ)。

d: 喟然は嘆く声である。

e: 喟然(위연)은 탄식하는 소리이다.

A: 仰[アヲケ,33]之旀[イヨ2자반복부]高[タカク]、[412]鑽[キレ,33]之旀堅[カタシ]

B: 仰(アヲケ)ば旀(イヨイヨ)高(タカク)、鑽(キレ)ば旀堅(カタシ)

C: 仰(あふ)げば、彌(いよいよ)高(たか)く、鑽(き)れば彌(いよいよ)堅(かた)し。

D: 仰げばいよいよ高く、鑽(うが)てばいよいよ堅い。

E: 우러를수록 더욱 높으시고, 뚫을수록 더욱 단단하시다.

a: 言[33]不[ㇾ]可[ニ]窮[훈합부,キハメ]盡[一,ツクス]也

b: 言は窮(キハメ)盡(ツクス)可不

c: 言(いふこころ)は、窮(きは)め盡(つく)すべからず。

d: 意味はこうである。窮め尽せない。

e: 그 뜻은 이러하다. 끝까지 다다를 수 없다.

A: 瞻[ミル,11]之在[ㇾ,アルカトスレ,33]前[マヘ,11]、忽[음합부,コツ]焉[トシ,31]在[ㇾ,リ]後[シリヘ,11]

B: 瞻(ミル)に前(マヘ)に在(アルカトスレ)ば、忽(コツ)焉(トシ)て後(シリヘ)に在(リ)

C: 瞻(み)るに、前(まへ)に在(あ)るかとすれば、忽焉(こつゑん)として、後(しりへ)に在(あ)り。

D: 前にいらっしゃるかと思って見れば、たちまち後ろにいらっしゃる。

E: 앞에 계신가 하고 보면 어느새 뒤에 계신다.

412) 句點의 위치에 찍혀 있으나 문맥상 讀點으로 파악하였다.

a: 言[33]忽[음합부]怳[キヤウトシ,31]不[㆑,32]可[㆑]為[㆓,ナ,32]形[음합부]像[㆒,シヤウヲ]也

b: 言は忽怳(キヤウトシ)て形像(シヤウヲ)為(ナ)す可不ず

c: 言(いふこころ)は、忽怳(こつきゃう)として、形像(けいしゃう)を爲(な)すべからず。

d: 意味はこうである。いるようでもありいないようでもあって、はっきりした形をつかめない。

e: 그 뜻은 이러하다. 있는 듯도 하고 없는 듯도 하여 분명한 형상을 파악할 수 없다.

A: 夫[음합부]子循[음합부,シユン]循[음합부]然[トシ,31]善[ヨク]誘[㆑,スヽム]人[13]

B: 夫子循(シユン)循然(トシ)て善(ヨク)人を誘(ススム)

C: 夫子(ふうし)、循循然(しゅんしゅんぜん)として、善(よ)く人(ひと)を誘(すす)む。

D: 先生は順序よく、たくみに人を導かれる。

E: 선생님은 차근차근히 사람을 잘 이끄신다.

a: 循[음합부]循[33]次[음합부]序[22]貌也。誘[イウ,33]進[음독부]也。

b: 循循は次序の貌。誘(イウ)は進。

c: 循循(しゅんしゅん)は、次序(ししょ)の貌(かたち)。誘(いう)は進(しん)。

d: 循循は順序ある様子である。誘は進である。

e: 循循(순순)은 순서가 있는 모양이다. 誘(유)는 進[나아가게 하다, 인도하다]이다.

a: 言[33]夫[음합부]子、正[マサ,11]以[㆓,31]此[22]道[㆒,13]勸[㆓,훈합부,スヽメ]進[スヽムル,13~23]人[㆒,13]、有[㆓,リ]次[음합부]序[㆒]也

b: 言は夫子、正(マサ)に此の道を以て人を勸(ススメ)進(ススムル)こと、次序有(リ)

c: 言(いふこころ)は、夫子(ふうし)、正(まさ)に此(こ)の道(だう)を以(も)ちて人(ひと)を勸(すす)め進(すす)むること、次序(ししょ)有(あ)り。

d: 意味はこうである。先生はまさにこの道をもって人を勧めて導くことに順序がある。

e: 그 뜻은 이러하다. 선생님은 바로 이 도로써 사람을 권면하여 나아가게 하심에 순서가 있다.

A: 博[㆑,ヒロムル,11]我[13]以[㆑,テシ]文[13]、约[㆑,ヤクスル,11]我[13]以[㆑,32]禮[13]。

B: 我を博(ヒロムル)に文を以(テシ)、我を约(ヤクスル)に禮(レイ)を以す。

C: 我(われ)を博(ひろ)むるに、文(ぶん)を以(も)ってし、我(われ)を約(やく)するに禮(れい)を以(も)ってす。

D: 私を博めるに文をもってされ、私をひきしめるに礼をもってされる。

E: 나를 넓힘에 문으로써 하시고, 나를 다잡음에 예로써 하신다.

A: 欲[㆑,スレトモ]罷[ヤムナン,23~33]不[㆑]能。

B: 罷(ヤムナン)と欲(スレトモ)能不。

C: 罷(や)んなんと欲(ほっ)すれども能(あた)はず。

D: 止めようと思ってもやめることができない。

E: 그만두고자 해도 그럴 수 없다.

A: 既[11]竭[二,ツクシツ]吾[훈합부,21]才[一,13]

B: 既に吾が才を竭(ツクシツ)

C: 既(すで)に吾(わ)が才(さい)を竭(つく)しつ。

D: すでに私の才能を尽くしてしまった。

E: 이미 나의 재능을 다 썼다.

A: 如[モシ]有[㆑,トキ,33]所[㆑]立[タツル]、卓[음합부,タク]爾[シタリ]。

B: 如(モシ)立(タツル)所有(トキ)は、卓(タク)爾(シタリ)。

C: 如(も)し立(た)つる所(ところ)有(あ)るときは、卓爾(たくじ)たり。

D: もし立てたところがあるときは、卓然と高く聳え立っている。

E: 만약 세우신 바가 있으면 우뚝하다.

A: 雖[㆑,フトモ]欲[㆑,32,23~33]從[シタカハマク]之、末[㆑,ナカラマク]由[ヨシ]也已[ノミ]

B: 從(シタカハマク)欲すと雖(フトモ)、由(ヨシ)末(ナカラマク)已(ノミ)

C: 從(したが)はまく欲(ほっ)すといふとも、由(よし)末(な)からまくのみ。

D: ついていこうとしても、なすすべがない。

E: 좇고자 하더라도 할 도리가 없다.

a: 孔安國曰言[33]夫[음합부]子、既[11]以[㆓,31]文[음합부]章[㆒,13]開[㆓,훈합부,ヒラキ]愽[ヒロム]我[㆒,13]。

b: 孔安國曰言は夫子、既に文章を以て我を開(ヒラキ)愽(ヒロム)。

c: 孔安國(こうあんこく)曰(い)はく、言(いふこころ)は、夫子(ふうし)、既(すで)に文章(ぶんしゃう)を以(も)ちて我(われ)を開(ひら)き博(ひろ)む。

d: 孔安国が言った。意味はこうである。先生はすでに文章で私を啓発し博めた。

e: 공안국이 말하기를, 그 뜻은 이러하다. 선생님은 이미 文章(문장)으로써 나를 계발하고 넓혔다.

a: 又以[㆑,31]礼[음합부]節[㆓,음합부]約[32]我[㆒,13]

b: 又礼節以て我を節約す

c: 又(また)禮節(れいせつ)を以(も)ちて、我(われ)を節約(せつやく)す。

d: また礼節で私をひきしめた。

e: 또 (선생님은) 예절로써 나를 다잡았다.

a: 使[㆑,31]我[13]欲[㆑,スル][413]罷[ヤンナン,23~33]而[トモ]不[㆑]能[アタハ]。

b: 我を使て罷(ヤンナン)と欲(スル)而(トモ)能(アタハ)不。

c: 我(われ)をして、罷(や)んなんと欲(ほっ)すれども能(あた)はず。

d: 私が止めようとしても、止めることができない。

e: 내가 그만두고자 해도 그만둘 수가 없다.

a: 已[ステ,11]竭[㆓,ツクシツ]我[21]才[㆒,13]矣

b: 已(ステ)に我が才を竭(ツクシツ)

c: 已(すで)に我(わ)が才(さい)を竭(つく)しつ。

d: すでに私の才能を尽くしてしまった。

e: 이미 나의 재능을 다 썼다.

a: 其[レ]有[㆑,トキ,33]所[㆑]立、則又卓[음합부]然[トシ,31]不[㆑]可[㆑]及[フ]。

b: 其(レ)立所有(トキ)は、則又卓然(トシ)て及(フ)可不。

---

413) 永正本集解에 「スレトモ」라고 가점되어 있다. 이쪽이 문법적으로 타당하므로 이에 따랐다.

c: 其(それ)立(た)つる所(ところ)有(あ)るときは、則(すなは)ち又(また)卓然(たくぜん)として及(およ)ぶべからず。

d: その立てたところがあるときは、また卓然として及ぶことができない。

e: 그 세운 바가 있으면, 또한 우뚝하여 미칠 수 없다.

a: 言[33]巳[オノレ]雖[ㇾ]蒙[ニ,カウフレリ,23~33]夫[음합부]子[22]之善[음합부]誘[ㇼ,イフ,13]

b: 言は巳(オノレ)夫子の善誘(イウ)を蒙(カウフレリ)と雖

c: 言(いふこころ)は、己(おのれ)、夫子(ふうし)の善誘(ぜんいう)を蒙(かうぶ)れりといへども、

d: 意味はこうである。自分は先生のよい導きを蒙ったといっても、

e: 그 뜻은 이러하다. 내가 선생님의 훌륭한 인도를 받았다 하더라도,

a: 猶[13]不[ㇾ,32]能[ㇾ]及[ニ,13~23]夫[음합부]子[22]之所[ㇼ,ㇾ,ニ,11]立[タツル]也

b: 猶を夫子の立(タツル)所(ニ)に及こと能不ず

c: 猶(なほ)夫子(ふうし)の立(た)つる所(ところ)に及(およ)ぶこと能(あた)はず。

d: 先生の立てたところに及ぶことができない。

e: 또한 선생님이 세운 바에 미칠 수 없다.

0911

A: 子疾[ヤマイ]病[ヘイナリ]

B: 子疾(ヤマイ)病(ヘイナリ)

C: 子(し)、疾(やまひ)病(へい)なり。

D: 先生の病気が重くなった。

E: 선생님께서 병세가 깊어지셨다.

a: 苞氏曰疾[ヤマヒ,22]甚[シキ,13]曰[ㇾ]病[ヘイ,23~33]也
b: 苞氏曰疾(ヤマヒ)の甚(シキ)を病(ヘイ)と曰
c: 苞氏(はうし)曰(い)はく、疾(やまひ)の甚(はなは)だしきを病(へい)と曰(い)ふ。
d: 苞氏が言った。病気の甚だしいものを病という。
e: 포씨가 말하기를, 병세가 심한 것을 病(병)이라고 한다.

A: 子[음합부]路[인명부]使[㆘,㆔,メ]{シム}門[음합부]人[㆒,13]爲[㆖,ㇾ,タラ]臣
B: 子路門人を使(シテ)臣爲(タラ)使(シム)
C: 子路(しろ)、門人(もんじん)をして臣(しん)爲(た)らしむ。
D: 子路が門人をして家臣にしたてた。
E: 자로가 문인들로 하여금 가신이 되게 하였다.[가신처럼 꾸몄다]

a: 鄭玄曰孔[음합부]子甞[ムカシ]爲[㆔,タリ]大[음합부]夫[㆒]。
b: 鄭玄曰孔子甞(ムカシ)大夫爲(タリ)。
c: 鄭玄(ぢゃうぐゑん)曰(い)はく、孔子(こうし)嘗(むかし)大夫(たいふ)たり。
d: 鄭玄が言った。孔子は昔大夫であった。
e: 정현이 말하기를, 공자는 예전에 대부였다.

a: 故[11]子[음합부]路欲[ㇾ,32]使[㆘,ㇾ,メ]{シメマク}弟[음합부]子[13]行[㆗,オコナハ]其[22]臣[22]之禮[㆖,13]也
b: 故に子路弟子を使(シテ)其の臣の禮を行(オコナハ)使(シメマク)欲す
c: 故(ゆゑ)に、子路(しろ)、弟子(ていし)をして其(そ)の臣(しん)の禮(れい)を行(おこな)はしめまく欲(ほっ)す。
d: そこで、子路は弟子たちをして家臣の礼を行わせようとしたのである。
e: 그러므로 자로가 제자들로 하여금 가신의 예를 행하게 하고자 한 것이다.

A: 病[ヤマヒ,22]間[ヒマアルトキニ,11,31]曰[22]久[ヒサシイ]矣哉[カナ]。由[인명부,21]之行[ㇾ,ヲコナフ,13~23]詐[イツハリ,13]也。
B: 病(ヤマヒ)の間(ヒマアルトキニ)にて曰の久(ヒサシイ)矣哉(カナ)。由が詐(イツハリ)を行(ヲコナフ)こと。

C: 病(やまひ)の間(ひま)あるときにして、曰(のたう)ばく、久(ひさ)しいかな。由(いう)が詐(いつは)りを行(おこな)ふこと。

D: 病気が鎮まったときに、言われた。久しいね、由[子路]が偽りを行うのは。

E: 병세가 잠시 잦아든 때에, (공자께서) 말씀하시기를, 오래되었구나, 由(유)[자로]가 거짓을 행하는 것이.

A: 無[ㇾ,シ]臣。而[シカルヲ]爲[ㇾ,32]有[ㇾ,23~33]臣。

B: 臣無(シ)。而(シカルヲ)臣有と爲す。

C: 臣(しん)無(な)し。而(しか)るを臣(しん)有(あ)りと爲(す)。

D: 家臣がいないのに、家臣がいるとする。

E: (내게) 가신이 없는데, 가신이 있다고 한다.

A: 吾誰[13,21]欺[アサムカン]欺[ㇾ,カン]天[13]乎[ヤ]

B: 吾誰をか欺(アサムカン)天を欺(カン)乎(ヤ)

C: 吾(われ)誰(たれ)をか欺(あざむ)かん。天(てん)を欺(あざむ)かんや。

D: 私が誰を欺こうというのか。天を欺くのか。

E: 내가 누구를 기만하겠는가? 하늘을 기만하겠는가?

a: 孔安國曰病[22]小[スコシ]差[イエタル,13]曰[ㇾ]間[23~33]

b: 孔安國曰病の小(スコシ)差(イエタル)を間と曰

c: 孔安國(こうあんこく)曰(い)はく、病(へい)の小(すこ)し差(い)えたるを間(かん)と曰(い)ふ。

d: 孔安国が言った。病気の少しよくなったときを間という。

e: 공안국이 말하기를, 병이 다소 차도가 있는 것을 間(간)이라고 한다.

a: 言[33]子[음합부]路有[ㆁ,13~23]是[훈합부,22]心[ㆀ]、非[ㆁ]唯[タヽ]今[훈합부,ケフノミ]日[ㆀ,11]也

b: 言は子路是の心有こと、唯(タタ)今日(ケフノミ)に非

c: 言(いふこころ)は、子路(しろ)、是(こ)の心(こころ)有(あ)ること、唯(ただ)今日(けふ)のみにあらず。

d: 意味はこうである。子路がこのような心を持ったのは、唯今日だけではない。

e: 그 뜻은 이러하다. 자로가 이런 마음을 가진 것이, 단지 지금뿐만이 아니다.

A: 且[マタ]予[レ]與[三,ヨリ,33]其[22]死[二,シナン]於臣[22]之手[一,テ,11]也、無[훈합부,ムシロ]寧、死[二,シナン]於二[음합부]三[음합부]子[22]之手[一,テ,11]乎[21]

B: 且(マタ)予(レ)其の臣の手(テ)に死(シナン)與(ヨリ)は、無寧(ムシロ)、二三子の手(テ)に死(シナン)乎か

C: 且(また)、予(わ)れ、其(そ)の臣(しん)の手(て)に死(し)なんよりは、無寧(むし)ろ二三子(にさむし)の手(て)に死(し)なんか。

D: また、私は家臣の手の中で死ぬよりは、むしろ弟子たちの手の中で死にたいものだね。

E: 또한 나는 가신의 손에서 죽기보다는 차라리 제자들의 손에서 죽고 싶구나.

a: 馬融曰無[훈합부,フ]寧[ネイ,33]寧也。

b: 馬融曰無(フ)寧(ネイ)は寧。

c: 馬融(ばいう)曰(い)はく、無寧(ぶねい)は寧(ねい)。

d: 馬融が言った。無寧は寧である。

e: 마융이 말하기를, 無寧(무녕)은 寧(녕)[차라리]이다.

a: 二[음합부]三[음합부]子[33]門[음합부]人也。

b: 二三子は門人。

c: 二三子(にさむし)は門人(もんじん)。

d: 二三子は門人である。

e: 二三子는 문인들이다.

a: 就[훈합부,タトヒ]使、我[レ]有[レ,31]臣而死[二,シナンヨリ,33]其手[一,11]我[レ]寧[ムシロ]死[二,シナン]弟[음합부]子[22]之手[一,11]乎[21]也

b: 就使(タトヒ)、我(レ)臣有て其手に死(シナンヨリ)は我(レ)寧(ムシロ)弟子の手に死(シナン)乎か

c: 就使(たと)ひ、我(われ)臣(しん)有(あ)りて、其(そ)の手(て)に死(し)なんよりは、我(われ)寧(むし)ろ弟子(ていし)の手(て)に死(し)なんか。

d: たとえ私に家臣がいても、その手の中で死ぬよりは、私はむしろ弟子たちの手の中で死にたいものだね。

e: 설령 나에게 가신이 있더라도 그 손에서 죽기보다는, 나는 차라리 제자들의 손에서 죽고 싶구나.

A: 且[マタ]予[レ]縦[タトヒ]不[ㇾ,ストモ]得[ㆁ]大[ヲヽイナル]葬[ㆀ,ハウムリ,13]
B: 且(マタ)予(レ)縦(タトヒ)大(ヲヲイナル)葬(ハウムリ)を得不(ストモ)
C: 且(また)、予(われ)、縦(たと)ひ大(おほ)いなる葬(はうむ)りを得(え)ずとも、
D: また、私は、たとえ盛大な葬式ができないとしても、
E: 또한 나는 설사 성대한 장례를 하지 못하더라도,

a: 孔安國曰君[음합부]臣[22]禮[음합부]葬[サウソ]也
b: 孔安國曰君臣の禮葬(サウソ)
c: 孔安國(こうあんこく)曰(い)はく、君臣(くんしん)の禮葬(れいさう)ぞ。
d: 孔安国が言った。君臣の礼葬である。
e: 공안국이 말하기를, 군신의 禮葬(예장)이다.

A: 予[レ]死[ㆁ,シナン]於道[음합부]路[ㆀ,11]乎[ヤ]
B: 予(レ)道路に死(シナン)乎(ヤ)
C: 予(われ)、道路(だうろ)に死(し)なんや。
D: 私が道端で死ぬだろうか。
E: 내가 길에서 죽겠는가?

a: 馬融曰就[훈합부,タト]使[ヒ]之不[ㇾ,トモ]得[ㆦ]以[ㆁ,31]君[음합부]臣之禮[ㆀ,ヲ]葬[ㆤ,ハウフラルヽ,13]、[414]
b: 馬融曰就(タト)使(ヒ)君臣禮(ヲ)以て葬(ハウフラルル)を得不(トモ)、
c: 馬融(ばいう)曰(い)はく、就使(たと)ひ君臣(くんしん)の禮(れい)を以(も)ちて葬(はうむ)らるるを得(え)ずとも、
d: 馬融が言った。たとえ君臣の礼で葬られることができなくても、
e: 마융이 말하기를, 설령 군신의 예로써 장사지냄을 받지 못할지라도,

a: 有[ㆁ,リ]二[음합부]三[음합부]子[ノ]在[ㆀ,アル]
b: 二三子(ノ)在(アル)有(リ)
c: 二三子(にさむし)の在(あ)ること有(あ)り。

414) 句點의 위치에 적혀 있으나 문맥상 讀點으로 파악하였다.

d: 弟子たちがいる。

e: 제자들이 있다.

a: 我寧[ムシロ]當[㆑,ニ]{ヘシ}憂[㆑]棄[㆓,ステラレン,13~23,13]於道[음합부]路[㆒,11]乎[ヤ]

b: 我寧(ムシロ)當(ニ)道路に棄(ステラレン)ことを憂當(ヘシ)乎(ヤ)

c: 我(われ)、寧(むし)ろ當(まさ)に道路(だうろ)に棄(す)てられんことを憂(うれ)ふべしや。

d: 私がどうして道端に棄てられることを心配しなければならないのか。

e: 내가 어찌하여 길에 버려질 것을 근심해야겠는가?

0912

A: 子貢[21]曰有[㆓,アリ]美[음합부]玉於斯[㆒,コヽ,11]

B: 子貢が曰美玉斯(ココ)に有(アリ)

C: 子貢(しこう)が曰(い)はく、美玉(びぎょく)斯(ここ)に有(あ)り。

D: 子貢が言った。美玉がここにあります。

E: 子貢(자공)이 말하기를, 아름다운 옥이 여기 있습니다.

A: 韞[㆑,ヲサメ,31]匵[ヒツ,11]而蔵[カクシタリ]諸

B: 匵(ヒツ)に韞(ヲサメ)て蔵(カクシタリ)

C: 匵(ひつ)に韞(をさ)めて藏(かく)したり。

D: 櫃に納めて隠しておきました。

E: 궤 안에 넣어 감추어 두었습니다.

A: 求[㆓,モトメ,31]善[ヨキ]賈[㆒,アタヒ,13]而沽[ウラメ]諸[ヤ]

B: 善(ヨキ)賈(アタヒ)を求(モトメ)て沽(ウラメ)諸(ヤ)

C: 善(よ)き賈(あたひ)を求(もと)めて沽(う)らめや。

D: 良い値段を求めて売りますか。

E: 좋은 값을 구하여 파시겠습니까?

a: 馬融曰、韞[ウン,33]蔵也匵[トク,33]匱[クヰ]也

b: 馬融曰、韞(ウン)は蔵匵(トク)は匱(クヰ)

c: 馬融(ばいう)曰(い)はく、韞(うん)は藏(さう)。匵(とく)は匱(き)。

d: 馬融が言った。韞は蔵である。匵は匱である。

e: 마융이 말하기를, 韞(온)은 藏(장)[숨기다]이다. 匵(독)은 匱(궤)[상자]이다.

a: 蔵[二,ヲサメタリ]諸匱[훈합부,ヒツ]中[一,음독부][415)]

b: 諸匱(ヒツ)中蔵(ヲサメタリ)

c: 諸(これ)匱(ひつ)の中(なか)に藏(をさ)めたり。

d: これを櫃の中に納めておいた。

e: 이것을 궤 안에 넣어두었다.

a: 沽[コ,33]賣[ハイ]也

b: 沽(コ)は賣(ハイ)

c: 沽(こ)は賣(ばい)。

d: 沽は売である。

e: 沽(고)는 賣(매)[팔다]이다.

a: 得[二]善[ヨキ]賈[一,アタヒ]寧[ムシロ]賣[ウラメ]之耶[ヤ]也

b: 善(ヨキ)賈(アタヒ)得寧(ムシロ)賣(ウラメ)耶(ヤ)

c: 善(よ)き賈(あたひ)を得(え)て、寧(むし)ろ賣(う)らめや。

d: 良い値段を得て、むしろ売りますか。

e: 좋은 값을 얻어 차라리 팔겠습니까?

A: 子曰、沽[훈합부,ウラメ]之[훈합부]哉[ヤ]沽[훈합부]之[훈합부]哉[ヤ]

B: 子曰、沽(ウラメ)哉(ヤ)沽哉(ヤ)

415) 永正本集解에 「ナ」라고 가점되어 있다. 「なか」라고 읽도록 지시한 것이다. 無跋本集解에는 음독부가 달려 있으나 「なか」라고 읽는 것이 자연스럽다고 판단되어 이에 따랐다.

C: 子(し)の曰(のたう)ばく、沽(う)らめや、沽(う)らめや。

D: 先生が言われた。売ろう、売ろう。

E: 선생님께서 말씀하시기를, 팔아야지. 팔아야지.

A: 我[33]待[ㇾ,マツ]賈[アタヒ,13]者[ナリ]

B: 我は賈(アタヒ)を待(マツ)者(ナリ)

C: 我(われ)は賈(あたひ)を待(ま)つ者(もの)なり。

D: 私は(良い)値段を待つ者である。

E: 나는 (좋은) 값을 기다리는 자이다.

a: 苞氏曰沽[훈합부,ウラメ]之[훈합부]哉[トハ]不[ニ,ル]衒[훈합부,テラヒ]賣[一,ウラ]之辭[ナリ]也

b: 苞氏曰沽(ウラメ)哉(トハ)衒(テラヒ)賣(ウラ)不(ル)辭(ナリ)

c: 苞氏(はうし)曰(い)はく、沽(う)らめやとは、衒(てら)ひ賣(う)らざる辭(ことば)なり。[416)]

d: 苞氏が言った。売ろうは、(売ることは売るが)進んで売ることはしないという言葉である。

e: 포씨가 말하기를, 팔아야지라는 것은 (팔기는 팔지만) 나서서[과시하여] 팔지 않는다는 말이다.

a: 我居[ヰ,31]而待[ㇾ,ツ]賈[13]者[ナリ]也

b: 我居(ヰ)て賈を待(ツ)者(ナリ)

c: 我(われ)居(ゐ)て賈(あたひ)を待(ま)つ者(もの)なり。

d: 私は黙って値段を待つ者である。

e: 나는 가만히 값을 기다리는 자이다.

416) 應永本抄物「衒賣ト云ハ、物ヲ持アルキテ此ヲメセト云コト也。サヤウニコチヨリ買手ヲ求テハ不可賣。若アチヨリ求テ買人アラハ可賣。居ナカラ賈ヲ待ヘシト云リ。(衒賣(현매)라고 하는 것은 물건을 지니고 걸어다니면서 이것을 사라고 하는 것이다. 그렇게 이쪽에서 살 사람을 찾아서 팔지는 말아야 한다. 만약 그쪽에서 원하여 사려는 사람이 있다면 팔아야 한다. 가만히 있으면서 값을 기다려야 한다고 하였다. 402쪽)」

0913

A: 子欲[ㇾ,32]居[ㆁ,ヲラマク]九[음합부]夷[ㆀ,11]
B: 子九夷に居(ヲラマク)欲す
C: 子(し)、九夷(きうい)に居(を)らまく欲(ほっ)す。
D: 先生が九夷に住もうとした。
E: 선생님께서 九夷(구이)에서 살고자 하셨다.

a: 馬融曰九[음합부]夷[ハ]東[음합부]方之夷有[ㆁ,リ]九[음합부]種[ㆀ]也
b: 馬融曰九夷(ハ)東方夷九種有(リ)
c: 馬融(ばいう)曰(い)はく、九夷(きうい)は東方(とうはう)の夷(い)、九種(きうしょう)有(あ)り。
d: 馬融が言った。九夷は東方の夷で、九つある。
e: 마융이 말하기를, 구이는 동방의 오랑캐로 아홉이 있다.

A: 或[アルヒト,22]曰[イ]陋[イヤシ]如[훈합부]之[훈합부]何
B: 或(アルヒト)の曰(イ)陋(イヤシ)如之何
C: 或(あるひと)の曰(い)はく、陋(いや)し。如之何(いかん)。
D: ある人が言った。卑しいです。(いらして)どうなさいますか。
E: 어떤 사람이 말하기를, 미개합니다. (가셔서) 어떻게 하시렵니까?

A: 子曰君[음합부]子居[ヲラ,33]之何[ナンノ]陋[イヤシキ,13~23,21]之有[アラ,12]
B: 子曰君子居(ヲラ)ば何(ナンノ)陋(イヤシキ)ことか有(アラ)ん
C: 子(し)の曰(のたう)ばく、君子(くんし)居(を)らば、何(なん)の陋(いや)しきことか有(あ)らん。
D: 先生が言われた。君子が住んでいれば、何の卑しいことがあるだろうか。
E: 선생님께서 말씀하시기를, 군자가 살고 있으면 무슨 미개함이 있겠는가?

a: 馬融曰君[음합부]子[ノ,22]所[ㇾ,ハ]居[ヲル]者皆化[32]也
b: 馬融曰君子(ノ)の居(ヲル)所(ハ)皆化す

c: 馬融(ばいう)曰(い)はく、君子(くんし)の居(を)る所(ところ)は皆(みな)化(くゎ)す。
d: 馬融が言った。君子のいるところは皆教化される。
e: 마융이 말하기를, 군자가 있는 곳은 모두 교화된다.

0914

A: 子曰吾[レ]自[ﾚ]衛、反[ﾆ,カヘリテ]於魯[ｰ,11]然[훈합부,31]後[11]樂[カク]正[タヽシウシ,31]雅[음합부]頌[シヨウ]各得[ﾆ,タリ]其[22]所[ｰ,トコロ,13]
B: 子曰吾(レ)衛自、魯に反(カヘリテ)然て後に樂(カク)正(タタシウシ)て雅頌(シヨウ)各其の所(トコロ)を得(タリ)
C: 子(し)の曰(のたう)ばく、吾(われ)衛(ゑい)より魯(ろ)に反(かへ)りて、然(しかう)して後(のち)に樂(がく)正(ただ)しうして、雅頌(がしょう)各(おのおの)其(そ)の所(ところ)を得(え)たり。
D: 先生が言われた。私が衛より魯に帰ってから音楽が正しくなり、雅と頌がそれぞれあるべき姿に落ち着いた。
E: 선생님께서 말씀하시기를, 내가 위나라로부터 노나라에 돌아온 뒤에 음악이 바르게 되어서, 雅(아)[417]와 頌(송)[418]이 각각 제자리를 찾았다.

a: 鄭玄曰反[ﾚ,ルトハ]鲁[11]鲁哀[음합부]公十一年[ノ]冬[ナリ]也
b: 鄭玄曰鲁に反(ルトハ)鲁哀公十一年(ノ)冬(ナリ)
c: 鄭玄(ぢゃうぐゑん)曰(い)はく、魯(ろ)に反(かへ)るとは、魯(ろ)哀公(あいこう)十一年(じふいちねん)の冬(ふゆ)なり。
d: 鄭玄が言った。魯に帰ったのは、魯の哀公十一年の冬である。
e: 정현이 말하기를, 노나라에 돌아온 것은, 노나라 哀公(애공) 11년 겨울이다.

417) 주나라 왕실이나 귀족들의 향연에서 연주하던 악곡.
418) 종묘에서 제사지낼 때 연주하던 무악.

a: 是[ノ]時[11]道[훈합부]衰[ヲトロヘ]樂[훈합부]廢[タリ]
b: 是(ノ)時に道衰(ヲトロヘ)樂廢(タリ)
c: 是(こ)の時(とき)に、道(だう)衰(おとろ)へ、樂(がく)廢(すた)れたり。
d: この時に道は衰え、音楽は廃れていた。
e: 이때에 도가 쇠하고 음악이 쇠퇴하였다.

a: 孔[음합부]子来[훈합부,リ]還[カヘツテ]乃[イマシ]正[タヽシフス]之
b: 孔子来(リ)還(カヘツテ)乃(イマシ)正(タタシフス)
c: 孔子(こうし)來(きた)り還(かへ)って、乃(いま)し正(ただ)しうす。
d: 孔子が帰って来て、やっと正しくした。
e: 공자께서 돌아와서 비로소 바르게 하였다.

a: 故曰雅[음합부]頌各得[ニ,タリ]其所[一,13]也
b: 故曰雅頌各其所を得(タリ)
c: 故(ゆゑ)に曰(い)はく、雅頌(がしょう)各(おのおの)其(そ)の所(ところ)を得(え)たり。
d: それで言った。雅と頌がそれぞれあるべき姿に落ち着いた。
e: 그러므로 말하기를, 아와 송이 각각 제자리를 찾았다.

0915

A: 子曰出[イテ,31,33]則事[ニ,ツカフマツリ]公[음합부]卿[一,11]、[419]入[31,33]則事[ニ,ツカフマツル]父[음합부]兄[一,11]。
B: 子曰出(イテ)ては則公卿に事(ツカフマツリ)、入ては則父兄に事(ツカフマツル)。
C: 子(し)の曰(のたう)ばく、出(い)でては則(すなは)ち公卿(こうけい)に事(つかうまつ)り、入(い)りては則(すなは)ち父兄(ふけい)に事(つかうまつ)る。

419) 句點의 위치에 찍혀 있으나 문맥상 讀點으로 파악하였다.

D: 先生が言われた。出かけては公卿に仕え、入っては父兄に仕える。

E: 선생님께서 말씀하시기를, 나가서는 公卿(공경)을 섬기고 들어와서는 父兄(부형)을 섬긴다.

A: 䘮[モ,훈합부,22]事[33]不[ニ,32]敢[31]不[レ,一,スハアラ]勉[ツトメ]。

B: 䘮(モ)の事は敢て勉(ツトメ)不(スハアラ)不ず。

C: 喪(も)の事(こと)は、敢(あ)へて勉(つと)めずんばあらず。

D: 喪のことはあえて努めないわけにはいかない。

E: 상사에는 감히 힘쓰지 않는 일이 없다.

A: 不[レ,32]為[ニ,セ]酒[22]困[一,ミタレ,13]。

B: 酒の困(ミタレ)を為(セ)不ず。

C: 酒(さけ)の困(みだ)れを爲(せ)ず。

D: 酒で乱れない。

E: 술에 취해 흐트러지지 않는다.

A: 何[ソ]有[ニ,ル]於我[一,11]哉[ヤ]

B: 何(ソ)我に有(ル)哉(ヤ)

C: 何(なん)ぞ我(われ)に有(あ)るや。

D: どうして私にあるだろうか。

E: 어찌 내게 (위의 세 가지가) 있겠는가?[420)]

a: 馬融曰困[コム,33]乱也

b: 馬融曰困(コム)は乱

c: 馬融(ばいう)曰(い)はく、困(こん)は亂(らん)。

d: 馬融が言った。困は乱である。

e: 마융이 말하기를, 困(곤)은 亂(란)[흐트러지다]이다.

420) 한문을 직역하면 '나에게 무엇이 있겠는가?'가 된다. 이는 첫째, '나에게 (위의 셋 중) 무엇이 있겠는가?', 둘째, '(위의 세 가지가 갖추어져 있으면) 나에게 무슨 어려움이 있겠는가?'와 같이 이해 될 수 있다.

0916

A: 子在[〻,マシ,31]川[22]上[㆒,ホトリ,11]曰[22]逝[음합부,セイ]者[シヤ,33]如[ㆾ,コトキ]斯[カク,22]夫[21]。不[ㆾ,32]舍[〻,ステ]晝[음합부]夜[㆒,13]

B: 子川の上(ホトリ)に在(マシ)て曰の逝(セイ)者(シヤ)は斯(カク)の如(コトキ)夫か。晝夜を舍(ステ)不ず

C: 子(し)、川(かは)の上(ほとり)に在(ま)して曰(のたう)ばく、逝者(せいしゃ)は斯(か)くの如(ごと)きか。晝夜(ちうや)を舍(す)てず。

D: 先生が川辺におられて言われた。過ぎ往くものはこのようであろうか。昼夜を問わない。

E: 선생님께서 강가에 계시면서 말씀하시기를, 가는 것은 이와 같구나. 밤낮을 가리지 않는다.

a: 苞氏曰逝[33]往也。

b: 苞氏曰逝は往。

c: 苞氏(はうし)曰(い)はく、逝(せい)は往(わう)。

d: 苞氏が言った。逝は往である。

e: 포씨가 말하기를, 逝(서)는 往(왕)[가다]이다.

a: 言[33]凡往[ユク]者[22,33]如[〻,シ]川[훈독부,22]之流[㆒,21]也

b: 言は凡往(ユク)者のは川の流が如(シ)

c: 言(いふこころ)は、凡(およ)そ往(ゆ)く者(もの)は、川(かは)の流(なが)るるが如(ごと)し。[421)]

d: 意味はこうである。およそ往くものは川の流れのようである。

e: 그 뜻은 이러하다. 무릇 가는 것은 강이 흘러가는 것과 같다.

---

421) 古注는 흘러가는 세월에 대한 탄식하는 것으로 파악하였고, 集注를 비롯한 新注에서는 학문에 힘써 그침이 없어야 한다고 격려하신 것으로 파악하고 있다.
義疏「孫綽云, 川流不舍, 年逝不停, 時已晏矣, 而道猶不興, 所以憂嘆也」
集注「程子曰, 此道體也, 天運而不已, 日往則月來, 寒往則暑來, 水流而不息, 物生而不窮, 皆與道爲體, 運乎晝夜, 未嘗已也, 是以, 君子法之, 自强不息, 及其至也, 純亦不已焉, 又曰 自漢以來, 儒者皆不識此義, 此見聖人之心, 純亦不已也, 純亦不已, 乃天德也, 有天德, 便可語王道, 其要只在謹獨, 愚按, 自此至終篇, 皆勉人進學不已之辭」

0917

A: 子曰吾[レ]未[ㇾ,タ]{ス}見、好[ㇾ,コノム,13~23]德[13]、如[ㇾ,コトクスル]好[ㇾ,カ]色[イロ]者[モ,22,13]也

B: 子曰吾(レ)未(タ)見未(ス)、德を好(コノム)こと、色(イロ)好(カ)如(コトクスル)者(モ)のを

C: 子(し)の曰(のたう)ばく、吾(われ)未(いま)だ見(み)ず、德(とく)を好(この)むこと、色(いろ)を好(この)むが如(ごと)くする者(もの)を。

D: 先生が言われた。私はまだ見ていない。德を好むことを色を好むようにする者を。

E: 선생님께서 말씀하시기를, 나는 아직 보지 못했다, 덕을 좋아하기를 色(색)[미인]을 좋아하는 것같이 하는 사람을.

a: 疾[ㇳ,ニクム]時[훈합부,22]人薄[ㆁ,シ,31]於德[ㆍ,11]而厚[ㆎ,アツキ,13~23,13]於色[㆏,11]也。故[11]發[ㆁ,ヲコ,32]此言[ㆍ,13]也

b: 時の人德に薄(シ)て色に厚(アツキ)ことを疾(ニクム)。故に此言を發(ヲコ)す

c: 時(とき)の人(ひと)、德(とく)に薄(うす)くして、色(いろ)に厚(あつ)きことを疾(にく)む。故(ゆゑ)に此(こ)の言(こと)を發(おこ)す。

d: 当時の人が、德に薄くて、色に厚いことを悪く思った。それで、この言葉を発したのである。

e: 당시 사람들이 덕에 박하고 색에 후한 것을 (공자께서) 싫어했다. 그러므로 이 말을 한 것이다.

應永本抄物 「孔子川ノ上リニ有テ、水ノ流ヲ見テ歎シ玉ヘル也。逝者トハ、過去テユク者ヲ云。人生ハ水ノ早ク流テ須臾[シハラク]モ不[ㇾ,カ]止如シ。廿ハ卅ニユキ四十ハ五十ニ行。去年ノ我ハ今年ノ我ニ非ス。向[サキ]ノ我ニ非スシテユク者也。是タヽ水ノ流ルヽカ如ナルヲ如斯夫ト云リ。逝者ノ二字ハ水ヲハサヽス。過行方ヲ云。如斯夫ト云斯ノ字ハ、水ヲ指也。不舍晝夜ト小(원문그대로임)トハ流水ハ晝夜不止。日月[ノ]移リ行コト如此ナルヲ云。(공자께서 강가에서 물이 흐르는 것을 보고 탄식하신 것이다. 逝者(서자)란 지나쳐 가는 것을 말한다. 인생은 물이 빠르게 흘러 잠시도 머무르지 않는 것과 같다. 스물은 서른으로 가고 마흔은 쉰으로 간다. 작년의 나는 올해의 내가 아니다. 과거의 내가 아니며 변해가는 것이다. 이것이 다만 물이 흐르는 것과 같음을 如斯夫[이와 같은가]라고 하였다. 逝者라는 두 글자는 물을 가리키는 것이 아니라 지나쳐 가는 방향을 말한다. 如斯夫에서 斯(사)라는 글자는 물을 가리킨다. 不舍晝夜[밤낮을 가리지 않는다]라고 하신 것은 흐르는 물은 낮에도 밤에도 멈추지 않으며 해와 달이 옮겨가는 것이 이와 같음을 말한다. 406-407쪽)」 古注에 의거하여 기술되어 있는 것으로 판단된다.

0918

A: 子曰譬[タトへ,33]如[ㇾ,コトシ]爲[ㇾ,ツクル,21]山[13]。
B: 子曰譬(タトへ)ば山を爲(ツクル)が如(コトシ)。
C: 子(し)の曰(のたう)ばく、譬(たと)へば、山(やま)を爲(つく)るが如(ごと)し。
D: 先生が言われた。たとえば、山を造ることのようである。
E: 선생님께서 말씀하시기를, 비유하자면 산을 만드는 것과 같다.

A: 未[ㇾ,タ,31]{スシ}成[ㆁ,サ]一[음합부]簣[ㆀ,クヰ,13]止[ヤマ,33]吾[モ]止[ヤンナン]也
B: 未(タ)一簣(クヰ)を成(サ)未(スシ)て止(ヤマ)ば吾(モ)止(ヤンナン)
C: 未(いま)だ一簣(いっき)を成(な)さずして止(や)まば、吾(われ)も止(や)んなん。
D: まだ一簣(ひとあじか)を(お加えて事を)成さないまま止めるなら、私も止めよう。
E: 아직 한 삼태기를 (더하여 일을) 이루지 못하고 그만두면, 나도 그만두겠다.

a: 苞氏曰簣[33]圡[음합부]籠[ロウナリ]也。
b: 苞氏曰簣は圡籠(ロウナリ)。
c: 苞氏(はうし)曰(い)はく、簣(き)は土籠(とろう)なり。
d: 苞氏が言った。簣は土籠である。
e: 포씨가 말하기를, 簣(궤)는 土籠(토롱)[흙삼태기]이다.

a: 此[レ]勸[ㇾ,スヽメ,31]人[13]進[ㆁ,スヽムルナリ]於道[음합부]德[ㆀ,11]也。
b: 此(レ)人を勸(ススメ)て道徳に進(ススムルナリ)。
c: 此(これ)、人(ひと)を勸(すす)めて、道德(だうとく)に進(すす)むるなり。
d: これは人を勧めて道徳に進めるものである。
e: 이것은 사람을 권면하여 도덕에 나아가게 하는 것이다.

a: 為[ㇾ,ツクル]山者[22]其[22]功、雖[ㆁ]已[ステ,11]多[ㆀ,23~33]
b: 山為(ツクル)者の其の功、已(ステ)に多と雖

c: 山(やま)を爲(つく)る者(もの)、其(そ)の功(こう)、已(すで)に多(おほ)しといへども、

d: 山を造る者が、功がすでに多くても、

e: 산을 만드는 자가 공이 이미 많다고 하더라도,

a: 未[㆑,タ,31]{スシ}成[㆓]一[음합부]籠[㆒,13]而中[음합부]道[ニシ,31]止[ヤマ,33]者、我[レ]不[㆘,シ]以[㆓,31]其[22]前[サキ,22]功[22]多[㆒,ヲホキ,13]而善[㆖,ヨシトセ]之。[422)]

b: 未(タ)一籠を成未(スシ)て中道(ニシ)て止(ヤマ)ば、我(レ)其の前(サキ)の功の多(ヲホキ)を以て善(ヨシトセ)不(シ)。

c: 未(いま)だ一籠(いちろう)を成(な)さずして、中道(ちうだう)にして止(や)まば、我(われ)其(そ)の前(さき)の功(こう)の多(おほ)きを以(も)ちて善(よ)しとせじ。

d: まだ一籠(ひとかご)をも成さないまま途中で止めるなら、私はその以前の功が多かったことをもってよしとしない。

e: 아직 한 삼태기를 (더하여 일을) 이루지 못하고 중도에 그만두면, 나는 그 이전의 공이 많다고 해서 좋게 여기지는 않겠다.

a: 見[㆓,テ]其[22]志[22]不[㆒,㆑,13]遂、[423)]故[11]不[㆑,シ]與[クミセ]也

b: 其の志の遂不を見(テ)、故に與(クミセ)不(シ)

c: 其(そ)の志(こころざし)の遂(と)げざるを見(み)て、故(ゆゑ)に與(くみ)せじ。

d: その志の遂げられないことを見て、そのためともにしない。

e: 그 뜻을 완성하지 못함을 보고, 그러므로 함께 하지 않겠다.

A: 譬[タトヘ,33]如[㆓,シ]平[음합부]地[㆒,22]雖[㆑,フトモ]覆[㆓,コホス,23~33]一[음합부]簣[㆒,13]進[スヽマハ]吾[モ]徃[ユカ,12]也

B: 譬(タトヘ)ば平地の如(シ)一簣を覆(コホス)と雖(フトモ)進(ススマハ)吾(モ)徃(ユカ)ん

C: 譬(たと)へば、平地(へいち)の如(ごと)し。一簣(いっき)を覆(こぼ)すといふとも、進(すす)まば、吾(われ)も徃(ゆ)かん。

D: たとえば、平地のようである。一簣をこぼしても、進むなら私も行こう。

E: 비유하자면 평지와 같다. 한 삼태기를 부었더라도 (앞으로) 나아간다면 나도 가겠다.

---

422) 讀點의 위치에 찍혀 있으나 문맥상 句點으로 파악하였다.

423) 句點의 위치에 찍혀 있으나 문맥상 讀點으로 파악하였다.

a: 馬融曰平[음합부]地[33]者將[二,11]進[スヽン,31]加[一,レ,ヘン,23~33]功[13]。

b: 馬融曰平地は將に進(ススン)で功を加(ヘン)と將。

c: 馬融(ばいう)曰(い)はく、平地(へいち)は將(まさ)に進(すす)んで功(こう)を加(くは)へんとす。

d: 馬融が言った。平地はまさに進んで功を加えようとする。

e: 마융이 말하기를, 평지는 장차 나아가 공을 더하고자 한다.

a: 雖[三]始[31]覆[二,23~33]一[음합부]簣[一,13]、我不[下,シ]以[二]其[22]見[음합부]功[22]少[一,スコシキナル,13]而薄[上,ウスシトセ]之也。

b: 始て一簣を覆と雖、我其の見功の少(スコシキナル)を以薄(ウスシトセ)不(シ)。

c: 始(はじ)めて一簣(いっき)を覆(こぼ)すといへども、我(われ)其(そ)の見功(けんこう)の少(すこ)しきなるを以(も)ちて薄(うす)しとせじ。

d: はじめは一簣を加えたとしても、私はその見える功の少なさでみずぼらしいとしない。

e: 처음에 한 삼태기를 부었더라도 나는 그 보이는 공이 적다고 해서 보잘것없다고 하지는 않겠다.

a: 據[二,ヨ]其欲[一,レ,11]進[スヽマク,31]而與[クミ,32]之也

b: 其進(ススマク)欲に據(ヨ)て與(クミ)す

c: 其(そ)の進(すす)ままく欲(ほっ)するに據(よ)りて與(くみ)す。[424)]

d: その進もうとすることを根拠にして、ともにする。

e: 그 나아가고자 함에 따라 함께 한다.

---

424) 義疏의 「則吾亦不以其前功多爲善, 如爲善不成, 吾亦不美其前功多也, 故云吾止也……如人始爲善, 善乃未多, 交求進之志可重, 吾不以其功少而不善之, 善之有勝於垂成而止者, 故云吾往也」와 같은 주석에서 알 수 있는 바와 같이, 古注는 행위의 주체가 멈추면 공자께서도 멈추고 나아가면 공자께서도 함께 하겠다고 해석한다. 이에 따라 集解訓点本은 「止まば吾も止むなん……進まば吾も往かん」라고 훈독한다. 集注는 「言山成而但少一簣, 其止者吾自止耳, 平地而方覆一簣, 其進者吾自往耳, 蓋學者自彊不息, 則積少成多, 中道而止, 則前功盡棄, 其止其往, 皆在我而不在人也」라고 하여, 멈추는 것도 나아가는 것도 자신의 책임 하에 있다고 파악하였다. 이에 따르면 「止むは吾が止むなり……進むは吾が往くなり」라고 훈독할 수 있다.
應永本抄物 「一モツコニ成テ退屈シテヲカハ我モ置ヘシ……進ム者ニハ同心シテ可教ト云リ。(한 삼태기가 되어서 게으르게 내버려두면 나도 놓아둘 것이다. ……나아가는 자에게는 마음을 같이하여 가르칠 것이다라고 하였다. 407−408쪽)」 古注에 의해 기술되어 있다.

0919

A: 子曰語[カタル,11]之而[シカモ]、不[ㇾ,サル,33]惰[ヲコタラ]者其[レ]回[인명부]與[21]

B: 子曰語(カタル)に而(シカモ)、惰(ヲコタラ)不(サル)は其(レ)回與か

C: 子(し)の曰(のたう)ばく、語(かた)るに而(しか)も惰(おこた)らざるは、其(それ)回(くゎい)か。[425)]

D: 先生が言われた。教えてあげて怠らないものは、それは回だね。

E: 선생님께서 말씀하시기를, 가르쳐 주었을 때 게을리 하지 않는 자는 回(회)로구나!

a: 顔[음합부]淵[33]則解[サトリ]、[426)]故[11]語[ル,11]之不[ㇾ]惰。

b: 顔淵は則解(サトリ)、故に語(ル)に惰不。

c: 顔淵(がんゑん)は則(すなは)ち解(さと)り、故(ゆゑ)に語(かた)るに惰(おこた)らず。

d: 顔淵はすぐに悟るので、教えてあげて怠らない。

e: 顔淵(안연)은 곧바로 깨닫기 때문에, 가르쳐 주었을 때 게을리 하지 않는다.

a: 餘[음합부]人[33]不[ㇾ]解[カイセ]。故[11]有[ニ,リ]惰[ㇾ,ヲコタル]語[11]之時[一]也

b: 餘人は解(カイセ)不。故に語に惰(ヲコタル)時有(リ)

c: 餘人(よじん)は解(かい)せず。故(ゆゑ)に語(かた)るに惰(おこた)る時(とき)有(あ)り。

d: 他の人は悟らないので、教えてあげて怠るときがある。

e: 나머지 사람은 깨닫지 못하기 때문에, 가르쳐 주었을 때 게을리 하는 때가 있다.

425) 「語」의 주체를 '공자'로 보는 것이 일반적이지만 '안회'로 보는 입장도 있다.
應永本抄物 「語トハ孔子ノ言語ニ出スヲ云。顔淵ハ孔子ノ語ヲ聞テハ心ニ解[サトツ]テツトメテ行フ。造次顚(원문그대로임)モ不違ハ。萬物ノ時雨ヲ得テ暢茂スルカ如シ。故ニ惰[ヲコ]コトナキ也。(語(어)란 공자께서 말씀하시는 것을 말한다. 안연은 공자의 말씀을 듣고서는 마음으로 깨닫고 힘써 행하였다. 급할 때에도 넘어질 때에도 거스르지 않았다. 만물이 단비를 맞아 무성하게 자라나는 것과 같았으므로 게을리 하는 일이 없었던 것이다. 408쪽)」 「語」의 주체를 공자로 파악하고 있음을 알 수 있다.

426) 句點의 위치에 찍혀 있으나 문맥상 讀點으로 파악하였다.

0920

A: 子謂[ﾆ,イ,31]顔[음합부]淵[ｰ,13]曰[22]惜[ヲシイ]乎[カナ]、吾[レ]見[ﾆ,ミル]其[22]進[ｰ,ススム,13]也未[ﾚ,タ]{ス}見[ﾆ]其[22]止[ｰ,ヤム,13]也

B: 子顔淵を謂(イ)て曰の惜(ヲシイ)乎(カナ)、吾(レ)其の進(ススム)を見(ミル)未(タ)其の止(ヤム)を見未(ス)

C: 子(し)、顔淵(がんゑん)を謂(い)ひて曰(のたう)ばく、惜(を)しいかな、吾(われ)其(そ)の進(すす)むを見(み)る。未(いま)だ其(そ)の止(や)むを見(み)ず。

D: 先生が顔淵を評して言われた。(彼の死は)惜しいことだ。私は彼が進むのは見たが、止まるのは見たことがない。

E: 선생님께서 顔淵(안연)에 대해 일러 말씀하시기를, (그의 죽음이) 애석하구나! 나는 그의 나아감은 보았지만, 그의 멈춤은 보지 못했다.

a: 苞氏曰孔[음합부]子謂[ﾆ]顔[음합부]淵[ｰ,13]、進[음합부]益[シ,31]未[ﾚ]止[ヤマ]。

b: 苞氏曰孔子顔淵を謂、進益(シ)て未止(ヤマ)未(ス)。

c: 苞氏(はうし)曰(い)はく、孔子(こうし)、顔淵(がんゑん)を謂(のたう)ばく、進益(しんえき)して未(いま)だ止(や)まず。

d: 苞氏が言った。孔子は顔淵について言った。益々進んで止まらない。

e: 포씨가 말하기를, 공자가 안연에 대해 말씀하시기를, 점점 나아가면서 멈추지 않는다.

a: 痛[イタミ]惜[ヲシフ,13~23,22]之甚[シキナリ]也

b: 痛(イタミ)惜(ヲシフ)ことの甚(シキナリ)

c: 痛(いた)み惜(を)しぶことの甚(はなは)だしきなり。[427)]

d: (そう言ったのは)痛み惜しむことの甚だしさである。

e: (그렇게 말한 것은) 애통하고 애석함이 심한 것이다.

---

427) 應永本抄物「顔淵ハ道ニ進ヲ見ル。打置コトヲ不[ﾚ]見ト也。是顔子死シテ後ニノ玉ヘル辭也。惜乎ノ二字ヲ以テ可見。(안연이 도에 나아가는 것을 보았지, 가만히 놓아두는 것을 보지는 못하였다는 것이다. 이것은 안연이 죽고 난 뒤에 하신 말씀이다. 惜乎[애석하구나]라는 두 글자로 알 수 있다. 408-409쪽)」

0921

A: 子曰苗[ナヱニシ,31]而不[ㇾ,サル]秀[ヒテ]者[モ]、有[アリ]矣夫。

B: 子曰苗(ナヱニシ)て秀(ヒテ)不(サル)者(モ)、有(アリ)。

C: 子(し)の曰(のたう)ばく、苗(なへ)にして秀(ひ)でざる者(もの)有(あ)り。[428)]

D: 先生が言われた。苗のままで穂を出さないものがある。

E: 선생님께서 말씀하시기를, 싹은 났으나 꽃을 피우지 못하는 것이 있다.

A: 秀[ヒテヽ]而不[ㇾ,サル]實[ミノラ]者[モ,22]有[リ]矣夫

B: 秀(ヒテテ)實(ミノラ)不(サル)者(モ)の有(リ)

C: 秀(ひ)でて實(みの)らざる者(もの)有(あ)り。

D: 穂を出しても、実らないものがある。

E: 꽃은 피었으나 열매를 맺지 못하는 것도 있다.

a: 孔安國曰言[33]万[음합부]物有[下,リ]生[シ,31]而不[二,ル]育[음합부]成[一,セ]者[上,22]。

b: 孔安國曰言は万物生(シ)て育成(セ)不(ル)者の有(リ)。

c: 孔安國(こうあんこく)曰(い)はく、言(いふこころ)は、萬物(ばんぶつ)生(せい)して育成(いくせい)せざる者(もの)有(あ)り。

d: 孔安国が言った。意味はこうである。万物の中では生じても育ったり、完成できないものもある。

e: 공안국이 말하기를, 그 뜻은 이러하다. 만물 가운데는 나서도 자라거나 성숙하지 못하는 것도 있다.

a: 喩[フ]人[モ]亦然[リ]也

b: 喩(フ)人(モ)亦然(リ)

c: 喩(たと)ふに、人(ひと)も亦(また)然(しか)り。

---

428) 「有矣夫」는 강한 영탄을 나타내는 표현이지만, 훈점은 「苗(なへ)にして秀(ひ)でざる者(もの)有(あ)り。」라고 하여 단정으로 읽도록 지시하고 있다.

d: たとえば、人もまたそうである。

e: 비유하자면 사람도 또한 그러하다.

0922

A: 子曰後[음합부]生可[ㇾ,シ]畏[ヲソル]也。

B: 子曰後生畏(ヲソル)可(シ)。

C: 子(し)の曰(のたう)ばく、後生(こうせい)、畏(おそ)るべし。[429)]

D: 先生が言われた。後生は畏敬すべきである。

E: 선생님께서 말씀하시기를, 後生(후생)은 두려워할 만하다.

A: 焉[イツクンソ]知[ニ,シラ,12]来[음합부]者[22]之不[一,ㇾ,サルヿ,13]如[ㇾ]今[11]也

B: 焉(イツクンソ)来者の今に如不(サルコト)を知(シラ)ん

C: 焉(いづく)んぞ、來者(らいしゃ)の今(いま)に如(し)かざることを知(し)らん。

D: これから来る者が、今(の者)に及ばないということがどうしてわかるものか。

E: 오는 자가 지금(의 사람)에 미치지 못함을 어찌 알겠는가?

a: 後[11]生[スル,13][430)]謂[ニ,イフ]年[음합부]少[一,23~33]也

b: 後に生(スル)を年少と謂(イフ)

c: 後(のち)に生(せい)するを年少(ねんせう)と謂(い)ふ。

---

429) 義疏「後生謂年少在己後生者也」集注「孔子言後生年富力彊, 足以積學而有待, 其勢可畏」
應永本抄物 「後生トハ我ヨリ後ニ生タル年少ノ者ヲ云。少キ時ハ氣力[リヨク]カ弦盛(원문그대로임)ナルホトニ、物ニ退屈スルコトナシ。勤學スレハ日々夜々ニ學力モテキ功夫モ熟。然レハ今ノ我カ年令ホトニ成テ何タルコワ者ニナルヘキヲモ不知、尤可畏也。(後生(후생)이란 나보다 나중에 태어난 나이 어린 이를 말한다. 어릴 때에는 기력이 왕성하니 무언가에 싫증을 내는 일이 없다. 근면하게 배우면 낮과 밤으로 배우는 힘이 생기고 공부도 여문다. 그러므로 지금의 내 나이 정도가 되어 얼마나 무서운 이가 되어 있을지도 알 수 없으니 몹시 두려워할 만하다. 409−410쪽)」

430) 永正本集解에는「後生」사이에 음합부가 기입되어 있어서 한 단어로 읽었음을 알 수 있다. 어석 부분이므로 永正本集解의 훈점이 타당하다고 판단되지만, 無跋本集解의 훈점에 따랐다.

d: 後に生まれるものを年少という。

e: 나중에 태어난 자를 年少(연소)라 한다.

A: 四[음합부]十五[음합부]十[ニシ,31]而無[ᒪ,キ,33]聞[コフル,13~23]焉斯[レ]、亦、不[ᒪ,サラク]足[ᒪ]畏[ヲソルヽ,11]也已[ノミ]矣。

B: 四十五十(ニシ)て聞(コフル)こと無(キ)は斯(レ)、亦、畏(ヲソルル)に足不(サラク)已(ノミ)。

C: 四十(しじふ)五十(ごじふ)にして聞(き)こゆること無(な)きは、斯(これ)、亦(また)、畏(おそ)るるに足(た)らざらくのみ。

D: 四十五十にして世に知られなければ、これはまた畏れるに足りない。

E: 사십, 오십이 되어서 알려짐이 없으면, 이것 또한 두려워하기에 족하지 못하다[존경할 바가 못 된다].

0923

A: 子曰法[음합부]語[キヨ,22]之言[コト,11]、能、無[ᒪ,ナカラン]従[シタカフ,13~23]乎[ヤ]。

B: 子曰法語(キヨ)の言(コト)に、能、従(シタカフ)こと無(ナカラン)乎(ヤ)。

C: 子(し)の曰(のたう)ばく、法語(はふぎょ)の言(こと)に、能(よ)く従(したが)ふこと無(な)からんや。

D: 先生が言われた。法にかなう正しい言葉に、従わないことができるだろうか。

E: 선생님께서 말씀하시기를, 법도에 맞는 말에 따르지 않을 수 있겠는가?

A: 改[ムル,13]之爲[ᒪ,32]貴[タトシ,23~33]

B: 改(ムル)を貴(タトシ)と爲す

C: 改(あらた)むるを貴(たっと)しと爲(す)。

D: (しかしそれよりは自分の過ちを)改めることを大切にする。

E: (그러나 그보다는 자신의 잘못을) 고치는 것을 중요하게 여긴다.

a: 孔安國曰人、有[ㇾ,トキ,33]過[アヤマチ]以[ニ,31]正[음합부]道[一,13]告[ツク]之。

b: 孔安國曰人、過(アヤマチ)有(トキ)は正道を以て告(ツク)。

c: 孔安國(こうあんこく)曰(い)はく、人(ひと)、過(あやま)ち有(あ)るときは、正道(せいだう)を以(も)ちて告(つ)ぐ。

d: 孔安国が言った。人に過ちがあれば、正道をもって告げる。

e: 공안국이 말하기를, 사람이 잘못이 있을 때는 正道(정도)[바른 길]로써 알려준다.

a: 口[11]無[ㇾ,シ]不[ニ,ト云,13~23]順[훈합부,ヒ]從[一,ハ]之。

b: 口に順(ヒ)從(ハ)不(トイフ)こと無(シ)。

c: 口(くち)に順(したが)ひ從(したが)はずといふこと無(な)し。

d: 口では従わないものがない。

e: 입으로는 따르지 않는 일이 없다.

a: 能必改[13]乃爲[ㇾ,32]貴[23~33]也矣

b: 能必改を乃貴と爲す

c: 能(よ)く必(かなら)ず改(あらた)むるを、乃(いま)し貴(たっと)しと爲(す)。

d: かならず改めることを大切にする。

e: (그렇지만 그보다는) 능히 반드시 고치는 것을 중요하게 여긴다.

A: 巽[ソン]與[ヨノ]之言[コト,11]、能、無[ㇾ,ナカラン]說[ヨロコフ,13~23]乎[ヤ]。

B: 巽(ソン)與(ヨノ)言(コト)に、能、說(ヨロコフ)こと無(ナカラン)乎(ヤ)。

C: 巽與(そんよ)の言(こと)に、能(よ)く說(よろこ)ぶこと無(な)からんや。

D: 恭しく慎みのある言葉に、喜ばないことができるだろうか。

E: 공손하고 삼가는 말에, 기뻐하지 않을 수 있겠는가?

A: 繹[タツヌル,13]之為[ㇾ,32]貴[タトシ,23~33]

B: 繹(タツヌル)を貴(タトシ)と為す

C: 繹(たづ)ぬるを貴(たっと)しと爲(す)。

D: (しかしそれよりは深意を)尋ねることを大切にする。

E: (그러나 그보다는 깊은 뜻을) 묻는 것을 중요하게 여긴다.

a: 馬融曰巽[33]恭也。
b: 馬融曰巽は恭。
c: 馬融(ばいう)曰(い)はく、巽(そん)は恭(きょう)。
d: 馬融が言った。巽は恭である。
e: 마융이 말하기를, 巽(손)은 恭(공)이다.

a: 謂[ㄹ]恭[음합부]巽、謹[음합부,キム]敬[22]之言[ㅡ,13]。
b: 恭巽、謹(キム)敬の言を謂。
c: 恭巽(きょうそん)、謹敬(きんけい)の言(こと)を謂(い)ふ。
d: 恭巽、謹敬の言葉をいう。
e: 공손하고 謹敬(근경)한 말을 뜻한다.

a: 聞[テ]之無[レ,シ]不[レ,スト云フ]悅[ヨロコハ]也。
b: 聞(テ)悅(ヨロコハ)不(ストイフコト)無(シ)。
c: 聞(き)きて悅(よろこ)ばずといふこと無(な)し。
d: 聞いて喜ばないものがない。
e: 듣고서 기뻐하지 않는 일이 없다.

a: 能尋[훈합부]繹[タツネ,31]行[ヲコナフ,13~23]之乃[イマシ]爲[レ,32]貴[タトシ,23~33]也
b: 能尋繹(タツネ)て行(ヲコナフ)こと乃(イマシ)貴(タトシ)と爲す
c: 能(よ)く尋(たづ)ね繹(たづ)ねて、行(おこな)ふこと、乃(いま)し貴(たっと)しと爲(す)。
d: (深意を)よく探って、行うことを大切にする。
e: (깊은 뜻을) 잘 찾아서 행하는 것을 중요하게 여긴다.

A: 悅[ヨロコン,31]而不[レ,32]繹[タツネ]。從[カヒ,31]而不[レ,33]改[アラタメ]、吾[レ]末[ㄹ,ナカラマク]如[훈합부]之[훈합부]何[ㅡ,ト云,13~23]也已[ノミ]矣
B: 悅(ヨロコン)で繹(タツネ)不ず。從(カヒ)て改(アラタメ)不ば、吾(レ)如之何(トイフ)こと末(ナカラマク)已(ノミ)
C: 悅(よろこ)んで繹(たづ)ねず。從(したが)ひて改(あらた)めずんば、吾(われ)如之何(いかん)せんといふこと末(な)からまくのみ。

D: 喜ぶだけで(深意を)探ることがなく、従うだけで改めなければ、私にもどうしようもない。

E: 기뻐하기만 하고 (깊은 뜻을) 찾지 않으며, 따르기만 하고 잘못을 고치지 않으면, 나도 어찌할 수가 없다.

0924

A: 子曰主[ㆁ,シ,23~33,31]忠[음합부]信[ㆀ,13]無[ㆃ,レ]友[ㆁ,トモトスル,13~23]不[ㆃ]如[ㆃ,シカ]已[11]者[ㆀ,モ,13]

B: 子曰忠信を主と(シ)て巳に如(シカ)不者(モ)を友(トモトスル)こと無(レ)

C: 子(し)の曰(のたう)ばく、忠信(ちうしん)を主(しゅ)として、己(おのれ)に如(し)かざる者(もの)を友(とも)とすること無(なか)れ。

D: 先生が言われた。忠信を第一にし、自分に及ばないものを友とすることがないようにしなさい。

E: 선생님께서 말씀하시기를, 忠信(충신)을 주로 하고, 자기보다 못한 자를 벗으로 삼지 말라.

A: 過[アヤマ,31,33]則勿[ㆃ]憚[ㆃ,ハヽカル,13~23]改[ムル,11]

B: 過(アヤマ)てば則改(ムル)に憚(ハハカル)こと勿

C: 過(あやま)てば則(すなは)ち改(あらた)むるに憚(はばか)ること勿(なか)れ。

D: 過ちをおかせば、改めるのに憚ることがないようにしなさい。

E: 잘못을 하면 고치는 것을 꺼리지 말라.

a: 慎[ㆁ,31]其所[ㆃ]主[トスル]所[ㆀ,ㆃ,13]友[トスル]有[ㆃ,トキハ]過務[ツトメ,31]改[12]。

b: 其主(トスル)所友(トスル)所を慎て過有(トキハ)務(ツトメ)て改む。

c: 其(そ)の主(しゅ)とする所(ところ)、友(とも)とする所(ところ)を愼(つつし)みて、過(あやま)ち有(あ)るときは、務(つと)めて改(あらた)む。

d: その第一とするところと友とするところを慎重にし、過ちがあれば努めて改める。

e: 그 주로 하는 바와 벗 삼는 바를 신중히 하고, 허물이 있을 때는 힘써 고친다.

a: 皆所[〻,훈합부]以[ナリ]為[〱,ㇾ,スル]益[23~33]也

b: 皆益と為(スル)所以(ナリ)

c: 皆(みな)益(えき)と爲(す)る所以(ゆゑん)なり。

d: みな、利益をなす方法である。

e: 모두 보탬이 되는 방법이다.

0925

A: 子曰三[음합부]軍[13,33]可[ㇾ,シ]奪[ㇾ,ウハツ]帥[スイ,13]也。

B: 子曰三軍をば帥(スイ)を奪(ウハツ)可(シ)。

C: 子(し)の曰(のたう)ばく、三軍(さむくん)をば、帥(すい)を奪(うば)っつべし。

D: 先生が言われた。三軍から総大将を奪うことはできる。

E: 선생님께서 말씀하시기를, 삼군에게서 장수를 빼앗을 수는 있다.

A: 匹[음합부]夫[13,33]不[ㇾ,32]可[ㇾ]奪[ㇾ,フ]志[13]也

B: 匹夫をば志を奪(フ)可不ず

C: 匹夫(ひっぷ)をば、志(こころざし)を奪(うば)ふべからず。

D: 匹夫から志を奪うことはできない。

E: 匹夫(필부)에게서 뜻을 빼앗을 수는 없다.

a: 孔安國曰三[음합부]軍[33]雖[ㇾ]衆[ナリ,23~33]、人[22]心非[ㇾ,32]一[ツ,11]則其[22]将[음합부]帥[13,33]可[〻]奪[31]之而取[〱,ツ]

b: 孔安國曰三軍は衆(ナリ)と雖、人の心一(ツ)に非ず則其の將帥をば奪て取(ツ)可

c: 孔安國(こうあんこく)曰(い)はく、三軍(さむくん)は衆(しう)なりといへども、人(ひと)の心(こころ)一(ひと)つにあらず。則(すなは)ち其(そ)の將帥(しゃうすい)をば奪(うば)ひて取(と)りつべし。

d: 孔安国が言った。三軍は数が多くても、人の心が一つでなければ、その総大将を奪い取ることができる。

e: 공안국이 말하기를, 삼군은 수가 많을지라도 사람의 마음이 하나가 아니라면 그 장수를 빼앗아 얻을 수 있다.

a: 匹[음합부]夫[33]雖[ㇾ]微[ナリ,23~33]苟[イヤシクモ]守[ㆁ,ル]其[22]志[ㆀ,13]不[ㇾ]可[ㆁ]得[31]而奪[ㆀ]也

b: 匹夫は微(ナリ)と雖苟(イヤシクモ)其の志を守(ル)得て奪可不

c: 匹夫(ひっぷ)は微(び)なりといへども、苟(いやしく)も其(そ)の志(こころざし)を守(まも)る。得(え)て奪(うば)ふべからず。

d: 匹夫は微々たるものだとしても、もしその志を守るなら、(その志を)奪うことができない。

e: 필부는 비록 미미한 존재일지라도, 만약 그 뜻을 지킨다면 (그 뜻을) 빼앗을 수 없다.

0926

A: 子曰衣[ㆁ,31]弊[ヤレタル[431]]縕[음합부,ヲン[432]]袍[ㆀ,ハウ,13]與[ㆇ,23~33]衣[ㆁ,キケル]狐[음합부,コ]貉[ㆀ,カク,13]者[ㆅ,ヒト]立[31]而、不[ㇾ,サル,33]耻[ハチ]者其[レ]由[인명부]與[21]

B: 子曰弊(ヤレタル)縕(ヲン)袍(ハウ)を衣て狐(コ)貉(カク)を衣(キケル)者(ヒト)與と立て、耻(ハチ)不(サル)は其(レ)由與か

C: 子(し)の曰(のたう)ばく、弊(やぶ)れたる縕袍(をんぱう)を衣(き)て、狐貉(こかく)を衣(き)ける者(ひと)と立(た)ちて、恥(は)ぢざるは其(それ)由(いう)か。

D: 先生が言われた。破れた綿入れを着て、狐と貉(むじな)の皮で作った服を着た人とともに並んで、恥じない者は、それは由だろうよ。

E: 선생님께서 말씀하시기를, 해진 솜옷을 입고서 여우나 담비 가죽으로 만든 옷을 입은 자와 같이 서 있으면서도 부끄러워하지 않는 자는, 그것은 由(유)[자로]일 것이다.

---

431) 「ヤフレタル」에서 「フ」가 빠진 것으로 판단된다.
432) 漢音은 「ウン」이다.

a: 孔安國曰縕[ハ]枲[음합부,シ]著[チヨ]也
b: 孔安國曰縕(ハ)枲(シ)著(チヨ)
c: 孔安國(こうあんこく)曰(い)はく、縕(をん)は枲著(しちょ)。
d: 孔安国が言った。縕は枲著である。
e: 공안국이 말하기를, 縕(온)은 枲著(시저)[모시 솜]이다.

A: 不[ㇾ,32]忮[ヤフラ]不[ㇾ,32]求、何[ナニ,13]用[モテ,21]不[ㇾ,ラ,12]臧[ヨカラ][433)]
B: 忮(ヤフラ)不ず求不ず、何(ナニ)を用(モテ)か臧(ヨカラ)不(ラ)ん
C: 忮(やぶ)らず求(もと)めず、何(なに)を用(も)ってか臧(よ)からざらん。
D: (人を)害することなく、(人の物を)求めることがない。(そうすれば)どうしてよくないことがあるだろうか。
E: (남을) 해치지 않으며, (남의 것을) 탐하지 않는다. (그렇다면) 어찌 좋지 않겠는가?

a: 馬融曰忮[음독부,シ,33]害也。臧[サウ,33]善也。
b: 馬融曰忮(シ)は害。臧(サウ)は善。
c: 馬融(ばいう)曰(い)はく、忮(し)は害(かい)。臧(さう)は善(ぜん)。
d: 馬融が言った。忮は害である。臧は善である。
e: 마융이 말하기를 忮(기)는 害(해)[해치다]이다. 臧(장)은 善(선)이다.

a: 言[33]不[ㆁ,32]忮[훈합부,リ]害[ㆀ,ヤフラ]。不[ㆁ,32]貪[훈합부,リ]求[ㆀ]。
b: 言は忮(リ)害(ヤフラ)不ず。貪(リ)求不ず。
c: 言(いふこころ)は、忮(やぶ)り害(やぶ)らず。貪(むさぼ)り求(もと)めず。
d: 意味はこうである。害することがない。貪り求めることがない。
e: 그 뜻은 이러하다. (남을) 해하지 않는다. (남의 것을) 탐하여 구하지 않는다.

a: 何[훈합부,13]用[モテ,21]為[ㇾ,セ,12]不[ㇾ,23~33]善。
b: 何を用(モテ)か善不と為(セ)ん。
c: 何(なに)を用(も)ってか善(よ)からずと爲(せ)ん。
d: どうしてよくないというだろうか。
e: 어찌 좋지 않다고 하겠는가?

433) 『詩經』 邶風 雄雉篇의 마지막 두 구이다.

a: 疾[㆑,ニクミ]貪[タン,13]悪[ニ,ニクム]忮[음합부,シ]害[一,13]之詩也

b: 貪(タン)を疾(ニクミ)忮(シ)害を悪(ニクム)詩

c: 貪(たむ)を疾(にく)み、忮害(しかい)を惡(にく)む詩(し)。

d: 貪欲を憎み、忮害を憎む詩である。

e: (남의 것을) 탐내는 것을 미워하고, (남을) 해치는 것을 미워하는 詩(시)이다.

A: 子路終[㆑,ヲフルマテ,11]身[13]誦[セウ,32]之

B: 子路身を終(ヲフルマテ)に誦(セウ)す

C: 子路(しろ)、身(み)を終(を)ふるまでに誦(しょう)す。

D: 子路は生涯(これを)誦した。

E: 자로가 평생 읊었다.

A: 子曰是道[훈독부,ナリ]也。何[ナソ]足[ニ,タラン]以[31]臧[一,ヨシトスル,11]

B: 子曰是道(ナリ)。何(ナソ)以て臧(ヨシトスル)に足(タラン)

C: 子(し)の曰(のたう)ばく、是(これ)道(みち)なり。何(なん)ぞ以(も)ちて臧(よ)しとするに足(た)らん。

D: 先生が言われた。これは方便である。どうしてよいとするに十分であろうか。

E: 선생님께서 말씀하시기를, 이것은 방편이다. 어찌 좋다고 하기에 족하겠는가?

a: 馬融曰臧[サウ,33]善也。

b: 馬融曰臧(サウ)は善。

c: 馬融(ばいう)曰(い)はく、臧(さう)は善(ぜん)。

d: 馬融が言った。臧は善である。

e: 마융이 말하기를, 臧(장)은 善(선)이다.

a: 尚[ナヲ]復有[下,リ]美[ニ,ヨキ]於是[一,コレヨリ]者[上]。

b: 尚(ナヲ)復是(コレヨリ)美(ヨキ)者有(リ)。

c: 尚(なほ)復(また)是(これ)より美(よ)き者(もの)有(あ)り。

d: なおこれよりよいものがある。

e: 오히려 이것보다 좋은 것이 있다.

a: 何[ソ]足[ᅳ,ラ,12]以[31]爲[ᅳ,ㇾ,11]善[23~33]也

b: 何(ソ)以て善と爲に足(ラ)ん

c: 何(なん)ぞ以(も)ちて善(よ)しと爲(す)るに足(た)らん。

d: そのようなもので、どうしてよいとするに十分であろうか。

e: 그러한 것으로 어찌 좋다고 하기에 족하겠는가?

0927

A: 子曰歲[トシ]寒[サムウシ,31]然[훈합부,31]後[11]知[ᅳ,ル]松[음합부]栢[22]之後[チ,11]彫[ᅳ,シホム,13~23,13]也

B: 子曰歲(トシ)寒(サムウシ)て然て後に松栢の後(チ)に彫(シホム)ことを知(ル)

C: 子(し)の曰(のたう)ばく、歲(とし)寒(さむ)うして、然(しかう)して後(のち)に松柏(しょうはく)の、後(のち)に彫(しぼ)むことを知(し)る。[434)]

D: 先生が言われた。寒さの厳しい歳にこそ、松柏が(ほかの木より)後れてしおれることが分かる。

E: 선생님께서 말씀하시기를, 혹한이 오고 난 뒤에야 소나무와 잣나무가 (다른 나무들보다) 나중에 시든다는 것을 안다.

a: 大[음합부]寒之歲[11,33]衆[음합부]木皆死[カル]。

b: 大寒歲には衆木皆死(カル)。

434) 應永本抄物「秋冬松栢ハ柯[カラ]ヲ改メ葉ヲカヘス。衆木ハ悉枯零カ如シ。此歲寒ト云ハ、常シキノ寒山ニハ衆木モ不枯アリ。常シキノ世ニハ小人モ惡ヲセサルカ如。極寒ノ歲ハ衆木ハ皆枯ル。大亂ノ世ニハ小人ハ悉惡キカ如シ。然後ト云ハ大寒ノ後ヲ云。常シキノ歲ニハシホマサレトモ大寒ノ後ニハ松栢モ少ハ彫ム也。彫ト云ハ枯死ニハ非ス。性ハタトシテ形ノ小衰ヲ云。(가을과 겨울에 소나무와 잣나무는 줄기와 잎이 변하지 않는다. (한편) 뭇 나무들은 모두 말라 떨어진다. 이 歲寒(세한)이라고 하는 것은 평년 정도로 추운 산에서는 뭇 나무들 가운데에도 시들지 않는 것들이 있다. 평탄한 세상에서는 소인도 악을 행하지 않는 것과 같다. 극도로 추운 해에는 뭇 나무들은 모두 시든다. 크게 혼란스러운 세상에서 소인들은 모두 악해지는 것과 같다. 然後(연후)라고 한 것은 크게 추운 이후를 말한다. 평년에는 시들지 않지만 크게 춥고 난 뒤에는 소나무와 잣나무도 조금은 상한다. 상한다고 한 것은 말라 죽는 것은 아니다. 성정은 온전한데 형상이 조금 쇠하는 것을 말한다. 414–415쪽)」

c: 大寒(たいかん)の歲(とし)には、衆木(しうぼく)皆(みな)死(か)る。

d: 大寒の歳には、多くの木はみな枯れる。

e: 매우 추운 해에는 뭇 나무들은 모두 말라 죽는다.

a: 然[31]後[11]知[ニ,ル]松[음합부]栢[22]小[スコシ]彫[훈합부,シホミ]傷[ー,ヤフルヽ
ㄱ,13]也。

b: 然て後に松栢の小(スコシ)彫(シホミ)傷(ヤフルルコト)を知(ル)。

c: 然(しかう)して後(のち)に松柏(しょうはく)の小(すこ)し彫(しぼ)み傷(やぶ)るることを知
(し)る。

d: その時にこそ、松柏が枯れたものが少ないことが分かる。

e: 그런 뒤에야 소나무와 잣나무가 시든 것이 적음을 안다.

a: 平[음합부]嵗[11,33]則衆[음합부]木亦有[ニ]不[レ]死[カレ]者[ー,22]。

b: 平嵗には則衆木亦死(カレ)不者の有。

c: 平歲(へいせい)には、則(すなは)ち衆木(しうぼく)亦(また)死(か)れざる者(もの)有(あ)り。

d: 平年には多くの木の中にも枯れないものがある。

e: 평년에는 뭇 나무들 중에도 말라 죽지 않는 것이 있다.

a: 故[11]須[ニ,マ,31]歲[음합부]寒[ー,13]而後[11]別[ワク]之。

b: 故に歲寒を須(マ)て後に別(ワク)。

c: 故(ゆゑ)に歲寒(せいかん)を須(ま)ちて後(のち)に別(わ)く。

d: したがって、寒い歳になってこそ区別される。

e: 그러한 까닭에 추워지고 나서야 구별이 된다.

a: 喻[フ]、凢[음합부,ハン]人、處[ニ,ヰテ]治[음합부]世[ー,11]亦能自修[훈합부,ヲサメ]整
[トヽノヘ,31]與[ニ]君[음합부]子[ー]同[ヲナシキ,11]

b: 喻(フ)、凢(ハン)人、治世に處(ヰテ)亦能自修(ヲサメ)整(トトノヘ)て君子與同(ヲナシキ)に

c: 喩(たと)ふ、凡人(はんじん)、治世(ちせい)に處(ゐ)て、亦(また)能(よ)く自(みづか)ら修
(をさ)め整(ととの)へて、君子(くんし)と同(おな)じきに。

d: 喩えた、凡人は太平の治世においては、よく自分を修め整えて、君子と同じであることに。

e: 비유하였다, 보통 사람은 세상이 태평할 때에는 능히 스스로 다스리고 가다듬어 군자와 같음을.

a: 在[ᆖ,31]濁[음합부,タク]世[ᅳ,11]然[31]後[11]知[ᆖ]君[음합부]子之正[タヽシウシ,31]不[ᆖ,13~23,13]苟[イヤシクモ]容[ᅳ,イレラレ][435]也

b: 濁(タク)世に在て然て後に君子正(タタシウシ)て苟(イヤシクモ)容(イレラレ)不ことを知

c: 濁世(だくせい)に在(あ)りて、然(しかう)して後(のち)に君子(くんし)、正(ただ)しうして苟(いやしく)も容(い)れられざることを知(し)る。

d: 乱世においてこそ、君子は正しくて、まことに(乱世に)入られないことが分かる。

e: 세상이 어지러워진 후에야 군자는 올발라서 구차하게 (어지러운 세상에) 받아들여지지 않음을 안다.

0928

A: 子曰知[음합부]者[33]不[㆑,32]惑[マトハ]

B: 子曰知者は惑(マトハ)不ず

C: 子(し)の曰(のたう)ばく、知者(ちしゃ)は惑(まど)はず。

D: 先生が言われた。知者は惑わない。

E: 선생님께서 말씀하시기를, 知者(지자)는 미혹되지 않는다.

435) 「苟容」은 '무턱대고 사람의 마음에 들고자 하다'라는 의미의 숙어이다. 그런데 이것을 한단어로 읽지 않고 분리해서 훈독하였다.

a: 苞氏曰不[ニ]惑[음합부[436],マトヒ]乱[一,ミタレ]也

b: 苞氏曰惑(マトヒ)乱(ミタレ)不

c: 苞氏(はうし)曰(い)はく、惑(まど)ひ亂(みだ)れず。

d: 苞氏が言った。惑い乱れない。

e: 포씨가 말하기를, 미혹되고 흐트러지지 않는다.

A: 仁[음합부]者[33]不[レ,32]憂[ウレヘ]

B: 仁者は憂(ウレヘ)不ず

C: 仁者(じんしゃ)は憂(うれ)へず。

D: 仁者は憂えない。

E: 仁者(인자)는 근심하지 않는다.

a: 孔安國曰無[ニ]憂[훈합부,ヘ]患[一,ウレフル,13~23]也

b: 孔安國曰憂(ヘ)患(ウレフル)こと無

c: 孔安國(こうあんこく)曰(い)はく、憂(うれ)へ患(うれ)ふること無(な)し。

d: 孔安国が言った。憂え患うことがない。

e: 공안국이 말하기를, 걱정하고 근심하는 일이 없다.

A: 勇[음합부,ヨウ]者[33]不[レ,32]懼[リ]

B: 勇(ヨウ)者は懼(リ)不ず

C: 勇者(ようしゃ)は懼(おそ)りず。

D: 勇者は恐れない。

E: 勇者(용자)는 두려워하지 않는다.

436) 훈합부를 잘못 기입한 것일 가능성이 있다. 혹은 「惑乱」에 대해서 가나점은 「マドヒミダル」로 읽고, 부호를 통해 「わくらん」으로 읽는 두 가지 가능성을 모두 제시한 것일 수도 있다. 여기서는 가나점에 따랐다.

0929

A: 子曰可[ニ]與[トモ,11]共[トモ,11]學[一,マナフ]。未[レ,タ]{ス}可[ニ]與[トモニ]適[レ,ユク]道[一,훈독부,11]

B: 子曰與(トモ)に共(トモ)に學(マナフ)可。未(タ)與(トモニ)道に適(ユク)可未(ス)

C: 子(し)の曰(のたう)ばく、與(とも)に共(とも)に學(まな)ぶべし。未(いま)だ與(とも)に道(みち)に適(ゆ)くべからず。[437)]

D: 先生が言われた。ともに学ぶことはできても、ともに道に向かって行くことはできない。

E: 선생님께서 말씀하시기를, 함께 더불어 배울 수는 있지만, 함께 도를 향해 나아갈 수는 없다.

a: 適[テキ,33]之[シ]也。

b: 適(テキ)は之(シ)。

c: 適(てき)は之(し)。

d: 適は之である。

e: 適(적)은 之(지)[나아가다]이다.

a: 雖[レ]學[マ,23~33]、或[モシク,33]得[ニ,タリ]異[음합부]端[一,13]。

b: 學(マ)と雖、或(モシク)は異端を得(タリ)。

c: 學(まな)ぶといへども、或(も)しくは異端(いたん)を得(え)たり。

d: 学んでも、異端を得るものもある。

e: 배우더라도 이단을 얻는 자도 있다.

a: 未[ニ]必能之[レ,一,ユカ]道[11]也

b: 未必能道に之(ユカ)未

437) 應永本抄物「可與共學トハ學文ヲスルニ五人モ十人モ同師ヲ取テ學ヘシ。而ニ異端ヲ學フ者モアリ、儒道ヲ學フ者モアリ。故ニ同シ道ニハ不行也。(可與共學[함께 더불어 배울 수 있다]이란 (이러하다), 학문을 하는데 다섯 사람이라도 열 사람이라도 같은 스승으로부터 배울 수 있는 것이다. 하지만 (그 가운데에는) 이단을 익히는 자도 있고 유교의 도를 익히는 자도 있다. 그러므로 같은 길로는 가지 않는 것이다. 416쪽)」

c: 未(いま)だ必(かなら)ずしも能(よ)く道(みち)に之(ゆ)かず。

d: かならずしも道に向かって行くことができるわけではない。

e: 반드시 도를 향해 나아갈 수 있는 것은 아니다.

A: 可[ᅳ,シ]與[トモ,11]適[ᆫ,ᅳ,ユク]道[11]。未[ᆫ,タ]{ス}可[ᅳ]與[トモ,11]立[ᅳ,タツ]

B: 與(トモ)に道に適(ユク)可(シ)。未(タ)與(トモ)に立(タツ)可未(ス)

C: 與(とも)に道(みち)に適(ゆ)くべし。未(いま)だ與(とも)に立(た)つべからず。

D: ともに道に向かって行くことはできても、ともに立つことはできない。

E: 함께 도를 향해 나아갈 수는 있어도, 함께 설 수는 없다.

a: 雖[ᅳ]能之[ᅳ,ᆫ,ユク,23~33]道[11]、未[ᆖ]必能以[テ]有[ᆫ]所[ᅳ]成[훈합부,シ]立[ᅳ,ル]也

b: 能道に之(ユク)と雖、未必能以(テ)成(シ)立(ル)所有未

c: 能(よ)く道(みち)に之(ゆ)くといへども、未(いま)だ必(かなら)ずしも能(よ)く以(も)ちて成(な)し立(た)つる所(ところ)有(あ)らず。

d: 道に向かって行くことができても、かならずしもそれをもって成し立てることができるわけではない。

e: 도를 향해 나아갈 수 있다고 하더라도 반드시 그것으로써 이루어 세울 수 있는 것은 아니다.

A: 可[ᅳ]與[トモ,11]立[ᅳ,タツ]。未[ᆫ,タ]{ス}可[ᅳ]與[トモ,11]權[ᅳ,ハカル]

B: 與(トモ)に立(タツ)可。未(タ)與(トモ)に權(ハカル)可未(ス)

C: 與(とも)に立(た)つべし。未(いま)だ與(とも)に權(はか)るべからず。[438)]

D: ともに立つことはできても、ともに(道にかなうように)取り計らうことはできない。

E: 함께 설 수는 있어도, 함께 (도에 맞도록) 헤아릴 수는 없다.

---

438) 應永本抄物「道ヲ成立ルコトモ同シケレトモ、權道ニハエ至ラサル也。權道トハ當座ハ道ニチカウヤウナレトモ、遂ニハ道合フモ(원문그대로임)ヲ云。權ハハカリノヲモシ也。ハカリヲ以テ物ノ輕重ヲハカリテヲモシヲアチコチヘ寄ル如ク事ノ輕重ヲハカリテ、義ニ合シムルヲ權道ト云。(도를 이루어 세우는 것도 마찬가지지만 權道(권도)에는 이르지 못하는 것이다. 權道란 당장은 도에 어긋나는 듯하지만 끝내는 도에 부합하는 것을 말한다. 權(권)은 저울의 추이다. 저울로 사물의 경중을 가늠하여 추를 이리저리 움직이는 것처럼, 일의 경중을 가늠하여 義(의)에 부합하게 하는 것을 權道라고 한다. 416쪽)」

a: 雖[ㆍ]能有[ㄧ,ㆍ,ト,23~33]所[ㆍ]立、未[ㆍ,タ]{ス}必[32]能[ㆍ,アタハ]權[ㆍ,훈합부,ハカリ]量[ハカル,13~23]其[22]輕[음합부,ケイ]重[22]之極[ㄧ,マリ,13]也

b: 能立所有(ト)と雖、未(タ)必ず其の輕(ケイ)重の極(マリ)を權(ハカリ)量(ハカル)こと能(アタハ)未(ス)

c: 能(よ)く立(た)つる所(ところ)有(あ)るといへども、未(いま)だ必(かなら)ず其(そ)の輕重(けいちょう)の極(きは)まりを權(はか)り量(はか)ること能(あた)はず。

d: 立てるところがあっても、かならずしもことの軽重の極みを量り知ることができるわけではない。

e: 세운 바가 있다고 하더라도 반드시 경중의 지극함을 헤아릴 수 있는 것은 아니다.

0930

A: 唐[음합부]棣[テイ,22]之華[ハナ]、偏[ヒトヘ,11]其[レ]反[ハンセリ]而。

B: 唐棣(テイ)の華(ハナ)、偏(ヒトヘ)に其(レ)反(ハンセリ)。

C: 唐棣(たうてい)の華(はな)、偏(ひとへ)に其(それ)反(はん)せり。[439)]

D: にわざくらの花は、むやみに花の咲き方が反対である。

E: 唐棣(당체) 꽃은 유독 꽃피는 순서가 (다른 것과) 반대이다.

A: 豈不[ㆍ,サランヤ]爾[13]思[ㄧ,オモハ]。室[シツ]是遠[トホケレハナリ]而

B: 豈爾を思(オモハ)不(サランヤ)。室(シツ)是遠(トホケレハナリ)

C: 豈(あに)爾(なんぢ)を思(おも)はざらんや。室(しつ)是(これ)遠(とほ)ければなり。

D: どうして君を思わないだろうか。(ただ)家が遠いからである。

E: 어찌 그대를 생각하지 않겠는가? (단지) 집이 멀기 때문이다.

---

439) 「偏」과 「反」에 대한 이해가 古注와 新注가 서로 다르다. 古注는 集解의 주석과 義疏의 「夫樹木之花皆先合而後開, 唐棣之花則先開以後合」과 같이 唐棣는 다른 꽃과 다르게 꽃이 피는 순서가 '유달리 반대'라고 파악한다. 이에 비해 新注는 集注의 「偏晉書作翩, 然則反亦當與翻同, 言華之搖動也」에서 보는 바와 같이 두 글자 모두 '꽃의 흔들림' 혹은 '꽃잎의 나부낌'으로 이해한 것으로 볼 수 있다.

a: 逸[음합부]詩[ナリ]也。

b: 逸詩(ナリ)。

c: 逸詩(いっし)なり。

d: 逸詩である。

e: 逸詩(일시)[시경에는 빠져 있는 시]이다.

a: 唐[음합부]棣[33]移[イ]也。

b: 唐棣は移(イ)。

c: 唐棣(たうてい)は移(い)。[440)]

d: 唐棣は移である。

e: 唐棣(당체)는 移(이)[441)]이다.

a: 華反[カヘ,31]而後[11]合[アフ]。

b: 華反(カヘ)て後に合(アフ)。

c: 華(はな)反(かへ)りて後(のち)に合(あ)ふ。

d: 花が(ほかの花とは)反対に後につぼむ。

e: 꽃이 (다른 꽃과는) 반대로 (핀) 후에 오므려진다.

a: 賦[ニ,シ,31]此[22]詩[一,13]以[31]言[ヨ,イフ]權[음합부]道反[カヘ,31]而後[11]至[ニ,イタル,13~23,13]大[음합부]順[一,11]也。

b: 此の詩を賦(シ)て以て權道反(カヘ)て後に大順に至(イタル)ことを言(イフ)。

c: 此(こ)の詩(し)を賦(ふ)して、以(も)ちて、權道(くゑんだう)、反(かへ)りて後(のち)に大順(たいしゅん)に至(いた)ることを言(い)ふ。

440) 應永本抄物「唐棣ハ毛詩ニ兩所[ニ]イヘルカ其注替レリ。師說ニ唐棣ハ木蓮ナリト云リ。朱云、唐棣ハ郁李也。刑公唐棣一名雀梅亦曰車下秀或白或赤六月中熟大如秀(원문그대로임)子可食　尋常ノ花ハ先ツホミテ後ニ開クカ、唐棣ノ花ハ先開テ後ニツホム。(唐棣(당체)는 毛詩(모시)에 두 군데 나오는데 그 주석이 다르다. 師說(사설)에 唐棣는 木蓮(목련)이라고 하였다. 주자가 말하기를 唐棣는 郁李(욱리)라고 하였다. 邢公(형공)은 唐棣는 일명 雀梅(작매)이고 또한 車下李(거하리)라고도 한다고 하였다. 어떤 것은 희고 어떤 것은 붉은데 유월 중에 여물어 크기가 오얏과 같고 먹을 수 있다. 보통의 꽃들은 먼저 봉오리지고 난 후에 피는데, 당체의 꽃은 먼저 피고서 나중에 봉오리진다. 417쪽)」

441) 「移」는 '산앵두나무 체', '산이스랏나무 이' 두 가지 음이 있다.

d: この詩を作って、権道が、(正道とは)反対に後に大順に至ることをいった。

e: 이 시를 지어서 權道(권도)[442]가, (정도와는) 반대로 후에 大順(대순)에 이르는 것을 말했다.

a: 思[ニ,ヘトモ]其人[一,13]而不[レ,13~23,33]得[レ]見[13~23,13]者、其[22]室[훈합부]遠[トホケレハナリ]也。

b: 其人を思(ヘトモ)見ことを得不ことは、其の室遠(トホケレハナリ)。

c: 其(そ)の人(ひと)を思(おも)へども見(み)ることを得(え)ざることは、其(そ)の室(しつ)遠(とほ)ければなり。

d: その人を思うけれど、見ることができないのは、その家が遠いからである。

e: 그 사람을 생각하지만 볼 수 없는 것은 그 집이 멀기 때문이다.

a: 以[31]言[33]思[レ,トモ]權[13]而、不[レ,13~23,33]得[レ]見[コ]者、其道遠[ケレハナリ]也

b: 以て言は權を思(トモ)、見(コト)得不ことは、其道遠(ケレハナリ)

c: 以(も)ちて言(いふこころ)は、權(くゑん)を思(おも)へども見(み)ること得(え)ざることは、其(そ)の道(みち)遠(とほ)ければなり。

d: 意味はこうである。権を思っても見ることができないのは、その道が遠いからである。

e: 그 뜻은 이러하다. 權(권)을 생각하지만 볼 수 없는 것은 그 도가 멀기 때문이다.

A: 子曰未[ニ,タ]{ス}之思[一,ハ]也。夫[ソレ]何[ナン,22]遠[トホキ,13~23,21]之有[アラ,12]哉

B: 子曰未(タ)思(ハ)未(ス)。夫(ソレ)何(ナン)の遠(トホキ)ことか有(アラ)ん

C: 子(し)の曰(のたう)ばく、未(いま)だ思(おも)はず。夫(それ)何(なん)の遠(とほ)きことか有(あ)らん。

D: 先生が言われた。(見ることができないのは)思わないからであって、どうして遠いからであろうか。

E: 선생님께서 말씀하시기를, (볼 수 없는 것은) 생각하지 않아서이지, 어찌 멀어서이겠는가?

a: 夫思[33]者當[レ,11]思[ニ,フ]其[22]反[一,음독부,13]

b: 夫思は當に其の反を思(フ)當

---

442) 목적 달성을 위하여 그때그때의 형편에 따라 임기응변으로 일을 처리하는 방도. 수단과 방법은 정도가 아니지만 목적은 정도에 부합함.

c: 夫(それ)思(おも)ふとは、當(まさ)に其(そ)の反(はん)を思(おも)ふべし。

d: およそ思うとは、当然その反を思うべきである。

e: 무릇 생각한다는 것은, 마땅히 그 反(반)[반대되는 경우]을 생각해야 한다.

a: 反[음독부]是[13]不[ㇾ,サルハ]思、[443]所[ニ,훈합부]以[ナリ]爲[一,ㇾ,スル]遠[トホシ,23~33]也。

b: 反是を思不(サルハ)、遠(トホシ)と爲(スル)所以(ナリ)。

c: 反(はん)是(これ)を思(おも)はざるは、遠(とほ)しと爲(す)る所以(ゆゑん)なり。

d: 反、これを思わないので、遠いと思うようになる。

e: 반, 이것을 생각하지 않기 때문에 멀다고 여기게 된다.

a: 能思[ニ,ヲモハ,33]其[22]反[一,음독부,13]何[ナン,22]遠[トホキ,13~23,21]之有[アラ,12]。[444]

b: 能其の反を思(ヲモハ)ば何(ナン)の遠(トホキ)ことが有(アラ)ん。

c: 能(よ)く其(そ)の反(はん)を思(おも)はば、何(なん)の遠(とほ)きことが有(あ)らん。

d: よくその反を思えば、どうして遠いことがあるだろうか。

e: 능히 그 반을 생각한다면, 어찌 먼 것이 있겠는가?

a: 言[33]權[13,33]可[ㇾ]知[シンヌ]。

b: 言は權をば知(シンヌ)可。

c: 言(いふこころ)は、權(くゑん)をば知(し)んぬべし。

d: 意味はこうである。権は知ることができる。

e: 그 뜻은 이러하다. 권은 알 수 있다.

a: 唯不[ㇾ,サル]知[ㇾ]思[13~23,13]耳[ノミ]。[445]

b: 唯思ことを知不(サル)耳(ノミ)。

c: 唯(ただ)思(おも)ふことを知(し)らざるのみ。

d: ただ思うことを知らないだけである。

e: 다만 생각할 줄을 모를 뿐이다.

---

443) 句點의 위치에 찍혀 있으나 문맥상 讀點으로 파악하였다.

444) 讀點의 위치에 찍혀 있으나 문맥상 句點으로 파악하였다.

445) 讀點의 위치에 찍혀 있으나 문맥상 句點으로 파악하였다.

a: 思[13~23]之、有[ニ,ラ,33]次[음합부]序[一]、斯[レ]可[レ,シ]知[ヌ]之也

b: 思こと、次序有(ラ)ば、斯(レ)知(ヌ)可(シ)

c: 思(おも)ふこと、次序(ししょ)有(あ)らば、斯(これ)知(し)んぬべし。

d: 思うことに順序があれば、これを知ることができる。

e: 생각하는 것에 순서가 있으면, 이것을 알 수 있다.

論語集解鄉黨第十

論語鄕黨第十　　　　何晏集解　凢一章

1001[446)]

A: 孔[음합부]子於鄕[음합부,キヤウ]黨[タウニシ,11,31]恂[음합부,シユン]恂[음합부]如[タリ]也。似[二,ノレリ]不[ㇾ,サル]能[ㇾ,アタハ]言[モノイフ,13~23]者[一,モノ,11]

B: 孔子鄕(キヤウ)黨(タウニシ)にて恂(シユン)恂如(タリ)。言(モノイフ)こと能(アタハ)不(サル)者(モノ)に似(ノレリ)

C: 孔子(こうし)鄕黨(きゃうたう)にして、恂恂如(しゅんしゅんじょ)たり。言(ものい)ふこと能(あた)はざる者(もの)に似(の)れり。

D: 孔子は郷党では、穏やかで恭順でおられた。ものを言えない人のようであった。

E: 공자께서는 향당에서는 온화하고 공손하셨다. 말을 못하는 사람 같으셨다.

a: 王肅曰恂[음합부]恂[33]温[음합부,ヲン]恭[ケウ,22]之貌[カタチ]也

b: 王肅曰恂恂は温(ヲン)恭(ケウ)の貌(カタチ)

c: 王肅(わうしく)曰(い)はく、恂恂(しゅんしゅん)は溫恭(をんきょう)の貌(かたち)。

d: 王粛が言った。恂恂は穏やかで恭順な様子である。

e: 왕숙이 말하기를, 恂恂(순순)은 온순하고 공손한 모습이다.[447)]

A: 其[22]在[二,ア,31,33]宗[음합부]廟朝[음합부]廷[一,11]、便[ヘン]便[トシ,31]言[イフ]。唯[タヽ]謹[ツヽシメリ]爾

B: 其の宗廟朝廷に在(ア)ては、便(ヘン)便(トシ)て言(イフ)。唯(タタ)謹(ツツシメリ)

C: 其(そ)の宗廟(そうべう)朝廷(てうてい)に在(あ)りては、便便(へんへん)として言(い)ふ。唯(ただ)謹(つつし)めり。

446) 이 편을 集解에서는 하나의 장으로 파악하고 있다.

447) 義疏「恂恂溫恭貌」集注「恂恂信實之貌」

D: 宗廟や朝廷におられる時は、すらすら話された。ただし、慎み深かった。

E: 종묘나 조정에 계실 때에는 말씀을 잘 하셨다. 다만 신중하셨다.

a: 鄭玄曰便[음합부]便[33]辨[448]也。

b: 鄭玄曰便便は辨。

c: 鄭玄(ぢゃうぐゑん)曰(い)はく、便便(へんへん)は辯(へん)。

d: 鄭玄が言った。便便は辯である。

e: 정현이 말하기를, 便便(변변)은 辯(변)[말 잘하다]이다.

a: 雖[レ]辨[23~33]、而謹[훈합부,ミ]敬[ツヽシメリ]也

b: 辨と雖、謹(ミ)敬(ツツシメリ)

c: 辯(へん)といへども、謹(つつし)み敬(つつし)めり。

d: すらすら話しても慎み深かった。

e: 말을 잘 한다고는 해도 신중했다.

A: 朝[テウニシ,31]與[ニ,23~33]下大[음합부]夫[一]、言[モノイフトキ,33]侃[음합부,カン]侃[음합부]如[タリ]也

B: 朝(テウニシ)て下大夫與と、言(モノイフトキ)は侃(カン)侃如(タリ)

C: 朝(てう)にして下大夫(かたいふ)と言(ものい)ふときは、侃侃如(かんかんじょ)たり。[449]

D: 朝廷で下大夫と話すときは、なごやかでいらっしゃった。

E: 조정에서 하대부와 이야기할 때에는 和樂(화락)한 모습이셨다.

a: 孔安國曰侃[음합부]侃[33]和[음합부]樂[ラク,22]之貌也

b: 孔安國曰侃侃は和樂(ラク)の貌

c: 孔安國(こうあんこく)曰(い)はく、侃侃(かんかん)は和樂(くゎらく)の貌(かたち)。

d: 孔安国が言った。侃侃はなごやかな様子である。

e: 공안국이 말하기를, 侃侃(간간)은 화락한 모습이다.

---

448) 본문이 「辨」으로 되어 있으나 의미상으로는 「辯」이어야 맞다.

449) 「侃侃」의 의미 파악이 古注와 新注에서 차이를 보인다. 義疏의 「侃侃和樂貌也」에서 보는 바와 같이 古注는 '화락한 모습'으로 파악하였으나, 集注의 「侃侃剛直也」에서 보는 바와 같이 新注는 '강직한 모습'으로 파악하여 크게 다르다.

A: 與[二,23~33]上大[음합부]夫[一]、言[トキ,33]誾[음합부,キン]誾[음합부]如[タリ]也

B: 上大夫與と、言(トキ)は誾(キン)誾如(タリ)

C: 上大夫(しゃうたいふ)と言(ものい)ふときは、誾誾如(ぎんぎんじょ)たり。450)

D: 上大夫と話すときは、中立的で公正でいらっしゃった。

E: 상대부와 이야기할 때에는 中正(중정)[중심을 지키며 바르다]한 모습이셨다.

a: 孔安國曰誾[음합부]誾[33]中[음합부]正[セイ,22]之貌也

b: 孔安國曰誾誾は中正(セイ)の貌

c: 孔安國(こうあんこく)曰(い)はく、誾誾(ぎんぎん)は中正(ちうせい)の貌(かたち)。

d: 孔安国が言った。誾誾は中立的で公正な様子である。

e: 공안국이 말하기를, 誾誾(은은)은 중심을 지키며 바른 모습이다.

A: 君在[マストキ,33]踧[음합부,シク]踖[음합부,セキ]如[タリ]也與[음합부,ヨ]與[음합부]如[タリ]也

B: 君在(マストキ)は踧(シク)踖(セキ)如(タリ)與(ヨ)與如(タリ)

C: 君(きみ)在(ま)すときは、踧踖如(しくせきじょ)たり。與與如(よよじょ)たり。

D: 君がいらっしゃるときは、恭敬な態度でいらっしゃった。威儀が礼にかなっていらっしゃった。

E: 임금이 계실 때에는 공손하고 삼가셨다. 威儀(위의)[차림새와 행동거지]가 예에 맞으셨다.

a: 馬融曰君在[マストキ,33]者君視[レ,ミルソ]朝[13]也。

b: 馬融曰君在(マストキ)は君朝を視(ミルソ)。

c: 馬融(ばいう)曰(い)はく、君(きみ)在(ま)すときは、君(きみ)朝(てう)を視(み)るぞ。

d: 馬融が言った。君がいらっしゃるときというのは、君が朝会にお見えになることをいう。

e: 마융이 말하기를, 임금이 계실 때라는 것은, 임금께서 조회를 하는 것이다.

450) 「誾誾」의 의미 파악도 古注와 新注가 서로 다르다. 義疏의 「誾誾中正貌也」에서 보는 바와 같이 古注는 '중도를 지킨 모습'으로 파악한 것으로 생각되지만, 新注는 集注의 「誾誾和悦而諍也」에서 보는 바와 같이 '조화롭게 기뻐하면서도 간하는 모습'이라고 파악하였다.

a: 踧[음합부]踖[33]恭[음합부]敬[ケイ,22]之貌也與[음합부]與[33]威[음합부]儀中[음합부]適[テキ,22]之貌也

b: 踧踖は恭敬(ケイ)の貌與與は威儀中適(テキ)の貌

c: 踧踖(しくせき)は恭敬(きょうけい)の貌(かたち)。與與(よよ)は威儀(いぎ)中適(ちうてき)の貌(かたち)。

d: 踧踖は恭敬する様子である。与々は威儀がほどよい様子である。

e: 踧踖(축적)은 공경하는 모습이다. 與與(여여)는 위의가 예에 맞는 모습이다.

A: 君、召[メシ,31]使[レ,シムルトキ,33]擯[ヒンセ]

B: 君、召(メシ)て擯(ヒンセ)使(シムルトキ)は

C: 君(きみ)召(め)して擯(ひん)せしむるときは、

D: 君が(孔子を)召して、接待役をさせたときは、

E: 임금이 부르시어 접대하는 역할을 맡기셨을 때에는,

a: 鄭玄曰君召[31]使[レ,トキ,33]擯者、有[ニ,ルトキ,11]擯[음합부]客[一]、使[レ,シムルソ]迎[ムカヘ]也

b: 鄭玄曰君召て擯使(トキ)は、擯客有(ルトキ)に、迎(ムカヘ)使(シムルソ)

c: 鄭玄(ぢゃうぐゑん)曰(い)はく、君(きみ)召(め)して擯(ひん)せしむるときは、賓客(ひんかく)有(あ)るときに迎(むか)へしむるぞ。

d: 鄭玄が言った。君が召して、接待役をさせたときとは、賓客がいるとき迎えさせることである。

e: 정현이 말하기를, 임금이 부르시어 접대하는 역할을 맡기셨을 때라는 것은, 손님이 있을 때 영접하게 하는 것이다.

A: 色[イロ]勃[음합부,ホツ]如[タリ]也

B: 色(イロ)勃(ホツ)如(タリ)

C: 色(いろ)勃如(ほつじょ)たり。

D: 顔色を厳粛にされた。

E: 낯빛을 엄숙하게 하셨다.

a: 孔安國曰必變[レ,32]色[13]也

b: 孔安國曰必色を變ず

c: 孔安國(こうあんこく)曰(い)はく、必(かなら)ず色(いろ)を變(へん)ず。

d: 孔安国が言った。かならず顔色を変えた。

e: 공안국이 말하기를, 반드시 낯빛을 바꾸었다.

A: 足[アシ]、躩[음합부,キヤク[451]]如[タリ]也

B: 足(アシ)、躩(キヤク)如(タリ)

C: 足(あし)、躩如(きゃくじょ)たり。

D: 足どりを速やかにされた。

E: 발걸음을 빠르게 하셨다.

a: 苞氏曰槃[음합부,ハン]辟[ヘキ,22]貌之也

b: 苞氏曰槃(ハン)辟(ヘキ)の貌

c: 苞氏(はうし)曰(い)はく、槃辟(はんへき)の貌(かたち)。

d: 苞氏が言った。足どりを速やかにする様子である。

e: 포씨가 말하기를, 槃辟(반벽)[발걸음을 빠르게 하다]의 모습이다.[452]

A: 揖[レ,スルトキ,33]所[二,13]與[トモ]立[一,タテル]、左[二,훈합부,ヒタリ]右[ミキニ,32]其[22]手[一,13]。

B: 與(トモ)立(タテル)所を揖(スルトキ)は、其の手を左(ヒタリ)右(ミキニ)す。

C: 與(とも)に立(た)てる所(ところ)を揖(いふ)するときは、其(そ)の手(て)を左(ひだり)右(みぎ)にす。

D: ともに立っている人に揖するときは、その手を左にしたり、右にしたりした。

E: 함께 서 있는 사람들에게 揖(읍)할 때에는 손을 왼쪽으로 하기도 하고 오른쪽으로 하기도 하셨다.

A: 衣[コロモ,22]前[マヘ]後[ウシロ]、襜[음합부,セン]如[タリ]也

B: 衣(コロモ)の前(マヘ)後(ウシロ)、襜(セン)如(タリ)

---

451) 「躩」의 漢音은 「くゎく」이다.

452) 義疏「盤辟卽是足轉速也」

C: 衣(ころも)の前(まへ)後(うしろ)、襜如(せむじょ)たり。

D: 衣の前後がそろって乱れない。

E: 옷의 앞뒤(자락)도 가지런하셨다.

a: 鄭玄曰揖[ニ,トキ]左[22]人[一,13]左[ニ,ニ,32]其[22]手[一,13]。

b: 鄭玄曰左の人を揖(トキ)其の手を左(ニ)す。

c: 鄭玄(ぢゃうぐゑん)曰(い)はく、左(ひだり)の人(ひと)を揖(いふ)するときは、其(そ)の手(て)を左(ひだり)にす。

d: 鄭玄が言った。左の人に揖するときは、その手を左に向ける。

e: 정현이 말하기를, 왼쪽 사람에게 읍할 때에는 그 손을 왼쪽으로 하였다.

a: 揖[ニ,スルトキ,33]右[22]人[一,13]、右[ニ,32]其[22]手[一,13]

b: 右の人を揖(スルトキ)は、其の手を右す

c: 右(みぎ)の人(ひと)を揖(いふ)するときは、其(そ)の手(て)を右(みぎ)にす。

d: 右の人に揖するときは、その手を右に向ける。

e: 오른쪽 사람에게 읍할 때에는 그 손을 오른쪽으로 하였다.

a: 一[タヒハ]俛[フシ]、[453]一[タヒ]仰[アヲク]。

b: 一(タヒハ)俛(フシ)、一(タヒ)仰(アヲク)。

c: 一(ひと)たびは俛(ふ)し、一(ひと)たびは仰(あふ)ぐ。

d: ひとたび伏せば、ひとたび仰ぎみる。

e: 한번은 숙이고 한번은 위를 향했다.

a: 故[11]衣[22]前[훈합부]後[ロ]則襜[음합부]如[タリ]也

b: 故に衣の前後(ロ)則襜如(タリ)

c: 故(ゆゑ)に衣(ころも)の前後(まへうしろ)、則(すなは)ち襜如(せむじょ)たり。

d: したがって、衣の前後がそろって乱れない。

e: 그러므로 옷자락의 앞뒤가 가지런하였다.

---

453) 句點의 위치에 찍혀 있으나 문맥상 讀點으로 파악하였다.

A: 趨[ワシリ]進[スヽムトキ,33]翼[음합부,ヨク]如[タリ]也
B: 趨(ワシリ)進(ススムトキ)は翼(ヨク)如(タリ)
C: 趨(わし)り進(すす)むときは、翼如(よくじょ)たり。
D: 小走りに進まれるときは、端正で立派であった。
E: 종종걸음으로 나아가실 때에는 단정하고 보기 좋았다.

a: 孔安國曰言[33]端[음합부]好[ナリ]也
b: 孔安國曰言は端好(ナリ)
c: 孔安國(こうあんこく)曰(い)はく、言(いふこころ)は端好(たんかう)なり。
d: 孔安国が言った。意味はこうである。きちんとして立派な様子である。
e: 공안국이 말하기를, 그 뜻은 이러하다. 단정하고 보기 좋은 모양이다.

A: 賔、退[シリソキヌルトキ,11]、必[32]復[음합부,フク]命[メイシ,31]曰、賔、不[レ,32]顧[コセ]矣
B: 賔、退(シリソキヌルトキ)に、必ず復(フク)命(メイシ)て曰、賔、顧(コセ)不ず
C: 賓(ひん)退(しりぞ)きぬるときに、必(かなら)ず復命(ふくめい)して曰(い)はく、賓(ひん)顧(こ)せず。
D: 客が帰ったときは、かならず復命して言われた。客は(もう)ふりかえりませんでした。
E: 손님이 돌아갔을 때에는 반드시 復命(복명)하여 말씀하시기를, 손님이 (더 이상) 돌아보지 않았습니다.

a: 孔安國曰復[음합부]命[23~33,33]白[二,マウスソ]君[ニ]賔巳[ステ,11]去[一,ヌ,23~33]也矣
b: 孔安國曰復命とは君(ニ)賔巳(ステ)に去(ヌ)と白(マウスソ)
c: 孔安國(こうあんこく)曰(い)はく、復命(ふくめい)とは、君(きみ)に賓(ひん)已(すで)に去(さ)りぬと白(まう)すぞ。
d: 孔安国が言った。復命とは、君に客がすでに帰ったことを申したことである。
e: 공안국이 말하기를, 복명이라는 것은, 임금에게 손님이 이미 돌아갔음을 아뢴 것이다.

A: 入[二,トキ,33]公[음합부]門[一,13]、鞠[음합부,キツ]躬[음합부,キウ]如[タリ]也。
B: 公門を入(トキ)は、鞠(キツ)躬(キウ)如(タリ)。
C: 公門(こうもん)を入(い)るときは、鞠躬如(きっきうじょ)たり。

D: 公門を入るときは、小腰をかがめるようにされた。

E: 公門(공문)[궁성의 문]에 들어가실 때에는, 몸을 웅크리듯이 하셨다.

A: 如[ㆾ,コトク,32]不[ㆾ,サル,21]容[イレラレ]

B: 容(イレラレ)不(サル)が如(コトク)す

C: 容(い)れられざるが如(ごと)くす。

D: 入りづらいようにされた。

E: 들어갈 수 없는 듯이 하셨다.

a: 孔安國曰歛[ㆾ,ヲサムルソ]身[13]也

b: 孔安國曰身を歛(ヲサムルソ)

c: 孔安國(こうあんこく)曰(い)はく、身(み)を歛(をさ)むるぞ。

d: 孔安国が言った。身をすくめることである。

e: 공안국이 말하기를, 몸을 웅크리는 것이다.

A: 立[タテルトキ,33]不[ㆾ,32]中[ㆾ,チウセ]門[モン,11]。

B: 立(タテルトキ)は門(モン)に中(チウセ)不ず。

C: 立(た)てるときは、門(もん)に中(ちう)せず。

D: 立っているときは、門の中央(の延長線の位置)にお立ちにならなかった。

E: 서 계실 때에는 문 중앙(의 연장선 위치)에 서지 않으셨다.

A: 行[ユクトキ,33]不[ㆾ,32]履[ㆾ,フマ]閾[シキミ,13]

B: 行(ユクトキ)は閾(シキミ)を履(フマ)不ず

C: 行(ゆ)くときは、閾(しきみ)を履(ふ)まず。

D: 行くときは、敷居を踏まれなかった。

E: 다니실 때에는 문지방을 밟지 않으셨다.

a: 孔安國曰閾[ヰキ,33]門[음합부]限[ゲン[454)]]也

b: 孔安國曰閾(ヰキ)は門限(ゲン)

454) 「限」의 漢音은 「かん」이고, 吳音은 「げん」이다.

c: 孔安國(こうあんこく)曰(い)はく、閾(ゐき)は門限(もんげん)。

d: 孔安国が言った。閾は敷居である。

e: 공안국이 말하기를, 閾(역)은 문지방이다.

A: 過[ㇾ,スクルトキ,33]位[クラヰ,13]色勃[음합부]如[タリ]也。

B: 位(クラヰ)を過(スクルトキ)は色勃如(タリ)。

C: 位(くらゐ)を過(す)ぐるときは、色(いろ)勃如(ほつじょ)たり。

D: 席の前を過ぎるときは、顔色を厳粛にされた。

E: (임금이 계시던) 자리를 지나실 때에는, 낯빛을 엄숙하게 하셨다.

A: 足躩[음합부,キヤク]如[タリ]也

B: 足躩(キャク)如(タリ)

C: 足(あし)躩如(きゃくじょ)たり。

D: 足どりを速やかにされた。

E: 발걸음을 빠르게 하셨다.

a: 苞氏曰過[ㆁ,スクルソ]君[22]之空[음합부]位[ㆎ,13]也

b: 苞氏曰君の空位を過(スクルソ)

c: 苞氏(はうし)曰(い)はく、君(きみ)の空位(こうゐ)を過(す)ぐるぞ。

d: 苞氏が言った。空いている君の席の前を過ぎることである。

e: 포씨가 말하기를, 비어있는 임금의 자리 앞을 지나는 것이다.

A: 其[レ]言[モノイフ,13~23]似[ㆁ,ノレリ]不[ㇾ,ル]足[タラ]者[ㆎ,モ,22,11]。

B: 其(レ)言(モノイフ)こと足(タラ)不(ル)者(モ)のに似(ノレリ)。

C: 其(それ)言(ものい)ふこと、足(た)らざる者(もの)に似(の)れり。[455]

D: その話し方は、舌足らずのようであった。

E: 그 말씀하시는 것은, 말을 잘 못하는 사람 같으셨다.

455) 古注는 義疏의 「故言語細下不得多言, 如言不足之狀也, 不足少若不能也」에서 보는 바와 같이 '말을 할 수 없는 사람과 같다'고 파악한 것으로 보인다. 新注는 集注의 「言似不足不敢肆也」와 같이 '말을 감히 함부로 하지 않는 것'이라고 파악하고 있다.

A: 攝[ㇾ,カキヲサメ,31]齊[シ,13]升[ㇾ,ノホルトキ,33]堂[タウ,11]、鞠[음합부]躬[음합부]如[タリ]也。
B: 齊(シ)を攝(カキヲサメ)て堂(タウ)に升(ノホルトキ)は、鞠躬如(タリ)。
C: 齊(し)を攝(かきをさ)めて堂(たう)に升(のぼ)るときは、鞠躬如(きっきうじょ)たり。
D: 裾を持ち上げて、堂に上られるときは、小腰をかがめるようにされた。
E: 옷자락을 들어올리고 당에 오르실 때에는, 몸을 웅크리듯이 하셨다.

A: 屛[ㇾ,シリソケ,31]氣[13]似[ニ,ノレリ]不[ㇾ]息[イキセ]者[一,モ,22,11]
B: 氣を屛(シリソケ)て息(イキセ)不者(モ)のに似(ノレリ)
C: 氣(き)を屛(しりぞ)けて息(いき)せざる者(もの)に似(の)れり。
D: 息づかいをひそめられて、息をしない者のようだった。
E: 숨을 죽이셔서, 숨을 쉬지 않는 자 같으셨다.

a: 孔安國曰皆重[훈합부,ク]愼[メリ]也。
b: 孔安國曰皆重(ク)愼(メリ)。
c: 孔安國(こうあんこく)曰(い)はく、皆(みな)重(おも)く愼(つつし)めり。
d: 孔安国が言った。すべて重く慎重にした。
e: 공안국이 말하기를, (위의 행위를) 모두 신중히 했다.

a: 衣下[シモ,13]曰[ㇾ]齊[23~33]。
b: 衣下(シモ)を齊と曰。
c: 衣(ころも)の下(しも)を齊(し)と曰(い)ふ。
d: 衣の下の裾を斉という。
e: 옷의 아랫단을 齊(자)라고 한다.

a: 攝[ㇾ,カキヲサム,23~33,33]齊[13]者摳[ㇾ,カキヲサムルソ]衣[13]也
b: 齊を攝(カキヲサム)とは衣を摳(カキヲサムルソ)
c: 齊(し)を攝(かきをさ)むとは、衣(ころも)を摳(かきをさ)むるぞ。
d: 斉を持ち上げるとは、衣を持ち上げることである。
e: 齊(자)[아랫단]를 들어 올린다는 것은, 옷을 들어 올리는 것이다.

A: 出[31]降[⼆,クタ,31]一[음합부]等[⼀,13]逞[⼆,ノフルトキ,33]顔[음합부]色[⼀,ショク,13]怡[음합부,イ]怡[음합부]如[タリ]也

B: 出て一等を降(クタ)て顔色(ショク)を逞(ノフルトキ)は怡(イ)怡如(タリ)

C: 出(い)でて一等(いっとう)を降(くだ)りて、顔色(がんしょく)を逞(の)ぶるときは、怡怡如(いいじょ)たり。

D: 退かれて一段を下られて、顔色をほぐされるときは、安らかであった。

E: 물러나 한 계단을 내려와서 안색을 펴실 때에는 안온하였다.

a: 孔安國曰先[ツ]、屛[ㇾ,シリソケ,31]氣[13]下[ㇾ,クタ,31]階[13]舒[ㇾ,ノフ]氣[13]。

b: 孔安國曰先(ツ)、氣を屛(シリソケ)て階を下(クタ)て氣を舒(ノフ)。

c: 孔安國(こうあんこく)曰(い)はく、先(ま)づ氣(き)を屛(しりぞ)けて、階(はし)を下(くだ)りて、氣(き)を舒(の)ぶ。

d: 孔安国が言った。まずは息づかいをひそめて、階段を下っては息を安らかにした。

e: 공안국이 말하기를, 먼저 (올라가서는) 숨을 죽이고, 계단을 내려와서는 숨을 편안히 했다.

a: 故[11]怡[음합부]怡[음합부]如[タリ]也

b: 故に怡怡如(タリ)

c: 故(ゆゑ)に怡怡如(いいじょ)たり。

d: そのために安らかであった。

e: 그러므로 안온하였다.

A: 沒[ㇾ,ツクシ,31]階[ハシ,13]趨[훈합부,ワ[456)]シリ]進[スヽムトキ,11]翼[음합부]如[タリ]也

B: 階(ハシ)を沒(ツクシ)て趨(ワシリ)進(ススムトキ)に翼如(タリ)

C: 階(はし)を沒(つく)して、趨(わし)り進(すす)むときに、翼如(よくじょ)たり。

D: 階段を下り終わって、小走りに進まれるときには、端正で立派であった。

E: 계단을 다 내려와서 종종걸음으로 나아가실 때에, 단정하고 보기 좋았다.

---

456) 「ヲ」자처럼 보이나 「ワ」의 잘못으로 판단된다.

a: 孔安國曰沒[33]盡[ジン[457]]也。

b: 孔安國曰沒は盡(ジン)。

c: 孔安國(こうあんこく)曰(い)はく、沒(ぼつ)は盡(じん)。

d: 孔安国が言った。没は尽である。

e: 공안국이 말하기를, 沒(몰)은 盡(진)[다하다]이다.

a: 下[クタ,31]盡[ㇾ,ツク,32]階[ハシ,13]也

b: 下(クタ)て階(ハシ)を盡(ツク)す

c: 下(くだ)りて、階(はし)を盡(つく)す。

d: 階段を下り尽くすことである。

e: 계단을 다 내려오는 것이다.

A: 復[ニ,カヘルトキ,11]其[22]位[一,クラヰ,11]、踧[음합부,シク]踖[음합부,セキ]如[タリ]也

B: 其の位(クラヰ)に復(カヘルトキ)に、踧(シク)踖(セキ)如(タリ)

C: 其(そ)の位(くらゐ)に復(か)へるときに、踧踖如(しくせきじょ)たり。[458]

D: 君の席を再び通るときは、恭しくし慎まれた。

E: 그 자리를 다시 지날 때는 공경하고 삼가셨다.

a: 孔安國曰来[훈합부,ル]時[11]所[ㇾ,22]過[スキシ]、位[ソ]也

b: 孔安國曰来(ル)時に過(スキシ)所の、位(ソ)

c: 孔安國(こうあんこく)曰(い)はく、來(きた)る時(とき)に、過(す)ぎし所(ところ)の位(くらゐ)ぞ。

d: 孔安国が言った。来るときに過ぎた席である。

e: 공안국이 말하기를, 올 때에 지나온 자리이다.

---

457) 「盡」의 漢音은 「しん」이나, 탁점이 기입되어 있다.

458) 「復」에 대해 古注는 義疏의 「位謂初入時所過君之空位也, 今出至此位, 而更踧踖爲敬也」에서 보는 것처럼, 앞서 지나갔던 임금의 자리로 돌아오는 것으로 보았다. 新注는 集注의 「趨走就位也, 復位踧踖, 敬之餘也」에서 보는 바와 같이, 자기 자리로 돌아오는 것을 의미한다고 파악하였다.
應永本抄物 「位トハ出仕ノ時通ル處ノ君ノ空位也。皈出ル時ニ又此ヲ通ル時ニ踧踖トツヽシム也。(位(위)란 조정에 나아갈 때에 지나는 임금의 빈자리이다. 귀가할 때나 이곳을 다시 지날 때에 踧踖(축적)[공손함]하게 삼간다. 429쪽)」

A: 執[ㇾ,トルトキ,11]圭[タマ,13]、鞠[음합부]躬[음합부]如[タリ]也。如[ㇾ,コトク,32]不[ㇾ,サル,21]勝[タヘ]

B: 圭(タマ)を執(トルトキ)に、鞠躬如(タリ)。勝(タヘ)不(サル)が如(コトク)す

C: 圭(たま)を執(と)るときに、鞠躬如(きっきうじょ)たり。勝(た)へざるが如(ごと)くす。

D: 圭を取るときには、(お辞儀をするように)小腰をかがめられた。(その重みに)たえられないようにされた。

E: 圭(규)[옥으로 만든 패]를 잡을 때에는 (절을 하는 것처럼) 몸을 웅크리듯이 하셨다. (그 무게를) 감당하기 어려운 듯이 하셨다.

a: 苞氏曰爲[ㇾ,タメ,11]君[ノ]使[ツカヒシ,31]以[テ]聘[ニ,음합부,ヘイ]問[スルトキ,11]隣[음합부]國[一,13]、執[ニ,훈합부,トリ]持[モタリ]君[22]之圭[一,タマ,13]

b: 苞氏曰君(ノ)爲(タメ)に使(ツカヒシ)て以(テ)隣國を聘(ヘイ)問(スルトキ)に、君の圭(タマ)を執(トリ)持(モタリ)

c: 苞氏(はうし)曰(い)はく、君(きみ)の爲(ため)に使(つかひ)して、以(も)ちて隣國(りんこく)を聘問(へいぶん)するときに、君(きみ)の圭(たま)を執(と)り持(も)たり。

d: 苞氏が言った。君のために使者として、隣国から招待にあずかって訪問するときに、君の圭を授かって持参する。

e: 포씨가 말하기를, 임금을 위하여 사신으로서 이웃나라의 초빙을 받아 방문할 때에, 임금의 圭(규)를 받아 지닌다.

a: 鞠[음합부]躬[33]者敬[음합부]愼[シン,22]之至[イタレルソ]也

b: 鞠躬は敬愼(シン)の至(イタレルソ)

c: 鞠躬(きっきう)は、敬愼(けいしん)の至(いた)れるぞ。

d: 鞠躬は恭敬して愼むことの極みである。

e: 鞠躬(국궁)은 공경하고 삼감이 지극한 것이다.

A: 上[アクルトキ,11]如[ㇾ,シ]揖[イツスル,21]。下[クタストキ,11]如[ㇾ,シ]授[サツクル,21]。

B: 上(アクルトキ)に揖(イツスル)が如(シ)。下(クタストキ)に授(サツクル)が如(シ)。

C: 上(あ)ぐるときに、揖(いっ)するが如(ごと)し。下(くだ)すときに、授(さづ)くるが如(ごと)し。[459)]

D: 持ち上げるときは揖するようにされた。下げるときは上から物を授けるようにされた。

E: 들어 올릴 때에는 읍하는 듯이 하셨다. 내려놓을 때에는 윗분에게서 물건을 받는 듯이(받은 것을 내려놓듯이) 하셨다.

A: 勃[음합부]如[トシ,31]戰[음합부,セン]色[アリ]。足蹜[음합부,シク]蹜[トシ,31]如[ㇾ,コトシ]有[ㇾ,アルカ]循[シタカフ,13~23]也

B: 勃如(トシ)て戰(せん)色(アリ)。足蹜(シク)蹜(トシ)て循(シタカフ)こと有(アルカ)如(コトシ)

C: 勃如(ほつじょ)として、戰色(せんしょく)有(あ)り。足(あし)、蹜蹜(しくしく)として、循(したが)ふこと有(あ)るが如(ごと)し。

D: 緊張して恐がる気配をされた。足どりは小走りにして、従うことがあるようにされた。

E: 긴장하셔서 두려워하는 기색을 띠셨다. 발걸음은 종종걸음을 하여 따르는 것이 있는 것같이 하셨다.

a: 鄭玄曰上[アクルトキ,11]如[ㇾ,23~33,33]揖[スル,21]授[ㇾ,サツクルトキ,11]玉[13]、宜[ㇾ,ク]{ヘキ}敬[32]也。

b: 鄭玄曰上(アクルトキ)に揖(スル)が如とは玉を授(サツクルトキ)に、宜(ク)敬す宜(ヘキ)。

c: 鄭玄(ぢゃうぐゑん)曰(い)はく、上(あ)ぐるときに揖(いっ)するが如(ごと)しとは、玉(たま)を授(さづ)くるときに、宜(よろ)しく敬(けい)すべきぞ。

d: 鄭玄が言った。さし上げるときに揖するようにされたとは、玉を渡すときに恭敬すべきであることをいう。

e: 정현이 말하기를, 들어올릴 때에 읍하듯이 하셨다는 것은, 옥을 건넬 때에 마땅히 공경해야 한다는 것이다.

---

459) 「上」과 「下」에 대해서 義疏의 「上如揖謂就下取玉上授與人時也……謂奠玉置地時也」에서 보는 바와 같이 '들어올릴 때', '땅에 내려놓을 때'로 이해할 수 있다.
應永本抄物 「上下ハ隣國ヘ往テ圭ヲ渡ス時ニ身ヲ前ヘフセテ揖ヲスル如クスル也。下[クタス時]トハ玉ヲ地ニ置時ニモ人ニ授ケ與ル時ノ如ク身ヲ前ヘフセテ置也。(上(상)과 下(하)는 이웃나라에 가서 圭(규)를 건넬 때에 몸을 앞으로 숙여 揖(읍)을 하는 것같이 하는 것이다. 下(하)는 옥을 땅에 내려놓을 때에도 남에게 건넬 때 같이 몸을 앞으로 숙여서 놓는 것이다. 430쪽)」

a: 下[クタストキ,11]如[ㇾ,23~33,33]授[21]、不[二,32]敢[テ]忘[一,ㇾ,ワスレ]礼[13]。

b: 下(クタストキ)に授が如とは、敢(テ)礼を忘(ワスレ)不ず。

c: 下(くだ)すときに授(さづ)くるが如(ごと)しとは、敢(あ)へて禮(れい)を忘(わす)れず。

d: 下げて置くときは(上から)物を授けるようにされたとは、やはり礼を忘れないことである。

e: 내려놓을 때에 (윗분에게서) 물건을 받는 듯이 하셨다는 것은, 감히 예를 잊지 않는 것이다.

a: 戰[음합부]色[33]敬也。

b: 戰色は敬。

c: 戰色(せんしょく)は敬(けい)。

d: 戦色は敬である。

e: 戰色(전색)은 敬(경)[공경하여 두려워하는 기색을 띠는 것]이다.

a: 足蹜[음합부]蹜[トシ,31]如[ㇾ,23~33,33]有[ㇾ]循[13~23]擧[ㇾ,31]前[マヘ,13]曳[ㇾ,ヒイ,31]踵[クヒス,13]行[ユクソ]之也

b: 足蹜蹜(トシ)て循こと有如とは前(マヘ)を擧て踵(クヒス)を曳(ヒイ)て行(ユクソ)

c: 足(あし)蹜蹜(しくしく)として循(したが)ふこと有(あ)るが如(ごと)しとは、前(まへ)を擧(あ)げて踵(くびす)を曳(ひ)いて行(ゆ)くぞ。

d: 足どりは小走りにして、従うことがあるようにされたというのは、足の前をあげてかかとをひきずって歩くことである。

e: 발걸음은 종종걸음을 하여 따르는 것이 있는 것같이 하셨다는 것은, 발 앞을 들고 뒤꿈치를 끌며 걷는 것이다.

A: 享[음합부,キヤウ]禮[レイ,11]有[二,アリ]容[음합부,ヨウ]色[一,ショク]

B: 享(キヤウ)禮(レイ)に容(ヨウ)色(ショク)有(アリ)

C: 享禮(きゃうれい)に、容色(ようしょく)有(あ)り。

D: 享礼には和やかな顔つきをされる。

E: 향례[460]에서는 부드러운 표정을 짓는다.

---

460) 圭(규)를 바치고 난 다음에 여러 가지 예물을 상대방 임금에게 올리는 의식.

a: 鄭玄曰、享[33]獻也。

b: 鄭玄曰、享は獻。

c: 鄭玄(ぢゃうぐゑん)曰(い)はく、享(きゃう)は獻(けん)。

d: 鄭玄が言った。享は献である。

e: 정현이 말하기를. 享(향)은 獻(헌)[바치다]이다.

a: 聘[음합부]禮[11]既聘[シ,31]而享[32]

b: 聘禮に既聘(シ)て享す

c: 聘禮(へいれい)に、既(すで)に聘(へい)して享(きゃう)す。

d: 聘礼には招待してから贈り物を捧げる。

e: 聘禮(빙례)에서는 먼저 초빙하여 선물을 바친다.

a: 享[スルトキ,11]用[ニ,ル]圭[음합부,ケイ]璧[一,ヘキ,13]。

b: 享(スルトキ)に圭(ケイ)璧(ヘキ)を用(ル)。

c: 享(きゃう)するときに、圭璧(けいへき)を用(もち)ゐる。

d: 贈り物を捧げるときは、奎璧でする。

e: 선물을 바칠 때에는, 奎璧(규벽)[461]으로써 한다.

a: 有[ニ,リ]庭[음합부]實[一]也

b: 庭實有(リ)

c: 庭實(ていじつ)有(あ)り。

d: 庭実がある。

e: 庭實(정실)[462]이 있다.

A: 私[ワタクシ,11]覿[マミユルトキ,11]愉[음합부,ユ]愉[음합부]如[タリ]也

B: 私(ワタクシ)に覿(マミユルトキ)に愉(ユ)愉如(タリ)

C: 私(わたくし)に覿(まみ)ゆるときに、愉愉如(ゆゆじょ)たり。

D: 私的なことでお会いするときは、和やかな顔つきをされた。

E: 사적으로 뵐 때에는 부드러운 낯빛을 하셨다.

---

461) 제후가 천자를 만날 때 지니던 笏(홀).

462) 제후들이 바친 공물이 천자의 뜰에 가득 참. 또는 그렇게 찬 공물.

a: 鄭玄曰覿[テキ,33]見也。
b: 鄭玄曰覿(テキ)は見。
c: 鄭玄(ぢゃうぐゑん)曰(い)はく、覿(てき)は見(けん)。
d: 鄭玄が言った。覿は見である。
e: 정현이 말하기를, 覿(적)은 見(현)[뵙다]이다.

a: 既[11]享[シ,31]乃以[ニ,31]私[22]礼[一,13]見[マミユ]。
b: 既に享(シ)て乃私の礼を以て見(マミユ)。
c: 既(すで)に享(きゃう)して、乃(いま)し私(わたくし)の禮(れい)を以(も)ちて見(まみ)ゆ。
d: すでに贈り物を捧げて、そして私的な礼としてお目にかかる。
e: 먼저 선물을 바치고 그리고 나서 사적인 예로써 뵙는다.

a: 愉[음합부]愉[33]顔[음합부]色[22]之和[ヤハラクルソ]也
b: 愉愉は顔色の和(ヤハラクルソ)
c: 愉愉(ゆゆ)は、顔色(がんしょく)の和(やは)らぐるぞ。
d: 愉々は顔色が和やかになることである。
e: 愉愉(유유)는 안색이 부드러워지는 것이다.

A: 君[음합부]子[33]不[下]以[ニ,31]紺[음합부,カン]緅[一,シウ,13]飾[上,モトヲシニセ]
B: 君子は紺(カン)緅(シウ)を以て飾(モトヲシニセ)不
C: 君子(くんし)は紺緅(かむしう)を以(も)ちて飾(もとほ)しにせず。
D: 君子は紺色と赤黒い色で衣服の襟や縁を飾らない。
E: 군자는 감색과 검붉은색으로 옷선을 두르지 않는다.

a: 孔安國曰一[음합부]入[13]曰[レ]緅[23~33]
b: 孔安國曰一入を緅と曰
c: 孔安國(こうあんこく)曰(い)はく、一入(いちじふ)を緅(しう)と曰(い)ふ。
d: 孔安国が言った。一度染めたものを緅という。
e: 공안국이 말하기를, 한 번 물들인 것[463]을 緅(추)라고 한다.

463) 一入 : 한 번 염료 속에 넣은 색을 말한다. 再入, 三入은 조금 진한 색이다.

a: 飾[ショク,33]者、不[ヨ,ソ]以[31]為[ニ]領[음합부,レイ]袖[シウ,22]縁[一,モトヲシ,11]也。

b: 飾(ショク)は、以て領(レイ)袖(シウ)の縁(モトヲシ)に為不(ソ)。

c: 飾(しょく)は、以(も)ちて領袖(れいしう)の縁(もとほ)しに爲(せ)ざるぞ。

d: (ここで)飾とは、(つまり)それで襟と袖の縁を飾らないということである。

e: (여기서) 飾(식)이란, (즉) 그것으로써 옷깃과 소매의 선을 장식하지 않는다는 것이다.

a: 紺[33]者齊[음합부]服[22]盛[サカンナル]色。

b: 紺は齊服の盛(サカンナル)色。

c: 紺(かむ)は齊服(しふく)の盛(さか)んなる色(いろ)。

d: 紺は斉服に使われる上等な色である。

e: 紺(감)은 齊服(자복)[상복]에 쓰이는 고급스러운 색이다.

a: 以[31]為[レ,スル,22]飾[11]、似[レ,タリ]衣[ニ,キケル,11]齊[음합부]服[一,13]也。

b: 以て飾に為(スル)の、齊服を衣(キケル)に似(タリ)。

c: 以(も)ちて飾(しょく)に爲(す)る、齊服(しふく)を衣(き)けるに似(に)たり。

d: それで飾るのは、斉服を着た状態に似ている。

e: 그것으로 장식한 것은 齊服(자복)을 입은 것과 비슷하다.

a: 緅[33]者三[음합부]年練[レム,11]以[レ,31]緅[13]飾[レ,カサレリ]衣[ヲ]

b: 緅は三年練(レム)に緅を以て衣(ヲ)飾(カサレリ)

c: 緅(しう)は、三年(さむねん)練(れん)に、緅(しう)を以(も)ちて衣(ころも)を飾(かざ)れり。

d: 緅は三年の忌日に緅で衣服を飾る。

e: 緅(추)는 삼년 기일에 緅(추)로써 옷을 장식한다.

a: 為[ヨ,22]其[22]似[レ,ニタル,21]衣[ニ,ケルニ]喪[음합부,サウ]服[一,13]故[11]皆不[ニ,32]以[31]飾[一,レ,カサラ]衣[13]也

b: 其の喪(サウ)服を衣(ケルニ)似(ニタル)が為の故に皆以て衣を飾(カサラ)不ず

c: 其(そ)の喪服(さうふく)を衣(き)けるに似(に)たるが爲(ため)の故(ゆゑ)に、皆(みな)以(も)ちて衣(ころも)を飾(かざ)らず。

d: それは喪服を着た状態に似ているために、二つとも衣服を飾るのには用いない。

e: 그것은 상복을 입은 것과 비슷하기 때문에, 두가지 다 옷을 치장하는 데 쓰지 않는다.

A: 紅[음합부]紫[13,33]不[ᆿ,32]以[31]爲[ᆖ,セ]褻[ケ,22]服[ᆜ,フク,11]

B: 紅紫をば以て褻(ケ)の服(フク)に爲(セ)不ず

C: 紅紫(こうし)をば、以(も)ちて褻(け)の服(ふく)に爲(せ)ず。

D: 紅と紫で褻服[普段着]を飾らない。

E: 홍색과 자색을 褻服(설복)[평상복]으로 삼지 않는다.

a: 王肅曰褻[22]服[ハ]私[ニ]居[ヰ,31]非[ᆖ,32]公[음합부]會[22]之服[ᆜ,11]者也。

b: 王肅曰褻の服(ハ)私(ニ)居(ヰ)て公會の服に非ず。

c: 王肅(わうしく)曰(い)はく、褻(け)の服(ふく)は私(わたくし)に居(ゐ)て、公會(こうくゎい)の服(ふく)にあらず。

d: 王粛が言った。褻服は私的な場で着る服であって、公的な場で着る衣服ではない。

e: 왕숙이 말하기를, 설복은 사적으로 거할 때 입는 옷으로, 공적인 자리에서 입는 옷이 아니다.

a: 皆不[음합부]正[ナリ]。

b: 皆不正(ナリ)。

c: 皆(みな)不正(ふせい)なり。

d: すべて正服ではない。

e: 모두 正服(정복)이 아니다.

a: 褻[ケニモ]尚[ナヲ]不[ㇾ,ストナラ,33]衣[キ]正[음합부]服[11,33]無[ㇾ,ケ,12]所[ㇾ]施[ホトコス]也

b: 褻(ケニモ)尚(ナヲ)衣(キ)不(ストナラ)ば正服には施(ホトコス)所無(ケ)ん

c: 褻(け)にも尚(なほ)衣(き)ずとならば、正服(せいふく)には施(ほどこ)す所(ところ)無(な)けん。

d: 普段も着ないなら、正服には使うところがないだろう。

e: 평상시에도 입지 않는다면 정복에서는 쓰는 바가 없을 것이다.

A: 當[ㇾ,31,33]暑[シヨ,11]縝[ヒトヘ,22]絺[음합부,チ]綌[ケキ,11]必[ス]表[ウハヲソイシ,31]而出[ツ]

B: 暑(シヨ)に當ては縝(ヒトヘ)の絺(チ)綌(ケキ)に必(ス)表(ウハヲソイシ)て出(ツ)

C: 暑(しょ)に當(あた)りては、縝(ひとへ)の絺綌(ちけき)に、必(かなら)ず表(うはおそひ)して出(い)づ。

D: 暑いときには、単衣の絺綌にかならず上着を着て出かけられた。

E: 더울 때는 홑옷의 絺綌(치격)[거친 베]에 반드시 겉옷을 입고 나가셨다.

a: 孔安國曰暑[アツキトキ,33]則單[ヒトヘ,22]服[32]。

b: 孔安國曰暑(アツキトキ)は則單(ヒトヘ)の服す。

c: 孔安國(こうあんこく)曰(い)はく、暑(あつ)きときは、則(すなは)ち單(ひとへ)を服(ふく)す。

d: 孔安国が言った。暑いときは単衣を着る。

e: 공안국이 말하기를, 더울 때에는 홑겹으로 입는다.

a: 絺[음합부]綌[33]葛[カツ]也。

b: 絺綌は葛(カツ)。

c: 絺綌(ちけき)は葛(かつ)。

d: 絺綌は葛である。

e: 絺綌(치격)은 葛(갈)[거친 베]이다.

a: 必[32]表[シ,31]而出[23~33,33]加[ㆁ,ソ]上[음합부]衣[ㆀ,13]也

b: 必ず表(シ)て出とは上衣を加(ソ)

c: 必(かなら)ず表(うはおそひ)して出(い)づとは、上衣(しゃうい)を加(くは)ふるぞ。[464)]

d: かならず上着を着て出かけたというのは、上衣をかけることをいう。

e: 반드시 겉옷을 입고 나간다는 것은 웃옷을 덧입는다는 것이다.

---

464) 古注는 義疏의 「表謂加上衣也, 古人冬則衣裘, 夏則衣葛也, 若在家則裘葛之上, 亦無別加衣, 若出行接賓皆加上衣, 當暑雖熱絺綌可單, 若出不可單, 則必加上衣, 故云必表而出也」에서 보는 바와 같이, '더운 여름에도 밖에 나갈 때는 반드시 베로 만든 웃옷을 입고 나간다'고 이해한 것으로 보인다. 集注는 「表而出之, 謂先著裏衣, 表絺綌而出之於外, 欲其不見體也」라고 하여 '베로 만든 웃옷을 밖으로 드러나도록 입는다'고 이해하였다. 이에 따라 集解訓點本과 集注訓點本은 「出」을 각각 「いづ」와 「いだす」로 읽었다.
應永本抄物 「古人ハ冬ハ裘ヲキ、夏ハ葛ヲキル也。絺綌ハ共ニ葛也。絺ハ細キサイミ也。綌ハアラキサイミ也。若家中ニアル時ハ冬ハ裘ハカリヲキ、夏ハ葛ハカリヲキテ上ニ物ヲキス。若餘所へ行トキハ必上衣ヲ加ル也。……孔子炎天ノ時分ハ内ニテハヒトヘノチケキハリヲキレトモ、餘所へ行トキハチケキノ上ニ上衣ヲ加テユク也。(옛사람

A: 緇[음합부,シ]衣[11,33]羔[훈합부,ヒツシ,22]裘[カハコロモ]。

B: 緇(シ)衣には羔(ヒツシ)の裘(カハコロモ)。

C: 緇衣(しい)には、羔(ひつじ)の裘(かはごろも)。

D: 黒い衣服には、子羊の皮ごろも。

E: 검은 옷에는 새끼양 가죽옷.

A: 素[음합부]衣[11,33]麑[カコ,22]裘。

B: 素衣には麑(カコ)の裘。

C: 素衣(そい)には、麑(かご)の裘(かはごろも)。

D: 白い衣服には鹿の子の皮ごろも。

E: 흰 옷에는 새끼사슴 가죽옷.

A: 黃[음합부]衣[11,33]狐[훈합부,クツネ,22]裘。

B: 黃衣には狐(クツネ)の裘。

C: 黃衣(くゎうい)には、狐(くつね)の裘(かはごろも)。

D: 黄色い衣服には狐の皮ごろも。

E: 노란 옷에는 여우 가죽옷.

A: 褻[ケ,22]裘[33]長[ナカウシ,31]短[ニ,ミシカウ,32]右[훈합부,22]袂[一,ソテ,13]

B: 褻(ケ)の裘は長(ナカウシ)て右の袂(ソテ)を短(ミシカウ)す

C: 褻(け)の裘(かはごろも)は、長(なが)うして右(みぎ)の袂(そで)を短(みじか)うす。

D: 普段着の皮ごろもは長くするが、右の袖を短くされた。

E: 평상시의 가죽옷은 길게 하시되 오른쪽 소매를 짧게 하셨다.

a: 孔安國曰、服[33]皆中[음합부]外[22]之色、[465]相[훈합부]稱[カナフ]也。

b: 孔安國曰、服は皆中外の色、相稱(カナフ)。

들은 겨울에는 裘(구)[가죽옷]를 입고 여름에는 葛(갈)[베옷]을 입었다. 絺綌(치격)은 모두 베옷이다. 絺(치)는 고운 베이고, 綌(격)은 거친 베이다. 만약 집안에 있을 때에는, 겨울에는 裘만 입고 여름에는 葛만 입고서 위에 아무것도 걸치지 않는다. 만약 다른 곳에 나갈 때에는 반드시 겉옷을 걸쳤다. ……공자께서 몹시 더운 날씨일 때에는 집안에서는 홑겹 絺綌만을 입으셨지만 다른 곳에 나가실 때에는 絺綌 위에 겉옷을 걸치고 가셨다. 434쪽)」 古注에 의해 기술되어 있다.

465) 句點의 위치에 찍혀 있으나 문맥상 讀點으로 파악하였다.

c: 孔安國(こうあんこく)曰(い)はく、服(ふく)は皆(みな)中外(ちうぐゎい)の色(いろ)、相(あ)ひ稱(かな)ふ。

d: 孔安国が言った。衣服は皆内と外の色がつりあう。

e: 공안국이 말하기를, 옷은 모두 안팎의 색이 서로 어울린다.

a: 私[22]家[22]裘[22]長[ナカキ,13~23,33]主[ㇾ,ト,32]温[アタヽカナル,11]也。

b: 私の家の裘の長(ナカキ)ことは温(アタタカナル)に主(ト)す。

c: 私(わたくし)の家(いへ)の裘(かはごろも)の長(なが)きことは、溫(あたた)かなるに主(しゅ)とす。

d: 家で着る皮ごろもが長いのは、温かいことを優先したのである。

e: 집에서 입는 가죽옷이 긴 것은 따뜻한 것을 우선시한 것이다.

a: 短[ニ,ハ,13~23,33]右[22]袂[一,13]者便[ニ,タヨリ,32]作[음합부]事[一,11]也

b: 右の袂を短こと(ハ)は作事に便(タヨリ)す

c: 右(みぎ)の袂(そで)を短(みじ)かくすることは、作事(さくし)に便(たよ)りす。

d: 右の袖を短かくしたのは、作業の便宜のためである。

e: 오른쪽 소매가 짧은 것은 일하는 데 편하게 한 것이다.

A: 必[32]有[ニ]寢[훈합부,イヌルトキ,22]衣[一,コロモ]。[466]長[ナカサ]、一[음합부]身有[음합부]半

B: 必ず寢(イヌルトキ)の衣(コロモ)有。長(ナカサ)、一身有半

C: 必(かなら)ず寢(い)ぬるときの衣(ころも)有(あ)り。長(なが)さ、一身(いっしん)有半(いうはん)。

D: かならず寝るときの衣服がある。長さは身長一倍半である。

E: 반드시 잠잘 때의 옷이 있다. 길이는 한 길 반이다.

a: 孔安國曰今[22]之被[フスマ]也

b: 孔安國曰今の被(フスマ)

c: 孔安國(こうあんこく)曰(い)はく、今(いま)の被(ふすま)。

466) 讀點의 위치에 찍혀 있으나 문맥상 句點으로 파악하였다.

d: 孔安国が言った。今の布団である。

e: 공안국이 말하기를, 지금의 이불이다.

A: 狐[음합부]狢[22]之厚[アツキ]、以[コレ,31]居[ヲリ]

B: 狐狢の厚(アツキ)、以(コレ)て居(ヲリ)

C: 狐貉(こかく)の厚(あつ)き、これを以(も)ちて居(を)り。

D: 狐と貉の皮の厚いもの、これを着ていらっしゃった。

E: 여우와 담비 가죽이 두터운 것, 이것을 입고 계셨다.

a: 鄭玄曰在[ㇾ,31]家[11]以[31]接[ニ,セツスルソ]賔[음합부]客[一,11]之也

b: 鄭玄曰家に在て以て賔客に接(セツスルソ)

c: 鄭玄(ぢゃうぐゑん)曰(い)はく、家(いへ)に在(あ)りて、以(も)ちて賓客(ひんかく)に接(せっ)するぞ。

d: 鄭玄が言った。家にいるとき、これを着て客を応待するのである。

e: 정현이 말하기를, 집에 있을 때 이것으로써 빈객을 접대하는 것이다.

A: 去[ㇾ,ノソイ,31,33]喪[モ,13]、無[ㇾ,シ]所[ㇾ]不[ㇾ,スト云]佩

B: 喪(モ)を去(ノソイ)ては、佩不(ストイフ)所無(シ)

C: 喪(も)を去(のぞ)いては、佩(お)びずといふ所(ところ)無(な)し。

D: 喪中のときを除いて、佩玉(おびたま)をつけないときがなかった。

E: 상중일 때를 제외하고선 차고 있지 않는 때가 없었다.

a: 孔安國曰去[33]除[チヨ]也。

b: 孔安國曰去は除(チヨ)。

c: 孔安國(こうあんこく)曰(い)はく、去(きょ)は除(ちょ)。

d: 孔安国が言った。去は除である。

e: 공안국이 말하기를, 去(거)는 除(제)[제외하다]이다.

a: 非[ㇾ,サレハ]喪[11]則倫[ツフサ,11]佩[ㇾ,ヲフ]所[ㇾ,13]宜[ㇾ,ク]{ヘキ}佩也

b: 喪に非(サレハ)則倫(ツフサ)に宜(ク)佩宜(ベキ)所を佩(ヲフ)

c: 喪(も)にあらざれば、則(すなは)ち備(つぶ)さに宜(よろ)しく佩(お)ぶべき所(ところ)を佩(お)ぶ。

d: 喪中でなければ、かならずつけるべき佩玉をつける。

e: 상중이 아니면, 빠짐없이 당연히 차야 할 것을 찬다.

A: 非[〻,アラサレ,33]惟[음합부]裳[㆒,11]、必[32]殺[ソク]之

B: 惟裳に非(アラサレ)ば、必ず殺(ソク)

C: 惟裳(ゐしゃう)にあらざれば、必(かなら)ず殺(そ)ぐ。

D: 惟裳でなければ、(腰の部分を)かならず裁ち落とした。

E: 惟裳(유상)[예복]이 아니면, (허리 부분을) 반드시 줄였다.

a: 王肅曰衣[훈독부,33]必有[〻,リ]殺[훈합부,ソキ]縫[㆒,ヌフ,13~23]

b: 王肅曰衣は必殺(ソキ)縫(ヌフ)こと有(リ)

c: 王肅(わうしく)曰(い)はく、衣(ころも)は必(かなら)ず殺(そ)ぎ縫(ぬ)ふこと有(あ)り。

d: 王肅が言った。衣服はかならず裁ち落として、縫ったところがある。

e: 왕숙이 말하기를, 옷은 반드시 줄여서 바느질한 곳이 있다.

a: 唯惟[음합부]裳[33]無[㆑,シ]殺[ソク,13~23]之也

b: 唯惟裳は殺(ソク)こと無(シ)

c: 唯(ただ)、惟裳(ゐしゃう)は殺(そ)ぐこと無(な)し。

d: ただ惟裳だけは裁ち落とすことがない。

e: 다만 惟裳(유상)만은 줄이는 일이 없다.

A: 羔[음합부]裘玄[음합부]冠[シ,31,33]不[〻,32]以[31]弔[㆒,テウセ]

B: 羔裘玄冠(シ)ては以て弔(テウセ)不ず

C: 羔裘(かうきう)玄冠(くゑんくゎん)しては、以(も)ちて弔(てう)せず。

D: 子羊の皮ごろもを着て、黒い冠をかぶって、弔問されることはなかった。

E: 새끼양 가죽옷을 입고 검은 관을 쓰고서는 조문하지 않으셨다.

a: 孔安國曰喪[33]主[㆑,32]素[シロキ,13]

b: 孔安國曰喪は素(シロキ)を主す

c: 孔安國(こうあんこく)曰(い)はく、喪(さう)は素(しろ)きを主(しゅ)とす。

d: 孔安国が言った。喪は白色を主とする。

e: 공안국이 말하기를, 喪事(상사)는 흰색을 주로 한다.

a: 吉[33]主[㆑,23~33,32]玄[クロキ,13]

b: 吉は玄(クロキ)を主とす

c: 吉(きつ)は玄(くろ)きを主(しゅ)とす。

d: 吉事は黒色を主とする。

e: 吉事(길사)는 검은색을 주로 한다.

a: 吉[음합부]凶異[㆑,コト,11,32]服[13]。故[11]不[二]相[훈합부]弔[一]也

b: 吉凶服を異(コト)にす。故に相弔不

c: 吉凶(きっきょう)、服(ふく)を異(こと)にす。故(ゆゑ)に相(あ)ひ弔(とぶら)はず。

d: 吉凶は衣服を異にする。したがって同じ服で弔問しない。

e: 길흉은 옷을 달리한다. 그러므로 같은 옷으로 조문하지 않는다.

A: 吉[음합부]月[11,33]必朝[음합부]服[シ,31]而朝[32]

B: 吉月には必朝服(シ)て朝す

C: 吉月(きつぐゑつ)には、必(かなら)ず朝服(てうふく)して、朝(てう)す。

D: 吉月[ついたち]には、かならず朝服をして朝廷に上る。

E: 吉月(길월)[초하루]에는 반드시 조복을 하시고 조정에 오른다.

a: 孔安國曰吉[음합부]月[33]月[음합부]朔也。

b: 孔安國曰吉月は月朔。

c: 孔安國(こうあんこく)曰(い)はく、吉月(きつぐゑつ)は月朔(ぐゑつさく)。

d: 孔安国が言った。吉月は月朔である。

e: 공안국이 말하기를, 吉月(길월)은 月朔(월삭)[초하루]이다.

a: 朝[음합부]服[33]皮[음합부]弁[음합부]服[ソ]也

b: 朝服は皮弁服(ソ)

c: 朝服(てうふく)は皮弁服(ひへんふく)ぞ。

d: 朝服は皮弁服である。

e: 朝服(조복)은 皮弁[467)]服(피변복)이다.

A: 齋[サイスルトキ,33]必[32]有[ᅳ,リ]明[음합부]衣[22]布[ᅳ,ホ]也

B: 齋(サイスルトキ)は必ず明衣の布(ホ)有(リ)

C: 齋(さい)するときは、必(かなら)ず明衣(めいい)の布(ほ)有(あ)り。

D: 斎するときは、かならず明衣の布があった。

E: 재계하실 때에는, 반드시 明衣(명의)의 布(포)가 있었다.

a: 孔安國曰以[レ,31]布[ホ,13]為[ᅳ,ツクル]沐[음합부]浴[22]之衣[ᅳ,11]也

b: 孔安國曰布(ホ)を以て沐浴の衣に為(ツクル)

c: 孔安國(こうあんこく)曰(い)はく、布(ほ)を以(も)ちて沐浴(ぼくよく)の衣(ころも)に爲(つく)る。

d: 孔安国が言った。布で沐浴の衣を作る。

e: 공안국이 말하기를, 포를 가지고 목욕옷을 만든다.

A: 齋[サイスルトキ,33]必[ス]變[レ,32]食[음독부,13]

B: 齋(サイスルトキ)は必(ス)食を變ず

C: 齋(さい)するときは、必(かなら)ず食(しょく)を變(へん)ず。

D: 斎するときには、かならず食を変えられた。

E: 재계하실 때는 반드시 음식을 바꾸셨다.

a: 孔安國曰改[ᅳ,アラタムルソ]常[음합부,22]食[ᅳ,13]也

b: 孔安國曰常の食を改(アラタムルソ)

c: 孔安國(こうあんこく)曰(い)はく、常食(しゃうしょく)を改(あらた)むるぞ。

---

467) 皮弁 : 조정에 출사할 때 쓰던 사슴가죽 모자.

d: 孔安国が言った。普段の食を変えたのである。

e: 공안국이 말하기를, 평소의 음식을 바꾸었다는 것이다.

A: 居[オルトキ,11,33]必遷[ㇾ,ウツ,32]坐[サ,13]

B: 居(オルトキ)には必坐(サ)を遷(ウツ)す

C: 居(を)るときには、必(かなら)ず坐(さ)を遷(うつ)す。

D: 座るときには、かならず席を移された。

E: 앉으실 때에는 반드시 자리를 옮기셨다.

a: 孔安國曰易[ニ,カフ]常[훈합부]處[トコロ,13]也

b: 孔安國曰常處(トコロ)を易(カフ)

c: 孔安國(こうあんこく)曰(い)はく、常(つね)の處(ところ)を易(か)ふ。

d: 孔安国が言った。普段のところを変えた。

e: 공안국이 말하기를, 평소의 거처를 바꾸었다.

A: 食[イヒ,33]不[ㇾ,32]厭[ㇾ,イトハ]精[クワシキ,13]。

B: 食(イヒ)は精(クワシキ)を厭(イトハ)不ず。

C: 食(いひ)は、精(くは)しきを厭(いと)はず。

D: 飯は精米をよしとした。

E: 밥은 정미한 것을 좋게 여기셨다.

A: 膾[ナマス,33]不[ㇾ,32]厭[ㇾ,イトハ]細[ホソキ,13]。

B: 膾(ナマス)は細(ホソキ)を厭(イトハ)不ず。

C: 膾(なます)は、細(ほそ)きを厭(いと)はず。

D: さしみは細く切ったものをよしとした。

E: 회는 가늘게 썬 것을 좋게 여기셨다.

A: 食[イヒノ]饐[イシ,31]而餲[アヒセル]

B: 食(イヒノ)饐(イシ)て餲(アヒセル)

C: 食(いひ)の饐(い)して餲(あい)せる、

D: ご飯がすえて味が変わったもの、

E: 밥이 쉬어서 맛이 변한 것,

a: 孔安國曰饐[イ]餲[アイ,33]臭[음합부,シウ]味[ミ,22]變[ヘンセルソ]也

b: 孔安國曰饐(イ)餲(アイ)は臭(シウ)味(ミ)の變(ヘンセルソ)

c: 孔安國(こうあんこく)曰(い)はく、饐餲(いあい)は臭味(しうみ)の變(へん)ぜるぞ。

d: 孔安国が言った。饐餲は臭と味が変わったものである。

e: 공안국이 말하기를, 饐餲(의애)는 냄새와 맛이 변한 것이다.

A: 魚[22]餒[アサレ,31]而肉[シヽ,22]敗[ヤフレタル]、不[ㇾ,32]食[クラハ]

B: 魚の餒(アサレ)て肉(シシ)の敗(ヤフレタル)、食(クラハ)不ず

C: 魚(うを)の餒(あざ)れて、肉(しし)の敗(やぶ)れたるを食(くら)はず。

D: 魚のいたんだもの、肉の腐敗したものを召し上がらなかった。

E: 생선이 상하고 고기가 부패한 것을 잡수시지 않았다.

a: 孔安國曰魚[22]敗[ヤフレタル,13]曰[ㇾ]餒[タイ,23~33]也

b: 孔安國曰魚の敗(ヤフレタル)を餒(タイ)と曰

c: 孔安國(こうあんこく)曰(い)はく、魚(うを)の敗(やぶ)れたるを、餒(だい)と曰(い)ふ。

d: 孔安国が言った。魚のいたんだものを餒という。

e: 공안국이 말하기를, 생선이 상한 것을 餒(뇌)라고 한다.

A: 色[イロ]悪[アシキ]、不[ㇾ]食[クラハ]。

B: 色(イロ)悪(アシキ)、食(クラハ)不ず。

C: 色(いろ)惡(あ)しき、食(くら)はず。

D: 色が悪いものは、召し上がらなかった。

E: 빛깔이 나쁜 것은 잡수시지 않았다.

A: 臭[クサク]悪[アシキ]、不[ㇾ,32]食[ハ]。

B: 臭(クサク)悪(アシキ)、食(ハ)不ず。

C: 臭(くさ)く惡(あ)しき、食(くら)はず。

D: 臭が悪いのは、召し上がらなかった。

E: 냄새가 나쁜 것은 잡수시지 않았다.

A: 失[ㇾ,ウシナヘル]飪[シン]、不[ㇾ,32]食[ハ]

B: 飪(シン)失(ウシナヘル)、食(ハ)不ず

C: 飪(じむ)失(うしな)へる、食(くら)はず。

D: 煮方のよくないのは、召し上がらなかった。

E: 익히기를 잘못 한 것은 잡수시지 않았다.

a: 孔安國曰失[ㇾ,23~33,33]飪失[ニ,ウシナヘルソ]生[음합부]熟[シク,22]之節[一,13]也

b: 孔安國曰飪失とは生熟(シク)の節を失(ウシナヘルソ)

c: 孔安國(こうあんこく)曰(い)はく、飪(じむ)失(うしな)へるとは、生熟(せいしゅく)の節(せつ)を失(うしな)へるぞ。

d: 孔安国が言った。飪を失ったというのは、生熟の具合いが適切でないものである。

e: 공안국이 말하기를, 飪(임)을 잃는다는 것은, 날 것과 익은 것의 정도가 적절하지 않다는 것이다.

A: 不[ㇾ,32,33]時[トキアラ]、不[ㇾ]食[クラハ]

B: 時(トキアラ)不ずば、食(クラハ)不

C: 時(とき)あらずんば、食(くら)はず。

D: (決まった食事の)時でなければ、召し上がらなかった。

E: 때가 아니면 잡수시지 않았다.

a: 鄭玄曰不[ㇾ,23~33,33]時[アラ]、非[ニ,32]朝[음합부]夕日[음합부]中[22]時[一,11]也

b: 鄭玄曰時(アラ)不とは、朝夕日中の時に非ず

c: 鄭玄(ぢゃうぐゑん)曰(い)はく、時(とき)あらずとは、朝夕(てうせき)日中(じっちう)の時(とき)にあらず。[468)]

d: 鄭玄が言った。時ではないというのは、朝、夕方、昼の時ではないという意味である。

e: 정현이 말하기를, 때가 아니라는 것은 아침, 저녁, 낮의 때가 아닌 것이다.

---

468) 義疏「不時非朝夕日中時也, 非其時則不宜食, 故不食也, 江熙曰, 不時謂生非其時, 若冬梅李實也」
集注「不時, 五穀不成, 果實未熟之類, 此數者, 皆足以傷人故不食」

A: 割[キリメ]不[ㇾ,ス,33]正[タヽシカラ]、不[ㇾ,32]食[クラハ]。

B: 割(キリメ)正(タタシカラ)不(ス)ば、食(クラハ)不ず。

C: 割(きりめ)正(ただ)しからずんば、食(くら)はず。

D: 切り方が正くなければ、召し上がらなかった。

E: 썬 것이 바르지 않으면 잡수시지 않았다.

A: 不[ㇾ,33]得[二]其[22]醬[一,アヘモノ]不[ㇾ,32]食[ハ]

B: 其の醬(アヘモノ)得不ば食(ハ)不ず

C: 其(そ)の醬(あへもの)を得(え)ずんば、食(くら)はず。

D: (それぞれの食べ物にあう)醤がなければ、召し上がらなかった。

E: (음식에 맞는) 장을 얻지 못하면 잡수시지 않았다.

a: 馬融曰、魚[22]膾[ナマス]非[二,レ,33]芥[カラシ,22]醬[一,ヒシホ,11]不[ㇾ,32]食也

b: 馬融曰、魚の膾(ナマス)芥(カラシ)の醬(ヒシホ)に非(レ)ば食不ず

c: 馬融(ばいう)曰(い)はく、魚(うを)の膾(なます)は、芥(からし)の醬(ひしほ)にあらざれば、食(くら)はず。

d: 馬融が言った。魚のさしみはからし醤油でなければ、召し上がらなかった。

e: 마융이 말하기를, 생선회는 겨자장이 아니면 잡수시지 않았다.

A: 肉[シヽ]雖[ㇾ,ヘトモ]多[ヲヽシ,23~33]、不[ㇾ,32]使[ㇾ,シメ]勝[ㇾ,カタ]食[훈합부,22]氣[キ,11][469]

B: 肉(シシ)多(ヲヲシ)と雖(ヘトモ)、食の氣(キ)に勝(カタ)使(シメ)不ず

C: 肉(しし)は多(おほ)しといへども、食(し)の氣(き)に勝(か)たしめず。

D: 肉が多くても、主食の飯よりは越えなかった。

E: 고기가 많아도 주식인 밥보다는 많이 잡수시지 않았다.

A: 唯[タヽ]酒[サケ,33]無[ㇾ,ナケレトモ]量[ハカリ]、不[ㇾ,ス]及[ㇾ,オヨホサ]亂[ランニ]。

B: 唯(タタ)酒(サケ)は量(ハカリ)無(ナケレトモ)、亂(ランニ)及(オヨホサ)不ず。

C: 唯(ただ)酒(さけ)は量(はか)り無(な)けれども、亂(らん)に及(およ)ぼさず。

469) 본문이 「餼」로 되어 있는 책도 있다. 「餼」는 '밥'이라는 의미이며, 「氣」와 통한다.

D: 酒だけは決まった量はないが、乱れるまでには及ばなかった。

E: 단 술은 정해진 양이 없으나, 흐트러짐에 미치지는 않으셨다.

A: 沽[훈합부,ウル]酒、市[イチノ]脯[ホシヽ]、不[㆑,32]食[クラハ]

B: 沽(ウル)酒、市(イチノ)脯(ホシシ)、食(クラハ)不ず

C: 沽(う)る酒(さけ)、市(いち)[470]の脯(ほしし)、食(くら)はず。

D: 売っている酒と市の乾し肉は、召し上がらなかった。

E: 파는 술과 시장의 포는 잡수시지 않았다.

A: 不[㆑,スメ]撤[㆑,ステ]薑[ハシカミ,13]食[クラフ]

B: 薑(ハシカミ)を撤(ステ)不(スシテ)食(クラフ)

C: 薑(はじかみ)を撤(す)てずして食(くら)ふ。

D: 生姜をすてず、召し上がった。

E: 생강을 물리지 않고 잡수셨다.

a: 孔安國曰、撤[テツ,33]去[キヨ]也。

b: 孔安國曰、撤(テツ)は去(キヨ)。

c: 孔安國(こうあんこく)曰(い)はく、撤(てつ)は去(きょ)。

d: 孔安国が言った。撤は去である。

e: 공안국이 말하기를, 撤(철)은 去(거)[물리다]이다.

a: 齊[モノイミスル时,33]禁[㆓,32]薫[음합부]物[㆒,13]

b: 齊(モノイミスルトキ)は薫物を禁ず

c: 齊(ものいみ)するときは、薫物(くんぶつ)を禁(きむ)ず。

d: 斉するときは、香りのするものを禁ずる。

e: 재계할 때는 향기 나는 것을 금한다.

a: 薑[33]辛[カラウシ,31]不[㆑,32]臭[クサカラ]。故[11]不[㆑,32]去[ステ]也

b: 薑は辛(カラウシ)て臭(クサカラ)不ず。故に去(ステ)不ず

470) 「沽」와 「市」에 대해, 義疏는 「酒不自作則未必清淨, 脯不自作則不知何物之肉, 故沽市所得」라고 주석하였다. 集解訓點本은 이에 따라 각각 「うる」와 「いち」라고 읽었다. 集注에서는 「沽市皆買也」라고 주석하였고 集注訓點本은 이에 따라 두 한자 모두 「かふ」라고 훈독하고 있다.

c: 薑(はじかみ)は辛(から)うして臭(くさ)からず。故(ゆゑ)に去(す)てず。

d: 生姜は辛いが、臭くはない。それですてなかった。

e: 생강은 맵지만 냄새가 나지 않는다. 그러므로 물리지 않았다.

A: 不[〻,32]多[オホク]食[〺,クラハ]

B: 多(オホク)食(クラハ)不ず

C: 多(おほ)く食(くら)はず。

D: 多くは召し上がらなかった。

E: 많이 드시지 않았다.

a: 孔安國曰、不[〻,32]過[훈합부,スコシ]飽[〺,アクマテニセ]

b: 孔安國曰、過(スコシ)飽(アクマテニセ)不ず

c: 孔安國(こうあんこく)曰(い)はく、過(す)ごし飽(あ)くまでにせず。

d: 孔安国が言った。過食はしなかった。

e: 공안국이 말하기를, 과식하지 않았다.

A: 祭[〻,マツルトキ,11]於公[〺,11]不[㆑,32]宿[㆑,ヨヘニサ]肉[シヽ]

B: 公に祭(マツルトキ)に肉(シシ)宿(ヨヘニサ)不ず

C: 公(こう)に祭(まつ)るときに、肉(しし)を宿(よべ)にせず。

D: 官で祭るときに、肉は宵越しにしなかった。

E: 관에서 제사지낼 때 (제사 지낸) 고기는 그날을 넘기지 않으셨다.

a: 周生烈曰、助[〻,トキ]祭[13]於君[〺,11]、所[㆑,22]得[タル]、牲[음합부]軆[13]歸[カヘ,31]則以[31]班[훈합부,アカチ]賜[フ]。

b: 周生烈曰、祭を君に助(トキ)、得(タル)所の、牲軆を歸(カヘ)て則以て班(アカチ)賜(フ)。

c: 周生烈(しうせいれつ)曰(い)はく、祭(まつ)りを君(きみ)に助(たす)くるとき、得(え)たる所(ところ)の牲軆(せいてい)を、歸(かへ)りて則(すなは)ち以(も)ちて班(あか)ち賜(たま)ふ。

d: 周生烈が言った。祭りの際、君を助け、そこで得た肉を、帰って来て分けてやった。

e: 주생렬이 말하기를, 임금이 제사지내는 것을 도와줄 때 받은 제사고기[牲體(생체)]를, 돌아와서 나누어 주었다.

a: 不[ㇾ,シトナリ]留[ニ,トヽメ]神[22]恵[一,ケイ,13]也

b: 神の恵(ケイ)を留(トトメ)不(シトナリ)

c: 神(かみ)の恵(けい)を留(とど)めじとなり。

d: 神の恩恵を(自分だけに)留めないようにしたのである。

e: 신의 은혜를 (자기에게만) 머무르게 하지 않고자 한 것이다.

A: 祭[マツリ,22]肉[シヽ,33]不[ㇾ,32]出[ニ,イタサ]三[음합부]日[一,11]。

B: 祭(マツリ)の肉(シシ)は三日に出(イタサ)不ず。

C: 祭(まつ)りの肉(しし)は、三日(さむじつ)に出(いだ)さず。

D: 祭の肉は三日のうちに処分された。

E: 제사지낸 고기는 3일을 넘기지 않으셨다.

A: 出[ニ,イテヌル,13,33]三[음합부]日[一,13]、不[ㇾ,32]食[クラ]之矣

B: 三日を出(イテヌル)をば、食(クラ)不ず

C: 三日(さむじつ)を出(い)でぬるをば、食(くら)はず。

D: 三日を過ぎたら召し上がらなかった。

E: 3일이 지난 것은 잡수시지 않으셨다.

a: 鄭玄曰、自其[22]家[22]祭[22]肉[ニクソ]也。

b: 鄭玄曰、自其の家の祭の肉(ニクソ)。

c: 鄭玄(ぢゃうぐゑん)曰(い)はく、自(みづか)ら其(そ)の家(いへ)の祭(まつ)りの肉(にく)ぞ。

d: 鄭玄が言った。自らその家で祭った肉である。

e: 정현이 말하기를, (제육은) 손수 그 집에서 제사를 지낸 고기이다.

a: 過[ニ,トキ,33]三[음합부]日[一,13]不[ㇾ]食[クラハ]也。

b: 三日を過(トキ)は食(クラハ)不。

c: 三日(さむじつ)を過(す)ぐるときは、食(くら)はず。

d: 三日を過ぎたときは、食べなかった。

e: 3일이 지나면 먹지 않았다.

a: 是[レ]褻[〻,ケカスナリ]鬼[음합부]神[22]之餘[一,アマリ,13]也

b: 是(レ)鬼神の餘(アマリ)を褻(ケカスナリ)

c: 是(これ)鬼神(きしん)の餘(あま)りを褻(けが)すなり。

d: これは鬼神の食べ残しをけがすことになる。

e: 이는 鬼神(귀신)이 歆饗(흠향)하고 남은 것을 더럽히는 일이다.

A: 食[ショクスルトキ,11]不[ㇾ,32]語[モノカタリ]。

B: 食(ショクスルトキ)に語(モノカタリ)不ず。

C: 食(しょく)するときに、語(ものがた)りせず。

D: 召し上がるときには、語られなかった。

E: 음식을 잡수실 때, 이야기하지 않으셨다.

A: 寢[イヌルトキ,11]不[ㇾ,32]言[モノイハ]。

B: 寢(イヌルトキ)に言(モノイハ)不ず。

C: 寢(い)ぬるときに、言(ものい)はず。

D: 寝床に入られてからは、話されなかった。

E: 잠자리에 드셔서는 말씀하지 않으셨다.

A: 雖[〻,ヘトモ]蔬[음합부,ソ]食[シ]、菜[음합부,サイ]羹[음합부,カウ]瓜[一,クワ,23~33]、[471]
祭[トキ,33]必[32]齋[472][음합부,サイ]如[タリ]也

B: 蔬(ソ)食(シ)、菜(サイ)羹(カウ)瓜(クワ)と雖(ヘトモ)、祭(トキ)は必ず齋(サイ)如(タリ)

C: 蔬食(そし)、菜羹瓜(さいかうくゎ)といへども、祭(まつ)るときは、必(かなら)ず齋如(さいじょ)たり。

D: 粗末なご飯や野菜汁、きゅうりでも、祭るときはかならず慎むるようにされた。

E: 비록 거친 밥과 나물국과 오이라고 할지라도, 제사지낼 때는 반드시 삼가듯이 하셨다.

a: 孔安國曰齊[サイ,33]嚴[음합부,ケム]敬之貌也。

b: 孔安國曰齊(サイ)は嚴(ケム)敬貌。

---

471) 句點의 위치에 찍혀 있으나 문맥상 讀點으로 파악하였다.

472) 永正本集解는 대문과 세주 모두 「齊」이다. 義疏는 대문과 세주 모두 「齋」이다.

c: 孔安國(こうあんこく)曰(い)はく、齊(さい)は嚴敬(げむけい)の貌(かたち)。

d: 孔安国が言った。斉は、厳粛に慎む様子である。

e: 공안국이 말하기를, 齊(제)는 엄숙히 삼가는 모양이다.

a: 三[22]物[22]雖[レ]薄[ウスシ,23~33]、祭[トキ,33]之必[32]敬[32]也

b: 三の物の薄(ウスシ)と雖、祭(トキ)は必ず敬す

c: 三(み)つの物(もの)、薄(うす)しといへども、祭(まつ)るときは必(かなら)ず敬(けい)す。

d: 三つのものは、たとえ素朴なものといっても、祭るときはかならず慎んだ。

e: 세 가지 것이 비록 소박한 것이라 할지라도, 제사지낼 때는 반드시 삼갔다.

A: 席[セキ]不[レ,ス,33]正[シカラ]、不[レ,32]坐[ヲラ]。

B: 席(セキ)正(シカラ)不(ス)ば、坐(ヲラ)不ず。

C: 席(せき)正(ただ)しからずんば、坐(を)らず。[473)]

D: 席がただしくなければ、座らない。

E: 자리가 바르지 않으면 앉지 않으셨다.

A: 鄉[훈합부]人[22]飮[음합부]酒[11]杖[음합부]者出[イテヌルトキ,11]斯[コヽ,11]出[ツ]矣

B: 鄉人の飮酒に杖者出(イテヌルトキ)に斯(ココ)に出(ツ)

C: 鄉人(きゃうひと)の飮酒(いむしう)に、杖者(ちゃうしゃ)出(い)でぬるときに、斯(ここ)に出(い)づ。[474)]

D: 村人とともに酒を飲むときには、杖をつく老人が退出すると、(孔子も)退出された。

E: 마을 사람과 함께 술을 마실 때는, 지팡이를 짚은 노인이 나가야 (공자께서도) 나가셨다.

---

473) 자리가 단정하게 놓여있는가로 파악하는 설과 자리의 방향(남향·북향일 때는 서쪽이 상위, 동향·서향일 때는 남쪽이 상위)으로 파악하는 설과 신분에 따라 정해진 깔개의 격식(天子는 5겹, 諸侯는 3겹, 大夫는 2겹 등)으로 파악하는 설 등이 있다.
應永本抄物「疊ナトヲ敷ニユカメテ鋪テハ居玉ハス。聖人ハ不正ヲ嫌フ故也。上ノ割[キリメ]不[レ]正不食ト云ト同意也。一義ニ天子ノ席ヲハ五重、諸侯三重、大夫再重トテ席ヲシク數定レリ。是ヲチカヘテハ不坐。(자리 등을 깔 때에 비뚤게 깔면 앉지 않으셨다. 성인은 바르지 않은 것을 싫어하시기 때문이다. 위에 '잘려진 모양이 바르지 않으면 먹지 않는다'라고 한 것과 같은 취지이다. 일설에 천자의 자리는 다섯 겹, 제후는 세 겹, 대부는 두 겹으로 자리를 까는 숫자가 정해져 있었다. 이에 어긋나면 앉지 않는다. 441쪽)」

474) 應永本抄物「鄉黨ニハ貴[レ]齒[ヨハイヲ]ホトニ老者ヲ本トス。故老者[ノ]マタ座ヲ起サルニハ、若キ者ナトハ先ツ座ヲタヽス。老者カ出テイニテ後ニ孔子モ出テ皈玉フ也。(향당에서는 나이를 중요하게 여기므로 나이든 사람을 위주로 하였다. 그러므로 나이든 사람이 아직 자리를 일어서지 않으면 젊은 사람이 먼저 자리를 나서지 않는다. 나이든 사람이 나가고 난 다음에 공자께서도 나가신 것이다. 442쪽)」 義疏의 「若飮酒禮畢, 杖者先出, 則同飮之人乃從之而出, 故云杖者出斯出矣也」와 같은 주석을 풀어 적고 있다.

a: 孔安國曰杖[음합부]者[33]老[음합부]人也。

b: 孔安國曰杖者は老人。

c: 孔安國(こうあんこく)曰(い)はく、杖者(ちゃうしゃ)は老人(らうじん)。

d: 孔安国が言った。杖者は老人である。

e: 공안국이 말하기를, 杖者(장자)는 노인이다.

a: 郷[훈합부]人[22]飲[음합부]酒[22]之礼主[ᆖ,シュ,23~33,32]於老[음합부]者[ᆖ,13]。

b: 郷人の飲酒の礼老者を主(シュ)とす。

c: 鄉人(きゃうひと)の飲酒(いむしう)の禮(れい)、老者(らうしゃ)を主(しゅ)とす。

d: 村人の飲酒の礼は、老人を主とする。

e: 마을 사람과 술 마시는 예는 노인을 위주로 한다.

a: 老[음합부]者礼畢[オハ,31]出[イツルトキ,11]孔[음합부]子從[31]而出[ツ]之

b: 老者礼畢(オハ)て出(イツルトキ)に孔子從て出(ツ)

c: 老者(らうしゃ)禮(れい)畢(をは)りて出(い)づるときに、孔子(こうし)從(したが)ひて出(い)づ。

d: 老人が礼を終えて退出するときに、孔子も後に従って退出した。

e: 노인이 예를 마치고 나갈 때에 공자가 뒤따라 나갔다.

A: 郷[훈합부,キヤウ]人[ヒト,22]儺[ヲニヤラフトキ,11]、朝[음합부]服[フクメ]而立[ᆖ,タテリ]阼[음합부,ソ]階[ᆖ,カイ,11]

B: 郷(キヤウ)人(ヒト)の儺(ヲニヤラフトキ)に、朝服(フクシテ)阼(ソ)階(カイ)に立(タテリ)

C: 鄉人(きゃうひと)の儺(おにやら)ふときに、朝服(てうふく)して阼階(そかい)に立(た)てり。

D: 村人が鬼やらいをするときに、朝服を着て、東の階段に立っていらっしゃった。

E: 마을 사람이 儺禮(나례)[475]를 할 때에 조복을 입고, 동쪽 계단에 서 계셨다.

a: 孔安國曰儺[タ,33]驅[ᆖ,훈합부,カリ]逐[ヲフ]疫[음합부,エキ]鬼[ᆖ,13]也。

b: 孔安國曰儺(タ)は疫(エキ)鬼を驅(カリ)逐(ヲフ)。

475) 민가와 궁중에서, 음력 섣달 그믐날에 묵은해의 마귀와 사신을 쫓아내려고 베풀던 의식. 본디 중국에서 시작한 것으로, 새해의 악귀를 쫓을 목적으로 행하다가 차츰 중국 칙사의 영접, 왕의 행행(行幸), 인산(因山) 때에 행하였다.

c: 孔安國(こうあんこく)曰(い)はく、儺(だ)は疫鬼(えきき)を驅(か)り逐(お)ふ。

d: 孔安国が言った。儺は疫鬼をおいはらうことである。

e: 공안국이 말하기를, 儺(나)는 疫鬼(역귀)를 쫓는 것이다.

a: 恐[ㇾ,ル]驚[ニ,カサム,13~23,13]先[음합부]祖[一,13]

b: 先祖を驚(カサム)ことを恐(ル)

c: 先祖(せんぞ)を驚(おどろ)かさんことを恐(おそ)る。

d: 先祖を驚かすことを恐れた。

e: 선조를 놀라게 할 것을 두려워했다.

a: 故[11]朝[음합부]服[シ,31]立[ニ,テリ]於廟[ヒヨウ,22]之阼[음합부,ソ]階[一,11]也

b: 故に朝服(シ)て廟(ヒヨウ)の阼(ソ)階に立(テリ)

c: 故(ゆゑ)に朝服(てうふく)して、廟(べう)の阼階(そかい)に立(た)てり。

d: そのために、朝服を着て、廟の東の階段に立っていた。

e: 그러므로 조복을 입고 사당의 동쪽 계단에 서 있었다.

A: 問[ニ,トフトキ,11]人[13]於他[음합부]邦[一,11]再[음합부]拜[シ,31]送[ヲクル]之

B: 人を他邦に問(トフトキ)に再拜(シ)て送(ヲクル)

C: 人(ひと)を他邦(たはう)に問(と)ふときに、再拜(さいはい)して送(おく)る。[476)]

D: 人を他国に送って尋ねるときには、再拝して送られた。

E: 사람을 다른 나라에 (보내어) 안부를 물을 때는, 두 번 절하고 보내셨다.

a: 孔安國曰拜[シ,31]送[ニ,13~23,33]使[음합부]者[一,13]敬[ケイスレハナリ]也

b: 孔安國曰拜(シ)て使者を送ことは敬(ケイスレハナリ)

c: 孔安國(こうあんこく)曰(い)はく、拜(はい)して使者(ししゃ)を送(おく)ることは、敬(けい)すればなり。

---

476) 應永本抄物「孔子隣國ノ君へ使ヲ遺シテ聘問スル時ニ、其ヤル使[ヲカ]シテ再拜シテ送也。使ヲハ貴フルニ非ス。彼方ノ君ヲ貴フ故也。遠ケレトモ敬ヲステスシテ親[マノアタリ]アヘルカ如クスル也。(공자께서 이웃나라 임금에게 사절을 보내어 聘問(빙문)할 때에 보내는 사절에게 두 번 절하고 보낸 것이다. 사절을 존대한 것이 아니라 상대방 나라 임금을 존대한 것이다. 멀리 있지만 공경하는 마음을 버리지 않고 눈앞에서 마주한 것처럼 하는 것이다. 443쪽)」

d: 孔安国が言った。拝して使者を送るのは敬するためである。

e: 공안국이 말하기를, 절하고 使者(사자)를 보내는 것은 공경하기 때문이다.

A: 康[음합부]子饋[㆑,ヲクレリ]藥[クスリ,13]。

B: 康子藥(クスリ)を饋(ヲクレリ)。

C: 康子(かうし)、藥(くすり)を饋(おく)れり。

D: 康子が薬を送った。

E: 季康子(계강자)가 약을 보냈다.

A: 拜[シ,31]而受[ウク]之

B: 拜(シ)て受(ウク)

C: 拜(はい)して受(う)く。

D: 拝して受けた。

E: 절하고 (약을) 받으셨다.

a: 苞氏曰遺[477][ニ,ヲクレリ]孔[음합부]子[11]藥[一,13]也

b: 苞氏曰孔子に藥を遺(ヲクレリ)

c: 苞氏(はうし)曰(い)はく、孔子(こうし)に藥(くすり)を遺(おく)れり。

d: 苞氏が言った。孔子に薬ヲを送った。

e: 포씨가 말하기를, 공자에게 약을 보냈다.

A: 曰[22]、丘[인명부]未[㆑,タ]{ストテ云テ}達[タツセ]不[ニ,32]敢[31]嘗[一,ナメ]之

B: 曰の、丘未(タ)達(タツセ)未(ストイヒテ)敢て嘗(ナメ)不ず

C: 曰(のたう)ばく、丘(きう)未(いま)だ達(たっ)せずといひて、敢(あ)へて嘗(な)めず。[478]

D: 言われた。私はよく知らないからと言って、あえて口にされなかった。

E: 말씀하시기를, (그 약이 내 병에 맞을지 어떨지) 알지 못한다고 하며, 맛보지 않으셨다.

---

477) 論語注疏 (十三經注疏)에는 「饋」라고 되어있다.

478) 應永本抄物 「此藥何ノ病ヲ治スルコトヲ不知。藥其心ヲ達セスシテノ玉イテノミ玉ハサル也。凡ソ人ノ食物ヲ賜トキハ嘗テ拜スル也。今此藥銘ヲ不知受テ不[㆑,ンハ]飲人ノ心ヲ虛クスル義也。故ニ其子細ヲコトハリテ丘未達ト云辭ヲ出スコト禮ノ中ヲ得タリ。(이 약이 어느 병을 다스리는지를 모른다. 약의 의미를 알지 못하고서 준다고 받지는 않는다는 것이다. 무릇 남이 주는 음식을 받을 때에는 맛을 보고 절을 한다. 지금 이 약에 대해 잘 알지 못하는 채로 받아서 먹지 않는다면 남의 마음을 헛되게 하는 것이다. 그러므로 그 자세한 사정을 알려서 丘未達[나는 (나의 병세에 잘 맞을지) 잘 모르겠다]이라고 말씀하신 것은 예에 들어맞는 것이다. 444쪽)」

a: 孔安國曰未[ﾚ,32]知[ﾆ]其[22]故[ｰ,ユヘ,13]。
b: 孔安國曰未其の故(ユヘ)を知未ず。
c: 孔安國(こうあんこく)曰(い)はく、未(いま)だ其(そ)の故(ゆゑ)を知(し)らず。
d: 孔安国が言った。この薬についてよく知らない。
e: 공안국이 말하기를, 이 약에 대해 모른다.

a: 故[11]不[ﾚ,ハ]嘗[ナメ]礼[ナリ]也
b: 故に嘗(ナメ)不(ハ)礼(ナリ)
c: 故(ゆゑ)に嘗(な)めざるは禮(れい)なり。
d: したがって、口にしないのが礼である。
e: 그러므로 맛보지 않는 것이 예이다.

A: 廐[ムマヤ]焚[ヤケタリ]
B: 廐(ムマヤ)焚(ヤケタリ)
C: 廐(むまや)焚(や)けたり。
D: うまやが焼けた。
E: 마구간에 불이 났다.

A: 子退[ﾚ,シリソイ,31]朝[음독부ヨリ]曰[22]、傷[ﾚ,ヤフレリ]人[13]乎[ヤト云,31]不[ﾚ]問[ﾚ,トハ]馬[ムマ,13]
B: 子朝(ヨリ)退(シリソイ)て曰の、人を傷(ヤフレリ)乎(ヤトイヒ)て馬(ムマ)を問(トハ)不
C: 子(し)、朝(てう)より退(しりぞ)いて曰(のたう)ばく、人(ひと)を傷(やぶ)れりやといひて、馬(むま)を問(と)はず。
D: 先生は朝廷から退き、言われた。人が怪我したかといって、馬のことは問われなかった。
E: 선생님이 조정에서 돌아오셔서 말씀하시기를, 사람이 다쳤느냐고 하시고, 말에 대해서는 묻지 않으셨다.

a: 鄭玄曰重[ﾚ,ヲモンシ,31]人[13]賤[ﾚ,シン,32]畜[ケモノ,13]也。
b: 鄭玄曰人を重(ヲモンシ)て畜(ケモノ)を賤(シン)ず。
c: 鄭玄(ぢゃうぐゑん)曰(い)はく、人(ひと)を重(おも)んじて、畜(けもの)を賤(いや)しんず。

d: 鄭玄が言った。人を重んじて、獣を軽んじた。

e: 정현이 말하기를, 사람을 중히 여기고 짐승을 가볍게 여겼다.

a: 退[ㇾ,23~33,33]朝[ヨリ]自[㆓]鲁[22]君[22]之朝[㆒]来[훈합부,リ]歸[ル]

b: 朝(ヨリ)退とは鲁の君の朝自来(リ)歸(ル)

c: 朝(てう)より退(しりぞ)くとは、魯(ろ)の君(きみ)の朝(てう)より來(きた)り歸(かへ)る。

d: 朝廷から退くとは、魯の君の朝廷から戻ってくることである。

e: 조정에서 돌아온다는 것은, 노나라 임금의 조정으로부터 돌아오는 것이다.

A: 君、賜[ㇾ,タマフトキ,33]食[13]必[32]正[ㇾ,タヽシ,31]席[セキ,13]先[ツ]嘗[ナム]

B: 君、食を賜(タマフトキ)は必ず席(セキ)を正(タタシ)て先(ツ)嘗(ナム)

C: 君(きみ)、食(しょく)を賜(たま)ふときは、必(かなら)ず席(せき)を正(ただ)して、先(ま)づ嘗(な)む。

D: 君が食べ物をくだされば、かならず席をまっすぐにして、まず味見をされた。

E: 임금께서 음식을 내려주시면, 반드시 자리를 바르게 하고 먼저 맛보셨다.

a: 孔安國曰、敬[㆓,32]君[22]之惠[㆒,13]也。

b: 孔安國曰、君の惠を敬す。

c: 孔安國(こうあんこく)曰(い)はく、君(きみ)の惠(けい)を敬(けい)す。

d: 孔安国が言った。君の恩恵を敬するのである。

e: 공안국이 말하기를, 임금의 은혜에 경의를 표하는 것이다.

a: 既[11]嘗[ナメ,31]之乃以[31]班[훈합부,アカチ]賜[フ]之也

b: 既に嘗(ナメ)て乃以て班(アカチ)賜(フ)

c: 旣(すで)に嘗(な)めて、乃(いま)し以(も)ちて班(あか)ち賜(たま)ふ。

d: 味見をしてから、分けてやった。

e: 맛보고 나서 나누어 주었다.

A: 君賜[ㇾ,トキ,33]腥[ナマクサキ,13]、必[32]熟[음독부シ,31]而薦[スヽ,12]之

B: 君腥(ナマクサキ)を賜(トキ)は、必ず熟(シ)て薦(スス)む

C: 君(きみ)腥(なまぐさ)きを賜(たま)ふときは、必(かなら)ず熟(しゅく)して薦(すす)む。

D: 君が生肉をくだされば、かならず煮て(先祖に)供えられた。

E: 임금께서 날고기를 내려주시면, 반드시 익혀서 (조상에게) 바치셨다.

a: 孔安國曰、薦[23~33,33]薦[ニ,ムルソ]其[ノ]先[음합부]祖[一,11]也

b: 孔安國曰、薦とは其(ノ)先祖に薦(ムルソ)

c: 孔安國(こうあんこく)曰(い)はく、薦(すす)むとは、其(そ)の先祖(せんぞ)に薦(すす)むるぞ。

d: 孔安国が言った。薦めるとは、先祖に供えるのである。

e: 공안국이 말하기를, 바친다는 것은, 선조에게 올리는 것이다.

A: 君賜[レ,タマフトキ,33]生[イケル,13]、必[32]畜[カフ]之

B: 君生(イケル)を賜(タマフトキ)は、必ず畜(カフ)

C: 君(きみ)生(い)けるを賜(たま)ふときは、必(かなら)ず畜(か)ふ。

D: 君が生きたままくだされば、かならず家畜とされた。

E: 임금께서 산 짐승을 내려주시면, 반드시 키우셨다.

A: 侍[ニ,ハヘルトキ,11]食[음독부,11]於君[一,ニ]、[479]君祭[サイスルトキ,33]先[ツ]飯[ハン,32]

B: 食に君(ニ)侍(ハヘルトキ)に、君祭(サイスルトキ)は先(ツ)飯(ハン)す

C: 食(しょく)に君(きみ)に侍(はべ)るときに、君(きみ)祭(さい)するときは、先(ま)づ飯(はん)す。

D: 君とお供して食事をするときに、君が祭祀をする間、先に(毒味のために)味見された。

E: 임금과 함께 음식을 드실 때는, 임금께서 제를 올리는 사이에 (임금을 위하여) 먼저 맛보셨다.

a: 鄭玄曰、於君祭[トキ,33]則先[ツ]飯[음독부,32]矣

b: 鄭玄曰、君祭(トキ)は則先(ツ)飯す

c: 鄭玄(ぢゃうぐゑん)曰(い)はく、君(きみ)祭(さい)するときは、則(すなは)ち先(ま)づ飯(はん)す。

479) 句點의 위치에 찍혀 있으나 문맥상 讀點으로 파악하였다.

d: 鄭玄が言った。君が祭祀をする間、先に味見した。

e: 정현이 말하기를, 임금께서 제를 올리는 사이에 먼저 맛보았다.

a: 若[ㇾ,ク]為[ㆁ,タメノ]先[ツ]嘗[ㆀ,ㇾ,ナムル,21]食[13]然[シカス]也

b: 先(ツ)食を嘗(ナムル)が為(タメノ)若(ク)然(シカス)

c: 先(ま)づ食(しょく)を嘗(な)むるが爲(ため)の若(ごと)く、然(しか)す。

d: 先に食べ物を味見をするためであるかのように、そのようにした。

e: 먼저 음식을 맛보기 위해 하는 것처럼 그렇게 하였다.

A: 疾[ヤマヒスルトキ,11]君視[ミルトキ,33]之東[음합부]首[シ,31]加[ㆁ,ヘ,31]朝[음합부]服[ㆀ,13]拖[ㇾ,ヒク]紳[シン,13]

B: 疾(ヤマヒスルトキ)に君視(ミルトキ)は東首(シ)て朝服を加(ヘ)て紳(シン)を拖(ヒク)

C: 疾(やまひ)するときに君(きみ)視(み)るときは、東首(とうしう)して、朝服(てうふく)を加(くは)へて、紳(しん)を拖(ひ)く。

D: 病気になられ、君がお見舞いに来られたときは、頭を東に向けて朝服で覆って大きい帯をかけていらっしゃった。

E: 병이 나서 임금께서 문병을 오시면, 머리를 동쪽으로 두고 조복을 덮고 큰 띠를 걸쳐 놓으셨다.

a: 苞氏曰、夫[음합부]子疾[ヤマヒスルトキ,11]也處[ㆁ,ヰ]南[음합부]牖[ヨウ[480],22]之下[ㆀ,モト,11]東[음합부]首[シ,31]加[ㆁ,ヘ,31]其朝[음합부]服[ㆀ,13]拖[ㇾ,ヒク]紳[13]。

b: 苞氏曰、夫子疾(ヤマヒスルトキ)に南牖(ヨウ)の下(モト)に處(ヰ)東首(シ)て其朝服を加(ヘ)て紳を拖(ヒク)。

c: 苞氏(はうし)曰(い)はく、夫子(ふうし)疾(やまひ)するときに、南牖(なむよう)の下(もと)に處(ゐ)て、東首(とうしう)して、其(そ)の朝服(てうふく)を加(くは)へて、紳(しん)を拖(ひ)く。

d: 苞氏が言った。先生が病気になったときは、南のまどの下にいて、頭を東に向けて朝服で覆って大きい帯をかけた。

e: 포씨가 말하기를, 선생님이 병이 났을 때에, 남쪽 창 밑에 누워 머리를 동쪽으로 두고 조복을 덮고 큰 띠를 걸쳐 놓았다.

480) 「牖」의 漢音은 「イウ」이고 吳音은 「ユ・ヨウ」이다.

a: 紳[33]大[음합부]帶[タイ]。
b: 紳は大帶(タイ)。
c: 紳(しん)は大帶(たいたい)。
d: 紳は大きい帯である。
e: 紳(신)은 큰 띠이다.

a: 不[ᆖ,23~33,33]敢[31]不[ㆹ,スハアラ]衣[ᆖ,キ]朝[음합부]服[ᅳ,13]、見[ㆹ,マミユルナリ]君[11]也
b: 敢て朝服を衣(キ)不(スハアラ)不とは、君に見(マミユルナリ)
c: 敢(あ)へて朝服(てうふく)を衣(き)ずんばあらずとは、君(きみ)に見(まみゆ)るなり。
d: あえて朝服を着ないではいられないとは、君にお目にかかるためである。
e: 감히 조복을 입지 않을 수 없는 것은, 임금을 뵙기 때문이다.

A: 君命[メイシ,31]召[メストキ,33]不[ㆹ,メ]俟[ㆹ]駕[13]行[ユク]矣
B: 君命(メイシ)て召(メストキ)は駕を俟不(シテ)行(ユク)
C: 君(きみ)、命(めい)して召(め)すときは、駕(か)を俟(ま)たずして行(ゆ)く。
D: 君が命じて召されるときは、車を待たないで行かれた。
E: 임금께서 명하시어 부르시면, 수레를 기다리지 않고 가셨다.

a: 鄭玄曰、急[スミヤカ,11]趨[ᆖ,ソ][481]君[음합부]命[ᅳ、11]也
b: 鄭玄曰、急(スミヤカ)に君命に趨(ソ)
c: 鄭玄(ぢゃうぐゑん)曰(い)はく、急(すみ)やかに君命(くんめい)に趨(わし)るぞ。
d: 鄭玄が言った。速やかに君の命に駆け付けるのである。
e: 정현이 말하기를, 신속하게 임금의 명령에 따라 달려가는 것이다.

a: 行[훈합부,ユキ]出[イテ,31]而車既[ニ]駕[シ,31]従[フ]也
b: 行(ユキ)出(イテ)て車既(ニ)駕(シ)て従(フ)
c: 行(ゆ)き出(い)でて、車(くるま)既(すで)に駕(か)して従(したが)ふ。
d: 出かけた後、車の準備ができ、追っていく。
e: (공자께서) 나간 뒤에 (아랫사람이) 마차를 준비하여 뒤따랐다.

481) 永正本集解에 「ワシル」라고 적혀 있다.

A: 入[ᅳ,31]太[음합부]廟[ᅳ,11]毎[ㇾ,11]事、問[フ]
B: 太廟に入て事毎に、問(フ)
C: 太廟(たいべう)に入(い)りて、事(こと)毎(ごと)に問(と)ふ。
D: 太廟に入っては、事あるごとにお尋ねになった。
E: 太廟(태묘)에 들어가서는 일일이 물으셨다.

a: 鄭玄曰、爲[ㇾ,ニ]君[22]助[ㇾ,ク]祭[13]也。
b: 鄭玄曰、君の爲(ニ)祭を助(ク)。
c: 鄭玄(ぢゃうぐゑん)曰(い)はく、君(きみ)の爲(ため)に祭(さい)を助(たす)く。
d: 鄭玄が言った。君のために祭を助ける。
e: 정현이 말하기를, 임금을 위해서 제를 돕는다.

a: 大[음합부]廟[33]周[음합부]公[22]廟[ナリ]也
b: 大廟は周公の廟(ナリ)
c: 大廟(たいべう)は、周公(しうこう)の廟(べう)なり。
d: 太廟は周公の廟である。
e: 太廟(태묘)는 周公(주공)의 사당이다.

A: 朋[음합부]友、死[シン,31]無[ㇾ,シ]所[ㇾ]歸[ヨラン]。
B: 朋友、死(シン)で歸(ヨラン)所無(シ)。
C: 朋友(ほういう)、死(し)んで歸(よ)らん所(ところ)無(な)し。
D: 友人が死んで引き取り手がなかった。
E: 친구가 죽어서 돌아갈 곳[시신을 거둬줄 이]이 없었다.

A: 曰[22]於[ㇾ,31]我[ワカモト,11]殯[ヒンセヨ]
B: 曰の我(ワカモト)に於て殯(ヒンセヨ)
C: 曰(のたう)ばく、我(わがもと)に於(おい)て殯(ひん)せよ。
D: 言われた。私の家で殯(かりもがり)をしなさい。
E: 말씀하시기를, 내 집에 빈소를 차려라.

a: 孔安國曰、重[ᅳ,ヲモン,32]朋[음합부]友[22]之恩[ㅡ,13]也。
b: 孔安國曰、朋友の恩を重(ヲモン)ず。
c: 孔安國(こうあんこく)曰(い)はく、朋友(ほういう)の恩(おん)を重(おも)んず。
d: 孔安国が言った。友人の恩恵を重んじた。
e: 공안국이 말하기를, 친구의 은혜를 중히 여겼다.

a: 無[ㇾ,23~33,33]所[ㇾ]歸[ル]、無[ᅳ,キソ]親[음합부]昵[ㅡ,チツ]也
b: 歸(ル)所無とは、親昵(チツ)無(キソ)
c: 歸(よ)る所(ところ)無(な)しとは、親昵(しんぢつ)無(な)きぞ。
d: 引き取り手がないとは、親戚がないことである。
e: 돌아갈 곳이 없다는 것은, 친척이 없다는 것이다.

A: 朋[음합부]友[22]之饋[ヲクリモノ,33]雖[ᅳ,イヘトモ]車[음합부]馬[ㅡ,23~33]、非[ᅳ,アラサレ,33]祭[훈합부,22]肉[ㅡ,11]、不[ㇾ,32]拜
B: 朋友の饋(ヲクリモノ)は車馬と雖(イヘトモ)、祭の肉に非(アラサレ)ば、拜不ず
C: 朋友(ほういう)の饋(おくりもの)は、車馬(しゃば)といへども、祭(さい)の肉(しし)にあらざれば、拜(はい)せず。
D: 友人の贈り物は、たとえ車馬で(運ぶほどの量であって)も、祭祀の肉でなければ、拝されなかった。
E: 친구의 선물은 수레나 말(로 옮길 정도의 양)이라도 제사 고기가 아니면 절하지 않으셨다.

a: 孔安國曰、不[ㇾ,23~33,33]拜有[ᅳ,レハナリ]通[음합부]財之義[ㅡ]也
b: 孔安國曰、拜不とは通財義有(レハナリ)
c: 孔安國(こうあんこく)曰(い)はく、拜(はい)せずとは、通財(とうさい)の義(ぎ)有(あ)ればなり。
d: 孔安国が言った。拝せずとは、財を通じ合う慣習があったからである。
e: 공안국이 말하기를, 절하지 않는 것은, 재물을 서로 나누어 쓰는 관습이 있었기 때문이다.

A: 寢[イヌルトキ,11]不[ㇾ,32]尸[シセ]
B: 寢(イヌルトキ)に尸(シセ)不ず

C: 寢(い)ぬるときに、尸(し)せず。

D: 寝るときに、死体のようにされなかった。

E: 주무실 때, 시체처럼 하지 않으셨다.

a: 苞氏曰偃[ᆖ,훈합부,フセ]臥[フセ]四[음합부]體[ᆜ,13]、布[ᆖ,훈합부,シキ]展[ノヘ,31]手[음합부]足[ᆜ,13]似[ᆖ,タリ]死[음합부]人[ᆜ,11]也

b: 苞氏曰四體を偃(フセ)臥(フセ)、手足を布(シキ)展(ノヘ)て死人に似(タリ)

c: 苞氏(はうし)曰(い)はく、四體(してい)を偃(ふ)せ臥(ふ)せて、手足(しうそく)を布(し)き展(の)べて、死人(しじん)に似(に)たり。

d: 苞氏が言った。伏せて、手足を布きのべて死人に似ている。

e: 포씨가 말하기를, 엎드려서 수족을 펼쳐서 죽은 사람과 비슷하다.

A: 居[ヲルトキ,11]不[ㆹ,32]容[カタチツクラ]

B: 居(ヲルトキ)に容(カタチツクラ)不ず

C: 居(を)るときに、容(かたちつく)らず。

D: 家に居られるときに、容儀(かたち)を整えなかった。

E: 집에 머무실 때, 偉容(위용)을 차리지 않으셨다.

a: 孔安國曰、爲[ᆖ,ナリ]家[음합부]室[22]之敬難[ᆜ,ㆹ,カタキカ]久[シ]也

b: 孔安國曰、家室の敬久(シ)難(カタキカ)爲(ナリ)

c: 孔安國(こうあんこく)曰(い)はく、家室(かしつ)の敬(けい)、久(ひさ)しくし難(がた)きが爲(ため)なり。

d: 孔安国が言った。家で慎むことは、長時間するのが難しいためである。

e: 공안국이 말하기를, 집에서 삼가는 것은 오래 지속하기가 어렵기 때문이다.

A: 子、見[ᆖ,テ,33]齊[シ]衰[サイ,22]者[ᆜ,モノ,13]雖[ㆹ,ヘトモ]狎[ナレタリ,23~33]、必變[ヘン,32]

B: 子、齊(シ)衰(サイ)の者(モノ)を見(テ)ば狎(ナレタリ)と雖(ヘトモ)、必變(ヘン)ず

C: 子(し)、齊衰(しさい)の者(もの)を見(み)てば、狎(な)れたりといへども、必(かなら)ず變(へん)ず。

D: 先生は、斉衰の喪服をつけた人に会った時は、親しい人でも、かならず顔色を変えられた。

E: 선생님께서는, 자최복[상복]을 입은 사람을 보시면, 가까운 사이라 하더라도 반드시 낯빛을 바꾸셨다.

a: 孔安國曰、狎[23~33,33]者、素[モトヨリ]親[훈합부,シタシク]狎[ソ]也

b: 孔安國曰、狎とは、素(モトヨリ)親(シタシク)狎(ソ)

c: 孔安國(こうあんこく)曰(い)はく、狎(かふ)とは、素(もと)より親(した)しく狎(な)れたるぞ。

d: 孔安国が言った。狎とは、日頃より親しくて慣れていることである。

e: 공안국이 말하기를, 狎(압)이란 평소에 친하고 익숙한 것이다.

A: 見[ᆿ,31,33]冕[음합부]{ベン}者[23~33]與[ᆖ,23~33,13]瞽者[ᆕ,23~33]、雖[ᆫ,ヘトモ]褻[ナレタリ,23~33]、必[32]以[ᆫ,32]貌[カタチ,13]

B: 冕(ベン)者と瞽者と與とを見てば、褻(ナレタリ)と雖(ヘトモ)、必ず貌(カタチ)を以す

C: 冕者(べんしゃ)と瞽者(こしゃ)とを見(み)てば、褻(な)れたりといへども、必(かなら)ず貌(かたち)を以(も)ってす。

D: 冕をかぶった人と盲人に会った時は、しばしば会う人でも、かならず(礼にかなった)かたちを整えて敬意を表した。

E: 면류관을 쓴 자나 소경을 보시면, 친숙하다 하더라도 반드시 예를 갖추어 대하셨다.

a: 周生烈曰褻[23~33,33]謂[ᆖ]數[シハ2자반복부]相[훈합부]見[ᆕ,13]也。

b: 周生烈曰褻とは數(シハシハ)相見を謂。

c: 周生烈(しうせいれつ)曰(い)はく、褻(せつ)とは、數(しばしば)相(あ)ひ見(み)るを謂(い)ふ。

d: 周生烈が言った。褻とは、しばしば会うことをいう。

e: 주생렬이 말하기를, 褻(설)이란 자주 서로 보는 것을 말한다.

a: 必[32]當[ᆖ,11]{ヘシ}以[ᆫ,31]貌[13]礼[ᆕ,32]也

b: 必ず當に貌を以て礼す當(ベシ)

c: 必(かなら)ず當(まさ)に貌(かたち)を以(も)ちて禮(れい)すべし。

d: かならずかたちを整えて礼を表すべきである。

e: 반드시 모양을 갖추어 예를 표해야 한다.

A: 凶[음합부]服[22]者[モノ,11]式[ショク,32]之

B: 凶服の者(モノ)に式(ショク)す

C: 凶服(きょうふく)の者(もの)に式(しょく)す。

D: 凶服を着ている人に式(しょく)された。

E: 흉복을 입은 자에게 式(식)의 예[482]를 하셨다.

A: 式[ニ,32]負[음합부,フ]版[ハン,22]者[一,モノ,11]

B: 負(フ)版(ハン)の者(モノ)に式す

C: 負版(ふはん)の者(もの)に式(しょく)す。

D: 版を担っている人に式された。

E: 版(판)[483]을 짊어진 자에게 式(식)의 예를 하셨다.

a: 孔安國曰凶[음합부]服[33]者送[レ]死[ヲ]之衣[음합부]物也

b: 孔安國曰凶服は死(ヲ)送衣物

c: 孔安國(こうあんこく)曰(い)はく、凶服(きょうふく)は、死(し)を送(おく)る衣物(いぶつ)ぞ。

d: 孔安国が言った。凶服は死者を送るときに着る服である。

e: 공안국이 말하기를, 흉복은 죽은 사람을 보낼 때[장례] 입는 옷이다.

a: 負[음합부]版[33]者持[ニ,モツ]邦[음합부]國[22]之圖[음합부,ト]籍[一,13]者[ナリ]也

b: 負版は邦國の圖(ト)籍を持(モツ)者(ナリ)

c: 負版(ふはん)は、邦國(はうこく)の圖籍(とせき)を持(も)つ者(もの)なり。

d: 負版は国の地図や戸籍を持っている者である。

e: 負版(부판)은 나라의 지도와 호적을 지닌 자이다.

A: 有[ニ,トキ,33]盛[음합부]饌[一,セン]必[32]變[レ,テ]色[13]而作[タツ]

B: 盛饌(セン)有(トキ)は必ず色を變(テ)作(タツ)

---

482) 수레 앞에 가로로 댄 나무를 잡고 몸을 굽혀 인사하는 것.

483) 지도와 호적.

C: 盛饌(せいせん)有(あ)るときは、必(かなら)ず色(いろ)を變(へん)じて作(た)つ。
D: りっぱなご馳走にあずかる時は、かならず顔色を変えて立ち上がられた。
E: 성찬이 있을 때에는, 반드시 낯빛을 바꾸어 일어나셨다.

a: 孔安國曰作[33]起也。
b: 孔安國曰作は起。
c: 孔安國(こうあんこく)曰(い)はく、作(さ)は起(き)。
d: 孔安国が言った。作は起である。
e: 공안국이 말하기를, 作(작)은 起(기)[일어서다]이다.

a: 敬[ヲ,32]主[음합부]人[22]之親[ミツカラ]饋[一,ヲクル,13~23,13]也
b: 主人の親(ミツカラ)饋(ヲクル)ことを敬す
c: 主人(しゅじん)の親(みづか)ら饋(おく)ることを敬(けい)す。
d: 主人がみずから送ってくれたことを恭敬したのである。
e: 주인이 친히 보내 준 것을 공경한 것이다.

A: 迅[トク]雷[イカツチナリ]、風[カセフイ,31]烈[レツタルトキ,33]必[32]變[32]
B: 迅(トク)雷(イカツチナリ)、風(カセフイ)て烈(レツタルトキ)は必ず變ず
C: 迅(と)く雷(いかづち)なり、風(かぜふ)いて烈(れつ)たるときは、必(かなら)ず變(へん)ず。
D: ひどい雷や風が烈しい時は、かならず顔色を変えられた。
E: 심하게 우레가 치거나 바람이 불어 맹렬할 때에는, 반드시 낯빛을 바꾸셨다.

a: 鄭玄曰敬[ヲ,32]天之怒[一,イカリ,13]
b: 鄭玄曰天怒(イカリ)を敬す
c: 鄭玄(ぢゃうぐゑん)曰(い)はく、天(てん)の怒(いか)りを敬(けい)す。
d: 鄭玄が言った。天の怒りを恭敬したのである。
e: 정현이 말하기를, 하늘의 노여움을 공경한 것이다.

a: 風[フキ]疾[トク]雷[ナル,13]為[レ,32]烈[レツ,23~33]也
b: 風(フキ)疾(トク)雷(ナル)を烈(レツ)と為す

c: 風(かぜふ)き、疾(と)く雷(いかづち)なるを、烈(れつ)と爲(す)。

d: 風が吹いてひどい雷が鳴ることを烈という。

e: 바람이 불고 심하게 우레가 치는 것을 烈(열)이라고 한다.

A: 升[ㇾ,ノルトキ,33]車[11]、必[32]正[훈합부,タヽシク]立[テ]執[ㇾ,トル]綏[スイ,13]

B: 車に升(ノルトキ)は、必ず正(タタシク)立(テ)綏(スイ)を執(トル)

C: 車(くるま)に升(の)るときは、必(かなら)ず正(ただ)しく立(た)ちて、綏(すい)を執(と)る。

D: 車に乗る時には、かならずまっすぐに立って紐をお取りになった。

E: 수레에 타실 때에는 반드시 바르게 서서 끈을 잡으셨다.

a: 周生烈曰必正[タ]立[31]執[ㇾ,23~33,33]綏[13]、所[ㆁ,훈합부]以[ナリ]為[ㆀ,ㇾ,スル]安[ヤスシ,23~33]也

b: 周生烈曰必正(タ)立て綏を執とは、安(ヤスシ)と為(スル)所以(ナリ)

c: 周生烈(しうせいれつ)曰(い)はく、必(かなら)ず正(ただ)しく立(た)ちて、綏(すい)を執(と)るとは、安(やす)しと爲(す)る所以(ゆゑん)なり。

d: 周生烈が言った。かならずまっすぐに立って紐を取ったとは、安全にするためである。

e: 주생렬이 말하기를, 반드시 바르게 서서 끈을 잡는다는 것은, 안전하게 하기 위한 것이다.

A: 車[クルマ,22]中[ウチニシ,31]不[ㆁ,32]内[シリヘ,11]顧[ㆀ,カヘリミ]

B: 車(クルマ)の中(ウチニシ)て内(シリヘ)に顧(カヘリミ)不ず

C: 車(くるま)の中(うち)にして、内(しりへ)に顧(かへり)みず。

D: 車の中で、後ろを顧みられなかった。

E: 수레 안에서 뒤를 돌아보지 않으셨다.

a: 苞氏曰車[22]中[ニシ,31]不[ㆁ]内[シリヘ,11]顧[ㆀ,ミ]者、

b: 苞氏曰車の中(ニシ)て内(シリヘ)に顧(ミ)不、

c: 苞氏(はうし)曰(い)はく、車(くるま)の中(うち)にして、内(しりへ)に顧(かへり)みずとは、

d: 苞氏が言った。車の中で後ろを顧みなかったとは、

e: 포씨가 말하기를, 수레 안에서 뒤를 돌아보지 않았다는 것은,

a: 前[マヱ,33]視[ミル,13~23]不[ㇾ,32]過[ニ]衡[음합부,カウ]扼[一,ヤク[484],11]、

b: 前(マヱ)は視(ミル)こと衡(カウ)扼(ヤク)に過不ず、

c: 前(まへ)は、視(み)ること衡扼(かうやく)に過(す)ぎず、

d: 前は、見ることが衡扼(こうやく)を過ぎず、

e: 앞은 보는 것이 衡扼(형액)을 넘지 않고,

a: 傍[カタハラ,33]視[13~23]不[ㇾ,32]過[ニ]輢[イ]轂[一,コク,11]之也

b: 傍(カタハラ)は視こと輢(イ)轂(コク)に過不ず

c: 傍(かたは)らは、視(み)ること輢轂(いこく)に過(す)ぎず。[485]

d: 傍らは、見ることが輢轂(いこく)を過ぎない。

e: 옆은 보는 것이 輢轂(의곡)을 넘지 않는다.

A: 不[ニ,32]疾[トク]言[一,モノイハ]。

B: 疾(トク)言(モノイハ)不ず。

C: 疾(と)く言(ものい)はず。

D: 速くお話にならなかった。

E: 말씀을 빠르게 하지 않으셨다.

A: 不[ニ,32]親[ミツカラ]指[一,ユヒサヽ]。

B: 親(ミツカラ)指(ユヒササ)不ず。

C: 親(みづか)ら指(ゆびさ)さず。

D: (車の外の人を)直接指差されなかった。

E: (수레 밖의 사람을) 직접 가리키지 않으셨다.

A: 色[イロノマヽ,11]斯[コレ]擧[キヨ,32]矣

B: 色(イロノママ)に斯(コレ)擧(キヨ)す

C: 色(いろ)のままに斯(これ)擧(きょ)す。

---

484) 「扼」의 漢音은 「あく」이고, 吳音이 「やく」이다.

485) 應永本抄物 「輢トハ車箱トテ車ノマワリノカキヲ云。轂ハ車ノクサヒサス處ノクルリクルリトマハル處也。(輢(의)란 車箱(거상)[수레 위의 울타리]이라고 하여 수레 둘레의 울타리를 말한다. 轂(곡)은 수레에서 비녀장을 꽂는 곳에 있는 빙글빙글 도는 곳이다. 450쪽)」

D: 表情を察して飛び上がる。

E: (새는) 표정을 살펴서 날아오른다.

a: 馬融曰見[ᆖ,ルニ]顔[음합부]色[ᅳ,13]不[ᄔ,トキ,33]善[ヨカラ]則去[サル]之也

b: 馬融曰顔色を見(ルニ)善(ヨカラ)不(トキ)は則去(サル)

c: 馬融(ばいう)曰(い)はく、顔色(がんしょく)を見(み)るに、善(よ)からざるときは、則(すなは)ち去(さ)る。

d: 馬融が言った。顔色を察して、よくない時は去る。

e: 마융이 말하기를, 안색을 보아서 좋지 않을 때는 떠난다.

A: 翔[フルマ,31]而後[11]集[ヰル]

B: 翔(フルマ)て後に集(ヰル)

C: 翔(ふるま)ひて、後(のち)に集(ゐ)る。

D: 空を翔けめぐって、後に集まってきてとまる。

E: 하늘을 빙빙 돈 후에 내려 앉는다.

a: 周生烈曰、廻[음합부]翔[シヤウ]審[음합부,シム]觀[シ,31]而後[11]下[훈합부,リ]止[トヽマル]也

b: 周生烈曰、廻翔(シヤウ)審(シム)觀(シ)て後に下(リ)止(トトマル)

c: 周生烈(しうせいれつ)曰(い)はく、廻翔(くゎいしゃう)審觀(しむくゎん)して、後(のち)に下(くだ)り止(とど)まる。

d: 周生烈が言った。翔けめぐって、よく観察してから後に下りてとまる。

e: 주생렬이 말하기를, 빙빙 돌며 살펴보고 난 후에 내려와 머무른다.

A: 曰[22]山[음합부]梁[22]雌[음합부,シ]雉[チ]、時[훈합부,トキアル]哉[カナ]時[훈합부,アル]哉[カナ]。

B: 曰の山梁の雌(シ)雉(チ)、時(トキアル)哉(カナ)時(アル)哉(カナ)。

C: 曰(のたう)ばく、山梁(さんりゃう)の雌雉(しち)、時(とき)あるかな、時(とき)あるかな。

D: 言われた。山梁の雌雉、時節にかなっているな、時節にかなっているな。

E: 말씀하시기를, 산에 놓인 다리의 까투리, 제철을 만났구나, 제철을 만났구나.

A: 子[음합부]路[인명부]、供[ケウ,32]之三[훈합부,ミタヒ]嗅[カヒ,31]而作[タツ]

B: 子路、供(ケウ)す三(ミタヒ)嗅(カヒ)で作(タツ)

C: 子路(しろ)、供(きょう)す。三(み)たび嗅(か)いで作(た)つ。

D: 子路が捧げた。三度においを嗅いで立ち上がられた。

E: 子路(자로)가 (그 까투리를 잡아서) 바쳤다. 세 번 냄새 맡고 일어나셨다.

a: 言[33]山[음합부]梁[22]雌[음합부]雉得[ニ,タリ]其[22]時[一,13]

b: 言は山梁の雌雉其の時を得(タリ)

c: 言(いふこころ)は、山梁(さんりゃう)の雌雉(しち)、其(そ)の時(とき)を得(え)たり。

d: 意味はこうである。山梁の雌雉は時を心得ている。

e: 그 뜻은 이러하다. 산에 놓인 다리의 까투리가 제 때를 만났다.

a: 而[ヲ,13]人不[レ]得[レ]時[13]。故[11]歎[ナケク]之。

b: 而(ヲ)を人時を得不。故に歎(ナケク)。

c: 而(しか)るを人(ひと)、時(とき)を得(え)ず。故(ゆゑ)に歎(なげ)く。

d: しかし、人は時節を心得ることができない。そのために嘆いたのである。

e: 그러나 사람은 때를 얻지 못했다. 그런 까닭에 탄식한 것이다.

a: 子[음합부]路[인명부]以[ニ,22]其[22]時[22]物[一,モノナル,13]故[11]供[음합부]具[キウ,32]之。

b: 子路其の時の物(モノナル)を以の故に供具(キウ)[486]す。

c: 子路(しろ)、其(そ)の時(とき)の物(もの)なるを以(も)っての故(ゆゑ)に、供具(きょうきう)す。

d: 子路は時節の食物と考えたので(雌雉を捕って)捧げた。

e: 子路(자로)는 제철음식이라고 여겼기 때문에 (까투리를 잡아서) 바쳤다.

a: 非[ニ,アラサレハ]其[22]本意[一,11]、不[ニ]苟[イヤシクモ]食[一]。

b: 其の本意に非(アラサレハ)、苟(イヤシクモ)食不。

c: 其(そ)の本意(ほんい)にあらざれば、苟(いやし)くも食(しょく)せず。

486) 「具」의 漢音은 「く」이고, 呉音은 「ぐ」이다.

d: 先生の本意ではなかったので、食べなかった.

e: 선생님의 뜻하는 바가 아니었기 때문에 먹지 않았다.

a: 故[11]三[훈합부]嗅[31]而起[タツ]也

b: 故に三嗅て起(タツ)

c: 故(ゆゑ)に三(み)たび嗅(か)いで起(た)つ。

d: そのため、三度においを嗅いで、立ち上がった。

e: 그러므로 세 번 냄새를 맡고 일어섰다.

論語卷第五

經一千百六十二字

注二千二百九十七字

해설

오미영

목차

1. 일본의 한문훈독

1) 일본의 한문훈독

일본에 한문이 전래된 이후 얼마 동안은 중국의 원음으로 한자와 한문을 읽었다고 전해진다. 견당사(遣唐使) 제도 등을 통해 중국과 활발하게 교류하고 있었기 때문에 당시의 중국음으로 읽는 것이 가능했다. 그러나 견당사 폐지(894년) 이후 점차로 중국음으로 읽는 것이 어려워지면서 한문을 일본어로 읽고자 하는 노력이 생겨났다.

한문과 일본어는 기본적인 문법체계에 큰 차이가 있다. 예를 들어 일본어로는 '무엇이(주어)/무엇을(목적어)/어떻게 한다(술어)'라는 순서로 단어를 배열하여 표현하지만 한문에서는 '무엇이(주어)/어떻게 한다(술어)/무엇을(목적어)'과 같은 순서이다. 즉 '무엇을(목적어)'과 '어떻게 한다(술어)'의 어순에 차이가 있다. 또한 일본어로는 '무엇[이]/무엇[을]'처럼 단어 간의 문법적인 관계를 조사라는 별도의 요소로 나타내지만, 한문에서는 크게는 단어의 배열순서에 의해 결정된다.

따라서 한문을 일본어의 어법에 맞추어 읽기 위한 방식이 고안되었는데 이를 '한문훈독(漢文訓讀)'이라고 한다.[1] 한문을 일본어로 읽기 이전에 선결되어야 하는 것은 한문을 이해하는 것이다. 그 중에서도 가장 우선적인 작업은 한 문단이 어디까지인지, 또 한 문장은 어디까지이며 문장 내의 구는 어디까지 나누면 좋을지를 파악하는 것이다. 이는 점을 찍어 나타내는데 전자를 과단점(科段點)이라고 하고, 후자를 구절점(句切點) 혹은 구두점(句讀點)이라고 한다. 또한 하나의 한자가 성조에 따라 의미의 차이를 지니는 경우 해당 문장에서의 쓰임을 명확하게 하는 것도 필요하다. 이를 위해 한자에 성조를 나타내는 부호

1) 한문훈독은 일본에서만 행해진 방식은 아니다. 한문훈독은 중국어와 문법체계가 다른 한국어를 사용하는 우리나라를 비롯한 한자문화권에서, 한문을 자국어로 이해하기 위해 행해진 학문 방식이라고 할 수 있다.

인 성점(聲點)을 찍기도 하였다.[2] 그 후 한문을 일본어 어순으로 바꾸어 읽기 위해 어순지시부호[返點]를 적어 넣기도 하고 일본어 용언의 어미나 조사, 조동사류를 적어 넣기 위해 오코토점(ヲコト點)이라는 부호를 고안하였다. 또 해당 한자를 일본어로 어떻게 읽을지 가나(假名)로 적기도 하였다. 이와 같이 한문훈독을 언어로 나타내기 위한 문자, 부호를 총칭하여 훈점(訓點)이라고 한다.

한문훈독을 위한 훈점의 기입[3]은 8세기 말에 시작된 것으로 보인다. 9세기에 들어오면서 가나나 오코토점이 기입되는 등 본격적으로 가점을 통한 한문훈독이 이루어졌고, 10세기에 기본체제가 확립된 후 큰 변화 없이 유지되었다. 그 후 약간의 변화는 있었으나 대체로 이전 시대의 훈(訓)과 어법을 그대로 유지하면서 오늘날에 이르렀다. 오늘날에도 일본에서는 일반적으로 한문은 훈독하는 것으로 받아들여지고 있고, 한문교육이 고등학교의 국어과 교과과정에서 한문훈독이라는 방식을 통해 이루어지고 있을 뿐만 아니라 시중의 한문서적 번역서는 현대어역에 앞서 한문훈독문을 제시하고 있다.

훈점을 기입하는 행위는 초기에는 해당 한문 구문을 어떻게 이해하였는가를 나타내는 개인적인 메모 차원의 기록이었다. 그러나 헤이안(平安)시대 중기인 10세기가 되면 스승의 가르침에 의한 훈독방식, 즉 사설(師說)을 전수받아 후대에 전하는 것으로 성격이 바뀌게 된다.[4]

훈점은 호분(胡粉, 흰 가루), 주묵(朱墨, 붉은 먹), 검은 먹 등의 재료를 사용하여 기입하는데 각각 백점(흰색), 주점(붉은색), 묵점(검은색)이라 부른다. 또한 각필(角筆)이라는 끝이 뾰족한 도구를 사용하여 종이에 흠집을 내어 기입하기도 하였다. 초기에는 호분을 사용한 백점이 많았지만, 9세기 이후에는 백점은 드물어지고 먹을 사용한 묵점이 점차 많아졌으며 주점도 명확히 기록되게 되었다. 이것은 한문의 독해방식이 개인적인 용도에서 훈점 그 자체를 중시하는 쪽으로 변화한 것과 관련이 있다.

---

2) 그러나 이상의 세 가지는 일본이나 한국뿐만 아니라 중국에서도 한문을 이해하기 위해 행해지던 방식이다.

3) 가점(加點), 혹은 시점(施點)이라고 한다.

4) 이렇게 스승의 설에 따른 훈독을 재현가능하게 하는 훈점을 조점(祖點)이라고 하며, 그 훈점을 옮겨 적는 것을 이점(移點)이라고 한다.

2) 훈점의 종류

① 가나점

한문상의 한자에 해당되는 일본어 독법을 가나로 기입한 것을 가나점(假名點)이라고 한다. 이를 통해 용언의 어간이나 체언은 물론 조사 및 조동사나 용언의 활용어미를 나타내기도 했다. 예를 들어 아래 〈사진 1〉에서 보는 것처럼 「習」에 「ナラフ」, 「忍」에 「シノブ」의 활용어미인 「ブ」[5]라는 가나점이 적혀 있다. 한편 「學」의 경우 「マナブ」의 첫 글자인 「マ」만을 적었고 「不」자 우측의 「ラン」은 「ザラン」이라고 읽어야 하는 것인데 그것의 일부를 적은 것이다. 이렇듯 부분적인 단서만으로도 충분히 독법의 재현이 가능한 경우에는 굳이 단어 전체를 기입하지 않기도 하였다.

가나점은 보통 한자의 우측에 적는다. 그러나 아래의 「孰」에서 보는 것처럼 두 개 이상의 훈(タレ,イヅレヲカ)을 적을 필요가 있을 경우, 보조적으로 좌측에 적는 일이 있다. 오른쪽 것을 정훈(正訓), 왼쪽 것을 좌훈(左訓)이라고 한다.

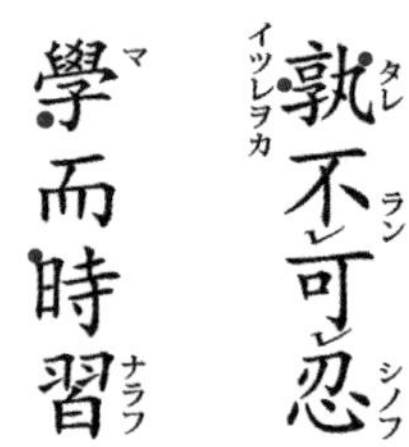

〈사진 1〉 가나점 사용례

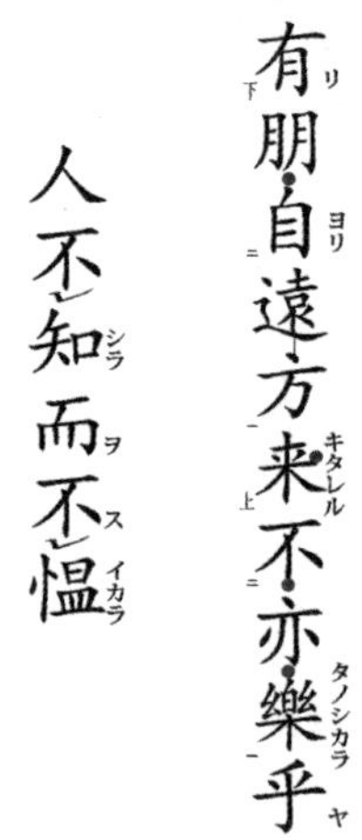

〈사진 2〉 어순지시부호 사용례

5) 일반적으로 가나점에서 탁점은 기입되지 않는 경우가 많다.

초기 훈점자료에는 해서체 또는 행서체로 적은 만요가나(萬葉假名)가 주로 사용되었고, 초서체 가나(草假名) 혹은 글자의 획을 생략한 형태의 가나(省劃假名)가 섞여 쓰였다. 이후 점차 초서체 가나와 생략한 형태의 가나의 쓰임이 많아지게 되었고 각각 히라가나와 가타카나로 발달하게 되었다. 헤이안 시대 초기인 9세기 무렵에는 히라가나나 가타카나로 기입하는 일이 많아졌는데, 같은 음절을 나타내는 데 다양한 글자를 쓰는 것이 일반적이었다. 10세기가 되면 훈점자료에서 히라가나는 감소하고 가타카나 사용이 증가하였는데, 12세기에 들어와서는 현재 통용되고 있는 가타카나 자체에 가까운 글자체가 널리 쓰이게 되었다.

② 어순지시부호

한문훈독에 있어서 한문의 어순이 일본어 어순과 다를 경우, 한자배열은 그대로 둔 채 일본어로 어순을 바꾸어 읽는 것을 반독(返讀)이라고 하며, 이를 지시하는 훈점을 어순지시부호라고 한다.

어순지시부호는 훈독 초기에는 점 하나를 찍어서 나타내는 성점(星點)이라 불리는 것이 사용되었다. 일반적으로는 한 글자 단위로 반독해야 함을 나타내는 レ點[6]과 두 글자 이상의 반독에 사용되는 「一·二·三」과 같은 한자 숫자나 「上·中·下」「甲·乙」「天·地·人」과 같은 것이 있다. 〈사진 2〉의 좌측이 レ點의 예이다. 즉 「不知」의 경우 「シラズ」와 같이 「知」를 읽은 후 「不」를 읽어야 함을 나타내는 것이다. 우측의 예는 두 글자 이상의 반독을 보여주는 것으로 어순지시부호에 따라 읽는 순서를 나타내면 「有(⑥)朋(①)自(④)遠(②)方(③)來(⑤)、不(⑨)亦(⑦)樂(⑧)乎(⑩)」와 같고, 이 순서에 따라 일본어로 훈독하면 「朋遠方ヨリ來レルコト有リ、亦樂シカラズヤ」와 같이 읽게 된다.

③ 오코토점

오코토점은 훈점을 기입할 때 자주 등장하는 조사나 조동사, 활용어미 혹은 보충해서 읽는 단어를 한자의 자획 주변에 점이나 간단한 획으로 작게 나타낸 부호이다. 이는 경전 및 서적의 훼손을 최소화하면서 신속하게 기록하고자 고안된 것이다.

---

6) レ點은 본래 雁點(かりがねてん)이라고 불리는 것에서 발전한 것이다. 글자와 글자 사이에 체크 표시를 한 것처럼 나타내었는데 이것이 기러기가 날아가는 것처럼 보인다고 하여 붙여진 이름이며 12세기 문헌에서 처음으로 확인된다. 이것이 15세기 이후에는 가타카나 レ와 같은 모양을 하게 되었으므로 レ點이라고 불리게 된다.

'오코토(ヲコト)'라는 명칭은 한문훈독의 전승을 담당하던 집단인 박사가(博士家)에서 사용되던 오코토점(〈사진 3〉)에서, 오른쪽 위와 오른쪽 중간의 점이 각각 'ヲ(오)'와 'コト(코토)'를 나타내는 것에서 유래한다.

오코토점의 고안자는 정확히 알 수 없지만 나라(奈良)의 법상종(法相宗)이나 삼론종(三論宗) 계통의 학승들에 의해 만들어진 것으로 추정된다. 이를 천태종(天台宗)이나 진언종(眞言宗)의 승려들도 사용하게 되었고, 이어서 박사가에도 알려져서 사용하게 된 것으로 보인다. 오코토점에는 여러 가지 양식이 있는데 그것을 모아 놓은 것을 '점도집(點圖集)'이라고 한다. 나카다 노리오(中田祝夫) 박사[7]는 점도집에 실린 26가지 오코토점을 크게 여덟 종류로 분류하였는데, 박사가의 오코토점은 제5종으로 분류되어 있다.

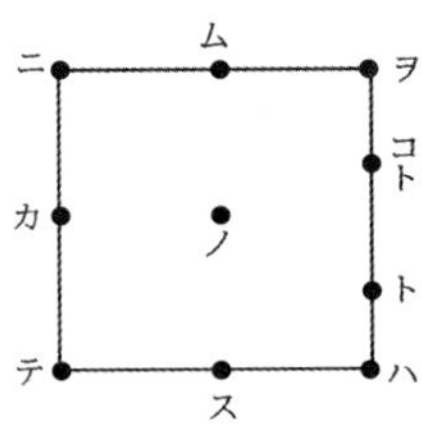

〈사진 3〉 박사가 오코토점의 일부

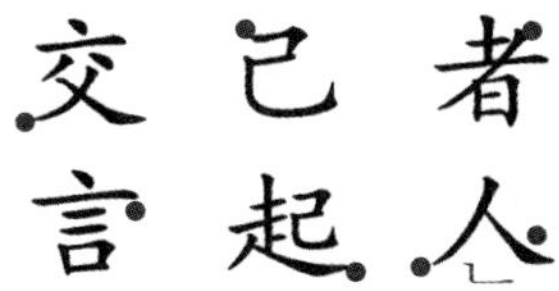

〈사진 4〉 오코토점 사용례

〈사진 4〉는 오코토점 사용 실례이다. 〈사진 3〉을 참고로 읽어보면 「交」자 왼쪽 하단의 점은 접속조사 「テ」를 나타낸다. 이를 토대로 「マジハリテ」와 같이 읽는 것이다. 「己」자에는 왼쪽 어깨에 점이 있는데 이것은 조사 「ニ」를 나타내어 「オノレニ」와 같이 읽어야 함을 알 수 있다. 「者」는 「モノ」로 읽히고 오른쪽 어깨에 있는 점은 목적격 조사 「ヲ」를 나타내므로 「モノヲ」라고 읽게 된다. 「言」에는 오른쪽 가운데보다 약간 위쪽에 점이 있다. 이것은 형식명사 「コト」를 나타내므로 「イフコト」와 같이 읽는다. 「起」에 찍힌 점은 「ハ」를 나타내는 점이다. 이상의 글자에는 오코토점이 하나씩만 찍혀 있었으나 마지막의 「人」에는 점이 세 개나 찍혀 있다. 왼쪽 하단은 「テ」이고 오른쪽 점은 「ハ」 자리보다는 약간 위쪽으로 「ト」를 나타낸다. 가운데의 'ㄴ'처럼 생긴 점은 동사 「ス」의 활용형태의 하나인 「シ」를 나타내는 점이다. 이를 어법에 맞게 정리해서 읽어보면 「人(ひと)トシテ」와 같이 읽힌다.

7) 中田祝夫(1979)

오코토점은 여러 개의 단점으로 구성된 극히 간단한 것에서 출발하였는데 점차 기호의 종류와 수가 증가하여 복잡한 체계로 발전해 갔다. 헤이안시대에 활발하게 사용되던 오코토점은 가마쿠라시대가 되면 과거의 형식을 지키려는 정도의 이용에 그치다가 무로마치시대에는 겨우 명맥을 유지하는 정도가 된다. 그 후 에도시대가 되면 오코토점은 자취를 감추게 된다. 그 이유로는 우선 가나점이 오코토점보다 일반성이 있어 기억하기 쉬웠다는 점을 들 수 있다. 또 하나는 인쇄술의 발달을 들 수 있다. 중세 이후 인쇄문화가 발달하면서 훈점까지 세밀하게 판각하게 되었는데, 이때 오코토점은 판각하기 어려웠으므로 그로 인해 가나점은 더욱 철저해지고 오코토점은 쇠퇴하게 된 것이다.

④ 성점

성점(聲點)은 문자의 네 귀퉁이 혹은 그 중간에 점을 찍어서 그 음절의 성조를 나타낸 것으로 성부(聲符)라고도 한다. 〈 사진 5 〉에서 보는 것처럼 점의 위치에 따라 그 성조를 구분하게 된다.

성점의 사용은 중국에서 시작되었는데 당나라 때 일반화되었다. 같은 한자일지라도 성조에 따라 그 의미를 달리하는 경우가 있으므로 중국에서도 문장 내에서 해당 한자의 의미를 명확하게 하기 위하여 성점을 찍었던 것이다. 〈 사진 6 〉은 성점의 사용실례이다. 왼쪽부터 차례로 평성(平聲), 상성(上聲), 거성(去聲), 입성(入聲)을 나타내며, 오코토점과 구별하기 위해 작은 원으로 나타내고 있음을 알 수 있다.

일본에서 성점은 9세기 말부터 나타나는데 단점이나 작은 원 등 여러 가지 형태가 있다. 이는 원래 천태종(天台宗) 등의 불가에서 시작되어 점차 확대되어 간 것으로 추정되며, 아마도 산스크리트어 음운학에 기원을 두는 것으로 생각된다. 한편 성점은 발생 후 얼마 안

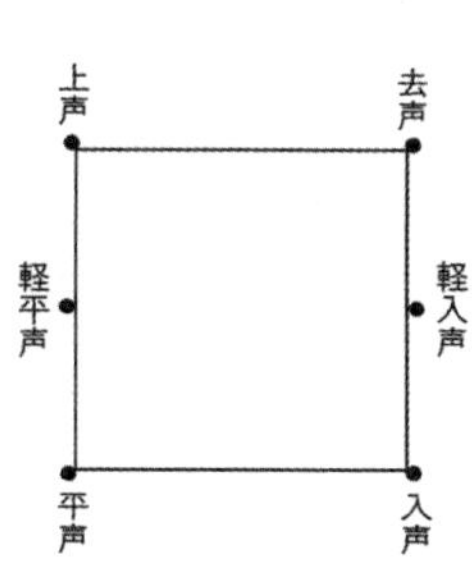

〈 사진 5 〉 성점 위치

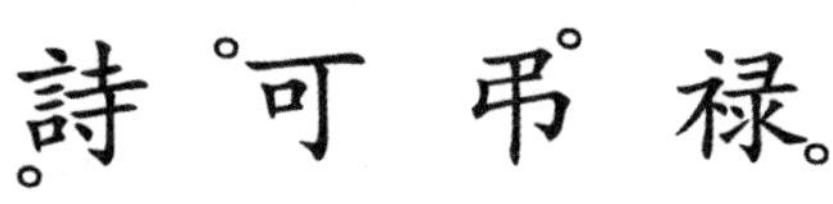

〈 사진 6 〉 성점 사용례

돼서 음절의 청탁(淸濁)을 나타내는 부호와 결합하였고, 그로 인해 한때는 성조와 동시에 청탁을 나타내기도 하였다.

⑤ 그 밖의 부호

i) 구두점

구두점은 구가 나뉘는 곳을 나타내는 것으로 나라시대부터 사용되었다. 이것은 훈점의 가장 초기적 형태로, 구점(句點)과 두점(讀點)을 구별하여 각각 한자의 오른쪽 아래와 한자의 중앙 아래에 찍게 된 것은 헤이안시대부터라고 추정된다.

ii) 음합부 · 훈합부

합부(合符)는 연속되는 복수의 한자가 하나의 의미 단위를 이루는 것을 나타내는 부호이다. 음합부(音合符)와 훈합부(訓合符)가 있다. 헤이안시대 초기에는 이 둘을 구분하지 않고 글자 사이에 짧은 세로선을 그어 나타냈는데, 10세기 이후의 자료에서는 음합부를 중앙이나 오른쪽에, 훈합부를 왼쪽에 표시하였다.

〈사진 7〉 음합부 사용례

〈사진 8〉 훈합부 사용례

〈사진 7〉의 두 예는 음합부의 예인데 두 한자를 「ショウジン」 「ショカ」와 같이 일본어 한 자음으로 읽을 것을 지시하고 있다. 〈 사진8 〉은 훈합부의 예이다. 두 예 모두 일본어로는 하나의 단어이며 음이 아닌 훈으로 읽어야 함을 나타내고 있는 것이다. 「前後」는 「マヘウシロ」와 같이 두 글자 모두 훈으로 읽도록 지시하고 있고, 「終日」의 경우는 두 자를 합쳐서 「ヒネモス」라는 한 단어가 됨을 보여주고 있다.

iii) 음독부 · 훈독부

개개의 한자에 대해 그것을 음으로 읽을지, 훈으로 읽을지를 나타내 주는 부호이다. 음

독하는 경우에는 한자의 오른쪽에, 훈독하는 경우에는 한자의 왼쪽에 선을 그어 나타내는데 전자를 음독부(音讀符), 후자를 훈독부(訓讀符)라고 한다. 음독부와 훈독부는 헤이안시대 후기인 10세기 자료에서부터 확인된다. 〈 사진 9 〉의 두 글자는 「シン」「カイ」와 같이 음독하는 예이고 〈 사진 10 〉의 두 자는 「ニハ」「マツリゴト」와 같이 훈독하는 예이다.

〈 사진 9 〉 음독부 사용례

〈 사진 10 〉 훈독부 사용례

3) 일본의 한문훈독사와 훈점본

① 한문훈독사와 훈점본

한문으로 쓰여진 고사본(古寫本) 혹은 고판본(古板本) 위에 가나점이나 오코토점과 같은 훈점을 기입한 문헌을 훈점본(訓點本)이라고 한다. 특히 무로마치시대 이전의 훈점본을 고점본(古點本)이라고 구분하여 부르기도 한다. 한편 훈점본을 일본어 연구자료로서 취급할 때는 훈점자료(訓點資料)라고 부른다.

훈점본은 한문의 내용면에서 한적(漢籍), 불전(佛典), 국서(國書)로 나눌 수 있다. 현존하는 훈점본으로는 불전 훈점본이 가장 많은 수를 차지하며, 헤이안시대 초기의 것은 거의 대부분이 불전 훈점본이다. 앞서 기술한 바와 같이 헤이안시대 초기의 자료는 일반적으로 개인적인 메모와 같은 성격을 띠어 후대에 전승되거나 하는 일은 드물었다. 따라서 이 시대의 한문훈독법은 동일한 한문 구문이라도 훈점본에 따라 다르게 읽힌 것도 있고, 여러 종류의 훈독법이 함께 기입되어 있기도 하다. 또 어떤 경우에는 이전에 적었던 훈점을 지운 것도 있다. 한편 이 시기에는 유파에 따른 훈독법의 차이가 확연하게 드러나지 않으며, 한문훈독에 사용된 언어에는 구어적인 요소가 반영되어 있어 음운체계를 추정하는 일이 비교적 용이하다.

헤이안시대 중기인 10세기가 되면 한적 훈점본이 남아 있기는 하지만 수적으로는 불전 훈점본이 압도적 다수를 차지한다. 10세기 중엽까지는 표기와 음운이 비교적 단순하게 대응하고 있으며, ア行의 「エ」와 ヤ行의 「エ」의 혼동과 같은 음운현상에 관한 사실도 이 시기의 훈점본에 의해 확인할 수 있다. 그러나 10세기 말부터 は행전호음(は行轉呼音)[8]과 같은 음운변화가 일반화되는 한편, 이전 시대의 표기가 답습되는 양상을 보여 결과적으로 표기와 음운의 대응관계가 복잡해지게 되었다. 따라서 음운연구의 자료로 사용하는 데에는 보다 세심한 주의를 요한다. 훈점본은 헤이안 시대 후기인 11~12세기가 되면 급격하게 증가하며 훈독법을 전승하는 경향도 심화된다. 또한 11~12세기에는 한문훈독이 완성기에 들어서게 되고 이후 고정화된 훈독법이 후대에 계승된다.

현존 훈점본 중 가장 오래된 것은 다이토큐 기념문고(大東急記念文庫) 소장 『화엄간정기(華嚴刊定記, けごんかんじょうき)』권5인데 783년(延暦2)과 788년(延暦7)에 주점(朱點)으로 구두점과 함께 한자숫자를 이용한 어순지시부호를 기입한 자료이다. 가나점이 기입된 자료로서 가장 오래된 것은 성어장(聖語藏) 『일체유부비나야(一切有部毘奈耶, いっさいうぶびなや)』, 『일체유부필추니비나야(一切有部苾芻尼毘奈耶, いっさいうぶひすにびなや)』, 『지인보살경(持人菩薩經, じじんぼさつきょう)』 이다. 이들 자료에는 엔랴쿠(延暦, 782-806) · 다이도(大同, 806-810) 연간에 기입된 것으로 보이는 백점(白點)이 기입되어 있다. 오코토점을 사용한 것으로는 성어장 『나마가경(羅摩伽經, らまかぎょう)』, 『대방광불화엄경(大方廣佛華嚴經, だいほうこうぶつけごんきょう)』가 가장 오래된 훈점본이다. 8세기 말에서 9세기 초의 것으로 보이는 백점이 기입되어 있다. 가나점과 오코토점을 사용한 훈점본 중 가점한 연대가 명시되어 있는 가장 오래된 것은 성어장의 『성실론(成實論, じょうじつろん)』권11로, 828년(天長5)에 백점을 기입하였다고 적혀 있다.

한편 헤이안시대 초기인 9세기의 훈점본으로서 현재까지 알려진 것은 백여 점이고 그 중 가점 연대가 명기된 것이 십여 점이다.

② 한적 훈점본

한적의 훈독은 헤이안시대에는 율령제 하의 최고교육기관이었던 대학료(大學寮)를 기반으로 하였다. 대학료의 교육과정에 포함된 한적은 『예기(禮記)』, 『모시(毛詩)』, 『논어(論

8) 「岩 : いは → いわ」, 「食う : くふ → くう」와 같이 어중의 ハ행음이 ワ행음으로 발음되는 현상을 말한다.

語)』, 『효경(孝經)』 등 유교의 아홉 경전과 『사기(史記)』, 『한서(漢書)』, 『후한서(後漢書)』, 『문선(文選)』 등이며, 그 외에 『군서치요(群書治要)』, 『제범(帝範)』, 『삼략(三略)』, 『노자(老子)』, 『장자(莊子)』 등도 있었다.

한적 고사본에 가나, 오코토점 등의 훈점을 가점하기 시작한 것은 10세기 초부터였다. 현존하는 가장 오래된 한적 훈점본은 우다(宇多) 천황의 친필로 전해지는 『주역초(周易抄, しゅうえきしょう)』이다. 간페이(寬平, 889−898) 연간에 서사 · 가점되었으며, 주역(周易)에서 발췌한 어구에 훈점을 기입한 것이다. 한적의 본문 전체에 훈점을 찍은 것은 『고문상서(古文尚書, こぶんしょうしょ)』가 있는데 엔기(延喜, 901−923) 연간 무렵에 가점된 것으로 보고 있다. 또 연대가 명기되어 있는 것으로는 『한서양웅전(漢書楊雄傳, かんじょようゆうでん)』이 가장 오래된 것인데, 948년(天曆2)에 후지와라노 요시스케(藤原良佐)가 가점하였다고 기록되어 있다. 현존하는 한적 훈점본은 10세기에 십여 점, 11 · 12세기에 십여 점, 그리고 13세기 가마쿠라시대까지를 합하면 이백여 점으로 대학료의 교과서로 사용되었던 한적이 대부분이다.

한적의 훈독에 있어 10세기 이후 가나와 오코토점이 사용되면서 학문방법에 변혁이 일어난다. 또한 대학료의 교관직은 박사가(博士家)라 일컫는 특정 가문에 의해 세습되게 되었고 각 가문마다 가학(家學)이 형성되었다. 기전도(紀傳道)[9]에서는 오에(大江) 가문, 스가와라(菅原) 가문, 후지와라(藤原) 가문의 히노류(日野流) · 시키케(式家) · 미나미케(南家), 명경도(明經道)[10]에서는 기요하라(淸原) 가문, 나카하라(中原) 가문이 훈점본을 통해 각각의 한적에 대한 가설(家說, 가문의 학설)을 바탕으로 한 훈독법을 전하게 된다.

각 박사가의 가설은 당초에는 각 가문마다 비밀스럽게 전승되었기 때문에 그에 따른 차이도 존재했으나 무로마치시대에는 일반적으로 구별이 약해지게 되었다. 그렇지만 기요하라 가문의 경우는 자기 집안의 훈독을 비교적 오랫동안 유지하고 계승하였다.

---

9) 대학료의 학과(紀傳 · 明經 · 明法 · 算) 중 하나로 『사기』 · 『한서』 · 『후한서』 · 『삼국지(三國志)』 · 『진서(晋書)』 · 『문선』 등 중국의 사서(史書) · 시문(詩文)을 배운다. 나라시대의 문장도(文章道, もんじょうどう)의 공식 명칭으로 헤이안시대 중기에 학과명이 확립되었다. 기전도의 교관으로서 문장박사(文章博士)가 있었는데 기전박사(紀傳博士)라고도 불렸다.

10) 대학료의 학과 중 하나로 유학의 경학(經學)을 전공한다. 대학료의 학문은 경학이 본과인데 교과서도 『논어』 · 『효경』이 필수이고 선택과목은 『예기』 · 『춘추좌씨전(春秋左氏傳)』 · 『모시(毛詩)』 · 『주례(周禮)』 · 『의례(儀禮)』 · 『주역(周易)』 · 『상서(尙書)』였다. 헤이안시대 이후 기전도가 융성함에 따라 점차 쇠퇴하였고 교관직은 기요하라·나카하라 가문이 세습하게 되어 두 가문의 가학이 된다. 가마쿠라시대 이전에는 나카하라 가문의 지위가 높았으나, 가마쿠라시대 이후는 기요하라 가문이 우위를 점하게 된다.

③ 한적 훈점본의 가치

훈점본이 갖는 일본어 연구자료로서의 가치는 다음과 같다.

첫째, 한문을 훈점에 의해 당시의 일본어로 훈독하는 것이 가능하기 때문에 당시의 음운·문법·어휘·훈독법 등의 고찰자료가 된다는 점을 들 수 있다. 이는 훈점이 없는 한문이 단지 한자의 자체(字體) 연구 등으로 이용범위가 한정되는 것과 대조되는 점이다.

둘째, 서사·가점 당시의 원본이 많이 남아 있으므로 표기·음운 등의 고찰에 높은 가치를 지니고 있다.

셋째, 연대나 필사자 및 가점자를 명시하고 있는 것이 많아 자료의 제작시기 및 가점시기를 확실히 알 수 있어서 해당 문헌의 사회적, 문화적 환경을 알 수 있다.

넷째, 한자와 가나가 병존하고 오코토점·어순지시부호 등의 여러 가지 부호도 사용하므로 표기체계를 연구하는 자료로서 가치가 뛰어나고 한자음 고찰에도 좋은 자료가 된다. 또한 한자와 일본어 훈의 대응조직과 그 역사, 즉 자훈사(字訓史) 연구에도 중요한 자료가 된다.

다섯째, 한문훈독어의 어휘·어법 관찰의 자료가 된다. 특히 동일 한문이 시대·장소·인물을 달리하여 훈독된 자료가 많이 남아 있으므로 그 차이를 축자적으로 비교하여 변천을 살펴보는 데 유리하다.

마지막으로 훈독은 한문훈독문이라는 표현유형을 정착시키고 화한혼효문(和漢混淆文)[11]의 성립뿐만 아니라 화문(和文), 화화한문(和化漢文)[12]에도 영향을 미쳤다. 이러한 일본어 문체연구에도 훈점자료는 중요한 역할을 한다.

11) 화문(和文)과 한문훈독문의 특징이 혼합된 문체. 표기상으로는 「한자가나혼용문(漢字假名交り文, かんじかなまじりぶん)」을 일컫는다. 넓게는 화문과 한문훈독의 두 요소를 동시에 지니는 문맥 일반에 대해 사용하기도 한다. 헤이안시대 초기에 발생하여 가마쿠라시대에 일반화한다.

12) 일본어적으로 변형된 한문으로 7세기에는 그 모습을 보인다. 정격(正格)에서 벗어난 한문이라는 의미에서 변체한문(變體漢文, へんたいかんぶん)이라고도 한다. 초기에는 귀족의 일기 등을 통해 계승되었으나 그 쓰임이 점차 확대되어 서간, 문서, 기록 등에도 널리 사용되었다. 가마쿠라시대에는 막부의 공식문서에도 채용되었다.

2. 일본의 논어 수용의 역사

일본의 역사서인 『고사기(古事記)』와 『일본서기(日本書紀)』의 기록에 의하면 오진(應神) 천황 16년에 백제의 왕인이 『논어(論語)』 10권과 『천자문(千字文)』 1권을 헌상하고 태자 우지노와키이라쓰코(菟道稚郎子)에게 가르쳤다고 한다.[13] 당시에 전래된 논어가 어떤 책이었는지 알아보기 위해 논어 주석서의 성립과 주요 사건을 연대순으로 나열하면 다음과 같다.

200년　후한(後漢) · 정현(鄭玄)이 주석한 논어 성립.
248년　위(魏) · 하안(何晏)의 논어집해 성립.
285년　백제 왕인이 논어 · 천자문 일본 전래.
545년　양(梁)· 황간(皇侃)의 논어의소 성립.
604년　쇼토쿠 태자의 17조헌법 성립.
607년　오노노 이모코(小野妹子) 수(隋)에 파견.

이상에서 볼 때 백제에서 일본으로 전래된 논어는 정현(鄭玄)이 주석한 것과 하안(何晏)의 『논어집해(論語集解)』 중의 하나였을 것인데 지금으로서는 어느 것이었는지 특정하기 어렵다.

유학이 학제(學制)로서 일본에 수용된 것은 대학료(大學寮)의 창설부터이다. 율령제 하에서 대학료가 창설된 것은 661년 이후 혹은 701년 이후로 알려져 있다. 대학료는 나라시대를 거쳐 헤이안시대 초기에는 관리양성기관으로서 규모가 대단히 컸다. 현전하는 일본

13) 『일본서기』 오진천황 16년 2월조 「十六年春二月、王人來之。則太子菟道稚郎子師之。習諸典籍於王人。莫不通達。所謂王仁者、是書首等之始祖也。」『日本書紀 上』(日本古典文學大系 67), 岩波書店, 1967, p. 372
『고사기』 오진천황 「又科賜百濟國、若有賢人者貢上。故受命以貢上人名、和爾吉師。卽論語十卷、千字文一卷、幷十一卷付是人卽貢進。」『古事記·上代歌謠』(日本文學全集1), 小學館, 1987, p. 256 (초판 1973)
오진 천황 16년은 『일본서기』의 기년을 그대로 따르면 285년이다. 그러나 『일본서기』 중 초기 기록의 기년에 대해서는 120년을 더해야 한다는 견해도 있다.

의 율령인 요로율령(養老律令, 757년 시행)의 학령(學令)에는 대학료의 학습체계와 교과목, 교과서 등이 다음과 같이 기록되어 있다.[14)]

凡經、周易・尙書・周礼・儀礼・礼記・毛詩・春秋左氏傳、各爲一經。孝經 ・論語、學者兼習之。凡敎授正業、周易鄭玄 ・王弼注、尙書孔安國・鄭玄注、三礼・毛詩鄭玄注、左傳服虔・杜預注、孝經孔安國・鄭玄注、論語鄭玄・何晏注。

『논어』와 『효경』은 각과에서 필독해야 하고 『논어』는 정현(鄭玄)이 주석한 것과 하안(何晏)의 『논어집해』 두 책을 사용하도록 한 것을 알 수 있다. 이것은 당나라 학제를 거의 그대로 따른 것이다.

헤이안시대 초기에 『논어』가 존중되고 널리 읽히고 있었다는 사실은 861년(貞觀3)에 천황이 처음으로 논어를 강독했다는 『삼대실록(三代實錄)』[15)]의 기록이나, 891년 무렵에 후지와라노 스케요(藤原佐世)가 저술한 『일본국현재서목록(日本國見在書目錄)』[16)]에 『논어』의 주석서가 다음과 같이 다수 수록되어 있는 사실에서도 알 수 있다. 그러나 아쉽게도 헤이안시대에 필사된 『논어』는 현존하지 않는다.

『일본국현재서목록』에 수록된 논어 목록

論語家 二百六十九卷/如本
論語十卷 鄭玄注 論語十卷 何晏集解 論語六卷 陸善經注
論語義疏十卷 皇侃撰 論語疏十卷 褚仲都選 論語六卷
論語義一卷 論語音一卷 論語弟子錄名一卷 論語私記三卷 …

14) 國史大系編修會編(1966:130)

15) 헤이안시대의 역사서.
육국사(六國史, 『일본서기(日本書紀)』·『속일본기(続日本紀)』·『일본후기(日本後紀)』·『속일본후기(續日本後紀)』·『문덕실록(文德實錄)』·『삼대실록(三代實錄)』)의 여섯 번째. 50권. 우다 천황의 칙명으로 후지와라노 도키히라(藤原時平)·오쿠라노 요시유키(大藏善行) 등이 저술하였다. 901년(延喜1)에 성립하였으며 세이와(淸和)·요제이(陽成)·고코(光孝) 천황의 3대 30년 간을 기록하였다. 『일본삼대실록(日本三代實錄)』이라고도 한다.

16) 헤이안시대 전기의 한적(漢籍)목록(1권). 당시 일본에 있었던 한적 16,790권을 부문별로 분류하고 서명, 권수, 저자명 등을 기록하였다.

가마쿠라시대 초기 이전까지는 유교 경전은 오로지 한(漢)나라와 당(唐)나라 시대의 고주(古注)를 바탕으로 이해되었다. 그러나 가마쿠라시대에 들어서자 송(宋)나라에 다녀온 승려가 새로운 불경과 함께 송나라 유학서를 가지고 돌아오기 시작했다. 이렇게 유입된 송나라 유학서인 신주본(新注本)은 선승들 사이에서 읽히기 시작하였다. 그러나 논어의 텍스트는 여전히 하안의 『논어집해』였고 황간(皇侃)의 『논어의소(論語義疏)』를 참고로 하여 읽고 있었다.

1364년(正平19)에 이즈미(和泉)의 사카이(堺)에서 도우거사(道祐居士)가 『논어집해』 10권을 출판했다. 이것은 일본 최초로 인쇄출판된 유교 경전으로, 일반적으로 정평판 논어(正平版論語)라는 이름으로 널리 알려져 있다.

헤이안시대 말기부터 중세에 걸쳐 유교 경전의 학문 연구를 담당한 것은 명경박사(明經博士) 가문이었다. 나카하라(中原)와 기요하라(淸原) 두 가문이 있었으나 가마쿠라시대 이후 중세 전 시기에 걸쳐서는 기요하라 가문이 독보적인 지위를 지니게 된다. 조정의 사행가(師行家)[17]로서 가본(家本)과 가법(家法) 및 가설(家說)을 비밀리에 전하고 일체의 자유독법 및 자유개강을 금함에 따라 무로마치시대 말기까지 권세를 유지하였다. 이에 따라 경서에 관한 강의 및 훈독은 기요하라 가문에 따라야만 했다. 주자의 신주(新注)가 전래되기 이전에는 사행가인 기요하라 가문의 고주를 바탕으로 한 연구가 독보적인 위치를 차지하고 있었지만 신주 전래 이후에는 사행가 이외의 학자 및 승려들 사이에서 신주를 바탕으로 한 연구가 활발히 이루어졌다.

무로마치시대에는 인간교양의 중심이 되는 『논어』와 『효경』의 독해도 널리 행해져 각지에서 필사되고 강독된 필사본이 다수 남아 있다. 또한 이 시대에는 신주본이 점차로 보급되어 읽히게 되었다는 점에 주목해야 한다. 전반적으로는 아직 미약하였으나 이 시기의 『논어집해』나 『논어의소』의 고사본에도 신주를 가필한 것이 남아 있는 것을 볼 때 비교적 널리 보급되어 있었음을 알 수 있다.

무로마치시대 초기에 도후쿠지(東福寺)의 기요 호슈(岐陽方秀, 1321–1424)가 『논어집주(論語集注)』를 강의하기 시작했다고 알려져 있다. 게이안 겐주(桂庵玄樹, 1427–1508)는 기요 호슈의 학문을 이어받아서 1500년(明應9)에 『계암화상가법왜점(桂庵和尙家法倭點)』을 저술했다. 이는 신주를 바탕으로 한 새로운 훈독방식의 대요를 기술한것으로 논

17) 천황의 명에 따라 해당 학문의 가르침에 권위를 부여받은 가문.

어 훈독 역사상 획기적인 시도라고 할 수 있다. 게이안(桂庵) 화상은 주로 서남지방의 무가호족에게 존중받아 지도적인 역할을 했다. 1481년(文明13)에 이지치 시게사다(伊地知重貞)는 게이안 화상의 지도로 『대학장구(大學章句)』를 간행했는데, 초판은 남아있지 않고 1492년(延德4)에 재차 간행한 것이 극히 일부만 남아 있다. 신주본으로서는 최초로 출판된 것이다.

중국에서 건너와서 일본에서 읽히고 남아 있는 『논어집주』 가운데 가장 오래된 것은 원(元)나라 때에 간행된 것이 있다. 일본에서 필사된 것으로 가장 오래된 것은 1573년(元龜4)의 『논어집주』 권1·2·3·10인데 여기에 게이안 화상의 훈점이 기입되어 있다.

무로마치시대 후반에 유학의 흐름에서 주목해야 할 점이 있다. 사서(四書)는 본래 주자학의 학문 체제인데, 당시 일본에서도 체제상으로는 사서에 따라 학문을 하였다. 그러나 『대학』과 『중용(中庸)』은 신주본을 사용하였지만 『논어』와 『맹자(孟子)』의 경우 고주본으로 학습하였다는 것은 대단히 독특하다고 할 수 있다. 이러한 고주와 신주가 결합된 사서 체계는 사행가인 기요하라 가문에서조차 행해지고 있었다. 기요하라 가문의 대표적인 학자인 기요하라 노부카타(清原宣賢, 1475-1550)는 사서의 체계에 따라 기요하라 가문의 훈점을 전하는 가본(家本)을 완성하였다.

이러한 사실은 무로마치시대 후반에도 역시 『논어』와 『맹자』뿐만 아니라 대부분의 유교 경전은 여전히 나라시대 이래로 이어져 온 한나라와 당나라 시대의 고주에 의거하여 훈독하고 있었다는 것을 보여준다. 게이초(慶長, 1596-1615) 연간 이후 활자 인쇄가 성행하고 인쇄문화가 보급되었을 즈음에도 『논어』와 『맹자』는 여전히 고주본을 출판하고 있었을 정도이다.

17세기에 들어와 처음으로 출판된 신주본은 1604년(慶長9)에 간행한 무주본(無注本) 『사서집주』이다. 신주본을 채용하기는 하였지만 주석은 빼놓고 경전의 본문만 사용한 것이다. 사서의 본문과 주석 모두를 채용하여 온전한 신주본이 간행된 것은 1626년(寬永3)인데, 이것이 게이안 화상의 학통을 이어받은 분시 겐쇼(文之玄昌, 1555-1620)의 훈점을 판각하여 간행한 『사서집주(四書集註)』 10권이다. 그 후 두세 차례 간행되었는데 이것은 신주본이 점차 널리 읽혀지게 되었음을 보여준다. 그 배경에는 도쿠가와 이에야스(德川家康)가 무가(武家) 정치사상의 바탕으로 주로 주자의 학설을 위시한 송나라 유학 사상을 채용하게 된 것이 있다. 같은 1626년에 『사서대전(四書大全)』도 뛰어난 판식으로 복각출판되었다. 또 간에이(寬永, 1624-1644) 연간 무렵에는 고활자판(古活字版) 『사서집주(四書集註)』도 간행되었다.

이후 주자학 계통의 학자로는 후지와라 세이카(藤原惺窩, 1561-1619)의 학통을 이어받은 하야시 라잔(林羅山, 호 道春, 1583-1657)이 있다. 하야시 라잔은 도쿠가와 막부의 정치사상의 밑바탕인 송나라 유학을 소개하기 위해 힘썼으며 도슌점(道春點)이라는 훈점의 계통을 세운 인물이다. 도슌점은 1618년(元和4) 무렵에 성립되었다고 알려져 있는데 분시점(文之點) 등을 개정·보완한 것으로 보인다. 하야시 라잔의 사서 훈점본이 출판된 것은 1664년(寬文4)년으로 하야시 라잔이 죽은 지 7년 후의 일이다. 이 무렵 하야시 가문이 이러한 간행사업에 나서게 된 것은 이 시기에 주자학에 대한 이설이 제기되기 시작했기 때문으로 볼 수 있다.

또 간분(寬文, 1661-1673) 연간 무렵부터 야마자키 안사이(山崎闇齋)의 교정본 『사서집주』 등이 나오기 시작하고, 이후 에도시대 말까지 다수의 사서 훈점본이 출판되어 무가 사회에서 교과서로 널리 이용되었다. 특히 일본에서 사서의 중심은 『논어』였다. 에도시대 후반에는 집주본이면서도 부분적으로는 주자의 주석에서 벗어난 별도의 해석을 바탕으로 한 훈점이 기입된 것도 적지 않았다. 이는 막부의 방침에 따라 텍스트는 집주를 사용하기는 하였으나 실제로는 주자학에서 벗어나 독자적인 학설을 제시하는 일이 생겨났기 때문이다.

에도시대의 유학에서 특히 주목해야 할 것은 이 시대에 이르러 비로소 일본의 독자적인 학파가 생겨났다는 점이다. 『논어』에 대해서 단순히 고주 혹은 신주에 의거하여 읽는 데 그치는 것이 아니라 유교의 원전으로 거슬러 올라가 그 진의를 자주적으로 파악하고자 하는 학파가 잇달아 생겨난 것이다. 『논어고의(論語古義)』를 저술한 이토 진사이(伊藤仁齋, 1627-1705)의 고의학(古義學)과 『논어징(論語徵)』을 저술한 오규 소라이(荻生徂徠, 1666-1728)의 고문사학(古文辭學)이 대표적이다.

3. 일본의 논어 훈독의 역사

1) 중세 이전 일본의 논어 훈독

기요하라(清原) 가문과 나카하라(中原) 가문에는 각각 예부터 전해 내려오는 훈점본이 있었거나 그 내용이 구전되었던 것으로 보인다. 한문독법이 음독에서 훈독으로 교체되던 시기에 훈독법을 고안하기 위해 대단히 고심하였을 것이다. 그 결과 기요하라 가문에서는 6대째인 기요하라 요리나리(清原頼業, 1122–1189)의 시대에 가문의 훈독법이 완성되었던 것으로 보인다.

논어 훈점본 가운데 헤이안시대 이전의 것은 남아있지 않으나 가마쿠라시대 이후의 것은 다수 남아 있어 당시 일본인이 『논어』를 어떻게 읽었는가를 고찰하는 데 귀중한 자료가 된다. 일본의 『논어』 고사본 현존 상황에 대해서는 이미 다케우치 요시오(武内義雄) 박사의 『論語之硏究』[18]에 상세히 기술되어 있는데 요점을 정리하면 다음과 같다.

① 텍스트는 모두 하안(何晏)의 『논어집해(論語集解)』였다.

② 육덕명(陸德明)의 『경전석문(經典釋文)』, 황간(皇侃)의 『논어의소(論語義疏)』에 의해 학습되었다.

③ 기요하라, 나카하라 두 박사 가문이 관장하였고, 두 가문의 텍스트는 훈점 및 경문에 차이가 있었다.

④ 송본(宋本)이 수입되고 선승이 주자의 신주를 강의함에 따라 두 가문의 가법(家法) 구별이 혼란을 보였다.

⑤ 정평판 논어(1364) 훈점본에는 기요하라 가문의 훈점이 비교적 정확히 전해졌다.

그 후 고바야시 요시노리(小林芳規) 박사는 기요하라 가문과 나카하라 가문의 훈독법 차이에 대해서 실증적으로 연구하였다.[19]

18) 武内義雄(1939)
19) 小林芳規(1991)

선행연구의 성과를 참조하여 현존하는 16세기까지의 논어 고사본 13종을 일람표로 나타내면 아래 표와 같다.

〈 일본 논어 고사본 일람 (○현존) 〉

계통	자료명	서사가점연대	권1	권2	권3	권4	권5	권6	권7	권8	권9	권10
기요하라 가문	高山寺本	13세기 초							○	○		
	正和本	1315년	○	○	○	○	○	○	○	○	○	○
	嘉暦本	1327년	○	○	○	○	○	○	○	○	○	○
	建武本	1337/42년	○	○	○	○	○	○	○	○	○	○
	藤堂本	1346년(模寫)			○			○				
	宣賢本	16세기 초반						○	○	○	○	○
	永正本	16세기 초반	○	○	○	○	○	○	○	○	○	○
나카하라 가문	文永本	1268년							○	○		
	高山寺本	1303년				○				○		
	貞和本	1347년	○	○	○	○	○	○	○	○	○	○
불명	猿投神社本	1362년			○				○			○
	猿投神社本	14세기 전반			○							
	猿投神社本	14세기 후반				○						

『논어』가 나라시대 및 헤이안시대에 어떻게 읽혀졌는지는 현재로서는 알 수가 없다. 그러나 위의 기요하라 가문 『논어』 고사본의 훈독을 『만엽집(萬葉集)』, 『고사기(古事記)』 등을 바탕으로 추정한 나라시대의 훈독과 비교해 보면 큰 차이가 있다. 첫째, 음독의 비율이 높아졌다는 점을 들 수 있다. 이것은 읽는 법이 간결해져 독송 및 암송에 효과적이었다고 할 수 있으며 특히 한자 숙어를 읽는 데 더욱 효과적이었다. 또한 동훈이자(同訓異字)에 의한 혼란을 피할 수 있었다. 둘째, 한자의 훈을 고정시켜 갔다. 한자의 훈은 나라시대부터 이미 여러 번역어로부터 안정된 소수의 훈으로 좁혀져 가는 경향이 있었다.

이러한 경향이 기요하라 가문의 훈독에서는 한층 더 강화되어 한자 한 글자에 하나의 훈만을 고정시킨 예가 다수 등장한다. 한자의 훈이 고정되면 '읽는다'라는 측면에서는 분명히 간단해진다. 그러나 한자는 일반적으로 다면적인 의미를 가지고 있으므로, 그것을 하나의 훈으로 고정시켜 버리게 되면 원문의 의미를 정밀하게 파악하기는 어렵게 된다. 이러한 경향이 강화되면 훈독은 '역독(譯讀)'이라는 성격에서 벗어나게 되는 것이다. 따라서 훈의 고정화는 훈독의 발달이라는 측면에서 큰 변화라고 하지 않을 수 없다.

한학은 헤이안시대 중기 이후 점차로 쇠퇴해 갔다. 대학료 제도도 점차 쇠락해 가던 중 1177년 큰 화재가 발생하여 건물 등이 소실된 이후 결국은 부흥하지 못하고 소멸하였다. 무로마치시대에 이르기까지 한학의 쇠퇴는 계속되었다. 이러한 시대적인 상황에서도 기요하라 가문의 사람들은 가점(家點)을 전하고 가학(家學)의 전통을 지켜 갔다. 대대로 전승되어 온 귀중한 비설(秘設)이 가문의 사람들에게 전수되었고 그로써 가문의 권위를 지키려 힘썼다.

기요하라 가문의 학문을 알 수 있는 자료로는 훈점본 외에 쇼모노(抄物)라는 것이 있다. 쇼모노는 강의를 매개로 하여 제작된 문헌이다. 크게 나누면 강의하는 사람이 강의를 준비하는 과정에서 작성한 강의노트인 데비카에(手控)와, 강의를 들은 학생이 강의 내용을 기록한 노트인 기키가키(聞書)의 두 종류가 있다. 강의를 위해 혹은 강의의 결과물로서 후세에 남겨진 쇼모노라는 자료는 강의의 대상이 되었던 서책을 당시 어떻게 이해하였는지를 살펴보는 데 최적의 자료라고 할 수 있다. 쇼모노의 본문에는 해당 서책을 이해하기 위해 참고한 여러 주석서의 내용을 자세하게 인용하고 이어서 강의하는 사람의 견해를 풀어 적는 방식으로 구성되어 있다. 따라서 이를 통해 당시 해당 서책을 공부하기 위해 어떤 주석서를 사용하였으며 어떤 식으로 이해하고 있었는지를 명확하게 알 수 있다. 이러한 의미에서 쇼모노 자체가 주석서로서의 기능을 한다고도 말할 수 있다. 중세 경학 연구의 중심에서 강의를 독점하고 있었던 기요하라 가문은 현존하는 가장 오래된 논어 쇼모노인 應永 27年(1420)本 『論語抄』를 필두로 다수의 쇼모노를 남겼다.[20]

앞서 기술한 바와 같이 기요하라 가문의 논어 텍스트는 『논어집해』이다. 그러나 『논어』를 실제로 어떻게 이해했는가를 기요하라 가문의 쇼모노에서 살펴보면 황간의 『논어의소』를 중점적으로 인용하면서 다른 주석서들을 인용하고 있는데, 여기에는 『논어집주』도 포함되어 있어서 실제 『논어』를 학습하고 교육하는 데에는 『논어집주』를 포함한 신주 또한 시야에 넣고 있었음을 알 수 있다.

주자의 『사서집주』에 처음으로 가점을 한 것은 기요 호슈라고 알려져 있다. 그러나 해

---

20) 기요하라 가문 『논어초』의 현존 상황에 관해서는 阿部隆一(1963·1964)를 참조할 수 있다.

당 훈점본은 전해지지 않고 그의 훈독에 대한 견해가 게이안 겐주의 『계암화상가법왜점』에 인용되어 있다. 게이안의 훈점을 전하는 것으로 앞서 소개한 1573년(元龜4)의 『논어집주』 권1·2·3·10이 있다. 기요하라 가문의 훈점과 비교하여 기요와 게이안의 훈점이 지니는 가장 큰 특징은 기요하라 가문의 훈점에서는 훈독에 반영하지 않던 허사(虛辭)를 가능한 한 '빠뜨리는 글자[21] 없이 읽는다'는 것이었다. 예를 들어 「學而時習之」를 기요하라 가문에서는 「學びて時に習ふ」와 같이 읽어서 허사인 「而」, 「之」는 읽지 않았다. 그러나 기요와 게이안의 훈점에서는 「學びて<u>而して</u>時に<u>之を</u>習ふ」와 같이 빼놓지 않고 읽었다. 또 기요하라 가문의 훈독에서 훈으로 읽었던 단어들을 음독하는 것이 많아졌고, 구와 구를 연결할 때 사용되는 기요하라 가문만의 독특한 훈독 표현들을 간결하게 고치고자 하였다.[22] 게이안의 훈독법은 분시에게 전해졌고 분시의 훈점은 1626년(寬永3)에 간행된 『사서집주』를 통해 알 수 있다.

2) 근세 일본의 논어 훈독

에도시대는 한학의 전성기였다. 그것은 도쿠가와 막부가 유학을 장려하였기에 가능한 일이었다. 도쿠가와 막부의 교학 사상의 기초를 만든 것은 하야시 라잔이다. 그는 13세에 교토의 겐닌지(建仁寺)에 들어가서 수학하였는데 그곳에서 기요하라 가문의 학문을 접하게 되었다. 라잔은 22세에 후지와라 세이카의 문인이 되었으나 그 이전에 이미 『논어집주』를 강의하였다. 이를 통해 그의 학문은 기초가 닦인 상태였다는 것을 알 수 있는데, 그의 훈독법은 기요하라 가문의 훈점에 의거한 부분이 많았다.[23] 라잔은 사서와 오경에 대해 신주에 의거하여 가점을 하는 등 많은 한문 서적에 가점을 하였다. 이는 에도시대 초기에 한학의 보급을 위해 필요했기 때문으로 생각된다. 사서 훈점본에 「道春點」이라고 표시되어 간행된 것이 일종의 권위 있는 훈점으로서 보급되었으며 에도시대 초기와 중기에 걸쳐 널리 행해지게 되었다.

---

21) '置き字' 혹은 '不讀字'라고 한다.

22) 이후 한문훈독의 변천에서 중요한 포인트가 되는 것이 이 세 가지이다. 첫째는 허사를 읽는가 읽지 않는가 하는 부독자의 문제이다. 둘째는 한자어를 훈독하는가 음독하는가의 문제이다. 셋째는 고립어인 중국어를 교착어인 일본어로 읽는 과정에서 자립어의 연결을 위해 조사·조동사를 보충해야 할 뿐만 아니라 구의 접속에 독특한 표현을 사용하기도 하였는데 이러한 보독(補讀)의 문제이다.

23) 예를 들어 앞서 제시한 훈독에 반영하지 않는 허사 중 「而」를 읽지 않는 것이라든가 보독에 사용된 독특한 훈독 표현도 기요하라 가문의 독법을 따른 것이 많다. 다만 「之」의 경우는 부독자로 처리하지 않고, 게이안과 분시의 훈독법에서와 같이 훈독에 반영하였다.

에도시대에는 주자학에 대항하는 여러 학파가 생겨났는데, 이에 따라 훈독법도 다양해지고 그에 대한 논의도 활발하게 행해지면서 훈독은 한층 더 발전하게 되었다. 훈독법 논의의 대표적인 것으로 가이바라 엣켄(貝原益軒, 1630-1714)의 『점례(點例)』(1703년(元祿16) 간행)와 다자이 슌다이(太宰春臺, 1680-1747)의 『왜독요령(倭讀要領)』(1728년(享保13) 간행)을 들 수 있다. 엣켄 훈독법의 특징은 한자를 가능한 한 일본어 훈으로 읽고 당시의 일본어로서의 어감이나 의미를 중시하여 알기 쉽도록 읽을 것을 주장한 데 있었다. 이와 달리 슌다이의 훈독법에서는 가능한 한 한자음으로 읽고 원문에 준하여 간결하게 읽고자 하였다. 전자가 일반인을 대상으로 한 것이라면 후자는 한학을 전문으로 공부하는 사람을 대상으로 한 것이라고 할 수 있다.

에도시대 초기 이래 도슌점이 기입된 사서 훈점본이 반복되어 간행되고 널리 유통되는 과정에서 본래의 도슌점과는 전혀 다른 것들이 도슌점이라는 이름으로 유통되게 되었다. 이로 인해 더 이상 도슌점이 권위를 지닐 수 없게 되자 하야시 가문에서는 새로운 정본(正本)을 확정할 필요가 생겼고, 여기에 사용된 것이 고토 시잔(後藤芝山, 1721-1782)의 훈점이다. 에도시대 중기 이후 한학의 발달과 함께 훈독은 점차 원문에 준해서 간결하게 읽는 경향을 띠게 되었는데 고토점(後藤點)은 이러한 당시의 일반적인 경향과 맞았던 것으로 보인다. 『논어』에 관한 고토점의 훈독법은 슌다이의 『논어고훈정문(論語古訓正文)』의 훈독에서 취한 것이 많았다.

뒤이어 에도시대 후기에는 사토 잇사이(佐藤一齋, 1772-1859)의 훈점도 널리 행해졌는데 고토점보다도 더욱 더 간결하게 읽게 되었다. 이러한 경향은 한학을 전공하고자 하는 사람들을 대상으로 하여 가능한 한 간결하게 읽고 암기할 수 있도록 하기 위한 것이었다. 그러나 원문의 암송을 지나치게 중시한 결과 일본어로서는 의미를 파악하기 어려운 독법이 많아졌다. 이러한 경향은 당시 일본어로서의 의미를 중시하는 사람들로부터 거세게 비난을 받게 되었다. 대표적인 것이 히오 게이잔(日尾荊山, 1789-1859)의 『훈점복고(訓點復古)』(1835년(天保6) 간행)이다. 게이잔은 가능한 한 일본어 고유의 훈으로 읽어서 경전 본래의 의미를 이해할 수 있도록 훈독할 것을 주장하였으나 당시로서는 이러한 복고적인 훈독이 오히려 낯설게 느껴졌던 것으로 보인다.

3) 근대 일본의 논어 훈독

한학의 시대였던 에도시대와 달리 메이지시대는 서양학문의 시대였다. 그럼에도 불구하고 한학에 대한 교양은 여전히 필수적인 것으로 여겨져 중시되었다. 근대 국민교육의 확립 및 보급을 통해 한학이 널리 확산되고 더욱 발달했다고 할 수 있다.

메이지시대 전반에 일반적으로 행해진 것은 고토점이었다. 그러나 한학을 전공하는 사람들 사이에서는 잇사이점(一齋點)을 더욱 진전시킨 훈독, 즉 간결하게 읽고 허사도 가능한 한 빠뜨리지 않고 읽어가는 훈독이 행해졌다. 메이지시대 말기 훈독의 일반적인 경향을 잘 나타내는 것으로 『신논어(新論語)』(1910년(明治43) 간행)를 들 수 있는데, 전체적으로 잇사이점의 훈독법에 의거하고 있다. 그러나 「也」, 「而」의 독법은 혼란을 보이고 있는데 이것은 메이지시대 말기 한문훈독의 일반적인 현상이라고 할 수 있는 것이다.

한문은 메이지시대 이후 중학교에서 중요한 교과목으로 가르쳤는데 사실 훈독법은 정리되지 않은 상태였다. 또 구두점, 어순지시부호, 오쿠리가나 등의 훈점을 다는 법도 일정한 규칙이 없었다. 그러나 학교교육의 보급·발달과 함께 교육의 편의를 위해서 일정한 기준을 마련할 필요가 생겨났다. 이에 문부성에서는 핫토리 우노키치(服部宇之吉, 1867-1939)를 비롯한 10인에게 한문교육에 관한 조사를 위탁하였다. 조사 결과를 바탕으로 「漢文教授に關する調查報告」를 1912년(明治45)에 발표하였는데 「句讀點[24], 返讀點, 添假名點[25], 讀方」의 네 항목으로 나누어 기술하였다. 이것은 교과서의 훈점을 규제하고자 하는 것은 아니었으나 일종의 기준안으로서 이후 교과서의 훈점은 점차로 이에 따르게 된다. 이 기준안이 제시하고자 하는 훈독법의 특징을 잘 전달하기 위해 핫토리 우노키치를 위원장으로 한 10인의 석학이 모여 「논어국역위원회(論語國譯委員會)」를 구성하고 『사문회훈점논어(斯文會訓點論語)』(1928년(昭和3))[26]를 간행한다. 「漢文教授に關する調查報告」에서 제시한 기준안은 학교 교육에서 요구되는 기준을 정하고자 한 것이었으므로 메이지시대 말기의 일반적인 훈독을 기초로 한 것이었다. 또 『사문회훈점논어』의 훈독법도 마찬가지였다. 이와 같은 일반적인 훈독을 기준으로 하여 교과서의 훈독이 행해지게 되자 전문가를 위한 훈독법은 점차 행해지지 않게 되었다. 이로 인해 한문훈독은 전반적으로 일정한 틀을 갖추게 되었다. 이러한 정형화된 훈독이 성립하게 되면서 훈독은 더 이상 새로운 발달을 보지 못하게 된 것이다. 이후 오늘날의 고등학교 교과서에 이르기까지 논어 훈독에 있어서는 『사문회훈점논어』가 기준이 되고 있다.

---

24) 1906년(明治 39)에 발표한 국정교과서의 구두점을 참고로 하여 만든 「句讀法案」을 반영하고 있다.

25) 1907년(明治 40)에 국어조사위원회가 발표한 「送假名法」을 근거로 하였다.

26) 이와 동시에 『국역논어(國譯論語)』가 간행된다. 논어 전편을 한자와 가나를 섞어서 풀어적고[書き下し文] 각 한자에는 읽는 법을 달았다. 이것의 원문에 해당하는 것이 『사문회훈점논어』이다.

4. 정평판 논어집해와 일본 東洋文庫 소장 무발본『논어집해』

앞서 기술한 바와 같이 1364년(正平19)에 이즈미의 사카이에서 도우 거사가『논어집해』10권을 출판하였는데 이를 정평판논어(正平版論語)라고 한다.

이 정평판논어는 얼마 되지 않아 판목(版木)이 없어진 것으로 보이며 이후 두 종류의 복각(覆刻)이 이루어졌다. 초각본(初刻本)과 복각본(覆刻本)과의 관계를 나타내면 다음과 같다.

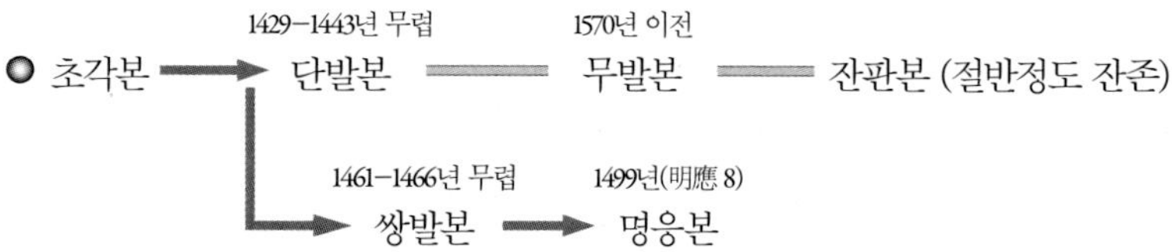

● 1816년(文化13), 이치노 메이안(市野迷庵)이 단발본(찰기 포함)을 복각출판.

정평판논어는 초각본과 발문(跋文)에 따라 단발본(單跋本), 무발본(無跋本), 쌍발본(雙跋本), 명응본(明應本)의 네 종류로 나뉜다.

초각본에는 권말에 다음과 같은 발문이 있다.

> 堺浦道祐居士重新工鏤梓
> 正平(甲辰)五月吉日謹誌
> 學古神德楷法日下逸人貫書

단발본은 초각본을 그대로 복각한 판목(板木)을 사용하여 개판(開板)한 것으로 추정되는 것으로 에이쿄(永享, 1429–1441)·가키쓰(嘉吉, 1441–1444) 연간 무렵의 것으로 추정된다. 권말에 다음과 같은 발문을 하나만 가진 것이다.

堺浦道祐居士重新工鏤梓
正平(甲辰)五月吉日謹誌

무발본은 겐키(元龜, 1570–1573) 연간 이전에 성립한 것으로 추정된다. 단발본의 발문을 나중에 삭제한것, 즉 발문이 없는 것이다. 발문을 삭제한 이유는 정평 연간 보다 훨씬 뒤늦은 시기에 간행되었기 때문이라고 볼 수 있을 것이다.

쌍발본은 초각본을 다시 판각한 것인데 간쇼(寬正, 1460–1466) 연간 이전에 성립된 것으로 보고 있다. 권말에 다음과 같은 발문을 가지고 있다.

(1) 堺浦道祐居士重新工鏤梓
正平(甲辰)五月吉日謹誌
(2) 學古神德揩法日下逸人貫書

명응본은 1497년(明應5)에 쌍발본을 가지고 다시 판각한 것이다. 권말에 다음과 같은 간기가 있다.

今玆一書 夫子之遺言而漢朝諸儒所註解也寔五經之輨轄藝之喉
衿也天下爲民生者豈不仰其德矣哉
明應龍集已未中穐良日

본서에서 고찰 대상으로 하고 있는 일본 동양문고 소장 『논어집해』는 위의 정평판 중 무발본에 해당한다(이하, 무발본집해).[27] 무발본집해는 기요하라 노부카타(淸原宣賢, 1475–1550)의 전본(傳本)을 이어받은 기요하라 에다카타(淸原枝賢, 1520–1590)가 가점한

27) 무발본집해에 대한 동양문고의 해제는 다음과 같다.
二Ca4/論語[集解] 十卷 魏 何晏 集解/[무로마치 초기] 간본의 후인본 (기요하라 에다카타 가점) 大五冊:二Ca3과 같은 판의 후인본. 안피지(斐紙)로 개장, 노란빛이 감도는 갈색 무늬없는 표지, 후에 종이를 덧붙여 「魯論 仁(義禮智信)」라 제명을 적음. 크기 26.1×20.6cm. 판식 등은 二Ca3과 같음. 단 권말에 「堺浦……」라는 간행기(刊跋)를 삭제한 이른바 무발본(無跋本). 전권에 걸쳐 주서로 오코토점과 묵서로 훈점을 기입, 이것은 권말에 지어(識語)를 적은 기요하라 에다카타의 필적으로 사료된다. 권말 묵서 지어(識

책이다.[28] 노부카타는 유교 경전의 연구와 강의를 담당했던 명경박사가 기요하라 가문의 대표적인 학자로 유교 경전뿐만 아니라 『일본서기』와 같은 일본 국서의 연구에도 정통하였다. 여러 경전의 연구와 강의 및 사본의 서사 등을 통해서 기요하라 가문의 가학(家學)을 집대성했다. 노부카타는 가학의 체계를 사서로 체계화하면서 대대로 가학을 전할 훈점본을 제작하였다. 그러나 앞서 말한 대로 원본은 아직 발견되지 않았고 원본의 훈점을 이점한 훈점본만이 전해지고 있다. 무발본집해도 그 중 하나로 노부카타의 손자인 에다카타가 이점한 책이다.

본 연구에서는 무발본집해에 기입되어 있는 훈점의 판독 및 해독을 위해 동양문고에 소장되어 있는 노부카타의 훈점을 전하는 필사본 『논어집해』를 참고하였다(이하, 영정본집해(永正本集解)).[29] 영정본집해는 권말에 1512년(永正9)과 1520년(永正17)에 기록한 노부카타의 필사기(筆寫記)가 있고, 권6과 권10 끝에는 1540년(天文9)에 에다카타가 기록한 가점 지어(識語)가 있다.

語) 「右魯論者人倫之大用也時習/可也玩索而覺氣味深長者乎/于爰不干翁專佛教餘志儒術/求累家秘點不及猶豫拭澁眼染/禿筆加朱墨爲他人勿令容易而/已/元龜第二歲舍辛未春二月初八/宮內卿淸原朝臣(朱印「枝賢」·花押」. 印記「向黃邨珍藏印」「讀杜艸堂」두 종류, 「寺田盛業」「薩摩國鹿兒島郡寺田盛業藏書記」「天下無雙」「東京溜池靈南街第六號讀杜艸堂主人寺田盛業印記」「雲邨文庫」. 또한 옅은 노란빛이 감도는 갈색 납전지를 바른 종이 상자에는 「靜節山房珍藏」라는 묵서(墨書)가 있다.(東洋文庫日本研究會編(1990), 『岩崎文庫貴重書書誌解題Ⅰ』, 東洋文庫, p.121.)

28) 川瀨一馬(1971:1648).

29) 영정본집해에 대한 동양문고의 해제는 다음과 같다.
一C41/論語[集解] 十卷 魏 何晏 集解/[무로마치 후기] 사본 (기요하라 에다카타 자필로 추정) 大五冊: 본래 장정(原裝), 감물색 표지. 주황색 종이에 「論語 ○之○」라 제명을 적음. 크기 26.6×20.8cm 앞 부분에 하안(何晏)의 「논어서」가 있다. 단변(20.8×17.2cm), 계선 있음. 반엽(半葉)에 7행, 한 행에 14글자. 권6은 에다카타의 필적으로 추정되지만 다른 권과는 다른 시기에 보충하여 적은 것으로 보임. 권말(卷末)에 「此書文增減字異同多本共以不一同以唐本欲決之/未求得之專以當家古本取準的書寫之卒終朱/墨功訖/永正九年二月九日少納言淸原朝臣御判」 및 「文字增減年來不審以數多家本雖令校合共以不一揆/爰唐本不慮感得之間卽校正之處相違非一但古本之/體法今非可改易仍脇注之兩存焉就家說於無害之/文字者以朱消之是又非憶說黃表紙家本如此類有之/後來以此本可爲證者乎/永正十七年九月卄三日 給事中淸原宣賢」이라는 본래의 필사기를 옮겨 적은 것이 존재하며, 권6을 제외한 각 권의 말미에도 永正9년 1~2월에 노부카타가 적은 본래의 필사기를 옮겨 적은 것이 있다. 권1의 말미에는 위와 동일한 永正17년에 노부카타가 적은 본래의 필사기를 옮겨 적은 것이 실려 있다(생략). 또한 권6 끝에 「右加一覽之處無相違可謂秘本六卷一冊故外史康貞闕如之依之康雄補闕拾遺而寫家說/朱墨點不漏一事勿令外見矣/大外記兼博士淸原朝臣枝賢(朱印「東」)」, 권10 끝에 「夫以齊家治國之要莫過乎此書以孝鳴者顏曾也/以德鳴者孔孟也以半部鳴宋趙普也況於學者乎不可/不時習鳴乎一寸璧玉也漢家本朝賞之翫之可謂/龜鏡鴻寶而已故以累家秘本加朱墨兩點勿令出深/窓矣/天文辛亥秋九月重陽從四位上行大外記兼博士伊豫介淸原朝臣枝賢(朱印「東」)」라는 가점 지어가 있으며, 각권 끝에 노부카타와 에다카타의 독부(책을 읽은 회수를 표시한 것)가 기입되어 있다. 가점 지어에서 말하는 바와 같이 전권에 에다카타의 자필로 주서 오코토점[明經點], 합부(合符), 묵서음의주(音義注), 어순지시부호[返点], 오쿠리가나[送仮名], 이본교합주(異本校合注)가 있다. 印記「白河文庫」「立教館図書印」「桑名文庫」「向黃邨珍藏印」「雲邨文庫」.(東洋文庫日本研究會編(1990), 『岩崎文庫貴重書書誌解題Ⅰ』, 東洋文庫, p.29.)

〈참고문헌〉

國史大系編修會編(1966)『律·令義解(國史大系22)』, 吉川弘文館：東京.

今中寬司(1961)「日本朱子学派の形成とその思想史的系譜」,『同志社大学大学院年報 哲学及び文化史学専攻』2, 同志社大学:京都(『近世日本政治思想の成立』, 創文社, 1972 수록).

金文京(1988)「漢字文化圈の訓読現象」,『和漢比較文学研究の諸問題(和漢比較文学叢書 第八卷)』, 汲古書院：東京.

金文京(2002)「東아시아 漢字 文化圈의 訓讀現象－韓日近世의 加點 資料－」,『口訣研究』8, 口訣學會.

大江文城(1935)『本邦四書訓點幷に注解の史的研究』, 關書院：東京.

大江文城(1944)『本邦儒學史論攷』, 全國書房：東京.

大坪併治(1961)『訓點語の研究』, 風間書房：東京.

藤堂明保(1991)『漢語と日本語』, 秀英出版(初版 1969)：東京.

武內義雄(1939)『論語之研究』, 岩波書店：東京.

小林芳規(1991)『平安鎌倉時代に於ける漢文訓讀の國語史的研究』, 東京大學出版會(初版 1967)：東京.

沼本克明(1982)『平安鎌倉時代に於る日本漢字音に就ての研究』, 武藏野書院：東京.

小助川貞次(1987)「上野本漢書楊雄伝訓点の性格－中国側注釈書との関係－」,『訓点語と訓点資料』77, 訓点語学会：東京.

松本光隆(1982)「漢書楊雄伝天暦二年点における訓読の方法」,『國語學』128, 国語学会：東京.

阿部隆一(1963·1964)「室町以前邦人撰述論語孟子注釈書考(上·下)」,『斯道文庫論集』2·3, 慶応義塾大学斯道文庫：東京.

吳美寧(1999)「応永二十七年本論語抄における中国側注釈書の取り入れについて－朱子新注の取り入れを中心にして－」,『訓点語と訓点資料』102, 訓点語学会：東京.

吳美寧(2000)「清原家論語抄における中国側注釈書の取り入れの変遷」,『國語國文』69－3, 京都大学国語学国文学研究室：京都.

吳美寧(2001가)「古活字版論語抄における中国側注釈書の取り入れについて」,『國語國文研究』119, 北海道大学国語国文学会：札幌.

吳美寧(2001나) 「室町末期から江戸初期の論語集注本における古注の影響－元亀本・寛永本・寛文本を対象として－」, 『訓点語と訓点資料』 107, 訓点語学会:東京.

吳美寧(2001다) 「日本의 論語訓讀과 中國側注釋書의 관련－論語集解本과 論語集注本의 比較를 통하여－」, 『日語日文學研究』 39, 韓國日語日文學會.

吳美寧(2002가) 「論語の抄物について－名古屋蓬左文庫藏清原宣賢撰論語聽塵を例として－」, 『日語日文學研究』 41, 韓國日語日文學會.

吳美寧(2002나) 「論語訓讀上の訓点本と抄物－清原宣賢の永正九年論語集解本と論語聽塵との比較を通して－」, 『日本學報』 51, 韓國日本學會.

吳美寧(2003가) 「東洋文庫蔵論語義疏にあらわれた片仮名訓の性格」, 『日本語學研究』 9, 日本語學會.

吳美寧(2003나) 「正平版論語集解の訓讀」, 『日本語文學』 18, 韓國日本語文學會. 吳美寧(2004), 「16세기 한일 양국의 논어 이해」, 『日語日文學研究』 50, 韓國日語日文學會.

吳美寧(2006) 『日本論語訓讀史研究(上·下)』 제이앤씨출판사.

吳美寧(2007) 「論語 관련 資料의 韓日 比較 研究」, 『日本研究』 33, 韓國外國語大學校日本研究所.

吳美寧(2008) 「일본의 『論語』 수용과 번역[훈독]」, 『中國語文論譯叢刊』 23, 中國語文論譯學會.

足利衍述(1932) 「返點」, 『鎌倉室町時代之儒教』, 日本古典全集刊行會:京都.

中田祝夫(1979) 『古點本の國語學的研究 總論篇』, 勉誠社(初版 1954) : 東京.

川瀬一馬(1971) 「正平本論語攷」, 『日本書誌學之研究』, 講談社(初版 1943) : 東京.

川瀬一馬(1974) 「日本で論語がどのように読まれたか」, 『論語(大東急記念文庫文化講座講演錄)』, 財団法人大東急記念文庫 : 東京.

築島裕(1963) 『平安時代の漢文訓讀語につきての研究』, 東京大學出版會 : 東京.

築島裕(1969) 『平安時代語新論』, 東京大學出版會 : 東京.

築島裕(1986) 『平安時代訓點本論考 ヲコト點假名字體表』, 汲古書院 : 東京.

築島裕(1996) 『平安時代訓點本論考 研究編』, 汲古書院 : 東京.

和島芳男(1988) 『日本宋學史の研究 增補版』, 吉川弘文館(初版 1962) : 東京.